·北京师范大学史学探索丛书·

U0574115

古代中国与世界

刘家和 著

北京师范大学出版集团
BEIJING NORMAL UNIVERSITY PUBLISHING GROUP
北京师范大学出版社

图书在版编目(CIP)数据

古代中国与世界/刘家和著.—北京:北京师范大学出版社,
2010.4(2012.3 重印)
ISBN 978-7-303-10861-9

Ⅰ.①古… Ⅱ.①刘… Ⅲ.①史评-世界-古代-文集
Ⅳ.K12-53

中国版本图书馆 CIP 数据核字(2010)第 037557 号

营 销 中 心 电 话　010-58802181 58808006
北师大出版社高等教育分社网　http://gaojiao.bnup.com.cn
电 子 信 箱　beishida168@126.com

出版发行:北京师范大学出版社 www.bnup.com.cn
　　　　　北京新街口外大街 19 号
　　　　　邮政编码:100875

印　　　刷:北京联兴盛业印刷股份有限公司
经　　　销:全国新华书店
开　　　本:170 mm × 230 mm
印　　　张:27.75
字　　　数:438 千字
版　　　次:2010 年 4 月第 1 版
印　　　次:2012 年 3 月第 2 次印刷
定　　　价:48.00 元

策划编辑:李雪洁　　责任编辑:李雪洁
美术编辑:褚苑苑　　装帧设计:褚苑苑
责任校对:李 菡　　责任印制:李 啸

出版说明

 在北京师范大学的百余年发展历程中，历史学科始终占有重要地位。经过几代人的不懈努力，今天的北师大历史学院业已成为史学研究的重要基地，是国家"211"和"985"工程重点建设单位，首批博士学位一级学科授予权单位。拥有国家重点学科、博士后流动站、教育部人文社会科学重点研究基地等一系列学术平台。科研实力颇为雄厚，在学术界声誉卓著。

 近年来，北师大历史学院的教师们潜心学术，以探索精神攻关，陆续完成了众多具有原创性的成果，在历史学各分支学科的研究上连创佳绩，始终处于学科前沿。特别是崭露头角的部分中青年学者的作品，已在学术界引起较大反响。为了集中展示北师大历史学院的这些探索性成果，也为了给中青年学者的后续发展创造更好条件，我们组编了这套"北京师范大学史学探索丛书"，希冀在促进北师大历史学科更好发展的同时，为学术界和全社会贡献一批真正立得住的学术力作。这些作品或为专题著作，或为论文结集，但内在的探索精神始终如一。

 当然，作为探索丛书，特别是以中青年学者作品为主的学术丛书，不成熟乃至疏漏之处在所难免，还望学界同仁不吝赐教。

北京师范大学史学探索丛书编辑委员会

2010 年 3 月

目　录

印度早期佛教的种姓制度观①

印度早期佛教如何对待种姓制度，这是印度史上的一个重大问题，在西方学者的印度史著作里，对于这个问题，一般所论不多，而且也未作出细致的分析。就英国学者的印度史代表著作来看，V. A. 斯密司的《早期印度史》对佛教几乎无所论述②；《剑桥印度史》第 1 卷关于早期佛教时代的两个专章也未论及佛教政治思想③。再就印度本国学者的代表著作来看，《印度人民的历史与文化》第二卷有一节专论佛教教义、组织与早期发展史，而关于佛教对待种姓制的态度，则只是简单地说"婆罗门之对优越种姓地位的要求遭到了反对，但是种姓制却因刹帝利是高于婆罗门的种姓的教条而暗暗地被认可了"④；R. C. 马占达在《古代印度》一书中也只是说佛教"反对婆罗门所僭占的优越地位"⑤。他们也说明了一些历史事实，但是由于没有联系到当时历史条件与社会矛盾特点来进行分析，所以没有能充分阐明佛教种姓制度观的真相和历史意义。

不少的印度史著作总称颂佛教提倡的"慈悲"、"平等"、"救世"等。印度的 N. K. 辛哈与 A. C. 邦内志合著的《印度史》就说："佛是一个实际的改革家，其本志在于从悲哀痛苦的可怕的现实中求得解放。"⑥ 尼赫鲁也赞扬佛教

---

① 本文不拟探讨"瓦尔那"与"阇提"的区别与联系问题，这里所用"种姓制度"一词，姑泛指婆罗门教所坚持的社会等级制度。

② V. A. Smith, *The Early History of India*，牛津大学出版社，1924 年。本书正是从公元前 6 世纪写起的。

③ *The Cambridge History of India*，第 1 卷，初版于 1922 年。其中第 7、第 8 两章论述早期佛教时代的印度，分别由治巴利文与佛典的专家黎斯·大卫（T. W. Rhys Davids）与大卫夫人（Mrs. C. A. F. Rhys Davids）执笔。

④ *The History and Culture of the Indian People*，全书计划分十卷出，自远古写至 1947 年，分由专家执笔。第 2 卷（*The Age of Imperial Unity*）初版于 1951 年，其中第 19 章第 2 节专论佛教，由杜特（Nalinaksha Dutt）执笔。引文见原书 1953 年第 2 版，374 页。

⑤ R. C. Majumdar 是《印度人民的历史与文化》一书的主编，其 *Ancient India* 出版于 1952 年。引文见原书 170 页。

⑥ N. K. Sinha 与 A. C. Banerjee, *History of India*，此书在印度颇为流行，初版于 1944 年，至 1955 年已出增订第 5 版。引文见第 5 版，54 页。

说："它是对美好人生的一种普遍号召，它不承认阶级、种姓或民族的界线。"①

早期佛教对待种姓制度的态度，是一个复杂问题。我们不能脱离历史条件对它作出简单片面的否定，也不能笼统地对它加以美化。本文拟就早期佛教对于种姓制度的真实的态度，其所以采取这种态度的历史条件和社会根源，以及早期佛教在这方面的历史作用等方面，作一些初步的探索。

一、早期佛教对待种姓制度的态度

早期佛教曾经宣扬反对种姓制度的思想。这一点在早期佛教的重要典籍阿含部诸经中有不少记载。据《长阿含经》，佛在舍卫国（Sāvatthi）清信园林（Pubbarāma）鹿母讲堂（Migāramatupāsāda）曾对两个婆罗门说："今我无上正真道中，不须种姓，不恃吾我憍慢之心。俗法须此，我法不尔。若有沙门婆罗门，自恃种姓，怀憍慢心，于我法中终不得成无上证也。若能舍离种姓，除憍慢心，则于我法中得成道证，堪受正法。人恶下流，我法不尔。"② 佛教于传教中，收容各种姓出身的人为弟子。人们一入僧伽组织，其出身所属种姓似乎也不再强调了。同上经说："今我弟子，种姓不同，所出各异。于我法中，出家修道。若有人问汝谁种姓，当答彼言，我是沙门释种子也；亦可自称我是婆罗门种。"

佛教的这些主张是与传统的婆罗门教不相容的。为了维护自己的这种主张，驳倒婆罗门教的主张，佛教在种姓制度问题上与婆罗门教展开了理论上的争辩。

婆罗门教典籍对于种姓制度的起源，有着几种说法。其中最古老、最权威，并且在以后的法典中还常采用的，是《梨俱吠陀》的说法。《梨俱吠陀》认为四种姓由"梵天"的化身"普鲁沙"身体的不同部分演化而来，"他的口变成了婆罗

---

① 《印度的发现》，中译本，215页。

② （后秦）佛陀耶舍、佛念译：《长阿含经》，第六，第二分初《小缘经》第一。按"沙门婆罗门"并非指皈依佛教的婆罗门，而是佛徒的称谓。（东晋）提婆译：《增壹阿含经》，卷四十七，《放牛品》第四十九（八）说："复以何故，名为沙门？诸结永息，故名为沙门。复以何故，名为婆罗门？尽除愚惑之法，故名为梵志（"梵志"为婆罗门之异译，下同——引者）。亦名为刹利。复以何故名刹利？以其断淫怒痴，故名为刹利。……能行此法者，然后乃名为沙门婆罗门。"

门，他的手被做成了刹帝利，他的腿就是吠舍，从他的脚生出了首陀罗"①。这就是说，各种姓天生有高下之别，并且这种区别是神决定的，是不能改变的。

对此，早期佛教经籍提出不同说法。佛教认为。最初世间本无种姓之别，只是在分了"地界"有了私产后，人间发生了窃夺争斗；争斗不已，才共举了一个统治者，作为"田主"。"尔时田主，众许立故，由是名为众许田主。此田主名，最初堕于文字数中。又于地界，善作守护，为主宰故，名刹帝利。此刹帝利名，第二堕于文字数中。又能于众出和合慰安语故，名慰安者。此慰安者即名为王。此王之名，第三堕于文字数中。此时世间，初始建立，刹帝利境界"。此后有人厌世出家，"系心一处。修禅寂止，此乃名为修禅行者"。然其中有一类人"初于旷野，修禅寂止，后复还起作意思惟，止聚落中，设其场界，聚以学徒，教授典章。此乃不名为修禅者。是时立名为教授者，又名多说婆罗门。此婆罗门名，最初堕于文字数中。由是世间。乃有婆罗门一类境界"。"彼时众中，又一类人，广布田种施作农事，养活其命。以彼营作田种事故，名为毗舍。此毗舍名，最初堕于文字数中。由是世间，乃有毗舍一类境界"。"彼时众中，又一类人，巧伪渐生，营杂恶事，名为首陀。此首陀名，最初堕于文字数中。由是 世间，乃有首陀一类境界"②。

---

① 引自 B. B. CTpyBe 主编：Хрестоматня по Исторш Лревнегом Ира，1956 年版，78 页。按其中"刹帝利"一词。原文为"Rājanya"，意为"王族"。参阅 Wm. Theodore de Bary 等编：*Sources of Indian Tradition*，1960 年版，17 页。

② 此段大意及引文，俱见（刘宋）施护等译：《佛说白衣金幢二婆罗门缘起经》，卷中、下。文中"刹利"为"刹帝利"异译。"毗舍"为"吠舍"异译，"首陀"为"首陀罗"异译。按阿含部佛经中有类似记载处颇多，如（西晋）法炬、法立译：《大楼炭经》，卷六（此经言，刹利、婆罗门、工师、杀生种四种；按中译本《中阿含经》，工师皆指首陀罗，又杀生种，按《法显传》所说"唯旃荼罗猎师卖肉耳"，当系居于四种姓以外之 Candāla）；（东晋）提婆译：《中阿含经》，卷三十九，梵志品，《婆罗婆堂经》第三（此经言，刹利、梵志、鞞舍即吠舍三种）；（东晋）提婆译：《增壹阿含经》，卷三十四（一）；（后秦）佛陀耶舍、佛念译：《长阿含经》，卷六，第二分初，《小缘经》第一；又卷二十二，第四分，《世记经》、世本缘品第十二（此经言，刹利、婆罗门、居士［Vessa，即吠舍］、首陀罗四种）；隋代《世记经》重译本，阇那崛多等译：《起世经》卷十，达摩笈多等译：《起世因本经》卷十（此二经内容略同，皆未言及首陀罗之起源。以上各译经论种姓起源，虽大体相同，但亦有互异之处。巴利本《长阿含经》缺《世记经》，但他处亦有类似记载。以上引文，为中译本各本说法中与巴利本最接近者。参阅 *Digha－Nikāya* Ⅲ，93 以下（27. *Aggañña－suttanta*），见 T. W. Rhys Davids 等英译本，载 *The Sacred Books of the Buddhists*（以下简作 S. B. B.），卷四，1921 年，Oxford，88～90 页。

在佛教的这种看法中，有着类似社会契约论的主观想象的方面。但是它在种姓起源说上剥下了婆罗门教的神圣外衣，而且还提出了自己的种姓"平等"观。

佛教认为各种姓在自然上是"平等"的。婆罗门认为"我等梵志是梵天子，从彼口生，梵梵所化"，佛即驳之说："见梵志女始婚姻时，婚姻已后见怀妊身时，怀妊身已后见产生时，或童男或童女……如是诸梵志亦如世法随产道生。"① 而且还反驳说："若婆罗门、刹利、田家、工师亦余种子在母腹中，时同十月有增减耶？……若曹何以说言，我种梵天子孙，生从口出？婆罗门种、刹利种、田家种、工师种、亦余种，日月何以不独照若一种？何为并照余种？"② 又婆罗门认为"梵志种胜，余者不如，梵志种白，余者皆黑，梵志得清净，非梵志不得清净"。佛即驳之说："为刹利族、梵志族者，彼能持澡豆至水洗浴去垢极净耶？为居士族、工师族者，彼不能持澡豆至水洗浴去垢极净耶？为一切百种人，皆能持澡豆至水洗浴去垢极净耶？"佛还把不同种姓比作不同木柴，皆能钻之生火，火皆有光，有热，有色，有焰，能作火事③。早期佛教还用许多经验事实的例证，驳斥婆罗门的不平等说，而论证人在自然上是"平等"的。又说，不同种姓人同在一屋烤火，得热均等，不同种姓人同乘一渡船，得渡亦同，等等。

在个别情况下，早期佛教还认为各种姓在社会上也是"平等"的。例如，"佛告颇波罗延，若国王闻某国、某郡县、某聚落，有婆罗门及子高明，有刹利及子高明，有田家及子高明，有工师及子高明，王即征召俱为王臣。王岂问种类耶？其高才明达者，王即先与好郡国"④。又如《杂阿含经》记尊者摩诃迦旃延与摩偷罗（Madhura）国王的一段对话说："大王，汝为婆罗门王，于自国土，诸婆罗门、刹利、居士、长者，此四种人，悉皆召来，以财以力，令其侍卫；先起后卧，及诸使令，皆如意不？答言：如意。复问：大王，如是四姓，

---

① 《中阿含经》，卷三十九。梵志品，《婆罗婆堂经》第三。

② （东晋）昙无兰译：《梵志颇波罗延问种尊经》。按此处"田家种"即"吠舍"，"工师种"即"首陀罗"。

③ 《中阿含经》，卷三十七，梵志品，《郁瘦歌逻经》第九；梵志品：《阿摄惒经》第十。取火喻，又见《中阿含经》，卷五十九·例品，《一切智经》第一。

④ 《梵志颇波罗延问种尊经》。

悉皆平等，有何差别？当知，大王，四种姓者，皆悉平等，无有胜如差别之异。"① 此外，佛经又以临阵战斗不以种姓而以战功决定赏与不赏为例②，说明四种姓在社会上不应分高下。

但是佛教提出这些关于种姓平等的论证，其目的并不是要引导人们去追求现实的经济生活或政治生活中的平等；它只不过是给了人们一个信奉佛教的平等和一个达到"涅槃"的平等。佛教为什么要论证各种姓人在自然上的"平等"呢？这就是为了要证明各种姓人皆有皈依佛教和达到"涅槃"的内在可能性。佛教又为什么要论证国王对待各种姓的态度应该"平等"呢？这就是为了说明佛教兼收各种姓人的合理性。于是，佛教终于把自己用经验事实论证的"平等"还原为超经验的修行和报应的平等。就修行说，"此有四种，刹利、梵志、居士、工师，彼一切等等断，无有胜如，无有差别于断也"③。就果报说，"于是四族中，造黑业者，感黑业报，非胜所作，智者诃厌，死堕恶趣；又四族中，有造白业者，感白业报，是胜所作，智者称赞，死生天趣"④。像基督教宣传的"天国"的门为一切人大开着一样，佛教的"平等"也只不过表示对各种姓人都可以给予一张"死生天趣"的入门证而已。当然，至于能否进入"天国"，那还

---

① （刘宋）求那跋陀罗译：《杂阿含经》，卷二十（五四八）。按中译佛经中常称商人为"长者"，未悉此处所说"长者"是否指首陀罗种姓商人。不过此处"长者"指首陀罗也并非绝不可能。在晚于早期佛教时代的《摩奴法论》第四章第六十条中，就曾提到"首陀罗的国家"，而据此书两个注释家 Medhatithi 和 Kullukābhatta 说："首陀罗国家就是国王、大臣等皆为首陀罗的国家。"参阅，С. Д. ЭЛвмановИч 俄译，Г. Ф. ПльИН 校正之 Законы Ману，1960年版，84、288 页。

② 参阅《杂阿含经》，卷四十二 [一一四五]，又《别译杂阿含经》（失译者名），卷四[六八]。按此二译经，对于这个问题是作为譬喻提出来的。但是婆罗门、刹帝利、吠舍、首陀罗皆能从军事，在较后的《政事论》（Arthasāstra）卷九，第二章中亦曾提到。参阅 R. Shamasastry 英译本，1956 年第 5 版，373 页，苏联科学院出俄译本，1959 年版，392 页。所以这个譬喻也有一定根据。

③ 《中阿含经》，卷五十九，例品，《一切智经》第一。按此处所说"断"，指"五断支"，即五种修行方法。按巴利本亦有上述各种姓"平等"说，参阅 Majjhima—Nikāya Ⅱ，84～89（LXXXIV，Madhura—sutta）见 Chalmers 英译本 S. B. B. 卷六，1927 年，43～46 页；Majjhima—Nikāya Ⅱ，147～157（XCⅢ，Assalāyana—sutta）. S. B. B. 卷六，84～89 页；Majjkima—NikāyaⅡ，177～184（XCVI，Esukāri—Sutta）. 100～103 页等。

④ 《佛说白衣金幢二婆罗门缘起经》，卷上。

要看一个人是否适合佛教的要求①。

以上可见佛教反对种姓制度并无意解决现实社会的阶级压迫，只是以宗教上的众生平等作为反对婆罗门教的武器，从而给虔敬的信徒们以一种笼统的"平等"的假象，实际上反而把种姓制度的丑恶障蔽起来了，这是一个方面。在另一方面，只要种姓制度一碰到刹帝利的社会地位，佛教对待种姓制度就又执着起来了。《众许摩诃帝经》说："时释迦菩萨在兜率天宫，欲生人间，作五种观察。一观种姓：菩萨思惟，若婆罗门、吠舍、首陀，种姓非上，非我所生；若刹帝利，我即当生。"②《佛本行集经》还描述了多次挑选的经过③。这些当然都是神话，但是从这里面可以看出佛教对刹帝利和婆罗门两个种姓地位的高下，是非常重视的。

在许多佛典中说得清楚，佛教不承认婆罗门种姓的最高等级地位，而主张刹帝利种姓的最高种姓地位。

在理论上，早期佛教有两种办法来对待这个问题：第一，不否认"婆罗门"这一等级地位的本身是最高的，而把具体的婆罗门种姓成员从"婆罗门"等级的宝座上拉下来。这首先就是用一系列的道德标准和清规戒律来为难婆罗门，把婆罗门出身的人与"婆罗门"等级分开。《义足经》说："人不因出身而成种姓外者，亦不因出身而成婆罗门；人因所行而成种姓外者，亦因所行而成婆罗门。"④《法句经》又说："我不因人之出身与母氏，而称为婆罗门。彼诚高

北京师范大学史学探索丛书

---

① 严格说来，佛教所"恩许"的真正的"平等"只能在"涅槃"之后才能得到。本生经（Uddalaka—Jataka）曾说："刹帝利、婆罗门、吠舍、首陀罗、旃荼罗、普迦沙（Pukka-sa），皆能行善、自制以至于'涅槃'；其心灵已归寂静者，乃无复优劣之别。"引自 N. K. Dutt, *Origin and Growth of Caste in India*，卷一，1931 年版，257 页。

② （刘宋）法贤译：《众许摩诃帝经》，卷二。

③ 阇那崛多译：《佛本行集经》，卷六，上托兜率品下。参阅大乘方等部《普曜经》（西晋法护译），卷一，降神品第一，又《方广大庄严经》（唐地婆诃罗译），卷一，胜族品第三。

④ Sutta—Nipāta, I Uragavagga. 7 Vasalasutta, 27. 引自 F. Max Müler 英译本，见 *The Sacred Books of the East*（以下简作 *SBE.*），卷十，第二部分，23 页。按"种姓外者"即不列等之"贱民"。此经有吴支谦中译文二卷，唯未言及此事。

傲，而又富有。但贫穷而能离脱一切执著者，我乃称之为真婆罗门。"① 此外，佛教又以职业来难婆罗门。《义足经》说："……以养牛为生者，乃是农夫，非婆罗门。……以技艺为生者，乃是匠师，非婆罗门。……以经商为生者，乃是商人，非婆罗门。……以侍人为生者，乃是仆役，非婆罗门。……以偷窃为生者，乃是窃贼，非婆罗门。……以射艺为生者，乃是武士，非婆罗门。……以举行家庭祭仪为生者，乃是祭司，非婆罗门。……据有村落郡国者，乃是国王，非婆罗门。"② 按照佛教提出的这些条件，当然会有许多婆罗门失去"婆罗门"的地位。

　　佛教的第二种办法是直接否认"婆罗门"种姓的第一等地位，而把它降于"刹帝利"种姓地位之下，从而确立"刹帝利"种姓的第一地位。《长阿含经》记载俱萨罗（Kosala）国有一婆罗门，深通吠陀经典，"不为他人之所轻毁"，并有五百摩纳弟子，而其中以阿摩昼为第一。此经记佛与阿摩昼及五百摩纳的一段争辩说："摩纳白佛言：'世有四姓。刹利、婆罗门、居士、首陀罗，其彼三姓，常尊重恭敬供养婆罗门。'……佛告摩纳：'汝姓何等？'摩纳答言：'我姓声王。'佛告摩纳：'汝姓尔者，则为是释迦奴种。'……尔时世尊告阿摩昼：'……声摩王即释种先也。王有青衣名曰方面，颜貌端正，与一婆罗门交通遂便有娠。生一摩纳子，堕地能言。……以其初生能言，故名声王。……生便能言，

---

　　① Dhammapada XXVI，396。引自 F. Max Müller 英译本，见 SBE. 卷十，第一部分，92 页。按 Б. Н. Топоров 俄译本同条经文与英译略有不同。俄译为："我不因人之出身与母氏，而称之为婆罗门。心怀依恋者，其名为'所谓的婆罗门'（Bhovadin）。离脱依恋并丧失财产者，我乃称之为婆罗门"（1960 年版，125～126 页）。又 Müller 英译 Sutta—Nipata，Ⅲ 9.27 说："我不因人之出身与母系，而称之为婆罗门；他可以名为 Bhovadi，也可能是富有的。但一无所有而又无所占有者，我乃称之为婆罗门"（SBE. 卷十，第二部分，113 页）。恰与俄译《法句经》此条相似。（吴）维祇难等译：《法句经》（梵志品，第三十五）及（西晋）法炬、法立译：《法句譬喻经》（梵志品，第三十八）两种中文本，皆提出许多成为婆罗门的必要条件，但未直接说出身不能决定婆罗门地位。按较晚之中译《法句经》别译本（姚秦）竺佛念译《出曜经》。第二十九，梵志品，第三十四，又（宋）天息灾译：《法集要颂经》，卷四，梵志品，第三十三，皆有"我不说梵志，托父母生者，彼多众瑕秽。灭则为梵志"之说。

　　② Sutta—Nipata，Ⅲ Mahavagga，7. Vasetthasutta，19～26。引自 SBE. 卷十，第二部分，111 页。（中译《义足经》未记此事）。按当时婆罗门确有以上述许多职业为生者，下文将会说到。

故名声王。从此以来，婆罗门种，遂以声王为姓。'"① 这个故事，看来纯属虚构，但佛教却以此引出结论说："刹利生中胜，种姓亦纯真，明行悉具足，天人中最胜。"② 在这里，早期佛教以反对种姓制度为手段来反对婆罗门的真正目的昭然大白：原来它就是要为刹帝利种姓在现实的社会中争取第一等级的地位！

根据以上对于早期佛教反对种姓制的"平等"观的分析，以及对于早期佛教争取刹帝利种姓的最高等级地位的分析来看，如果说佛教真的要消除现实社会中的种姓制度，就未免过于荒唐或过于天真了。而且就是在反对婆罗门种姓这一点上，早期佛教虽然有时在言论上表现得十分激烈，但在实际上也是很不彻底的。

早期佛教对待婆罗门的态度是"不为已甚"。只要婆罗门肯承认刹帝利的第一等级地位，佛教是允许婆罗门坐第二把交椅的。这一点就在上述佛与阿摩昼争辩的故事里也可看出。当阿摩昼被迫承认婆罗门是"释迦奴种"时，"时五百摩纳弟子，皆各举声自相谓言，此阿摩昼，实是释迦奴种也"。"尔时世尊便作是念：此五百摩纳后必怀慢，称彼为奴；今当方便，灭其奴名。即告五百摩纳曰：'汝等诸人，慎勿称彼为奴种也。所以者何？彼先婆罗门是大仙人，有大威力，伐声摩王索女。王以畏故，即以女与。'由佛此言，得免奴名"③。这就是说，只要刹帝利的地位抬高了，对婆罗门是可以大发慈悲，予以"方便"的。

可以证明早期佛教对婆罗门"不为已甚"的材料是很多的。早期佛教经典常常提到的四种姓，在绝大多数例子中，总是首列刹帝利，其次即列婆罗门。这就说明，佛教已经清楚地告诉婆罗门，他们仍可居于第二等级地位，尤其使

---

① 《长阿含经》，卷十三，第三分《阿摩昼经》第一。又按此经较早的中文别译本（吴）支谦译《佛开解梵志阿颰（即阿摩昼 Ambattha）经》亦有相似故事，而略简；其中所言君子、梵志、田家、工伎（或技）四种姓，即刹帝利、婆罗门、吠舍、首陀罗。巴利本亦有此说。参阅 Digha—Nikāya，I，93～95（Ⅲ，Ambattha—Suttanta）见 T. W. Rhys Davids 等英译本 S. B. B. 第二卷，1899 年，115～117 页。按'摩纳'即 Manavaka，意为"年少净行"，英译本译为少年婆罗门，亦即此意。

② 见《阿摩昼经》。按佛经中如此之类的偈言颇多，如《长阿含经》，卷二十二，第四分，《世纪经》，世本缘品第十二，有偈言："刹利生为最，能集诸种姓，明行成具足，天人中为最。"又《大楼炭经》，卷六，有偈言："刹利种为人尊，诸人民行种姓，从起信（或作得）成惠行，彼天上人中尊。"如此等等。此偈巴利本亦有，参阅 Digha—Nikāya，Ⅲ.97（ⅩⅦ，Aggañña—suttanta. 32），见 S. B. B. 卷四，94 页。

③ 引文悉见《阿摩昼经》。参阅 S. B. B. 卷二，117～118 页。

人感到有趣的是：佛教认为世有七佛，释迦牟尼是第七佛，属刹帝利种姓；最初三佛也属刹帝利种姓，而其次三佛却属婆罗门种姓①。这样佛教就在自己的"道统"中安排了刹帝利的优势地位，同时也照顾到婆罗门的地位了。

二、早期佛教对待种姓制度态度的历史与社会根源

刹帝利和婆罗门的争权夺利的斗争，开始得相当早。后期吠陀与梵书时期的文献中已有这一方面的反映。《般遮云夏梵书》记有这样一个故事：一个国王因其祭司敬奉他所憎恨的神，而把这个祭司杀了②。这时的斗争是真刀真枪的实际行动，而没有更多的理论争辩。到公元前 6 世纪，佛教起来反对婆罗门，却打起了反对种姓制度的旗号，并且还提出了一套理论来。因此，我们不能把早期佛教反对婆罗门的斗争看作过去刹帝利与婆罗门斗争的简单重复。早期佛教关于种姓制度的思想，有着它自己的历史根源与社会根源。这一点。是需要结合历史条件来进行具体分析的。

公元前 6 至 4 世纪，印度奴隶制度有了很大发展。当时印度各地社会经济的发展并不平衡，而这种发展主要表现在那些正在形成的专制国家里。据 D. R. 阁那那综合巴利文佛经研究所得的结论，不仅在富人家中有家内奴隶，而且在"中等阶级"的家庭里也有家内奴隶；奴隶劳动也不仅被用在家庭里，而且还被用在富有的大土地占有者和"中等农民"的农业工作中；商人也用奴隶劳动；甚至在专制国家的军队里服役的也有"奴隶之子"（dasakaputtas，据注为"生于家中而变为兵士的奴隶"）。就是在佛所出生的比较落后的释迦族中，贵族也用奴隶从事农业劳动，以致有些贵族都不知道稻米是从哪里来的③。在中译佛本生故事中，也有奴隶被用于农业生产上的记载④。

---

① 参阅《七佛父母姓字经》（译者名佚）。按此经译释迦牟尼为"释迦文尼"。又《佛本行集经》，卷四，受决定记品下，言有十六佛，婆罗门、刹帝利各居半数。

② Panchavimsa Brahmana（或译《二十五章梵书》）XIV，6，8。引自 N. K. Dutt, *Origin and Growth of Caste in India*. 1931 年版，第 1 卷，92 页。

③ 参阅 Dev Raj Chanana, *Slavery in Ancient India as Depicted in Pali and Sanskrit Texts*，1960 年版，39～55 页。

④ 见（西晋）竺法护译：《生经》，卷一，《佛说五仙人经》第十一；卷五，《佛说梵志经》第四十五等。

奴隶制发展过程是一个进一步的阶级分化过程。因此，在这个过程中，各种姓成员中的一些人实际经济地位提高了；另一些人的实际经济地位则降低了。这样就引起了不少人的实际阶级地位与种姓地位的不一致。

婆罗门在此时已经不是一个单纯以祭祀为业的神权贵族集团。他们中的很多人都不是靠所谓的"布施"生活，而是靠剥削奴隶生活。有一个名叫陀然的婆罗门对佛徒舍梨子说："当知我今在家，以家业为事。我应自安隐供养父母、赡视妻子，'供给'奴婢，当输王租，祠祀诸天，祭馔先祖及布施沙门梵志，为后生天而得长寿、得乐果报故。舍梨子，是一切事，不可得疑。一向从法。"①可见，婆罗门甚至把这样的生活当作"一向从法"。事实上，当时有许多婆罗门占有整村整村的土地，以致"极大富乐，资财无量，畜牧产业不可胜计……"②占有大量土地的婆罗门，其所剥削的劳动者是很多的，据《杂阿含经》记载，拘萨罗国一那罗村附近，"尔时耕田婆罗豆婆遮婆罗门，五百具犁耕田"③。关于这五百具犁的耕者的身份，此经没有说明。但是据《佛本生经》记载，有一个婆罗门有地一千迦梨沙（Karisa），其中一半用以出租，一半则用奴隶和仆夫耕作④。所以，在奴隶制发展过程中，很多婆罗门成了大奴隶主、大土地占有者。

与此同时，也有许多婆罗门没落了。据《佛本生经》记载，许多婆罗门当

---

① 《中阿含经》，卷六，舍梨子相应品，《梵志陀然经》第七。按舍梨子亦未以婆罗门剥削奴隶为非，只不过说要'愍伤奴婢，给恤赡视"。这与婆罗门自称剥削奴隶为"供给奴婢"，毫无差别。

② 早期佛经中记载"拘萨罗"国的这种情形最多，如《长阿含经》，卷七，第二分，《弊宿经》第三；卷十三，第三分，《阿摩昼经》第一；卷十五，第三分，《究罗檀头经》第四；卷十七，第三分，《露遮经》第十；《中阿含经》，卷十二，王相应品，《鞞婆陵耆婆》第六等。甚至当时比较落后的"鞞陀提"（Vedeha）国也有这种情况，见《中阿含经》，卷四十一，梵志品，《梵摩经》第十。

③ 《杂阿含经》，卷四（九十八）。又巴利本 Sutta-Nipata1,4 有同样记载，村名亦为"一那罗"（Ekanala），人名亦为"耕田婆罗豆婆遮"（Kasibharadvaja），但所在国家则为摩揭陀（Magadha）。见 SBE.卷十，第二部分，11～12 页，F. Max Müller 英译文。又中文三国时译《杂阿含经》（译者名佚）亦曾说拘萨罗国有"佃家婆罗门，姓为蒲卢，一竹外多犁者会饭，能五百犁"。

④ Jataka—AtthavannanaⅥ，276。此处据 Dev Raj Chanana, *Slavery in Ancient India as depicted in Pali and Sanskrit Texts*，42 页。

了医生、信差、税吏、樵夫、商人、农夫、牧人、屠夫、侍卫、猎人、木匠①；还有许多婆罗门以赌博、谄媚于人、斗鸡犬等牲畜、演口技、卜算相面、作魔术、念咒等为生，"邪命自活"②。婆罗门教的早期法经、法论，从另一个角度也反映出了这种情况。《阿跋斯檀巴法经》1，7，20，第十条曾说："经商对于婆罗门是不合法的。"以下一条就又认为在困穷时，可以经商③。《乔答摩法论》Ⅹ，第五条说："农业和商业对于婆罗门也是合法的，只要他不亲自去做。"第六条说："放债谋利也是如此。"④ 同书Ⅶ，第六条说："再不成，则可以吠舍职业为生。"第八至第二十条规定了许多不许婆罗门做的事情，但第二十二条又说："如果别无出路，婆罗门可以以任何方法谋生，只是不得从事首陀罗的职业。"而第二十三条又说："如有生命之虞，甚至这（指首陀罗职业——引者）也可以做。"⑤ 首陀罗的职业是什么呢？同书Ⅹ，第五十六条说："为高级种姓服务。"⑥可见，制定法规的婆罗门上层，虽力图限制婆罗门做若干职业，以求维持种姓"尊严"，但是终于无法挽回许多婆罗门的没落，而不得不作出让步。

随着许多婆罗门在经济上的没落，他们的社会地位也降低了。按照婆罗门教规定，只有婆罗门能教授生徒⑦；但是这时又不得不承认在困穷时期婆罗门可从刹帝利、吠舍为生徒，并且在从师期间要走在老师后面以示敬意⑧。

吠舍种姓的成员同样也不属于同一个阶级。《阿跋斯檀巴法经》规定给吠

---

① 此处据 N. K. Dutt 所综合材料，见 *Origin and Growth of Caste in India*，卷一，260 页。此外，婆罗门做农夫事，参阅《杂阿含经》，卷四十四（一一八二）；又别译《杂阿含经》，卷十三。

② 见《长阿含经》，卷十三，第三分，《阿摩昼经》第一。

③ Apastamba Dharmasutra. 见 *SBE*. 卷二，72 页。

④ Gautama Dharmasastra. 见 *SBE*. 卷二。228 页。按有人称此为《法经》，此处从 Georg Bühler 英译序说明，称《法论》。

⑤ 见 *SBE*. 卷二，212～213 页。参阅 Vasistha Dharma Sastra，Ⅱ，22～40。见 *SBE*. 卷十四，12～14 页。

⑥ 见 *SBE*. 卷二，233 页。参阅 Apastamba Ⅰ，1，1，6；见 *SBE*. 卷二，2 页。

⑦ 参阅 Apastamba Ⅱ，5，10，4，见 *SBE*. 卷二，122～123 页；又 Gautama Ⅹ，2，见 *SBE*. 卷二，224 页。

⑧ 参阅 Apastamba Ⅱ，2，4，24～27，见 *SBE*. 卷二，111 页；又 Gautama Ⅶ，1～3，见 *SBE*. 卷二，211 页；又 Baudhayana Ⅰ，2，3，41～42，见 *SBE*. 卷十四，154～155 页。

舍的职业是农业、畜牧和商业①。而《乔答摩法论》又加上放债谋利②。吠舍种姓的大多数大概都是从事劳动的农民。早期佛教经典不仅认为吠舍种姓本从务农而来，而且也常提到他们种田的事③。随着奴隶制的发展，吠舍中的大多数劳动人民的地位恶化了。据《佛本生经》记载，有一些吠舍做了成衣匠、陶工④，而这些在当时都被认为是低级职业。这一点在婆罗门教的典籍里也有反映。《乔答摩法论》V，第四十三、第四十四条说，除非适逢祭祀，婆罗门不以客礼接待较低种姓的人，但对刹帝利则必须于接待婆罗门客人后供以饮食。而第四十五即说，"出于慈悲，他应使其他种姓（显然是指吠舍与首陀罗——引者）与其奴仆一同进食。"⑤ 可见，在一般情况下，吠舍地位已下降而与首陀罗接近。

在奴隶制发展过程中，也有吠舍变成富有的奴隶主者的。《中阿含经》记载了一个富有的吠舍妇女虐待奴隶的故事说："昔时有居士妇，名鞞陀提，极大富乐，多有钱财，畜牧产业不可称计，封户食邑米谷丰饶，及若干种诸生活具。……尔时居士妇鞞陀提，有婢名黑本侍者。……夫人呼曰：'黑婢何以乃至脯时起？既不自作，亦不教作。此黑婢不随我教，此黑婢轻慢于我。'便大瞋恚，而生憎嫉，额三脉起，皱面自往闭户下关，手执大杖，以打其头。头破血流……"⑥ 变成奴隶主的吠舍的政治地位也提高了。他们甚至使国王的大臣为

---

① Apastamba Ⅱ，5，10，7，见 *SBE.* 卷二，124 页。

② Gautama Ⅹ，49，见 *SBE.* 卷二，第 232 页。

③ 参阅《中阿含经》，卷十六，王相应品，《蜱肆经》第七；卷二十七，林品，《阿奴婆经》第六；卷二十九，大品，《请请经》第五等。

④ Jataka Ⅵ，372。（No.546，Mahā—Ummagga—Jātaka）。见 E. B. Cowell 与 W. H. D. Rouse 英译本，卷六，1907，Cambridge，187～188 页。参阅 *The History and Culture of Indian People.* 卷二，1953 年第 2 版，548 页。

⑤ Gautama。见 *SBE.* 卷二，207 页。又同书 Ⅹ，42 规定吠舍与首陀罗所特有的获得财产的方法，亦同为劳动。见 *SBE.* 卷二，229 页。

⑥ 《中阿含经》，卷五十，大品，《牟犁破群经》第二。按此居士妇所有奴隶是很多的，黑本侍者大概是管家奴隶。这从"亦不教作"一语可知。又参阅同上经卷十四，王相应品，《大天㮈林经》第三；同品《天使经》第七；卷三十一。大品，《赖吒惒罗经》第十六；同品《释问经》第十八；卷五十，大品，《加楼乌陀夷经》第一。

自己"处分家事"①，甚至与国王、大臣"共论"大事②。面对这种情况，甚至婆罗门教的《阿跋斯檀巴法经》也不得不承认一些"纯洁与忠实"的吠舍可与婆罗门、刹帝利同样担任村镇的地方官③。

首陀罗种姓的处境，总的来说是很恶劣的。《阿跋斯檀巴法经》给他们规定的职业是为高级种姓服务④，《乔答摩法论》又给他们加了一项手工业⑤。较后的《耶支纳伐迦法论》则认为，他们于必要时可以经商⑥。首陀罗中大概有很多人都是奴隶⑦。为人家服务的首陀罗要给主人的来客洗脚⑧，甚至有些人几乎沦为"不可接触者"⑨。但是，在奴隶制发展过程中，首陀罗种姓成员的实际地位也不是那样单纯的。早在《般遮云夏梵书》中就出现了矛盾的记载：一方面，它宣布首陀罗即使是幸运的也只能做别人的奴仆，为人洗脚，同时，它又说有一些国王的大臣是首陀罗⑩。《中阿含经》在说到富有的"施主"时其中也包括首陀罗，并且还提到首陀罗女子"在盛年时，沐浴香熏，着明净衣、华鬘璎珞，严饰其身"⑪。而摩揭陀国家的难陀王朝与孔雀王朝的建立者，也很可能在母系上都是首陀罗出身⑫。可见，在首陀罗种姓中也有一小部分的经济地位有所提高，甚至走入统治集团的行列。

---

① 《长阿含经》，卷五，第一分，《典尊经》第三。

② 《长阿含经》，卷十三，第三分。《阿摩昼经》第一。

③ Apastamba Ⅱ, 10, 26, 4～5, 见 *SBE.* 卷二, 163 页。

④ 参阅 Apastamba Ⅰ, 1, 6～7, 见 *SBE.* 卷二, 2 页; 又参阅 Vasishtha Ⅱ, 20, 见 *SBE.* 卷十四, 11 页; Baudhayana Ⅰ, 10, 见 *SBE.* 卷十四, 199 页。

⑤ 参阅 Gautama Ⅹ, 56, 60. 见 *SBE.* 卷二, 233 页。

⑥ Yājñavalkya, 此处据 G. S. Ghurye, *Caste and Class in India*, 1957 年第 2 版, 99 页。

⑦ 例如 Apastamba Ⅰ, 1, 3, 41 就是说到首陀罗奴隶, 见 SBE, 卷二, 13 页。

⑧ 参阅 Apastamba Ⅱ, 3, 6, 9～10; Ⅱ, 10, 26, 15. 见 *SBE.* 卷二, 115、164 页。

⑨ Apastamba Ⅰ, 5, 16, 33 和Ⅰ, 5, 17, 1 规定, 婆罗门于进食时接触到首陀罗, 即应停食。

⑩ Panchavimsa Brahmana, 此处据 G. S. Ghurye, *Caste and Class in India*, 1957 年第 2 版, 50 页。

⑪ 见《中阿含经》，卷一，七法品，《木积喻经》第五；又同经卷二十二，秽品第三，《秽品经》第一；卷二十八，林品，《瞿昙弥经》第十等，皆曾说到首陀罗女子如此装饰事。

⑫ 关于这些国王的出身，有不同说法。参阅 *The History and Culture of the Indian People*, 卷二, 1953 年第 2 版, 31、55～56 页。

至于刹帝利种姓，《阿跋斯檀巴法经》为他们规定的特有职业是统治和作战①。《乔答摩法论》又规定："战胜者应受得自战争的掳获品。车乘坐骑归国王；除去只身作战所得掳获品外，国王得最优厚的一份。但国王应把其余一切掠得物予以公平的分配②。"在公元前6至4世纪印度各国战争频繁之际，无疑会有很多刹帝利由此致富。因此，就一般情况而论，刹帝利的经济地位是在上升之中的。

少数刹帝利经济地位下降的情况也是存在的。根据黎斯·大卫综合巴利文《佛本生经》的材料。在刹帝利中，有人做商人，有人做手工业者，甚至一个刹帝利王子曾先后做过陶工、编篮匠、花匠、厨师等在当时被认为低等的职业③。据中译的佛本生故事，有一王子出家修行，将其一子一女施与一个婆罗门为奴隶，后来国王用若干金钱和牛才把孙儿、孙女赎回来④。这些故事虽然具有传奇性质，认为这些刹帝利做"低等"职业或成为奴隶似乎并非出于经济原因，但总反映了刹帝利种姓成员做这些事或做奴隶并非绝不可能之事。婆罗门教文献也反映出了这一点。《乔答摩法论》Ⅶ，第二十六条说："刹帝利于困穷时可做吠舍职业。"⑤ 可见刹帝利种姓中也有贫困者。

社会的日益分化，引起了运动着的现实社会与不变的种姓制度的矛盾，从而也引起了人们的思想意识上对于种姓制度的否定或怀疑。作为佛教"三法印"之首的"诸行无常"思想，正是在这样的历史条件下的产物。在"无常"思想指导下，早期佛教曾以某些国家的奴隶主与奴隶地位的可变性为论据来反驳种姓制度的不变性⑥。意识到社会发展中阶级变化的不可避免性，这是早期佛教

---

① 参阅 Apastamba Ⅱ，5，10，6，见 *SBE.* 卷二，124 页。又参阅 Vasishtha Ⅲ，25，见 *SBE.* 卷十四，20 页。

② Gautama Ⅹ，20～23，见 *SBE.* 卷二，229 页。

③ Jātaka V，290（N. 531. Krsa—Jātaka）见 H. T. Francis 英译本，卷五，1905，150～151 页。参阅 T. W. Rhys Davids, *Buddhist India*，1903 年版，54～57 页。

④ 参阅（吴）康僧会译；《六度集经》，卷二，布施度无极章，《须大拏经》。

⑤ Gautama，见 *SBE.* 卷二，211 页。

⑥ 《中阿含经》卷三十七，梵志品，《阿摄惒经》第十说：余尼（Yona 按指希腊，自 Ionia 转来）剑浮（Kamboja，按在印度河上游、犍陀罗以北）有"大家"与"奴"两种，可以互变。按巴利本中阿含亦有同样记载，参阅 Majjhima Nikāya Ⅱ，149（XCIII，Assalāyan-Sutta），见 S. B. B. 卷六，85 页。又《梵志颇波罗延问种尊经》说月支国中"人"可做"奴"，"奴"可做"人"。《增壹阿含经》，卷四十六，放牛品第四十九亦有同样记载，但未指出具体国家。

思想内容中所包含的某种程度的时代觉醒意识。

当然，佛教的这种觉醒意识是极其有限的，它绝不能把握社会新发展的实质。它可以在积极方面表现为对不平等现象作斗争。在消极方面也可还原为对现实的希望的幻灭。佛教在种姓问题上对婆罗门教的斗争是有积极意义的，而佛教把众生平等局限在彼岸的世界里，却是走向消极悲观方面去了。"佛告诸比丘，世间无常，无有牢固，皆当离散，无常在者。心识所行。但为自欺；恩爱合会，其谁得久？天地须弥，尚有崩坏；况于人物，而欲长存？生死忧苦，可厌已矣！"① 这就是佛教悲观思想的典型表现。佛教对于世界的认识既然如此，所以人们在"无常"的命运面前，大家都是奴隶。但如果只有对现实的绝望而没有来世的希望，佛教就不足以号召信徒，于是佛教提出了第三"法印"。这就是"涅槃寂静"；或者说："诸行无常，是生灭法，生灭灭已，寂灭为乐。"② 这样，就给了人们以幻想的希望。当然，这个希望只能是在"天上"而不是在人间的。

从社会根源上来看早期佛教对待种姓制度的态度，问题就更可以得到进一步的理解。

首先，种姓制度的存在，对于刹帝利种姓的贵族在经济上有不利的一个方面。如上所述，在公元前 6 至 4 世纪，刹帝利种姓的贵族经济地位正在上升，他们要求尽可能地扩大剥削对象。然而按照种姓制度的原则，较低的种姓必须敬重较高的种姓，在较后的《摩奴法论》里还有这样的规定：如果负债人的出身与债主相等或较低，他应以相当的劳役来抵债；如果负债人的出身较高，则可以慢慢归还③。因此，刹帝利种姓贵族要想剥削当时没落了的婆罗门的劳动，这就发生了困难；如果要用婆罗门做奴隶，那么困难就更多了。早期佛教思想中有反对种姓制度的一个方面，是与这一点有关的。

其次，尤其重要的是，种姓制度的存在，对于刹帝利贵族在政治上有不利的方面。公元前 6 至 4 世纪是印度君主专制国家形成时期。出身于刹帝利种姓也首先代表刹帝利种姓贵族利益的专制国王们，要求无限制地扩张自己的权力，

① 东晋时译的《般泥洹经》，卷上（译者名佚）。
② （东晋）法显译：《大般涅槃经》，卷下。
③ Законы Ману Ⅷ ，177с. Д. эльмановнч 译，Г. Ф. Ильин 校，1960 年版，162 页。

要求高居于一切之上。然而，按照种姓制度的规定，婆罗门居于第一等地位，加于他们之上。《乔答摩法论》XI，第一条说："王为一切之主，但婆罗门除外。"① 《伐息斯它法论》I，第三十九条说："较低之三种姓，应依婆罗门的教导生活。"第四十条说："婆罗门应宣布其各自职责。"第四十一条说："国王应从而统治之。"第四十二条说："依圣法（反映婆罗门教的法经、法论——引者）统治之国王，可收取臣民财富六分之一。"第四十三条又说："婆罗门不在此例。"② 甚至《阿跋斯檀巴法经》还说，王与婆罗门相遇，应让路与婆罗门③。婆罗门的人身也是不许任何人侵犯的。《乔答摩法论》规定："攘臂怒向婆罗门者，逐出天界百年；打之者，逐出千年。"④ 这些完全是与专制国王的王权相矛盾的。因之，王权与婆罗门展开了激烈的斗争。根据史诗与《古史记》(*Purāṇa*) 记载，有些国王禁止祭司献祭，有的国王夺取婆罗门的财宝，有的国王甚至迫令一千个婆罗门为之挽车，等等⑤。早期佛教激烈地反对婆罗门，为刹帝利夺取第一等级地位，正是体现了这种专制王权的要求。

出身于刹帝利种姓的专制国王也不仅是刹帝利贵族的代表，他们作为国家的首脑，还代表着整个富有的奴隶主阶级。他们要求从奴隶主阶级中寻求自己统治的支柱，不容有更多的种姓的限制。前面已经提到有各种姓奴隶主做官参加政权的事。据森纳特所集史诗资料，有婆罗门成为重要将领者，有牧人之子成为著名统帅者，也有出身于首陀罗而享有威势者。他并由此得出结论说："刹帝利与婆罗门的联盟，甚至高等的人与最低种姓的联盟，都是屡见不鲜的。"⑥ 对于这个结论需要作一点匡正，就是必须指出这种联盟的奴隶主阶级的性质。还可指出的一点是，越是在刹帝利与王权同婆罗门斗争激烈的时候，王权越需要更多地从较低种姓出身的奴隶主中寻求自己的政治支柱。早期佛教的动听的

---

① Gautama，见 *SBE.* 卷二，234 页。

② Vasishtha，见 *SBE.* 卷十四，7～8 页。参阅 Gautama XI，25～27，见 *SBE.* 卷二，237～238 页。

③ 参阅 Apastamba II，5，11，5～6，见 *SBE.* 卷二，124～125 页；又 Gautama VI，25，见 *SBE.* 卷二，211 页。

④ Gautama XXI，20～21，见 *SBE.* 卷二，282～283 页。

⑤ Emile Senart 著，E. D. Ross 英译：*Caste in India—the facts and the system*，1930 年版，140 页。

⑥ Ibid，98～99 页。

偈语："不应问生处，宜问其所行，微木能生火，卑贱生贤达……"① 这所反映的也不过是专制王权的一个要求，或者说，刹帝利种姓奴隶主与吠舍、首陀罗等出身奴隶主联盟的要求。

由此可见，早期佛教思想中的反对种姓制度和婆罗门的一个方面，其根源就在于刹帝利奴隶主以及他们与吠舍、首陀罗中新兴奴隶主联盟的利益上。

从另一方面看，刹帝利种姓在种姓制度的阶梯上所居的地位毕竟是很高的。根据以上所述较低种姓很难剥削和奴役较高种姓的原则，种姓制度的存在，对于刹帝利奴隶主扩大剥削对象的要求并无严重阻碍。吠舍与首陀罗种姓中的广大劳动人民总是刹帝利奴隶主的主要剥削对象，婆罗门种姓中贫穷化了的人在人口总数中所占的比例毕竟不会是很大的。因此，刹帝利奴隶主就不会有强烈地反对种姓制度的要求；而且由于他们在种姓制度的阶梯中占有很高地位，所以他们又毋宁要求维护种姓制度了。早期佛教不能真正反对种姓制度，而实际只是为刹帝利争夺第一等级地位的根本原因，也就在于此。

进而言之，刹帝利奴隶主与婆罗门奴隶主之间，除了有以上所述的相互对立的一方面以外，还有着同一的方面。首先，他们都是奴隶主，有着基本一致的阶级利益；其次，他们在种姓制度的阶梯中都居于较高的地位，又有着相当一致的等级利益。在刹帝利奴隶主与出身于吠舍和首陀罗奴隶主的矛盾中，特别是在他们与广大的被剥削的下层人民的矛盾中，刹帝利奴隶主就不仅不愿彻底消除或打击婆罗门的势力，而且还会感到有与他们联盟的必要。婆罗门奴隶主或多或少也意识到了这一点，所以《乔答摩法论》中曾说："吠陀有言：'得助于婆罗门之刹帝利，永盛不衰。'"② 早期佛教之所以除了为刹帝利种姓争夺第一等级地位以外，并不对婆罗门作更严重的打击，其原因也就在于此。

三、早期佛教对待种姓制度态度的历史作用

早期佛教对于种姓制度的态度，并不只是消极地反映了当时刹帝利奴隶主的要求，而且对历史发展也是起了影响的。我们必须根据佛教在这一方面的具

① 《别译杂阿含经》，卷五。
② Gautama XI，14。见 *SBE*. 卷二，236 页。

体思想，联系当时具体历史条件来予以评价。

早期佛教思想中有着反对以出身决定人的社会地位的一个方面。这一点，在当时是有进步意义的。因为，种姓制度产生于印度氏族解体和阶级社会形成时期，它一方面把这一时期的阶级分化情况用等级制度的形式固定下来，同时也保存了作为氏族制度残余的血缘纽带，即以出身决定人在社会上的地位。正如以上所述，这种规定是与当时社会的实际阶级分化情况不相容的，因而也是阻碍奴隶制关系的进一步发展的。在较晚的《政事论》中，我们还看到有限制雅利安人出卖或抵押儿童为奴隶的规定。根据这个规定，出卖或抵押婆罗门的罚金四十八朋那（Pana）；刹帝利的罚金三十六朋那；吠舍的罚金二十四朋那；首陀罗的罚金十二朋那；只有"蔑列车"（Mlechchha，意为"野蛮人"）可以出卖或抵押子女[①]。类似这种情况，是不利于奴隶制发展的。所以，早期佛教反对以出身决定人的社会地位，这在客观上符合当时印度历史的消除氏族制残余与发展奴隶制度的要求，因而也就具有进步作用。

另一方面，佛教宣扬刹帝利种姓的优越性，并竭力为之争夺第一等级地位。这一点，在当时也具有进步意义。在公元前 6 至 4 世纪，印度还有许多部落，氏族残余保存得还相当浓厚。据亚里安《印度志》载："麦加斯蒂尼（Megasthenes）说：印度凡有一百十八部落"[②]。据尼亚库斯（Nearchus）说："在一些部落中，不同人群以血缘关系为基础共同种植作物，收获时，各取一年给养所需之量，烧毁其余，以求此后有事可做而不致怠堕"[③]。在佛出身的释迦族里，氏族制度残余保存就很浓厚。据《五分律》中记载："尔时舍夷（Sāvatthi）国犹遵旧典，不与一切异姓婚姻。波斯匿（Pasenadi，即 Prasenajit）王贪其氏族，恃自兵强。遣使告言：若不与我婚，当灭汝国。诸释共议，当设何方免彼凶虐，而不违我国之旧典，佥曰：正当简一好婢，有姿色者，极世庄严，号曰

---

① Kautilya, *Arthasāstra*，卷三，第十三章。见 R. Shamasastry 英译本，1956 年第 5 版，205～206 页，又苏联科学院 1959 年俄译本，197 页。

② Arrian, *Indica* Ⅶ，1。引自 E. I. Robson 英译，Loeb 古典丛书本，*History of Alexander and Indica*，卷二，325 页。

③ Strabo, *Geography*，15/66。引自 H. L. Jones 英译，Loeb 古典丛书本，卷七，115～117 页。

释种而以与之。如议，即与婆斯匿王备礼娉迎。"① 这个材料说明释迦族不仅保持部落内婚制度，而且有大事还须"共议"才能决定。黎斯·大卫据巴利本《阿摩昼经》等证明：释迦族之行政、司法事务皆于长幼咸集的大会上解决②。《政事论》也说："国王应避免占有易为敌人和野蛮部落侵掠的地区。"③ 就以早期佛教时代十六个较大的国家来看，其中拔祇国（Vriji，即 Vajjian）就是由八九个部落联盟而成的原始国家④。在这种历史条件下，像摩揭陀那样逐渐形成专制王权的国家就代表着一种先进倾向。早期佛教打击婆罗门，为刹帝利贵族争夺最高等级地位，这对专制王权形成有利⑤。因此，它在这一方面也有进步意义。

早期佛教也有其消极的一面，这就是高悬反对种姓制度旗帜而实际限制和麻痹人民的反抗意识。

公元前 6 至 4 世纪，是印度社会激剧变化发展的时期，也是阶级矛盾和斗争激剧尖锐和高涨的时期。尽管广泛存在的农村公社小天地⑥局限了斗争的范围和自觉性，尽管文献所记的斗争资料很少，我们仍然可以了解到当时斗争的一斑。奴隶逃亡，会聚山林，伺机打击奴隶主，这种情况甚至在比较落后的释迦族中也是存在的。《五分律》说："尔时诸释五百奴叛，住阿练若处。诸释妇

① （刘宋）佛陀什共竺道生等译：《弥沙塞部和醯五分律》，卷二十一，第三分之五，《衣法》下。

② 参阅 T. W. Rhys Davids, *Buddhist India*，1903 年版，19、10～11 页。

③ Kautilya, *Arthasāstra*，第 2 卷，第一章。见 R. Shamasastry 英译本，1956 年第 5 版，47 页。按苏联科学院 1959 年出版俄译本则作："国王应免除被敌军和森林部落的侵掠所破坏的地区的赋税。"见此书，54 页。

④ 参阅 *The History and Culture of the Indian People*，第 2 卷，1953 年第 2 版，6 页。

⑤ E. W. Hopkins 的看法与此相反。他认为佛教固然有其未能摆脱传统影响，未能与种姓制度决裂的一方面；但是"在另一方面，佛教国家有民主政治精神，教会之教导倾向于抬升微贱而贬降贵族政治"（见 *the Cambridge History of India*，第 1 卷，1935 年版，260 页）。这里不准备专门反驳这一论点，但在下文论述中也可以证明其谬误。

⑥ Kautilya, *Arthasāstra*，第 2 卷，第一章："（国王）应建立这样的村落，其中包括少不过一百户多不过五百户首陀罗种姓农民，村际有一或二克罗沙（Krōsa，每 Krōsa 相当于 $3\frac{1}{2}$ 公里或 2 250 码）并足以互相防卫的边界"（参阅英译本 1956 年版，45 页。俄译本 1959 年版，54 页）。据英、俄本注，Meyer 之德译本译"首陀罗种姓农民"为"首陀罗与农民"。

女欲往问讯布施众僧，诸奴闻已共议言：我等当于道中抄取。"① 因此，有一国王自以为国富兵强，欲设大祀（按早期佛教无祀礼，祀礼是婆罗门教的劳民伤财的仪式），而咨询于大臣，"时彼大臣即白王言：'如是大王，如王所言，国富兵强，库藏盈溢，但诸民物多怀恶心，习诸非法。若于此时而为祀者，不成祀法，如遣盗逐盗则不成使。大王勿作是念言，此是我民，能伐、能杀、能呵、能止。'"② 由此可见，阶级斗争已很尖锐。而且随着现实的阶级分化与种姓压迫的加深，婆罗门教的天堂地狱已日益不能迷惑人们。当时倾向于唯物主义的"异见"认为："无有他世，亦无更生，无善恶报。"③ 这种观点对于消除人们迷信、摆脱来世果报顾虑，从而更正视现实生活并敢于为现实生活斗争，具有重大意义。

在这种情况下，佛教宣传人人可以奉佛，并且如前所述，宣扬人们在佛教组织之内可以一切平等。这就特别容易博得人们的信从。

现在，我们可以看一看佛教在收容信徒以及约束信徒的戒律方面的具体情况。佛教宣扬"普度众生"，可是当"众生"被号召来求戒时，它的态度就不同了。佛于"灭度"前遗嘱弟子："吾灭度后，其有世人，弃家去秽，欲作沙门，入比丘僧中，先试三月，知行高下。世有四辈人：一辈贫穷，不能自活，欲为比丘；一辈负债，无以偿之，欲作比丘；一辈在役，当时无用，欲作比丘；一辈高士，行净无秽。"④ "先试三月"正是为了便于取舍。佛于生时已"作则垂宪"。《五分律》记："尔时诸比丘度负债人，与受具足戒。受具足戒已，入王舍城乞食。债主见语言：汝负我债，谁听汝出家？有言：应夺取衣钵，捉以付官。或有言：已入无畏城，应放使去。何以故？瓶沙王有令：若国内有毁辱比丘、比丘尼者，当与重罪。债主便讥呵言：此诸沙门，无有可度不可度者，云何度负债人？无沙门行、破沙门法。诸长老比丘闻种种呵责，以是白佛。佛问诸比丘：汝等实尔不？答言：实尔、世尊。佛种种呵责已，告诸比丘：不应度负债人。与受具足戒。度及授具足戒时皆应先问，汝负债不？若言不负，应度应受。

① （刘宋）佛陀什共竺道生等译：《弥沙塞部和醯五分律》，卷十，第一分之六，《悔过法》。按"阿练若"即 Arinya，意为寂静处。

② 《长阿含经》，卷十五，第三分，《究罗檀头经》第四。

③ 《长阿含经》，卷七，第二分，《弊宿经》第三。

④ （西晋）白法祖译：《佛般泥洹经》卷下。

北京师范大学史学探索丛书

若言负，不应度不应受。若度若受，皆突吉罗（Dukkata）。若不问，亦如是。度奴亦如是。"① 此外，被国王宣布死刑而逃亡在外者、曾受各种刑罚（如鞭打、烙印等）者亦不得受戒②。对贫病无依的人同样也不与受戒。类似戒律，不知凡几。可见早期佛教的大门实际并未为苦痛最深的人或反抗者开着。相反，佛教对统治者就完全是另一种态度。"佛言：害父母人于我法中不复生，不应与出家受具足戒；若已受具足戒，应灭摈。"③ 这本是人们能够理解的。然而，阿阇世王（Ajatasatru）杀父篡位，后至佛前表示悔过，"佛告王曰：'世有两种人无罪而命终，如屈伸臂顷，得生天上。云何为二？一者，不造罪本而修其善；二者，为罪改其所造，是谓二人而取命终生于天上，亦无流滞。尔时世尊便说此偈：人作极恶行，悔过转微薄，日悔无懈息，罪根永已拔'④。显然佛说这两种人是对两种阶级说的，对被压迫者，要求不"犯罪"（欠债没还算"犯罪"，奴隶求解脱算"犯罪"，反抗统治者算"犯罪"，甚至贫困无依也是"犯罪"），犯了这些"罪"就断绝了"生天"之路；对统治者，则任何恶事皆可做，只要表示一下"悔过"，死后在动一动胳膊的时间里就可以"生天"而无流滞。人人皆可信奉佛教的"平等"，实际就是如此。

　　还可以看看已受戒的比丘情况。佛教对于比丘的戒律是数不清的，这里只举《五分律》中一个例子。佛在王舍城，有一陶家子出身的比丘盗窃了王家木材，"尔时摩竭大臣，出家修道，侍佛左右。佛问比丘（指摩竭大臣——引者）：阿阇世王，人盗齐几便得死罪？比丘白佛：五钱已上，便与死罪。佛复以此更呵责已，告诸比丘：以十利故，为诸比丘结戒；从今是戒应如是说，若比

　　① 《弥沙塞部和醯五分律》，卷十七，第三分初。《受戒法》下。参阅（姚秦）佛陀耶舍、竺佛念等译：《四分律》，卷三十四，二分之十三，《受戒捷度》之四。又巴利本律藏 Mahavagga 46 及 47 有相同记载，见 SBE. 卷十三，T. W. Rhys Davids 及 Hermann Oldenberg 英译 Vinaya Texts 第一部，199 页；按"突吉罗"为一种犯戒之名称，性质较轻。参阅同书 166 页注。

　　② 《弥沙塞部和醯五分律》，卷十七，第三分初《受戒法》下；《四分律》，卷三十四，二分之十三《受戒捷度》之四。Vinaya Texts，Mahavagga，42～45。见 SBE. 卷十三，197～198 页。

　　③ 《弥沙塞部和醯五分律》，卷十七，第三分初《受戒法》下。

　　④ 《增壹阿含经》，卷三十九，马血天子品，第四十三之二。参阅《长阿含经》，卷十七，第三分《沙门果经》第八，又同经异译《佛说寂志果经》（东晋竺昙无兰译）。

丘盗五钱已上，得波罗夷不共住"，乃至"发心"盗值五钱之物，亦得同罚①。阿阇世王保护私有财产，盗五钱以上与死罪，已极残暴，不过还只能惩责于既往，诛其形。而佛教保护私有财产，则不仅盗五钱"不共住"，而且还防患于未然，诛其心。事无大小，以至奉王家正朔，佛的教导都是"应随王法"②。因此，如果说佛教僧伽组织内有"平等"，那就是严格服从专制王权的"普遍奴隶"的平等了③。

再则，如前所述，信佛教者可以自称为婆罗门。佛能予信徒以在当时居于最高等级的地位，当然是很足以使人们对它产生希望的。但是，怎样才能得到这种地位呢？《法句经》说："绝诸可欲，不淫其志，委弃欲数，是谓梵志（即婆罗门——引者）……见骂见击。默受不怒，有忍辱力，是谓梵志；若见侵欺，但念守戒，端身自调，是谓梵志……避争不争，犯而不愠，恶来善待，是谓梵志……"④

总之，佛教实际是要以不拘种姓、"平等"等堂皇空话来限制人们的反抗与斗争，从而把人们引向消极的服从与忍辱道路上去。因此，如果说婆罗门教的种姓制度给人们带来苦难，但它的消极性质是暴露于外的，所以倒不容易引起人们对它产生幻想。而佛教以反对种姓制度、主张"众生平等"的旗帜来限制和缓和民众的斗争，消极性质包藏于内，反而使人不易认识。

历史事实是铁面无私的证人。早期佛教在社会上的势力和影响不能算小。在统治者中，俱萨罗国波斯匿王、摩揭陀国瓶沙王及阿阇世王父子都很支持佛教；佛"灭度"后，甚至八国争分舍利⑤。在民间，据说"佛未入摩揭陀国时，

---

① 《弥沙塞部和醯五分律》，卷一，第一分初，《波罗夷法》。参阅《四分律》，卷一，初分之一，《四波罗夷法》之一，又（东晋）佛陀跋罗、法显译：《摩诃僧祇律》，卷三，《明四波罗夷法》之三。

② 《弥沙塞部和醯五分律》，卷十八，第三分之四《布萨法》。

③ 马克思认为东方专制国家里，臣民是"普遍奴隶"，见《资本主义生产以前各形态》，33页，北京，人民出版社，1956.

④ （吴）维祇难译：《法句经》，卷下，梵志品第三十五。（姚秦）竺佛念译：《出曜经》，卷二十九，梵志品，第三十四及（赵宋）天息灾译：《法集要颂经》，卷四，楚志品，第三十三，皆有类似记载。又巴利本 Dhammapada，XXVI，Brahmana 章中亦有相同内容，参阅 SBE. 卷十，第一部分，89～95页。

⑤ 如此故事佛经中甚多。见《长阿含经》，卷四，《游行经》第二后，又诸般涅槃经、本行经等。

国民丰富，饶美饮食，作乐倡伎，常欢不废，夙夜游戏。佛适入国，罗阅祇城（Rajagriha 即王舍城）昼夜寂寞，诵声济济，齐（斋）戒读经，舍世俗乐如弃粪除"。[①] 其后，孔雀王朝时期阿育王大事宣扬佛教的事，更不必说。可是，我们看到与佛教一同兴起的是君主专制国家，而种姓制度则依然存在。如果说它有了变化，那只不过是由于社会劳动分工的发展与阶级分化的加深，种姓制度日益复杂化了[②]。显然，早期佛教只不过在以刹帝利贵族为中心调整阶级关系从而促进专制王权发展上，起了一定作用。对于在印度自有其深刻社会经济根源的种姓制度本身，则由于其缓和了民众的反抗，反而有利于它的延续和发展。

现在印度法律已不承认种姓制度，但是种姓制度在社会上实际并未消除。正如印度学者 S. 维底耶兰伽介绍现代印度情况所说："恰马尔得了教授学衔，也还是恰马尔，他的学问不能使他有婆罗门那样的地位。"[③] 再以作为种姓制度极端表现形式的"不可接触者制度"而论，据 S.S. 巴鲁依说："社会上的不可接触者制度在印度的土壤里非常根深蒂固，以致今天的印度社会上层还避免同那些被他们认为是下等的人接触。不可接触者的数目甚至在今天也是如此之多，以致它还是我们的社会和政府的一个问题。这种人的数目约在三千万至六千万之间。"[④] 如何铲除种姓制度的根源呢？印度人民可以也应该从早期佛教对待种姓制度的态度里吸取到有益的经验教训。

早期佛教如何对待种姓制度不只是一个历史问题，也是一个有现实意义的问题。当然，这个问题研究起来是复杂的，需要在社会经济、阶级关系、哲学思想等方面进行更深入的研究。本文最多只是把问题提出来，希望能得到指正。

---

① 《普曜经》，卷八，化舍利弗目连品，第二十七。

② 参阅 Законы Ману Ⅹ，20～44。1960 年俄译本，217～219 页。按此书主要以婚姻错杂来解释种姓复杂化，这种解释是表面的。

③ С. В पъяланкар，Лропсхо жение кастовоИСистемы вин дин。载苏联 Вестник истории мировои культуры，1958 年第 2、第 3 期，引文见第 2 期，66 页。按恰马尔（Chamār）原为北印度做皮革工的低级种姓。

④ Sasanka Sekhar Parui, Untouchability in Early Indian Society, 见 *Journal of Indian History*，1961 年 4 月号，1 页。

古代印度的土地关系

古代印度土地关系是世界历史中的一个重要问题，也是一个争论很多的问题。这篇文章的目的，就是要对古代印度土地关系的具体内容作一些初步的探讨，并提出一些个人的看法。同时应该说明，这篇文章所涉及的不是印度古代社会的整个历史时代，而仅是公元前 6 世纪至 5 世纪这一阶段。本文所引用的资料，主要是先后出现于这一时期的，从《阿拔斯檀巴》到《布利哈斯帕蒂》的几个法经和法论。[①]

一、西方学者在古代印度土地所有制问题上见解的分歧

近代的印度古代土地制度研究，是从西方学者开始的。英国的学者（其中有些人曾经直接在印度参加殖民活动）在这方面表现得似乎特别积极。可是，西方学者在古代印度土地制度问题上见解不一，争辩不休。正如英国学者 V. A. 斯密司所说："关于古代印度是否存在土地私有权的问题，已经屡有争论，但是由于在所有权的术语中含有暧昧，而未有任何可以使人满意的

① 本文所引用的古代印度法律资料及其版本如下：

Apastamba，G. Buhler 英译。见 *The Sacred Books of the East*（以下简作 *SBE.* s）卷二。

Gautama，同上。

Vasishtha，G. Buhler 英译，见 *SBE.* 卷十四。

Baudhayana，同上。

Manu，G. Buhler 英译，见 *SBE.* 卷二十五；Burhnell 英译，

The Ordinances of Mana，С. л. зльманович 俄译。г. ф. пльлн 校，законы манну。

Vishnu，J. Jolly 英译，见 *SBE.* 卷七。

Narada，J. Jolly 英译，见 *SBE.* 卷三十三。

Brihaspati，同上。

下文引证以上资料，非必要处，均仅标出章、条，不另注出处。

结果。"①

西方学者在古代印度土地关系问题上的见解，大体可分为私有和非私有说两种。主张这两种说法的人和著作都很多，这里只介绍一些具有代表性的。

首先，让我们来看非私有说。主张这一说的人，还分为两个小的分支派：一派主张土地属于农村公社所有，另一派则主张土地属于国有。属于前一派的较早人物为艾尔芬斯顿，他根据《摩奴法论》的资料，认为国王对于土地的权利是有限的，私人对于土地的权利也是有限的，只是由于《摩奴法论》中有关田界争执的条文，才难以得出一切土地皆为农村公社所有的结论。可是，"即使个人可以靠农村赠予土地或国王赠予其收成的份额而拥有财产，也许，这一点（指农村公社公有土地——家和）可能已经成了一般的规则"②。属于这一派而名气和影响都较大的是英国法学家梅因。他在1861年出版了《古代法》一书。他认为："印度农村公社，是一个有机的宗法社会，同时也是一个共同所有者的集合体……农村公社被认为是极古老的东西。不论就哪一方研究印度的通史或地方史，都可以发现农村公社在历史发展最古之点即已存在。"③ 梅因于1871年又出版《东西农村公社》一书。他对东西方的农村公社作了比较，认为印度农村公社与条顿人的农村公社有两个相同点，即"一组家庭由假定的共同亲属关系联合起来和一群人共同地行使土地所有权"；他认为不同的只是印度的农村公社仍是一种活的制度。他认为，印度农村公社本身正是土地法的源泉，绝不能把这种土地法与英国的不动产法相比④。至于印度土地国有的说法，他认为，那是英国人从其伊斯兰教的先驱者那里承袭来的，而伊斯兰教的一切土地皆归国王所有的理论与古代印度对于国王权利的看法并不一致⑤。这样，古代印度

① V. A. Smith, *The Oxford History of India from the Earliest Times to the End of 1911*, 1923 年版，89 页。应该指出，问题之不能解决，不仅由于对所有权一词理解的分歧，英国学者对此问题的不同见解往往还与当时英国对印度的土地政策直接或间接有关。

② 参阅 Mountstuart Elphinstone, *The History of India*, 1849 年第 3 版，21~22 页。

③ Henry James Sumner Maine, *Ancient Law*, Everyman's Library 本，153 页。

④ H. S. Maine, *Village Communities of the East and West*, 1913 年第 7 版，12、18 页。

⑤ 同上书，104 页。按梅因在这里还说到，古代印度的看法"绝不否定土地私有权的存在"。但是他并未说明，这种"土地私有权"，是指相对于国王所有而言的农村公社私有，是指农村公社土地以外土地的私有，还是指农村公社本身土地即属农民私有。看来不可能指第三种情况，因为这样就同他的整个见解矛盾了。

土地就不能认为属于国王所有。这是非私有说的一派。

古代印度土地非私有说的另一派，亦即国有说派，出现的也很早。这里只说一下英国著名学者斯密司的看法。他以愀底利耶《政事论》的一条注释为根据，认为"印度本地法律一般都承认农作土地为国王的财产，并承认统治者有收取王室地租或地税的不可争辩的权利，这种租税合到总收成或其现钱的价值的很可观的一部分"。①

主张古代印度土地私有的主要代表人物是巴登·鲍威尔。他认为，近代印度农村分为两种类型。第一种类型的情况是：农村由个体耕作的农户组成，他们并无共同所有的关系；只是他们有一个村长和若干职员，并共同享受农村公社的手工业者、奴仆的服役。第二种类型的情况是：在若干方面与第一种类型相同，而根本不同之处是，这种农村有一个人或一个家族是全村土地所有者。并且，他认为第一种类型是农村的原始形式②。在他看来，整个《摩奴法论》中略无任何类似于共同占有土地的痕迹，而且"王室和贵族之家原本所要求的，是作为领土统治者的最高权，而非作为地主的最高权"。③

这样，在西方学者之中，对古代印度的土地制度就形成了两类三派的说法。土地到底是属于国王所有，农村公社属公有还是属于农民私有呢？这就成了他们长期争论不决的问题。正如 A. 勃斯在其近年再版的《北印度社会和农村的经济（约公元前 600 至 200 年）》一书中所说："自从梅因和巴登·鲍威尔的名著揭开争端以来，对印度雅利安人土地制度的学派间的意见分歧，并未因在这一问题上研究的进展而缩小了。"④

当然我们也看到，在西方学者的争论中也出现了这样或那样的折中说法。例如黎斯·大卫夫人认为，在早期佛教时代，所有荒弃地及山林都由国王掌握，

① V. A. Smith, *The Early History of India, from 600 B. C. to the Muhammadan Conquest*，初版于 1924 年。此处引文见 1957 年 S. M. Edwards 修订第 4 版，137～138 页。又参阅同作者 *The Oxford History of India*，90～91 页。

② 参阅 Baden Henry Baden－Powell, *A Short Account of the Land Revenue and its Administration in British India, with a Sketch of the Land Tenures*（简称 *Land Revenue and Tenure in British India*），1913 年，Oxford，69、71 页。

③ 同上书，123～124 页。

④ Atindranath Bose, *Social and Rural Economy of Northern India* cir. 600 B. C. —200 A. D.（初版于 1924 年），卷一，1961 年修订 2 版，38 页。

而农村经济主要以土地所有者的农村公社制度为基础，而这种制度也就是欧洲的自耕农制度（Peasant proprietorship）；国王只是在有权收税的意义上"才能被认为是土地的最高所有者"①。这种折中虽然偏向农民私有土地一说，但是总提出了农民和国王两种所有者，或者说一种所有者和一种最高所有者。不过，如果印度农村公社成员既已相同于欧洲的自耕农，那么，国王最高所有权的提出，除了更多的混乱以外，又能导出什么新的出路呢？

勃斯也是一个折中论者。他认为，古代文献本身就有不同说法，上述三派意见都能从中找到自己的根据，因为不能对问题加上一简便的标签。他研究了私人对于土地的所有权，认为这种权利在古印度是存在的；所以他认为梅因把印度农村公社比作条顿人的马克的说法是可以抛弃了。但是他又不同意巴登·鲍威尔的私有权很完整的说法。他认为农村公社的所有制在这样或那样的情况下也还存在。至于国王，他认为也并不是像黎斯·大卫夫人所说那样只是在有权收税的意义上才是所有者。他说："国王是一大部分土地的绝对所有者。对于其余土地，他部分地是名义上的所有者。同时在某种程度上又是真实所有者。道路、园圃、灌溉池渠、农村水塘、集会场所和牧场为农村之公共财产。耕地公有的证据比较薄弱，但并不排除其存在的可能。王室、公社土地以外，占有土地的自由农民世代享有其份地，并在一种具有弹性的国王干预权的支配下，有着通过赠予、出卖或抵押而转让它的权利。不过，当国王的干预权扩展为没收权的时候，它就不是不让人恼火的了。受领国王土地（Brahmadeya 除外）者，对其份地的权利更加有限。他们在国王容许下持有土地，只是自由佃农。在古代部落集体主义意识残存的一些地区，个人所有权也因公社监督而被冲淡了。"② 勃斯分辨不同土地的不同所有者，对国王、公社和农民的权利在空间的机械区分上似乎比较明确了；但是由于在表述三者相互关系上容许了过多的"弹性"，毕竟谁有、谁又没有所有权的问题实际也就没有得到回答。可是，这对他似乎没有什么，他认为："是说农民和国王实际分享了所有权，或说依据不同法律解释二者是绝对合法的所有者，还是说国王的权力只是统治权，这仅是

---

① 参阅 *The Cambridge History of India*，卷一，1935 年版，198 页。

② 参阅 A. Bose, *Social and Rural Economy of Northern India*，卷一，第二章，引文见 61~62 页。

一个用语上的分歧。"① 因此，这种折中说法，实际只是把各方面的现象作了一番表述，而问题的实质仍然未能充分说明。

以上，我们对西方学者的见解作了一些介绍，目的是在于说明古代印度土地关系的问题仍有研究的必要，而不在于阐述他们的研究的历史。至于他们具体论证中的问题，在下面适当的地方将给以必要的讨论。

二、农村公社及其内部的土地分配与使用

古代印度各地社会经济发展很不平衡，因此不同地区村落的情况也不相同②。在本文所考察的时期里，许多地区的社会还处于部落制度阶段③。据尼亚库斯（Nearchns）说："在一些部落中，不同人群以血缘关系为基础共同种植作物，收获时，各取一年给养所需之量，烧毁其余，以求此后有事可做而不致怠惰。"④ 同时，随着社会分工的发展，在不同地区又出现了若干非农业性的村落。据《佛本生经》所记，除农民村落以外，还有渔民村落、猎人村落、手工业者村落⑤等。不过当时一般印度国家的农村，主要并不是氏族部落共同耕作的村落，也不是其他职业的村落，而是一种组成农村公社的以农业为主的村落。这一点差不多已是大家公认的了。这里，我们要探讨的也正是这种农村公社的村落。

① A. Bose, *Social and Rural Economy of Northern India*，卷一，58～59 页。

② Rhys Davids 也曾说："不同地区的不同村落，在保有土地的习惯和作为与公社相对立的个体家主的权利上，各不相同。"见 *Buddhist India*，1903 年版，44 页。

③ 公元前 4 世纪希腊人麦加斯蒂尼（Megasthenes）曾说："印度凡有一百十八部落。"见 Arrian, *Indica* Ⅶ, 1；引自 E. I. Robson 英译, Loeb 古典丛书本 *History of Alexander and Indica*，卷二，325 页。又 Kautilya, *Arthasāstra* Ⅱ, 1, 也说到边境的部落，参阅 R. Shamasastry 英译本，1956 年第 5 版，49 页，或苏联科学院 1959 年俄译本，54 页。以下引《政事论》，皆见此二译本，不另作注。

④ Strabo, *Geography*, 15, Ⅰ, 66。引自 H. L. Jones 英译, Loeb 古典丛书本，卷七，115～117 页。

⑤ 本文所引《佛本生经》系 E. B. Cowell, R. Chalmers 等英译本，于 1895—1907 年间由剑桥出版。以下引文，但注传统章节，不再标版本。参阅 Jataka Ⅰ, 234（No. 41, Losaka—Jataka）；Jataka Ⅵ, 71（No. 540, Sama—Jataka）；Jataka Ⅳ, 159（No. 466, Samudda—Vanija—Jataka）等。

但是，什么是农村公社呢？不同的人的理解是不同的。如上文所说，巴登·鲍威尔认为土地已属农民私有，但他还把这种"土地私有"的村落称为农村公社。显然，他所谓的农村公社不是一种特定土地关系的体现物，而基本是一种行政单位，最多也不过是一种在经济上有着某些共同关系的人们的组合。这种说法，实际是否定了印度农村公社的存在。

马克思在说明农村公社不同于原始公社的特征时指出："首先，所有较早的原始公社都是建立在自己的成员血统关系上的。农村公社则割断了这种强韧然而狭窄的联系，从而能够适应环境，更能扩大和维系与其他公社的联系。其次，在公社内部，房屋及其附属物——庭园，已经是农民的私有财产，可是远在农业兴起以前，公有的房屋曾经是当时各种形式的公社的物质基础之一。最后，在农村公社中，虽然耕地仍归村社公有，但在村社各个成员之间已经进行定期分配。因此，每一个农民是用自己的力量来耕种分配给他们的一份田地，并且把从耕作得来的果实留为己有；然而在较早的公社中，生产则共同进行，被分配的只有产品。"① 因此，农村公社的根本特征就在于它本身所具有的"二重性"，亦即：一方面存在着公有制以及由此而生的各种社会关系；另一方面有了私有房屋、庭园，耕地的分散经营和产品的私人所有等。显然，农村公社的基础正是一定的土地关系。

现在，我们再从史实来看古代印度农村公社的存在。这里，我们首先简单介绍一下农村公社的一般情况，再考察一下耕地以外的公有土地情况，最后再比较详细地考察耕地占有的情况和性质。

古代印度农村大小不等。据《佛本生经》记载，大者居民达一千户②，小者居民仅三十户③。而恃底利耶于《政事论》Ⅱ，1条中认为，国王在移民新建农村时，居民应不少于一百户、不多于五百户。大概一百至五百户的农村在当时是比较适中的。村与村之间有确定的边界，这种边界可以以山、河、池、渠、

---

① 马克思：《答维拉·查苏里奇的信和草稿》，1881 年 3 月 8 日。见《史学译丛》，1955 (3)，6~7 页，参阅 22 页。

② Jataka Ⅰ，234（No. 41，Losaka－Jataka）；Jataka Ⅳ，159（No. 466，Samudda—Vanija—Jataka）.

③ Jataka Ⅰ，199（No. 31，Kulavaka—Jataka）.

种种森林、神庙或其他土丘、界石等为标志，并且这是受法律保护的①。摩克尔吉根据《政事论》中所提到的村内各种土地的梵文名词归纳说："农村土地由下列部分组成：（1）耕地（Krishta）；（2）未耕荒地或休耕地（Akrishta）；（3）高旱地（Sthala）；（4）撒谷种地（Kedara，按此字英译《政事论》作潮湿地，俄译《政事论》作稻田）；（5）丛林（Arama，按此字英、俄译《政事论》皆作花园）；（6）栽植香蕉之类的果园（Shanda）；（7）培植生姜、郁金之类块根的田（Mula－vapa）；（8）种植甘蔗地（Vata，按此字英译《政事论》作篱栅）；（9）供薪柴等物之需的森林（Vana）；（10）农村牲畜牧放地（Vivita）；（11）路面地（Pathi）。此外，农村的居住区则必由下列固定设施的面貌来区划：（1）盖房屋的地面（Vastu）；（2）圣树（Chaitya）；（3）神庙（Devagriha）；（4）堤坝（Setubandha）；（5）火葬场（Smasana）；（6）施舍屋（Sattra）；（7）饮水贮所（Prapa）；（8）圣地（Punyasthana）；（9）公共娱乐（如音乐、舞蹈、戏剧的演出）厅（Preksha）及公共餐厅（Pravahana）。"② 虽然我们知道，《政事论》中不免有理想化或典型化了的东西，但是，它所说的农村的情况总反映出村是一个有机体。

在上述各种土地和建筑中，占有的情况是不同的。这里先来谈一谈属于农村公社共有并且共同使用的一类。农村居住区的各种地面和建筑，除各家盖房屋的地面以外，本身都是属于公用性的。《佛本生经》曾经说到农村公社成员共同兴修公共工程（如桥、路、园圃、会堂等）和水利（如池塘、灌溉渠等）的事③；《政事论》Ⅲ，10 还说到不参加公益事业的人应受惩罚。可见，它们也是属于公有的。据《摩奴法论》Ⅷ 248 条，位于农村公社边界上的水池（Tadaga）、井泉（Udapana）、水库（Vapi）、河渠（Prasravana）等，当属于有关的农村公社所共有。《摩奴法论》Ⅷ，237 条还说到，农村公社的周围通常有一百"达奴斯"（Dhanus 约当1.8公尺）或以小木棒抛掷三次距离远的公共土地，据

① 参阅 Manu Ⅷ，246～251；Arthasāstra Ⅱ，1，见英译本 45 页，俄译本 52 页；Brihaspati ⅩⅨ，1～6。

② The Age of Imperial Unity（The History and Culture of the Indian People，卷二），1953 年第 2 版，596 页。参阅 Arthasāstra Ⅱ，35；Ⅲ，10。见英译本 158、195～196 页；俄译本，151、186 页。

③ Jataka No. 31, Kulavaka Jataka.

公元 9 世纪的注释家麦达提蒂说，这种公地是不允许耕种的。《佛本生经》又说，村里人可以到村外的树林里打柴、放牧①。打柴、放牧的土地公有、共用，这是印度的农村公社同日耳曼人的"马克"基本一致的地方；公有和共用的水利工程在农村公社中占有很重要的地位，这是印度农村公社比较突出的地方。至于园林之类，情况似乎不可一概而论。《佛本生经》曾说到，一个村中有一种结甜果的树，当树结果之前，村人即围以竹篱，守获村门②。这种篱不似份地上的篱各圈一块，而是大家共作、共守。类似这种情况的果园，应该认为是公有的。所谓丛林或花园（Arama），也是根本不能买卖的公地。《摩奴法论》Ⅺ，62 条规定，出卖这个地面和水池（Tadaga）的人都是有罪的。至于路面地，当然是公有、公用的。

　　根据上述情况来看，没有分配给各个家庭或个人的公地、公产，在农村公社中还是不少的。

　　现在我们再来考察已分配给各个家庭的土地。这种土地主要就是耕地以及附属于耕地的小型水利设施，如池、井等。

　　在这一时期的印度法经、法论里，我们看不到重新分配耕地的现象。那么，是否可以由此而认为这种情况不符合马克思所说的农村公社特征，从而否认这时有农村公社存在呢？不可以。因为马克思所强调的是耕地仍然公有。恩格斯在《家庭、私有制和国家的起源》里曾经指出，农村公社或马克公社是"土地由个体家庭耕作的，起初是定期，而后是永远分割耕地和草地的"③。这就是说农村公社在早期是重分耕地的，而其后期则不再重分耕地。因此，关键问题就在于当时印度不再重分的耕地对农民来说是否已经完全私有化了。

　　根据古代印度一些法论的规定来看，农村公社成员对于土地的占有权是具有法律保障的。《伐息斯它法论》ⅩⅥ，13 条说："在关于房屋或土地争执中，信赖可寄托于邻人的证言上。"14 条说："如果邻人的供述不一致，则可以文书为证。"15 条又说文书互有牴牾时的处理办法。《摩奴法论》Ⅷ，262 条："在裁决有关田地、水井、池塘、园地和房屋边界的界标问题时，应询悉邻人的意

①　Jataka V，103（No. 520，Gandatinda—Jataka）；Ⅲ，149（No. 349，Sandhibheda—Jataka）.
②　Jataka Ⅱ，76～77（No. 177，Tinduka Jataka）.
③　《马克思恩格斯文选》，卷二，218 页，中译本，北京，人民出版社，1958。

见。"264 条："以威胁方式夺取房屋、池塘、园地或田地者，应被罚以五百[朋那]；如[他夺取]出于无知，则应罚二百[朋那]。"265 条说："如果边界不能断决，就让明于法律的国王为了双方利益而亲自来指定土地。这是规定。"《摩奴法论》Ⅺ，58 条还说到盗窃土地者应受重罚。《毗湿奴法论》Ⅴ，172 条说："破坏地标者，应被强制付出最重罚金，并以地标重新标出边界。"《那罗达法论》Ⅺ，也有许多条文规定种种边界争执处理办法，大旨也是先由邻人解决，最后不能解决时则由国王亲自来裁决。《布利哈斯帕蒂法论》ⅩⅨ，8 条也说："在有关房屋或田地的争执中，裁决权属于邻人，同样也属于本镇或村的居民，或属于同一社团的成员，以及（本地区的）长老"等。《政事论》Ⅲ，9 条也说到田地争执的解决办法，大致是先由村邻长老解决；不成，当事各方也可以把有争执的土地均分了；再不成，此土地即应归于国王，并说："强占财产应被当作窃贼来处罚。"

农村公社成员对于耕地占有权是相当固定了。但是，这不排斥他人在一定条件下的使用权。耕地在作物成长时照例总是要围上篱笆的，据《摩奴法论》Ⅷ，239 条说，这种篱笆要能使骆驼伸头看不到里面，要使猪狗钻不进去。使人感到有趣的是，他人牲畜毁损了未围篱笆的田地，法律规定的处罚要轻一些，或者甚至不加咎责。《乔达摩法论》Ⅶ，21 条规定，牲畜损毁了靠近道路而又未围篱障的田地，责任由牧人与田地主人共负。《摩奴法论》Ⅷ，240、241 条规定，有牧人跟随的牲畜在路旁或近村而又有篱笆的田里造成损害，牧人应被处以一百朋那罚金，如在其他地方，则按每头牲畜罚一又四分之一朋那加以处罚。《毗湿奴法论》Ⅴ，147、148 条则规定，在村庄附近、道路附近，或者邻接公共牧场的田里、未围篱障的田里造成损害，不为犯罪。《那罗达法论》Ⅺ，40 条亦规定，在位于村边或邻接公共牧场、接近大路而又未障以篱防的田地里造成损害，牧人不受谴责。我们不能把这些规定简单地理解为鼓励农民修筑篱障，它实际是反映了一种古老的传统。《阿拔斯檀巴法经》Ⅰ，10，28，3 条曾规定："如果种子在荚中成熟，[有人取了]喂耕牛的饲料，主人不应加以阻止。"《乔达摩法论》Ⅺ，28 条规定，"人可以像对自己的东西一样地拿取牛草、柴薪、爬藤花、树木及其果实，如果它未被圈围起来的话"。《佛本生经》曾经有这样记载：当谷物成长起来的时候牧人才把牲畜赶到森林中去放养[1]。恩格斯在《马克》一文中曾经很注意地指出日耳曼人的休耕地暂时又变成公共牧场[2]，在古代印度农村公社的耕地上，我们同样可以看出在一定时期内转归公用的迹象。《那罗达法论》Ⅺ，17 条甚至还认为在他人田地中间开水沟也是不应禁止的事。虽然它所提出的理由是这样做对田地利多害少，但是这也表明，农民对耕地的私人占有权并未完全排除了他人的使用权，从而也不能认为耕地已完全为私人所有。

农村公社中的土地分配原则，也渗入了各个家庭之中。古代印度的许多法律都规定：在家庭析产的时候，水源和牧场总是不能分的[3]。此外，农村公社成员在保护其耕地方面，也具有某种程度的集体性质。《佛本生经》记有这样一个故事：有一个商人在他的驴子身上蒙上狮子皮，把它放到一个村的田地里去吃庄稼，这个村的守望人以为它真是狮子，不敢近前，转而告知同村的人。于是村人齐集武装而出，才揭破真相[4]。显然，守望人是代表全村守望的，村民在保护其耕地作物上也是通力互助的。

三、农村公社的阶级剥削关系

根据以上所述，在我们所研究的这个时期里，一般印度农村的耕地已经分配给各个家庭耕作，这就从根本上不同于土地公有共耕的家长制家庭公社。同时，除房屋及其附近的土地以外，农村中公有共用的土地是存在的，耕地虽为私人占有，但亦未完全排除他人使用，这就表明农村公社是存在的。这里必须特别指出，这种农村公社是存在于阶级剥削关系业已居于支配地位和国家业已出现的历史条件下的。因此，在考察这种公社时必须注意马克思的话："我们不应该忘记：这些小小的公社身上带着种姓划分和奴隶制度的标记。"[5]

---

① Jataka I，388（No. 93，Vissasabhojana—Jataka）.

② 《德国古代的历史和语言》，142 页，北京，人民出版社，1957。

③ 参阅 Gautama ⅩⅩⅧ，46；Manu Ⅸ，219；Vishnu ⅩⅧ，44；Brihaspati ⅩⅩⅤ，82～84 等。

④ JatakaⅡ，109～110（No. 189，Sihacamma—Jataka）。

⑤ 《马克思恩格斯全集》第 9 卷，149 页，北京，人民出版社。

首先，在当时印度的农村公社里，已经分化出一些奴隶主。他们主要是高等种姓成员。《佛本生经》曾经说到贝拿勒斯（Benares）城外一个农村中的一户婆罗门人家，这个婆罗门有一妻、一儿、一女、一媳、一个女奴，全家共六口人。这个婆罗门和他的儿子从事农作，而女奴则给他们送饭[1]。不过，农村中的奴隶的工作并不仅是做饭、送饭。中译《生经》说到另一户有六口人的婆罗门人家，这家有一夫、一妇、一儿、一女、一奴、一婢。当这个婆罗门（原作"梵志"）问到奴婢有何要求的时候，据说："奴言，欲得车牛覆田耕具；婢曰，欲得推磨，舂粟硙面以安，四大人（指家中的四个奴隶主——家和）不得食，则不悦喜。"[2] 此经说奴隶甘心为奴隶主劳动，当然是歪曲了事实真相。但是它却表明，女奴隶是从事做饭等家事的，而男奴隶的工作则是从事田间劳动。《生经》中也曾说到婆罗门残酷地役使奴隶做田地的事[3]。在古代印度的法律文献里，关于奴隶的规定往往是一般性的，而很少说到他们的具体工作。这一点并不奇怪。因为当时的法律认为奴隶主有权使奴隶做各种工作，所以无须加以具体区别和规定。虽然如此，我们从《摩奴法论》中还看到这样一个规定：在分家的时候，Kinasa 和传种的公牛、车乘、装饰品、房屋以及额外提出的一份财产，应被给予婆罗门出身的妻子所生的儿子。kinasa 一词，A. C. 伯内尔译为"耕者"，G. 毕勒尔译为"耕田奴隶"，с. Д. 埃里曼诺维奇译、r. ф. 伊林校的俄译本译为"耕地者"，而于注中指出"这显然是从事田野工作的奴隶"[4]。毕勒尔和俄译注的理解无疑是正确的。这种"耕者"既可当作财产来处理，其身份就只能是奴隶。

古代印度农村公社中的另一种阶级剥削是对雇工的剥削。正如恩格斯所说："在偶发的分散的形式之下，雇佣劳动曾经在好几个世纪内，与奴隶制度相并存……"[5] 在《佛本生经》里，我们看到，生活贫困的人不得不早起去帮人

---

① Jataka Ⅲ, 162,（No. 354, Uraga—Jataka）。参阅同书 Ⅲ, 101（No. 330, Silavimamsa—Jataka）; V, 105（No. 520, Gandatindu—Jataka）。

② （西晋）法护译：《生经》卷第五，"佛说梵志经"第四十五。

③ 《生经》卷第一，"佛说五仙人经"第十一。

④ Manu Ⅸ, 150。参阅 Burnell 英译本，274 页；Buhler 英译本，357 页；злъманович 俄译本，198、313 页。

⑤ 《反杜林论》，283 页注，北京，人民出版社，1956。

做雇工①。雇工的工资很低。《政事论》Ⅲ,13 条规定,农业雇工的工资是所长成的谷物的十分之一,《那罗达法论》Ⅵ,3 条规定的农业雇工的工资也是如此。《布利哈斯帕蒂法论》ⅩⅥ,12~13 条规定的工资稍高一些,耕作田地的雇佣奴仆可得收成的三分之一或五分之一,领衣食者取五分之一,不领衣食者取三分之一。雇工所得工资不多,可是受起罚来却不轻。《阿拔斯檀巴法经》Ⅱ,11、28、2~3 条规定,耕田奴仆放弃工作者,应该受到鞭打。《摩奴法论》Ⅷ,215 条规定,雇工非因病而不做既定工作,则不仅得不到报酬,而且要被罚金八克里什那拉。《政事论》Ⅲ,10 规定,至一村寻求工作的农民不做工作。此村可罚以罚金;他不仅要付出两倍于工资的罚款,而且要付出其饭食费用的两倍。《毗湿奴法论》Ⅴ,153~154 条规定,雇工于期未满时即放弃工作者,应交回全部工资,并向国王交一百朋那罚金。《那罗达法论》Ⅵ,5 条规定的罚金率与《政事论》相同。《布利哈斯帕蒂法论》ⅩⅥ,14~16 条则规定,雇佣奴仆即使少做了其主人工作的一小部分。工资可被没收,而且可被控于法庭;已得工资而不工作者,应向国王缴纳两倍于工资的罚金,并还工资与其主人;承应做工(尚未领工资)而不做者,主人可以强迫他做,其坚持不做者,不仅不能得工资,而且要被处以八克里什那拉罚金。

古代印度农村公社内的又一种剥削形式是通过高利贷进行的。由于农村公社内耕地已经分配给各家庭,从而农民已是小生产者,因此,正如马克思所说:"……对于小生产者,生产条件是保持还是丧失,又取决于无数偶然的事故,而每一种这样的事故或丧失,都意味着贫乏,并成为高利贷寄生虫一个能够钻进来的点。对于小农民,只要一头母牛死亡,就会使他不能依照旧的规模来重新开始他的再生产。他会因此落到高利贷网中去,并且只要一度这样陷落,就永远也不能翻身。"② 小农经济受不起任何天灾人祸,这在《佛本生经》中有很典型的记载。据说,伽尸(Kasi)一个农村中有一个贫穷的婆罗门,他靠耕地生活。他只有一轭(两头)牛,后来其中一头死了。他就去找他在贝拿勒斯王梵达多(Brahmadatta)那里当侍从的儿子,他说:"儿啊,我的牛死了一头,耕

① 参阅 Jataka Ⅳ,43(No. 446,Takkala—Jataka);Ⅲ,406(No. 415,Kummasapin-da—Jataka)。

② 《资本论》,第 3 卷,778 页,北京,人民出版社版。

作也就不能继续了。求国王给你一头牛吧!"① 这个农民遇到这样一个偶然事件打击,竟至无法继续生产,这同马克思说的是多么相似! 不过佛经把这个故事喜剧化地结束了——国王给予了格外的赏赐,因而他没有陷入高利贷的罗网。但是,《佛本生经》毕竟还是说到农民被迫借贷的事。据说,在一个荒年而又青黄不接的时候,一个村的居民被迫全都跑到村长那里去求借贷。他们说:"今后两个月,我们打下粮食,就以实物还你。"结果他们借到一头老牛,把它吃了②。这个故事虽然没有说到具体利息,但总表明农村公社的上层是常有机会用这种方式剥削农民的。

古代印度的法律文献,对高利贷的利率往往有明文规定。虽然我们不能认为当时的高利贷者在实际上完全遵守了这些规定,但是从这些规定总可以看到高利贷利率的最低标准。《乔达摩法论》XI,29 条说:"借钱之合法利息为每月自二十〔卡尔沙朋那〕(Karshapana) 中取五马沙(Masha)"(按 1Karshapana = 20Masha,故月利率为 1.25%,年利率为 15%——家和);30 条说:"有人说,超过一年即不应按此利率支付";31 条说:"如果〔贷款〕长时期不还,那么,〔在停息之后〕,本金可以加倍";36 条说:"牲畜的产物、羊毛、田地的产物和驮兽的利息,不超过〔借贷物价值〕的五倍。"《伐息斯它法论》II,44 条说:"金〔于偿还时取其价值之〕二倍,而谷则三倍〔于原价〕";48 条又规定利率按婆罗门、刹帝利、吠舍、首陀罗的种姓等次分别为 2%、3%、4%、5%。《包达耶那法论》I,5、10、22 条规定,二十五卡尔沙朋那每月生息五马沙,亦即月利 1%。《摩奴法论》VIII,140 条规定,借钱之月利为一百中的八十分之一,(即 1.25%——家和);141 条又说月利 2%,不为有罪;142 条则说:"人可按种姓(Varna)差等,取 2%、3%、4%多不过 5%以为月利";151 条又规定,一次而非分期还款之钱币借贷,其利不超过本金之两倍,借粮食、果实、羊毛或毛发以及驮兽,其利不得超过原价之五倍。《毗湿奴法论》VI,11 条说:"关于黄金,利息不应使债务增至两倍以上";12 条说:"关于谷物,〔不应使债务增至〕三倍〔以上〕";13 条说:"关于衣料,〔不应使债务增至〕四倍〔以

① Jataka II,165 (No. 211,Somadatta—Jataka)。

② Jataka II,135 (No. 199,Gahapati—Jataka);参阅 II,300 (No. 255,Gamani—Canda—Jataka)。

上]”；14 条说：“关于液体，[不应使债务增至] 八倍 [以上]”；16 条说：“关于造酒所用的物品、棉花、武器、砖和木炭，利息没有限制。”《那罗达法论》I，99 条同《摩奴法论》Ⅷ，140 条；100 条同《摩奴法论》Ⅷ，142 条；101 条同《摩奴法论》Ⅷ，141 条；107 条同《毗湿奴法论》Ⅵ，11～15 条。而 105～106 条则认为，各地区有各自的特殊规定，有些地区本利和不过本金两倍，另一些地区则可增至三倍、四倍或八倍。《布利哈斯帕蒂法论》Ⅸ，3 条也规定，月利为 1.25%，并指出，如此在六年又八个月内本利和即为本金之两倍。13 条规定，关于黄金及其他贵金属，利息可使债务加到两倍；关于衣服和锡、铅之类贱金属，可加到三倍；关于谷物、食用植物、驮兽、羊毛等，可增到四倍。14 条规定，关于蔬菜，可增至五倍；关于种子和甘蔗，可增至六倍；关于盐、油和酒，可增至八倍。16 条又规定，关于草、木、砖、线等，利息无限定。

以上各法论对于利息规定有些地方并不相同，但是从中可以看出这样几个特点：首先，借实物的利息的可增值倍数比借金钱高，这对主要只须要借实物的农民来说，威胁是更大的。其次，利率因种姓不同而异，受剥削最重的是低级种姓的劳动者。最后，后期的法论比前期法论规定的利息可增值的倍数也要高，这说明高利贷剥削的严重程度与日俱增。总而言之，低级种姓的农民是日益严重的高利贷剥削的基本对象。

高利贷不仅给高级种姓的剥削阶级提供剥削农民财富的手段，而且它还给前者提供了占取后者的生产资料、劳动力和人身的手段。这一点，是通过利息的特殊形式实现的。

《乔达摩法论》Ⅻ，34～35 条提到利息的六种特殊形式，即复利、期利、约定利、身利、日利和使用抵押物。《摩奴法论》Ⅷ，153～155 条曾禁止复利、期利、约定利和身利；但是它又规定，至期不能还债，可于付利息后重立新约，不能付者，则可将旧利加算于新约中做本金。这实际就是允许复利。同样，《摩奴法论》Ⅷ，177 条又说：“债务者偿还债务甚至可以用劳动，假若他是同等的或较低的种姓（Jati），然而假使是较高的，可使其逐渐偿还。”这就表明，所谓禁止身利也不过是不许低级种姓以身利形式来奴役高级种姓而已。《那罗达法论》I，102～105 条肯定了上述四种利息形式，只是把《摩奴法论》中表述“身利”的名词（Kayika）作了另一种解释，认为它是指每天付一朋那或四分之一朋那而仍不减少本金的利息形式。《布利哈斯帕蒂法论》中已经提到四种、五种和六种利息形式的三说。六种利息形式是：身利（Kayika）、期利（Kalika）、复利（Kakravriddhi）、约定利（Karita）、头发利（Sikhavriddhi）和享用利（Bhogalabha）。身利与身体劳作有关；期利按月支付；复利是利上加利；约定利是债务人所承许之利；每日收取之利名头发利，因为头发之与日俱长；享用押来的房屋或田地产品名为享用利（Ⅺ，4～11）。在这些利息形式中，最可注意的是享用利和身利。

享用利是剥削阶级通过高利贷占用农民生产资料的手段。我们知道，古代印度借贷抵押品有两类：第一类是抵押品被债主使用收益者，第二类是抵押品不被债主使用而只作抵押者①。第二类抵押品不仅不能代替利息，而且在一定情况下（如债务到期不还）就可转归债主所有②。这一类的抵押当然是债权人剥夺债务人财产的一种手段。至于第一类、亦即与享用利有关的抵押，情况同第二类稍有不同。这一类的抵押品往往是田地、牲畜、女奴隶等，债主除使用抵押品获得收益之外，不能再取利息，并且一般不能占取这种抵押品③。但是，债主不能占取这种抵押品这一点也并不是绝对的。例如，《伐息斯它法论》中记有这样的说法，但也记有与此相反的说法——抵押品等为他人连续享用十年即不再属原主（ⅩⅥ，16～17）。因此，享用利的形式并没有完全排斥高利贷者对于农民生产资料的占取。同时，我们应该看出。农民是依靠他们所占有的微少的生产资料来生产和维持生活的。他们一旦借了高利贷，债主占取了他们的生产资料的使用权（即使仅仅如此），他们就无法继续其生产，至少无法在原有规模上继续其生产，从而就会进一步地贫困化。因此，有的农民在把土地抵押给一个债主而未赎回之前，就不得已而又把它抵押给另一债主。法律用鞭打、监禁的严刑来制止这种做法，正说明这种情况不是偶然发生的个别现象。④

身利是剥削阶级通过高利贷直接占有农民劳动力以至人身本身的手段。我们知道，农民或其家属一旦被抵押给债主以劳动偿付利息，他实际就已处于债务奴隶的地位。在《那罗达法论》V，25～29 条所提及的十五种奴隶中，有两

---

① 参阅 Narada Ⅰ，125；BrihaspatiⅪ，17。

② 参阅 Arthasāstra Ⅲ，12。BrihaspatiⅪ，25；27。

③ 参阅 Gautama Ⅻ，32；39。Vasishtha ⅩⅥ，18。Manu Ⅷ，143；149。VishnuⅥ，5；9。Narada Ⅰ，129。BrihaspatiⅪ，23；24。AnhasastraⅢ，12。

④ Vishnu V，181。参阅 BrihaspatiⅪ，34。

种就是从债务而来的：其一，是"被其合法的所有者抵押出来的"，这主要是指债务人的家属或奴隶；其二，是"因重债而被奴役的"，这就是指债务人本身。《政事论》Ⅲ，13 条也提到了这种抵押的奴隶，在古巴比伦，《汉漠拉比法典》117 条规定自由人做债务奴隶的期限是三年；在印度，则没有这种限制。《那罗达法论》Ⅴ，32～33 条规定，被其所有者抵押出来的债务奴隶，当其主人清偿债务后，即可获释；债务人自身为债者，还债后亦可获释。但是，如果一个被抵押出来的债奴被其主人完全抵给了债主（亦即以此代替还债），那么他就变成了像买来的奴隶一样的奴隶。《政事论》Ⅲ，13 条也规定抵押来的奴隶是可赎身的。但是如果有逃亡的行为，那么他就要被沦为终身奴隶。由此可见，身利形式所造成的债务奴隶同终身奴隶之间并不存在一条鸿沟，相反，我们毋宁说身利是一种由高利贷剥削过渡到奴隶制剥削的桥梁。

因此，高利贷是古代印度农村公社中一种很重要的阶级剥削形式。它活跃的前提，是农村公社的耕地已经分配到各个家庭，是个体经营的小生产。它活跃之结果，在奴隶制关系处于支配经济地位的情况下，亦只有归结为奴隶制剥削在农村公社内部的盛行。马克思说："高利贷在生产资料分散的地方，把货币财产集中起来。它不改变生产方式，而是紧紧地寄生在它上面，使它变为穷困的。它吮吸着它的血，破坏着它的神经，并强迫再生产在日益悲惨的条件下进行。"[①] 高利贷在古代印度农村公社内部的作用正是如此。

以上所论述的只是农村公社内部的阶级剥削关系。此外，农民还受着另一种重要的阶级剥削，亦即国家的剥削。这一点，下面再作具体论述。

现在需要说明的问题是，既然农村公社内部已经实行个体耕作，已经有了私有财产，已经有了阶级分化和阶级剥削，那么，当时的农村公社本身为什么并未被破坏呢？关于这一点，我们可以从公社内小农经济本身的矛盾中找到解答。从问题的一方面看，由于耕作的个体化、产品已归私人所有，这样就不可避免地出现了私有财产、阶级分化和阶级剥削。正如马克思所说："土地私有制已经以带有农作庭园的房屋这种形式，侵入了公社内部，农作庭园可能变为据以准备对公有土地进攻的堡垒。事情正是这样发生了的。但是，最重要的还是分散的劳动，分散的劳动是私人占有制的源泉。它使得诸如牲畜、货币、有时

---

① 《资本论》，第 3 卷，774 页，北京，人民出版社，1953。

甚至奴隶和农奴等动产有集中起来的可能。"① 从问题的另一方面来看，农村公社内的小农经济的力量是非常微弱的。农民为了耕作好自己的田地，就必须投下极大的力量。《佛本生经》中有一个故事说，佛的一个弟子到憍萨罗国的一个村旁的林中修行，后来他的房舍遭了火灾，他就求援于村人。可是，最初村人说正忙于灌溉，接着又说正忙于播种，接着又正忙于筑篱笆，接着又正忙于除草、收获、打谷等。如此一季庄稼，就连续忙了三个月②。这种个体农民要想经营更多的事，看来是很困难了。可是他们的灌溉需要水源，他们的牲畜需要牧场，他们还需要打柴的森林等。所有这些，是他们不能凭借个体家庭来经营管理的，于是正如上文所述，只有委之于农村公社。此外，手工业也是必需的。当然个体农民家庭内部也可以经营一些，但是总不可能解决了全部问题。因此农村公社还必须有自己的铁匠、木匠等，《政事论》Ⅱ，24 条就提到了这种情况。这样也就形成了农村公社的内部的农业与手工业结合的自然经济。这种情况必然也会使得农村公社的结构相对固定起来。正如马克思所说："这种自足的共同体，是不断以同一的形态再生产；如偶然被破坏，也会在同一地点，以同一名称，再树立起来。"③

这里还必须指出一点，我们说农民的个体经济有依附于农村公社的一个方面，但是应该明确地意识到这种公社本身已被打上阶级烙印，已为剥削阶级所支配。因此，农民对于农村公社的依附性终于变质为对于剥削阶级的依附性。这一点，在以下论述国王与农村公社的关系的时候，就会显得更明白。

四、国王对于土地的权利和土地国有制问题

从古代起，就有印度土地属于国王所有的说法。印度本国文献和希腊人的著述都有这种说法。在古代印度婆罗门教的文献里，《摩奴法论》Ⅷ，37 条说："有学识的婆罗门发现了过去埋藏的财宝，甚至可以全部据为己有，因为他是一切存在物的主人。"38 条说："如果国王发现任何埋藏地下的古代财宝，那么，

---

① 《答维拉·查苏里奇的信和草稿》。见《史学译丛》，1955（3），22～23 页。
② Jataka I, 215 (No. 36, Sakuna—Jataka).
③ 《资本论》，第 1 卷，432 页，北京，人民出版社，1953。

他以一半给予再生者（指婆罗门）外。可将另一半入库。"39 条说："国王获得
［于］地下［发现的］古代宝藏与矿藏的一半，由于他是国家的保护者，也是土
地的主人。"《政事论》Ⅱ，24 的一项注释说："通晓经典的人承认，国王是土地
和水的所有者，除此二者之外，人民可以对其余一切事物行使其所有权。"① 在
印度佛教的典籍里，也有国王为土地所有者的说法。据说，当划分了田界和分
散经营以后，社会上发生了窃夺和争斗；结果大家共同选出一个统治者，并各
出一份收成供养他。这个人就成了国王，也就成了"田主"。② 按照古代希腊人
对于印度土地制度的看法，那也是"全国为王室之所有"，或者"全印度皆为王
室的土地。私人不得占有任何土地"③。

　　古代文献有这样的说法是值得我们注意的。特别是持有类似看法的既有印
度人又有非印度人，而在印度人中又有两个不同甚至对立的教派的人，这就更
加值得我们注意。但是，这并不等于说，我们就可以直接把古人的结论抄引为
自己的结论。古人认识问题有其历史的局限性，而且他们的说法也并不完全一
致。例如，婆罗门教的文献就认为婆罗门为一切存在物的所有者，这岂不就是
说婆罗门是比国王还高一级的所有者了吗？这里面显然包括婆罗门种姓本身的
愿望。因此，我们只有对具体资料进行具体分析，才能得出自己的结论。

　　从古代印度土地的直接掌握的情况来看，它可分为三类，即国王直接掌握
的土地、贵族掌握的土地和农村公社掌握的土地。现在，就让我们对这三种土
地分别地进行具体考察。

　　第一，国王掌握的土地。对于这一类土地的情况说得最明白的资料是《政
事论》。勃斯主要根据此书判断出王室土地包括以下六种：（1）通过各种过程转
归国王的宅地和耕地；（2）恢复为居住地或移民地的原无人占的生熟荒地；
（3）储备森林；（4）矿山；（5）地下宝藏；（6）水④。在这六项之中，后四项

----

　　① 引自 V. A. Smith, *The Early History of India*，1957 年第四版，138 页。
　　② 参阅（刘宋）施护等译：《佛说白衣金幢二婆罗门缘起经》卷下：Digha—Nikaya
Ⅲ，93（27，Agganna—suttanta）及（后秦）佛陀耶舍、法念译《长阿含经》卷六，第二分
初"小缘经"等。按本文所引巴利本长中阿含经，皆见 *The Sacred Books of the Buddhists*，
英译本，牛津版，卷二至卷七。（以下不再注版本）
　　③ 参阅 Strabo，15，I，40 及 Diodorus I，40，5。引自 Loeb 古典丛书英译本。
　　④ A. Bose, *Social and Rural Economy of Northern India*（c. 600B. C. —200A. D.）卷
一，1961 年版，61 页。

指的是国王直接掌握的特定形式的土地和与土地有关的富源，而前两项则是指经由某些途径而归国王直接掌握的农业性土地。现在我们再就这两种类来分别作具体考察。

关于水，这当然不是指农民自己修的一些小沟渠和池塘，而是指规模较大的水源。除天然的河流、湖泊之外，《政事论》Ⅱ，1 说："国王又应建造水池，注以四季不断之水或从其他源泉流来的水。或者，他也可以为自愿设水池者供给地面、道路、木材以及其他必需物品。"因此，"在水池或湖泊中捕鱼、摆渡和贩卖蔬菜，国王都应行使他的所有权"。关于矿山、森林，《政事论》Ⅱ，1 说："国王应经营矿业和制造业，开采树木和有象的森林……"又说："国王不仅应该使过去建设的林木和有象的森林、建筑物以及矿山保持良好，而且也应设置一些新的。"它们当然是由国王直接掌握和经营的。关于地下宝藏，除以上曾提到的《摩奴法论》的规定外，《政事论》和其他许多法律文献也认为国王有所有权①。至于各种说法的一些具体差异，这里不须多说。应该指出，这一规定虽不说明任何一块为国王直接掌握的具体土地，但却表明国王在任何一块土地的深处都保有所有权。

关于归国王直接掌握的农业性土地，其得来的途径，留待下文分析。这里先来考察国王对这种土地的经营形式。

勃斯所说的移民开垦的土地，是国王直接掌握的农业性的土地的一种。根据《政事论》Ⅱ，1 的记述，这种农村完全是按照农村公社的形式组成的。这种村庄的人口是国王从外国招来或由本国人口密集地区调来的。建村的土地是新的荒地或者是旧村庄的废墟。每村农民一百至五百家。村的周围设有边界并立起标志。国王在这种土地上的剥削方式也是收税，并且这种农村里还有自己的长老和组织。但是与一般农村公社中的农民世代占有土地不同，这里"已耕地给予纳税人应仅终其一生"（此据英译，俄译作"给予纳税个人使用"），而且"不耕种土地而把它给别人者，可以没收其土地，这些土地可以用村中劳动者（俄译作'雇工'）和商人来耕种，以免不好好种地的业主少（给政府）纳税"。这种纳税农民在经济上也不是完全独立的。他们还需要国王给以谷物、牲畜和

---

① 参阅 Arthasāstra Ⅲ，16；Gautama Ⅹ，36～38；Vasishtha Ⅲ，13～14；Vishnu Ⅲ，56～61；Narada Ⅶ，6～8；Jataka Ⅵ，348（No. 546，Maha-Ummagga-Jataka）。

金钱的帮助，并且只要他们按时纳税，就可得到这种帮助。在这些农民里，看来也有些人是富有的。他们甚至能派奴仆和公牛代替自己去参加公共工程的建筑。不过贫苦的人总是多数，所以才有"国王应给养孤儿、老人、弱者、受苦人以及无所依靠的人"的说法。这种"村庄中也不得有旨在娱乐和游戏的建筑。……因为无所依靠的村民总是靠着自己的田地并专心于自己的田地的"。在这种土地上，我们看到了介于真正的王室农庄和一般农村公社之间的形式，这就是说，经营形式、剥削形式是近于农村公社的，而土地则归国王直接掌握。这种特殊形式的出现，看来与新开荒地有关。

根据《政事论》Ⅱ，14 所述，国王还直接掌握另一种农业性土地。这就是真正的王室庄园。这里的土地原本不是荒地，而是"已经屡次充分耕耘的"。这里的劳动者不是一户户的农民，而是"农业管理人应该用奴隶、雇工与囚徒在国王土地上播种"。这里的"农业管理人"应该是有农业知识的，至少要有具备这方面知识的人作为助手。这一章书本身就说了许多关于气象和种种作物的栽培技术的知识。农业管理人是生产的统一指挥者，他负责收集各种作物的种子。在这里，紧密配合着农业劳动的还有一批手工工人。"上述人员（指奴隶等——家和）的工作，不得因犁和其他必需的工具或公牛的缺乏，而受影响。他们应当立即得到铁匠、木匠、穿孔匠（俄译作'掘地者'）、搓绳匠、捉蛇人以及类似人员的帮助。"在这里，国王剥削的形式不是收税，劳动者也毫无自己的经济；而是"菜园、围栅和牛的看守者、奴隶以及劳动者（或译作雇工），应按其所做的工作，供给以粮食。他们应被支付以一朋那又四分之一门森（俄译作每月支付 1.25 朋那）。手工工人应按其完成的工作来支给工资和粮食"。这里栽植的作物也是多种多样的，除谷物以外，还有花、果、蔬菜、棉花以及许多其他根茎之类的植物。这种农场，显然是王室直接经营以供宫廷要求的奴隶制农庄。如果由于人手不足，这种农庄的土地仍有未种者，那么还可以招雇一些人来耕种。在这些人中，有的耕作这种土地可以取得收成一半；有的以自己的劳动耕作这种土地，取得收成四分之一或五分之一，或者让他们在不给自己造成困难的条件下尽可能把更多的收成交给国王。这些都是王室农庄经营的补充形式。

第二，贵族掌握的土地。这种土地主要由国王赐赠而来，受赐者有僧侣，也有俗人。《阿拔斯檀巴法经》Ⅱ，10，26，1 条宣称："国王在无损于其奴仆的情况下把土地和金钱按功赠与婆罗门者，即臻无极世界。"《政事论》Ⅱ，1说：
"凡执掌祭祀的人、灵魂导师、祭司以及研究吠陀的人，则应赐予能生产足够产品的婆罗马底耶土地（Brahmadeya，我国佛经旧译作"梵分"——家和）。主管人员、管账人、哥帕（Gopa）、斯多尼迦（Sthanika）、兽医、医生、驯马人和传信人，也应授予土地，但他们无权转让这种土地，不论是出卖还是抵押"，又说村庄的一种即是免税村。

佛经中关于国王赐赠土地的记述很多。在阿含部经典里，常常提到赐地予婆罗门以为梵分的事。例如，《长阿含经》中的"阿摩昼经"说："时有沸伽罗娑罗（Pokkha rasadi）婆罗门，止郁伽罗（Ukkattha）村。其村丰乐，人民炽盛。波斯匿（Pasenadi）王即封此村，与沸伽罗娑罗婆罗门以为梵分。"巴利本所述略详，指出这里富有草地、林地、谷，说明这是王室领地，并说受赐者对于这块土地有像国王一样的权力①。同样内容与格式而人、地名不同的经文，在阿含部经中还有多处②。《佛本生经》有许多国王赐地的记载。例如，有一个国王为了报偿一个婆罗门而赐以五个村，一百个女奴隶，等等；有一个国王曾准备赐给一个"贤者"以八十个村、四百个女奴隶，等等；有一个国王赐给一个理发匠以一个村，据说从此村能得十万钱的收入；有一个国王赐给一个射手以四个村，一年也能有十万钱的收入③；侨萨罗王把女儿嫁给摩揭陀国的瓶沙（Bimbisara）王，也曾赐给一村以为汤沐之资④。律藏也曾说到瓶沙王以其所爱

---

① 参阅佛陀耶舍、佛念译：《长阿含经》，卷十三，第三分"阿摩经"第一；Digha—Nikaya Ⅰ，87，（Ⅲ，Ambattha—sutta Ⅰ，1）。关于受赐者对此土地有像国王一样的权力，巴利本英译者 T. W. Rhys Davids 认为，即受赐者所得收入总和与原来国王所得一样，也许受赐者也享有一些司法方面的权力。

② 参阅《长阿含经》，卷十五，第三分"种德经"第三，Digha—Nikaya Ⅰ，111（Ⅳ，Somadanda—suutta，Ⅰ）；同卷，第三分"究罗檀头经"第四，Digha—Nikaya Ⅰ，127（Ⅴ，Kutadanta—sutta Ⅰ）；卷十七，第三分"露遮经"第十，Digha—Nikaya Ⅰ，224（ⅩⅡ，Lohikka—sutta Ⅰ）；卷七，第二分"弊宿经"第二，Digha—Nikaya Ⅱ，316（ⅩⅩⅢ，Payasi—Suttanta Ⅰ）；又 Majjhima—Nikaya Ⅱ，164（ⅩⅭⅤ，Cankisutta）等。

③ 参阅 Jataka Ⅳ，99（No. 456，Junha—Jataka）；Ⅵ，462（No. 546，Maha—Ummagga—Jataka）；Ⅰ，137（No. 9，Makhadeva—Jataka），Majjhima—Nikaya Ⅱ，75（ＬⅩⅩⅩⅢ. Makhadeva—sutta）；Jataka Ⅰ，420（No. 107，Salittaka—Jataka），Ⅲ，229；Ⅴ，350 等。

④ 参阅 Jataka Ⅱ，237（No. 239，Harita—Mata—Jataka）；Ⅱ，403（No. 283，Vaddhaki Sukura—Jataka）等。

之园——竹林精舍（Veluvana）赠佛。①

　　根据上述资料，古代印度贵族掌握有土地是可以肯定的。他们怎样在这些土地上实现剥削呢？这就要看国王所赐的是哪种土地。如果赐予的是农村公社掌握的土地，那么，生产还是在原有的情况下进行，受赐者代替国王而取得原定的赋税②。如果赐予的是国王直接掌握的土地，那么大概也还是用奴隶、雇工等来劳动。可惜现在这方面的具体资料不多。有些佛经曾经说到一个婆罗门有五百具犁耕作，但耕作者的身份未见明确说明③。《佛本生经》说到一个婆罗门有地一千迦梨沙，"当庄稼立起来的时候，他就树起坚固的篱障，把土地委托给他自己的人（His own men），给一个人五十迦梨沙，给另一个人六十迦梨沙，这样他就在这些人中分配了五百迦梨沙田地。其余五百迦梨沙，他则交给一个雇工，这个人在那里搭一个茅舍，日夜住在那里"④。看来这些为了守护庄稼，全部从播种到收获的耕作过程中的劳动者是谁，这里也未说清楚。

　　从《政事论》规定因承担公职而得土地者无权转让土地的情况来看，这种土地的支配权仍在国王手中。很可能这种土地是依职务而转移的。前面所说憍萨罗王赐给出嫁的公主做汤沐费的农村，当这个公主死去而她的儿子还要收取此村赋税的时候，憍萨罗王甚至企图通过战争夺回来。似乎这种赐地在受赐者本人故后都是应该仍归原赐国王的。赐予婆罗门教和佛教的神权贵族的土地，其情况与上述情况不同，并且在印度古代社会后期它越来越有固定的性质。法显记述中印度的情况说："自佛般泥洹后，诸国王、长者、居士，为众僧起精舍，供养（或作供给——家和）田宅、园圃、民户、牛犊、铁卷书录。后王王

---

　　①　Vinaya Mahavagga I，22，17～18。见 T. W. Rhys Darids 及 Hermann Oldenberg 英译，*SBE*，卷八。

　　②　A. Bose 也认为如此。参阅 *Social and Rural Economy of Northern India*（C. 600 B. C.—200 A. D.）卷一，46 页。

　　③　参阅（刘宋）求那跋陀罗译：《杂阿含经》，卷四，又另本《杂阿含经》（译者名佚）；Sutta Nipata I，Uragavagga，4，Kasibharadvaga—sutta，见 F. Max Müller 英译，*SBE*，卷十。Bose 认为这些人是雇工，参阅 *Social and Rural Economy of Northern India* 卷一，63 页。

　　④　Jataka Ⅳ，276～277（No. 484，Salikedara—Jataka）。Dev Raj Chanana 认为这份土地一半出租，一半交奴隶和雇佣奴仆耕作。见 *Slavery in Ancient India as Depicted in Pali and Sanskrit Texts*，1960 年版，42 页。

相传，无敢废者，至今不绝。"①《布利哈斯帕蒂法论》Ⅷ，12～15 条也说，国王赐地予婆罗门时，要以铜版或布制成文书，并且在文书中说明赐赠传诸永久，以后绝不侵夺。对于这样的土地，国王所保留的权利实际是很少了。

第三，农村公社掌握的土地。如所公认，这一类土地是古代印度农业性土地中的基本部分。关于农村公社内部情况，在本文前两部分中已经谈了，这里只考察国王对于这一类土地的权利。

国王对于这一部分土地的权利主要体现在赋税上。关于税率，古代印度法律文献有一些大概的规定。《乔达摩法论》Ⅹ，24 条规定，"耕者必须向国王缴纳合于产品十分之一、八分之一或六分之一的赋税"。《伐息斯它法论》Ⅰ，42～43 条规定，"依照圣法而统治的国王，可取其臣民财富的六分之一"，而"婆罗门除外"。《包达耶那法论》Ⅰ，10.18.1 条规定，"让国王保护其臣民，而接受他们收入的六分之一或宗教功德以为酬"。《摩奴法论》Ⅷ，130 条规定，"国王可收取牲畜和黄金的五十分之一以及谷物的八分之一、六分之一或十二分之一"。《毗湿奴法论》Ⅲ，22 条规定，"他（指国王——家和）必须从其臣民处收取每年谷物的六分之一以为赋税"。《那罗达法论》ⅩⅤ，48 条认为国王的赋税也是土地所产物的六分之一。在这些规定里，最低的土地税率是十二分之一，最高的是六分之一。但是，大肆宣扬佛教的阿育王对佛降生处——蓝毗尼村（Lumbini），也只是把税率降到八分之一②。可见，在一般情况下，税率是无论如何不会低于六分之一的。而且在实际上国王并不完全遵守这些规定，他们可以任意增减赋税，在《佛本生经》里，我们看到一个国王曾经一再增加一个村的赋税③，也有国王因特殊原因而减免一个村的赋税。④

以上只是农民耕种土地所缴的税，此外国王还收宗教性的税（Bali），生王子时还收"奶钱"等⑤。按照《摩奴法论》Ⅷ，118 条规定，农民每天还要向国王缴纳食物、饮料、燃料，不过这些都由村长分享了。据西西里的狄奥多拉斯所记，"他们（指农民——家和）除地租而外，还要把（收成）的四分之一

---

① 《法显传》，足立喜六考证本，117 页，北京，商务印书馆中译本。

② 参阅 The Age of Imperial Unity，598 页。

③ Jataka Ⅲ，9（No. 302，Mahaassaroha—Jataka）.

④ Jataka Ⅳ，169（No. 467，Kama—Jataka）.

⑤ 参阅 Arthasāstra Ⅱ，15；Jataka Ⅳ，323（No. 489，Suruci—Jataka）。

缴归王库"①。R. 费克认为这里面的前者是地租，而后者则是地税；他又根据《佛本生经》(Ⅳ，169) 说税吏清查土地的事推测税外可能有租，不过他自己也感到这种推测并不完全可靠②。我们认为，如果一定要把租、税分为二橛，那么狄奥多拉斯所记的地租即是地税，而另缴给国王的收成四分之一当为其他的税。因为税本来就有多种，与地租统一起来的地税并不排斥其他税的存在。古代印度农民的负担实际还不止于正常的税。据《佛本生经》记载，有的国王使人民随从狩猎，以致他们不能耕作③；有的收税官勾通盗贼劫掠农村④，有的国家横征暴敛，以致农民以逃亡来反抗捐税⑤。总之，古代印度国家对于农村公社农民的剥削是很沉重的。

是不是可以把国王向农村公社农民征收的赋税理解为不包括地租在内的单纯赋税呢？是否可以把这种赋税理解为单纯的主权而非土地所有权的实现呢？回答应该是否定的。首先，印度农村公社农民除了向国王缴纳赋税以外，并不再向其他人缴纳任何地租，国王把农村公社赐给别人，那也正如上文所说只是换了一个收税者而未改变问题的本质。因此，这里没有独立的地租的存在。既然没有相对于地税的独立的地租存在，当然相对于地租的独立的地税也就是不存在的。再则，从具体事实来看，农村公社农民所缴的赋税也不能片面地被理解为国王主权的实现。《摩奴法论》Ⅷ，243 条规定，如果有占有土地的农民由于自己的过失而给收成带来损失，所罚应为原缴国王之量的十倍，如果由于农民的仆人的过失，所罚则应为原缴国王之量的五倍。《政事论》Ⅴ，2 规定，国王在财政困难的时候可以收额外的税，如在雨量丰富、富产谷物的地区可收其臣民谷物的四分之一至三分之一，还可以用种种措施，而其中之一就是让收税官强迫农民在夏季再播种一次，并且收税官宣布，凡因怠惰而造成损失者，则罚以两倍。根据这些情况来看，国王的主权无疑是起了作用的。但是，如果国王只具备主权而不具备土地所有权，那么他对生产过程的这样具体干预就会变

---

① Diodorus Ⅱ，40；参阅 Strabo 15，Ⅰ，40.

② 参阅 Richard Fick 著，Shishirkumar Maitra 英译：*The Social Organisation in North-East India in Buddha's Time*（原为德文），1920 年版，118～119 页。

③ Jataka Ⅲ，270（No. 385，Nandiyamiga-Jataka）.

④ Jataka Ⅰ，354（No. 79，Kharassara—Jataka）.

⑤ Jataka Ⅴ，98～99（No. 520，Gandatindu—Jataka）.

成完全无法理解的。因此，解决问题的关键还是在于马克思这样一段重要的话："假设相对出现的，不是私有土地的地主，却像在亚细亚一样，是那种对于他们是地主同时又是主权者的国家，地租和课税就会合并在一起，或不如说，不会再有什么和这个地租形态不同的课税。在这里，国家是最高的地主。在这里，主权就是在全国范围内集中的土地所有权。"①

以上，在说明农村公社内部土地分配和占有情况的时候，我们曾说到其中的公有土地以及个体家庭占有地未能完全排斥他人使用，这也就是说，我们在那里承认了农村公社"公共土地所有权"的存在。但是，在那里（尽管第二节又分析了农村公社的阶级剥削关系）我们仍然没有全部说明这种"公共土地所有权"的阶级实质。现在，我们可以看到，这种"公共土地所有权"是存在于国家的支配之下的，通过以赋税形式取得地租而实现了这种"公共土地所有权"的，正是奴隶主等剥削阶级的最高代表——国王以及由国王赐地而分享了它的奴隶主等贵族。正如马克思所说："那高居在所有这一切小集体（指公社——家和）之上的结合的统一体（指国王——家和）以最高的所有者或唯一的所有者的资格而出现，实际的公社却因此不过作为承袭的占有者而出现，而这情形和上述形态丝毫也不矛盾。"② 并且，正是由于农村公社的存在排斥了农民劳动者对于土地的私人所有权，以农村公社的最高代表资格出现的国王才成了最高所有者或唯一所有者。所以，马克思又说："因此在东方专制主义和专制主义之下法律上似乎并无财产的条件下，事实上这种部落的或公社的财产是作为其基础而存在着的。"③

以上，我们分别地分析了国王对于自己掌握的土地、贵族掌握的土地和农村公社掌握的土地的权利。国王对自己掌握的土地具有所有权，这是不待说了。国王对非由自己掌握的两种土地，除以上分别叙述的权利以外，还有一些共同的权利。古代印度法律文献一般都规定，无法定的继承人的遗产和无主财产都

北京师范大学史学探索丛书

---

① 《资本论》，第 3 卷，1032 页。
② 《资本主义生产以前各形态》，5 页，北京，人民出版社，1956。
③ 同上书，6 页。

归国王所有①。这也可以作为国王在法律上是全国土地所有者的一个佐证。

但是，我们的目的并不是要笼统地说明全国土地所有权归国王一人所有，而所有其他的人又都一律是占有者。相反，我们要根据具体情况作出具体分析。马克思说："地租的占有是土地有所有权由以实现的经济形态；并且地租又总是以土地所有权，以某些个别的人对于地球某些部分有所有权这一个事实，作为假定。"② 这正是我们从本质上区别出土地所有权的理论标准。因此，古代印度国王对于广大的农村公社农民和奴隶来说，不仅是法律上的土地所有者，而且是实际上的土地所有者；相应地说，农村公社农民绝不如勃斯所论那样是同国王分享了土地所有权的，他们仅仅是土地的占有者、被剥削的土地占有者。古代印度国王对于奴隶主贵族们来说，那只是法律上土地所有者；相应地说，奴隶主贵族们尽管在法律上也同农村公社农民一样，只是土地占有者，但是他们同国王一道分享了地租，因此对于劳动者来说，他们是真正的土地所有者并同国王一道分享了土地所有权。所以，我们肯定古代印度的土地国有制，必须同时指出这种国有制的奴隶主等阶级剥削的阶级实质。这种国有制不仅丝毫没有消除阶级，相反，它正是当时阶级剥削得以实现的前提。

五、关于土地私有说问题

以上我们论证了古代印度的土地所有制是一种特定的国有制，亦即代表奴隶主等统治阶级的国有制。现在不能不来考察一下那些似乎持之有故、言之成理的土地私有说。

首先，我们可以看一看古代印度土地私有说的一些主要根据。《摩奴法论》Ⅸ，44 条说："熟悉往事的人认为，土地（Prithivi）乃是普利图（Prithu）的妻子；他们宣布，田地（Kedara）属于砍伐林木的人，牲畜则属于以箭射中它的人。"其中"田地属于砍伐林木的人"一句往往被主张私有说者当做法律上的直接依据。前面说过，巴登·鲍威尔是这样做的。其他主张赋税仅为给予国王

---

① 参阅 Apastamba Ⅱ，6，14，5；Gautama ⅩⅩⅧ，41～42；Vasishtha ⅩⅥ，19；Baudhayana Ⅰ，5，11，14；Manu Ⅷ，30；Vishnu ⅩⅦ，13～14；Narada ⅩⅢ，51～52；Brihaspati ⅩⅩⅤ，67～68；Arthasāstra Ⅲ，5；Jataka Ⅲ，302（No. 390，Mayhaka—Jataka）等。

② 《资本论》，第 3 卷，828 页。

"保护"人民的报酬而土地属于私有的人也有如此做的。① 还有一种主张古代印度土地私有的人则列举事实作为自己论点的根据。前面说过，黎斯·大卫夫人是主张印度的农村公社是土地所有者的公社的。她在 1901 年发表于英国《皇家亚洲学会杂志》上的一篇文章里提出：（1）土地可以取得产品的一半或其他任何约定的一份而出租（据《阿跋斯檀巴法经》Ⅱ，11，28；Ⅰ，6，18）；（2）它可被当作礼品而转让给他人；（3）它可以被出卖（据巴利本《律藏》Ⅱ，158，159）。以后在《剑桥印度史》卷一第八章里，她又一次提出这些证据。并且这些还得到其他知名学者的引证②。既有法律条文上的直接结论，又有一些看来是很重要的事实根据，这些西方学者所提出的古代印度土地私有说似乎是可信了。

但是问题在于，简单笼统地引证不可能导出科学的结论。现在让我们对他们的证据作一些具体分析。

第一，"田地属于砍伐林木的人"问题。正如我们不能把同一《摩奴法论》里的"国王是土地的主人"一句话直接作为土地国有的结论一样，对于这一条文同样必须进行具体分析。

首先，就这一条文本身来说，它的前半句说"土地乃是普利图的妻子"。按普利图是传说中的上古国王，而他同土地结婚的传说正表明土地为他所有。《摩奴法论》俄译本注根据一些古代注释家的意见解释说："虽然土地在数千年前属于普利图王，他现在总还是被称为普利提维。"③ "普利提维"的名字是从"普利图"来的。土地长期以来保有这个名称，这岂不是说明他同王权一直有着密切的关系吗？假使如此，后半句所说"田地属于砍伐林木的人"是否就表示开荒者有所有权，这就很可疑了。

其次，我们还有必要联系这一条文的前后条文来看。《摩奴法论》Ⅸ，1～102 条都是说明夫妇婚姻关系和如何生子才算合法的问题的。根据第 33 条，法律把妇女比作田地，把男子比作种子，可见这里实际并不是专门探讨土地所有权问题的。如果一定说比譬也总与土地所有制问题有关，那么我们可以再多引

北京师范大学史学探索丛书

---

① 参阅 *The Age of Imperial Unity*，328 页。

② 三点证据见 Narayan Chandra Banerjee, *Economic Life and Progress in Ancient India*，卷一，第一部分，1925 年版，213 页。参阅 *The Cambridge History of India*，卷一，200 页。

③ 参阅 Законы Ману，1960 年版，310 页。

两条譬性条文。同章第 49 条说："不占有土地而有种子的人在他人田里播种，那总不能得到所种庄稼的果实"，第 51 条说："故无田地而播种于他人田地者，是为田地占有者工作，种子所有者得不到果实。"这也只是说明人们无权用他人田地播种，亦即田地占有者排除了他人的播种权。这仍然得不出田地占有者即所有者的结论。

最后，我们还可以就事实来进行具体探讨。如前所述，《政事论》曾说到国王移民开荒，建立新村；而这种开荒的结果是，土地不仅仍为国王所有，并且仍由国王直接掌握。"田地属于砍伐林木的人"这句话在这里没有实际意义。《佛本生经》里也说到个别农民小面积的开荒①。前面说过，荒地或无主地在法律上归国王所有，农民经过砍伐林木就能把土地所有权从国王手里夺来吗？这是不可能的。古代印度赋税制本身就证明了这一点。农民必须按收成纳税，新垦地又岂能幸免？充其量而言，《政事论》Ⅲ，9 也只是规定凡耕作未耕地者减免赋税二年。所以，农民开荒地的所有权仍旧是由国王经由收税来实现的，属于他自己的只是占有权而已。

第二，关于土地转让问题。土地转让的主要形式是赠与和买卖。关于赠与，黎斯·大卫夫人引证了《佛本生经》的一个例子。按这个本生故事大意说，当时菩萨托生为鹦鹉王之子，一个有地一千迦梨沙的婆罗门在宗教上受了他的启发因而有所"觉悟"；于是就想把全部土地赠给他；结果他只接受了八迦梨沙②。这个故事本身当然是神话，不过土地赠与在古代印度是确有其事的。婆罗门教的法经、法论特别鼓励人们把土地等财富赠给婆罗门，甚至宣称这是于赠者有益的宗教功德③。在前面，我们曾经论述到许多关于国王赐地与婆罗门的资料，《法显传》也说到布施土地等财富与佛教寺院的人中有"长者"、"居士"。不过，如果说国王赐地的资料相当多，那么私人赠与土地的资料在文献中相对地说是少得多了。关于土地买卖，黎斯·大卫夫人引证了巴利本律藏中的一个例子。按这个故事亦见于中译本《中阿含经》。它的大意是说，一个佛的信徒看到一个园子很好，就想买来赠送给佛。但是园主不肯卖，甚至说即使以钱

① Jataka Ⅳ，167（No. 467，Kama—Jataka）；参阅Ⅱ，357（No. 272，Vyaggha—Jataka）。

② JatakaⅣ，281（No. 484，Salikedara—Jataka）。

③ 参阅 Apastamba Ⅰ，6，18，1；Vasishtha ⅩⅩⅨ，16，Manu Ⅳ，230；Vishnu ⅩⅭⅡ，3～4等。

把园铺满了也不卖。结果二人发生争执，求决于法官。法官决定要以园主所出价（以钱布满园地）买得此园。而这个佛徒真这样做了[①]。这里所说的只是买园，而非农业性土地。除此以外，早期佛教时代（公元前 6 至 4 世纪）很难找到更多关于土地买卖的资料。黎斯·大卫也说她不知道把农村田地出卖或抵押给外人的证据[②]。根据《摩奴法论》Ⅺ，第 62 条规定，卖"园"也算犯罪，公元 9 世纪时的一位注释家（Medhatithi）还说："在其他法典里则说土地不许出卖。"的确，在较早时期的法经、法论里，我们看不到关于土地买卖的规定。在本文所考察的时代的晚期，法律文献中出现了关于土地买卖的规定。《布利哈斯帕蒂法论》Ⅷ，第 7 件规定："一个人买入一项房屋、田地或其他财产，并且完成了一项包含有对所付正当买价作了明确说明的文书，它就被称为购买文契。"但是这种买卖也还有限制。《布利哈斯帕蒂法论》XXV，第 93 条规定："不论亲属们是合在一起的还是分居的，他们对于不动产完全是一样的，他们之中的任何一个人在任何情况下都无权赠与、抵押或出卖它。"关于土地买卖规定得最详细的是《政事论》。此书Ⅲ，9 规定："亲属、邻居、富人（俄译，富人做债主）应依次购买土地和其他财产。应有 40 个门第良好而与上述买主不同家族的邻人，集聚在要出卖的建筑物之前，宣布这样的事。应该当着村庄长老或邻里长老面前，宣布田地、园圃、任何一种建筑物、园池或水池的确定边界的正确记载。如果三次高呼：'谁愿以这样的价格购买它？'而无人提出反对，那么买主便可以购得这种财产。"Ⅲ，10 又规定："纳税者只应把自己的田地卖给或抵押给纳税者；婆罗门只应把自己的婆罗玛底耶即被赠与地（梵分）卖给或抵押给受领有类似土地的人；否则他们应被处以头等罚金。纳税者居住在一个非纳税者的村庄里，应受同样处罚。如果一个纳税者代替了另一个纳税者，除了被代替者的房屋以外，他应享有被代替者所持有的一切。甚至连房屋也可以给予新的居住者。"

《政事论》的这些规定使我们对古代印度土地转让问题有一个较清晰的了解。这就是古代印度的土地转让与充分自由的土地转让不同，它受着许多特定

———

① Vianya KullavaggaⅥ，4，9～10，见 T. W. Rhys Davids 等英译，*SBE*，卷二十；（东晋）提婆译：《中阿含经》，卷六，舍梨子相品，"教化病经"第八。

② 参阅 T. W. Rhys Davids，*Buddhist India*，1903 年版，46～47 页。

条件的制约。在这里，土地转让的对象首先是家属和邻人，这就使得土地很难转移出农村公社的范围，这也就是说土地转移的权利受到了农村公社的限制。纳税者和免税者（即梵分持有者）之间不能互相转让土地，这就是说土地转让的权利又受到一重国家的限制。尤其值得注意的是，一个纳税者代替另一个纳税者时，前者必须继承了后者的一切，甚至连属于私有的房屋也包括在内。这就是说，农村公社内的一份土地的持有者换了，但是换来的一个新人在一切方面都还是那个被代替者的继承者，因而对于农村公社、对于国家的关系则完全没改变。在这种情况下，我们一方面固然必须承认土地转让是标志了私有化倾向的出现，另一方面也就很难说这种转让就是所有权的转移。当然免税者之间的土地转让在实质上不同于纳税者。因为前面已对贵族占有土地的实质作了分析，这里无须重述。

第三，关于土地出租问题。在这个问题上，黎斯·大卫夫人引用的是《阿跋斯檀巴法经》上的两条例证。按其例证之一的原话是："如有人［租］取土地［耕种］而不尽力，因而［土地］没有收成，那么如果他是富有的，即应［向田主］缴纳原应生长的［收成的价值］。"按其例证之二的原文连起前两个有关条文来看，大意是婆罗门不得从出租土地的人那里取得食物。其食物不为婆罗门接受的还有手工匠和非刹帝利而靠武器为生的人，婆罗门不接受他们的食物是因他们的职业"低贱"或"不合法"。因此，在这两个例证里，如果说第一条是肯定了土地出租，那么第二条则是在道德上否定了土地出租的。在以后的法律文献里，关于土地出租的条文也很少。《摩奴法论》IV，第 253 条中说到"对分农"（Ardhika）一词，但是没有说到具体的生产关系。《毗湿奴法论》LVII，第 16 条中说到了一种"为获得收成的一半［把另一半缴给国王或私人业主］而耕地的人"。《布利哈斯帕蒂法论》XIX，29 有规定说："一个人租了土地，就应当播种和守护它，并且在适当时节刈取收获。如果他不能这样做，就应被迫向主人赔偿收成的通常的价值。"《政事论》III，9 规定："如果一份财产（不动产）被另一人根据某些正当理由所占有，那么就应使他向业主缴纳一些租金"，但是这显然不是直接以出租为目的的经济行为。因此，在这些条文里，对地租率和出租土地的人说得比较清楚的只是《毗湿奴法论》的那一条。U. N. 哥沙尔

（Ghoshal）也感叹说：“不幸法典没有关于法定地租律的记载。”① 怎样说明这个问题呢？看来这是由古代印度土地出租现象稀少决定的。

究竟是谁出租土地呢？前面已经说过，国王农庄以出租土地作为补充经营形式，贵族掌握的土地可能也有一部分出租。关于农村公社农民出租的事，至少现在还没有见到具体记载。因此，我们还不能根据法律文献中有过一些关于土地出租的条文就得出农民已经有了土地私有权的结论。

以上我们分析了西方学者关于古代印度土地私有说的论据，论证了农民对于土地不具有所有权。因此，我们的结论是：马克思的印度土地国有说是符合历史实际的。

北京师范大学史学探索丛书

---

① 参阅 *The Classical Age*（*The History and Culture of the Indian People*，卷三），1954年版，595 页。

论黑劳士制度

按照古代希腊人自己的看法，希腊的奴隶有两种类型，斯巴达的黑劳士便是其中的一种。公元前 4 世纪希腊历史家特奥滂普（Theopompus）在其《历史》第十七卷中说：

> 开俄斯人是继色萨利人和拉西第梦人之后最先使用奴隶的希腊人，不过他们获取奴隶的方法不同。大家知道，拉西第梦人和色萨利人把他们现在所占的土地上的原先的希腊人居民变为奴隶阶级，拉西第梦人占取了阿卡亚人的土地，而色萨利人则占取了伯尔勒比人和马格尼特人的土地。被拉西第梦人变为奴隶的人叫做黑劳士（Helots），被色萨利人变为奴隶的人叫做皮涅斯特（Penestae）。而开俄斯人所占有的奴隶则来自非希腊人，是开俄斯人出钱买来的。[1]

且不论特奥滂普是否从本质上把握了这两个类型奴隶的特点，希腊奴隶明显地分为开俄斯型和斯巴达（即拉西第梦）型，这一点总是不可否认的。因此，关于黑劳士制度的研究，不仅对于斯巴达史，而且对于整个希腊史都是十分重要的。

黑劳士制度是否是古希腊所特有的现象，古代世界其他地区是否也有这种类型的制度，这是很多学者都注意到的问题。例如，苏联学者季雅科诺夫认为，

---

[1] Athenaeus, *Deipnosophistae* Ⅵ, 265, B. C. 本文所引古典作品，除另注明者外，皆据 Loeb 古典丛书英译。

公元前三千至前两千年代近东各国的奴隶可分为Ⅰ型和Ⅱ型两种①。其中Ⅱ型就是黑劳士型的奴隶，黑劳士型并非西方所特有②。又如印度学者高善必把雅利安人最初征服的"达萨"（dasa）和随后的首陀罗列为黑劳士一类③，印度学者沙尔玛也把吠陀时代的首陀罗列为黑劳士一类④。

在20世纪50年代，我国学者在探讨西周直接生产者的身份时也曾以黑劳

---

① 季雅科诺夫表述两型主要特征如下：

经济特征	Ⅰ型	Ⅱ型
1. 剥削的特点	超经济的	超经济的
2. 生产资料所有权	没有	没有
3. 增补的来源	暴力掠夺	贫困和暴力掠夺
4. 使用情况	家内的生产	生产
5. 供给吃、住方式	主人供给（食物，以小份形式）	主人供给（食物，以小份形式，或有条件地占有份地）
6. 为主人劳动的时间	全部时间	全部（或部分）时间
7. 用于何种经济	主要用于私人经济，用于国有经济的不多	用于宫廷和神庙经济
8. 数量	不大	大
9. 职业标志	没有	有
法律特征		
10. 被转让性	被转让	不被转让（或很少被转让）
11. 移动的自由	没有	没有（固定在土地上）
12. 释放	很少	很少
13. 权利	很有限	有差别
风土特征		
14. 种族	外国人	部分是外国人
15. 烙印	使用	不用或很少用
16. 家庭生活	没有	有（并非全有）
17. 父名	不用	很少用

② 同Ⅱ. М. Дьяконов, Рабы, идоты и крепостные враннеи древности 载 Вестник древнеи Истори（简作 ВДИ），1973（4），3～29 页。季雅科诺夫认为古代东西方国家基本都有这两种类型的奴隶制。也有苏联学者不同意这种说法。见Ⅱ. А. Шишова, О Статусе Пенестов, 载 ВДИ，1975（3），39～57 页。

③ 见 D. D. Kosambi, *An Introduction to the Study of Indian History*，1956 年，92、104、187、220 页。

④ 见 R. S. Sharma, *Sudras in Ancient India*，1958 年，48 页。

北京师范大学史学探索丛书

士进行过比较研究。这是大家都知道的。

由此可见，关于黑劳士制度的研究，其意义又不仅限于古希腊史，而且关系到古代世界奴隶制问题的研究。

可是，黑劳士制度本身，多年来一直有许多争论。关于这一制度形成的原因、性质、特点等，实际都存在意见的分歧。这些问题需要在不断深入的探讨中加以解决。

为了弄清黑劳士制度，以下几点看来是必须注意的。这就是：（1）黑劳士制度同其他任何事物一样，不是凝固的、一成不变的；它有自己的发生、发展、衰亡的过程。我们必须以历史的眼光把它作为一个发展过程来考察。（2）黑劳士制度不是孤立存在的，它是在一定的条件下发生、发展、衰落的；离开活生生的历史条件，就无法了解这种制度的历史必然性。我们必须把它作为整个斯巴达社会的有机结构的一部分来考察。（3）黑劳士制度作为一种具体的制度，其内容自然表现为多方面的。在研究过程中需要将其多方面的内容充分展开，但是需要的并不是现象的简单罗列。我们必须考察这一制度多方面内容间内在的联系，从而把握它的本质特点。

基于这些考虑，本文力求按照实事求是的原则，对有关黑劳士制度的具体材料进行具体分析。由于目前所掌握的考古资料很少，本文的材料依据主要是古典作家的作品。

一、黑劳士制度的发生

关于斯巴达早期的历史，现在所知很少。不过，从不多的史料中仍然可以看出：同其他国家一样，斯巴达在早期也曾经历过氏族部落制度的阶段。来到斯巴达的多利亚人也分为三个部落（同其他支多利亚人移民一样），这种制度保持了相当长一段时间。在提尔泰的诗中还有这样的词句："让我们在自己的凹形盾牌掩护下急进，像野鹤或蝗虫飞行一样，庞菲力（Pamphyli）、希尔来斯（Hylleis）、第梦尼斯（Dymanes），每一个部落都挥舞起杀敌的灰色矛枪。"[①] 可见，三个部落仍是行军作战的单位。部落以下是胞族。据雅典尼乌斯所记："斯

---

① Tyrtaeus，I. 见 Loeb 本，*Elegy and Iambus*，第 1 卷，59 页。

基普西斯的德梅特里乌斯（Demetrius of Scepzis）在其特洛耶战阵队列（The Trojan Battle-Order）卷一中说，斯巴达的卡尔奈亚（Karneia）节日就是他们的军事训练的演习。那就是有九个被称为'天幕'（σκιαδες）的场所，因为它们有些像帐篷；每一'天幕'都有九人寝馈其中，有一个传令官依次宣布一切事情。而且，每个'天幕'都包括有三个胞族（φρατριας），卡尔奈亚节日举行凡九天。"① 可见，斯巴达有 27 个胞族，并长期在军事组织和活动中发挥着作用。现在虽然没有当时氏族部落制度的详细材料，但是还可以看到这种制度在斯巴达国家的残余迹象②。

而且，当多利亚人进入伯罗奔尼撒的时候，他们不论是对待本地人还是在自己内部都还保持着平等的精神，这种精神也是氏族制度存在的明证。据公元前 4 世纪希腊历史家厄福鲁斯（Ephorus）所记，斯巴达人在早期是以平等的原则对待拉哥尼亚当地的人的（具体引文见下文）。而且，他还说到，进入伯罗奔尼撒的另一支多利亚人的领袖克勒斯仿特（Cresphontes）也是以平等的原则对待美塞尼亚的当地居民的③。这就说明，斯巴达最初并无黑劳士制度，也不是多利亚人一征服一个地方就立即出现了黑劳士制度的。当然，多利亚人与被征服者之间的平等关系不会长久，随着多利亚人内部的阶级分化，这种原始的平等关系终于被奴役的关系所代替。

在斯巴达，这种原始的平等关系为黑劳士制度所代替。关于这个过程，古典作家们有这样一些记载：

---

① Athenaeus, *Deipnosophistae*, Ⅳ, 142, a—b.

② 斯巴达社会中保留了许多群婚的残迹。据普鲁塔克说，斯巴达的男子可以要求与他人之妻同居，以便为自己生育子女；也可以让自己的妻子与他人同居，生育子女，并以这样的子女为自己的后嗣（见 *Plutarch's Lives*, *Lycurgus*, XV）。波里比阿也曾说："在拉西第梦人中，三四人合有一妻，如果男子们是兄弟，还可以更多一些人共有一妻，孩子为大家所公有，这是世代相传的习惯，也是十分普通的事；而且，如果一个人已生了足够的子女，他把妻子赠给一个朋友，那也是值得尊敬的，并且也是十分普通的事。"（Polybius, *The Histories*, Ⅻ, 6ᵇ, 8）

③ Strabo, *Geography*, 8, 4, 7："据厄福鲁斯所记，当克勒斯仿特占取美塞尼亚的时候，他把它分为五个城（πολεις）；因为斯特尼克拉鲁（Stenyclarus）位于中央，他把它定为自己的王畿，而其余四城——Pylus, Rhium, Mesola 和 Hyameitis，他在授予所有美塞尼亚人以与多利亚人平等权利之后，为它们派去了（四个）王。"据说因多利亚人反对，只在斯特尼克拉鲁建立一城，由多利亚人聚居。

斯特拉波说：“据厄福鲁斯所记：赫拉克里斯的后代攸利斯提尼（Eurysthenes）和普罗克勒斯（Procles）占有了拉哥尼亚（Laconia），把它分为六份，并建立了城市；他们从中选出一份，即亚米克莱（Amyclae），把它给了那些早先把拉哥尼亚叛卖给他们的人，这些人曾经劝说当地原先的统治者接受他们的条件，和阿卡亚人一同移居爱奥尼亚；他们将斯巴达定为自己的王畿；他们向其他几份派出国王，因为人口稀少，所以允许这些派出的王接受任何希望获得这种权利的外来人为同邦人（ϭυνoικos）；……虽然所有比邻的边民（oi περioικoι）都是斯巴达的臣民，但是他们仍享有平等的权利，既享有公民权，又可任国家公职，而这些人就被称为黑劳士；可是，攸利斯提尼的儿子阿基斯（Agis）剥夺了他们的平等权，并命令他们向斯巴达纳贡；其时，除黑劳士地方（Helus）的居民黑勒安人（Heleians）以外，全部都服从了；黑劳士居民因为造反，在一次战争中被猛烈地征服了，并被判处为奴隶（ϭoυλos），不过有一个明确的保留条件，即既不许奴隶的主人释放他们，也不许他们卖出国境以外；这次战争就被称为反对黑劳士的战争。几乎可以这样说，正是阿基斯及其袍泽实行了一整套黑劳士奴隶制度，这个制度一直坚持到罗马人称霸以前；拉西第梦人在某种程度上把黑劳士作为国有奴隶，指定他们居住在一定的地方，并完成特定的任务。”①

普鲁塔克说：“在来库古（Lycurgus）的这些祖先中，所乌斯（SOÜS）是最著名的，在他的统治之下，斯巴达人使黑劳士成了他们的奴隶（ϭoυλos），又靠侵略从阿卡地亚人（Arcadians）手中取得了一大块额外的土地。”②

波桑尼阿说：“特勒克卢斯（Teleclus）死后，其子阿尔康明尼斯（Alcamenes）继位，拉西第梦人派攸提斯（Euthys）之子查尔米达斯（Charmidas）去克里特……他们（指拉西第梦人——引者）又摧毁了海边的一个阿卡亚人的城镇黑劳士，并且打败了来支援黑劳士的阿哥斯人。”③ 他又说：“沿海有一个黑劳士城，荷马在其拉西第梦人表中曾提到它：‘他们的家在亚米克莱，在沿海的城镇黑劳士。’这个城是百尔修（Perseus）的幼子黑里奥斯（Helius）建立的，后来为多利亚人所攻克。它的居民变成了拉西第梦国家的最初的奴隶

①　Strabo, 8, 5, 4. 亚里士多德亦曾说：“相传早先的斯巴达诸王常赐予外来人以公民权”，见 Aristotle, *Politics*, 1270ᵃ35. 参阅 Plutarch, *Ancient Customs of the Spartans*，22，见 *Moralia*，238，E，

②　*Plutarch's Lives*, *Lycurgus*, Ⅱ, 1.

③　Pausanias, *Description of Greece*, Ⅲ, ⅱ, 7.

（δουλοι），也是最先被叫做黑劳士的人，因为他们是名副其实的黑劳士人。以后所获得的奴隶（οἰκετεία）虽然是美塞尼亚的多利亚人，但他们也被称为黑劳士，正如整个希腊人由于色萨利的一个一度名为希腊（Hellas）的地区而称为希腊人（Hellens）一样。"①

根据以上三位作家的记载，斯巴达最初并无黑劳士制度。照厄福鲁斯的说法，斯巴达人最初还给予当地人以平等的权利，这种人称为"边民"（Perioici）。侵入斯巴达的多利亚人部落同这些边民之间的关系，是一种联盟的关系。所谓边民都是斯巴达的人民，只不过是说斯巴达在联盟中处于盟主地位（这与以后城邦时期盟主成为霸主的实质不同）而已。在氏族部落制度的条件下，如果没有消灭战败者而又必须和他们共处的话，联盟是当时可选择的唯一适当方式。城邦时期的联盟继承了这种联盟的传统，但取消了平等的性质，经过了扬弃的过程。在平等的联盟关系存在的条件下，不存在黑劳士制度，这是既符合逻辑又符合历史真实的。

不过，黑劳士制度发生的时间，在以上三位古典作家的记载中尚有分歧。厄福鲁斯说是在阿基斯时代②，阿基斯是阿基斯王室的第二代王。普鲁塔克说是在所乌斯时代，所乌斯是攸利滂王室的第二代王。这二说的时间大体相同。

① Pausanias，Ⅲ，xx，6.

② 为了便于比较，这里列一个斯巴达的早期王表。

Agiads	Eurypontids	
	一说	二说
(1) Eurysthenes	(1) Procles	Procles
(2) Agis（B. C. 930—900）	(2) Euryphon（890—860）	Soüs
(3) Echestratus（900—870）	(3) Prytanis（860—830）	Euryphon
(4) Leobotas（870—840）	(4) Polydectes（830—800）	Prytanis
(5) Doryssus（840—820）	(5) Eunomus（800—780）	Eunomns
(6) Agesilaus（820—790）	(6) Charilaus（750—720）	Polydectes
(7) Archelaus（790—760）	(7) Nicandrus（750—720）	Charilaus
(8) Teleclus（740—700）	(8) Theopompus（720—675）	Nicandrus
(9) Alcamenes（740—700）	(9) Anaxandridas（675—665）	Theopompus
(10) Polydorus（700—665）	(10) Archidemus（665—645）	Archidemus

阿基斯王室世系希罗多德（Ⅶ，204），波桑尼阿（Ⅲ，Ⅱ—Ⅲ）一致，攸利滂王室一说据希罗多德（Ⅷ，131），二说据波桑尼阿（Ⅲ，Ⅶ）。年代据 *The Oxford Classical Dictionary*，1970 年版，Sparta 条，仅作参考。

北京师范大学史学探索丛书

而波桑尼阿说是在阿尔康明尼斯时代，这已是阿基斯王室的第九代王。所以，波桑尼阿说与前二说在时间上相去颇远。因此，这个问题需要加以探讨。

对于厄福鲁斯的多利亚人一次完全征服拉哥尼亚的说法，19 世纪的西方学者就已经提出了怀疑和否定①，不过 20 世纪的西方学者对此仍有争论②。我个人也认为波桑尼阿的逐渐征服说是更为可信的。理由有两点。

第一，波桑尼阿的说法比较符合斯巴达人实力发展的情况。他指出，在阿基斯王室第七代王阿尔克劳斯在位时，"拉西第梦人以武力占取了一个名叫爱吉斯（Aegys）的边民（Perioeci）城市（在拉哥尼亚西北部靠近阿卡地亚处——引者），并卖其居民为奴隶，因为怀疑他们同情阿卡地亚人"③。在他的儿子特勒克卢斯在位时，"拉西第梦人战胜并攻克亚米克莱、法里斯（Pharis）和格兰特腊（Geranthrae）等边民城市，这些城市一直都是阿卡亚人占据着的。"④ 法里斯和格兰特腊都在斯巴达东南不太远的地方，而亚米克莱则在斯巴达以南更近的地方。正因为这些腹心之地尚未真正在握，斯巴达不可能在更远的地方取得成就。特勒克卢斯占取了这些地方，他的儿子才能南下海滨攻取黑劳士城。普鲁塔克说所乌斯即已建立黑劳士制度并夺取一大块阿卡地亚的土地，这很不确实。希罗多德说得明白："在对特吉亚（Tegeans）人的早期战争中，拉西第梦遭受到的总是失败。"⑤

――――――――

① 19 世纪西方学者 O. Müller, G. Grote 等都不同意厄福鲁斯的说法，因为考虑到了最初多利亚人力量不大，据公元前 5 至 4 世纪的雅典演说家伊索克拉特（Isocrates, *Panathenaicus*, 255 ⌊286⌋）说最初到拉哥尼亚的仅 2000 人。见 Grote, *A History of Greece*, Everyman's Library 本，卷三，141 页。

② G. Glotz 同意波桑尼阿说。E. Meyer 甚至认为多利亚初到拉哥尼亚时是为当地统治者当雇佣兵的，以后势力扩大才推翻了原统治者。而 Busolt 则认为多利亚人一次立即征服了全拉哥尼亚。其根据是斯巴达人自己认为在攸利斯提尼的父亲亚里斯托德摩斯（Aristodemus）时就已征服了拉哥尼亚（见 Herodotus, Ⅵ, 52）。见 K. M. T. Chrimes, *Ancient Sparta*, 1952, 273~274 页。至于斯巴达人自己的传统说法，看来未必可信。因为希罗多德已说明了他们的说法与别人不同，而且希罗多德自己也未对他们的说法表示赞许。

③ Pausanias, Ⅲ, ii, 5. 值得注意的是这时尚将战败者卖为奴隶，还不是黑劳士制度。

④ Pausanias, Ⅲ, ii, 6. 亚米克莱距斯巴达仅 20 Stadia，即（185m×20＝3700m）不足四公里。

⑤ Herodotus, Ⅰ, 67. 希罗多德所说斯巴达对阿卡地亚人转败为胜的时间，已在公元前 6 世纪后半叶了。

第二，波桑尼阿的说法比较符合斯巴达人社会发展的情况。如果按照厄福鲁斯的说法，斯巴达平等的社会里忽然出现了激剧对立的黑劳士制度，其中没有斯巴达人的内部矛盾，没有斯巴达人同边民的矛盾，没有任何矛盾发展的进程。这显然是难以理解的。实际上，从第三、第四代王开始，斯巴达曾经有过一个时期的平民和贵族的斗争。据普鲁塔克说，攸利滂王室的第三代（他采用的世系与波桑尼阿同）王攸利滂放松了对人民的统治，"但是由于这种松弛的结果，人民变得强悍了，继位的诸王，有些因为力图把他们的意向强加于人民而遭到了憎恨，有些则因为他们贪求之心或懦弱无能而降低了地位，因此无法律的混乱状态在斯巴达占了很长一段时间；并且也就是由于这种情况，作为一个大权在握的君主，来库古的父亲（据普鲁塔克说是攸诺摩斯——引者）还丧失了自己的生命。因为当他企图驱散一些骚动者的时候，就被一个屠夫的刀刺死了……"① 在来库古的哥哥和他的侄儿为王时，矛盾仍然很多，所以他进行了改革。据波桑尼阿说，在阿基斯王室第四代王李奥博塔（Leobotas，波桑尼阿作 Labotas）的时候，"拉西第梦人首次决定对阿哥斯人开战，他们指控阿哥斯人正在兼并已被他们占取的库努里亚（Cynurian，在拉哥尼亚东北部）的领土，还指控阿哥斯人正在引发他们的边民起义。据记载，这时交战双方均未取得任何值得一提的成果，而且阿基斯王室随后的两代王，即拉博他（Labotas，即 Leobotas）的儿子多利苏和他的儿子阿格西劳，都很快就被杀死了。来库古就在阿格西劳在位时为拉西第梦人制定了法律……"② 普鲁塔克和波桑尼阿的这些记载虽语焉不详，但大体说明在斯巴达的第三代至第六代王期间，确实有过斯巴达人内部的尖锐矛盾，也有过边民起义反对斯巴达的斗争；这些矛盾和斗争，正如其他希腊城邦的早期一样，本质是平民对贵族的斗争。普鲁塔克和波桑尼阿都认为这一段社会充满矛盾和斗争的时期末尾有一个所谓"来库古改革"。虽然普鲁塔克《来库古传》中所说的改革全部内容不可能在此时完成（这一点下文还将说到），但是出现过某种改革是完全可能的。而黑劳士制度正出现于这以后，它是在平民贵族的矛盾和斗争有了一定的发展而又经过某种改革的

北京师范大学史学探索丛书

---

① *Plutarch's Lives*，*Lycurgus*，Ⅱ。同其他希腊城邦一样，斯巴达早期也经历了"王权"削弱的过程。

② Pausanias，Ⅲ，ⅱ，3～4。

调节的历史条件下出现的。

当然，有些学者不同意"黑劳士"（Helot）一词来源于"黑劳士"（helus）城名，而认为它是从希腊文字根 ελ—（意为"俘虏"）演化来的①。不过，此说也有一个问题难以解释：其他希腊城邦的俘虏奴隶为何不称为"黑劳士"呢？

"黑劳士"之名来自"黑劳士"城，看来也不是波桑尼阿的独创之说。"特奥滂普在其希腊史（Hellenica）第七卷中说到了黑劳士（Helot），不过他在此书中说他们称为黑勒士（Heleats），他写道：'黑劳士（Helot）阶级处于一种全然是悲惨而痛苦的条件下。他们是很早以前就沦为斯巴达人奴隶的人民，他们中的一些来自美塞尼亚，而黑勒士（Heleats）先前则居住在拉哥尼亚的名叫黑劳士（Helos，意为沼泽）的地方。'"② 这就是说黑劳士是拉哥尼亚、美塞尼亚两地奴隶的共名，拉哥尼亚一支名黑勒士，缘起于黑劳士城。所以实际还是说黑劳士最先起源于黑劳士城。而且，波里比阿曾说黑劳士城一带是拉哥尼亚的最宽阔而又最肥美的地方③。斯巴达人恰好在适当的历史条件下征服了这个适当的地方，从而开始了黑劳士制度。如果说这是出于偶然，那么这种偶然中是有其必然的。

二、黑劳士制度的形成

黑劳士制度源起于对拉哥尼亚的黑劳士城的征服，形成于对美塞尼亚的征服。

斯巴达人对美塞尼亚的征服实际有一个过程。第一次美塞尼亚战争发生于阿尔康明尼斯时代（约公元前 740—前 720 年）。数十年后，美塞尼亚人起义，斯巴达人又进行了第二次征服（约公元前 640—前 620 年）。

波桑尼阿曾经相当详细地谈到第一次美塞尼亚战争的缘起。其大体内容是：一个斯巴达人骗卖了一个美塞尼亚人的一群牲畜，而当事被揭发，这个美塞尼亚人派自己的儿子跟随斯巴达人去取补偿时，这个斯巴达人竟恼羞成怒把

---

① Grote, *A History of Greece*，卷三，145 页；H. Michell, *Sparta*，1952，75 页等。

② Athenaeus, Ⅵ, 272, a.

③ Polybius, Ⅴ, 19, 7.

美塞尼亚人的儿子杀了。这个美塞尼亚人（受害者的父亲）控之于斯巴达当局，当局置之不理。于是这个美塞尼亚人一怒之下决定，只要有机会抓到任何斯巴达人，都要把他杀掉。这时斯巴达坚持要求美塞尼亚交出凶手，美塞尼亚也责备斯巴达不交出凶手。双方在互相谴责中还各自提出口实，看来都不甚重要。关键仍如波桑尼阿所记载的美塞尼亚人的见解那样。"他们说，那些事（指杀人案等——引者）都不是拉西第梦人从事战争的原因，而是由于贪欲，拉西第梦人已经形成了对他们的国家的野心……"① 生活于第二次美塞尼亚战争时期的诗人提尔泰曾追述第一次美塞尼亚战争的情况："……到了我们的国王、诸神之友特奥滂普的时候，由于他，我们取得了辽阔的美塞尼亚，美塞尼亚是这样适于耕耘，又这样适于种植，为了这，战争一直不停地进行了十九年……"② 古代地理学家斯特拉波曾引用幼里披底斯（Euripides）的话比较拉哥尼亚和美塞尼亚说："他说，拉哥尼亚有'许多耕地，但是不易种植，因为这是洼地，围绕着崎岖的、敌人难以侵入的群山，而美塞尼亚则是一块盛产果实并有无数溪流灌溉的土地，这里富有牛羊牧场，在冬风中既不太冷，在日轮下也不太热'；稍后他在谈到赫拉克里斯的后代抽签分领土时说，头一签提供了'拉哥尼亚土地的主权，这是一个贫穷的国度'，第二签提供了美塞尼亚的主权，'其肥沃非言辞所能表达'；提尔泰的说法也如此。"③ 美塞尼亚的相对肥沃及适于农牧，显然是使正在扩大剥削要求的斯巴达人馋涎欲滴的真实原因。

这里不须叙述战争的过程，两次战争最后都以美塞尼亚失败告终。第一次美塞尼亚战争以后，据厄福鲁斯的说法，"拉西第梦人分割了美塞尼亚"④。至于美塞尼亚人的地位，波桑尼阿说："美塞尼亚人是被这样对待的：首先，拉西第梦人强令他们宣誓永不造反或企图革命。其次，他们虽然未被征收固定的贡赋，但是要经常把他们田地中全部产品的一半交给斯巴达。又规定，逢国王及其他官员之丧，美塞尼亚人应偕妻子着丧服奔吊，其违命者有罚。关于美塞尼亚人所受的苛罚，提尔泰有诗云：'如驴负重受煎磨，无可奈何，需将田产谷一半，送向主人驮。'关于他们被迫奔丧，其诗云：'无论何方，主人不禄，夫妻

---

① Pausanias，Ⅳ，v，3。

② Tyrtaeus，5³。见 Leob 本，*Elegy and Iambus*，卷一，65~67 页。

③ Strabo，8，5，6。

④ Strabo，6，3，3。

相与，趋临痛哭。'"① 土地既遭分割，人民亦受奴役，这说明美塞尼亚在第一次被征服后实际上已经有了黑劳士制度。不过，就现在所知，古典作家直接说到美塞尼亚有黑劳士制度还是在它第二次被征服之后。据波桑尼阿说，第二次美塞尼亚战争结束时，起义者被迫撤出伯罗奔尼撒，"遗留在当地的人沦为拉西第梦人的奴隶，唯沿海城镇居民除外"②。他又说："凡是在埃拉（Eira，第二次美塞尼亚战争中起义者所固守的据点——引者）或任何其他地方被捉到的美塞尼亚人，都被拉西第梦人降之于黑劳士的地位。"③ 他还说："拉西第梦人占有了美塞尼亚，把它全都在他们自己之间分了，唯原属阿辛（Asine，在美塞尼亚南端东海岸——引者）人民的土地除外；不过他们把摩通（Mothone，在美塞尼亚南端西海岸——引者）给了瑙普里亚（Nauplia，阿哥里斯南海岸的城市——引者）人，他们是新近被阿哥斯人从他们自己的城市赶出来的。"④ 这可以说是黑劳士制度在美塞尼亚的重建和形成。

我们说第二次美塞尼亚战争以后斯巴达的黑劳士制度形成，主要是从以下几点考虑的。

其一，第二次美塞尼亚战争以后，黑劳士数量大增。古典作家没有给我们留下黑劳士的绝对数字。但是他们留下了一些很有意义的相对的概念。修昔底德说："……开俄斯人的奴隶很多，而且除了拉西第梦人的奴隶以外，在任何单个城邦中开俄斯的奴隶的确都是最多的……"⑤ 这就给了我们一个相对的，但确实的概念，斯巴达人的奴隶在希腊各邦中是最多的。斯巴达的黑劳士包括拉哥尼亚和美塞尼亚的两部分，因此它的最大数值只能出现在美塞尼亚被征服之后。不仅如此，修昔底德还曾说过："大多数黑劳士是往昔被奴役的早期美塞尼亚人的后裔，因而他们全被称为美塞尼亚人。"⑥ 美塞尼亚人在黑劳士中竟占这

---

① Pausanias, Ⅳ, xiv, 4~5. 据希罗多德（Ⅵ, 58）说，为国王奔丧，是斯巴达人、边民及黑劳士的共同义务。据普鲁塔克（*Ancient Customs of the Spartans*, 18, 见 *Moralia*, 238, D）说："他（指来库古——引者）又取消了除阵亡者以外的人的墓碑，还取消了丧服和哀悼。"可见斯巴达普通人不能举行丧礼。

② Pausanias, Ⅲ, iii, 4.

③ Pausanias, Ⅳ, xxiii. 1.

④ Pausanias, Ⅳ, xxiv, 4.

⑤ Thucydides, Ⅷ, 40, 2.

⑥ Thucydides, Ⅰ, 101, 2.

样优势的比重，当然美塞尼亚的征服是黑劳士制度形成的一个重要标志。

关于黑劳士的具体数目，现在只能根据古典作家的有关记载加以估算。的确，伊庇提迈阿斯（Epitimaeus）在其《历史》第三卷中说过科林斯（Corinth）有奴隶（δουλos）460 000人；克特西克勒斯（Ctesicles）在其《编年史》第三卷中说过雅典（约公元前309年时）有奴隶（oικετας）400 000人；亚里士多德在其《爱吉那（Aegina）政制》中说过爱吉那人有奴隶（δουλos）470 000人。①以上说过斯巴达奴隶在希腊各邦中最多，而且柏拉图也曾说过雅典奴隶（ανδραποδον）不如斯巴达多②。照此说来，斯巴达奴隶当在四五十万之数。然而这在事实上是不可能的③。

据希罗多德记载，在希波战争的普拉提亚（Plataea）战役中，有拉西第梦人军队一万人，其中五千是斯巴达人，每个斯巴达人又有七名轻武装的黑劳士随侍。学者往往以此比例推估斯巴达人和黑劳士的人数④。例如，瓦朗（H. Wallon）在其《古代奴隶制度史》（*Histoire de l'esclavage dansl'antiquite*）中，即据上述希罗多德记载，推估斯巴达人与黑劳士人数为一与七之比，又据希罗多德（Ⅶ，238），说当时斯巴达人约有8 000（户），推算出斯巴达人总人数约31 400人；从而推出黑劳士约（8 000×7＝）56 000户，约220 000人（均以每户约四人计）⑤。当然这只是一个推测的大致数字，不过距离实际情况可能不会太远。

以上只是说明一个事实，当美塞尼亚征服以后，黑劳士制度形成的时候，

① Athenaeus，Ⅵ，272，d—j。这三个数字，正如格罗茨所说，"夸大是很明显的"（Goltz，*Ancient Greece at Work*，198页）。

② Plato，*Alcibiades*，I，122，D.

③ 据1952年以前的一次人口调查，美塞尼亚地区有人247 907，拉哥尼亚有人144 336（见 Michell，*Sparta*，1952年，229页）。两地现代总人数尚不足四十万，怎能说在古代仅奴隶即有四五十万人呢？

④ Herodotus，Ⅸ，10～11，28.

⑤ 见俄译本 История рабства в Античном Мире1941，39页。也有学者认为黑劳士比斯巴达人多得多。如 Grundy 认为，黑劳士是斯巴达人的12～15倍，为斯巴达人与边民总和的6～7倍（转引自 A. W. Gomme，*A Historical Commentary of Thucydides* 1945，卷一，299页）。又如 C. E. Robinson 也认为黑劳士与斯巴达人成十五与一之比。见其 *A History of Greece*，1957，第九版，46页。Glotz 也认为黑劳士十倍于斯巴达人，见 *Ancient Greece at Work*，90页。这样的估计看来也是不实际的。

黑劳士竟达斯巴达人之六七倍。边民大体为斯巴达人之三倍①。所以黑劳士人数比斯巴达人和边民（二者合称拉西第梦人，即斯巴达城邦的全体自由民）总和还多。但是，我们没有意思要证明这样一个所谓定理，即奴隶占人口多数才算一个奴隶制社会的形成。这里只是具体论述黑劳士的特例。

其二，第二次美塞尼亚战争以后，斯巴达社会的劳动生产者的情况发生了变化。这主要包括非黑劳士型的奴隶在生产劳动领域里受排斥以及斯巴达人彻底脱离生产的以至经营管理的劳动两个方面。

在征服美塞尼亚以前，斯巴达有黑劳士型奴隶，也有非黑劳士型奴隶。例如，波桑尼阿曾说，阿尔克劳斯王在位时拉西第梦人占取一个名叫爱吉斯的边民城市，将其居民卖为奴隶。第一，这种奴隶通过买卖，按古希腊人看法，是属于开俄斯型（而非黑劳士型）的奴隶。第二，这种奴隶既通过市场，就根本与黑劳士不同。关于这种非黑劳士型的家内奴隶的具体情况，现在所知极少。可是在波桑尼阿的著作里我们也得到了一点启示。据他所说，在第二次美塞尼亚战争后期，美塞尼亚人固守埃拉，这时，斯巴达的一个显贵恩伯拉摩斯（Emperamus）的一个做牧人的奴隶（οικετης)② 看上了一个从埃拉出来汲水的美塞尼亚妇女，后来他就背弃主人而逃往埃拉与所欢女子幽会。一夕天大雨，此女之夫因而疏忽防守，离岗位回家。这个逃奴藏于暗处，窃听得这个擅离岗位者与其不贞的妻子谈话，获悉美塞尼亚防守疏忽之点。于是他又逃回报告其主人，并被免除先前逃亡应受之处罚。③ 这个牧人奴隶显然不是黑劳士，而是家内奴隶；并且不是伺候主人日常生活的家内奴隶，而是从事畜牧生产的家内奴隶。这就说明，非黑劳士型的奴隶曾在斯巴达社会生产劳动中占有一定地位。美塞尼亚被征服，黑劳士制度形成以后，就很难见到这种奴隶从事生产劳动的实例（当然家内奴隶还是有的，这一点以下将论及），可见他们在生产劳动的领域里遭到了黑劳士的排斥。

---

① 据普鲁塔克（*Lycurgus*，Ⅷ）说，斯巴达人份地数为九千，边民份地数为三万，故云。

② 据 H. G. Liddell 和 R. Scott 编，*A Greek－English Lexicon*，οικετης 意为 "家庭奴隶"（a house－Slave）、"奴仆"（menial）。就广义言，可与 δαυλos（奴隶，总称）通；就狭义言，则作为 "家奴" 与 δαυλos 相对。

③ Pausanias，Ⅳ，xx，5～10，xxi，1。

斯巴达人最初并非全都不事家人生产，古典作家把斯巴达人不事家人生产归于来库古的改革①。现在且不论来库古改革的问题。但是，我们知道，美塞尼亚战争以前，斯巴达人还没有完全成为彻底不事生产的寄生者。波桑尼阿在叙述美塞尼亚战争缘起时，曾说到一个美塞尼亚人受斯巴达人骗后杀了斯巴达人从事报复的事。这个美塞尼亚人名叫波里卡里斯（Polychares），是第四届奥林匹亚竞技会（公元前764年）上竞走项目的优胜者。"此人拥有牲畜，而自己没有土地，不能给牲畜提供足够的饲料，于是就把牲畜交给一个名叫攸爱夫努（Euaephnus）的斯巴达人，让攸爱夫努在自己的土地上去饲养，并得到产品的一部分。攸爱夫努是一个见利忘义的人，还是一个骗子手。他把波里卡里斯的牲畜卖给一些来到拉哥尼亚的商人，又亲自去向波里卡里斯报告；不过他说的是，海盗在他的国家登陆，打败了他，把牲畜和牧人掳掠走了。正当他企图以谎话骗人时，恰好一个牧人从商人那里逃了回来；牧人发现攸爱夫努正和他的主人在一起，就当波里卡里斯的面把他的罪行证实了。"② 这个故事说明两个问题：第一，斯巴达人攸爱夫努的这份土地还不是后来意义上的份地，还没有黑劳士在上面劳动，因为直接在这块土地上从事畜牧劳动的是波里卡里斯的牧人（其身份大概也是牧人奴隶）；第二，攸爱夫努虽不直接从事生产劳动，但他仍在自己的土地上经营畜牧业，而且他还同商人打交道，追逐市利。可是这种情况到了征服美塞尼亚以后就变了。黑劳士的大量增加为斯巴达人提供了更多的剩余产品，使他们有了充分脱离生产的可能。长期的美塞尼亚战争也使斯巴达人在事实上完全脱离了生产。据安提奥库斯（Antiochus）说："美塞尼亚战争（指第一次美塞尼亚战争——引者）爆发以后，那些没有参加远征的拉西第梦人被贬为奴隶，并被称为黑劳士。"③ 据厄福普斯："拉西第梦人对美塞尼亚人作战，因为他们的国王特勒克卢斯往美塞尼亚献祭时被美塞尼亚人杀死了；他们立下誓言，除非他们摧毁了美塞尼亚或者全部被杀，否则绝不回家；当他们出征的时候，他们留下了最年少和最年老的人守城……"④ 关于未参加出征的

---

① Xenophon, *Constitution of the Lacedaemonians*, Ⅶ, 2；*Plutarch's Lives*, Lycurgus, ⅩⅩⅣ；*Ancient Customs of the Spatans*, 41, 见 *Moralia*, 239, D。

② Pausanias, Ⅳ, iv, 5~7.

③ Strabo, 6, 3, 2.

④ Strabo, 6, 3, 3.

北京师范大学史学探索丛书

人被贬为奴隶，这尚无其他古典著作可供佐证。但是从以上两条可知，一是能出征的全出征了，二是出征时间很长。而这两点正是使全体斯巴达人脱离生产的催化剂。

其三，美塞尼亚被征服后，斯巴达社会的阶级矛盾情况有了一个很大的转变。这就是，平民与贵族的矛盾和斗争退居次要地位，自由人和奴隶（斯巴达人和黑劳士）的矛盾上升为突出的、压倒一切的主要矛盾。上文已经说到斯巴达早期曾有尖锐的平民和贵族的斗争。在征服美塞尼亚的过程中，斯巴达仍然有平民对贵族的斗争。在第一次美塞尼亚战争以后，曾有无公民权的"处女之子"密谋起义，事泄后被迫往意大利殖民。他们斗争的目的是争取公民权和份地。[1] 在第二次美塞尼亚战争后期，阿里斯托明尼（Aristomenes）率起义军固守埃拉，并常四处掠取斯巴达人的牲畜、财物、谷物等，致使斯巴达人不得不决定将美塞尼亚和拉哥尼亚邻近美塞尼亚的地方闲下来不耕种。"结果斯巴达发生饥馑，随之发生革命。因为执业者不愿让土地白闲着。"[2] 据亚里士多德说，提尔泰的诗里曾说到，由于战争的重负，"某些公民要求重分土地。"[3] 自从第二次美塞尼亚战争结束并分配土地后，直至伯罗奔尼撒战争结束前，除摄政波桑尼阿的一次实际未引起大风波的"阴谋"[4] 之外，两百余年之间，斯巴达自

---

① 关于"处女之子"（Partheniae），古典作家有不同说法。安提奥库斯说："美塞尼亚战争爆发以后，那些没有参加出征的拉西第梦人被贬为奴隶，并被称为黑劳士。所有在出征时期生的孩子被叫做'处女之子'，并在法律上被剥夺了公民权。可是他们对此不愿忍受，而且他们人数很多，所以形成了反对自由公民的阴谋。"（Strabo, 6, 3, 2）。据厄福鲁斯说，斯巴达人长期在外作战，国内妇女不能生育，乃派军中少年（他们因年幼未曾发"必战胜始回国"之誓）回国，这样生的孩子名为"处女之子"。第一次美塞尼亚战争结束，"拉西第梦人把美塞尼亚分割了，可是他们回国的时候，不使处女之子同别人一样有公民权，理由是他们是私生的。处女之子乃与黑劳士结成同盟，形成了一个反对拉西第梦人的阴谋，并约定在市场上举起一个拉哥尼亚人的帽子作为进攻信号。虽然一些黑劳士泄露了这个阴谋，但拉西第梦人仍认定，很难对他们进行反击，因为黑劳士不仅人数众多，而且万众一心，义如手足，所以只是命令举信号的人离开市场。密谋者知计划已被叛卖，踌躇不前，于是拉西第梦人通过他们的父亲劝他们出去建立殖民地，而且如果他们满意所占之地就留在那里，如不满意，可以回来，再将美塞尼亚五分之一的地方分给他们"（Strabo, 6, 3, 3）。参见 Aristotle, *Politics*, 1306^b30。

② Pausanias，Ⅳ，xviii，2~3。

③ Aristotle, *Politics*，1307^a1。

④ Thucydides，Ⅰ，132~134。

由民之间未见有大矛盾、大冲突。可是，在此期间发生了大规模的黑劳士起义，即所谓第三次美塞尼亚战争（公元前 464 年）。这次起义乘大地震后斯巴达损失甚重之机而起，对斯巴达威胁很大，以致斯巴达人一度不得不向自己的老敌手雅典求援。① 正是由于斯巴达人和黑劳士之间矛盾的发展，这两个阶级之间极端不平等的状态的出现，斯巴达人不得不暂时缓和自己内部的矛盾，使自己成为以与黑劳士不平等为前提条件的"平等者"②。这里很自然地就要涉及所谓来库古改革的问题，因为传统认为斯巴达的政治体制、份地制度、公餐制度、教育训练以至社会风气几乎都是来库古规定的③。可是关于来库古这个人物本身及其年代，古代已众说纷纭难以定论，现在也不能说已经完满解决④。这里我们不想探讨来库古其人，但是有一点大体可以肯定，就是传说的来库古改革的全部内容只有到美塞尼亚征服以后才能完全实现。

　　总之，美塞尼亚被征服以后，斯巴达的社会风貌有一个较大的变化，这大体是没有什么争论的。这也正是黑劳士制度形成的标志。

---

　　① 关于这次起义的参加者，古典作家有不同说法。波桑尼阿明确地说："不是所有的黑劳士都起义了，起义的只是美塞尼亚人那部分，他们与老黑劳士是分开的。"（Pausanias，Ⅲ，xi，8）。修昔底德说这次起义者有黑劳士和 Thuria（在美塞尼亚 Pamisos 河左岸近出海口处）Aethaea（在拉哥尼亚，确址不详）两城的边民。"大多数黑劳士是往昔被奴役的早期美塞尼亚人的后裔，因而他们全被称为美塞尼亚人。"（Thucydides，I，101.2）意思是说以美塞尼亚人为主。狄奥多拉则明确指出起义者包括黑劳士和美塞尼亚人（Diodorus of Sicily，The Library of History，Ⅺ，63～64）。普鲁塔克说，大地震后，"黑劳士迅速从四面八方集合起来，意图消灭残余的斯巴达人。他们得知斯巴达人已摆好阵势，就退回自己的城镇，公开进行战争，并劝边民也起义。而且美塞尼亚人也参加了对斯巴达人的这一进攻。"（Plutarch's Lives，Cimon，XVI，6～7）。也是说两地黑劳士都参加了。看来波桑尼阿之说不确。

　　② "平等者"（Ομοιοι），斯巴达全权公民，在原则上享有同等权利，充任同等官职。例如，色诺芬说，国王出征时，"军官与国王共餐，为了经常交往，便于必要时商讨问题。还有三个平等者也与国王共餐。他们为国王及其总部管理全部粮秣，以便王及总部可以专注于战事。"（Xenophon，Constitution of the Lacedaemonians，ⅩⅢ，1）

　　③ 见 Xenophon，Constituton of the Lacedaemonians；又 Plutarch，Lycurgus；Ancient Customs of the Spartans。

　　④ 古代争论，见 Plutarch's Lives，Lycurgus，I。近代论者甚多，H. Michell 说："我们不能断然肯定来库古的历史真实性，也不能否认它。"（Sparta，25 页）可见一斑。

三、形成黑劳士制度的原因

按照古代希腊人的直观说法，征服者把当地被征服者变为奴隶，就出现了黑劳士制度。这种见解在近代又得到一些学者的继承和发挥。例如，H. 瓦朗在其《古代奴隶制度史》的专论黑劳士制度（他称之为农奴制）的一章中说："某个民族凭武力居住在被征服者之中，则新老居民间关系的形成取决于下列条件：他们的族源，他们的人数，他们的生活制度。同语言的民族很快互相接近起来，胜利者人少则易与战败者同化。但是，他们之间生活制度的差异往往抹杀了他们语言上的亲属性，抹杀了少数征服者被吸收的可能性，而继续加深由征服在他们之间造成的鸿沟。在希腊，那些凭武力站住脚跟的民族一般都保持自己的军事特点，他们借以取胜的条件对于进一步维护他们的统治也是最适用的。因此他们仍然保持武装状态。可是，只有具备一切生活必需的条件，国家才能组织起来。要保持掌握武装的特权，胜利者必须把劳动委于征服的民族。"① 瓦朗的分析不无理由。然而，他没有回答：作为征服者的斯巴达人为何对当地居民先平等而后又实行奴役？斯巴达人对被征服者的奴役为何取黑劳士制度的具体形式？这些问题，离开当时的具体社会经济条件，从征服本身是无法直接回答的。

可是，也有一种几乎截然相反的意见。例如，卡尔施特德（Kahrstedt）认为，黑劳士制度的起源与征服无关，而是高利贷发展的结果。斯巴达的债务人同梭伦改革前雅典的"六一农"一样，只是由于斯巴达没有梭伦的"解负令"（seisachtheia），富有的土地所有者和债主没有受到限制，不幸的债务人终于陷于"农奴"的地位。② 这种说法更难以成立。他说黑劳士制度形成与征服无关，理由是斯巴达人与黑劳士同语言，所以不是外来的征服者。可是斯巴达的黑劳士中有大量美塞尼亚人，而美塞尼亚人中本来就有很多多利亚人的成分，二者语言自然相通。何况语言本身在长期交互影响下是会逐渐变化的，征服者与被

---

① 引自俄译本 История рабства в Античном МИре，31 页。

② 关于卡尔施特德的见解，转引自 H. Michell, *Sparta*, 76 页。Michell 是反对这种说法的，其理由：第一，如果黑劳士因负债而为奴，那么他们为什么不是债主的私有奴隶，却反属于国有；第二，黑劳士之名称来自字根 ελ（俘虏），显然与征服有关。

征服者语言统一的实例在历史上难道还少吗?

关于多利亚人的迁徙和早期征服,古典作家记述中神话传说成分不少,确切的信史不多。考古学材料也不能说明迈锡尼文化的衰亡是多利亚人征服的直接结果。① 不过,这个问题在这里可以不作讨论,因为黑劳士制度并非发生在这个时期。多利亚人约在公元前 1000 年才到斯巴达,最初居住在一些小村庄里。大概这也就是他们尚以平等对待当地居民的时期。公元前 9 至前 7 世纪间,斯巴达的生产和社会分工有了发展。根据考古发现材料,公元前 7 世纪时,斯巴达输入象牙、琥珀、甲虫形宝石以及金、银首饰,而拉哥尼亚工匠在象牙器、骨器和陶器制造方面也可以同其他希腊城邦之上乘者相媲美。至公元前 6 世纪,输入渐停,但拉哥尼亚的陶器远销至小亚细亚的撒尔迪斯(Sardis)和意大利的伊特鲁里亚(Etruria),达于极盛,约公元前 550 年以后迅速衰落。② 手工业从农业中分离出来,并达到一定的水平;社会上分化出享用珍贵饰物的富人贵族,这是公元前 9 至前 7 世纪间斯巴达的情况。正是在这种情况下,斯巴达进行了许多征服战争,曾经把俘虏卖为奴隶,但将更多的被征服者变为黑劳士。迨黑劳士制度形成以后,它又转而抑制了斯巴达工商业的发展。

为什么在斯巴达没有逐渐发展起开俄斯型(奴隶通过市场买卖)的奴隶制,而较早地发展起黑劳士制度? 看来两种因素起了作用。一方面,斯巴达紧接着征服黑劳士城以后又征服美塞尼亚,在不太长时间里直接地获得了大量的奴役对象;奴隶来源如此涌盛,增长速度如此之高,远非雅典、开俄斯所能比拟。另一方面,要把这样多的战俘通过市场变为私人奴隶,使他们在私人经济中从事生产,这需要有很发达的工商业和商品货币经济。而相对来说,斯巴达在这方面的发展恰恰是比较低的。波桑尼阿说过这样的话:"正如我说过的那样,拉西第梦人在这条路(一条通往市场的路——引者)上有一所称为白昂尼

---

① 迈锡尼文明诸中心城市约毁于公元前 13 世纪末或公元前 12 世纪初,随后未见文化上的变更。迈锡尼陶器和几何型陶器之间并非截然分开,而是通过亚迈锡尼型和原始几何型逐渐过渡的。而且这种演变发生的中心正是历史连续性未曾中断的阿提卡,火葬墓、铁器亦均先见于阿提卡,大概自东方传来。见 J. B. Bury 原著, R. Meiggs 增订 *A History of Greece*,第 4 版,1975 年,57、89 页。

② 见 Bury 和 R. Meiggs, *A History of Greece*, 96 页。又 *The Cambridge Ancient History*, 第 3 卷, 559 页。

塔（Booneta）的建筑物，它曾是他们的国王波里度鲁斯（Polydorus）的房子。当他死了的时候，他们就从他的寡妻那里把它买下来了，以牛付了价款。因为到那时还是没有金、银货币，他们仍然以老方法用牛、奴隶以及未经铸造的金银交易。"[①] 来库古改革传说中也有废除金银货币的流通，而铸造实际不能使用的铁币的事[②]。不论这些传说的真实程度如何，我们从古典作家作品里几乎看不到多少斯巴达人（在美塞尼亚征服以前）运用货币的记载[③]。尤其需要注意的是，在雅典和罗马城邦的早期历史上都曾有过债务奴役和废除债务奴役的事，而斯巴达根本没有这样的记载。而且，当公元前3世纪末斯巴达城邦晚期的国王阿基斯废除债务时，他的政敌就曾以来库古未曾废除债务来对他进行质问[④]。这也说明斯巴达城邦早期商品货币经济发展不充分，债务奴役没有成为平民贵族矛盾中的尖锐问题。

斯巴达没有必要程度的商品货币经济来以开俄斯的形式容纳迅速得到的大量被奴役者，而他们的平民贵族矛盾中确实存在着严重的土地问题。于是，从被征服的土地中分出份地，被征服的大量人口成了黑劳士，自然地形成了黑劳士制度。

四、黑劳士的地位和性质问题

第二次美塞尼亚战争以后，斯巴达的黑劳士制度形成。从这时起直至伯罗奔尼撒战争结束（公元前404年），大约有两个世纪的时间，是黑劳士制度的全盛或典型时期。研究这一时期黑劳士在经济、法律、社会上的地位和处境，对于确切理解这一制度的性质是非常必要的。由于斯巴达并未留下系统的古典材料，古典作家的记载也比较稀少、零散以至有时互相牴

---

① Pausanias，Ⅲ，xii，3.

② Xenophon, *Constitution of the Lacedaemonians*，Ⅶ，5~6；*Plutarch's Lives*，*Lycurgus*，Ⅸ，1.

③ 波桑尼阿记斯巴达早期史甚详，除第一次美塞尼亚战争中斯巴达人曾雇克里特弓箭手（Ⅳ，viii，3）、第二次美塞尼亚战争中曾贿赂美塞尼亚人的盟友阿卡地亚人首领（Ⅳ，xvii，2）以外，也几乎没有提到他们运用货币的事。

④ *Plutarch's Lives*，*Agis*，Ⅹ，2.

牺，更由于学者们的观点、方法不同，现在人们对于黑劳士制度从内容到性质都有意见的分歧。现在我们从黑劳士的地位、处境问题谈起，然后再讨论它的性质问题。

关于黑劳士的实际地位和处境，我们从以下几点来探讨。

第一，黑劳士同土地的关系，即通过土地对斯巴达人的关系，是黑劳士制度的一项最基本的内容。厄福鲁斯说："拉西第梦人在某种程度上把黑劳士作为国有奴隶，指定他们居住在一定的地方，并完成特定的任务。"① 普鲁塔克说："黑劳士为他们（指斯巴达公民——引者）耕种土地，缴纳一份预先规定好了的报酬。"② 可见他们没有土地所有权，他们为斯巴达人种地，受斯巴达人剥削。可是也有人认为，黑劳士在为斯巴达人种地之余，"有自由在他所附着的土地以外去谋利，甚至占有自己的土地，并积聚一定数量的财富"③。我们认为，说黑劳士另外占有自己的土地，这种推测不仅没有事实根据，而且也与斯巴达城邦的土地所有制大相径庭。

斯巴达城邦的土地分两大类，一类是未分配的城邦土地，另一类是已分配的份地。据普鲁塔克记载："当他（指波里度鲁斯——引者）引兵出征美塞尼亚的时候，有人问他是否要去同弟兄（意指美塞尼亚人与斯巴达人都是多利亚人——引者）作战。他回答说，不是，只不过是着手处理未分配的土地（the unassigned portion of the land）而已。"④ 这句话直接反映的固然是斯巴达人夺取美塞尼亚土地的野心。但它也说明有一种未分配的土地：它还不是份地，但有可能被分为份地。波里比阿在分析克里特制度与斯巴达的异同时曾说："据说斯巴达国家的特色首先是其土地法，按照这个法律，不得有任何公民占有比他人更多的土地，而是所有的人都必须从公地（public land，πολιτικης χωρας，相当于罗马的 agerpublicus）上占有平等的一份。"⑤ 当然分到份地的还有边民。普鲁塔克说："他（指来库古——引者）把其余的拉哥尼亚的土地划为三万份

① Strabo, 8, 5, 4.

② Plutarch, *Ancient Customs of the Spartans*, 41 见 *Moralia*, 239, E；参阅 *Lycurgus*, XXIV, 3.

③ H. Michell, *Sparta*, 1952, 78 页。作者并未提出黑劳士占有土地的论据。

④ Plutarch, *Sayings of Spartans*, Polydorus, 2, 见 *Moralia*, 231, E。

⑤ Polybius, Ⅵ, 45, 3~4.

分给了边民，把属于斯巴达城的土地划成九千份分给了同样数目的纯粹斯巴达人。但是有些人说，来库古只给斯巴达人分了六千份土地，其余三千份是以后波里度鲁斯加上的；还有一些人说，在九千份中，来库古分的只有一半，波里度鲁斯加了一半。"① 可见，斯巴达人以城邦公民身份占有本城的份地（以后随着斯巴达城邦扩张，公民所得份地也就超出本城邦范围，波里度鲁斯加分三千份或四千五百份之说就是明证），边民各以其本城市民的身份占有本城的份地。边民份地大概不可能与公民份地面积相等（这在后面还将说到），但边民占有土地则是无可怀疑的。② 斯巴达的这种土地制度，与亚里士多德所论述的理想的城邦土地所有制最为近似。按照亚里士多德的主张，城邦"土地应属于执干戈以卫社稷并参与国政的人"；具体说来，土地又应分为两部分：一部分属城邦整体，另一部分分属公民个人。这两部分又应各分为两类。城邦公有地中，一类供祭祀之用，一类供公民公餐之用（后一类与斯巴达实际情况不符，斯巴达人以份地收入参加公餐）。各个公民份地也应分为两份，一份在近郊，一份在边鄙（斯巴达份地也有近郊和边鄙两种，不过不是由同一的公民兼有两种，而是由公民和边民这两种不同身份的自由民分有此两种）。在亚里士多德看来，种地最好用奴隶（在许多希腊城邦中，固然有奴隶种地，但自由的小农种地者很多），其次是用 Perioeci（亚里士多德所说 Perioeci，非指斯巴达边民，而泛指各邦黑劳士型奴隶；这又符合斯巴达情况）。他还认为，耕作城邦土地的奴隶应属于城邦，耕种份地的奴隶应属于个人（这又与斯巴达不尽相同，而同于克里特）。③亚里士多德的这种理想的现实模型本是希腊各邦的实际土地制度（当然经过抽象加工而成他的理想）。而城邦土地所有制正是氏族社会土地制度的必然继续或扬弃：一方面，它采取了城邦公社所有制形式；另一方面，这种公社所有制由于公地与份地并存而形成了从公有到私有的发展趋势，而且这种城邦公社也是

① *Plutarch's Lives*, *Lycurgus*, Ⅷ, 3.

② 关于边民占有份地的情况，据伊索克拉特说，在斯巴达早期发生过平民与贵族的斗争，结果贵族获胜，降平民为边民。"做了这一步以后，他们（指贵族——引者）就处置了土地，照理每个人本应从土地中得到相等的一份，可是他们为他们自己少数人不仅占取了最富饶的土地，而且占取了比任何希腊人都占得多的土地，同时他们却只分给人民群众最贫瘠的土地，使他们凭着辛勤劳动得以勉强糊口而已。"Isocrates, *Panathenaicus*, 178～179 (270)。

③ Aristotle, *Politics*, 1329^b～1330^a.

排除了奴隶并在原则上与奴隶相对立的。马克思和恩格斯在《德意志意识形态》一书中论述第一种所有制形式——部落所有制以后继续写道："第二种所有制形式是古代公社所有制和国家所有制。这种所有制是由于几个部落通过契约或征服联合为一个城市而产生的。在这种所有制下仍然保存着奴隶制。除公社所有制以外，动产的私有制以及后来不动产的私有制已经开始发展起来，但它们是作为一种反常的、从属于公社所有制的形式发展起来的。公民仅仅共同占有自己的那些做工的奴隶，因此就被公社所有制的形式联系在一起。这是积极公民的一种共同私有制，他们在奴隶面前不得不保存这种自发产生的联合形式。"① 斯巴达的土地所有制与这多么相像，应该算是一种很典型的城邦公社所有制了。

在城邦所有制的两大类土地中，没有一类是能容许黑劳士享有所有权的。从被征服的时候起，他们就不得不同时接受这样对立统一的两个条件：一方面失去土地所有权，一方面获得黑劳士的身份。他们的人身和土地同时都转归斯巴达城邦所有。

在斯巴达城邦的几种土地中，边民的份地看来不是由黑劳士耕种的。因为，一方面，古典作家在说到斯巴达人不得从事任何经济或生产活动时，从未提到边民；另一方面，有的古典作家（如伊索克拉特）直接说到边民靠自己劳动为生。古代其他许多城邦也有很多小自耕农，他们往往是公民中的下层；斯巴达的特点只不过是把这种小自耕农限制在它自己的自由民下层——无公民权的边民中而已。斯巴达公民的份地肯定是由黑劳士耕种的，古典作家已有明确记载。据普鲁塔克记载，每户斯巴达公民每年可以从其一份份地上获得 82 麦斗大麦以及适量的酒和油②。至于城邦公有地由谁耕种，史无记载。但是，一则它肯定不能由斯巴达人耕种；二则大概也不可能由边民耕种（他们已有自己的份地）；三则未见斯巴达有专门耕种城邦公地的劳动者③。所以，它的唯一可能的耕种者是黑劳士。而且这一可能性也完全符合城邦公

---

① 见《马克思恩格斯选集》，第 1 卷，26 页。

② *Plutarch's Lives*，*Lycurgus*，Ⅷ，4.

③ 克里特的情况则不同。索西克拉特（Sosicrates）在其《克里特史》第 2 卷中说："克里特人称其公有奴隶为 mnoia，其私有奴隶为 aphamiotae，其臣民为 perioeci。"（Athenaeus Ⅵ，263）在斯巴达未见这种区分。

有地的特性。城邦公有地实际可以被认为是公民份地的储备形式，或者说，是潜在的公民份地。据厄福鲁斯说，斯巴达人曾允许"处女之子"如外出殖民不成，可以回来，再将美塞尼亚的五分之一分给他们。这五分之一的美塞尼亚耕地，是城邦公有地，也就是潜在的公民份地。斯巴达公民领得份地，同时也领得黑劳士。所以必须在公有地上有黑劳士，以便随时转化为公民份地上的黑劳士。普鲁塔克说，每户斯巴达人每年从份地上向黑劳士榨取 82 麦斗大麦等实物；提尔泰说，被征服的美塞尼亚人要向斯巴达人缴纳收成的一半。这二者如何统一起来？学者们的说法甚多①。据我看来，种公有地的黑劳士缴收成之半，种份地者缴大麦 82 麦斗等征收率都是 50％，只是由于份地有定数，故所征也有定额而已。斯巴达城邦可以使黑劳士移转于公地、份地之间，而其剥削率不变。所以，不论黑劳士在斯巴达国境内怎样被转移，他们总是同城邦所有制紧密结合在一起的。

第二，黑劳士是否有自己的经济，他们的经济处境如何，这也是一个分歧很多、需要进一步研讨的问题。

提尔泰说黑劳士必须缴纳收成的一半，普鲁塔克说每户斯巴达人向份地上的黑劳士征收 82 麦斗大麦等实物。既然黑劳士被剥削的形式是缴纳实物，这同时也就意味着他们可以保留收成的一半。因此，他们可以有自己的经济。就这一点来说，黑劳士与在主人直接经营的经济中劳动的奴隶有所不同。现在需要探讨的是，他们是否有节余和积蓄的实际条件，他们可能有的积蓄的性质如何。

有人说："在丰收之年，他们（指黑劳士——引者）能够节余一些东西，有时又靠为别人劳动或在战争中从事抢劫加以添补，结果很多人都获得了可观

---

① 如有人推测，提尔泰所说比率只是临时战争赔款性的，以后剥削不会如此之重。见 Michell, *Sparta*, 78 页注 2。美塞尼亚已亡国，还谈得上什么赔款？此其不合逻辑者一。而且提尔泰所说缴收成之半是同为斯巴达国王、官长服丧并提的，后者系永久条件，前者何据而为临时条件？此其不合辑逻者二。还有人说，最初征收收成之半，第二次美塞尼亚战争之后，改为从份地上征收定量实物。见 к. м. колобова, Л. М. Гнускина, Очеркиистории Древнеи Греци и, 1958, 88 页。不见根据，也不能说明二者之间的区别与联系。

的财产。"① 这就是认为，黑劳士既有积蓄的实际条件，积蓄本身又可以成为他们的财产。但是实际情况不然。

我们不妨先分析一下一般斯巴达公民的收支情况。据普鲁塔克所记，他们每户每年从份地上收入 82 麦斗大麦及适量的油和酒，而他们每月参加公餐食堂的支出是一麦斗大麦面粉以及若干酒、干酪、无花果和少量的钱等②。这样每人每年开支大麦面粉 12 麦斗。82 麦斗大麦约可供一家老小六口之需，毫无困难，但也不会有很多节余③。至于黑劳士的收支情况，古典著作没有明文记载，近代学者作了许多具体估算（例如估算份地面积、单位面积产量等），至少迄今未得要领④。实际上，在很多因素不能具体确定的情况下，估计越具体，出入可能也越大。我们认为可以作这样一个总的估计：在公地和份地上劳动的黑劳士都向斯巴达人缴纳收成一半，因此，黑劳士阶级的总收入在数量上大体与斯巴达人相等；黑劳士人数约为斯巴达人之七倍，因此，按人口计，每个黑劳士的收入约为斯巴达人收入的七分之一；因为每户斯巴达人岁入 82 麦斗大麦，所

---

① G. W. Botsford, *Hellenic History*，91 页。A. Andrewes 也认为，黑劳士在缴给主人一定产物之后，"他们有一定限度的权利去积蓄财产"（见 *Encyclopaedia Britannica*，1973，第 11 卷，338 页，Helot 条）。诚然，普鲁塔克曾说，斯巴达"有一项禁令，不许收更高的地租，为使黑劳士可得一点利益，从而乐意为主人工作，也就可以使得主人不必寻求更大的报酬。"（*Ancient Customs of the Spartans*，41，见 *Moralia*，239，E）租额固定，这是事实。而所解释的用意和后果，则是这位道德家的理想之词。

② *Plutarch's Lives*，Lycurgus，ⅩⅡ，2.

③ Glotz 估算，一个斯巴达人年消费 15 麦斗，其妻消费 12 麦斗，其余 55 麦斗供儿童及仆役消费。82 麦斗可供一家。*Ancient Greece at Work*，91 页。

④ 关于斯巴达份地面积，近代学者估算结果差别很大，Jarde 认为 27～36 公顷（62.7～89 英亩），而 E. Meyer 认为只有 22 英亩（8.9 公顷），介于此二说之间尚有不同估计数字。H. Michell 认为，这些估计都不可靠，根据现代希腊政府农业部报告，拉哥尼亚和美塞尼亚共有耕地 600 000 英亩，分为 39 000 份，每份地约为 15 英亩。其中一英亩用于种植葡萄、橄榄、无花果并修建房屋、道路，余 14 英亩，每年休耕一半，亦即每年仅七英亩可种大麦。以最高产量（每英亩岁产 20 蒲式耳）计，每年可得 140 蒲式耳，而 82 麦斗即约合 170 蒲式耳，收成交斯巴达都不足，更无黑劳士口粮。所以他怀疑普鲁塔克记载的可靠性。见其 *Sparta*，224～226 页。按 Michell 的估算，其耕地面积数据无可怀疑，而他得不出甚至只是自信的结果，看来是因为他把边民份地与公民份地的面积等同了。

以每户黑劳士的岁入约为其七分之一，即约 12 麦斗①。因此，就总体来说，黑劳士的经济处境显然是很困难的。而且，黑劳士不仅必须缴纳收成之半，还必须服兵役。如果说在希波战争中他们还被用作轻装步兵②，那么在伯罗奔尼撒战争中他们就已被用作重装步兵了③。在沉重的经济剥削和兵役的损害与折磨下，黑劳士很难有积蓄财物的实际可能性。

黑劳士即使偶尔有了一些财物④，也很难说他们有了财产。斯巴达没有留下法律文书，我们可以姑且以克里特的《高尔汀法典》（*The Laws of Gortyn*）作些比较。《高尔汀法典》中说到一个称为"俄伊克"（Οικευs）的阶层，他们的地位与黑劳士相近似。法典中说："如果一个女俄伊克在男俄伊克在世时或去世时离去，那么她应占有她自己的（财产）；如果她带走了其他东西，那就应当受审。"法典还规定，父母在，儿子一般不得分家，"如果某人死去，城市里的房屋、居住在农村中的俄伊克不曾居住的房屋内的一切物品以及不属于俄伊克的大小牲畜，应属于（死者的）儿子们。"⑤ 看来俄伊克有不属于主人的"财产"，但实际不然。厄福鲁斯在论述克里特法律时曾说："立法者似乎认为当然的是，自由乃一国中最大的善，因为唯有自由使得财产专门属于那些已经得了它的人，而在奴隶地位的状态下，一切都属于统治者，而不属于被统治者。"⑥厄福鲁斯的话深刻地揭示了克里特的俄伊克在法律上似乎有财产而实际没有财产的本质。现在虽然没有斯巴达的法律材料足以说明黑劳士也像俄伊克那样占有一定财富，但可以肯定，如果黑劳士也占有一定财富，那么其性质也如同厄

① 应该说明，这个具体数字本身并无绝对意义。有人说："在拉哥尼亚，黑劳士在数目上至少与斯巴达及边民之和相等。"（*Encyclopaedia International*，1977 年，第 8 卷，386 页"黑劳士"条）这就是说黑劳士约为斯巴达人之四倍。即使如此，每户黑劳士年收入大麦21 麦斗，也是很困难的。

② Herodotus，Ⅸ，28.

③ Thucydides，Ⅳ，80，5；Ⅶ，19，3.

④ Herodotus，Ⅸ，80 曾说到黑劳士"偷窃"战利品的事，这当然只能是一种极特殊的情况。

⑤ Л. Н. Казаманова 俄译文见 ОчеркиСошиалвноэкономидескои истории Крита Ⅴ－Ⅳ вв. до н. з. 1964，附录，181、182 页。Казаманова 说，所以禁止分俄伊克的牲畜及份地本身，因为包括俄伊克在内的份地是公有的。见同书 111 页。这样的解释是无可置疑的。英译文见 Botsford 等编 *Hellenic Civilization*，1915，278、280 页。

⑥ Strabo，10，4，16.

福鲁斯所说的一样。

第三，黑劳士在法律上处于何种地位，他们是否是斯巴达人的财产，这也是一个关系到黑劳士制度性质的重要问题。

据柏拉图记苏格拉底的话说："不论是他们（指斯巴达人——引者）自己的和美塞尼亚的领土的广阔和肥沃，还是他们的奴隶、特别是黑劳士的数目，还是他们的马或饲养在美塞尼亚牧场上的牧畜的数目，都没有人能同他们相比。"① 这段话很明确地表示出黑劳士作为奴隶中的一部分，同土地、牲畜一样，都是斯巴达人的财产。

不过，黑劳士与私有奴隶不同，他们不是斯巴达公民的私有财产，而是同他们耕种的城邦公有地或公民份地一样，是斯巴达城邦的财产，亦即斯巴达人共有的财产。正因为如此，所以才如厄福鲁斯所说："既不许奴隶的主人（指份地持有者——引者）释放他们，也不许把他们卖出国境以外。"

尽管斯巴达公民作为个人对于黑劳士的权利是有限的，斯巴达城邦对黑劳士却握有生杀予夺的全权。"关于斯巴达人极其横暴地对待黑劳士，米朗（Myron of Priene）在其《美塞尼亚史》第二卷中记述如下：他们责令黑劳士接受使人尊严扫地的侮辱性的习惯，因为他们规定，每一个黑劳士都必须戴狗皮帽子，穿皮革制的短上衣，而且即使毫无过错，每年也得挨一定数量的打，以便不致忘记自己还是奴隶。除此以外，如果任何一个黑劳士表现出一种超出奴隶以上的神情，那就要被处死，而且他的主人也将因为未能制止他变肥壮而受到处罚。斯巴达人把土地交给黑劳士耕作以后，要黑劳士始终向他们缴纳一定份额的谷物。"② 普鲁塔克还叙述了斯巴达人秘密屠杀黑劳士的"克里普提"制度。"这种秘密勤务的性质如下。长官时常派遣大批最谨慎的青年战士下乡，他们只带短剑和一些必需的食品。在白天他们分散隐蔽于偏僻的地方，静静地躺在那里；可是到了晚上，他们就奔向大道，屠杀他们能捉到的每一个黑劳士。有时，他们也来到黑劳士们正在劳动的田地里，杀死其中最强壮和最优秀的人。同样，修昔底德在《其伯罗奔尼撒战争史》（Ⅳ，80——引者）中也告诉了我们，一群被斯巴达人评定为最勇敢的黑劳士头戴着象征解放的花环，列队拜谒了神庙，

---

① *Plato, Alcibiades*, Ⅰ, 122, D.

② Athenaeus, ⅩⅣ, 657, C—D.

北京师范大学史学探索丛书

但是不久之后，他们两千以上的人就全都失踪了，这种情况，不论在当时或者以后，都没有一个人能说出他们是怎么死的。亚里士多德也特别提到了监察官，当他们一赴任之后，他们就立即对黑劳士作形式上的宣战，为的是在杀黑劳士时可以不冒渎神灵。在其他方面，他们对于黑劳士也是粗暴残酷的，例如，他们迫使黑劳士饮过多的烈酒，然后把这些人引入公共食堂，让青年们知道醉酒是怎么回事。他们又命令黑劳士作卑鄙可笑的歌舞，而不许有较高尚的表现。"①

以上所引古典作家的记载，既反映出斯巴达人与黑劳士处于尖锐的阶级对立状态，也反映出斯巴达人作为奴隶主阶级对于黑劳士握有任意处置的法律权利。

我们看到，对于米朗和普鲁塔克的上述记载，有些近代西方学者是有怀疑的。例如，有人认为②，对黑劳士"宣战"，如果真有其事，那也不过是最初斯巴达国家危急时期留传下来的一种古老仪式，国家一稳定，它就没有意义了。可是事实正如亚里士多德所说，黑劳士总是伺机起义打击斯巴达人③，斯巴达国家实际总是在黑劳士起义威胁之下。"宣战"和"克里普提"，在一定程度上正是斯巴达人力图消灭这种威胁的手段。这位学者还认为，即使斯巴达人真的每年鞭打一次黑劳士，那也不足为奇，因为斯巴达人也毒打他们自己的孩子。其实，斯巴达人鞭打黑劳士和鞭打自己的孩子这两件事在性质上是迥然不同的。鞭打黑劳士，米朗已说清楚，其目的是让黑劳士意识到自己是奴隶，是怕黑劳士将来不服从统治；而鞭打小孩，则恰如普鲁塔克所说，那是为了锻炼孩子，使他坚忍和狡诈起来，是怕他们将来不能统治④。所以，类似的怀疑和翻案文章并没有多少科学意义。不过这位学者也认为，"如果说，没有政府的批准，主人不能把黑劳士从他的住地上移走，那么，主人不能任意处死黑劳士，这也是确定无疑的。但是，斯巴达国家可以不假任何法律借口就屠杀黑劳士，而且也是常常这样做的。"这也就是说，他同样也是认为国家对于黑劳士是握有生杀予夺的全权的。

---

① *Plutarch's Lives*，*Lycurgus*，ⅩⅩⅧ，2～4.
② 见 H. Michell，*Sparta*，pp. 80～82.
③ Aristotle，*Politics*，1269ᵃ，1272ᵇ.
④ *Plutarch's Lives*，*Lycurgus*，ⅩⅩⅧ。

应当说明。我们并不认为，只有可以被任意屠杀的人才是他人的财产。雅典奴隶按照法律是不能随意屠杀的①。可是这丝毫也不妨碍他们作为奴隶主的财产。当然，可以被任意生杀的人，则无疑是主人的财产。

现在我们再来看黑劳士到底是什么性质的劳动者。这个问题可算是历史上争论很多的问题之一。

在西方，绝大多数学者都称黑劳士为农奴②。不过他们中间的许多人并未把奴隶和农奴作严格、科学的区分，所以出现了二者同时并用的现象。例如，格罗茨说："黑劳士是被分配给个人的'国家奴隶'，法律把他们这种身份永远固定下来。……主人的权利是有限的，对主人来说，黑劳士是农奴；但是国家的权利是无限的，在国家的眼里，黑劳士是奴隶。"③ 这一类的看法，实际是把形式上近似农奴的国有奴隶称为农奴④。另一些人则把黑劳士和其他希腊城邦的黑劳士型的奴隶直接等同于中古的农奴制。例如，迈尔说："正如在中古一样，隶属关系在这里（指古代希腊——引者）也显示出了全部的层次，从耕作

① Aeschines, *Against Timarchus*, 16～17.

② 例如，Grote 说："拉哥尼亚的黑劳士乃是束缚在土地上的隶农（Coloni）或农奴（Serfs），他们确实是在为斯巴达业主的利益而耕种土地，可能也为边民业主种地。"（*A History of Greece*，第 3 卷，144 页）Abbott 说："他们（指黑劳士——引者）与其称为奴隶，不如称为农奴，与其说是个人财产，不如说是国家财产，因为他们的主人不能出卖他们，而他们的解放也需有公家的法令。"（*A History of Greece*，Part I，218 页）Heitland 说，黑劳士是农奴，"重要特点是承担农业劳动……严格地附着在土地上，且不得被卖出国外。"（*Agricola*，26 页）Michell 说："他们（指黑劳士——引者）是束缚在土地上的农奴，是 ascripti glebae（土地的附属品），被迫向主人缴纳一定数量的产品。他们是国家农奴，个别的斯巴达人无权私占他们，只有国家的法令才能使他们经解放而得自由。"（*Sparta*，75 页）近年西方百科全书基本仍持类似说法。如 *Broekhaus Enzyklopadie*，1969 年，第 8 卷，363 页；*Meyers Enzyklopadischen Lexikon*，1974 年，第 11 卷，688 页；*The Encyclopedia American*，1975 年，第 14 卷，77 页等，黑劳士条，都大致如此。也有说黑劳士是奴隶的，如 *La Grande Encyclopedie*，1976 年，第 18 卷，11284 页，斯巴达条说："该城邦中人数最多的是黑劳士，他们是附着在土地上的奴隶，是国家的财产。"

③ Glotz, *Ancient Greece at Work*, pp. 90～91.

④ H, Wallon 也是一方面认为黑劳士等是农奴，一方面又把他们当作国有奴隶的。见 История рабства в Античном МИре，32、36～38 页。A. Andrewes 也说："黑劳士是古代斯巴达的农奴。……他们在某种意义上是国家的奴隶……"（*Encyclopaedia Britanica*，1973 年，第 11 卷，338 页，黑劳士条）。И. М. Двяконов 不赞成用农奴之名，但赞同国有奴隶之说（见 ВДИ，1973，No. 4，18 页）。他把西方学者所说的这种"农奴"，列为 II 型奴隶。

永佃制（如在阿提卡）或有服役和纳税义务的人身自由的劳动者起，直到最充分的农奴制（Leibeigenschaft，如在色萨利、阿哥利斯、斯巴达、克里特等）止。"① 这就是说，他认为黑劳士制度是与古代奴隶制截然不同的中古农奴制度。到威斯特尔曼写《古代希腊和罗马的奴隶制度》一书，一开篇他就大谈"真实的奴隶制"同诸如黑劳士制度之类的"农奴制"的区分，公然把后者排除在他这本奴隶制度史之外②。

在苏联，斯特鲁威（В. В. Струве）于 1933 年发表《平民与黑劳士》（ПлебИИлоты）一文，主张黑劳士奴隶说。他认为，黑劳士制度是征服的结果，而非"经济条件"的结果（这是针对迈尔等人论点提出的）。这种剥削方式在形式上似农奴，而实际是一种原始的奴隶制。"奴隶和黑劳士的区分基本只在于，在前一种情况下，是战胜者使战败者脱离生产资料，把战败者带到自己的经济里去劳动或卖掉他们，在后一种情况下，战胜者使被征服者留在土地上，并迫使他们完成种种义务。"③ 以后，在苏联的一般书籍中都认为黑劳士是奴隶或国有奴隶，或认为他们与奴隶无异。不过也有人认为，"黑劳士还不是名副其实的奴隶，因为他们在授予自己的一块土地上管理着自己的经济，把收成的大部分交给自己的征服者——主人。"④ 还有一种说法认为，"不能把黑劳士称为名副其实的国家奴隶，因为国家出卖黑劳士在事实上也是不可能的。"⑤

在国内，也曾有过关于黑劳士问题的争论。一种意见认为黑劳士是农奴，主张者有王毓铨、童书业教授等。例如，王毓铨教授认为黑劳士不是奴隶，理由主要是：黑劳士缴纳地租，有自己的经济，主人无权出卖他们，国家可以屠杀他们也不过是征服者对被征服者的权利⑥。另一种意见认为黑劳士是奴隶，主张者有郭沫若、日知教授等。例如，日知教授认为黑劳士是奴隶，理由主要是：黑劳士制度发生于奴隶制城邦初期，是由征服而产生的原始的奴隶制，而

① Edward Meyer, *Die Sklaverei Altertum*, 15, 见 Kleine Schriften, 第 1 卷，181 页。

② W. L. Westermann, *The Slave Systems of Greek and Roman Antiquity*, 1955, 1 页。

③ 《平民与黑劳士》一文未见，此处据他为 1950 年版 Хрестоматияпо истории Древнего Мира，Древнии Восток 写的序言，见该书 15 页。

④ А. ьергер，СоцИа. гьные вцхенпяв ДревнеИ Спарге，1936，p. 14。

⑤ В. В. Струве 和 Д. И. КаллИстов 主编 Древная Греция，1956，93 页。这一部分执笔者也是 А. Бергер。

⑥ 王毓铨：《周代不是奴隶社会》，见《新建设》，1951 年 8 月第 4 卷第 5 期，19 页。

且黑劳士制度消失后奴隶制仍在发展，故与中世纪农奴制不同①。

我个人也认为黑劳士是奴隶，而非中古的封建的农奴。主要想讨论以下几点：

其一，古典作家一般都把黑劳士叫做奴隶（正如日知教授所言②），他们为什么这样说？这样说是否正确？

什么是奴隶？古代希腊人有自己明确的定义。例如，亚里士多德说："财产是一种谋生的工具；一项产业就是一大批工具；奴隶是一种有生命的工具。"③ 奴隶是财产、是工具，这个定义准确地反映了奴隶制的实质。马克思说："按照古人的恰当的说法，劳动者（指奴隶——引者）在这里只是会说话的工具，牲畜是会发声的工具，无生命的劳动工具是无声的工具，它们之间的区别只在于此。"④ 显然是赞成这样的奴隶定义的。事实上也未见有人对此表示反对。

问题在于一些人认为，斯巴达公民个人对黑劳士的权力有限，黑劳士不能成为公民个人财产；有人甚至对于黑劳士是国家财产这一点也表示存疑，说什么国家也不能买卖黑劳士。对此上文已略有介绍。其实这都是蔽于后来的成见，未能历史地对待古史问题。

奴隶是产生于原始社会解体、城邦产生时期，它不可能不与这种历史背景有密切关系。经过城邦时期到了帝国阶段才发展起来的罗马法，耐人寻味地透露出了这二者之间的关系。这对于我们理解希腊城邦的奴隶制度不无启发。罗马法分为"公民法"（Jus Civile）和"万民法"（Jus Gentium）。公民法原本只适用于罗马城邦公社内部公民之间。万民法则适用于罗马城邦公民与外邦外族的关系。据罗马法学文献，"奴隶制是'万民法'的一种产物，根据这种法律，一个人违反自然地从属于另一个人的所有权。奴隶被称为 servi，因为军事统帅们

---

① 日知：《古典作家所记的黑劳士制度》，载《东北师范大学科学集刊》，1957（3），23～38 页。参阅《历史研究》，1956（12），《我们在研究古代史中所存在的一些问题》。

② 见《东北师大科学集刊》1957（3），34～37 页。

③ Aristotle, *Politics*, 1253ᵇ 30～34。他在 *Eundemian Ethics*（Ⅶ. ix, 2）及 *Nicomachean Ethics*（Ⅷ, Ⅺ, 6）二书中也说到同样见解。

④ 《资本论》，第 1 卷，222 页注 17。马克思在这里借用的罗马作家瓦罗（Varro）的话，精神与亚里士多德是一致的。

通常不杀死俘虏，而卖掉他们，从而保存（preserve）了他们。奴隶又被称为 mancipia，因为他们是被敌人的手捉住的"①。可见，在城邦时期，只要俘虏被保存下来（不论卖出与否），属于他人所有，这种处于公民法（城邦法）之外的俘虏，就不被当作人，就是奴隶。这在城邦发生过程中本是一种简单而自然的现象，斯巴达人与黑劳士的关系就属于这种现象之列。至于说黑劳士与其他奴隶不同，所有权不属于公民个人，那正因为他们同份地一样同属于斯巴达城邦所有。

其二，如何理解黑劳士的所谓依附于土地的问题？

威斯特尔曼说："奴隶制与农奴制的区分在于：奴隶是他人的财产，农奴则附属于他有劳动义务的土地上，而不属于某个人，而且对主人只有每年尽一定义务之责。"② 他据此标准判断黑劳士是农奴而非奴隶。其实，首先，黑劳士正是斯巴达城邦的财产，再则，所谓依附于土地正需要具体分析。

中世纪的领主和农奴的关系往往是通过投托保护制确立起来的。农民被迫投托领主，献出自己的土地，成为依附于领主的人；而领主则宣布对他加以"保护"，并使他永远有耕种土地的权利。农奴对领主有人身依附关系（虽不平等，但是人对人的关系，与奴隶不被当作人不同），也有依附于土地的义务（也有永佃权）。农奴对领主的等级依附关系，折光反射到封建主阶级内部，就是下级领主对上级领主间的逐级依附与保护的等级关系，就是等级的封建土地所有制。当然，领主内部的等级结构，又是建立在封建主统治农奴的基础之上，并且是为维护这种统治服务的。马克思和恩格斯把封建所有制称为"等级的所有制"③，这一见解是非常精到的。

我们根本看不到黑劳士对斯巴达人有上述的人对人的依附关系，也看不到斯巴达人内部的等级结构，相反，他们有的却是作为城邦的平等者公社。所谓黑劳士依附在土地上，除了厄福鲁斯所说的"不许把他们卖出国境以外"，"指定他居住在一定的地方，并完成特定的任务"以外，几乎没有任何其他具体证据。不许卖出国境以外，这是由黑劳士的国有性质决定的。至于居住在一定的

---

① *The Digest of Justinian*，Ⅰ，Ⅴ，4. 据 C. H. Monro 英译本。

② *The Slave Systems of Greek and Roman Antiquity*，p. 1.

③ 《德意志意识形态》，见《马克思恩格斯选集》，第 1 卷，28 页。

地方，不论黑劳士居住在城邦公有地上还是居住在公民份地上，都是同城邦土地所有制的结合，而非同封建的等级土地所有制的结合；而且，国家既然可以指定他们居住在一定的地方，当然也就可以把他们调动到别的地方（因为调动本身也就是指定），斯巴达国家任意征发黑劳士的事例是很多的，这就是实际证据。所谓黑劳士附着在土地上，不过是城邦的奴隶不能离开城邦的领土而已。

其三，如何理解让黑劳士缴纳实物的剥削方式？是否缴地租即是封建制的剥削？

有些人自觉或不自觉地养成了一种习惯，一见缴纳实物、缴纳地租，便认为那一定是封建制的剥削关系。其实这是一种误解。

马克思指出，在研究地租时应当避免的主要错误之一，就是"把适应于社会生产过程不同发展阶段的不同地租形式混同起来"。① 历史上有不同形态的土地所有制，也有不同形式的地租。在近代，农业资本家租了土地，把一部分剩余价值作为地租交给地主；这种农业资本家当然绝对不是农奴，他同地主的关系是瓜分剩余价值的关系。在古代，土地的租赁实际上也有种种不同的情况。且不说古代近东一些国家里土地租佃的种种复杂现象，就以雅典来说，租佃土地的事也不少见。雅典国家、部落、神庙等常把土地租给缺少土地的农民耕作。例如厄柳西斯（Eleusis）地方的神庙出租产谷良田，收租是收成的 8% 或 10%②。这是城邦公民利用城邦公有地的一种特殊形式，当然不是什么封建制的关系。在雅典自由民之间也有土地租佃关系，也不是什么封建关系③。可见，并非一有土地租佃就有封建关系。

黑劳士作为奴隶是否可以租地纳租呢？我们并未见古代的法典里有过禁止奴隶租地纳租的明文。据罗马法学文献解释："奴隶的产品由其劳务构成，换句话说也就是，奴隶的劳务即包含在其产品之中。不过，在其他情况下，产品被

① 《资本论》，第 3 卷，714~715 页。
② 引自 Glotz, *Ancient Greece at Work*，254 页。
③ 据 Lysias（Ⅶ，4~10［108~109］）所记有这种情况：公元前 411 年某人从雅典政府接受一份土地，他自己耕种；到公元前 404 年卖给第二个人，这人买地后就出租了；公元前 403 年第三个人买了这块地五天后又出租了；公元前 403—前 402 年租给一个人，公元前 401 年又租给另一个人，公元前 400 年租给又一个人（此人是被释奴隶），此后又有一个人租了三年。这都是自由人之间的契约关系。

北京师范大学史学探索丛书

理解为扣除必要消费后的余额，实际在奴隶服劳务的情况下也是如此。"① 在古代的奴隶主看来，占有作为财产的奴隶，就是要占有他们的劳动产品，甚至在一定程度上也认识到了就是要占有他们的剩余产品。奴隶租地纳租并不违反奴隶主法律规定。当然，应当指出，黑劳士所缴纳的实物中，不仅包含着斯巴达人对于土地所有权的实现（地租），而且还包含着对于他们的人身所有权（黑劳士作为城邦财产）的实现。

因此，我们认为：黑劳士是奴隶；是奴隶中的国有奴隶；是国有奴隶中的与城邦土地所有制紧密结合在一起的城邦所有的奴隶。

五、黑劳士制度的演变和衰落

黑劳士制度随斯巴达城邦发生而发生，与城邦的土地所有制紧密地结合在一起，因而它也必然地随着斯巴达城邦的衰落而衰落。公元前431—前404年的伯罗奔尼撒战争，是斯巴达城邦发展中的转折点，也是黑劳士制度发展中的转折点。

伯罗奔尼撒战争以后，斯巴达的一个重大变化就是私有制的迅速发展。这种情况固然与战争的胜利和大量金银的流入有关，不过不能忘记，斯巴达社会内部本来就有私有制，只是曾经处于受抑制状态而已。

首先，土地的分配并非完全平等，而是存在差异。斯巴达人作为"平等者"原则上有一块相等的份地。但是，国王占有额外的土地。据色诺芬说："他（指来库古——引者）又授予他（指国王——引者）接受一定份额献祭牲畜的权利，并把许多边民（οἱπερίοικοι）城市中足够的上选土地分给他，以保证他有一份合理的而非过度富有的资财。"② 很可能贵族也有额外的土地③。斯巴达确有未分配的城邦公有地。例如，据修昔底德记载：公元前431年夏天，雅典人把爱吉那人从爱吉那（Aegina）赶了出来。因为爱吉那人反对雅典，在第三次美塞尼亚战争中还帮助过斯巴达人；所以这时斯巴达人就把提里亚（Thyrea，

---

① *The Digest of Justinian*，Ⅶ，vii，4.

② Xenophon，*Constitution of the Lacedaemonians*，ⅩⅤ，pp. 3～4.

③ J. B. Bury & R. Meiggs，*A History of Greece*，96 页有"贵族有其家族领地"之说。

在拉哥尼亚东北角）的土地给他们去居住和耕种①。这种土地未分配以前，大概实际总是由贵族支配的。斯巴达人内部占有土地的情况很难想象是真正平等的。边民份地的面积也不可能与公民份地相等，这不仅有伊索克拉特的话为证；而且公民不亲自种地，收入只是份地产量之半，边民自种份地，如份地面积与公民份地相等，则收入将多于公民一倍，这在情理和事实上大概都是不可能的。所以，后来的土地兼并和集中正是先前土地占有的差异的发展。

再则，动产的私有在斯巴达一直是存在的。据普鲁塔克说，来库古在分配土地以后，"为了消除一切不均和不平等的痕迹，他企图把人们的动产也给分了；而当他看到直接从他们那里拿出，他们会不能忍受的时候，于是采取了另一条道路，用政治策略来克服他们的贪婪。首先，他取消了金银货币的流通。……其次，他排除了不必需的和多余的工艺。……来库古提出了他的第三个和最精巧的政策，就是公共会食的制度。"② 所以，根本就不存在消除私有动产的问题，而只是用一些政策和措施对它的发展加以限制而已。而且就是有了这些限制，也并未能真正消除了贵族的贪婪。例如，据希罗多德记载，斯巴达王李奥提启德（Leotychides）就是因为在远征色萨利时受了贿赂而被逐出斯巴达的③。私有动产的存在正是以后私有制进一步发展的起点。

三则，私有奴隶在斯巴达也是一直存在的。例如，据希罗多德记载，斯巴达王亚历斯通（Ariston）有一次正和五位监察官一同议事，他的一个奴仆（οικετης）来向他报告，王后（他第三次结婚所娶的妻子）生了一个儿子④。这显然是家内奴隶。据修昔底德说，斯巴达的摄政、希波战争中指挥普拉提亚战役的名将波桑尼阿被告密为私通波斯。告密者是他的一个好友，为了取信于监察官，就在附近隐藏着监察官的地方装作抱怨波桑尼阿，说他虽未损害过波桑尼阿同波斯的谈判，"而他现在所受到的殊遇不外是他的一般奴仆（διακονος）所得到的——将被处死。"⑤ 这种可以由主人个人任意处死的奴隶，显然也是一

---

① Thucydides，Ⅱ，27.

② *Plutarch's Lives*，*Lycurgus*，Ⅸ～Ⅹ.

③ Herodotus，Ⅵ，72.

④ Herodotus，Ⅵ，63.

⑤ Thucydides，Ⅰ，133. 据 H. G. Liddel 和 R. Scott 合编 *A Greek—English Lexicon*，διακονος 意为"奴仆"（servant）、"差人"（messenger）等。

种私有的家内奴隶。据色诺芬说："他（指来库古——引者）又授予人们在必要时使用他人奴仆（οικετης）的权力"，同样也可以借用他人的犬马①。这种与私人犬马并列的奴隶，显然也是私有的家内奴隶。普鲁塔克曾以好几种术语说到斯巴达的家内奴隶。他说："他们的习俗是，如果他们需要，就把别人的奴仆（οικετης）当作自己的使用，他们使用犬马也是如此，除非主人把它们要回来供自己使用。"② 他还说到斯巴达人的公共食堂里也有奴仆（δικονος）③。他又说到，基利普斯（Gylippus）奉来山德（Lysander）之命从雅典解回金钱，从中偷了一部分，藏在自己家的屋瓦下，后来他的一个奴仆（θεραπων）发现，就告发了④。他也说到斯巴达晚期国王阿基斯四世和克利奥蒙尼三世都有奴仆（υπηρετης）⑤。这些也都是私有的家内奴隶。有些学者认为家内奴隶中也有黑劳士。例如，格罗特说："当然也有黑劳士居住在斯巴达和其他城市中，并做家内奴仆的工作，不过这不是这个阶级的一般特性。"⑥ 可是古典作家明确地说黑劳士是在农村务农的。例如，讷波斯说："有一个称为黑劳士的阶级，他们人数很多；他们耕种拉西第梦人的田地，履行奴隶的职责。"⑦ 李维则称黑劳士为"自古以来就是居住在乡村的乡下人"⑧。这在一般情况下会造成黑劳士作为家内奴隶的困难。尤其因为黑劳士人身所有权属于国家，公民个人无权将黑劳士据为私人家内奴隶。所以，要黑劳士变为家内奴隶需要有一个从公有到私有的演变过程。在这一过程未发生以前，这类家内奴隶是与公有的黑劳士互相区别而又并存的私有奴隶。

在斯巴达，私有制受到抑制的情况，经过伯罗奔尼撒战争而发生了剧变。

---

① Xenophon, *Constitution of the Lacedaemonians*, Ⅵ, 3.

② Plutarch, *The Ancient Customs of the Spartans*, 23, 见 *Moralia*, 238, F。

③ *Plutarch's Lives*, Lycurgus, Ⅻ, 5.

④ *Plutarch's Lives*, Lysander, ⅩⅥ. 据 Liddel 和 Scott 的 *A Greek English Lexicon*，θεραπων 意为"仆从"（henchman）及"侍者"（attendant）、奴仆（servant）等。

⑤ *Plutarch's Lives*, Agis, ⅩⅩ, 1; Cleomenes, ⅩⅢ, 3。据 Liddel 和 Scott 的 *Lexicon*，υπηρετης 意为"杂役"（underling）、"奴仆"（servant）及"侍者"（attendant）。

⑥ Grote, *A History of Greece*, 第 3 卷, 291 页, 参阅 146 页。类似说法, 见 Michell, *Sparta*, 78～79 页等。

⑦ *The Book of Cornelius Nepos on the Great Generals of Foreign Nations*, Ⅳ, Pausanias, Ⅲ, 6. 古典作家类似说法很多。

⑧ Livy, ⅩⅩⅩⅣ, xxvi, 9.

斯巴达赢得了战争的胜利，赢得了霸权，也赢得了大量的金银货币。据普鲁塔克所记，"在阿基达摩斯（Archidamus 之子）统治的时代（公元前 427—前 398年——引者），金银钱币最初流入了斯巴达，随着金钱的流入，贪婪和致富之欲也泛滥起来，虽然来山德本人并不腐化，然而正是通过他的行为，他从战争中带回金银，才在国家中充满了发财与奢侈的风气，并因此而破坏了来库古的法律"①。其实长期的伯罗奔尼撒战争所带来的后果也不仅是这一方面，战胜的斯巴达也是会有很多公民在战争中破产的。战争本身就可以导致斯巴达公民的分化。

金银风暴卷起的贪欲狂澜，以不可抗拒的威力震荡着斯巴达人的社会，浸淫着贵族们的心。由于原来缺乏工商业方面的基础，从而缺乏从这方面吸收和利用金银货币的能力，因此这一狂澜便主要卷向了土地。

土地所有制变化了。据普鲁塔克所记："现在可以这样说，拉西第梦人的国家在推翻雅典霸权并被金银充满之后不久，它就开始忍受纷乱和腐化的痛苦了。不过因为来库古所规定的家庭数字（见来库古传Ⅷ——引者）还因地产的遗传而保持未动，父亲仍把家产遗给儿子，这种秩序和平等的继续多少总还维持着国家，尽管在其他方面它是有错误的。但是有一个时候某一个名叫伊庇塔德（Epitadeus）的有势力的人做了监察官，他是一个刚愎任性、脾气暴躁的人，因为和自己的儿子发生一场口角，就提出了一条法律，允许一个人在其生前把自己的财产和份地赠给任何他所愿给的人，或者用其遗嘱和誓言来这样支配其财产。这个人是用立法来报复个人的私恨，但他的国人却因贪欲而欢迎这项法律，并把它付诸实施，于是制度的最优秀之点就被毁坏了。因为有权势的人们立即毫不犹豫地开始掠取地产，把合法继承人从其继承权中排挤出去，于是国家财富迅速流入少数人手中，贫困变成了一般的规律。随着贫困，就产生缺乏时间做高贵职业的现象，产生了自由人所不宜做的职业，以及与之俱来的对富人的嫉妒与憎恨。剩下来的旧斯巴达家庭不过七百家，而七百家之中，大概只有一百家是占有土地和份地（γηνκεκτημενοικαικληρον，所据有的土地和份地——引者）的；而普通的群众，既无资财，又无公民权，只好一无所事地生活

北京师范大学史学探索丛书

---

① *Plutarch's Lives*, *Lycurgus*, ⅩⅩⅩ, 1.

着。他们无心也无力防御外来的战争，却时刻伺机在国内进行政变。"① 从这个记载里似乎还未见到土地买卖，其实正如亚里士多德所说，土地转让和自由买卖"导致了同样的后果"。② 所谓赠予或遗赠，不过是变相的土地买卖而已。随着土地的兼并和集中，土地所有制的性质也在变化。过去斯巴达的城邦公有地和份地，显然都变成了兼并的对象，变成了如普鲁塔克以上所说的富人"所据有的土地"的来源。于是大量的城邦所有制（公地和份地）的土地迅速地转化为私有地。土地制度既然剧变，与城邦土地所有制紧密相关的黑劳士制度安能不变？

黑劳士制度也在迅速地变化、衰落着，具体有以下三点表现：

第一，一部分黑劳士变成了纯粹私有的家内奴隶。普鲁塔克记载了一个这样的故事。在阿基斯（Archidamus 之子，Agis）王的时代，雅典的阿尔西比亚德（Alcibiades）曾逃至斯巴达避难，后来竟然与王后蒂迈亚（Timaea）私通，生了孩子，阿基达摩斯就不承认这个孩子是自己的儿子。据说（据 Duris 说）蒂迈亚对此也并非十分不安，不过她在家同她的"黑劳士婢女"（helot maids，ειλωτιs）耳语时却把孩子称为阿尔西比亚德，而不叫他李奥提启德③。这是黑劳士作为家内奴隶的最直接的证据。这是伯罗奔尼撒战争期间的事，大概是黑劳士变为家内奴隶之始。再则，这一时期的斯巴达社会上出现了一种叫作 trophimi 的人，大概就是斯巴达人与黑劳士妇女所生的孩子；据色诺芬的记载，公元前 381 年随同阿格西波利斯（Agesipolis）王出征的就有这种人④。这种人在以前是没有的。他们的出现，说明黑劳士妇女作为家庭婢女的情况已比较普遍。因为如果他们仍然居住在乡村从事农业劳动，斯巴达男子就不大可能有同她们接近的机会。当然，这种家内奴隶增多有其原因：一方面，在土地私有化的过程中，主人逐渐有了自己支配使用黑劳士的权利；另一方面，一些斯巴达人私有财产增加，生活奢侈起来，扩大了对家内奴隶的需要。在原有私有家内

① *Plutarch's Lives*, Agis, V.

② Aristotle, *Politics*, 1270ᵃ. 亚里士多德说斯巴达立法者禁止土地买卖，但许赠予或遗赠。结果土地集中，至公元前 4 世纪时，可以从军的公民已不足千人。这里所说的立法者似乎指来库古，不过指 Epitadeus 更为近于实情。

③ *Plutarch's Lives*, Agesilaus, Ⅲ.

④ Xenophon, *Hellenica*, V, Ⅲ, 9.

奴隶的基础上，一部分黑劳士的家内奴隶化和私有化就是在这样条件下实现的。

第二，一部分黑劳士被释放而成为自由民。在伯罗奔尼撒战争中，斯巴达第一次出现了一种所谓的"新公民"（νεοδαμωδης）。修昔底德说："同一年（公元前421年——引者）夏天，随同伯拉西达（Brasidas）出征色雷斯的部队在和约（指尼西亚和约——引者）告成后由克里亚里达（Clearidas）带了回来，拉西第梦人决定，凡曾随同伯拉西达作战的黑劳士都应得到自由，并居住于他们愿意居住的地方；以后不久，他们就把他们（指释放了的黑劳士——引者）和新公民一起安置在拉哥尼亚与伊利斯（Elis）边界上的勒普留姆（Lepreum）地方，因为这时他们与伊利斯人不和。"① 这是"新公民"首次在历史上出现。从色雷斯归来的被释放的黑劳士和"新公民"获得同等待遇，实际上就是成了同一种人。"米朗（Myron of Priene）在其《美塞尼亚史》第二卷中说：'拉西第梦人常常释放他们的奴隶，他们称某些为'被释放的'，某些为'无主人的'，某些为'约束者'，另外一些为'工头海员'；他们派最后一种人去做海军。还有另一些人被称为'新公民'，所有这些都与黑劳士有别。'"② 由此可见，释放了的黑劳士虽不必是"新公民"，但"新公民"无疑是释放了的黑劳士。在整个伯罗奔尼撒战争中，斯巴达对"新公民"作了充分的运用，几乎所有较大的战役中都用了他们，而且所用的数字不小。例如，公元前413年阿基达摩斯曾带领三百名"新公民"去帮助优比亚人（Euboeans）背叛雅典③；又如，公元前396年阿格西劳（Agesilaus）远征小亚细亚，其所统率的六千部队中就有两千名"新公民"④。可见在伯罗奔尼撒战争中有不少黑劳士获得释放。当然也不能对这种释放作片面的夸大，须知在释放从色雷斯归来的黑劳士以前三年（公元前424年），在斯巴达就曾发生过一场假释放为名而屠杀了两千黑劳士的大惨剧⑤。斯巴达人释放黑劳士，主要为了在战争中利用他们，只用屠杀一手肯定是不行的。斯巴达人往往使"新公民"和黑劳士一同出征，这样可以鼓舞黑劳

① Thucydides，Ⅴ，34，1.

② Athenaeus，Ⅵ，271，e. 米朗所说其他种种被释奴隶，现在已难以稽考，不过这种情况说明在斯巴达释放奴隶已非个别现象。

③ Thucydides，Ⅷ，5，1.

④ Xenophon，*Hellenica*，Ⅲ，4，2；*Plutarch's Lives*，Agesilaus，Ⅵ，2.

⑤ Thucydides，Ⅳ，80.

北京师范大学史学探索丛书

士奋勇作战。尤其在长期战争弄得许多斯巴达人倾家荡产、疲敝不堪的时候，这就更加有利用黑劳士的需要。黑劳士的较多释放还与土地的私有和集中过程开始有关①，因为在土地转移的动荡过程中比较容易地有较多的黑劳士从土地上分离出来。

第三，仍有很大一部分黑劳士停留在土地上从事农业劳动，但是他们的数目逐渐地也相当迅速地在减少。公元前 370 年，底比斯名将伊帕密农达（Epaminondas）率领大军侵入伯罗奔尼撒，斯巴达急忙释放一部分黑劳士②图谋抵抗，结果斯巴达虽未陷落，美塞尼亚却独立了③。斯巴达失去了那里的黑劳士，黑劳士制度受到了重大的打击。在克利奥蒙尼三世（公元前 235—前 221 年）改革以前，斯巴达国势极为衰弱。据普鲁塔克说："埃托利亚人（Aetolians）侵入拉哥尼亚，并夺走了五万名奴隶（ανδραποδων）。"④ 这个数字可能有夸大，不过这样大的数目，大概不可能是家内奴隶，而只能是农村的黑劳士。据普鲁塔克说，克利奥蒙尼统治后期，他曾从释放的黑劳士中武装起两千人以对付马其顿人⑤。据波桑尼阿记载，甚至到了那比斯（Nabis）死后（公元前 192 年以后），阿卡亚同盟的领袖菲罗波门（Philopoemen）干涉斯巴达的内政，这时还又出卖了三千名黑劳士⑥。由此可见，一方面，美塞尼亚独立后黑劳士的数目还不少；另一方面，如果把这些失去的黑劳士数字总括起来（计约六万人），那么到罗马征服时拉哥尼亚的黑劳士大概也所余不多了。至于这一时期在土地上劳动的黑劳士归谁所有，古典作家没有直接的说明。我们试据事实推论：从主人已经可以把黑劳士看作家内奴隶这一点来看，他们似乎已经私有化了；从国家仍然可以任意征发、释放黑劳士这一点来看，他们又似乎依然是国有的。显

---

① Epitadeus 立法具体时间难定，约在伯罗奔尼撒战争后不久。不过斯巴达土地兼并过程实际开始得比他的立法要早。他的立法只能是对既有事实的承认。

② Xenophon, *Hellenica*, Ⅵ, Ⅴ, 28~29 说释放黑劳士 6000 人；Diodorus, ⅩⅤ, 65, 6 说释放黑劳士 1000 人。

③ Diodorus, ⅩⅤ, 66, 1; Pausanias, Ⅳ, xxvii, 9.

④ *Plutarch's Lives*, Cleomenes, ⅩⅧ, 3.

⑤ *Plutarch's Lives*, Cleomenes, ⅩⅢ, 1. 他说这批黑劳士是以每人缴纳五个阿提卡明那的赎金获释的，斯巴达国家由此得五百塔兰特。按每塔兰特六十明那，则共有（60×500÷5 ＝）6000 人获释。不过这样多的人以这么多的钱赎身，其真实性甚为可疑。

⑥ Pausanias, Ⅷ, Li, 3.

然，黑劳士大概实际也就处于这样的矛盾状态之中：他们是私有化中的国有奴隶，未能完全排斥国有的私有奴隶。数量的减少和性质的私有化这两个平行的过程，也就是黑劳士制度衰落的过程。按照厄福鲁斯的说法，黑劳士制度一直存在到罗马人称霸以前。

在黑劳士制度演变和衰落的过程中，斯巴达城邦的危机也日益酝酿成熟。于是，在这个风雨飘摇的城邦中，竟然也掀起了几次改革的惊涛骇浪。黑劳士制度的衰落意味着什么？这与斯巴达晚期的一些改革有密切关系。我们不能不加以考察。

过去，苏联学者 B.C. 塞尔格叶夫在论述斯巴达晚期的改革时曾说："那比斯把没收的土地和财产分给他的拥护者，招募雇佣兵和行政人员，不论他们是自由民或是奴隶。所以，他的政策摇撼了奴隶社会的基础，促使各等级的直接生产者合成一个范畴，即：依赖君主或僭主的国有土地之持有者。这已经是从奴隶制度向社会封建化方面跨进了一步。"① 1963 年出版的在斯特鲁威和卡里斯托夫主持下增订的此书作者逝世后的第三版中，这段话保留到"那比斯的政策摇撼了奴隶社会的基础"为止，以下就删去了②。看来"封建化"的说法在苏联没有得到其他学者的同意。其实，说斯巴达晚期的改革"摇撼奴隶社会的基础"都是难以成立的，更不必说"向封建化方面跨进一步了"。

我们可以很简略地分析一下斯巴达城邦后期的危机和改革。伯罗奔尼撒战争之后不久，公元前 399 年，基那敦（Cinadon，一个失去公民权的斯巴达人）密谋联合黑劳士和边民起事，谋泄未成③。这可说是斯巴达城邦危机开始的信号，只是距离条件成熟尚远，未能有大影响。到公元前 3 世纪以后，由于土地兼并和高利贷的恶性发展，危机急剧发作，改革频繁发生。阿基斯四世（公元前 245—前 241 年）改革前由于土地集中，公民已减少到七百户，不仅无力防御外敌，内部矛盾也一触即发。他和他的支持者提出的改革议案是："废除一切债务人的债务，并分配土地，把在帕伦尼（Pellene）的水道和塔吉伦（Taygetus）山以及马里亚（Malea）城和塞拉西亚（Sellasia）城之间的土地分为四千

---

① 《古希腊史》，缪灵珠译，488 页，北京，高等教育出版社，1955。

② B. C. Сергеев，ΙΙсторИя ДревнеИ ГрешИИ，增订本主编 В. В. Струве 和 А. П. КаллИстов，447 页。

③ Xenophon, *Hellenica*，Ⅲ，3，4～11.

五百份，此界以外的土地分为一万五千份；这块较大的土地在那些能服兵役的边民中分配，较小的一块则分给纯粹的斯巴达人；这些斯巴达人的数字将由边民和外邦人来补足，候补者必须是生为自由人的，并且必须是年富力强的；这些人应组成十五个公餐集团，每团四百人或二百人，同时要实行上古斯巴达人所遵循的生活方式。"① 其目的明显是为了恢复城邦份地制度，从而恢复城邦公民兵制度，以求重振斯巴达往日的声威。阿基斯废除了债务，未能分配土地，② 后为政敌所害。克利奥蒙尼三世（公元前 235—前 221 年）作为阿基斯事业的继承者，"他说，对于所有其余的人（指反对派以外的人——引者）来说，全部土地要变为公共财产，负债者要从债务中解脱出来，同时外邦人要受到审查和评定，以便他们当中最强壮的人可以成为斯巴达公民，并以他的武装协助捍卫国家。他说：'这样，我们将不再看到斯巴达由于没有男丁来保卫而成为埃托尼亚人和伊利里亚人（Illyrians）的掳获物'。说完以后，克利奥蒙尼首先把自己的财产投入公库，他的继父麦基斯顿诺（Megistonoüs）以及他的朋友们每一个人都照样做了；其次所有其他的公民也都这样做了，同时土地也被分配了。克利奥蒙尼也分派了部分土地给每一个被他放逐的人，并且答应在事定之后让他们全都回国来。然后，他以自由的边民中最有希望的人补足了公民之数，这样建成了一支为数四千人的军队。"③ 克利奥蒙尼的言论和行动都说明他的改革目的也是要复兴斯巴达城邦。但是他的改革后来在外来干涉下失败了。不论是阿基斯还是克利奥蒙尼，他们在自己的改革纲领里或改革过程中都没有任何释放奴隶（包括黑劳士）的内容。克利奥蒙尼统治后期曾使许多黑劳士各以五阿提卡明那自赎，那既是为获得一笔款项，又是为获得一部分兵源，总之都是为了对抗马其顿人的一项应急措施。何况五明那为数不少④，即使真有那么多黑劳士能有这么多的钱自赎，这本身就是一笔不小的剥削了。波桑尼阿说："拉西第梦人摆脱了克利奥蒙尼，又出了一个僭主马卡尼达斯（Machanidas）当权，他死了以后又出了第二个僭主那比斯。因为他既抢夺人们的财产，又盗取神庙

---

① *Plutarch's Lives*, *Agis*, Ⅷ.

② Ibid, ⅩⅢ.

③ Plutarch's Lives, *Cleomenes*, Ⅹ, 6—Ⅺ, 2.

④ 五明那在当时约相当一个普通奴隶的价格，参见 Wetermann, *The Slave Systems of Greek and Roman Antiquity*, 36 页。

财产，他在短时期中就积聚了大量的财富，并以此纠集了一支军队。"① 古典作家对于那比斯（公元前207—前192年）一般都加以贬斥，而其中对此最为深恶痛绝的就是稍晚于那比斯而持贵族立场的史家波里比阿。波里比阿说："他（指那比斯——引者）断然根除斯巴达的王室余裔，放逐那些富有资财和先世显贵的公民，把他们的财产和妻子分给自己的主要拥护者，分给自己的雇佣兵，这些人大多数都是杀人凶手，无赖之徒，截路强人，夜窃盗贼。"② 他又说："我已经叙述了斯巴达僭主那比斯在伯罗奔尼撒推行的政策，他放逐公民，释放奴隶（δουλos），使他们与主人的妻子、女儿相婚配……"③ 那比斯所作所为，向外放逐贵族，没收财产，招雇佣兵，释放部分奴隶。现在要分析一下那比斯释放奴隶的问题。首先，我们可以通过那比斯本人的话来看他的行为动机或目的。公元前195年，那比斯在阵前对来征讨的罗马将领作自我辩护，他承认自己曾"释放奴隶以增加人口，并给贫民分了土地"（不过他做这些事是在过去同罗马还交好的时候，那时罗马并未责问他），理由是"我们的立法者（指来库古——引者）规定，国家不应握于你们称之为元老的少数人手中，而且任何等级都不得在国家里居优势，因为他认为，把财富和等级拉平，就会出现多数人为国家服兵役的情况。"④ 他所说的立法者的规定看来并不真实，但是他最重视的就是一要有钱募兵，二要有人替他当兵。他并不是某些人所说的那种革命者⑤。再则，我们可以看看实际情况，就在公元前195年罗马入侵斯巴达之际，那比斯在国内实行了恐怖性的戒严，"其时有一些乡下人、从古以来就是乡村居民的黑劳士（Ilotae）被控告为企图逃走，于是就被用鞭子赶着游行了所有的街道，然后都被处死。"⑥ 这就说明，那比斯根本没有完全释放奴隶，所以黑劳士依然存在，而且黑劳士并不满于那比斯政权，否则他们不会逃跑；那比斯极端严厉地镇压这些黑劳士这一事实本身，也说明他并不是释放奴隶的救星。

---

① Pausanias, Ⅳ, xxix, 10.

② Polybius, ⅩⅢ, 5, 6, 3～4 及以下。波里比阿竭力描述那比斯如何派人谋杀逃亡贵族，以及如何设法弄钱，等等。不免语近夸张。

③ Polybius, ⅩⅥ, 13, 1～2。Diodorus, ⅩⅩⅦ, 对那比斯也有类似说法。

④ Livy, ⅩⅩⅩⅣ, ⅩⅩⅪ.

⑤ 有些人把那比斯说成是"革命的王子"，以至把他的雇佣兵称为"赤卫队"（Red Guard），未免有些不伦不类。见 *Cambridge Ancient History*，第8卷，147页。

⑥ Livy, ⅩⅩⅩⅣ, xxvii.

如何看待从阿基斯到那比斯的改革？这些改革是否打击或摇撼了奴隶制的基础？这些问题并不难回答，只要借鉴一下晚一个世纪的罗马史就行了。阿基斯四世和克利奥蒙尼三世力主废债分地，改革内容确与格拉古兄弟改革大体相同，其目的也都是为了增加公民，解决兵源问题，维护城邦制度。他们都想挽城邦于狂澜之既倒，因而都失败了。接着必然以雇佣兵代替公民兵，以军事独裁代替城邦机构，在斯巴达马卡尼达斯、那比斯如此，在罗马马略、苏拉亦复如此。至于流放公民，释放奴隶，在由城邦向帝国过渡的复杂斗争过程中，本是寻常的事。苏拉当了独裁官，"他从被宣布为公敌的人的奴隶中选择年龄最轻、身体最强的一万多人为平民，给予他们以自由和罗马公民权，依照他自己的名字，称他们为科尼利阿斯，这样，他就有把握在平民中有一万人随时准备服从他的命令。为了在全意大利取得同样的保障起见，他把各城市许多土地分配给在他部下服务的二十三个军团的士兵。"① 难道能说苏拉摇撼了罗马奴隶制的基础吗？当然不能。在罗马内战时期，这一类的事情是很多的。可是罗马奴隶制显然并未衰落，而是更发达了。斯巴达晚期的社会矛盾和改革，与罗马内战时期颇有相似之处。所不同者在于：罗马由城邦过渡到帝国，有自己的奴隶制发展的连续过程；而斯巴达城邦落入了罗马的地中海帝国之中，黑劳士制度的衰落并未有本邦独立的更发达的奴隶制来代替，而是归并到罗马庞大的奴隶制体系之中。所以，与黑劳士制度一同衰落的是斯巴达城邦，而不是奴隶制度本身。

根据对斯巴达历史的具体分析，我们可以看出，黑劳士制度是一种与城邦土地所有制相对应、与斯巴达城邦命运共始终的奴隶制度。黑劳士制度是城邦所有的奴隶制度。它是在城邦形成时期由于征服的作用而形成的。当时工商业的发展水平容纳不了多少奴隶，征服造成的大量奴隶来源只有移到城邦公有地和公民份地上去，而大量奴隶的出现，既造成了公民脱离劳动的可能，又造成了公民脱离劳动（成为终身军人以维护奴隶主阶级统治）的必要。于是，黑劳士制度带来了其他城邦一般都不具有的现象：奴隶劳动过早、过快也过多地排斥了自由民的劳动，呈现出一种历史早熟的局面。这种由于政治和军事的需要而形成的强制性的分工，代替了由于客观经济发展的需要而逐步扩大和加深的

---

① 阿庇安：《罗马史》，ⅩⅢ，100。据谢德风译本。

分工，结果起了抑制经济发展的作用。因此，黑劳士这种城邦所有的奴隶与其他的国有奴隶不同：其他的国有奴隶和私有奴隶在一定程度上是互相补充的，国有奴隶不至排斥或代替私有奴隶；而黑劳士奴隶则把私有奴隶排斥、限制于家庭之中，在很大程度上抑制了私有奴隶制的发展。在奴隶制城邦中，土地私有制逐渐取代城邦土地公有制，这是一种普遍的现象，在黑劳士制度盛行的城邦也概莫能外。在土地私有化的过程中，黑劳士制度逐渐衰落了；而私有奴隶制则恰好更加发展起来，非黑劳士型的国有奴隶因为与城邦土地所有制无直接关系，所以也并不必然随城邦衰落而衰落。因此，黑劳士制度在其兴起时可以抑制或代替私有奴隶，而在其衰落时又可以有私有奴隶制之代起。这一特点，也不是非黑劳士型的国有奴隶制所具有的。从这些情况来看，把黑劳士等同于一般的国有奴隶（或称Ⅱ型奴隶），或把一般的国有奴隶（或称Ⅱ型奴隶）称为黑劳士型奴隶，是不符合实际的。当然，一个古代国家剥削劳动者的制度是否属于黑劳士型的奴隶制，只有经过具体的比较分析才能确定；否则对于历史科学是不能有裨益的。至于另外一种倾向，不对问题作历史的、实质的探讨，而从现象上将黑劳士制度比附为封建农奴制度，则只能给历史造成混乱。

北京师范大学史学探索丛书

公元前 6 至 4 世纪北印度
社会性质和发展趋向蠡测

在印度古史分期问题的研究中，有一个从奴隶制社会向封建社会过渡的问题。在印度和西方的非马克思主义学者的印度史著作中，虽然往往也有古代和中世纪之分，但是他们另有历史分期标准，同奴隶制社会和封建社会的分期法根本是两回事。现在还存在着印度古代是否有奴隶制社会的争论。[①] 这个问题需要另作专门讨论。本文在讨论公元前 6 至 4 世纪北印度社会性质时也将对当时奴隶制社会的存在作一些论证。在承认印度历史上有奴隶制社会和封建社会之分的学者中，对于二者划分于何时也有不同的见解。不过，学者们的选择大抵集中于公元前 6 至 3 世纪和公元 4 至 7 世纪这两段时期。[②] 这两段时期之所以引起特别的注意，的确不是偶然的。公元前 6 至 3 世纪，出现了佛教等新宗教，形成了孔雀帝国，无疑是印度历史上非常重要的时期。至于公元 4 至 7 世纪，在印度史上则是复兴时期，这期间中国的西游高僧法显、玄奘、义净的记载也为印度封建制度的存在提供了确证。以上两种选择都不存在否认后一时期为封建时代的问题，因此，分歧的主要关键在于对前一时期的认识。

---

① 西方和印度的非马克思主义学者一般都不承认印度曾有作为一种社会经济形态的奴隶制社会，在承认马克思主义的学者中，如高善必也认为印度不曾有奴隶制社会（见 D. D. 高善必：《印度史研究绪论》，英文本，1956 年版，10～15 页）。中国、苏联的学者大都认为印度曾有奴隶制社会。民主德国学者卢本也认为如此（见 W. 卢本：《古代印度社会中奴隶的处境》，德文本，1957 年版，102～103 页）。

② 例如，丹吉认为，印度奴隶制国家盛世至佛教兴起而止。很可能难陀帝国是其下限（见 S. A. 丹吉：《从原始共产主义到奴隶制时期的印度》，英文本，1955 年版，XⅢ页）。萨拉夫认为，印度封建社会始于公元前 542 年（见 R. P. 萨拉夫：《印度社会》，英文本，1974 年版，164 页）。季羡林先生认为："从释迦牟尼和大雄的时代开始，已经进入从奴隶社会向封建社会过渡的时期。……到了阿育王时代，印度已完全形成封建社会"。《罗摩衍那初探》，1979 年版，57 页。以上三说在时间上最接近，但具体论证是不同的。苏联科学院编《世界通史》第二卷中认为，公元前 1 世纪至公元 6 世纪是封建关系在奴隶制社会内形成的时期（见中译本 787 页，原本 1956 年版）。莫斯科大学出版的《苏联境外东方诸国中世纪史》认为，印度封建社会始于笈多王朝（见《苏联境外东方诸国中世纪史》，俄文本，1957 年版，56～58 页）。库杰辛主编《古代东方史》认为，公元 1 至 5 世纪是印度奴隶制社会解体和封建关系形成时期（见《古代东方史》，俄文本，1979 年版，363 页）。

在这篇文章里，我将就个人管窥所及，谈一下对于公元前 6 至 4 世纪这段时期的社会及其发展趋势的看法。关于公元前 3 世纪以后的事，附带也谈一点粗线条的想法。这段时期的资料已很丰富，所须涉及的面也很多。在这里，我只能就几个有关的主要问题谈谈个人一些粗浅的认识。鉴于所要谈的内容，也为了论述方便，我把这一时期分为两个问题来谈。

一

公元前 6 至 4 世纪，即早期佛教时代，印度社会（严格地说是北印度）的社会性质如何，看来需要从社会各主要阶级的具体情况来加以分析。

鉴于数量是一个很容易引起注意的因素，这里也就先从人数最多的农民谈起。据公元前四世纪末塞琉古王国驻孔雀帝国使节美伽斯提尼（Megasthenes）说，印度人口中的大多数是农民。美伽斯提尼原作已佚，转引其说的三位希腊史学家狄奥多拉斯（Diodorus）、斯特拉波（Strabo）和阿里安（Arrian）在这一点上所记相同。农民占人口之大多数，这也符合大多数古代国家的常例。他们人身是自由的，不依附于任何人。照斯特拉波所引的说法，"他们不仅人数最多，而且最受重视，因为他们豁免了兵役，并有其耕作的自由权利；他们不入城市，因为既无公事打扰，又无其他事情。"狄奥多拉斯和阿里安所引大意略同。至于他们的义务，阿里安所引的说法是，"他们向国王或自治城市纳税。"狄奥多拉斯所引的说法是，"他们向国王缴纳地租，因为全印度皆为王土，私人不能有任何土地；地租以外，他们又纳四分之一（指收成——引者）于王库。"斯特拉波所引的说法，希腊原文不甚明确，意思可能是"农民为工资而耕地，条件是获得收成四分之一。"① 斯特拉波所引的说法意思不明确，又与其他材料不能印证，可以暂不讨论。狄奥多拉斯所引的税外有租的说法，也是只此一家，

---

① 见狄奥多拉斯：《历史集成》Ⅱ，40，4～5；斯特拉波：《地理学》15，1，40；阿里安：《亚历山大远征记》Ⅷ（印度志），11。皆引自劳埃布古典丛书英译本。关于斯特拉波一段不明确的话，参见该书劳埃伯本，第 7 册，68～69 页，英译者 H. L. 琼斯的注释。米申科等的俄译本也是如正文所述那样译的，见 B. B. 斯特鲁威等主编：《古代东方史文选》，俄文本，1963 年版，376 页。

别无佐证，很可怀疑。① 在古代印度，本来税有多种，② 很可能狄奥多拉斯是把其他种税误解为地租了。

农民必须向国王缴纳地税。按印度早期法论所说，税率约为收成的十分之一、八分之一或六分之一。③ 收十分之一显然是极少的，阿育王优待佛降生地蓝毗尼（Lumbini）村，也只把税率降到八分之一。④ 大概六分之一是常率，当然其他杂税不在其内。

从种姓的角度来看，这种纳税农民大多应该属于吠舍等级。因为《阿跋斯檀巴法经》为吠舍规定的职业是农业、畜牧业和商业。⑤《乔达摩法论》在这几项之外又加了一条放债谋利。⑥ 有人认为这种农民的情况与吠舍不符（吠舍是可以从军和担任官职的），而更像首陀罗（他们没有从军和担任官职的权利）。⑦ 其实，公元前 6 至 4 世纪时，由于社会经济发展，阶级分化激剧，社会上很多人的实际经济地位和职位同法论所规定的已不相同。⑧ 因此，这种纳税农民大概以吠舍为主，可能也包括其他种姓出身的农民。

从阶级属性来说，这种纳税农民不是奴隶，不是封建的农奴或农民，更不是雇佣的农业工人，他们是有人身自由的小生产者。这种小生产者从原始社会解体以后就存在，而且在奴隶制社会和封建社会里曾长期大量存在，甚至在一些资本主义国家里都曾在一段或长或短的时间里大量的存在。可是，他们从来不是决定

---

① R. 费克曾试图以《佛本生经》中有税吏清查土地的事推测可能税外有租，不过他自己也觉得这种推测不太可靠。见其所著《佛陀时代印度东北部的社会组织》（原为德文，1897 年版），英译本，1920 年版，118～119 页。

② 参见《印度人民的历史和文化》，第 2 卷，《帝国统一时代》，英文本，1953 年版，598 页。

③《乔达摩法论》X，24 规定耕者须向国王缴纳产品十分之一、八分之一或六分之一。本书所引古代印度诸法论，除另有说明者外。皆据《东方圣书》英译本。所说"早期法论"，指大可反映公元前 6 至 4 世纪印度社会的《乔达摩法论》、《阿跋斯檀巴法经》、《包达耶那法论》、《伐息斯它法论》。关于此四法论年代，参见《印度人民的历史和文化》，第 1 卷，《吠陀时代》，英文本，1952 年版，477 页。

④ 见《帝国统一时代》，598 页。

⑤《阿跋斯檀巴法经》Ⅱ，5，10，7。

⑥《乔达摩法论》X，49。

⑦ 见高善必：《印度史研究绪论》，185 页。

⑧ 关于这一点，拙作《印度早期佛教的种姓制度观》第二部分曾有所论证，这里不再重复。

社会性质的因素，相反，他们存在于奴隶社会、封建社会、资本主义社会之中，受奴隶主阶级、封建主阶级和资产阶级的剥削，是被社会决定的因素。

那么，公元前 6 至 4 世纪时，印度社会中的决定因素是什么呢？在我看来，就是奴隶制。

照美伽斯提尼的说法，当时印度不存在奴隶制。阿里安引用美伽斯提尼的说法是："所有印度人都是自由民，连一个奴隶都没有，印度的这一特点是很出色的。在这方面，印度和拉西第梦（Lacedaemonn）相仿。不过拉西第梦人把黑劳士（Helot）当奴隶使用，叫他们干奴隶的苦活，而印度人却不使用任何异族奴隶；印度人本身，更是无人当奴隶。"① 狄奥多拉斯走得更远，甚至说"法律规定，任何人在任何情况下都不得成为奴隶，所有的人都应当是自由的，并且应当尊重人人平等的原则。"② 斯特拉波则比较慎重，一方面引用了美伽斯提尼印度无奴隶的说法，但同时又指出，亚历山大的部下欧奈西克里图斯（Onesicritus，其著作已佚）曾明确指出穆西坎努斯（Musicanus）地方就有奴隶制。③ 美伽斯提尼的说法肯定不合印度实际情况，现在大概已经没有人相信了。④

各种古代印度典籍中留下来的关于奴隶制的材料不能算少，特别是公元前 6 至 4 世纪。早期佛教作品中保留下来的材料相当丰富，这些材料一般不是历史的直接记录。而是通过传说故事或宗教法规曲折地反映了当时的客观历史。

印度的奴隶也同其他古国的奴隶一样，是主人的财产，是同牡牛、黄金、衣服、檀香木、牝马、明珠等并列的珍贵财产。⑤ 他们是可以买卖的商品。⑥ 主人可以对他们施以鞭打、禁闭、烙印，随意虐待。⑦ 主人打死无辜的奴隶，

---

① 阿里安：《亚历山大远征记》Ⅷ，10。参阅李活中译本，北京，商务印书馆，1979 年版，269 页。

② 见狄奥多拉斯书，Ⅱ，39，5。

③ 见斯特拉波书，15，Ⅰ，54。

④ 如《帝国统一时代》571 页中说："在各种法论和其他印度文献中提到奴隶制度的地方是如此之多，因而很难把美伽斯提尼所述视为实情。"参见《剑桥印度史》卷一，1935 年，英文本，416、481 页。

⑤ 见《佛本生经》第 527 篇。本篇所引《佛本生经》，均据 1895—1907 年间剑桥陆续出版的 R. 查默斯等的英译本。

⑥ 见《佛本生经》第 39 篇。

⑦ 见《佛本生经》第 125 篇。鞭打奴隶的事散见于佛经者甚多，不一一列举。

也不会受到法庭干预。① 从这些方面看，印度奴隶与希腊、罗马的奴隶的处境没有多少不同。至于《佛本生经》有一些所谓善待奴隶的故事，② 这并不足为奇。有一位德国学者曾写过一篇文章，其中就搜集了希腊罗马的许多奴隶和主人情谊甚笃的例子。这些都恕不多谈，因为关键在于主人有任意支配奴隶的权利，个别奴隶主的态度那是可以不同的。

当时印度奴隶之中，的确有相当多的家庭奴隶。国王宫廷奴隶不少，许多都是从事服务性劳动的，有的甚至陷入宫廷矛盾之中。③ 但是家庭奴隶并非完全与生产劳动无关，《佛本生经》中说到一家婆罗门六口人（包括一女奴），父子二人下田耕地，女奴负责送饭。④ 而且佛经中也不乏奴隶劳动的例证，例如中译《生经》曾说到一个婆罗门问他的男女奴隶准备做什么，"奴言，欲得车牛覆田耕具；婢曰，欲得碓磨舂粟硙面以安。"⑤ 这与中国古代奴耕婢织的传统大体相似。这一类经营农业的婆罗门，剥削奴隶劳动很厉害。《生经》说到一个婆罗门，"苦役奴子，酷令平地，走使东西。奴子无聊，欲自投水。"⑥ 真是近乎敲骨吸髓。在当时印度的农村中，奴隶劳动并非稀有现象。例如，佛经中曾说到贝拿勒斯（Banaras）附近有奴隶村（dasagaama）。又属于某一个庇法里·马纳瓦（Pipphali Maanava）的奴隶村就有 14 个之多，⑦ 可见当时在农村从事生产劳动的奴隶相当不少。至于具体的奴隶数字，古代印度也同其他古国一样，没有多少可靠的统计资料，阇那那根据巴利文佛经的传说资料，统计出其中常见的奴隶人数是 100，500，1000，16 000，100 000 等，其中 100 出现 14 次，500 出现 51 次，16 000 出现 20 次，100 000 出现 20 次。⑧ 这些夸大性的数字虽不足以作为证据，但也反映出当时社会的奴隶数量绝对不是微不足道的。卢本

---

① 见《佛生本经》第 373、第 416 篇。

② 见《佛本生经》第 131、第 354、第 382、第 421 篇等。

③ 见《佛本生经》第 92、第 181、第 220 篇。《佛本生经》中说到国王宫廷奴隶的约有二十余篇。

④ 见《佛本生经》第 354 篇。女奴为农夫做饭又见《佛本生经》第 520 篇。

⑤ （西晋）法护译《生经》卷五，《佛说梵志经》第四十五。

⑥ （西晋）法护译《生经》卷一，《佛说五仙人经》第十一。

⑦ 转引自 D. R. 阇那那：《古代印度奴隶制度》，英文本，1960 年版，42 页。

⑧ 阇那那：《古代印度奴隶制度》（附录Ⅱ），123 页。他分析了这些数字作为确切数字是没有意义的。

根据《佛本生经》传说资料指出，547 篇本生经中就有 71 篇或多或少说到奴隶，占故事总数百分之十三，可见奴隶数目一定可观。① 这种统计和分析是有一定道理的。

我认为，如果说一个社会是奴隶制社会，那么这个社会必须有一定数量的奴隶，这些奴隶必须在社会生产中占一定地位。但是，这并不是说奴隶必须在人口中占多数，奴隶必须在数量上成为社会的主要劳动者。前面已经说到，小生产者在古代一般总是占人口多数的。② 问题的关键在于怎样说明奴隶制在当时印度社会中起了支配作用。我认为，奴隶制关系规定了小生产者分化的趋向，奴隶主作为统治阶级利用经济的和经济以外的力量力图使小生产者奴隶化，这就是奴隶制在社会中占主导地位的主要表现。③

在私有制社会里，小生产者总是要分化的，这是小生产者本身的经济特点决定的，但是他们分化的具体趋向却是由社会中居主导地位的生产关系规定的。小生产者的一个特点和弱点是经不起天灾人祸。《佛本生经》中的一个故事说，迦尸（Kasi）农村中有一个贫穷的婆罗门，他有两头牛（当时耕作方法是两头牛拉一张犁），自己耕种田地，后来其中一头牛死了，他的再生产就成了问题。④ 遇到荒年，青黄不接，农民们就只好借债，《佛本生经》也有例证。⑤ 不同的法论对高利贷的利率规定不同，但总的来说是很重的。⑥ 小生产者一旦落

---

① W. 卢本：《古代印度社会中奴隶的处境》，德文本，1957 年版，101 页。

② 除特殊时期特殊地区外，希腊、罗马也是小生产者占人口的多数，这一点已为许多人所证明。因属题外，不赘。

③ 苏联学者 Γ. ф. 伊林的《古代印度奴隶制的基本问题》一文曾说"奴隶制社会中奴隶制度的存在，也决定了自由民之间的关系，即使自由民占居多数。"他的这个论点及其分析，我是同意的。此文载于《古代印度的历史和文化》（俄文），1963 年版，引文见 151 页。据悉伊林于 1971 年另有《古代印度社会的阶级性质》一文，我尚未见到。

④ 见《佛本生经》第 211 篇。

⑤ 见《佛本生经》第 199、第 255 篇等。

⑥ 《乔达摩法论》XII，29 说："借钱之合法利息为每周从 20［卡尔沙朋那］中取与马沙。"（按 1 卡尔沙朋那＝20 马沙，故月利率为 1.25%。年利率为 15%——引者）30 说："有人说，超过一年即不应按此利率支付。"31："如果［贷款］长期不还。那么，［在停息之后］，本金可以加倍。"36 说："牲畜的产物、羊毛、田地的产物和驮兽的利息，不超过［所借物的价值的五倍。"《伐息斯它法论》II，44 说："金［于偿还时取其价值之］二倍，而谷则三倍［于原价］。"《包达耶那法论》I，5，10，22 规定，25 卡尔沙朋那每月生息 5 马沙，即月利率 1%。

入这种高利贷的罗网，就很难有脱逃的希望。尤其值得注意的是，当时取利的方式中有"身利"和财物抵押两种。① 如果债主使用了债户抵押来的财产，从中收益，原则上就不能再取息，也不能占取这处抵押品。可是也有法论说，抵押品被人连续使用十年即不再属于原主。② 如果抵押的财产未被使用，那就不能抵利息，而是到期不还债时便归债主所有。所以，抵押是掠取负债小生产者财产的一种方法。至于"身利"，就是人身抵押，借债人以劳动抵利息，实际已成为债务奴隶或准奴隶。由于这种"身利"不像《汉谟拉比法典》那样规定有时间界限，所以人身抵押的时间可以无限延长以至终身，这就为奴隶主、富人变小生产者为奴隶准备了具体的途径。至于以各种暴力手段掠夺奴隶，是古代常有的事，不再赘述。

公元前 6 至 4 世纪，国王封地给婆罗门和臣下的情况的确是很多的。中译本和巴利文本阿含经中有很多"梵分"、"封邑"的记载。③ 据巴利文本所记，其中有些条目所说的。封地原是国王之地（royal domain），受封者即享有国王在这块土地上享有的权利。但是这些权利并无具体明确的说明。《佛本生经》中也有许多国王赐地事例。例如，一个国王曾赐给一个婆罗门五个村子、一百个女奴、七百匹马等；又一个国王曾准备赐给一个贤者八十个村子、四百个女奴、一百个妻子等；还有些国王赐给近幸、臣下一个村，据说一个村的年收入是十

---

① 《乔达摩法论》XII，34～35 说到利息有复利、期利、约定利、身利、日利和使用抵押物六种。

② 见《伐息斯它法论》XV 1，16～17。

③ 如佛陀耶舍，佛念译《长阿含经》卷十三，第三分，《阿摩昼经》第一（巴利本《长阿含经》I，87）；《长阿含经》卷十五，第三分《种德经》第三（巴利《长阿含经》I，111）；《长阿含经》卷十五，第三分《究罗檀头经》第四（巴利本《长阿含经》I，127）；《长阿含经》卷十七，第三分《露遮经》第十（巴利本《长阿合经》I，224）；《长阿含经》卷七，第二分《弊宿经》第二（巴利本《长阿含经》II，316）；《中阿含经》卷十二，王相应品，《鞞婆陵耆经》第六（巴利本《中阿含经》II，45，未说封邑）；《中阿含经》卷四十一，梵志品，《梵摩经》第十（巴利本《中阿含经》II，133，未说封邑）。以上皆系婆罗门有封邑。《中阿含经》卷五十，大品，《牟尼破群那经》说到居士有封邑，但相应的巴利本《中阿含经》I，125～126 也未说到有封邑，等等。以上所引巴利本阿含经皆据牛津出版的《佛教圣书》英译本，以下同此。此上各条，凡有赐地国王名字者，中译本都说是憍萨罗的波斯匿王。唯《种德经》又说到摩揭陀的瓶沙王，巴利本则封地为瓶沙王所赠。

万钱，等等。① 这说明有两种情况：一些地是和奴隶一同赐给的，另一些则好像只赐给了该村的年收入或税收。《阿跋斯檀巴法经》说，"国王在无损于其奴仆（his servants）的情况下，把土地和金钱按其功绩赠与婆罗门，就赢得无极世界。"② 大概这里的"奴仆"是指被赐土地上的居民，所谓无损于他们，就是他们原来负担什么义务土地赐赠后仍负担什么义务。譬如，原是奴隶村，那么村上的奴隶就向受封者尽原来的义务；原是纳税农民村，那么村上农民也就照例纳税。用我们今天的话来说，就是不因土地的封赐而改变生产关系的实质，所发生的只是土地收益权（或所有权）在统治阶级内部的转移。因此，我觉得，如果说这些封地就是封建关系，那么说服力似乎还不足。

值得注意的是经营大片土地的婆罗门。这类记载在早期佛经中比较突出的至少有三处。中译本《杂阿含经》说到一个"耕田婆罗豆婆遮婆罗门"有"五百具犁耕田"。③《佛本生经》中说到一个婆罗门经营一千迦梨沙（可能等于8000英亩）土地。④ 又一处说到，一个婆罗门有一千迦梨沙土地，"当庄稼长起来时，他就树起坚固的篱障，把土地委托他'自己的人'，给一个人五十迦梨沙，给另一个人六十迦梨沙，这样他就在这些人中分配了五百迦梨沙的田地。其余五百迦梨沙，他则交给一个雇工，这个人在那里搭一个茅舍，日夜住在那里。"⑤ 这种土地的耕种看来都在主人亲自指挥下进行的。至于后期管理和照看庄稼的，一是"自己的人"，一是雇工。"自己的人"是什么人？原书没有说明，学者们有不同的推测。W. 卢本认为，可能是主人的儿子和奴隶。⑥ 季羡林先生认为，可能指的是自己的儿子、奴隶或者分成农等。⑦ 如果说"自己的人"中有一部分是分成农，那么这种分成农只是在每一个农业生产周期中独自负责一部分时间，距离独自负责整个生产周期的租佃农民还有相当一段距离。因此，

---

① 见《佛本生经》第456、第546、第107、第9、第533篇，等等。类似例子不少。

② 见《阿跋斯檀巴法经》Ⅱ，10，26，1。

③ （刘宋）求那跋陀译：《杂阿含经》卷四，［九十八］，又《杂阿含经》（译者名佚，附吴魏二录），又《别译杂阿含经》（译者名佚，附秦录）卷十三（此经未说到五百具犁）；相同内容见于巴利文本《义足经》（Sutta—Nipata）Ⅰ，4（此经亦见《佛教圣书》丛书英译本）。

④ 见《佛本生经》第389篇。

⑤ 见《佛本生经》第484篇。

⑥ 见 W. 卢本：《古代印度社会中奴隶的处境》，49页。

⑦ 见《罗摩衍那初探》，53页。

如果说其中有封建生产关系的萌芽，那么似乎还早了一点。R. 费克对当时这一类大经济的看法是："每一个大土地所有者、每一个富有的商人，在自己所有的奴隶以外都还使用领取日工资的工人。"① 如果费克的推测可信，那么这种大农业经济在本质上也应该算奴隶制的了。

我的意思并不是说当时没有土地租佃的事。《阿跋斯檀巴法经》明确规定，"如果一个人租田（耕种）而不尽力，因而不产谷物，那么只要他富有，他就得［向土地的主人］交付本该生长出来的［谷物的价值］"，② 这当然说明土地租佃关系已经存在。可是引人深思的是，同一法经又规定，婆罗门"不得吃工匠所给的食品；不得吃［非刹帝利而］以军事为生者［所给的食品］；不得吃以出租房舍或土地为生者［所给的食品］。"③ 婆罗门不吃工匠之食，以其贱故；不吃非刹帝利而以军事为生者之食，以其不合法故；那么，他们不吃以租地为生者之食，以其贱乎？以其不合法乎？因为"法"已经允许了，看来是以其贱故。旧传统鄙视新事物，事情大概如此。不过从这里也可以曲折地看到租佃关系在当时多么幼弱而可怜了。

奴隶制关系支配着小生产者分化的趋向。封建关系只是有了最初的幼芽，公元前 6 至 4 世纪看来只能是印度的奴隶制社会时期。

二

以上我对公元前 6 至 4 世纪北印度的社会性质作了一些尝试性的说明，现在再来就当时的社会发展趋向问题作一些探索。

公元前 6 至 4 世纪，在北印度是一个激烈动荡的时代。当时社会充满了矛盾和斗争，而矛盾的焦点是拥护还是反对种姓制度（指瓦尔纳制）。因此，要探讨当时社会发展的趋向，就必须围绕这个关键性的问题来进行。

首先谈一点个人对于种姓制度与奴隶制度关系的认识。印度种姓有再生族

---

① 见《佛陀时代印度东北部的社会组织》英译本，305 页。

② 《阿跋斯檀巴法经》Ⅱ，11，28，1。英译者 G. 毕勒尔在此条注中说，此条可证明当时已有流行近代之初的租佃制。见《东方圣书》，第 2 卷，166 页。

③ 见《阿跋斯檀巴法经》Ⅰ，6，18，18～20。从这三条文字看来，英译者毕勒尔的注大概是夸大无疑了。租佃制在当时不会是很盛行的。

与一生族之分。存在于再生族三种姓之间的是贵族与平民之分，而非奴隶主与奴隶之分，这一点比较清楚。至于作为一生族的首陀罗种姓，则有人说它是奴隶阶级，[①] 有人说它是农奴，[②] 有人说它是等级而非阶级，[③] 有人则对不同时期的首陀罗的性质作了不同的评定。[④] 我赞成沙尔玛划分时期的分析方法，也赞成他对吠陀时代首陀罗地位的看法。他认为，首陀罗不是一般的奴隶或农奴，他们不属于任何个人；正如公社普遍控制土地一样，它也同样控制劳动人手，"在这个意义上，首陀罗也许可以与斯巴达的黑劳士相比"。[⑤] 首陀罗作为被征服的异部落人成为征服者公社的共同财产。这的确与黑劳士有相似之处。[⑥] 但是当时在印度并未形成一套公民份地制度，因而对首陀罗的剥削也还没有形成为成熟的黑劳士制度。[⑦] 再生族与首陀罗之间的对立具有奴隶制的性质，因为后者在法律上为前者所有，不过这在一定程度上是潜在的奴隶制，因为它还没有形成一定的具体结构。

在原始社会解体和阶级社会形成的过程中，原先的氏族部落公社内部分出了贵族与平民，这并不是古代印度特有的现象。例如，雅典提修斯改革时曾将公民分为贵族、农民和手工业者三个阶级，贵族有权"掌管宗教仪式，充任官职，讲授法律，解释天意"，"在品位上"占优势，而农民和手工业者则成为无

---

① 曾有许多学者认为首陀罗是奴隶。E. W. 霍普金斯认为首陀罗是奴隶的同义语（见《剑桥印度史》，英文本卷一，1936 年版，234、268 页）。S. A. 丹吉认为，首陀罗即奴隶，见《从原始共产主义到奴隶制时代的印度》，115 页。卢瓦塞勒尔·迭朗法译《摩奴法论》，甚至将"首陀罗"径译"奴隶"。

② 见 P. 马森·奥尔塞尔等：《古代印度和印度文明》，英文本，1951 年版，113 页。狄百瑞：《印度传统资料》，英文本，1960 年版，224 页。

③ 苏联学者见解大体如此。《古代东方史》，俄文本，1979 年版，352 页仍强调种姓作为等级与阶级的不一致处。

④ 如 N. K. 达特认为，犁俱吠陀时代的首陀罗是真正的奴隶，梵书时代的首陀罗是农奴，经书时代的首陀罗地位又有改善等，见《印度种姓的起源和成长》，英文本，卷一，1931 年版，165～166 页。R. S. 沙尔玛在《古代印度的首陀罗》（英文本，1958 年版）一书中更对首陀罗分五期进行了具体论述。

⑤ 见《古代印度的首陀罗》，48 页。

⑥ D. D. 高善必也很注意到这一点，见《印度史研究绪论》，英文本，1956 年版，92、187 页等。

⑦ 黑劳士型奴隶制是与古典城邦土地所有制相表里的一种奴隶制类型，这一点请参阅拙作《论黑劳士制度》，见本书前篇。

特权的平民，只能分别"在有用上"和"在人数上"占优势。① 其他古国大抵也有类似情况。所不同的是印度的贵族又分为两个部分。雅典贵族所享有的特权归结起来不外对内的即宗教方面的（这包括司法等内容）和对外的即军事方面的，用中国古话来说，就是"国之大事，在祀与戎"。② 印度贵族在祀与戎上分了家，就分别成为婆罗门和刹帝利。在公社以外出现了首陀罗，这一点看来比较特别。其实和其他国家也有相通之处，恩格斯在分析易洛魁人氏族部落制度的局限性时曾指出："凡是部落以外的，便是不受法律保护的"。③ 依照原始社会的传统，部落的界限就是法律的界限。生产资料的公有制，人与人之间的平等地位和民主关系，凡此种种都只有在部落之内才是现实的，超出部落界限就不再是现实的了。因此，如果没有经过联合或缔结同盟关系，那么一个部落以外的人就是这个部落法律以外的人，或者说这个部落的法律不承认其为人。这样，公有制、平等和民主在部落界限上所达到的终点，恰好成了私有制和奴隶制可能的起点，各国最初的奴隶大抵都来自部落以外，当然也有由于联合而处于部落以外的平民（如"罗马人民"以外的平民）。首陀罗处于部落以外，又起源于被征服者，因而是法律以外的人，即在法律上与奴隶地位无异。

由此可见，在原始社会解体以后和阶级社会形成之初，四种姓的区别原来曾经是与当时阶级分化的实情大体相符合的。可是，这种情况一旦在"法经"或"法论"中凝固成为固定的种姓或等级，它也就逐渐和现实的阶级分化的情况脱了节，成为不符合实际以至阻碍实际阶级变化的守旧因素。④

在印度，最具体地维护种姓制的工具是"法经"或"法论"。它们都是古来的习惯法，由不同的婆罗门学派传习、编纂而成。"吠陀称天启（Sruti），法论谓传承（Smrti）"，⑤ 这正说明了法论的传统习惯法的性质（当然不排除法论

---

① 见普鲁塔克：《希腊罗马名人传·提修斯传》，XXV，1—2（据劳埃伯古典丛书译本）。

② 见《左传》成公十三年，《十三经注疏》，1911页。

③ 《家庭，私有制和国家的起源》，见《马克思恩格斯选集》，第4卷，94页。这一句话最好依原文直译为"凡是部落以外的，便是法律以外的"。见第茨原文版97页。因为"法律以外"的含义实际广于"不受法律保护"。

④ E. 森纳尔也有类似这样的看法，参阅他所著《印度的种姓·其事实及制度》原为法文，见英译本，1930年版，117、129页等。

⑤ 见《摩奴法论》Ⅱ，10。

编集者为高级种姓利益而作的种种损益）。按照这些法经或法论的说法，人是分为种姓或等级的，而人的种姓是由其出身决定的。用从氏族部落时代传下来的血统原则来维护新出现的等级制度，这也不仅仅见于印度。雅典国家产生初期，贵族就凭"出身和财富"这两条垄断了国家的重要官职。[①] 中国古代更有一套与政治体制密不可分的宗法制度，其原则就是亲亲尊尊，就是礼。[②] 有人把"法论"译作"印度教法典"（如 M. N. 达特在其英译法论前就冠上这种译称），其实把它们称为"礼"也许更为妥贴，因为它们都因袭了氏族部落的血统原则，尚不能成为真正的法典。血统原则有一个界限。它原来表现为"凡是部落以外的，便是法律以外的"，到这时就表现为"礼不下庶人"（《礼记·曲礼上》），在当时的印度就表现为礼不下首陀罗。

总之，种姓制度和维护这种制度的法论都是奴隶制社会发轫阶段的产物，都拖着一条长长的氏族血统原则的尾巴，因而势必与奴隶制经济的进一步发展不相适应。

到公元前 6 至 4 世纪，实际社会生活已经打破了法论所规定的四种姓职业的框框，在四个种姓出身的人中都发生了程度不同的分化。[③] 现实的阶级分化和演变既然打破了种姓出身的界限，按出身决定等级的种姓制度也就必然面临挑战。在佛教典籍里，我们看到当时有过激烈的阶级斗争：有的国王被起义者杀死，[④] 有的国王被人民所废逐，[⑤] 也有逃亡奴隶聚集在山林举行起义的事。[⑥] 可惜佛经多以这类故事说明所谓善恶报应，关于起义的真实原因和性质反而弄不清楚。当时从思想上反对婆罗门教和种姓制度的派别很多，[⑦] 其中影响最大、

---

① 见亚里士多德：《雅典政制》Ⅲ。

② 《礼记·大传》："其不可得变革者则有矣，亲亲也，尊尊也，长长也。男女有别，此其不可得与民变革者也。"1506 页。《丧服小记》："亲亲，尊尊，长长，男女之有别，人道之大者也。"1496 页。王国维认为，周代礼制"皆由尊尊亲亲二义出"（见《殷周制度论》，《观堂集林》卷十），这是很有道理的。

③ 佛经中明确讲到四个种姓中的富人都可以用其他种姓的人为奴仆，据巴利文本《中阿含经》Ⅱ，84～85。见《佛教圣书》丛书卷六，查默斯英译本，1927 年。

④ 见《佛本生经》第 73、第 432 篇。

⑤ 见《佛本生经》第 542 篇。

⑥ 见佛陀什等译：《弥沙塞部和醯五分律》卷十第一分之六"悔过法"。

⑦ 其略说见（后秦）佛陀耶舍、竺佛念译：《长阿含经》中的《梵动经》（别有《佛陀梵网六十二见经》）和《沙门果经》（别有《佛陀寂志果经》）。

留下材料最多的是佛教。

佛教反对种姓制度，主要表现在以下几方面。

第一，反对种姓制的凝固不变性。按照婆罗门教的传统说法，四种姓分别由普鲁沙的口、手、腿、脚演化而来，① 实际是把种姓制度说成是与天地人类共生的永恒存在的制度。佛教认为，原先人间并无种姓之别，只是在有了"田界"和私产之后，人们发生争夺，为了息争，人们选出一个"田主"做统治者，这就是刹帝利之起源，后来又由职业的分工产生了婆罗门、吠舍和首陀罗，② 这种类似社会契约论的说法无疑含有主观臆测的成分，不过它把种姓制度从神定的、永恒的还原成了人事的、历史的。凡是在历史中发生的都将在历史中变化、消灭，种姓制度当然不能例外。在佛经中可以不止一处见到佛引边远邦国的情况驳斥四种姓不变的言论。例如"世尊告曰：'彼土人民有二种之姓，云何为二？一者人。一者奴。此二姓亦复不定'。又（指施罗梵志——引者）问：'云何不定？'世尊答曰：'或作人后作奴，或作奴后作人'。"③ 这也就是说，早期佛教认为，存在自由人和奴隶两个阶级，个别的人可以在这两个阶级之间互变，这种可变的情况比不变的四种姓制更正常。大概佛陀不会意识到不变的种姓已在阻碍可变的奴隶制的发展，也不会有意为发展奴隶制而反对种姓制，可是不论如何，在客观上他总是做了这样的事情。

第二，反对以出身定人的地位高下。婆罗门种姓宣称："我等梵志是梵天子，从彼口生，梵梵所化。"佛陀反驳说："见梵志女始婚姻时，婚姻已后见怀妊身时，怀妊身后见产生时，或童男或童女……如是诸梵志变如世法随产道生。"而且各种姓的人都是十月怀胎，并无分别。④ 婆罗门种姓又说："梵志种

---

① 此说首先见于《梨俱吠陀》末后部分。参阅狄百瑞等编《印度传统资料》，英文本，1960 年版，17 页。

② 类似说法屡见于阿含部诸经。参阅（刘宋）施护等译《佛说白衣金幢二婆罗门缘起经》卷中、卷下。巴利本《长阿含经》Ⅲ，93 以下（据《佛教圣书》卷四，T. W. 黎斯·大卫等英译本。其余不备引）。

③ （东晋）提婆译：《增壹阿含经》卷四十六，放牛品第四十九。巴利本《中阿含经》Ⅱ，149 亦有此论（据《佛教圣书》卷六，查默斯英译本）。中译《中阿含经》及其别译中亦有类似说法。在《中阿含经》中这段说到了"余尼"（指希腊人国家），事实在亚历山大东侵之后。所以这段话可能是公元前 4 世纪以后插入的，但基本符合早期佛教的思想。

④ 见（东晋）昙无兰译：《梵志颇波延问种尊经》。《大藏经》卷一，877 页。

胜，余者不如，梵志种白，余者种黑，梵志得清净，非梵志不得清净。"佛陀即反驳说："为刹利（即刹帝利——引者）族、梵志族（指婆罗门——引者）者，彼能持澡豆至水洗浴去垢极净耶？为居士族（指吠舍——引者）、工师族（指首陀罗——引者）者，彼不能持澡豆至水洗浴去垢极净耶？"① 事实当然可以证明谁都能洗得干净。凭出身不行，那么如何评价人的地位呢？佛陀回答说："人不因出身而成种姓外者，亦不因出身而成婆罗门；人因所行而成种姓外者，亦因所行而成婆罗门。"② 又说："我不因人之出身与母氏而称之为婆罗门。彼诚高傲，而又富有。但贫穷而能脱离一切执著者，我乃称之为真婆罗门。"③ 佛陀作为宗教家，以宗教品德的标准代替了种姓出身的标准。别的国家早期也曾有过出身标准被废弃的事，例如雅典的梭伦和罗马的塞尔维乌斯·土利乌斯提出了以财产作为划分居民等级的标准，④ 中国的商鞅提出了"有军功者，各以率受上爵……僇力本业，耕织致粟帛多者复其身。……宗室非有军功论，不得为属籍。"⑤ 佛陀反对种姓制，反对以出身定人的地位，在当时有反对氏族残余的意义，可是他提出的代替物只是宗教的伦理，因而其历史作用也就不能与中国、雅典、罗马的情况并论了。

第三，反对婆罗门居于四种姓之首的地位。在汉译和巴利本小乘经律中提到四种姓时，大抵皆以刹帝利、婆罗门、吠舍、首陀罗为序。"刹利生中胜，种姓亦纯真，明行悉具足，天人中最胜"。⑥ 这个偈子就是佛陀用来对付婆罗门的一种武器。佛陀这种说法，可能是由于北印度东部婆罗门教的影响不深，事实

北京师范大学史学探索丛书

---

① 见（东晋）提婆译：《中阿含经》卷三十七，梵志品《郁瘦歌逻经》第九。

② 据巴利文本《义足经》，M，米勒英译本，见《东方圣书》卷十，第二部分。

③ 据巴利文本《法句经》XXVI，396，M. 米勒英译本，见《东方圣书》卷十，第一部分。

④ 分别见亚里士多德：《雅典政制》，VII，3～4；普鲁塔克：《希腊罗马名人传·梭伦传》XVIII，1～2；李维：《罗马史》I，42～43。

⑤ 见《史记》卷六十八，《商君列传》，2230 页。《商君书·农战第三》更强调"作壹"，人民要得官爵只有一条路：农战。

⑥ 见（后秦）佛陀耶舍等译：《长阿含经》卷十三，第三分《阿摩昼经》第一。参阅巴利本《长阿含经》III，97（见《佛教圣书》英译本卷四）。

上那里婆罗门的地位不高，势力也不大。① 不过，我们也要看到，佛陀毕竟出身贵族，他对种姓制的反对不会十分彻底。在不少地方，他实际上是在为刹帝利向婆罗门争胜。所谓各种姓平等之说，只是佛陀的宗教伦理，当然，这也可以作为佛教联合低级种姓的手段。

从以上佛教反对种姓制度的记载中，我们看不出它有任何反对奴隶制度的地方。那么，佛陀在别的地方是否反对奴隶制呢？现在让我依据事实来分析。

第一，佛陀说过沙门不畜奴婢的话。例如，"沙门瞿昙舍离饮酒，不著香华，不观歌舞，不坐高床，非时不食，不执金银，不畜妻息僮仆婢使，不畜象、马、猪、羊、鸡、犬及诸鸟兽，不畜象兵、马兵、车兵、步兵，不畜田宅种植五谷……"（着重点为引者所加）而且类似的说沙门不畜奴婢的例子还很多。② 这里的不畜奴婢是特指出家人——沙门而言的。出家人连妻子儿女都不要，怎么能要奴婢呢？而且出家人不畜田宅，不种五谷，在这种情况下不要奴婢也是很自然的。是否据此就可以证明佛教要取消奴隶制呢？恐怕不能这样说。如果说，佛教要沙门摒弃一切物质享乐生活，其中也包括摒除奴婢，那么是可以的。但这只是宗教生活中的局部，不能适用于整个社会。

第二，佛陀提倡善待奴隶。以上讲的是出家人的特殊情况，在家则不然。正如佛说："若在家者，钱不增长，金银、真珠、琉璃、水精悉不增长，畜牧、谷米及奴婢使亦不增长，尔时在家，忧苦愁戚。……若在家者，钱得增长，金银、真珠、琉璃、水精皆得增长，畜牧、谷米及奴婢使亦得增长，尔时在家，快乐欢喜。"③ 一个婆罗门（梵志陀然）在同佛徒（舍梨子）对话时曾说："舍梨子，当知我今在家以家业为事，我应自安稳，供养父母，瞻视妻子，供给奴婢……舍梨子，是一切事不可得疑，一向从法。"佛徒也未说使用奴婢为非法。只是说："愍伤奴婢，给恤瞻视，行福德业不作恶业者，彼便为奴婢之所尊重，

① R. 费克认为，在迦尸、㤭萨罗、摩揭陀等地，婆罗门教势力不大（见《佛陀时代印度东北部的社会组织》，英译本，11、209 页。季羡林先生也有类似的主张。这些都是有道理的）。

② 引文见（后秦）佛陀耶舍、佛念译《长阿含经》卷十四，第三分《梵动经》第二。又见吴支谦译：《佛说梵网六十二见经》（即梵动经别译）、支谦译《佛开解梵志阿飏经》即长含阿摩昼经别译）、（东晋）昙无兰译《佛说寂志果经》（即长含沙门果经别译），等等。

③ （东晋）提婆译：《中阿含经》卷三十六，梵志品，《何苦经》第七。

而作是言，愿令大家强健寿考无穷……若有人极为奴婢所尊重者，其德日进，终无衰退。"① 佛教认为，"有四种法，宜应修习：一者恭敬父母，尽心孝养；二者恒以善法，训导妻子；三者愍念僮仆，知其有无；四者近善知识，远离恶人。"② 关于主人和奴隶的关系，佛教提倡："主于僮使，以五事教授。云何为五？一者随能使役，二者饮食随时，三者赐劳随时，四者病与医药，五者纵其休假。……僮仆复以五事奉事其主。云何为五？一者早起，二者为事周密，三者不与不取，四者作务以次，五者称扬主名。"③ 主人对奴隶大体就这五条，奴隶对主人还另有九条、十条之说，不过大体相同。从这些情况来看，佛教完全承认奴隶制度，只不过要调节一下奴隶主和奴隶之间的关系。宗教一般都具有这样一种所谓的"悲天悯人"的面孔，实际上倒不如说是要以更好的手段来维护奴隶制度。

第三，佛陀禁止"度奴"（不许奴隶受戒为佛徒），见于律藏。④ 这更不是佛陀反对奴隶制度的证据，相反，这里佛陀承认奴隶主对奴隶的所有权，因而非经释放者即不收容。佛教敢于接受各种姓人受戒为徒，但不接受奴隶，这不很清楚地说明佛教一点也不想触动奴隶制吗？

佛教对待奴隶制的这种态度后果如何？答案是佛教伽蓝本身也役使奴隶，竟然自己也成了奴隶主。阇那那根据佛经材料反驳了佛教寺院无奴隶的说法，证明寺院逐渐也役使奴隶劳动。巴利本《律藏》所说寺院接受五百名"阿拉米卡"（Aramika）劳动力，他们与其他财物一同赠来，实际就是奴隶。⑤ 玄奘有一段记载最能说明问题，现录如下："如来寂灭之后第五十年，阿难弟子末田底

---

① 提婆译：《中阿含经》卷六，舍梨子相应品，《梵志陀然经》第七。（东晋）法显译：《大般涅槃经》，卷上。

② （后秦）佛陀耶舍、佛念译：《长阿含经》卷十一，第二分《善生经》第十二。参阅（后汉）安世高译《佛说尸伽罗越六方礼经》。

③ 奴隶对主人义务九条说见东晋·提婆译《中阿含经》卷三十三，大品《善生经》第十九。奴隶对主人义务十条说见西晋支法度译《佛说善生子经》。

④ （刘宋）佛陀什等译：《弥沙塞部和醯五分律》卷十七，第三分初，《受戒法》下。（姚秦）佛陀耶舍、佛念等译：《四分律》卷三十四，二分之十三，《受戒揵度》之四。巴利一律藏亦有之。

⑤ 见《古代印度奴隶制度》，81~85页。作者的论证很有启发性，他还分析了寺院中有些变相的奴隶。主人出家，奴隶跟来出家，实际仍为主人服务。

迦罗汉者……便来至此（指迦湿弥罗国——引者）……时阿罗汉既得其地，运大神通力，立五百伽蓝，于诸异国买鬻贱人，以充役使，以供僧众。末田底伽人寂灭后，彼诸贱人，自立君长。邻境诸国，鄙其贱种，莫与交亲，谓之讫利多（唐言买得）。"① 按"讫利多"为买来的奴隶，是印度传统的奴隶中之一种。② 而玄奘所说的"贱人"，也不是现在一般理解的地位卑下的人。中国古代通常以"良"和"贱"作为自由人和奴婢的对称。与玄奘大体同时的长孙无忌在《唐律疏义》中也是以"奴婢贱隶"、"奴婢贱人"和"良人"相对举的。③可见"贱人"即奴隶之代称。"于诸异国买鬻贱人"，这说明当时迦湿弥罗国附近各国奴隶买卖很盛行，买卖甚为方便。尤其可惊异的是释迦牟尼逝世后的五十年里，佛教寺院本身役使奴隶劳动就达到了这种程度，这既不能说明佛教反对奴隶制，更不能说明由于佛教的反对而使奴隶制趋向衰落，相反，佛教倒是在一定程度上促进了奴隶制。佛教寺院这样大规模地役使奴隶，恐怕在北印度先前的历史上是很少见的。

概括起来说，在公元前 6 至 4 世纪的北印度，带着浓厚的氏族残余的种姓制度受到一定的冲击，奴隶制度获得一定的发展，社会发展的趋势也大体如此。如果这一点看法不错。那么就很难说这个时期是从奴隶制社会向封建社会过渡的时期了。

公元前 6 至 4 世纪以后的发展趋势又如何呢？最后再简略地谈一点个人对孔雀王朝全盛时期（公元前 3 世纪）印度社会的认识。阿育王是暴君，④ 也是将佛法用于政治实践的人。这不在于他说过什么要"善待奴隶和仆人"，⑤ 说过什么"所有臣民都是我的子女"⑥ 之类的话，而是在他留下的铭文中没有再承认四种姓差别的合法地位，甚至没有提到四种姓的问题。作为一个帝国的统治

---

① 玄奘：《大唐西域记》卷三，"迦湿弥罗国"条。

② 见《摩奴法论》Ⅷ，415。即其中"买得的（Krita）"一种。

③ 见《唐律疏义》卷二十二。

④ 阿育王作为暴君的故事，见（西晋）安法钦译《阿恕伽传》，卷一；（东晋）法显《佛国记》；（唐）玄奘《大唐西域记》卷八"摩揭陀上"条等。他在征服羯陵伽时，曾杀人十万，俘人十五万，其余死亡不计其数。见阿育王第十三号摩崖诏令（这里所引皆据 D. C. 西尔卡尔《阿育王铭文集》英译本）。

⑤ 见阿育王摩崖诏令第九号，第十一号。

⑥ 见阿育王摩崖诏令第十五号，第十六号。

者，阿育王不需要那些拖着氏族血统残余、带着地方部落色彩的种姓制度，这是不难理解的，因为他要的是统一。不过在这一点上他远未成功，由于种姓制度的根深蒂固和前一时期反种姓运动的不彻底性，这种制度实际上长期保存下来，而孔雀王朝的帝国却是昙花一现。至于孔雀王朝时期的社会经济状况，如据考底利耶的《政事论》来看，① 王室有了用奴隶、雇工和囚徒劳动的农庄（给奴隶发口粮，给工人发工资和口粮），② 这比佛经中讲到的几处婆罗门大地产显然有了发展；可是另一方面，奴隶制本身却在衰落，例如对雅梨耶出身的人为奴已有很大限制。③ 同时，王室又迁移首陀罗农民建立新村，征收租税，④ 这与王室奴隶制农庄的剥削方式不同。婆罗门教法论不承认首陀罗为农民，不管一个首陀罗的实际阶级地位如何，总要让他带上奴隶的色彩。⑤ 但《政事论》承认首陀罗为农民，这也可以证明，这个种姓不再是奴隶制关系支配下的一个阶层了。因此孔雀王朝可以说是印度奴隶制社会发展的一个转折时期。

---

① 关于这本书的成书年代，争论很多，早到公元前 4 世纪和晚到公元 3 世纪的说法都有（见《帝国统一时代》，274～275、285～287 页）。看来此书同印度其他许多典籍一样，成书有一个过程，这个过程大概是从孔雀王朝开始的。这里所据主要还是 R. 沙马沙斯特里英译本 1956 年第五版，参用 1959 年苏联科学院出版俄文本。

② 见《政事论》Ⅱ，24。

③ 见《政事论》Ⅱ，13。

④ 见《政事论》Ⅱ，1。D. D. 高善必认为，阿育王征服羯陵伽时的俘虏，也都成了这一类的劳动者。见《印度史研究绪论》，195～196 页。

⑤ 稍后的《摩奴法论》（Ⅷ，413～414）仍然如此。

《书·梓材》人历、人宥试释

《尚书·梓材》是周公旦在康叔受封时对他发布的训诰之一。其中有这样一段颇为难解的话：

> 女若恒越日：我有师师司徒司马司空尹旅。日予罔厉杀人。亦厥君先敬劳，肆徂厥敬劳；肆往奸宄杀人历人宥，肆亦见厥君事戕败人宥。王启监厥乱为民。①

在这一段话中，"奸宄杀人历人宥，肆亦见厥君事戕败人宥"甚为关键，也最难解。自伪孔安国传以下，大多数注释家都把其中的"宥"训释为"宽宥"。这样就有一个问题，好像周公交代给康叔的政策是一切从宽。可是事实绝非如此。这可以从《梓材》的姐妹篇《康诰》、《酒诰》中得到证明。

《康诰》中说："人有小罪，非眚，乃惟终，自作不典。式尔。有厥罪小，乃不可不杀。乃有大罪，非终，乃惟眚灾，适尔，既道极厥辜，时乃不可杀。"这就是说，判罪量刑，不仅要看罪行大小，还要看犯罪是出于有意或无意，尤其要看是否坚持不改。又说："汝陈时臬事，罚蔽殷彝，用其义刑义杀"。对于"元恶大憝，矧惟不孝不友"的人，还要"乃其速由文王作罚，刑兹无赦"。周对被征服的殷地区人民，既采用他们认为适用的殷的刑法，又采用周文王所规定的刑法。《酒诰》中说："群饮，汝勿佚。尽执拘以归于周，予其杀。又惟殷之迪诸臣惟工，乃湎于酒，勿庸杀之，姑惟教之，有斯明享。乃不用我教辞，惟我一人弗恤，弗蠲乃事，时同于杀"。实行刑法时还要区分周人和殷人，对于殷人也还要看他们改与不改。可见当时周公交代给康叔的政策绝对不会是一切都宽宥的。

古人似乎也已有见于此。所以伪孔传把"杀人历人"解释为"杀人贼所过历之人"，把"戕败人"解释为"民以过误残败人者"。孔颖达疏又进一步推衍

① 《尚书正义》，《十三经注疏》，208 页，北京，中华书局，1980。

说："其所过历之人，情所不知。"所谓"过误"，所谓"情所不知"，纯属增字解经，曲为之说，当然不能令人信服。蔡沈对此说的弱点看得比较清楚，所以他说了一句实话"此章文多未详"①。

孙诒让说："按此段大意，谓君敬劳，则诸臣亦敬劳；君宥有罪，则诸臣亦宥有罪，以戒康叔之谨身率下也。"颇得原文要义。但他又说："而彼诸臣以奸宄杀人历人之罪而枉法宥之（按孙氏云："历人谓搏执平民而历其手"），亦因见君任戕败人之罪或宽宥不治，故效之，而曲宥有罪也。"② 他认为对此类罪行不当宽宥，立论与伪孔传及孔疏相反。但是他把"宥"释为"枉法宥之"，又与伪孔传及孔疏一样犯了增字解经的毛病。首先原文中并无枉法宥之的含义。而且据以上所引《康诰》、《酒诰》的文字来看，当时刑法对于犯罪是区别对待的，也并非凡是宽宥都是"枉法宥之"。孙诒让从与伪孔传相反的角度来释宥为宽宥，而结果竟又与伪孔传一样，必须增字解经。由此可见，要把这里的"宥"释为"宽宥"，反说、正说都有困难，看来此路不通。

值得注意的是，今本《梓材》中的"戕败人宥"，在王充《论衡·效力篇》中引作"强人有。"（汉代"有"、"宥"通用。《韩诗外传》卷六第二十二章，"见人不善，惕然掩之，有其过而兼包之"。"有其过"即"宥其过"）"人宥"原来是"人有"。古代"有"与"友"通。《论语·学而》："有朋自远方来"，《白虎通·辟雍篇》引作"朋友自远方来"，《荀子·大略篇》："友者，所以相有也。"《释名·释言语》："友，有也，相保有也。"所以这里的"人宥"就是"人有"，也就是"人友"。与"人友"相对应是"人历"。于省吾先生早已指出，历古通鬲，《书·大诰》中的"大历服"的"历"，在魏石经中作"鬲"。他证明《梓材》中的"历人"就是《盂鼎铭文》中的"人鬲"③。于先生解决了前人一直未能解决好的"历人"问题。现在，我们采用于先生的成果，只是在形式上变动一下，把"历人"改说成"人历"而已。

我认为，《梓材》中的"人历"和"人宥"是两种身份不同的人，其具体情况下面再来论列。这里先试用这种解释来通读本文一开始所引的那一段《梓

---

① 见《尚书骈枝》，128页，济南，齐鲁书社，1988。
② 同上书，93页。
③ 见《双剑誃尚书新证》卷二，91页下，上海，上海书店，1999。

材》的原文。

为了正确通读，还要把那一段文字中的有关问题略加说明。"我有师师司徒司马司空尹旅"句中的"有"字，也是"友"字的假借。作有无的有字解，没有道理可说。这一句是呼语，当时国君呼官吏为友是常例（下文仍将说到）。"曰予罔厉杀人"的"曰"是语首助词，无义。厥君，指当地的邦君，地方统治者。"王启监厥乱为民"，伪孔传云："言王者开置监官，其治为民"。这也是曲说。按这里的"启"是"肇"的省文，古人习语。"监"就是"人无于水监，当于民监"的"监"，不是什么"监官"。"为"就是"于"。所以这里是"监其治乱于民"的意思，没有什么"为民"的意思。这样我们可以把这段文字用今语通读如下：

> 你要经常地说：我的诸位僚友师师司徒司马司空尹旅们，我不会滥杀人。那里的邦君能率先敬劳（人民），如今你去，那里的人民也会敬劳（于你）。如今你去，那里有奸宄（之徒）杀害人历（鬲）和人宥（友）的事，也就可见那里的邦君干过伤害人宥（友）的事。王将要以民为鉴来衡量那里的治乱。

这样读来，大体可以文从字顺，而且符合在《诗经》和《尚书》中多次反映出来的周初统治者以夏商为鉴（周监于二代）、以民为鉴的这个基本思想。为什么对于邦君只提到他们是否伤害人宥（友）而未涉及人历（鬲）呢？因为只要邦君和人宥（友）之间出了问题，全邦就会大乱，所以也就无须提更多的事了。

现在让我们来对《梓材》所说的"人历人宥"作一些分析和探讨。为了便于就内容的性质展开论述，这里先从人宥（友）说起。友的概念，在古代与后世很不相同，必须历史地予以理解。《韩诗外传》卷五第十八章："智可以砥砺，行可以为辅弼者，人友也。"是从品德才能论人的，已是汉代的概念，不是先秦本意。西周人所理解的人友，可以用《诗经》和《尚书》来说明。"嗟我兄弟，邦人诸友。莫肯念乱，谁无父母。"[①] "悠悠我里，亦孔之痗。四方有羡，我居

---

① 见《诗·小雅·沔水》，《十三经注疏》，432页。

独忧。民莫不逸，我独不敢休。天命不彻，我不敢效，我友自逸。"① "予小臣敢以王之仇民、百君子越友民保受王威命明德"②。可见，当时的人友，指的就是邦人诸友，就是同里民友，就是与仇民相对峙的友民。总之，这样的人友具有以下一些特征：

第一，友原本是一同劳动的伙伴。《周礼·天官·大宰》："以九两系邦国之民……八曰友，以任得民"。郑玄注云："友，谓同井相合耦锄作者"。《仪礼·有司》："乃议侑于宾。"郑玄注云："古文侑皆作宥。"友与侑、宥古相通用。《广雅·释诂》："侑，耦也。"可见最初友与合耦同耕有密不可分的关系。

第二，友在军事活动中，并肩战斗，互相帮助。《孟子·滕文公上》："乡田同井，出入相友，守望相助，疾病相扶，则百姓亲睦"。乡田同井、合耦共耕者为友，他们平时同劳动，战时自然同战斗。

第三，友既然共劳动、同战斗，所以正如《说文》所说："友，同志为友，从二又（手）相交也。"古人常以"同志"训"友"。如《诗·关雎》"琴瑟友之"，郑玄笺云："同志曰友。"《书·牧誓》"我友邦冢君"。伪孔传云："同志为友。"但这个"同志"有特定的历史和社会的含义。《国语·晋语四》中有这样一段话："同姓则同德，同德则同心，同心则同志。"这说明，在古代血缘关系在社会上仍起很重要的作用的时候，"同志"指的就是"同族"、"同姓"。当时同姓、同族的人构成一个共同体，一同劳动，一同战斗，本是常例。《班簋铭文》："以乃族从父征。"《毛公鼎铭文》："从乃族干吾王身"。都是明证。《师𡢁簋铭文》："以乃友干吾王身"，与《毛公鼎铭文》雷同，唯以"友"代"族"，更可见"族"和"友"可以互通。这就是说，人友往往指同族、同姓的人。

第四，人友又不局限于同姓、同族。《书·盘庚》："汝克黜乃心，施实德于民，至于婚友。"这就说明，有婚姻关系的异姓人也可以称为人友。《释名·释亲属》："两婿相谓曰亚……又曰友婿，言相亲友也。"这也可以作为婚友的一个具体例证。在由部落共同体转化而来的上古城邦中，作为邦的主体的居民总是由若干族组成的，同姓、同族，异姓通婚。所以不论同姓异姓，实际都有（至少在理论上有）亲属关系。周王称同姓诸侯为叔父，称异姓诸侯为伯舅，就

① 见《诗·小雅·十月之交》，《十三经注疏》，447 页。
② 见《尚书·召诰》，《十三经注疏》，213 页。

是这种情况的反映。

第五，人友还指臣僚。《书·盘庚》："至于婚友"，伪孔传云："婚姻僚友。"《诗·大雅·假乐》："燕及朋友"，毛传云："朋友，群臣也"。《书·酒诰》中有太史友、内史友，《无惠鼎铭文》："王乎史友册命无惠。"金文中的史友与《尚书》中的太史友、内史友可以互相印证。金文中称臣僚为朋友的例子很多。《毛公鼎铭文》："普效乃友正，毋敢湎于酉（酒）"。"友正"即僚友。在上古小邦林立的时代，君主专制制度尚未形成，邦君与臣僚之间，界限和差别远不如秦汉以后那样森严和悬殊，友的关系在当时还是被公认的重要关系。尤其值得我们注意的是：汉代君臣关系已非朋友关系，而汉代经师却以"群臣"训释"朋友"，这更说明他们的说法是有师承的，反映的是先秦时期确曾存在过的历史事实。

根据以上所说，可见人宥（友）就是古代城邦中的"百姓"。他们是以同族同姓或异姓通婚的纽带构成的城邦公民共同体。他们是农业劳动者，又是城邦的保卫者。他们可以在城邦机构中做官，在政治上起相当重要的作用。他们是城邦中的主体，而不是城邦的依附者。

与"人宥"（友）相对峙的是"人历"。在具体讨论"人历"以前，有必要考察一下这种人在古代的不同表达方法。以上说过，于省吾先生证明《梓材》中的"历人"（我们称之为"人历"）就是金文中的人鬲。闻一多先生又证明"黎"古通"历"[1]，所以黎民就是人历，即人鬲[2]。

至于人鬲与民献是否相通，学者们有不同说法。吴大澂说："鬲疑献之省文"，不过他仍依传统训献为贤[3]。郭沫若先生也说："人鬲当即书大诰民献有十夫之民献。"[4] 当然郭氏不认为人鬲是什么贤人，而是奴隶，这又与吴大澂之说截然不同。反对此说者，如吴闿生云："吴（大澂）云人鬲即民献，谓贤人。

---

① 《书·禹贡》："厥士青黎。"马注："黎，小疏也"。《管子·地员篇》："赤垆历强肥。"注："历，疏也"。

② 见《古典新义·尔雅新义》"黎，众也"条，《闻一多全集》，第10册，821页，武汉，湖北人民出版社，1993。

③ 见《说文古籀补》附录，64页，北京，中华书局，1988。

④ 见《两周金文辞大系考释》令殷条。

此鬲乃仆隶之称，故有千数百之多，非十夫予翼之民献也。"① 而他认为鬲乃仆隶之称，这又与郭说相通。

如果把献释为贤人，把鬲释为奴隶，二者在含义上各趋一极，那么自然就很难互相通假了。如果我们把鬲和献都释为黎民（这一点下面将要讨论），那么这个矛盾就不复存在。现在还是从文字训诂本身来看。郭沫若有见于《大诰》中的"民献"在《尚书大传》中作"民仪"，断言"今文家乃以支部仪字写鬲字，古文家则误读鬲之象形文以为献也"。的确，在金文辞中，"献"字除作专名（如献侯）用外，基本只有两种用法：一是作贡献的意思用，一是作鬲的假借字用。未见人鬲直接写作人献者。所以，把"人鬲"写作"民献"，肯定是古文家的误写。不过，古文家在把"鬲"误写为"献"的时候并未发生如郭氏所说的"误读"现象。王念孙早已指出："古声仪与献通。《周官·司尊彝》：'郁齐献酌'，郑司农读献为仪（着重点为本文作者所加）。郭璞尔雅音曰：钗音仪。《说文》曰：'钗从车义声；或作鏻，从金献声'"②。他也说明了"今文之民仪即古文之民献，王莽本用今文，故曰民仪九万夫"。由此可见，"鬲"写为"献"，不仅因为二者形近而讹，而且由于二者音近相通。因此，可以肯定，民献、民仪和黎民、人鬲以及《梓材》中的人历都是一个意思，所表示的是同一种人。现在我们就这种具有不同写法的同一种人作几点具体的讨论。

第一，人历是否即是仇民？人历中有仇民。《书·召诰》："予小臣敢以王之仇民，百君子越友民保受王威命明德"③。这里与"友民"相对峙的"仇民"，显然是与"人宥"（友）相对峙的"人历"（鬲）。但是问题不能一概而论，而要具体分析。《书·酒诰》："予惟曰：汝劼毖殷献臣，侯、甸、男、卫，矧太史友、内史友，越献臣、百宗工……矧汝，刚制于酒。"④ 这是周公旦发布给康叔的对一切人都要禁酒的训令。唯其对一切人，所以包括人历（鬲）和人宥（友）这两个方面。"殷献臣，侯、甸、男、卫"，"越在外服"；在外服中，当时的殷献臣自然属于仇民，而侯、甸、男、卫则在同盟者（友邦）之列。太史友、内

---

① 见《吉金文录》卷一《盂鼎释文》。

② 见《读书杂志》"《汉书·翟方进传》民献仪九万夫"条，358页，南京，江苏古籍出版社，2000。

③ 《尚书正义》，《十三经注疏》，213页。

④ 同上书，207页。

史友以下，"越在内服"；在内服中，太史友、内史友属于"人宥"（友）之列，而献臣则是不具有人友身份的众近臣，他们既与百宗工并列，肯定不是仇民。《书·益稷》："禹曰：俞哉。帝光天之下，至于海隅苍生，万邦黎献。共惟帝臣。"[①] 这里的"万邦黎献"虽然不是本邦的"邦人诸友"，但也不会是仇民。因为当时并无实际的敌对状态。从此篇看，一般的"万邦黎献"并非仇民；但"苗顽弗即工"，那就要算仇民了。《书·大诰》："有大艰于西土。西土人亦不静。越兹蠢。殷小腆，诞敢纪其叙。天降威，知我国有疵，民不康。曰予复，反鄙我周邦。今蠢，今翼曰，民献有十夫予翼，以于敉宁武图功。"[②] 周武王一死，管、蔡、武庚、准夷并叛，时有大艰，竟有"民献有十夫"站出来协助周王，以求安定文王和武王创立的基业。这样的民献（人鬲、人历），虽然没有人友的身份，但实际是周邦的忠实支持者。这样的民献，当然是绝对不在仇民之列的。

不少学者怀疑这里的"民献有十夫"不是普通的小人物，尤非《盂鼎铭文》中成百上千的人鬲可比。这样的怀疑不是没有道理的。"邦人诸友"之中，人们的实际地位还各有不同；人历、民献之中，人们的实际地位自然也各有差异。但是，邦人诸友和人历、民献之间有一个重大的差别：邦人诸友，必须不是同姓的族友就是异姓的婚友，也就是构成本邦公民的"百姓"，在政治上和亲属关系上处于城邦公社之内；而人历、民献，不是族友、婚友，不属"百姓"之列，在政治上和亲属关系上处于城邦公社之外。唯其如此，所以后者即使不是仇民，甚至实际是有相当地位的人物，他们仍以"夫"论，因为他们在本邦没有族的关系，至少没有为城邦所承认的族。

第二，人历（鬲）是否都是俘虏？孙诒让氏首先作出了肯定的答案。他考释《盂鼎铭文》时说："鬲当读为历，《周书·世俘篇》谓俘虏为历是也。"[③] 孙氏此说为许多学者所认可。但是后半句有加以考察的必要。按孙氏所指《逸周书·世俘解》的原话是"馘历亿有十万七千七百七十有九"。他训释说："案历历同声假借字，谓所执俘馘之名籍也。《周礼·遂师》抱磿，郑注云：'磿者，

---

① 《尚书正义》，《十三经注疏》，143 页。

② 同上书，198 页。

③ 见《古籀余论》卷三。

适历执绰者名也'。《礼记·月令》季冬命宰历卿大夫至于庶民土田之数。注云：'历犹次也'。又《郊特牲》云：'简其车赋，而历其卒伍'。注云：'简历谓算具陈列之也'。盖凡校计名数之簿书，通谓之历矣。"[1] 鬲、历，在孙氏的《古籀余论》中释为俘虏，而在他的《周书斠补》和《周礼正义》中却释为俘虏名册了。应该指出，这是两种不同的事物，两种不同的概念。而且必须指出，在上引孙氏论述中，"历"字本身是作"数"来解释的，由"数"而引申出"校计名数之簿书，通谓之历矣"。在这段关键性的解释中，"历"字本身与俘虏毫无干系。只是因"历"前有一个"俘"字，才被解释为俘虏名册的。即令如孙氏所说，"历"等于俘虏名册，那么我们将其代入《世俘解》原句，便得"馘、鬲亿有十万七千七百七十有九"，不词甚矣。

鬲（历）解释为俘虏名册，不对，那么释为俘虏是否就对了？现在必须研讨《世俘解》那段原文："武王遂征四方，凡憝国九十有九国，馘历亿有十（当为七之误）万七千七百七十有九，俘人三亿万有二百三十。"在这段文字以前，自"丁卯，望（指太公望）至，告以馘俘"起，文中凡见"告以馘俘"七处，说的都是献捷。而所献的都是馘和俘这两类（没有第三类！）。按《周礼·夏官·环人》有郑注云："折馘执俘而还。"贾公彦疏云："死者取左耳曰馘，生者曰俘。"[2] 这就是说，用以献捷的敌人有生的和死的两类。后面既然说到生的"俘人三亿万二百三十"，前面的"馘历亿有十万七千七百七十有九"就都只应是死的，不应再包括生的，以致发生逻辑上的分类混乱。而且如果按孙氏《古籀余论》的说法，把历释为俘虏，那么生死性质不同的两种事物怎能加出一个统一的和数（亿有十万七千七百七十有九）来呢？大家知道，A＋B永远只能等于A＋B，是绝对不能合成任何一个单一的数来的。所以，把这里的历作俘虏解，同样是不可能的。

那么，这里的历是什么意思呢？我认为，孙氏说鬲通历是正确的。按《尔雅·释诂》："历，数也。"这个"数"包括两重意思：一作名词用，是数目、数字的意思；一作动词用，是计数、计算的意思。孙氏在《周书斠补》中释《世俘解》已经用了历的上述第二种意思。不过他绕了一个弯子，就说成"校计名

---

① 见《周书斠补》卷二，又《周礼正义》卷二十九。
② 《固礼正义》，《十三经注疏》，844 页。

数之簿书"了。现在我们去掉这个画蛇添足的弯子，直接训曆（历）为数目之数，再代入原文，用现代的话说，就是："馘的数目是亿又十万七千七百七十又九，俘人（的数目，此三字缘前而省）是三亿万又二百三十"。这样读来就比较清楚通顺了。而且这样训历也是符合古人词气的。《诗·大雅·文王》："商之孙子，其丽不亿。"郑笺云："丽，数也。"①（丽、历古相通）《诗·小雅·鱼丽》："鱼丽于罶"（郑笺云："丽，历也"），可以为证。

自从孙诒让把鬲（历）解释为俘虏以后，此说影响很大。以上不惮其烦地作些论述，主要是说明孙氏的说法根据不足，鬲（历）字本身并无俘虏的意思。因此，我们不能一看到人鬲、人历或民献的字样就说他们是俘虏。但是，我们知道，他们之中也确有俘虏。《逸周书·作雒解》："俘殷献民迁于九毕。"这就清楚明白地是俘虏。

因此，人历（鬲）是否是俘虏，要具体问题具体分析，不是一看到这个名词就能得出俘虏的结论来的。

第三，人历（鬲）是否都是奴隶？我认为，这也是一个需要根据具体情况进行具体分析的问题。在这里，我们首先还是来探讨一下"历"（鬲）字本身的意思。

于省吾先生说："疑鬲、历、隶古并通。"闻一多先生说："案于说甚确。《释诂》：'历，傅也'。《说文》：'隶，附著也'。是历隶声近义通比。"于、闻两位先生的说法是可信的。在古代，历又通丽。《诗·小雅·鱼丽》，郑笺即云："丽，历也。"这说明历有附丽的意思。《叔夷钟（即齐侯镈钟）铭文》："女雁鬲公家。"杨树达先生引《尔雅·释诂》"艾、历，相也"，解释为"汝应辅相公家。"②（按，《尔雅·释言》："膺、身，亲也。"这里的雁似不宜释为"应"而当释为"膺"。意思是"汝躬自辅相公家"）辅相与历傅意思也很相近。所以。历、鬲和隶确可相通，都有从属、辅助的意思。

闻一多先生一方面说："历隶声近义通"，同时又说："余谓黎声亦近。"闻先生是坚持《尔雅·释诂》："黎，众也"的说法的，所以他又把鬲、献训释为众。按《尔雅·释诂》："历、秭、算，数也。"郭璞云："今以十亿为秭。"秭到

① 《毛诗正义》，《十三经注疏》，504 页。
② 见《积微居金文说》卷二。

底是多少，古人说法不同，总之是一个很大的数，而一说算就是十亿，为数更大。所以，这里的数是表示很多的数。《尔雅·释诂》："黎、庶、多，众也。"这也间接地说明，历也有众多的意思。

这样，人历（鬲）就有"隶"和"众"两重意思。又应当怎样来理解？在一些学者看来，很容易解决，反正隶是奴隶，众也是奴隶，两重意思可以统一于都是奴隶这一点上。

关于"众"是否是奴隶，许多学者提出不同的意见。本文不拟讨论这个问题。但要作出凡众都是奴隶这样全称肯定的判断，那是难以服人的。这里我们来看看隶到底是否全是奴隶。

应当指出，作为奴隶的隶，的确是存在的。于省吾先生说历、鬲、隶古并通以后，引《周礼·禁暴氏》："凡奚隶聚而出入者司牧之。"注："奚隶女奴男奴也。"这种奚隶确是奴隶。《仪礼·既夕礼》："隶人涅厕。"郑注："隶人，罪人也，今之徒役作者也。"贾公彦疏也认为这种"隶人"就是奴隶。这类例子毋须多举。

同样应当指出，不是奴隶的隶也是很多的。于先生引的另一个例子，《鲁语》："子之隶也。"注："隶，隶（按原注无此"隶"字）役也。"这里役的意思是事，"子之隶也"就是"这本是你的事"。可见于先生没有意思要把鬲、历、隶全都说成奴隶。《国语·晋语二》说到，晋献公死后，晋国发生内乱，于是派大夫梁由靡赴秦，请秦穆公协助晋国立君。这位使者对秦君说，如果秦君帮了忙，那么"晋国其谁非君之群隶臣乎？"这里的隶臣当然不是奴隶。又如，《左传》成公十六年，鲁大夫婴齐使晋，说："婴齐，鲁之常隶也。"杜注："隶，贱官。"① 《左传》定公四年，祝佗对其君卫灵公说："且夫祝，社稷之常隶也。"杜注："隶，贱臣也。"② 当然婴齐、祝佗都不是奴隶。《左传》襄公三十一年，郑子产坏晋馆垣，还向晋国大臣说了一番大道理，提到现在晋君的宫室很宏大，"而诸侯舍于隶人"。杜注："舍如隶人舍。"③ 这里的隶人也是低级官员，而不是奴隶。即使晋国极其傲慢，也绝不会让盟邦君臣住到像奴隶住的房子里去的。

---

① 《十三注疏》，1920 页。
② 同上书，2134 页。
③ 同上书，2015 页。

以上事例说明，隶中虽有奴隶，但非所有的隶都是奴隶。在先秦，"隶"在字义上并不等于今天所说的"奴隶"。那么，"隶"的本义是什么？我觉得服虔答得很好："隶，隶属于吏也。"① 在睡虎地发现的《秦律》竹简中，私有奴隶称"臣妾"，官家的奴隶称为"隶臣妾"。《周礼·秋官·司隶》中所说的"五隶"，也都是隶属于国家的。这些都可以作为服虔解说的佐证。因此，我认为，对于人历是否是奴隶的问题，同样要具体问题具体分析，不能把他们一律说成奴隶。以上就《梓材》中的人宥和人历分别作了一些讨论。现在我们再来探讨他们之间的基本关系。《书·尧典》有一段话比较能够说明问题，兹录于下："克明俊德，以亲九族。九族既睦，平章百姓。百姓昭明，协和万邦，黎民於变时雍"。过去的经学家们注意到了这段里所讲的层次。那无非就是儒家所说的修身、齐家、治国（本邦）、平天下（万邦）。可是，这段话也反映了当时城邦社会中客观存在的分野。其实，九族、百姓就是邦人诸友或人宥（友），其中九族是同姓的族友，百姓则是异姓的婚友；而万邦的黎民，就是万邦黎献，也就是人历（人鬲）。人宥（友）是一个共同体，它构成城邦政治的主体，当原始社会解体，城邦形成之际（以至奴隶制社会的前期），血缘亲属关系自然地在国家的经济和政治生活中起着重要的作用。城邦的礼法以此为范围，公民的权利以此为界限。除此以外，原则上便是礼法和权利以外的。在人宥（友）或百姓以外并与他们相对峙的是人历（鬲）或黎民。他们没有自己的族或没有被城邦礼法承认的族，他们以"夫"为单位出现，是黎民、庶民或众人。他们不是城邦的主体，而是从属于城邦的人，是人历（鬲）或隶（隶属于吏）。这两种人在城邦中自然处于对立状态。因此，在一个城邦中，同姓的族友必须互相亲睦，在族友亲睦的基础上。异姓的婚友之间的关系也必须平（辨）章（明）。邦人诸友间的关系一切都搞好弄清，就解决了应付黎民的前提条件。黎民并非在地理上都居于邦外，唯其不是族友、婚友，唯其在礼法和政治上被摒斥于城邦之外，所以城邦对他们的关系在原则上与万邦黎献无异。城邦所要求于人历（鬲）或黎民者，一是变，二是雍。变者，化也，要求归化。雍者，和也，要求不反抗，不斗争。如此而已。黎民不"于变时雍"者，其前途往往是降在皂隶（固然降在皂隶的也有贵族之后）。可以推定，一个城邦的统治者只要具备必要和可能的

① 《十三注疏》，2048 页，见《左传》昭公七年"舆臣隶"疏。

条件，就会把一部分人历（鬲）或黎民降为奴隶。这种情况在古代奴隶制社会中无疑是不会少的。

人历（鬲）和人宥（友）这两种人的区分，在西周人的心目中是清清楚楚的，现在我们联系他国古代城邦的情况来加以考察，也能理解得很清楚。那么为什么前人竟把《梓材》这一段话弄误会了呢？因为这种区分到汉代客观上已经不复存在，所以在主观上汉儒的阅读和理解也模糊了。至于变化发生的过程，大体在春秋战国时期；这已超出本文的范围之外，另当别论了。

北京师范大学史学探索丛书

说《诗·大雅·公刘》及其反映的史事

公刘是周先公中第一个有史可考的历史人物，《诗·大雅·公刘》就是反映他的活动的一篇史诗。此诗大抵写成于西周，但其内容似非西周人所编造，而是以口头的方式从远古的时候流传下来的。

《公刘》诗凡六章，234字，却以相当清晰的层次、相当生动的文辞叙述了公刘自邰（今陕西武功县境）迁豳（今陕西枸邑县境）的过程和大事，为我们了解当时的历史提供了宝贵的资料。当然难于索解的地方不少。汉代毛亨所作的传和郑玄所作的笺对我们读懂这一篇诗是有重大帮助的。然而毛传和郑笺也留下了一些含糊、矛盾的地方，甚至使人们更难理解原诗的训释。这篇文章的目的，是要透过这篇诗来看其历史的内容；而要做到这一点，就不能不对毛传和郑笺的一些说法重新加以探讨。清代以来的不少学者对此诗的训诂已经作出了许多贡献，本文自当择善而从。

为了便于讨论，现先将六章诗（附以毛传、郑笺摘要）抄录如下：

（一）笃公刘，匪居匪康，乃场乃疆，乃积乃仓，乃裹糇粮，于橐于囊，思辑用光。（传：笃，厚也。公刘居于邰，而遭夏人乱，迫逐公刘。公刘乃辟中国之难，遂平西戎，而迁其民，邑于豳焉。……思辑用光，言民相与和睦以显于时也。笺：厚乎公刘之为君也……为夏人迫逐己之故，不忍斗其民，乃裹粮食于橐囊之中，弃其余而去，思在和其民人，用光大其道，为今子孙之基）弓矢斯张，干戈戚扬，爰方启行。（传：戚，斧也。扬，钺也。张其弓矢，秉其干戈戚扬，以方开道路，去之豳。盖诸侯之从者十有八国焉。笺：……公刘之去邰，整其师旅，设其兵器，告其士卒曰：为汝方开道而行，明己之迁，非为迫逐之故，乃欲全民也）

（二）笃公刘，于胥斯原，既庶既繁；既顺乃宣，而无永叹。（传：胥，相。宣，遍也。笺：厚乎公刘之于相此原地以居民，民既众矣，既多矣，既顺其事矣，又乃使之时耕。民皆安今之居，而无长叹思其旧时也)。陟则在巘，复降在原。何以舟之，维玉及瑶，鞞琫容刀（传：巘，小山，别于大山也。舟，带也。瑶，言有美德也。下曰鞞，上曰琫，言德有度数也。容刀，言有武事也。笺：陟，升。降，下也。公刘之相此原地也，由原而升巘，复下在原，言反复之重居民也。民亦爱公刘之如是，故进玉瑶容刀之佩）

（三）笃公刘，逝彼百泉，瞻彼溥原，乃陟南冈，乃觏于京。（传：溥，大也。觏，见也。笺：逝，往。瞻，视。溥，广也。山脊曰冈，绝高为之京。厚乎公刘之相此原也，往之彼百泉之间，视其广原可居之处，乃升其南山之脊，乃见其可居者于京，谓可营立都邑之处）京师之野，于时处处，于时庐旅，于时言言，于时语语。（传：是京乃大众所宜居之也。庐，寄也。直言曰言，论难曰语。笺：……京地乃众民所宜居之野也。于是处其当处者，庐舍其宾旅，言其所当言，语其所当语，谓安民馆客，施教令也）

（四）笃公刘，于京斯依，跄跄济济，俾筵俾几，（笺：跄跄济济，士大夫之威仪也。俾，使也。厚乎公刘之居于此京，依而筑宫室，其既成也，与群臣士大夫饮酒以乐之，群臣则相使为公刘设几筵。使之升坐）既登乃依；乃造其曹，执豕于牢，酌之用匏（传：宾已登席坐矣，乃依几矣。曹，群也。执豕于牢，新国则杀礼也。酌之用匏，俭以质也。笺：公刘既登堂负扆而立，群臣适其牧群，搏豕于牢中，以为饮酒之肴。酌酒以匏为爵，言忠敬也）；食之饮之，君之宗之。（传：为之君，为之大宗也。笺：宗，尊也。公刘虽去邰来迁，群臣从而君之尊之，犹在邰也）

（五）笃公刘，既溥既长，既景乃冈，相其阴阳，观其流泉，（传：既景乃冈，考以日景，参之高冈。笺：厚乎公刘之居豳也，既广其地之东西，又长其南北，既以日景定其经界于山之脊，观相其阴阳寒暑所宜，流泉浸润所及，皆为利民富国）其军三单；度其隰原，彻田为粮（传：三单，相袭也。彻，治也。笺：邰，后稷上公之封，大国之制三军，以其余卒为羡。今公刘迁于豳。民始从之，丁夫适满三军之数。单者，无羡卒也。度其隰与原田之多少，彻之使出税以为国用，什一而税谓之彻。……）度其夕阳，豳居允荒。（传：山西曰

夕阳，荒，大也。笺：允，信也。夕阳者，豳之所处也。度其广轮，
豳之所处信宽大也）

（六）笃公刘，于豳斯馆，涉渭为乱，取厉取锻，（传：馆，舍也。
正绝流曰乱。锻，石也。笺：……取锻厉斧斤之石，可以利器，用伐取
材木给筑事也）止基乃理，爰众爰有，夹其皇涧。溯其过涧，（传：皇，
涧名也。溯，乡也。过，涧名也。笺：爰，曰也。止基，作宫室之功
止，而后疆理其田野，校其夫家，人数日益多矣，器物有足矣，皆布居
涧水之旁）止旅乃密，芮鞫之即。（传：密，安也。芮，水厓也。鞫，
究也。笺：芮之言内也，水之内曰隩，水之外曰鞫。公刘居豳既安，军
旅之役止，士卒乃安，亦就涧水之内外而居，修田事也）①

从以上所引的毛传和郑笺中，我们可以看到这样一些问题：第一，注释本
身有时有头无尾，或有尾无头，使人不知所以。例如，毛传说到公刘"遂平西
戎"，而以下根本未提此事；郑笺释"止旅乃密"为"军旅之役止，士卒乃安"，
而上文中根本也没有什么军事行动。第二，如依传、笺（尤其是笺）所释，六
章诗文层次重复、条理紊乱不堪，使人读之茫然。胡承珙曾指出，"三章言处处
庐旅，末章又云止旅，五章言度其隰原，末章又云止基乃理，文义重复。"（《尚
书后笺》）不过他以为文义重复是由于移民不止一次的缘故，这当然只能是一种
很牵强的说法。诗的原意并非如此。第三，传、笺将儒家理想中的模型套在公
刘这样的人物和当时的制度上，于是公刘成了一个充满圣贤气象的雍雍穆穆的
君主，而大国三军之制等也在邰之封国时（按《国语·周语》、《史记·周本
纪》、郑玄《豳谱》，这都应当是在虞夏时代）就存在了。这当然也是不符合历
史发展的客观实际的。

现在，我来对《公刘》一诗逐章地作一些必要的考释和分析，并通过分析
原诗谈谈自己对当时社会的认识。

第一章，说明公刘从邰启程以及行前所做的准备干粮的活动，原文比较清
楚，传、笺亦明晰。唯"思辑用光"一句，传云"民相与和睦以显于时"，笺言
"思在和其民人，用光大其道"，皆迂阔而不切实际。按《孟子·梁惠王（下）》

---

① 《毛诗正义》，《十三注疏》，541～543 页。

引作"思戢用光","思",语首助词,无义。"戢,聚也"。(《尔雅·释诂》)"光,大也"。(见《左传》昭公二十八年"光有天下"杜注,《国语·周语》"故能光有天下"韦注)全句的意思是,积聚力量而强大起来。《尚书·无逸》伪孔传说太甲"在桐三年,思集用光,起就王位"。[1] 这里的"思集用光",就是上面理解的意思,是指实际力量的集聚,而不是什么仁义道德之类的东西。

第二章,公刘率领着周人开始到达豳原。公刘"于胥(相看)斯原",所见的是"既庶既繁"。是谁"既庶既繁"呢?自郑笺以下,许多注释都以为指周人。可是,第一,公刘刚到,要察看的对象当然是豳原和豳原上的一切,而不会是他自己的同族人。第二,周人刚到,还未立定脚跟,怎能这样飞快地就"既庶既繁"了呢?而且郑玄在笺第五章"其军三单"一句时也说,公刘迁豳,民始从之,尚无羡卒。这就更自相矛盾了。陈奂大概看到了这个难题,于是说二章前五句"此纪公刘居邰之事"。(见《诗毛氏传疏》)可是前章已说启行,此章一开头接着就说"胥"原,如何又退了回去?而且如是邰原,住了不知多少代人了,还有何可"胥"?真是"狼跋其胡,载疐其尾","狼疐其尾,载跋其胡"。怎么说也说不通。这里唯一可能的解释是:这里"既庶既繁"指的是原来居住在豳的人,即毛传所说的西戎。而且,这不是毛诗一家之说。《史记·周本纪》说"公刘虽在戎狄之间",《吴越春秋》(一)说:"公刘避夏桀于戎狄,变易风俗,民化其政。"按司马迁习鲁诗,赵煜习韩诗。(见陈寿祺、陈乔枞父子《三家诗遗说考》)所以,公刘迁豳,处戎狄之间,这是汉代今、古文诗说的一致认识。这里说"既庶既繁"的是戎狄,在逻辑上和历史上都是有根据的。

"既顺乃宣"一句,传义含糊,笺义未得。胡承珙云:"笺以顺为顺事,宣为时耕,此时方陟降相原,恐未及此也。"(见《毛诗后笺》)马瑞辰云:"五章乃言授田之事,不得训宣为时耕也。"(见《毛诗传笺通释》)他们的说法都是有道理的。于省吾先生云,顺古通巡,宣即宣示,"谓公刘既巡行,乃宣示,巡行其原,宣示其众"。(见《双剑誃诗经新证》)这样训释前后都能贯通。公刘巡行宣示的结果是当地人没有怨叹之声。

"陟则在巘,复降在原",过去一直是说公刘上下相原,我觉得不如解释为巡宣的继续。因为对豳地真正广泛的调查记在第三章里。

---

[1] 《十三经注疏》,221 页。

"何以舟之"及以下两句，传、笺解释不同。传训舟为周，引申为带，说瑶、玉、鞞琫、容刀为公刘之佩，其余"言有美德"、"德有度数"等都是臆说。笺亦训舟为周，实际引申为酬，说周人感谢公刘，献玉、瑶、容刀之佩以为酬。俞樾曾指出这里传、笺的不同，并论证了舟应训为酬（见《群经平议》），王闿运亦曾释此句为"何以酬之。"（见《毛诗补笺》）但不论依传或依笺，这三句看来都很突兀。传云公刘佩带着什么，表示美德，在这里固然是题外之辞。笺言周人酬报公刘，在这里也很奇怪，公刘为迁徙的操劳主要还在后面，为何不早不晚恰好在这时给他报酬，而不在他功成业就（诗之篇末）时报酬他？过去我每读到这三句都感到突然，甚至疑为错简。现在我认为，舟可以训为酬，不过非报酬之酬，而是酬酢之酬。《小雅·节南山》："方茂尔恶，相尔矛矣；既夷既怿，如相酬（酬）矣。"[1] 相悦自然相酬。《释名·释船》："舟，言周流也。"《邶风·谷风》："就其深矣，方之舟之；就其浅矣，泳之游之"[2]。这都说明，舟本可以作动词用，有交流、往来之义。公刘同豳地的戎狄打好了交道，化干戈为玉帛，于是有玉、瑶、容刀（《释名·释兵》："佩刀，在佩旁之刀也，或曰容刀，有刀形而无刃，备仪容而已。"）之类纯粹礼品性的东西的交往。公刘启行时"弓矢斯张，干戈戚扬"，豳地如无人，本不必如此。既然如此，从诗中又见不到他们同当地人作战的事，原因只能从第二章中寻找。毛传说公刘"平西戎"，不是靠武力镇平，而是和平。（孔颖达《正义》也说，"与之交好，得自安居。"）平字古义，往往如此。《左传》僖公十二年，"齐侯使管夷吾平戎于王"，杜注"平，和也。"[3]《春秋》宣公十五年，"宋人及楚人平"，《穀梁传》"平者，成也"[4]。公刘怎样及戎狄平？最后三句恰好解释了这个问题。

第三章，前五句讲公刘到泉流众多的地方看到了广阔的原野，登上南冈看到了适于筑垒居人的地方。这就是京，就是那个地方的制高点。传、笺训释也很清楚。如果方诸外国古史，那就是一个适合于构筑卫城（Citadel）的地点。

后五句的传、笺，训释都是字面上的。笺训这里的旅为"宾旅"，释处处庐旅为"安民馆客"，似是而非。如果把新迁来的周人理解为宾旅、为客，那还

---

① 《十三注疏》，441 页。

② 同上书，304 页。

③ 同上书，1802 页。

④ 同上书，2414 页。

是对的；如果另指其他人，那就不对了。这两句本意是，于是定居的人仍然定居，新来的人寄居下来。这里有一个十分重要的词，即"旅"字。这个字一词多义，可以训为军旅，(《说文》："军之五百人为旅，从旅从从，从，俱也。")可以训为俱，(《礼记·乐记》："今夫古乐，进旅退旅"，郑玄注"旅，犹俱也。")可以训为宾旅。(《广雅·释诂（四）》："旅，客也。"还可以引申为商旅，如《礼记·月令》："来商旅"。还可以引申为客处。如《左传》襄公二十八年，(岁星)"旅于明年之次"杜注。)可以训为子弟，(《周颂·载芟》："侯亚侯旅"，毛传云："旅，子弟也。")而其最广义的训释就是众。(《尔雅·释诂》："旅，众也。"和黎、庶、师等字同义。)从治史的角度来说，我们不能从"旅"字的众多含义中任选一个，代入诗句，可以说通，便以为满足。我们必须历史地弄清这个词的本始义（及其与诸引申义的关系），也必须历史地弄清这个词在当时确实表示的是什么事物①。按旅字屡见于殷周的甲骨文和金文中，正如容庚先生所言："旅，象聚众人于旗下形。"（见《金文编》）。有时下面还有一个车字。这大概是"旅"字本义。(《说文》所释显非本义）旅即众，但非一班乌合之众，而是聚于一个旗帜之下的众人。那么这些旗下之众是些什么人？《周礼·地官·大司徒》："大军旅，大田役，以旗致万民。"②（郑玄注："旗，画熊虎者也。"）《周礼·夏官·大司马》："中春，振旅，司马以旗致民。"③（郑玄注："凡师出曰治兵，入曰振旅，……春习振旅，兵入收众，专于农。"）《周礼》于此虽难以作为证史确据，但它总反映出在某个时代曾有以旗致民的事。这些万民既是农业生产者，又是战士，还是某种共同体的成员。《左传》隐公五年记载臧僖伯的话说："三年而治兵，入而振旅。"④ 这说明春秋以前确有一种由共同体成员组成的兵农不分的旗下之众。这种共同体的滥觞，总是氏族、部落组织；那时的旗，也就是图腾的标志。（郑玄所云旗画熊虎，其图腾之遗迹欤。）这也并非凭

---

① 陈奂似乎想给这两句赋以具体的历史内容，他以为"庐旅"是寄居于田中之庐的人，里旅是居城邑的人，谓"公刘定庐舍，行井田法"（《诗毛氏传疏》）。唯宥于先入之见，说公刘井田，没有实据，何况"其筑室授田之事在下文也"（胡承珙驳陈语，见《诗经后笺》）。

② 《十三经注疏》，708页。

③ 同上书，836页。

④ 同上书，1727页。

空推论。《班毁铭文》："以乃族从父征。"《毛公鼎铭文》："以乃族干吾王身"。《左传》中也屡有按族从征的实例（如成公十六年"栾范以其族夹公行"［鄢陵之战］）。这些都是氏族部落制度的遗迹。这样的旅，训为子弟，当然可以。西周春秋时期尚且如此，那么公刘时代的旅，显然不能指宾或军旅，而只能是一种亦血缘亦地域、亦兵亦农、亦行亦止的浑然未分的共同体。所谓庐旅，就是组成这种共同体的周人暂时寄居下来。

毛传"直言曰言，论难曰语"，也是对"言言语语"的字面训释。不过这一古训对我们很有启发作用。这说明当时有发言，也有讨论。讨论什么？陈奂以为讨论农事，是从他的当时已有井田的假设出发的，自然不可信。《周礼·秋官·小司寇》："小司寇之职，掌外朝之政，以致万民而询焉。一曰询国危，二曰询国迁，三曰询立君。"[1] 在当时的情况下，要讨论的自然是在豳定居的事。

第四章，记一次宴会或仪式。毛以为庆祝邦国新建，郑以为庆祝宫室落成。实际营建宫室的事到第六章才写，所谓"新国"也不过在这里刚立下足跟（"于京斯依"）而已。"跄跄济济"一句，笺释为"士大夫之威仪"，传也说"言有容也，"（见《小雅·楚茨》"济济跄跄"传，陆德明《释文》云，济济大夫之容，跄跄士之容。）差异不太大。此句以下，传、笺所释便截然不同。"俾筵俾几，既登乃依"，毛传说是公刘使设筵几，众宾登席依几；郑笺说是群臣为公刘设筵几，公刘登堂负扆。毛传所释，质朴易通。郑笺则据《礼记·明堂位》"天子负斧依（背后有画着斧形的屏风）南向而立"以释"既登乃依"。以汉代成书的《礼记》中的"天子"来解释约在夏末商初时的周人首领公刘，郑说自不可信。后世学者大都也不信郑玄此说。

"乃造其曹，执豕于牢"。传释曹为群，笺释为群牧（孔颖达《正义》和朱熹注又引申为群牧之处）。笺以为这两句的意思是群臣到牧群中去执豕于牢。胡承珙（《毛诗后笺》）指出，"《一切经音义》（九）引诗云'乃告其曹'。传云，曹，群也。据此，今毛诗'造'字恐系'告'之误。告其曹谓有司告其掾属搏豕于牢中。传以曹为群者，谓曹为群辈，则群不当为牧群之群也。"胡氏此说，除有司掾属之类为增字释经外，大意是正确的。

末两句，传以为公刘为之君，为之大宗；笺以为君臣推举公刘为君为尊。

① 《十三经注疏》，873 页。

二说的主体虽不同，不过问题不大，因为事实上公刘的地位至少总要大家同意才能确定。

这一章诗中很值得注意的一点是，其中有两种人。一种是跄跄济济的一伙，虽未必就是什么士大夫，却也是登筵依几的有体面（传云"有容"）的人物。另一种是"曹"，虽未必就是什么掾属，却也是要去动手捉猪的一群人。不过，后一种虽无什么体面，也总还是"群辈"之人，并非臣妾贱隶。第一种人和第二种人一同参加公刘举行的宴会（也可能宴会本身就是一种什么宗教仪式），公刘的族长（宗）兼首领（君）的地位也是在这两种人之间确定的。由此还可以看出公刘的"君之宗之"是怎么一回事。"宗之"是作为族长，这一点比较清楚。"君之"看来并不是作为后世所理解的君主，而似乎是军事首领。这里有必要考察一下"君"字的古义。《逸周书·谥法解》："从之成群曰君。"（此篇还有"赏庆刑威曰君"一义，应当是较晚义）《白虎通·三纲六纪》："君者群也，群下之所归心也。"《尔雅·释诂》："林、烝，君也"。按林、烝都有群或众的意思。在阶级社会里，只有脱离群众并高居于群众之上的君，如果说还有过群众归心的群，那大概只有原始社会晚期的军事首领可以当之①。公刘同执豕于牢的人们还算群辈（曹），所以他这个君是符合"君"字的古义的。

第五章前五句写公刘周密地考察地形。诗原文和传、笺都比较清楚。唯"既景乃冈"一句，林义光说："景读为竟，景竟古同意。既竟乃冈，言公刘所相所观之地既普既长，其循行已穷于山脊也。循冈而行，盖欲居高临下，俾阴阳流泉了然在目。毛训景为日影，则上文不得言既溥既长，而下文仅可言相其阴阳，不得赘以观其流泉矣"。（《诗经通解》）按林说可从。

第六句"其军三单"，在此诗中最为难解，各家解说分歧很大，朱熹则干脆说："三单，未详。"（见《诗经集传》）传云，三单，相袭，未说明如何相袭。笺以为丁夫适满三军，无羡卒，当然也就无法相袭，与传义不相蒙。很多人以为笺义不然。例如，胡承珙说："此以单为尽，乃后世扫境出兵之法，古无是也。"（《毛诗后笺》）王夫之发挥传义，认为古代百亩八口之家，一般可以从军者三人，三丁中出一人从军，轮番更替，就是其军三单。（见《诗经稗疏》）胡

---

① 古代希腊人用"巴赛勒斯"（Basileus）一词表示君或王，而这个词在荷马时代表示的正是军事首领。恩格斯在《家庭、私有制和国家的起源》第四章中曾有确切的说明。

承琪、陈奂（见《诗毛氏传疏》）、魏源（见《诗古微·大雅答问上》）基本上都取这种说法。这一说虽然把毛传发挥得很圆通，但实际上所依傍的又是《周礼·地官·小司徒》："凡起徒役，毋过家一人，以其余为羡"的框子。可是《周礼》本身也没有说得很固定。接着以上引文就是"唯田与追胥竭作"，又说："凡国之大事，致民；大故，致余子。"所以，此说也不能令人满意。马瑞辰说："按《逸周书·大明武》篇，'隳城堙溪，老弱单处'，孔晁注'单处谓无保障'。是单即单处之谓。……'其军三单'承上'相其阴阳，观其流泉'言之，谓分其军，或居山之阴，或居山之阳，或居流泉之旁，故为三。公刘迁豳之始，无城郭保障之固，故谓军为单耳。"① 此说颇有新意，能启发人。于省吾先生释"三单"为"三战"，意为屡战。（见《双剑誃诗经新证》）此说亦有新意，唯此诗他处（包括传，笺）和其他史书都未说到公刘作战的事，稍感不协。

我认为，这一句诗中的"军"和"单"两个字似乎都有待重新解释。

关于"军"，似乎也需要像对上文说过的"旅"那样作历史的理解。军事民主制时期全体成年男子亦兵亦农，这与战国时代的扫境出兵完全是两回事。我认为，这里的"军"就其组成人员来说，和上文及下文的"旅"是一致的。因为当时尚未见有不同的兵种、不同的队伍。不过，这里的"军"指的主要并非这支队伍的成员，而是另有他意。按《说文》："军，圜围也。四千人为军，从车从包。军，兵车也。"所说大概不是"军"字本始义。《左传》宣公十二年："晋之余师不能军〔邲之战〕"，杜注"不能成营屯"。②《国语·晋语八》："以藩为军"，韦注"藩，篱落也，不设垒壁。"《左传》昭公十三年："乃藩为军"，杜注"藩，篱也。"③（按"藩为军"和"为武军"不同，"武军"是筑壁垒的）《战国策·齐策一》："军于邯郸之郊"，高诱注"军，屯也。"这些都说明"军"为营屯之意。王筠说："军之所以从勹车者，古者车战，故从车，以左传乃藩为军推之，知军者即今之营盘，必有营垒周乎其外，故从勹。"④（见《说文释例》）应该说，王氏此说对《说文》作了最好的解释。所以，这里的"军"不是指其人员，而是指其营地。

① 《毛诗传笺通释》，909～910页，北京，中华书局，1989。

② 《十三注疏》，1882页。

③ 同上书，2069页。

④ 《说文释例》，214页，北京，中华书局，1987。

至于"单"，于省吾先生于《释四单》一文中说："四单的单字应读作台，单台双声故通用。台乃后起字。"① 我赞成此说，还可以补充一些证据。《越绝书·吴内传》："习之于夷，夷，海也；宿之于莱，莱，野也；致之于单，单者，堵也。"单是与海、野相对举的一种地形。《礼记·礼器》："家（按指大夫之家，不能与诸侯比）不龟，不台门。"② 郑玄注"阇者谓之台"，陆德明《释文》"堵本又作阇。"孔颖达疏："两边筑阇为基，基上起屋，曰台门。"可见台就是堵，就是单。"其军三单"，就是说营地设在三块台地上。前面"相其阴阳，观其流泉"，就是为了选定周人居住的营地。马瑞辰贯通诗文前后以求索解的方法是正确的。

此章后四句中，"彻田为粮"最为关键。毛传训"彻"为"治"，相当于今语中的"办"或"搞"，无所不可，亦无所可，因为没有说明到底是怎样"办"或"搞"的。郑笺云"什一而税谓之彻"，很牵强。胡承珙对此驳得很风趣。他说："设泥于周彻之名，则与夏贡殷助相同，岂可云贡田为粮、助田为粮邪？"（见《毛诗后笺》）不过胡氏也认为彻包括什一之法。我认为，这里的"彻"字也不能以后世的什一之说来理解，而应求其本始义。《说文》："彻，通也，从彳，从攴，从育声。"商承祚先生说："𣃝，《说文解字》，彻，通也，古文作徹。此从鬲，从又，象手象鬲之形，盖食毕而彻去之。许书之彻从攴，殆从义之讹矣。卒食之彻乃本谊；训通者，借谊也。"（见《殷墟文字类编》）徐中舒先生说："公田私田原来都是属于原始公社中的公有财产，公刘时代周部族征服这些原始的农业公社，彻取公社土地十分之一作为公田谓之彻，彻是彻取，如诗'彻彼桑土'，'彻我墙屋'，都是彻取之意。《大雅·公刘》之诗曰：'度其隰原，彻田为粮'，这是彻法的开始。……凡此彻田、彻土田、土疆，都是彻取公社土地的一部分作为公田；它只是为借助人民进行生产粮食的准备，并不是征收什一的生产税。"③ 不论公刘是否征服当地部落，从公社中彻取一部分田地作为"公田"，这是原始社会解体和阶级社会开头一段时期普遍存在的一种情况。例如，古代希腊有一种田地名曰 Temenos，原义就是"切割出来的"或"划出来

① 《甲骨文字释林》，131 页，北京，中华书局，1979。

② 《十三经注疏》，1431 页。

③ 徐中舒：《试论周代田制及其社会性质》，载《四川大学学报》，1955（2）。

的"土地。在荷马史诗中，军事首领们握有这种土地，以后希腊的神庙拥有这种土地，甚至迈锡尼时代的国王也有这种土地（这已为线形文字乙的材料所证明）。凡此等等，需要另作专文论述。这里只是说明一下彻田在历史的这一时期并非中国特有的现象而已。

第六章写公刘率领周人在豳营建居室，毛传、郑笺所释基本清楚。唯郑笺于"止基乃理"、"止旅乃密"二句，所释迂阔无当。于省吾先生说："按止即之字，金文之字作屮，与止易混。之犹兹也。……之基乃理，兹基乃理也。之旅乃密，兹众乃安也。笺读止如字，失之。"（见《双剑誃诗经新证》）我认为于先生此说是无可怀疑的。兹基乃理，是说营建之基弄好；兹旅乃安，是说那个亦兵亦农的周人队伍安定下来。至于皇涧和过涧，没有确实的历史地理资料。孔颖达疏："以皇、过与涧共文，故知皆涧名也。夹者在其两傍，故知溯者向也，谓开门向之。大率民以南门为正，此盖皇涧纵，在两旁夹之；过涧横，故在北而向之。王肃云：或夹或向，所以利民也。"孔疏的推测看来是有道理的。如果此说不误，那么"其军三单"也就更为清楚：皇涧与过涧垂直，呈丁字形，一单居北（所谓"溯其过涧"），两单居南，夹在皇涧两边。三单就是二涧三侧的三个台地上的营地。所以，"其军三单"，正是"相其阴阳，观其流泉"的自然结果。等到这个队伍定下来，就又逐渐向水边发展，这就是"止旅乃密，芮鞫之即"。

这样，《公刘》一诗六章就有一个分明的发展层次：第一章写准备和启行，第二章写与当地人的交往，第三章写考察地形和大家讨论，第四章写会宴和公刘成为首领，第五章写确定营地和彻出公田，第六章写建立永久性居室①。这个层次是符合古代部族的一般迁徙过程的。

概括地说，《公刘》一诗所反映的当时社会情况大致如下：开始从公社彻出一部分田地，但尚未形成确定的剥削制度；已经有了人们的身份差别（跄跄济济的上层或贵族，执豕于牢的下层或平民），但是人们还在一起商讨徙居大事，在一起宴聚，在一起确定自己的首领；在这种情况下，也就没有出现周人

① 前人论此诗各章层次，多误，唯吴汝纶说："首章始行，次章相宅，三章寄舍，四章燕劳，五章定居，六章作室。四章所言乃初至时于庐旅饮犒耳，说者以为落成，非也。"（见吴闿生：《诗义会通》引其父之说）虽未周到，然大体得之。

以武力征服和奴役当地居民的现象。这就是说，当时处于原始社会末期，尚未形成阶级社会。孙作云先生认为，诗中有了"君"字便是有了君长，有了"军"字便是有了军队，从而也就有了国家，也就不再是原始社会。① 我觉得，历史上的问题一般不会这样简单，因而进一步的具体分析是必要的。

最后简单地谈一下公刘的时代问题。《国语·周语上》引祭公谋父的话说："昔我先王世后稷以服事虞夏。及夏后之衰也，弃稷不务，我先王不窋用失其官。"《史记·周本纪》："后稷之兴，在陶唐、虞、夏之际，皆有令德。后稷卒，子不窋立。不窋末年，夏后氏政衰，去稷不务，不窋以失其官，而奔戎狄之间。不窋卒，子鞠立。鞠卒，子公刘立。"② 《史记·刘敬叔子小通列传》："周之先自后稷，尧封之邰积德累善，十有余世。公刘避桀居豳。"③ 《国语》、《史记》本来说得清楚，公刘当桀之世，而自弃至于公刘经十有余世，也与有夏一代大体相符。而郑玄于《豳谱》中说："公刘以夏太康时失其官"。韦昭注《国语》"昔我先王世后稷"云："父子相继曰世，谓弃与不窋也。"这样就硬把弃与不窋拉成父子关系。由此以下，公刘的时代便成了问题，而且弄得相当混乱。《史记·周本纪》云："后稷卒，子不窋立"。虽易造成误解，但前人也有早就弄清楚的。司马贞《索隐》云："帝王世纪云，后稷纳姞氏，生不窋，而谯周按国语云，世后稷，以服事虞、夏，言世稷官，是失其代数也。若以不窋亲弃之子，至文王千余岁，唯十四代，实亦不合事情。"④ 这就已经说明，所谓世后稷是世世代代当后稷官，不知经过多少代，最后一代后稷的儿子是不窋，而非第一代后稷弃的儿子是不窋。戴震作《周之先世不窋已上缺代系考》（载《戴东原集》卷一），再一次证实不窋以上世系有缺。这样，公刘年代约在夏末、商初，便不存在什么问题了。当然，这样的年代只能是一个大致的年代，相对于夏、商的年代。不过，这个年代可以使我们想到，在文化上落后于夏、商的周人，在夏末商初进入原始社会解体和开始阶级分化的阶段，这大体是不会距离历史事实太远的。

---

① 孙作云：《诗经与周代社会研究》，27 页，北京，中华书局，1966。

② 《史记》，第 1 册，112 页，北京，中华书局，1959。

③ 同上书，第 8 册，2715 页。

④ 同上书，第 1 册，113 页。

关于芌掩庀赋

《左传》襄公二十五年所记楚芌掩庀赋的一段记载，对于研究楚国社会经济制度，具有十分重要的意义，历来为学者所重视。其文云："楚芌掩为司马，子木使庀赋，数甲兵。甲午，芌掩书土田，度山林，鸠薮泽，辨京陵，表淳卤，数疆潦，规偃猪，町原防，牧隰皋，井衍沃，量入修赋，赋车籍马，赋车兵、徒兵、甲盾之数。既成，以授子木，礼也。"① 不过，怎样理解这一段文字并用以说明历史问题，看来仍不无可以探讨之处。兹略陈鄙见，以就正于有道。

芌掩做的工作，包括量入和修赋两个有机组成部分。首先，自度山林至井衍沃一段，即关于量入的一段，从汉晋开始就有不同的解释。

汉贾逵注云："山林之地，九夫为度，九度而当一井也。薮泽之地，九夫为鸠，八鸠而当一井也。京陵之地，九夫为辨，七辨而当一井也。淳（淳，碱也）卤之地，九夫为表，六表而当一井也。疆（疆，疆檿堢埒之地）潦之地，九夫为数，五数而当一井也。"偃猪（郑注《周礼·地官·稻人》云："偃猪，畜流水之陂也）之地，九夫为规，四规而当一井也。原防之地，九夫为町，三町而当一井也。隰皋之地，九夫为牧，二牧而当一井也。衍沃（下平曰衍，有溉曰沃）之地，亩百为夫，九夫为井。"许慎在《五经异义》中也有同样的说法。

晋杜预不取贾说，别注云："度山林之材，以共国用"，"鸠，聚也。聚成薮泽，使民不得焚燎坏之，欲以备田猎之处"，"辨，别也。绝高曰京，大阜曰陵，别之以为冢墓之地"，"淳卤埆薄之地，表异轻其赋税"，"疆界有流潦者②，计数减其租入"，"偃猪下湿之地，规度其受水多少"。"广平曰原。防，堤也。堤防间地，不得方正如井田，别为小井町"，"隰皋，水岸下湿，为刍牧之地"，"衍沃，平美之地，则如周礼制以为井田。六尺为步，步百为亩，亩百为夫，九夫为井"。

唐孔颖达弃贾从杜，云："按周礼所授民田，不过再易，唯有三当一耳，

① 《春秋左传正义》，《十三经注疏》，1985～1986 页，北京，中华书局，1980。
② 孙毓释"疆潦"为沙砾之田。王引之同意此说，并作了论证。见《经义述闻》左传部分"数疆潦"条。看来此说较他说为长。

不得以九当一也。山林、薮泽、京陵、偃猪，本非可食之地，不在授民之限。虽九倍与之，何以充税而使之当一井也？且以度鸠之等皆为九夫之名，经传未有此目。故杜不从其说。"

清儒不满于杜注，以为"其望文生义、不臻古训者，十居五六"①，所以又往往转而宗贾服之说。李贻德在《春秋左氏传贾服注辑述》（卷十二）中多是针对孔疏而为贾注作的辩护。

怎样看待以上两说呢？贾逵将度、鸠、辨、表等字一律释为不同土地的面积的名称，实在牵强。他把不同土地的质的差别通过折算而化为量的差别，虽不无道理，但又过于忽视了不同土地的特点。杜预对度、鸠、辨、表等字各按字面作了解释，虽蒙望文生义之讥，但总比较近于情理。不过，如果进一步看，杜注问题实在不少。关于"鸠薮泽"的注，王引之曾批评说："薮泽乃天地自然之利，非人之所能聚而成之也。不得云聚成薮泽。鸠当读为究。《尔雅》：'度、究，谋也。'《大雅·皇矣》篇曰：'爰究爰度'。究犹度也。度山林、鸠薮泽，皆取相度之义。鸠究二字，皆以九为声。《小雅·小弁》篇'不舒究之'，与酬为韵，则究读若鸠，故与鸠通。古字多假借，后人失其读耳。究薮泽者，度其出赋之多寡，故下文遂云'量入修赋'，非以备田猎也。"② 王引之在这里做了两件事：一是正确地解释了鸠字，二是指出杜注走了题，离开了量入修赋的主题。看来杜注走题的不仅是这一点。把牧隰皋释为隰皋之地用以刍牧，把井衍沃释为衍沃之地制井田，也都不切于"量入"。杜注看到也强调了不同土地的不同用途，看到了有些土地是无收入、不出赋的，但对有收入的土地也缺乏量的观念，忘了芬掩是在量入修赋。就这一点而言，"贾逵以为赋税差品"（孔疏）倒是比较切近题旨的。

芬掩怎样量入呢？竹添光鸿《左氏会笺》云："山林、薮泽因生材多少以量入，故言度、鸠；京陵、淳卤无所入，故特言辨、表；町原防以下三事，赋入寓于法制之中，故唯言其制"。至于町、牧、井的具体制度如何，看来现在还难以确说。《周礼·地官·小司徒》："乃经土地而井牧其田野。"郑玄注云："郑司农（众）云：井牧者，春秋传所谓井衍沃、牧隰皋者也。玄谓隰皋之地，九夫

① 洪亮吉：《春秋左传诂·自序》，北京，中华书局，1987。
② 见《经义述闻》左传部分"鸠薮泽"条。

为牧，二牧而当一井。今造都鄙，授民田，有不易，有一易，有再易，通率而二当一，是谓井牧。"① 郑玄对井牧的解释同于贾逵、许慎。陈寿祺在《五经异义疏证》中对此下按语云："是二郑与贾、许说井牧同也。"今按二郑对井牧的解释未必相同。郑玄注《周礼》径引郑众说当然是无异义的，引郑众说而又加"玄谓"者往往非有异义即有补充。但不论如何，以井为基准，牧二当一，町三当一，这仍是迄今所知最早的多数学者说法，姑存以待考古新发现可也。

量九土之人，这是芿掩工作的前一半。后一半还有修赋，就是"赋车籍马，赋车兵、徒兵、甲盾之数。"其中也有如何解释的问题。首先，车兵、徒兵是指人还是指兵器？杜预释为车上甲士和步卒，以为是人。隋刘炫云："车兵，战器"。孔疏申杜注云："车兵者，甲士也。徒兵者，步卒也。知非兵器者，上云数甲兵，下云甲盾之数，故知此兵谓人也。"从历史事实来看，楚国兴兵作战并非未征发人民。《左传》僖公二十八年记子玉败于城濮之后，楚成王使人谓之曰："大夫若入，其若申、息之老何？"② 这说明申、息人民是服了兵役并在战场上作了牺牲的。可是在谈到赋的时候，往往并不谈到人。例如，楚灵王将城陈、蔡、不羹，使人问于范无宇曰："我不服诸夏，而独事晋，何也？唯晋近我远也。今吾城三国，赋皆千乘，亦当晋矣，又加之以楚，诸侯其来乎？"③ 只说"赋皆千乘"，可见说赋若千乘的时候自然包括若干乘的兵员，不说人也可以的。所以，说"赋车籍马"的时候已经自然地包含了兵员，而车兵、徒兵、甲盾当然也只是指兵器了。

再则，杜注、孔疏对"赋车籍马，赋车兵、徒兵、甲盾之数"都没有解释清楚。杜注"籍马"云："籍疏（条记）其毛色岁齿以备军用"，又把"车兵"注为"甲士"，"徒兵"注为"步卒"，在"甲盾之数"下面注"使器仗有常数"。把"赋"字与"甲盾之数"分开，这后四个字（一个简单的偏正结构的词组）怎能解释为"使器仗有常数"？"赋车兵、徒兵"又作何解？杜注在这里回避了带有关键性的"赋"字，孔颖达补苴说："赋与籍俱是税也。税民之财，使备车马。因车马之异，故别为其文。"释"赋"为"税"，本是常例，但是在这里说不通。因为，如依杜注、孔疏，以车兵、徒兵为人，则必以人为税敛之物，不

① 《十三经注疏》，711 页。
② 同上书，1826 页。
③ 见《国语·楚语上》。

可取；如以车兵、徒兵为武器，则"赋车兵、徒兵、甲盾之数"为句，所赋为三者之数（而非三者本身），税敛三种甲兵之数，同样不可解。所以，在这里释"赋"为"税"为"敛"，势必陷于两难。按"赋"像许多古字一样，具有正反两义。《说文》云："赋，敛也"。段玉裁注曰："《周礼·太宰》'以九赋敛财贿'，敛之曰赋。班之亦曰赋，经传中凡言以物班布与人曰赋。"由正反两义引出第三义，即《尔雅·释言》"赋，量也。"郝懿行曰："赋者，《说文》云；'敛也'。《诗·烝民》传，'赋，予也'。……是赋兼取予，其义则皆为量也。故《鲁语》曰：'赋里以入；而量其有无'……"① 在这里"赋"宜释为"量"，即计量车、马、车兵、徒兵、甲盾之数，也就是"数甲兵"。怎样计量呢？根据前面量定的不同土地的不同收入，来计量不同土地应输纳的车马器械之数。这也就是子木交给蒍掩的任务：庀赋，数甲兵。

当然，要这样解释这一段文字，还必须回答一个重大的问题：杜注明确地说蒍掩进行了井田，到底有没有这件事？这就涉及学者们争论已久的老问题。如童书业先生云："井田之制，其有无久已纷纭，然左氏有'井衍沃'之文，可证井田实有"②。这是肯定的回答。齐思和先生云："盖衍沃之地，需要灌溉，故凿井。若以制井田解之，则似前无井田，至此时而始区之为井田也。夫至是时，各国井田，逐渐破坏。楚方制井田，殆无是理"③。这是否定的回答。愚意以为，凿井之说恐难遵从。一则凿井无关于量入，距治赋的题旨稍远；再则楚处江汉平原，河渠湖泊，所在多有，不似北方平原，灌溉需要凿井。据考古发现，楚古城遗址有不少居民饮水用井，而农田灌溉用井，尚未有所闻。不过，如谓此时楚始制井田，则诚如齐先生所言，"殆无是理"。《左氏会笺》云："町、牧、井，楚固有之，今检而整修之。"看来，井田楚固有之，比较可信。至于蒍掩是否又重新进行了一次井田，看来只能作否定的回答。这可以从两方面来说明。

第一，蒍掩的职务是司马，实行井田和处理其他土地不是他的职责。司徒、司马、司空是中国上古时代的三个主要官职，见于《尚书·牧誓》。伪孔传云："治事三卿：司徒主民，司马主兵，司空主土。"④ 按此说并非始于伪孔传。《左

① 见郝懿行《尔雅义疏》。
② 见《春秋左传研究》，277 页，北京，中华书局，2006。
③ 见《中国史探研》，275 页注 3，石家庄，河北教育出版社，2003。
④ 《十三经注疏》，183 页。

传》襄公二十五年记郑伐陈，陈屈服，最后郑一毫不取，"司徒致民，司马致节，司空致地，乃还。"① 《荀子·王制·序官》云："司徒知百宗城郭立器之数。司马知师旅甲兵乘白之数。……修堤梁，通沟浍，行水潦，安水藏，以时决塞；岁虽凶败水旱，使民有所耘艾，司空之事也。"② 可见至晚在战国时对三卿职司已经有了这样的明确规定。春秋楚官未见有司空之职，有工尹、工正。楚还有司徒，《左传》宣公十一年记："令尹蒍艾猎城沂，使封人虑事，以授司徒。"③ 这里司徒职守与《荀子》所说相同，（荀子后半生长期居楚，其著作反映楚制是很自然的），亦与《周礼·地官》相近。按《周礼》，封人亦为司徒下属。唯楚司徒地位不如《周礼》大司徒之高④。楚国司马主兵，这是没有疑问的。楚国司马地位高，仅次于令尹，这与楚国重军事有关。但如说楚国司马兼司他官职守，则于史无征。

第二，从蒍掩自接受任务庀赋至完成任务的时间来看，他也不可能重新进行一次井田并处理其他各类土地。蒍掩庀赋受命于令尹子木（即屈建）。"楚选子冯卒，屈建为令尹。"《左传》记此事于襄公二十五年重丘之盟以后，未系月日。而在此盟以前，晋卿赵武曾说他了解"楚令尹"，服虔、杜预都认为这个令尹就是屈建。孔颖达也认为，选子冯卒于重丘之盟以前，《左传》在这里采用了追叙的笔法。那么屈建代替选子冯为令尹可以提前到什么时候？这却有一个明确的限度。襄公二十四年冬，楚准备伐舒鸠，选子（杜注，令尹选子冯）建议暂缓，以观舒鸠以后是否背叛。所以屈建代替选子冯，肯定是在襄公二十五年。顾栋高《春秋大事表·楚令尹表》在这一年中也先后列了选子冯和子木两个令尹。具体时间很可能是在这一年的六月。按《春秋》襄公二十四年记："冬，楚子、蔡侯、陈侯、许男伐郑。"⑤《左传》襄公二十五年记："初，陈侯会楚子伐郑，当陈遂者，井堙木刊，郑人怨之。六月，郑子展、子产帅车七百乘伐陈……"⑥ 郑国在没有征得中原霸主晋国同意和支持的情况下，为什么敢于单

---

① 《十三经注疏》，1984 页。
② 王先谦：《荀子集解》，106 页。
③ 《十三经注疏》，1875 页。
④ 刘先枚先生曾指出这一差别，见所撰《楚官源流考索》，载《江汉论坛》，1982（8）。
⑤ 《十三经注疏》，1988 页。
⑥ 《十三经注疏》，1984 页。

独出兵报复陈国，而不担心楚国出兵报复？又为什么在郑国制服陈国的过程中楚国果然没有出兵报复（楚国是会报复的，但拖延到了次年冬十月）？子产是一个深谋远虑的人，他一定看清了楚有一时不能出兵的困难，然后他又对陈进行了快速的突击。这很可能是利用了楚国新旧令尹交替的时机。据《左传》，舒鸠人也是在新令尹屈建执政伊始终于叛楚的。所以，我们大体可以推定（子木）接任是在六月；不久就开始亲自统兵伐舒鸠，与救援舒鸠的吴军进行过苦战。等到打败吴军，围舒鸠而灭之，已是八月。而芳掩书土田的时间是"甲午"，依杜预《长历》是十月八日。所以，如果子木灭舒鸠归来使芳掩治赋，芳掩的工作过程只有一个多月；即使子木一上任就使芳掩治赋，那么他的工作过程也只有三个多月。要在这样短的时间里重新实行一次井田并对各种不同土地重新加以安排处理，这在事实上是办不到的。

芳掩身为司马，职在主兵，"赋以足兵"[1]，因兼治赋。[2] 治赋并不需要重新进行一次井田，也不需重新安排处理其他各种土地。"修赋"的真正前提是"量入"，而量入只须在传统的基础上对各种土地作一番调查统计就可以了。而且如果解释为只是作调查统计，那么芳掩工作的进度和时间也就比较容易理解了。

现在可以概括地说，芳掩所做的事，就是调查统计九土之所入，并据此计算出不同土地应出兵赋的数字。然后编成簿籍，上交给令尹子木，任务就完成了。其中既未重新井田和安排处理各种不同土地，也未征敛任何兵赋；但是提供了以后征赋的根据。

从研究历史的角度看，芳掩既然没有重新井田，那么他这一次治赋是否就不具有重大的意义呢？不然。芳掩庀赋有一个特点，就是除了九种土地的区别（从而产生收入的区别）以外，没有承认其他任何区别，如"国"和"鄙"的区别，楚本邦和由征服而来的地区的区别，国家掌握的土地和贵族占有的土地的区别。庀赋是在楚国全境实行的。

春秋前，各国都有国和野或者都和鄙的两部分地区。国人和野人对国家负担的义务不同。《国语·齐语》记载管仲和齐桓公的一次对话。管仲主张"参（三）其国而伍其鄙"。国人的义务主要是服兵役、出军赋，执干戈以卫社稷。"桓公曰：

---

① 见《汉书·刑法志》，第 4 册，1081 页，北京，中华书局，1962。

② 晋国司马甚至掌诸侯所进之赋，见《左传》襄公四年"鄫无赋于司马"杜注。

伍鄙若何？管子对曰：相地而衰征，则民不移；政不旅旧，则民不偷；山泽各致其时，则民不苟；陵阜陆墐井田畴均，则民不憾；无夺民时，则百姓富；牺牲不略，则牛羊遂。"鄙野之人的义务主要是从事生产劳动，提供剩余产品。楚国也有这两种区域的差别。《国语·楚语上》记范无宇说："地有高下，天有晦明，民有君臣，国有都鄙，古之制也。"这里的"都"、"鄙"不是《周礼·地官·小司徒》中所说的"都鄙"（后者实际是与"国"相对的"野"），而是与高和下、晦和明、君和臣相对应的都和鄙。这种都与鄙的差别，在楚也是"古之制也"。现在虽然还未掌握楚国都、鄙的具体资料，但可从《齐语》所记窥见大概。芳掩奉命治赋，未再承认这一古制，意义相当重大。这说明，春秋后期，在楚国，国与野、国人与野人的差别正在消失，至少在出军赋这一点上已经如此。

春秋前，各邦的国人都是由同族和通婚的关系联系起来的封闭的公民共同体，野人处于这种共同体以外。被征服者，如不沦为奴隶，一般也处于野人地位，不能与国人等同。在春秋早期，楚文王灭申、息建县。申、息是楚的北方门户。为了逐鹿中原，楚使申、息之民履行出军赋、服兵役的义务。这大概是被征服的地区的人民像楚人一样承担军事义务的滥觞。以后楚多次征用申、息之师。《左传》僖公二十五年、成公六年还记载楚单独以申、息之师与晋国周旋的事。到芳掩庀赋时，不仅申、息等县，其他被兼并入楚版图的地区的人民，也一律出军赋了。这反映了楚国的国人和非国人的区别在更广大的范围内逐步消失。当然，这是从权利和义务的实际情况说的。在当时人们却保持着原来的"国人"的老概念。如《左传》昭公十三年说的楚灵王部下劝他"请待于郊以听国人"，这"国人"指的就是郢都及其郊区的人。到以后的战国时期，楚国（也不仅楚国）能那样大量地出兵，与这种国人和非国人区别的消失是有密切的关系的。

芳掩庀赋似乎也未（至少未充分）注意贵族的赏田或采地的独特性。《左传》成公七年记："楚围宋之役，师还，子重请取于申、吕以为赏田，王许之。申公巫臣曰：'不可，此申、吕所以邑也，是以为赋，以御北方。若取之，是无申、吕也，晋、郑必至于汉'。"[1] 这件事说明，如取申、吕为赏田，就没有作为直属于王的申县、吕县，就没有可以直接征发的申、吕之师和申、吕之赋。那么是否一旦成为赏田，那里就完全不出军赋呢？倒也不是如此。郑子产说：

---

① 《十三经注疏》，1903 页。

"有禄于国，有赋于军。"① 杜注云："军出，卿赋百乘"。是否一律卿赋百乘倒也未必，不过各国贵族有采地者一般总是要出赋从征的。《周礼·夏官·司勋》："掌赏地之政令。凡赏无常，轻重视功。凡颁赏地，参（三）之一食（郑玄注：赏之税，三分计税，王食其一也，二全入于臣），唯加田无国正。（郑玄注：加田，既赏之，又加赐以田，所以厚恩也。郑司农云：正谓税也。禄田亦有给公家之赋贡）"② 这也说明，赏田一般还是要出赋的。楚国贵族也要带自己的军赋和兵员从军出征。《左传》襄公二十五年记，楚令尹子木帅师伐舒鸠，吴人救之。"子木遽以右师先，子强、息桓、子捷、子骈、子孟帅左师以退。……五人以其私卒先击吴师。"③ 这说明楚国贵族有私卒，从军出征，并在战争中起了不小的作用。这些贵族，有禄于国，亦有赋于军。但是这种"私卒"有其相对的独特性，有时甚至与"楚师"相提并论。据《左传》昭公十七年记，吴伐楚，令尹卜战不吉。司马子鱼要求改卜。改卜的卜辞是："鲂（即子鱼）也以其属死之，楚师继之，尚大克之？"得到吉兆。"战于长岸，子鱼先死，楚师继之，大败吴师"。④ 这种具有一定独特性的私卒和私属，有时是会对楚王构成威胁的。楚穆王为太子时，就是"以宫甲（杜注：太子宫甲，僖二十八年东宫卒从子玉，盖取此宫甲）围成王"，杀父自立的。巫臣反对取申、吕为赏田，楚共王接受这个建议，取消已作的许诺，看来与此有关。那么，艻掩庀赋是否管得着贵族们的赏田或采地呢？至少在名义上他没有承认它们的独特性，而且这也不是没有道理的。《周礼》中的司勋就是掌管赏田的政令的，而司勋正是大司马的属官。所以，司马管勋臣贵族的赏田，也算得上是名正言顺的。值得注意的是，贵族有私卒是春秋各国的普遍现象，晋、鲁、齐等国都有公室陵夷、贵族擅政的问题，而楚国这方面的问题却不严重。艻掩庀赋而不理睬贵族赏田的独特性，或多或少也可以说明楚国王权没有旁落的一些原因。

①　《十三经注疏》，2079 页。
②　同上书，841 页。
③　同上书，1985 页。
④　同上书，2085 页。

史学和经学

史学是一门涉及面很广的学科，同很多学科都有着这样或那样的关系。在中国学术史上还有一门与史学关系甚密的学科，这就是经学。怎样把握史学和经学的关系？这就是本文准备探讨的问题。

一

中国史学和经学的关系是在历史上形成的，经学对于当前史学研究的意义也是历史文化遗产性质的。因此，在具体探讨这种意义以前，有必要对史学和经学的关系作一个简要的历史回顾。

中国是世界文明古国之一，文化发展很早。到春秋时期，反映各种文化知识的文献已经有了一定的积累；不过在这些文化知识之间还没有严格的学科区分，当然也没有经史之分。从春秋后期起，儒家典籍逐渐形成，史学也随着《春秋》、《左传》的出现而开始出现；不过当时仍然无所谓经史之分。

西汉时开始把儒家典籍尊奉为经，并把儒家经典的产生和孔子联系起来。司马迁说："孔子之时，周室微而礼乐废，《诗》、《书》缺。追迹三代之礼，序《书传》，上纪唐虞之际，下至秦缪，编次其事。曰：'夏礼吾能言之，杞不足征也。殷礼吾能言之，宋不足征也。足，则吾能征之矣。'观殷夏所损益，曰：'后虽百世可知也，以一文一质。周监二代，郁郁乎文哉。吾从周。'故《书传》、《礼记》（按：非指传世的小戴《礼记》）自孔氏。孔子语鲁大师：'乐其可知也。始作翕如，纵之纯如，皦如，绎如也，以成。''吾自卫反鲁，然后乐正，《雅》、《颂》各得其所。'古者《诗》三千余篇，及至孔子，去其重，取可施于礼义，上采契、后稷，中述殷、周之盛，至幽厉之缺，始于衽席，故曰：'《关雎》之乱以为《风》始，《鹿鸣》为《小雅》始，《文王》为《大雅》始，《清庙》为《颂》始。'三百五篇孔子皆弦歌之，以求合《韶》、《武》、《雅》、《颂》之音。礼乐自此可得而述，以备王道，成六艺。孔子晚而喜《易》，序《彖》、《系》、《象》、《说卦》、《文言》。读《易》，韦编三绝。曰：'假我数年，若是，我于《易》则彬彬矣。'……子曰：'弗乎，弗乎，君子病没世而名不称焉。吾道不行矣，吾何以自见于后世哉？'乃因史记作《春秋》，上至隐公，下迄哀公十四年，十二公。据鲁，亲周，故殷，运之三代。约其文辞而指博。故吴、楚之君自称王，而《春秋》贬之曰'子'；践土之会实召周天子，而《春秋》讳之曰'天王狩于河阳'；推此类以绳当世。贬损之义，后有王者举而开之。《春秋》之义行，则天下乱臣贼子惧焉。孔子在位听讼，文辞有可与人共者，弗独有也。至于为《春秋》，笔则笔，削则削，子夏之徒不能赞一辞。弟子受《春秋》，孔子曰：'后世知丘者以《春秋》，而罪丘者亦以《春秋》'。"① 这就是说，六经皆出孔子手订，经过孔子的不同程度的加工和整理。这些并非司马迁个人的看法，在很大程度上受了当时正在兴起的经今文学的影响。② 至西汉末叶和王莽时期，古文经学逐渐兴起。汉哀帝时，刘歆"欲建立《左氏春秋》及《毛诗》、《逸礼》、《古文尚书》皆立于学官。"③《周礼》（即《周官经》）"王莽时刘歆置博士。"（《汉书·艺文志·六艺略》原注）古文学家把经的起源史往前推，如《周礼》，刘歆竟"知其周公致太平之迹"④，郑玄也说"周公居摄，而作六典之职，谓之周礼"⑤。如《春秋》，晋杜预竟说"盖周公之志，仲尼从而明之"⑥。尽管今、古文学说法不同，其中（尤其古文家说）不实或待考之处又不少，但有一点可以肯定，儒家经典从一开始就不是抽象的理论或说教。孔子自言修《春秋》的目的时说："我欲载之空言，不如见之于行事之深切著明也。"⑦《春秋》即事言理，经史不分。这一点对中国后来学术的发展产生了相当深远的影响。

　　汉代人在认识上经史不分，而学术的客观发展过程却表明：经学是在汉代

北京师范大学史学探索丛书

---

　　① 《史记·孔子世家》。
　　② "太史公曰：'先人（《正义》：司马谈也。）有言："自周公卒五百岁而有孔子。孔子卒后至于今五百岁，有能绍明世，正《易传》，继《春秋》、本《诗》、《书》、《礼》、《乐》之际？"意在斯乎，意在斯乎，小子何敢让焉'。""太史公曰：余闻董生（仲舒）曰：'周道衰废，孔子为司寇，诸侯害之，大夫壅之。孔子知言之不用，道之不行也，是非二百四十二年之中，以为天下仪表，贬天子，退诸侯，讨大夫，以达王事而已矣'。"（俱见《太史公自序》）
　　③ 见《汉书·楚元王传》。
　　④ 贾公彦：《序周礼废兴》。
　　⑤ 见《周礼·天官冢宰》首句注。
　　⑥ 见《春秋左传正义序》。
　　⑦ 见《太史公自序》引。

正式产生的，史学也随着《史记》、《汉书》等巨著的出现而开始崭露头角，正是在汉代开始了经史分离的过程。《汉书·艺文志》（据刘向、歆父子）将《战国策》、《太史公书》（即《史记》）等史书都列在"六艺略·春秋家"中，这是人们认识落后于实际的反映。

自魏晋至于宋初，在经学上是各说"不相统摄，及其弊也杂"[①] 的时期，而史学却有了长足的发展。曹魏时荀勖《中经簿》分书为甲乙丙丁四部，经在甲部，史在丙部；[②]《隋书·经籍志》分书为经史子集四部，史部又分十三目，"凡史之所记，八百一十七部，一万三千二百六十四卷，通计亡书，合八百七十四部，一万六千五百五十八卷。"唐代又出现了刘知几的《史通》和杜佑的《通典》，这都是史学发展中具有创造性的成就。史学从经学的分离在目录学上也反映出来了（《春秋》三传之属仍在经部），但是经学的思想或原则却作为指导思想渗到史学之中。如果说汉代的经学和史学是在统一中分离着（思想统一，学科分离），那么这时它们却在分离中统一着（学科分离，思想统一）。杰出史学家刘知几尽管曾在《疑古》、《惑经》诸篇中对儒家经典有所质疑，但是他又曾说："夫史之有例，犹国之有法。国无法则上下靡定，史无例则是非莫准。昔夫子修经，始发凡例，左氏立传，显其区域。科条一辨，彪炳可观。"[③] "孔子曰：'唯名不可以假人'。又曰：'名不正则言不顺，必也正名乎'。是知名之折中，君子所急。况复列之篇籍，传之不朽者邪。昔夫子修《春秋》，吴楚称王而仍旧曰子。此则褒贬之大体，为前修之楷式也。"[④] 刘知几强调例和名的重要性，就是坚持在史书中贯彻儒家经典的指导思想。当然，这对于唐代史学家刘知几来说是不足为奇的，而且以后历朝的史家几乎莫不如此。

宋代的经学和史学都有新的发展。就经学而言，宋儒一方面坚守经典的基本思想，把三纲五常强调到了前所未有的程度；一方面又"不信注疏，驯至疑经。疑经不已，遂至改经，删经，移易经文以就己说。"[⑤] 宋儒作风的这种变

---

① 见《四库提要·经部总序》。

② 荀勖书已佚，其分部见阮孝绪《七录序》（载《广弘明集》卷三）、《隋书·经籍志总序》。

③ 见《史通·序例》。

④ 见《史通·称谓》。

⑤ 皮锡瑞：《经学历史·经学变古时代》。

化，有深刻的历史原因。① 如果只从学术角度来说，那么一方面它是前一阶段经学自身"杂"的自然结果；另一方面又是史学考证有所发展的反映。就史学而言，宋人一方面坚持《春秋》义例，一方面则注意史实的考证。情况可以分为两类。一类如欧阳修撰《新五代史》，"大致褒贬祖《春秋》，故义例谨严；叙述祖《史记》，故文章高简；而事实不甚经意。"② 于是吴缜作《五代史纂误》，这是考证工作由别人做了。另一类如司马光主持编《资治通鉴》，义例根据《春秋》，虽然记事不直接从获麟以后开始，表示"经不可续"的谦逊态度③，但是正如胡三省所说"通鉴之作，实接《春秋左氏》后也。"④ 同时司马光注意史料的辨别取舍，撰成《通鉴考异》三十卷（胡注本已将考异散附本书各条下），这是考证工作由自己做的。当然宋人在学术上有武断和空疏的方面，这种缺点后来在清代得到克服。

有清一代，经学和史学都很发达。自清初起，顾炎武、黄宗羲博治经史，在两方面都卓有成就；王夫之主要治经，但也有《读通鉴论》、《宋论》这样博通而精辟的史学论著。雍乾以后，以考据为特征的古文经学大兴，其中以惠栋（继曾祖有声、祖周惕、父士奇之学）为首的吴派（王鸣盛、钱大昕等皆此派健者）博通典籍，学贯经史；以江永、戴震为首的皖派（段玉裁、王念孙、引之父子皆传戴学，其后俞樾、孙诒让亦为此派健者）精小学，善训诂。从表面上看，江、戴、段、王之学似乎距离史学稍远，而从内容看，他们的成果对于史学研究来说有很多是非常重要的。嘉道以后，今文经学兴起，龚自珍、魏源等今文学家同时也是史学家。经学和史学密切结合，在清代的学术史上有其成功之处。这也是清人对于前代学术传统的继承和发展的结果。

五四运动以后，经学在反传统的浪潮冲击下已经走向衰落，中国史学终于摆脱了经学的思想和义例的束缚。这是中国史学发展中的一大变革。当然这种变革并不排斥我们对于学术史的反省，相反，我们应当分析中国史学与经学关系密切的传统，从中汲取有益的东西。

北京师范大学史学探索丛书

---

① 如王安石作《三经新义》，显然与其变法主张有关。
② 见《四库提要》。
③ 见刘恕《通鉴外纪·引》。《四部丛刊》，第35册，上海，上海书店，1989。
④ 见《通鉴注序》。《资治通鉴》，第1册，24页，北京，中华书局，1956。

二

现在我们研究历史（特别是中国古代史），经学是否仍有必要或有何具体的必要性，这的确是值得讨论的问题。金景芳教授在《经学与史学》[①] 一文中就中国古代历史若干问题说明"不可不研究经学"。又说："从历史实际出发，就要求占有大量的史料。不论是地上、地下，正统、非正统的，都不应轻易放过。基于上述观点，研究中国古代史就不能不对经学予以足够的重视。"我认为这种意见是正确的，以下再略陈个人的管见。

经学对于史学研究的价值，基本上是史料性质的。具体地说，它对史学有三种意义。

第一，提供资料。

前人有"即经即史"的说法。如王守仁说："以事言曰史，以道言曰经；事即道，道即事。《春秋》亦经，五经亦史。《易》是庖牺之史，《书》是尧舜以下史，《礼》《乐》即三代史，五经亦即史。"[②] 章学诚说："六经皆史也。古人不著书，古人未尝离事而言理，六经皆先王政典也。"[③] 这里所说的"史"，如果释为历史著作，那么除了《春秋》（再勉强一点还可加上《尚书》）以外实在是说不通的；可是如果释为历史资料，那就毫无问题了。对于这一点，前辈学者如金毓黻先生早已论辩清楚。[④]

儒家经典基本内容属于先秦时期，因此它们作为历史资料的直接有效性也以先秦历史为限。当然，我们也要注意到，儒家经典对于研究秦汉下的历史往往也是一种背景资料。

儒家经典作为历史资料对于先秦史的重要性，可以说是大家都看得到的，不过具体的认识或估价未必全同。我认为，儒家经典作为先秦史料的重要价值表现在以下三方面：

一则，在传世的文献中，儒家经典保存了比其成书时间更古的历史文献。

---

① 载《历史研究》，1984（1）。

② 见《传习录》卷一。

③ 见《文史通义·内篇—易教上》。

④ 见《中国史学史》，310 页，北京，商务印书馆，2007。

以前古文学家动辄把经典的著作权归于文王（如《易》之卦辞、爻辞）、周公（如《仪礼》、《周礼》），今文学家则认为五经皆经孔子手订。这些说法。早已有人怀疑，儒家各经的具体编成时间有待分别具体论定。无可怀疑的是，儒家经典里保存了很多比较古老的文献资料。《尚书》保存了迄今所知最古的政治文献（如《盘庚》及《周书》各篇），《诗经》也保存了迄今所知最古的诗篇。被康有为说成刘歆伪造的《左传》（具体作者虽仍在讨论中，但基本内容成于战国时代无大疑问），其中也保存了很多古老文献，即使除去追述三代的内容不说，其中所记春秋时代政治、外交、军事等方面的文献（当然不排除经过作者的加工）应该也属于我国古老文献之列。其他先秦诸子虽然也不乏援引《诗》、《书》和前代志传之处，但其完整和丰富的程度与儒家经典是不可同日而语的。

二则，儒家经典包括多种类型的文献，从较多的方面反映着历史的事实。儒家经典原本是六艺，后来又附进了《春秋》三传、《礼记》、《周礼》等书。司马迁说："孔子以诗书礼乐教，弟子盖三千焉，身通六艺者七十有二人。"① 看来孔子是以六艺作教材教学生的。《诗》是文学教材，其中《风》（包括二《南》和十三国《风》）反映了很多地方的风俗民情，《雅》和《颂》反映了士大夫以上阶层的生活和感慨，还反映了许多远古传说和当时的历史事件。《书》是政治教材，在这些前代的政治文献里反映了很多重要的历史事实和古人的政治思想。《礼》（《仪礼》）是伦理教材，其中反映了社会结构和礼仪制度。《周礼》原名《周官》，古文学家以为周公所作，今文学家以为伪书。此书约成于战国时代②，叙职官兼及社会制度。它固然反映一种理想，但也不是全无事实根据。《礼记》为汉儒所撰集，其中也有先秦礼制的反映。《乐》是音乐教材，其乐谱已不可考，其歌词，古文学家认为秦火以后遗失，今文学家认为即在《诗经》之中。从《武》乐六章皆在《周颂》之中③看来，今文说在这里是可信的。《易经》是占卜资料，《十翼》中反映了古代的哲学思想。孔子是否传授过《易》，尚难定论。《春秋》是史学教材，其中包括《左传》，反映了很多前代的和大量当时的历史事实。任何其他先秦子书都没有从这么广的方面留下这么多的资料。

---

① 《史记·孔子世家》。

② 据何休说，见于贾公彦《周礼废兴》所引。

③ 见王国维：《周大武乐章考》，载《观堂集林》卷二。

三则，儒家经典为先秦历史提供了比较有连续性的资料。《诗》、《书》、《春秋》、《左传》为西周以上的政治史提供了虽不完全连续但十分重要的资料，为春秋以下的政治史则提供了比较系统的连续记载。这种情况也是先秦其他典籍所不能比拟的。现在学者治古代史，当然要重视甲骨文和金文的资料。唯这些资料或短或长都是单篇，在年代上不具有连续性（如《史墙盘铭》自文王历述至穆王是不多见的）。要确定这些资料所属历史时代，传统的文献作为参考资料是十分必要的，其中儒家典籍尤其具有重要作用。

儒家经典可以为先秦历史提供直接的资料，还可以为我们把握秦汉以下的历史提供背景性的资料。这一点我们在平常往往注意不到，但是当我们考察一些制度或人物思想的渊源的时候，这种背景材料对于人们理解后世历史的意义就会十分明显地表现出来。造成这种情况的原因是，长期作为官方圣经的儒家经典在多方面有其深远的影响，人们往往从儒家经典中寻求自己行为的理论根据。例如，《周礼》尽管从总体结构来说并非依据史实，既被认为圣经，想用它作为自己的改制依据者颇不乏人：王莽、刘歆，宇文泰、苏绰、卢辩，王安石等都用过它（当然各人用的具体目的和意义并不相同）。这样此书就具有作为了解以上诸人行为的思想认识的背景的作用。诸如此类事例很多，这里不多列举。

第二，提供对古代文献的解释。

中国经学有一个传统，就是把解经当作经学的一个十分重要的内容。对于经解的重视甚至达到了这样的程度：《公羊传》、《穀梁传》作为经解而被列入经书；《左传》或说不传《春秋》（汉今文家说）或说传《春秋》（汉古文学家说），但将其列入经书时是以为它是传《春秋》的；《礼记》本是汉人编辑的解释礼的文献（如《冠义》、《昏义》、《乡饮酒义》、《射义》、《燕义》、《聘义》显然是《仪礼》中有关六篇的传注），后也被列为经；《尔雅》本是汉人编的经书传注类编，也被列为经书。（在《汉书·艺文志》里《尔雅》（时为三卷）已被列在《六艺略·孝经家》中）其他小学书籍，虽然不算经书，但从《汉书·艺文志》（列于《六艺略》中）、《隋书·经籍志》，直到张之洞的《书目答问》，都一直被列在经部中。

从前的人这样认识、这样分类是有其道理的。如果只有经书而无经解，那么随着时世迁移和语言变化，经书也就越来越读不通，当然经学最终就会失去其存在理由。

如果没有注释，古书就有很多难解之处，这是大家都了解的。为什么难解呢？试读《尔雅》十九篇，就可以知其大概。《尔雅》第一篇是《释诂》，内容是举古言释以今语，解决古语与今语不同的问题。例如，"豫、射（即斁），厌也。"表示前两个字都是厌（满足）的意思。第二篇是《释言》，以常用字解释非常用字，解决难认字的问题。例如："靡、罔，无也。"（按郝懿行《尔雅义疏》云："罔古读如莽，无古读如模，靡、罔、无俱一声之转。"）用"无"这个常用字来解释前两个字。第三篇是《释训》，主要解释复合词的含义。例如，"明明、斤斤，察也。"在这里"斤斤"一词不能拆开以"斤"字寻求其词义，而要注意到复合词产生的新义。现在还有"斤斤计较"的成语，就是计较得一清二楚的意思。第四篇是《释亲》，解释亲属关系。例如，"婿之父为姻，妇之父为婚。"原来古代的"婚姻"指的是儿女亲家的关系。第五篇是《释宫》，解释有关建筑物的各种名称。第六篇是《释器》，解释种种用具，衣、食物品名称。这两篇对了解衣食住行方面的问题十分重要。第七篇是《释乐》，解释五音、种种乐器和演奏的名称。第八篇是《释天》，解释有关天文、气象、岁时、祭祀等方面的词语。第九篇《释地》、第十篇《释丘》、第十一篇《释山》、第十二篇《释水》解释各种地理现象和山、水、地名，为读史所不可少。第十三篇《释草》、第十四篇《释木》，解释各种植物。第十五篇《释虫》、第十六篇《释鱼》、第十七篇《释鸟》、第十八篇《释兽》、第十九篇《释畜》，解释各种动物。《尔雅》十九篇大体告诉了我们古书需要解释的方面之多。不过《尔雅》只是辞书，解释以辞语为限，至于各种典章制度等还不在其内。历代经典注疏在这些方面还别有解释。这是从横的方面看解释面的广度。

当然，对于研究史学最重要的还是传注保存了古义，使我们可以少犯许多按今义解古言，从而把古史现代化的错误。例如，现在的"同志"一词，有确定的含义，这是大家都了解的。古代也有"同志"之说，但是绝对不能以现代的意思去理解。古人认为，"同姓则同德，同德则同心，同心则同志。"① 所以同德、同心、同志所指都是血缘上的同姓或同族的关系。又如朋友之"友"，现在的意思也很明确，而古义与今义很不相同。《说文》云："友，同志为友。"从

---

① 见《国语·晋语四》。

古人对"同志"的理解，我们可以知道"友"在古代是指今天所说的亲属关系①，而不是今天所说的朋友关系。又如，今人一见到君王这样的名词，就会解释为专制君主。其实这一类名词最初并不表示这种意思。《尔雅·释诂》云："林、烝、天、帝、皇、王、后、辟、公、侯，君也。"古代的"君"是何意思？郝懿行说："《逸周书·谥法篇》云：'赏庆刑威曰君，从之成群曰群'。《白虎通》云：'君，群也，群下之所归心也'。然则君之言群，凡群众所归，皆谓之君矣。林、烝者，众也，又训君者，众之所归斯谓之君，与君群义同也。……王者，《说文》云：'天下所归往也。'《风俗通》引《书大传》同。《谥法篇》云：'仁义所在曰王。'仁义所在是即民所归往也。"② 战国秦汉的人怎会这样解释君呢？而且今、古文学没有意见分歧。这种解释绝对不反映秦汉时的现实，而是保留了原始社会晚期军事领袖的称号的古义。古希腊的"巴赛勒斯"(basileia)、古罗马的"勒克斯"（rex），后来都释为"王"，有些近代学者又把他们释为专制君主，他们实际上是原始时代晚期的军事首领。中国古代的君王称号最初与古希腊、古罗马的"巴赛勒斯"、"勒克斯"同属一类。所以，对君的传统解释对于我们了解君的起源是很有助益的。这是从纵的方面看古注对于今人的意义。

第三，提供整理古代文献的方法。

中国经学还有一个传统，就是一贯重视对古代文献的整理工作。汉人经学、宋人经学、清人经学莫不如此，当然各时期发展的程度和特点有所不同。

重视注释，从汉儒以下一贯如此，不再缕述。对于目录、版本、校勘之学，刘向、刘歆父子已开其端。从现存的刘向《别录》少数篇章（如校《战国策》书录等），可以看到他校书和作提要的情况，《汉书·艺文志》也反映了他们父子工作的成果。辨伪的思想开始更早，孟子说："尽信《书》，则不如无《书》。吾于《武成》取二三策而已矣。"③ 汉人对于书之真伪也很注意。例如，相传汉武帝认为《周官》（《周礼》）是"末世渎乱不验之书"，何休认为它是"六国阴谋之书"等④。不过汉代还没有辨伪书的论著。汉代在经学上的主要成

---

① 参阅拙作《〈书·梓材〉人历、人宥试释》，已收在本书中。

② 见《尔雅义疏》。

③ 见《孟子·尽心下》。

④ 见《序周礼废兴》。

就是，一方面十三经（但当时无"十三经"之目）已基本编定，另一方面各经都开始有了注解。在治经方法上，除了辑佚以外，汉儒都已作了开端。

宋代经学在思想上的特点是在佛学影响下形成理学，在治经方法上则一方面大胆疑经，另一方面开始注意考信。宋人疑经之说颇多，最于史学有影响的是对于《诗》、《书》的怀疑。吴棫开始怀疑《尚书》伪孔传，朱熹又进而怀疑伪《古文尚书》。郑樵、朱熹先后怀疑《诗序》。这些怀疑都是很有见地的。既对《毛诗》的序和传有疑，于是开始了已失传的今文三家（齐、鲁、韩）诗传的追溯。王应麟撰《三家诗考》，虽才得一卷，但是开了辑佚书的先声。随着印刷术的发展，宋人刻经在版本和校勘方面也很有成绩。

到清代，学者以考据的方法治经，尤其因为精于小学，成绩远远超过前人。皮锡瑞说清代经学家的成就和贡献主要有三方面：一是辑佚书，二是精校勘，三是通小学①。这实在没有夸大的地方。清人充分应用了第一种方法，把大量散失的古书遗文从其他书中辑出来，使人们看到了原来已经看不到的书；充分应用第二种方法，把书中的各种讹错通过校勘加以指明校正，使人们能够看懂原来由于讹错而无法卒读的书；充分应用第三种方法，对大量典籍加以解释，使人们对原来误解或不解的书也能懂得其意思。应该说清人还在一个方面很有成绩和贡献，这就是辨伪。例如，宋人开始疑伪《古文尚书》，明代梅鷟继续有所驳难，到清初阎若璩作《古文尚书疏证》，以大量证据说明《古文尚书》是伪书，了结了中国历史文献上的一大公案。（惠栋作《古文尚书考》，又把伪《古文尚书》抄袭他书的出处疏列出来，也是辨伪工作中的一种彻底揭露方法）

清人治经学的方法，实际就是整理历史文献的方法，因此可以用来治史，更不用说他们所治的经学中实际已经涉及了大量史学问题了。张之洞曾说："由小学入经学者，其经学可信。由经学入史学者，其史学可信。"② 他倒是说出了清代史家成绩取得的途径或方法。作为整理历史文献的方法，前人特别是清代学者的经验是值得我们批判地汲取的。

北京师范大学史学探索丛书

---

① 见《经学历史·经学复盛时代》。
② 见《书目答问·姓名略序》。

三

我们重视经学对于史学研究的意义，同时又不能不看到这种意义的限度。首先不能不看到经学本身中留下了很多问题。《四库全书总目·经部总序》有这样一段话颇值一读："自汉京以后，垂二千年，儒者沿波，学凡六变。其初专门授受，递禀师承，非惟诂训相传，莫敢同异，即篇章字句，亦恪守所闻。其学笃实谨严，及其弊也拘。王弼、王肃，稍持异议，流风所扇，或信或疑。越孔、贾、啖、赵以及北宋孙复、刘敞等，各自论说，不相统摄，及其弊也杂。洛闽继起，道学大昌，摆落汉唐，独研义理，凡经师旧说，俱排斥以为不足信，其学务别是非，及其弊也悍。学脉旁分，攀援日众，驱除异己，务定一尊，自宋以逮明初，其学见异不迁，及其弊也党。主持太过，势有所偏，材辩聪明，激而横绝，自明正德、嘉靖以后，其学各抒心得，及其弊也肆。空谈臆断，考证必疏，于是博雅之儒引古文以抵其隙，国初诸家，其学征实不诬，及其弊也琐"。这些话对经学史上的得失评得比较客观，所指出的拘、杂、悍、党、肆、琐等缺点也无一不是实际的存在。清人都能看出经学发展中的种种问题，这的确不能不促使我们在估计和应用经学成果的时候保持一种积极的清醒态度。

第一，我们估计儒家经书和经学著作作为历史资料的价值，应该有一个适当的限度。以上曾经肯定儒家经书：（1）保存了古代原始文献，（2）反映历史的方面较多，（3）比较系统地记载了古史。不过，这些都是有限度的。在儒家经典以外，先秦还有其他子书、史书，其中多记各种历史资料，虽不系统，但足资参考或印证，不然就会留下缺陷。例如，《史记·十二诸侯年表》始自共和元年（鲁真公十五年，即公元前841年），《春秋》始自周平王四十九年（鲁隐公元年，即公元前722年），鲁隐公元年以前的一百二十年就要依靠《春秋历谱谍》。司马迁在《序》中说："儒者断其义，驰说者骋其辞，不务综其终始；历人取其年月，数家隆于神运，谱谍独记世谥，其辞略，欲一观诸要难。于是谱十二诸侯，自共和讫孔子，表见《春秋》、《国语》学者所讥盛衰大指著于篇，为成学治古文者要删焉"。可见，事关中国连续历史纪年起点的这个《年表》，司马迁就不是只凭儒家经典做出来的。儒家经典以外，现又有大量甲骨文、金文的文献资料。从数量来说，甲骨文、金文资料将随考古发现而日益增多，从内容来说，有儒家经典所未记者，有可与相互印证者。由于儒家经典传世久，讹误多（王国维曾说这是《尚书》难懂的原因之一），甲骨文、金文资料具有更权威的第一手性质。如《毛公鼎铭文》、《大盂鼎铭文》等，我们称之为真"古文尚书"看来也不为过。考古发现的遗址和文物，作为历史资料，有许多尤其不是经学资料所能代替的。这些资料需要有经学的资料作为参考和印证，经学中许多不易凭文字考释得到解答的问题更要靠这类资料来解决。

如果说儒家经典的局限之一在于数量还不足，那么历代经学著作的一个严重问题就是烦冗。《十三经注疏》、宋元人注《四书五经》、《皇清经解》、《皇清经解续编》等，卷帙之多，可谓汗牛充栋。这么多的经解，作为中国学术史的资料，尤其作为经学史的资料，在不同性质和程度上都是有用的；而其中实际有益于证史的却只占很小的比重。因为经学研究有一个致命弱点，就是从文字到文字，严重脱离实际（当时无考古学、民族学等知识），许多儒者在这种情况下逞其"博学"，结果不能不出现大量无用的东西。经学大病之一是烦琐，而烦琐所指的正是这样一种矛盾统一现象：无用的成分多，有用的成分少。我们在接触经学著作时不能只看到其量多的现象，而应尤其注意其实质的不足。

第二，儒家经典和经学著作不仅有数量和范围的局限，而且还有许多各种各样没有解决或没有解决好的问题。譬如，书有真伪，文有正讹，说有是非（有观点性的，有学术性的），尽管经过清人做了大量工作，分歧、矛盾没有解决者仍然是很可观的。因此，我们在运用经学成果证史时，对于那些成果本身仍须加以分析和研究。

现在试就两个例子略论这种分析和研究的必要。这两个例子都是金景芳教授在《经学与史学》一文中已经举过的。

《礼记·礼运》记孔子曰："大道之行也，与三代之英，丘未之逮也，而有志焉。大道之行也，天下为公，选贤与能，讲信修睦。故人不独亲其亲，不独子其子，使老有所终，壮有所用，幼有所长，矜、寡、孤、独、废疾者有所养，男有分，女有归。货恶其弃于地也，不必藏于己；力恶其不出于身也，不必为己。是故谋闭而不兴，盗窃乱贼而不作，故外户而不闭。是谓大同。"

"大同"一章，基本有两种理解：一种认为说的是孔子的理想，一种认为有实际根据。（其中又分两说，一认为就是反映历史真实情况，如金先生所说，一认为基本反映实际，有理想化或夸大的成分，如郭沫若先生所说。我同意郭

北京师范大学史学探索丛书

先生的说法，不过这两说分歧不是基本的）应该说，这两种理解在经学史上都是有根据的，前者宋人主之，后者汉人主之，关键问题在于谁是谁非。

分歧的产生的确如金先生所言，在"丘未之逮也，而有志焉"的"志"字上。元人陈澔（其父大猷乃朱熹再传弟子饶鲁的弟子）释此句云："我（指孔丘）今虽未得及见此世之盛，而有志于三代英贤之所为也。此亦梦见周公之意。"这就分明把"志"释为"理想"（只说有志于"三代英贤"，又漏了"大道之行"这一半）。这样释"志"，看起来在训诂上并非无据。"吾十有五而志于学"，"志于道，据于德"中的"志"都就是理想、志愿的意思。而且这样解释看起来也文从字顺。前辈学者多读陈氏《集说》，很自然地就接受了"大同"出于理想的说法。① 可是，正是在这里显出了宋人"悍"的毛病，他们没有认真考虑和吸收前代的合理故训。郑玄注云："志谓识古文"，一语破的。金先生赞成郑说，并且引用了马克思主义经典著作作了论证。这里再补充一点理由或根据。《吕氏春秋·孟春记·贵公》："昔先圣王之治天下也，必先公。公则天下平矣。平得于公。尝试观于上志（高诱注云：上志，古记也），有得天下者众矣，其得之以公，其失之必以偏。"这段话说明两个问题：一是"志"确是"识"或"记"的古文（其实是同音假借），秦汉人近古，都熟知这一点；二是到秦时仍然存在"上志"，记载着上古以公治天下的事。《吕氏春秋》作者既看过这种记载，孔子看过也就不足为奇了。原始社会没有文字，怎么会有记呢？一是可以经过传说再记载下来；二是西周、春秋时还有许多部落夹在诸夏的空隙里，有文字的诸夏看见就会记下来。孔子知道"先进之于礼乐，野人也；后进之于礼乐，君子也"，知道"礼失而求诸野"，当然也能从各部落当时的情况推想出诸夏早先的情况。古人根据前世传说和当时部落情况，知道上古有公有制，这不足为奇，而且在许多国家都是有的。

《礼记》之《丧服小记》及《大传》皆有"别子为祖，继别为宗，继祢者为小宗"之说，也就是宗法之说。关于别子，郑玄在《礼记》注中凡有三说：(1)"大祖，别子始爵者。《大传》曰：别子为祖。谓此。虽非别子，始爵者亦

---

① 邵懿辰解释为"有志未逮"，见皮锡瑞：《经学通论》三，"三礼"，80页。

然"①；（2）"诸侯之庶子别为后世始祖也，谓之别子者，公子不得祢先君"②；（3）"别子谓公子若始来在此国者，后世为祖也。"③《大传》云："君有合族之道，族人不得以其戚戚君位也"。郑注云："君恩可以下施，而族人皆臣也，不得以父兄子弟之亲自戚于君位，谓齿列也。所以尊君别嫌也。"孔颖达疏云："此一经明人君既尊，族人不以戚戚君，明君有绝宗之道也。"由此而出现君统与宗统分离的说法。过去许多经学家（如毛奇龄、程瑶田等）取此说，金景芳教授亦取此说。

还有不少学者认为，"天子是天下之大宗"，"诸侯是一国之大宗"。金先生以为这"显然是不研究经学之过。"我看恐怕不能这样说，因为这一说在经学史上也是有根据的。《诗·大雅·公刘》云："君之宗之"。直接说明在公刘身上君统与宗统是统一的。毛传云："为之君，为之大宗也。"也是没有任何附加的直解。（郑玄笺则云："宗，尊也。"）《大雅·板》云："大宗维翰"、"宗子维城"，毛传云："王者天下之大宗。"（郑笺则云："大宗王之同姓之嫡子也"，又云："宗子谓王之嫡子。"）《诗》和毛传对大宗的认识与《礼记》不同，王国维在《殷周制度论》中已经指出，前人也早有指出者。郑玄把"君之宗之"的"宗"释为"尊"，严格地说是训诂上的一种错误。"宗"固然可以经过抽象引申为"尊"，（按《说文》："宗，尊也〈此"也"字依段注加〉，祖庙也"，"宗"的本义是"祖庙"，经抽象引申为"尊。"）"君"也同样可以经过抽象而引申为"尊"。（按《说文》："君，尊也，从尹发号令故从口"。君原是发号令者，经抽象引申为"尊"）因此，君、宗二字如依同样方法训释就都成为"尊"，那么此句诗就成了"尊之尊之"，还成话吗？我认为，以郑玄这样淹贯群经，精于小学的人不会不注意到这个问题，他所以这样背传作笺一定另有考虑。这种考虑从孙毓的话里可以看到一点线索。孙说："国君不统宗，故有大宗小宗，安得为之君复为之大宗乎？笺说为长。"孙毓之所以疑传取笺，根据在"国君不统宗"这一前提，好像这是自明而不可疑的。为什么呢？我看是因为这种情况至少在汉代已实行了近四百年，以前国君收族的事这时都由宗正办理，堂堂汉代皇帝是

---

① 见《王制》注。
② 见《丧服小记》注。
③ 见《大传》注。

不屑于做统宗的事了。人们看惯汉代的制度，就自觉或不自觉地把它套到古代去了①。毛传保守传统，郑笺顾及现实，分歧大概由此而来。

无论如何，关于宗法中的君统和宗统的问题，自汉代以来就有两说，以后经学家持两说者都有，所以分歧是经学不同理解的问题，而不是研究或不研究经学的问题。

对于这种分歧，如果按传统的以考据和训诂为主的经学方法讨论下去，大概大家都还有很多话可说，问题也可以有所进展。不过，我觉得，如果同时注意一下金文资料，那么我们的选择可以作得比较迅速而准确一些。例如，《何尊铭文》："王弄（诰）宗小子于京室"。这说明，王承认臣下为同宗。又如，《驹形盉尊》："（盉）拜颐首曰：王弗朢（忘）氒（厥）旧宗小子，蚕皇盉身。盉曰：王侎下不其则万年保我万宗"。这说明，王仍承认同宗的人，而且王永远是万宗的保护者。这里的王就是大宗，万宗就是小宗，其间永远有着对下侎（《说文》：侎，辅也）和保的关系。又《盉尊铭文》："盉曰：天子不叚不其保我万邦"。此器铭的"万邦"就是前引器铭的"万宗"，就又可见天子与诸侯邦国间也有大宗、小宗的关系。当然，宗法中君统宗统问题的解决，不能如此简单了事，不过，从这里可以看到金文资料对于解决经学史上的问题具有十分重要的意义。

四

中国的史学为什么会在长时期中与经学关系十分密切呢？除了历史上的政治原因以外，看来还有学术上的原因，就是中国经学与史学在传统上有相近以至相合之处。

第一，中国经学有一个特点，就是重视传统。当然，重传统并不意味没有变化和发展，清代经学很重传统，而清代经学成就远胜前代，这就是明证。重传统有其保守的一面，但是也有维护中国文化连续性的一面。中国史学也重传统。如果说经学重的是多识前言往行以蓄其德，那么史学重的就是多观前车之

① 赵光贤先生对此曾有论述，见《周代社会辨析》，104 页，北京，人民出版社，1980。

古代中国与世界

163

史学和经学

鉴以益其智。由于中国经学和史学之重传统，几千年来，这两方面的著作前后相承，连续不断，为世界任何其他国家所未有。汤姆生说希腊和中国同样具有文化的连续性①，高善必亦云印度文化有长期的连续性②。究其实际，恐怕只有中国的经学和史学的连续性才真正体现了文化链条上的环节完整性。中国经学和史学在发展中既是平行的，又是相互影响的，这对中国文化的连续性关系至大。

第二，中国经学不是宗教教义，不是纯抽象的哲学，而是兼含多种学术内容（印度吠陀经学亦有多种内容，而独缺于史），有论有史，与史接近。中国史学亦兼容多科内容，自《史记》分撰"八书"，以下正史大多都有书、志，更不必说《通典》、《通志》（尤其二十略）、《通考》这样的书了。这样，中国的经学和史学实际在许多领域里就重合起来。在前人研究《诗》、《书》、《礼》（三礼）、《春秋》的著作中有着大量的史的内容，而且有不少实际也就是考史之作。实例极多，不胜枚举。

第三，中国的经学和史学既有相通之处，还有共同倾向，就是都注意经世致用。当然，前人经学和史学中的烦琐哲学和烦琐考证确实不少。但只要把中国的经学和外国的宗教教义一比较，就可明显地看出，中国的经学不是出世的，而是入世的，和史学一样，其基本倾向是注意经世致用。前代优秀的经学家和史学家无不十分致力于此。

既然中国的经学和史学在历史上的关系并非偶然的，现在我们就不能敝屣视之，一丢了事。我们应该科学地利用经学成果以为治史之资（如何科学地利用也是一个值得研究的课题），而且也应该从这种关系中得到启发。我认为，至少有三个方面是值得注意的。一则，充分研究中国文化传统、史学传统，发展有中国特色的史学。二则，应该发扬中国史学（经学亦同）注意多科联系的传统。当然，过去所已注意到的有关方面和关系深度都远远不够，现在要了解国外史学方面的新发展，建立有中国特点的多学科史学。三则，史学研究仍须注意经世致用，这绝不是说要引古喻今，搞什么影射，那是不

---

① G. Thomson，*The First Philosophers*，1977，p. 61.

② D. Kosambi，*The Culture and Civilization of Ancient India in Historical Outline*，1977，p. 9.

科学的。现在有些学者主张将史学分为理论史学和应用史学二科，这些都值得思考。

中国经学有其复杂的思想体系，这种思想体系对于史学的影响是应该充分注意和研究的。这篇小文不可能涉及那样广泛而复杂的问题，所以只就经学和史学的关系以及经学在资料和方法上对史学的作用说了一些不成熟的意见。

宗法辨疑

宗法是我国古代史上一项非常重要的制度。前代学者对它的解释和研究很多，但所留下的问题也不少。其中分歧最大而至今犹在争论者，大概首推君统与宗统是否一致的问题。本文拟就这个问题发表一些意见，以就正于有道。

一

在宗法系统中是否包括天子和诸侯，或者说君统与宗统是否一致，这个问题至少在汉代即已存在。

《诗·大雅·公刘》："食之饮之，君之宗之"。毛传云："为之君，为之大宗也。"[①]《诗·大雅·板》："大宗维翰"。毛传云："王者天下之大宗"。[②] 此说将天子、诸侯列于宗法系统之内，即视君统与宗统为一。

《礼记·大传》："别子为祖、继别为宗，继祢者为小宗"。（《丧服小记》亦有此文）"有小宗而无大宗者，有大宗而无小宗者，有无宗亦莫之宗者，公子是也。公子有宗道，公子之公，为其士大夫之庶者，宗其士大夫之嫡者，公子之宗道也。"郑玄注云："公子不得宗君。君命嫡昆弟为宗，使之宗之，是公子之宗道者。所宗者嫡，则如大宗……无嫡而宗庶，则如小宗……公子唯己而已，则所无宗亦莫之宗。"此说以为国君不在宗法系统以内，即视君统与宗统为二。

王国维氏注意到了这一点，说"是礼家之大宗限于大夫以下者，诗人直以称天子诸侯"。[③] 他敏锐地判定这是经学系统中的诗家和礼家的区别。他这样说，是有一定的道理的。许多治礼的经学家从《礼记》说，如万斯大《礼记偶笺》、毛奇龄《大小宗通绎》、程瑶田《宗法小记》等都如此；而治诗的经学家颇持异说，如胡承珙《毛诗后笺》、陈奂《诗毛氏传疏》等皆如此。不过，王氏

---

① 《毛诗正义》，《十三经注疏》，542 页，北京，中华书局，1980。

② 同上书，550 页。

③ 王国维：《观堂集林》，462 页，北京，中华书局，1959。下引王氏说见此文者不另注。

此说也并非绝对正确。《白虎通义》是汉代言礼的重要著作，其说即与《礼记》有异（见下文），汉代礼家之说并不一致。另一方面，郑玄精研三礼，博治群经，力图以《礼记》之说注《诗》。他释"君之宗之"之宗为"尊也"。释"大宗维翰"云"大宗，王之同姓之嫡子也"。[①] 从他以后，许多治《诗》的经学家也从《礼记》之说。如对"君之宗之"一句，晋儒孙毓云："国君不统宗，故有大宗、小宗。安得为之君复为之大宗乎？"宋儒朱熹亦云："宗、尊也、主也。嫡子孙主祭祀，而族人尊之以为主人。"由于郑玄的影响，君统与宗统为二的说法逐渐为多数经学家所接受，成为经学中一种具有代表性的思想或主流之说。

王国维氏本人对君统、宗统为二说是有所怀疑的。他说："《大传》此说颇与《小记》及其自说相违异。盖宗必有所继，我之所以宗之者，以其继别若继高祖以下故也。君之嫡昆弟、庶昆弟皆不得继先君，又何所据以为众兄弟之宗乎？或云：此宗子者，所以合族也。若然，则所合者一公子耳，至此公子之子与先公子之若孙间，乃无合之之道。是大夫、士以下皆有族。而天子、诸侯之子于其族曾祖父母、从祖父母、世父母、叔父母以下服之所及者，乃无缀属之法。是非先王教人亲亲之意也。"[②] 这一段议论的逻辑十分清晰，无懈可击。不过，他采取了一个折中的办法，说："故由尊之统言，则天子、诸侯绝宗，王子、公子无宗可也。由亲之统言，则天子、诸侯之子身为别子，而其后为大宗者，无不奉天子、诸侯以为最大之大宗。特以尊卑既殊，不敢加以宗名，而其实仍在也。"[③] 王氏的折中是有倾向的，即认为天子、诸侯其实皆为大宗。这是王氏求实精神的表现。但是他容许在自己的说法中保留名实的矛盾。这个矛盾，不再是诗家和礼家的经学内部矛盾，而是王氏传为史学家和经学家的矛盾。作为史学家，他究心于实际；作为经学家，他又不愿对《礼记》和郑玄不留余地。

我认为，王国维氏在这里作出了两重的贡献：一方面，他揭示了《礼记》中君统、宗统为二的说法中的内在矛盾，直接地告诉了人们实际存在的宗法是与此相反的；另一方面，他自己又留下了矛盾，间接地启发人们思考：在某种经学见解和历史实际有矛盾的时候，我们应该怎样做。

---

① 《毛诗正义》，550 页。

② 王国维：《观堂集林》，460 页。

③ 同上。

二

在某种经学见解和历史实际发生矛盾的时候，看来我们仍然首先必须综核名实，考信于历史事实。

按照王国维氏的说法，天子、诸侯有大宗之实而无其名，诸侯对天子、大夫对国君的宗法关系也有实而无名。然而事实并非如此。

首先探讨一些先秦的实例。

《何尊铭文》："王弄（诰）宗小子于京室"。① 何的先父事周文王有功。武王克商后赏赐何，并称何为"宗小子"。可见周王承认和臣下的同宗关系。而无意断绝这种关系。

《驹形盉尊铭文》："（盉）拜颕首曰：王弗塱（忘）乒（厥）旧宗小子，蟸皇盉身。盉曰：王佣下不其则万年保我万宗。"后一句在《盉尊铭文》中作："盉曰：天子不叚不其保我万邦。"盉的这两篇铭文说明：王承认和臣下的同宗关系，臣下也希望王保护自己的宗，并且作为最大的大宗保护一切小宗（万宗）。同时，万宗与万邦相当，可见这里的小宗指的是诸侯，天子和诸侯间有大小宗的保护关系。

《善鼎铭文》："善敢拜颕首，对扬皇天子不丕休，用作宗室宝障。唯用妥福乎前文人，秉德共屯（恭纯）。今其用各（格）我宗子霪（与）百生（姓），今用匀屯鲁（纯暇）于万年，其永宝用之。"② 善受命于周王，继承其祖职务，佐助某侯监某地驻军，他因此作器。他做的是献给宗室的尊。《诗·召南·采苹》："于以奠之，宗室牖下。"毛传云："宗室，大宗庙也。大夫、士祭于宗庙，奠于牖下。"③ 所以善作的就是献给大宗之庙的尊。其目的，一方面是要"妥福于前文人，秉德恭纯"，一方面是要"格我宗子与百姓，匀纯暇于万年。""前文人"见《书·文侯之命》。"父义和，汝克绍乃显祖，汝肇刑文武，用会绍乃辟，追孝于前文人。"④ 伪孔传释"前宁人"为"前文德之人"。其实父义和肇刑的既

---

① 郭沫若：《两周金文辞大系图录考释》下册，65页，上海，上海书店，1999。

② 同上。

③ 《毛诗正义》，286页。

④ 《尚书正义》，《十三经注疏》，254页。

然是文、武（王），追孝的自然是"前文王"。"前文人"在《书·大诰》中作"前宁人"，①伪孔传释"前宁人"为"前文王"，是正确的。金文"文"字作 ![char]，古人误认为"宁"。至于《善鼎铭文》中的"宗子"，郭沫若先生云："《大雅·板》'宗子维城'，郑玄云'宗子谓王之嫡子'。此亦言宗子，而与百姓对列，似言本宗子弟。郑解不确。"② 其实，此处的宗子，所指正是作为大宗（继文王的大宗）的周王。因为，一则，善为宗室作器，而妥福于文王，此宗子非作为文王嫡嗣的周王莫属；二则，宗子与百姓对列，正说明此宗子非一般宗子可比，而是作为百姓大宗的总宗子，在周邦中此宗子亦非周王莫属。释宗子为本宗子弟有两个问题：一是，本宗子弟称"宗小子"，"宗小子"与"宗子"相差一字，而意思相去甚远；二是，"本宗子弟"和"百姓"两个概念在内涵上是有重复的，如果并列，在逻辑上就有混乱。如果以宗子（周王）与百姓并举，就没有上述的逻辑问题。《善鼎铭文》显示的正是善作为小宗与周王大宗的关系。

《王子午鼎铭文》："佳正月初吉，丁亥，王子午择其吉金，自乍𪔂彝鬲鼎，用享以孝于我皇且文考，用祈眉寿。"《礼记·丧服小记》云："庶子不祭祖者，明其宗也。"③ "庶子不祭祢者，明其宗也。"④《大传》云："庶子不祭，明其宗也"。⑤《郊特牲》："诸侯不敢祖天子，大夫不敢祖诸侯"。王子午为楚王庶子，竟然也能祭祖，这就说明，王子午和王没有断绝宗法关系。

以上四条铭文材料，前三条属于西周时期，后一条属于东周时期的楚国。它们都证明国君并不在宗法关系以外，而是同下属保持着宗法关系。同样，传统的文献也有类似的记载。

《左传》文公二年："宋祖帝乙，郑祖厉王，犹上祖也"。⑥ 杜预注云："帝乙，微子父；厉王，郑桓公父。二国不以帝乙，厉王不肖，而犹尊上之"。这都是反驳"诸侯不敢祖天子，大夫不敢祖诸侯"的有力实据。

---

① 《尚书正义》，《十三经注疏》，199 页。
② 郭沫若：《两周金文辞大系图录·考释》，65 页。
③ 《礼记正义》，《十三经注疏》，1495 页。
④ 同上书，1496 页。
⑤ 同上书，1508 页。
⑥ 《春秋左传正义》，《十三经注疏》，1838 页。

《国语·鲁语上》记曹刿曰："天子祀上帝，诸侯会之受命焉。诸侯祀先王、先公，（韦昭注云：先王谓若宋祖帝乙，郑祖厉王之属是也。先公，先君也）卿、大夫佐之受事焉。"①

《左传》襄公十二年："秋、吴子寿梦卒，临于周庙（杜预注云：文王庙），礼也。凡诸侯之丧，异姓临于外，同姓临于宗（杜注云：所出王之庙），同宗于祖庙（杜注云：始封君之庙），同族于祢庙。是故鲁为诸姬临于周庙，为邢、凡、蒋、茅、胙、祭临于周公之庙（杜注云：即祖庙也）。"② 这又进一步证明《鲁语》所记曹刿说"诸侯祀先王、先公"是对的。

《战国策·齐策四》记："冯谖诫孟尝君曰：'愿请先王之祭器，立宗庙于薛'。庙成，还报孟尝君曰：'三窟已就，君姑高枕为乐矣。"③《齐策三》："孟尝君在薛，荆人攻之。淳于髡为齐使于荆，还反过薛。而孟尝令人体貌而亲郊迎之。谓淳于髡曰：'荆人攻薛，夫子弗忧，文（孟尝君名）无以复侍矣。'淳于髡曰：'敬闻命。'至于齐，毕报。王曰：'何见于荆?'对曰：'荆甚固，而薛亦不量其力。'王曰：'何谓也?'对曰：'薛不量其力，而为先王立清庙（高诱注云：先王，威王），荆固而攻之，清庙必危，故曰薛不量力而荆亦甚固'。齐王和其颜色（高诱注曰：齐宣王也，威王之子），曰：'薛，先君之庙在焉。'疾兴兵救之。"④ 孟尝君以公子身份宗先君，祭先王，和齐公室同样保持着大小宗的关系。

万斯大在《礼记偶笺》（三）"郊特牲"篇"诸侯不敢祖天子"条中，硬是不信《左传》襄公十二年传所说，吴寿梦临于周庙之庙为文王庙，谓为"后人假托之辞也。鲁安得有文王庙?《左传》所言周庙，盖即泮宫。"⑤ 万氏削史学之足适经学之履，主观臆断，至于斯极，金文和传统文献材料都证明他的臆断错了。

其次再探讨一些汉代的实例。

---

① 董增龄：《国语正义》，386 页，成都，巴蜀书社，1985。
② 《春秋左传正义》，《十三经注疏》，1951 页。
③ 《战国策》，379 页，上海，上海古籍出版社，1985。
④ 同上书，376 页。
⑤ 万斯大：《礼记偶笺》《清经解续编》，第 1 册，卷二十七，108 页，上海，上海书店，1988。

汉武帝末年，江充用事。他和太子刘据有矛盾，恐在武帝死后为太子所杀，就企图以巫蛊为手段陷害太子。刘据发兵杀江充，但在与丞相等作战中兵败，逃亡不知下落。汉武帝大怒，此时壶关三老茂上书劝武帝宽恕太子，其中有云："今皇太子为汉嫡嗣，承万世之业，体祖宗之重，亲则皇帝之宗子也。"①如果汉朝皇帝不自认为诸侯王的大宗，皇太子又怎能称为"宗子"？

汉昭帝死后无子，霍光拥立昌邑王贺，不久又废了他。霍光向太后建议立刘据的孙子病已为皇帝。他说："礼，人道亲亲故尊祖，尊祖故敬宗。大宗无嗣，择支子孙贤者为嗣。孝武皇帝曾孙病已……可以嗣孝昭皇帝后，奉承祖宗，子万姓。"② 这就清清楚楚地讲明，汉朝皇帝就是大宗。原来刘据是汉武帝的嫡子，立为太子，弗陵（昭帝）只是庶子，太子死于巫蛊之祸，病已流落民间。昭帝继武帝位，便成嫡子，大宗。昭帝死后，病已又从民间被选出继昭帝位，又是以支子继大宗。这样大小宗之间的关系是没有割断的。《通典》（卷九十六）引"汉石渠议：大宗无后，族无庶子，已有一嫡子，当绝父祀以后大宗不？戴圣云：'大宗不可绝。言嫡子不为后者，不得先庶耳。族无庶子，则当绝父以后大宗。'闻人通汉云：'大宗有绝，子不绝其父。'宣帝制曰：'圣议是也'。"宣帝如此裁决不是偶然的。他本人就是这样以小宗入嗣大宗，为昭帝后而继位的。

成帝无子，以定陶王欣为太子。欣父康为元帝庶子，成帝异母弟，是为定陶共王。欣被征入为太子后，"上（成帝）以太子奉大宗后，不得顾私亲，乃立楚思王子景为定陶王，奉共王后。成帝崩，太子继位，是为孝哀帝。即位二年，追尊共王为共皇，置寝庙京师，序昭穆，仪如孝元帝。徙定陶王景为信都王云。（如淳曰：不复为定陶王立后者，哀帝自以己为后故）"③ 哀帝这样做，不合小宗为大宗后之礼，所以师丹曾进谏，其中有云："礼：'父为士，子为天子，祭以天子，其尸服以士服。'子亡爵父之义，尊父母也。为人后者为之子。故为所后服斩衰三年，而降其父母期，明尊本祖而重正统也。孝成皇帝圣恩深远，故为共王立后，奉承祭祀。今共皇长为一国太祖，万世不毁，恩义已备。陛下既继体先帝，持重大宗，

① 《汉书》卷六十三，《武五子传》，2744 页，北京，中华书局，1962。

② 见《汉书·宣帝纪》。

③ 见《汉书·宣元六王传·定陶王传》。

承宗庙天地社稷之祀，义不得复奉定陶共皇祭入其庙。今欲立庙于京师，而使臣下祭之，是无主也。又亲尽当毁，空去一国太祖不堕之祀，而就无主当毁不正之礼，非所以尊厚共皇也。"① 这就说明，汉天子是诸侯王的大宗，诸侯王于汉为小宗。大宗无子，小宗子必往继大宗后。诸侯王在本国又为大宗，百世不迁（即"共皇为一国太祖，万世不毁"），也不能无后，所以汉成帝在征定陶王欣为太子以后，又"立楚思王子景为定陶王，奉共王后"。

以上情况说明，汉代的天子和诸侯王皆在宗法系统之内，天子为大宗，诸侯为小宗，名义毫不含糊；大宗（天子）无子，以小宗（诸侯王子）入嗣为后，关系也至为明确。事实既然如此，我们就不能再像万斯大那样削"史学之足"以适"经学之履"，不能说国君是绝宗之人了。

三

既然《礼记》中有些关于宗法的记述及郑玄以下的经学家们所作的注疏不符合于历史的事实，那么，我们就应当弄清楚：哪些地方是《礼记》内容本身有问题，经学家的注疏跟着错了；哪些地方是《礼记》本身并无错误，也许文字有些含糊，经学家的注疏理解错了。

清人程瑶田说："宗法载《大传》及《丧服小记》，列其节目，明其指归。有大宗、小宗之名，有迁与不迁之别，又为之通宗道之穷，究立宗之始，此所谓宗法也。"② 现在我们就按程氏所列节目来考辨《礼记》和经学家注释的是非。

第一，关于立宗之始"别子为祖，继别为宗，继祢者为小宗"，③ 见于《小记》及《大传》。这是关于立宗之始的概括说明。大、小宗的区别也由此而确定。但是，这几句话如何理解，历来学者所说颇有不同。

首先，什么是别子？《白虎通义·宗族》云："别子者，自为其子孙为

---

① 《汉书·师丹传》卷八十六，3506 页。

② 程瑶田：《宗法小记·宗法述》，皇清经解之礼类，第 1 册，631 页，台北，艺文印书馆，1986。

③ 《礼记正义》，《十三经注疏》，1508 页。

（据卢文弨校本，此"为"字当删）祖。"① 这就是说，凡是别起一支而成为本支后世之祖者，就是别子。郑玄却认为："别子谓公子若始来此国者，后世以为祖也。"② 他认为只有公子或始来别国并为后世祖者，才是别子；如果是公子之庶子孙在本国别始一支者，那就不算是别子。这样，他就把别子的范围作了一个限制。

为什么作这样的限制呢？郑玄在注《丧服小记》"别子为祖"时说："诸侯庶子别为后世始祖也，谓之别子者，公子不得祢先君。"③ 这就赋予了别子以特殊的意义，不再是一般的始为别支的庶子，而必须是诸侯的庶子即公子。《仪礼·丧服传》云："诸侯之子称公子，公子不得祢先君；公子之子称公孙，公孙不得祖诸侯。此自卑别于尊者也。"④ 郑玄以"公子不得祢先君"作为"别子"所以为"别"的理由，大概是着眼于卑与尊之别。这样"别子"之"别"就有了经学微言中的大义，成为一种不能逾越的框框。"公子不得宗君"，"君是绝宗之人"等说法，也由此而起。其实，正如上文所述，公子、王子祭先祖、先君的事实是存在的。郑玄于《周礼·春官·都宗人》职注中说："都或有山川及因国无主、九皇、六十四民之祀，王子弟则立其祖王之庙，其祭祀，王皆赐禽焉。"⑤ 又于《家宗人》职注中说："大夫采邑之所祀与都同。若先王之子孙，亦有祖庙。"⑥ 郑氏本人也承认这些事实。那么，怎样解释"公子不得祢先君"呢？《礼记·曲记下》云："支子不祭。祭必告于宗子。"⑦ 不祭，表明大小宗之间的区别；祭必报告宗子，表明大小宗之间的联系。大小宗之间的区别处，正是二者之间的联系处。因此，"别子"之"别"，应是与所自出之国君或大宗有区别也有联系，不是一"别"便出现绝宗现象。

至于"别子"和"为祖"的关系。郑玄于《王制》注中云："大祖，别子之始爵者。《大传》曰：别子为祖，谓此。虽非别子，始爵者亦然。"⑧ 这样说

① 陈立《白虎通疏证》卷八，"宗族"，395 页，北京，中华书局，1994。
② 《礼记正义》，《十三经注疏》，1508 页。
③ 同上书，1495 页。
④ 《仪礼注疏》，《十三经注疏》，1115 页。
⑤ 《周礼注疏》，《十三经注疏》，827 页。
⑥ 同上。
⑦ 《礼记正义》，《十三经注疏》，1269 页。
⑧ 同上书，1335 页。

来，别子可以为祖，也可以不为祖；为祖者可以是别子，也可以不是别子。什么是决定一个人为祖的条件呢？始爵。这就成了"始爵为祖"而非"别子为祖"了，着眼点主要放在政治方面而非血缘方面。其实，《礼记》的"别子为祖"和《白虎通义》的"别子者，自为其子孙祖"，都表示一种比较简单明确的观念；只要在亲属关系中别开一支，即成为本支后世之祖。这是由血缘关系分衍而自然出现的事实。宗法固然具有浓厚的政治的性质，不过它必须建立在血缘关系的基础上。郑玄这样解释"别子为祖"，把简单的问题说复杂了，把本来明白的问题说糊涂了。

由立祖而立宗，这就是"继别为宗，继祢者为小宗"。《礼记》这两句话在《白虎通义·宗族》中表述为"继别也，各自为宗。小宗有四，大宗有一。"①（卢文弨据《通典》引文校，"也"作"者"，"小宗"前有"所谓"二字）郑玄释"继别"者为"别子之世嫡也，族人尊之，谓之大宗，是宗子也。"释"继祢者"为"父之嫡也。兄弟尊之，谓之小宗。"② 郑注符合《礼记》本义。不过，《礼记》文和郑注与《白虎通义》文有区别。按《白虎通义》文，"继别者各自为宗"，显然不止一个大宗，而且包含各小宗。所以下文立即是"所谓小宗有四，大宗有一"。大宗固然是继别子者，小宗也是继别子者；不过小宗不是把别子当作立宗之祖来继，而是当作自己的祢来继的。第一代的小宗以别子作祢来继，第二代的小宗以第一代小宗建立者为祢来继，以至小宗有四。按《白虎通义》的意思解释《礼记》的"继祢者为小宗"。"继祢者"就有两重意思：一是各代小宗的建立者以各代"别子"（包括第一代大宗建立者和四代小宗的建立者）为祢来继；二是各小宗的继承者以自己的父庙为祢来继。例如，周公作为周文王的别子，建立鲁国之宗成为鲁宗之祖。这一方面是"别子为祖"，另一方面又是继祢为宗。周公以文王为祢而自建相对于周大宗的鲁小宗。三桓建宗者以鲁桓公为祢以建相对于鲁大宗的各自小宗，同时他们又是别子为祖，建立了相对于从属三桓的诸小宗的大宗。

这就是说，大宗和小宗都是相对而言的。当然，天子的大宗，不相对地表现为小宗。清儒朱大韶根据《仪礼·丧服传》"族人以支子后大宗也，嫡子不得

① 陈立：《白虎通疏证》，395 页。
② 《礼记正义》，《十三经注疏》，1508 页。

后大宗"① 的精神，得出大宗有四，小宗有一的结论。他说："盖小宗传世之后，即为继祖之宗。以嫡子后之（指大宗），是夺其宗也。故嫡子不得后人。为人后者，皆为其大宗。则大宗非指百世不迁之宗甚明。嫡子不得为人后，则再世之嫡，即为大宗，又甚明。否则必百世之宗无子，乃立后，则继祖至继高祖四宗，皆可绝。既不为之立后，何以嫡子不得后人。"依朱氏说，只有刚继祢为小宗尚无庶子分支者为小宗，当然这个小宗也是暂时的，将来也将转化为大宗。② 朱氏善做翻案文章，以经学之矛陷经学之盾，其说甚辨。其实，从立宗之始的角度来看，一大宗四小宗说是正确的，然从宗的发展演变角度来看，四大宗一小宗说又是正确的。朱氏与前人各执一偏而已，岂有他故。不过，朱大韶能从宗的发展角度看问题，在当时是很难得的，对今人也是有启发的。

第二，关于有迁与不迁之别，《礼记·大传》："有百世不迁之宗，有五世则迁之宗。百世不迁者，别子之后也；宗其继别子之所自出者，百世不迁者也。宗其继高祖者，五世则迁者也。"③《丧服小记》："有五世而迁之宗，其继高祖者也。是故祖迁于上，宗易于下。"④

"宗其继高祖者，五世则迁者也"。这是说，一般的小宗由继祢者开始，逐渐经过继祖者，继曾祖者而至继高祖者，丧服尽于高祖，于是至第五世，祖迁于上，宗易于下。这是宗族繁衍发展的过程；而支庶而新生小宗，小宗有自身支庶后转又为"大宗"（相对的大宗），这种"大宗"历五世而迁。这是祖迁于上。同时，新小宗又生于下，原小宗又成为相对的"大宗"。这是宗易于下。《礼记》讲宗法，以此段为最好，活泼泼地，颇能反映宗法存在的动态。

至于"百世不迁者"，《大传》说："别了之后也"。由于对别子看法不同，认识也就不同。依郑玄的说法，这就是作为国君庶子的公子的屡世嫡传子孙系统。朱大韶把大宗和别子都看成相对的，这样就认为不存在百世不迁之宗。《大传》又说："宗其继别子之所自出者，百世不迁者也"。郑玄注云："继别子，别

① 《仪礼注疏》，《十三经注疏》，1106 页。

② 朱大韶：《实事求是斋经义·四小宗辨》，《续经解诸经总义类汇编》，346 页，台北，艺文印书馆，1986。

③ 《礼记正义》，《十三经注疏》，1508 页。

④ 同上书，1495 页。

子之世嫡也。"① 依此解释，这句的意义还是别子之后百世不迁，就与前一个百世不迁的情况雷同，就成了多余的话。而且郑注也未解释什么是"继别子之所自出"。孔颖达疏云："经云别子之所自出者，自由也，谓别子所由出；或由此君或由他国而来，后世子孙恒继此别子，故云别子之所自出。"② 孔疏说出了别子之所自出者可能是某国君，又说后世所继仍是别子，因此不能自圆其说。朱熹则干脆说"之所自出"四字是"衍文"。他认为有此四字不好解说，同时郑玄也未对此四字加以解说，故以为衍文。如果此四字真是衍文，"宗其继别子之所自出者，百世不迁者也"，全句可谓衍文。因为如前所说，这句与上句重复。朱大韶反对朱熹认为"之所自出"是衍文的说法，并认为"继别子之所自出者"，在鲁就是祭周公所自出之文王，在郑就是祭桓公之所自出的厉王。他是以此解释《左传》襄公二年的鲁有"周庙"，《左传》文公二年的郑祖厉王③。朱氏此说确有见地，不过，我认为，"宗其继别子之所自出者"，应该是比宗别子者高一个层次的系统。按郑玄说，别子即作为国君庶子的公子，那"宗其别子之所自出者"应当就是国君世代相承的系统。

国君世代相承的系统能不能作为百世不迁的大宗系统呢？回答应当是肯定的。《仪礼·丧服传》："……大宗者，尊之统也。禽兽知母而不知父。野人曰：父母何算焉？都邑之士则知尊祢矣。大夫及学士则知尊祖矣。诸侯及其太祖，天子及其始祖之所自出。尊者，尊统（大宗系统）上；卑者，尊统下。大宗者，尊之统也"。④ 自士之尊祢至天子及其始祖之所自出，都是尊统或大宗的不同层次，其差别在于尊统上、下之不同，可见，天子、诸侯都有其尊统，即都有其大宗系统。士、大夫之尊祢、尊祖，本属小宗系统，不过如前所说，它们在发展中也可以演化为相对的大宗。

《白虎通义·宗族》："诸侯夺宗，明尊者宜之。大夫不得夺宗何？曰：诸侯世世传子孙，故夺宗。大夫不传子孙，故不夺宗也。《丧服经》曰大夫为宗子（服齐衰三月之丧），不言诸侯为宗子也。"⑤ 诸侯世世传子孙，有百世不迁（理

---

① 《礼记正义》，《十三经注疏》，1508 页。

② 同上。

③ 见《实事求是斋经义·之所自出非衍文辨》。

④ 《仪礼注疏》，《十三经注疏》，1106 页。

⑤ 陈立：《白虎通疏证》，397 页。

论上）的条件，所以可以夺宗而成为大宗。国君始祖百世不迁，这正是成为大宗的标准条件。

或以为"诸侯夺宗"和"君是绝宗之人"是同一类的意思。我以为不然。《汉书·梅福传》记梅福上书汉成帝，建议立孔子之后作为殷朝的后嗣，其中有云："（孔子）虽不正统，封其子孙以为殷后，礼亦宜之。何者？诸侯夺宗，圣庶夺嫡。传曰：贤者子孙宜有土。而况圣人，又殷之后哉！"如淳注云："夺宗，始封之君尊为诸侯，则夺其旧为宗子之事也。夺嫡，文王舍伯邑考而立武王是也。孔子虽庶，可为殷后。"① 成了诸侯，就可以不再尊事旧时尊事的宗子，而自立为大宗；庶子之圣者，就可以代替嫡子而成大宗。诸侯夺宗，只夺了旧有大宗的地位，并不是被夺去了宗法的关系。《通典》（卷五十二"礼十二""夺宗议"）记："晋元帝建武初，孙文上事：宣帝支子不应祭豫章、京兆二府君（按指宣帝司马懿之祖与父）。仆射刁协云：诸侯夺宗，圣庶夺嫡，而况天子乎？自皇祚以来，五十余年，宗庙已序，而文攻乎异端，宜加议罪。按汉梅福云：诸侯夺宗，此谓父为士，庶子封为诸侯，则庶子夺宗嫡主祭祀也。在诸侯尚有夺义。岂况天子乎？所言圣庶者，如武王庶子，有圣德，夺代伯邑考之宗嫡也"。② 如淳三国时曹魏人，刁协晋人，对"诸侯夺宗"的理解自然大体相同，与《白虎通义》亦成呼应。"夺宗"不是"绝宗"。汉高帝刘邦不是太公的长子，但是成了皇帝以后，也就成了大宗之祖，其兄（吴顷王仲）之子孙反而成了小宗的诸侯王。晋元帝司马睿本来也非嫡子，但是成为东晋第一个皇帝后也就成为晋（相对于诸侯王）的大宗。"夺宗"不是"绝宗"，而只是变小宗为大宗；它看起来是一种宗法联系的断绝，而事实是另一种宗法联系的新建。

所以，百世不迁之大宗是有的，就是天子、诸侯的大宗，在世卿时代，也包括大夫的大宗。清儒陈立于《白虎通疏证·封公侯·右论昆弟相继》中说："为后本所以重。传重者，传所受宗庙、土地、爵位、人民之重也。大宗百世不迁，为大宗有重可传者也。小宗五世则迁，为小宗无重可传，故祖迁于上则宗易于下也。天子以别子为诸侯，其世为诸侯者，大宗也。诸侯以别子为卿，其世为卿者，大宗也。卿以别子为大夫，其世为大夫者，大宗也。大夫以别子

① 《汉书》卷六十七，《梅福传》，2925～2926 页，北京，中华书局，1962。
② 《通典》卷五十二，《夺宗议》，298 页，北京，中华书局，1984。

为士，其世为士者，大宗也。天子建国，则诸侯于国为大宗，对天子言则为小宗；未闻天子之统可绝，而国统不可绝也。诸侯立家，则卿于家为大宗，对诸侯则为小宗；未闻诸侯之宗可绝，而卿之家统不可绝也。卿置侧室，大夫二宗，士之隶子弟等，皆可推而著见也。"① 陈氏的这一段议论，可以说是大小宗的常与变及迁与不迁之别的颇为精粹的说明。

第三，关于通宗道之穷，《礼记·大传》："有小宗而无大宗者，有大宗而无小宗者，有无宗亦莫之宗者，公子是也。公子有宗道。公子之公，为其士、大夫之庶者，宗其士、大夫之嫡者，公子之宗道也。"② 这就是程瑶田所谓的通宗道之穷。既然硬把君统与宗道分为两橛，可是事实上二者又有联系，那么只好编排以上一段，以求自圆其说。《大传》作者费尽心力，希望这些努力能通宗道之穷，其结果恰如托勒密费尽心力，企图以生造的本轮、均轮说解释行星盈缩现象一样，解释得越像真的，距离客观事实也越远。因为，所谓"公子有宗道"恰如"本轮"、"均轮"一样，客观上是不存在的。而且宗法制度有大、小宗的区别和联系，又有祖迁于上，宗易于下的演变和发展。也没有所谓的"穷"需要另立一套办法来通。

本来不需要通，却生造出办法来通。结果是欲通而反穷。本文开始时曾说王国维已指出这一套说法与《丧服小记》及《大传》自身相违异。其实，这是势所难免的。

《仪礼·丧服传》："大宗者，收族者也。"③ 有各级大宗，便有各级收族者。作为大宗的国君，同样有收族或合族的责任。《礼记·大传》记，周武王克殷以后，"上治祖祢，尊尊也，下治子孙，亲亲也。旁治昆弟，合族以食，序以昭缪，别之以礼义，人道竭矣。"④ 又说："君有合族之道，族人不得以其戚戚君位也"一句，又被经师们用来作为隔断国君与族人的宗法关系的借口。郑玄注云："君恩可以下施，而族人皆臣也，不得以父兄弟子之亲，自戚于君位，谓齿列也。所以尊君别嫌也。"孔颖达疏云："此一经明人君既尊，族人不以戚戚君，

① 陈立：《白虎通疏证》，152 页。
② 《礼记正义》，《十三经注疏》，1508 页。
③ 《仪礼注疏》，《十三经注疏》，1106 页。
④ 《礼记正义》，《十三经注疏》，1506 页。

明君有绝宗之道也。"① 陈澔《集说》云："君恩可以下施，故于族人有合聚燕饮之礼，而族人皆臣也，不敢以族属父兄子弟之亲而上亲于君者，一则君有绝宗之道，二则以严上下之辨，而杜篡代之萌也。"郑说族人不得戚君位是不得"齿列"（论年龄列座次），可是《礼记·文王世子》说得清楚："若公与族燕，则异姓为宾，膳宰为主人，公与父兄齿。"② 这分明是论年龄而列座。孔颖达、陈澔之说，尤其强调以至夸大君与族人间的距离。其实所谓"不得以戚戚位"是简单的一句话：族人与国君在序昭穆和年齿后，以此序列而入座。国君所以表现特殊的地方，就是族人在就座时不能太靠近他，必须保持一个适当的距离，族人以此来表示对他的尊重，表示他的地位与众人有所不同。这就是"不得戚君位"的真正而简明的含义。如果真像孔颖达、陈澔所说那样由此可见君是绝宗之人，那么，国君怎么会和族人在一起以昭穆、年齿的秩序燕享呢？

国君既有合族之道，就不须"公子有宗道，公子之公，为其士、大夫之庶者，宗其士、大夫之嫡者"。③ 值得思考的是：《大传》作者既然认为君统与宗统间有间隔，又何必设此一有宗道之公子？回答只能是：经师们设想君统和宗统是分离的。但是二者之间又确实存在联系。为了克服这个矛盾，就设立了这样一个有宗道之公子以为桥梁。所以，从这个桥梁的设立也可以看出：君统与宗统的客观存在的联系，即使对于认为君统与宗统为二的人来说，也不得不以曲曲折折的形式反映出来。这一点肯定是经师们当年不能意识到的，但毕竟是事实。

以上已就宗统、君统关系问题发表了个人意见。现在想简单地谈一下关于解决经学史上的问题的方法问题。我认为，第一，凡有争论的问题，皆须考信。司马迁说："夫学者载籍极博，犹考信于六艺"④；窃以为"六艺"中的问题宜首先考信于历史。第二，经学史上的问题，需要从揭示经学本身的矛盾中逐步加以清理、解决。本文在这两个方面作了一点尝试，当然是肤浅、很不成熟的。第三，分析经学史上问题产生的历史条件，通过说明这些问题产生的必然性，以彻底说明问题。在拙文《史学和经学》中曾稍稍涉及这一点，但语焉不详。这个问题不是可以轻易解决的，本文限于篇幅，未再论列，请俟诸他日。

① 《礼记正义》，《十三经注疏》，1508 页。
② 同上书，1408 页。
③ 同上书，1508 页。
④ 《史记·伯夷列传》，第 7 册，2121 页。

对于中国古典史学形成过程的思考

在世界史学的园地里，中国古典史学无疑是一朵自有异彩的奇葩。要阐明中国史学对于世界史学已经作出的贡献，我们不能置我国古典史学于不顾。同时，作为一种传统，我国古典史学对于后世以至当代史学不可能没有多方面的、人们意识或不曾意识到的影响。因此，要发展我们当前的史学和史学理论，以求对世界史学作出更多的贡献，我们也不能不对中国古典史学从理论上进行深入反省。这种反省既可以结合纵向的前后历史阶段的比较来作，也可以结合横向的与外国古代史学的比较来进行。本文试就中国古典史学形成过程作一些分析。

中国古典史学，就现在所知，滥觞于商代。大量甲骨卜辞的发现，证明商代已有记载史事的丰富资料，它们是历史撰述的依据。《尚书·多士》记载了周王对"殷遗多士"的训话，其中讲到了殷人先祖汤革夏命的事，并说"惟尔知，惟殷先人有册有典。殷革夏命。"① 可见，殷人曾有历史记载，这是当时殷人和周人所共知而无疑的。至于殷人记录历史的自觉的程度，由于文献不足，现在难以具论。至少在西周初期，人们对于历史的自觉意识已经在文献中明显地反映出来了。我认为，自殷、周之际起，至司马迁作《史记》止，这是中国古典史学形成的时期。它的发展大体可以分为三个阶段。

一

以史为鉴的阶段。这一阶段的代表性的著作是《尚书》中的《周书》。

人类从能制造工具开始，就知道积累经验。即使在原始时代，每一代人的行为和思想都不是从零开始，而是一方面继承着前人的经验，另一方面又在实践中一步步地改进旧经验，使之成为新经验，而传给下一代。这是人类社会的客观的历史过程，也是人们自发地运用其历史知识（最原始的意义上的历史知识）的过程。人类即使在原始社会也有对历史知识的自发需要，许许多多原始共同体都有丰富的口头传说或史诗，就是这种需要存在的明证。

随着文明的开始，人们有了文字。文字为人们记忆和传播经验提供了前所未有的重要工具，帮助人们克服了对异时和异地的人传播经验的困难。文字为历史的记录提供了可能性，为历史从客观过程转化为认识过程（即史学发展过程）提供了可能性。不过，当人们用文字记录原始时代的传说或史诗的时候，所记录成文的仍然不是真正的历史著作。

真正的历史著作产生于人们对历史记录的功能的自觉的认识。在中国古代，这个自觉的认识就是，认识到历史的记录可以用为借鉴。

《尚书》中的《康诰》、《酒诰》、《召诰》、《多士》，《无逸》、《君奭》、《多方》、《立政》等篇都讨论了殷代或夏、殷两代的盛衰、兴亡。为什么要讲这些往事呢？《酒诰》："王（指当时摄居王位的周公旦）曰：封（即卫侯康叔），予不惟若兹多诰。古人有言曰：人无于水监，当于民监。今惟殷坠厥命，我其可不大监抚于时。"[1] 周公代表周王室封弟康叔于卫，卫是殷人的故土。殷人因酗酒而亡国，所以周公告诫康不可不以此为借鉴。他还引用了前人的名言：人不必以水为监（即鉴、镜子）来照自己，而应当把人当镜子来照自己。《召诰》："我不可不监于有夏，亦不可不监于有殷。我不敢知曰，有夏服天命，惟有历年。我不敢知曰，不其延。惟不敬厥德，乃早坠厥命。我不敢知曰，有殷受天命，惟有历年。我不敢知曰，不其延。惟不敬厥德，乃早坠厥命。今王嗣受厥命，我亦惟兹二国命。"[2] 这也是告诫成王，必须以夏作为镜子，也必须以殷作为镜子。夏、殷两代本来可以维持多久，这无法回答。两代因为不敬德，所以早亡了。周继承夏、殷，受的也就是夏、殷所受的"天命"。《诗·大雅·荡》历述殷统治者的各种暴政，用来教育周人以殷为鉴。此诗篇末又说："殷鉴不远，在夏后之世。"周人应当以殷为鉴，殷本来也应当以夏为鉴。这就是说，每一代都应以前代的历史为鉴。

周人为什么会产生这样自觉的以史为鉴的意识呢？殷、周的力量对比本来

---

① 阮元：《十三经注疏》，207 页。

② 同上书，213 页。

是悬殊的，直至殷亡以后，西周早期，周仍称殷为"大国殷"①、"天邑商"②、"大邦殷"③。而自称"小国"④、"小邦周"⑤。可是结果却是殷的崩溃、周的兴起。这种巨大而鲜明的变化甚至使作为胜利者的周人也感到震惊，因而激发了他们对历史进行反省的自觉。殷曾强大过，可是现在崩溃了。在此以前，夏曾有过类似的过程。这时周又走到了夏和殷早期的位置上，周人对此怎能无所反省呢？他们越是感到夏、殷两代历史变化的无情，也就越想用以为鉴，以便认识自己所处的境地。

以史为鉴的史学是从当时人的现实需要出发的，不过需要只为这种史学的产生提供了一个方面的条件。要使这种需要成为同时是可能的，那还必须有认识方面的进展。

一则，以史为鉴的出发点是人的需要、人的热情，然而以史为鉴的实现却有赖于事物的另一极，即人的理智（reason）、人对历史的冷静的反省和如实的陈述。

周对殷无疑是仇恨的，"文丁（即殷纣的祖父太丁）杀季历（周武王的祖父）"⑥"纣囚西伯（即武王之父周文王）羑里"⑦。周对殷显然有杀祖囚父之仇。但是当他们克殷之后，周统治者谋求长治久安的热情又驱使他们冷静地思考殷人的历史。《尚书》中有多篇说到"殷先哲王"的统治的贤明。例如，《尚书·酒诰》："王（指居摄之周公）曰：封，我闻惟曰：'在昔殷先哲王，迪畏天显小民，经德秉哲。自成汤咸至于帝乙（纣之父），成王畏相，惟御事厥棐有恭，不敢自暇自逸'。"⑧ 周公对殷先王的知识显然来自历史。这里的殷先哲王一直包括到纣的父亲帝乙，所以纣的祖父太丁（亦即杀了周公祖季历的文丁）也被列在其中。周公并没有因仇恨的感情而篡改历史的记录。又如《无逸》："周公曰：呜呼，我闻曰：'昔在殷王中宗（《史记·殷本纪》认为是太戊，据甲

---

① 见《召诰》，《十三经注疏》，211 页。
② 见《多士》，《十三经注疏》，220 页。
③ 见《召诰》、《康王之诰》，《十三经注疏》，211、244 页。
④ 见《多士》，《十三经注疏》，219 页。
⑤ 见《大诰》，《十三经注疏》，199 页。
⑥ 见《晋书·束晳传》、《史通》之《疑古》、《杂说》引古本《竹书纪年》。
⑦ 见《史记·殷本纪》，亦见《周本纪》。
⑧ 《十三经注疏》，206～207 页。

骨文则是祖乙），严恭寅畏天命，自度，治民祗惧，不敢荒宁。肆中宗之享国，七十有五年。其在高宗（武丁），时旧劳于外，爰暨小人。作其即位，乃或亮阴，三年不言。其惟不言，言乃雍，不敢荒宁，嘉靖殷邦，至于小大，无时或怨。肆高宗之享国，五十有九年。其在祖甲，不义惟王，旧为小人。作其即位，爰知小人之依，能保惠于庶民，不敢侮鳏寡。肆祖甲之享国，三十有三年。自时厥后立王，生则逸。生则逸，不知稼穑之艰难，不闻小人之劳，惟耽乐之从。自时厥后，亦罔或克寿，或十年，或七八年，或五六年，或四三年'。"① 这些话显然来自历史，周公转述时对于殷先王的肯定或否定都取如实态度。

周人既然要从殷人的成败中吸取经验和教训，以殷人的历史为鉴，他们就必须尽可能以殷人的实际经验为借鉴，否则就不是以史为鉴，而是以史自欺了。周人作为当时的新兴力量，不是像殷纣那样迷信天命、以史自欺的人。他们能够把仇恨殷人的激情转化为反省殷人历史的理智。他们以史为鉴的自觉目标是求善，而他们在史学上不曾意识到的任务却是求真。他们自觉追求的是史中的价值，他们自发追求的是史中的真理。

二则，要以史为鉴，人们必须首先集中注意于历史上的具体事件、具体人物。越是真人真事，活灵活现，可供后人借鉴的内容也就越丰富，价值也就越高。可是，作为具体的历史事件或人物，历史上的和当代的自然总是各不相同的。周代的统治者很喜欢以殷代以至夏代的国君和他们的行事为鉴，夏、殷的国君们以及他们的行事自然与周人是不同的。

值得思考的是，周人是否能够从与自己相异的人和事得到借鉴？他们又是凭借什么样的认识上的进展才能实现这种借鉴的？对于这些问题，我们可以从《尚书》中找到作答的资料。例如，《尚书·多士》："王若曰：尔殷遗多士，弗吊，旻天大降丧于殷。我有周佑命，将天明威，致王罚，勅殷命，终于帝。……我闻曰：上帝引逸，有夏不适逸。则惟帝降格，向于时夏。弗克庸帝，大淫泆有辞。惟时天罔念闻，厥惟废元命，降致罚。乃命尔先祖成汤革夏，俊民甸四方。自成汤至于帝乙，罔不明德恤祀。亦惟天丕建，保乂有殷。殷王亦罔敢失帝，罔不配天其泽。在今后嗣王，诞罔显于天。矧曰其有听念于先王勤

---

① 《十三经注疏》，221～222 页。

家，诞淫厥泆，罔顾于天显民祇。惟时上帝不保，降若兹大丧。"① 这是周公以周王的名义告诫被征服的殷人的话，大意是，天意要亡殷，周灭殷只是执行天命。从前夏不从天命，天要亡夏，就让殷的先祖成汤革夏。成汤以下直至帝乙，历代殷王能遵天命。以后纣不遵照先王的办法，不敬天勤民，所以天又降罚于殷。这样就在夏代末王桀和殷代末王纣之间，成汤和周武王之间找到了共同性。所以，在《召诰》里对夏、殷的灭亡下了同样的结论："惟不敬厥德，乃早坠厥命。"②

至于国家的兴盛，《尚书·君奭》记周公对召公说："我闻在昔，成汤既受命，时则有若伊尹格于皇天。在太甲，时则有若保衡。在太戊，时则有若伊陟臣扈格于上帝，巫咸乂王家。在祖乙，时则有若巫贤。在武丁，时则有若甘盘。率惟兹有陈，保乂有殷，故殷礼陟配天，多历年所。……惟文王尚克修和我有夏，亦惟有若虢叔，有若闳夭，有若散宜生，有若泰颠，有若南宫括。……亦惟纯佑，秉德，迪知天威。乃惟时昭文王，迪见冒闻于上帝，惟时受有殷命哉。武王惟兹四人，尚迪有禄。"③ 在这里，殷王成汤、太甲、太戊、祖乙、武丁不同于周文王、武王，殷王所用的伊尹（保衡即伊尹）、伊陟、臣扈、巫咸、巫贤、甘盘也不同于周王所用的虢叔、闳夭、散宜生、泰颠、南宫括。这都是异。但是，上述殷王是"哲王"，上述周王也是"哲王"；上述殷臣是贤臣，上述周臣也是贤臣；殷哲王用贤臣以兴，周哲王也用贤臣而兴。这就又都是同。

由此可见，周人要做到以史为鉴，不仅要由求善而求真，而且也必须从异中看到同，从特殊中看到一般。看来周人以殷为鉴的史学只是自发地由异而见同、由特殊而见一般。不过，他们的这种不自觉的状态正好说明：历史事实的记录虽然从特殊开始，而其发展成为史学则不可避免地有待于从特殊中体现出一般。

三则，周人以史为鉴是从疑天开始的。《尚书》"周书"各篇中有信天的一面，也有疑天的一面。周人在其对被征服者发布的文告中是信天的，如在《多士》、《多方》中，周人明确地说他们之所以革殷的命是受了天命；如果不表示

---

① 《十三经注疏》，219～220 页。

② 同上书，213 页。

③ 同上书，223～224 页。

信天，他们代殷为天子的行为就失去了理论的根据。周人在其对内部发布的文告中则有许多明确的疑天之辞。例如，"天棐（非）忱辞,"（《诗·大雅·大明》云："天难忱斯"）"迪知上帝命越天棐忱"①。"天畏（威）棐忱"②。"若天棐忱"、"天命不易，天难谌"（《诗·大雅·荡》云："天生蒸民，其命匪谌"）、"天不可信"③。忱、谌都是诚、信的意思。总之认为天不可信，没有定准。在内部谈天不可信，是提醒自己人不要麻痹大意。周人已经逐渐强大起来，构成对殷的威胁，殷纣还说"我生不有命在天"④，结果纣灭亡了。历史证明，迷信天命是不行的。

周人有天命不可靠的认识，是以史为鉴的结果。另外，越是感到天命不可靠，就越是要从人事上寻找成败得失的契机，从而越发重视以史为鉴。

尤其值得指出的是，周人并没有把疑天和信天绝对地分离开来，他们在向被征服者宣扬天命的时候也并未完全说假话。因为他们在讲天命的时候是和民心结合起来讲的。《大诰》说"天棐忱辞"，接着就是"其考我民"。《康诰》说"天畏棐忱"，接着就是"民情大可见"。抽象的天命，看不见，摸不着，把握不住，但是"天视自我民视，天听自我民听"⑤，"民之所欲，天必从之"⑥。天命一通过民情来反映，就变得很具体了，也可以把握得住了。《尚书》中多次讲到夏、殷的灭亡，其原因都是统治者未能保民，从而也就未能敬天，结果自然失去天命。于是本来已经不可信的天命又转而可信了。"皇天无亲，惟德是辅"⑦，这是周人对天命的认识的概括。从前一句来看，皇天并不一定专门照顾谁，是"棐忱"，"不可信"的；从后一句来看，天又有其准则，即帮助有德的人，这又是可信的。

那么这个"皇天"到底是什么呢？根据《尚书》、《诗经》的资料来看，周人还是把他等同于上帝的。可是，如果我们实事求是地加以分析，就不难发现，

---

① 此二句见《大诰》，《十三经注疏》，199、200 页。

② 见《康诰》，《十三经注疏》，203 页。

③ 此三句见《君奭》，《十三经注疏》，223 页。

④ 见《尚书·西伯戡黎》，《十三经注疏》，177 页。

⑤ 见《孟子·万章上》引《尚书》。

⑥ 见《左传》襄公三十一年，《十三经注疏》，2014 页；又《国语·郑语》引《尚书》。

⑦ 见《左传》僖公五年引《尚书》，《十三经注疏》，1795 页。

这个"皇天"实际上又是在历史进程中起作用的人心在天上的投影。因此,周人可以一面以史为鉴;一面又可大谈天命。其实对于他们来说,可以为鉴的历史上的人事是直接的,而被认为高高在上的"皇天"已经是间接的了。

二

以史为法的阶段。这一阶段的代表性著作是《春秋》。

所谓以史为法,自然不是以史书作为法律。董仲舒倡导"春秋决狱"(《汉书·艺文志》有《公羊董仲舒治狱》十六篇),那是把《春秋》的意义加以过度夸张同时也把它明显地庸俗化了。我们说《春秋》具有以史为法的特点,是因为它在史事的陈述中同时展示出一系列道德规范和判断是非的标准。

司马迁说:"故有国者不可以不知《春秋》,前有谗而弗见,后有贼而不知。为人臣者不可以不知《春秋》,守经事而不知其宜,遭变事而不知其权。为人君父而不通于《春秋》之义者,必蒙首恶之名。为人臣子而不通于《春秋》之义者,必陷篡弑之诛,死罪之名。其实皆以为善,为之不知其义,被之空言而不敢辞。夫不通礼义之旨,至于君不君、臣不臣、父不父、子不子。夫君不君则犯,臣不臣则诛,父不父则无道,子不子则不孝。此四行者,天下之大过也。以天下之大过予之,则受而弗敢辞。故《春秋》者,礼义之大宗也。夫礼禁未然之前,法施已然之后;法之所为用者易见,而礼之所为禁者难知"①。《春秋》所起的正是礼义的作用。

从以史为鉴到以史为法有以下几个方面的发展和变化。

第一,以史为法是对于以史为鉴的扬弃。因为,一方面,不论以史为鉴或为法,都是要使今人和后人从史得到启发和教益,也可以说以史为法是一种特殊的以史为鉴;另一方面,以史为鉴时所取的是历史上客观存在的人和事,而以史为法时所要立的却是史家用以论史的主观的准则。

以史为鉴和以史为法都重视史学的价值,不过《春秋》已经以为"以史为鉴"尚未充分发挥史学的价值,史学家必须在客观史事的基础上作出主观的发挥,然后才能充分体现史的功用。孟子说:"晋之《乘》、楚之《梼杌》、鲁之

---

① 见《太史公自序》,《史记》,第 10 册,3298 页,北京,中华书局,1959。

《春秋》，一也。其事则齐桓、晋文，其文则史。孔子曰：'其义则丘窃取之矣'。"① 又说："世衰道微，邪说暴行有作，臣弑其君者有之，子弑其父者有之。孔子惧，作《春秋》。《春秋》，天子之事也。是故孔子曰：'知我者其惟《春秋》乎，罪我者其惟《春秋》乎'。"② 孔子修《春秋》时所取的"义"，就是用一定的名分作为标准来衡量历史人物的是非并予以褒贬。因为这是要为天下正名，所以孟子说这是"天子之事也。"

现在就《史记·孔子世家》所举的两个例子作些分析。其一是"吴、楚之君自称王，而《春秋》贬之曰'子'。"按照孔子所坚持的名分，当时天下只能有一个王，就是周王。吴、楚之君虽自称王，但不是合法的王，所以仍然只能依其原爵称子。其二是"践土之会实召周天子，而《春秋》讳之曰'天王狩于河阳'。"按《左传》僖公二十八年记："是会也，晋侯（文公）召王，以诸侯见，且使王狩。仲尼曰：'以臣召君，不可以训'。故书曰'天王狩于河阳'。"总之，孔子修《春秋》从求善出发，然后辨名分之是非以存"真"。结果他所求的"真"往往不是事实的真而是名分的真了。③

第二，上文说到，《尚书》周书作者以史为鉴，是借具体的殷代兴亡的史事作为周人具体行为之鉴，在以具体的、各异的史事为鉴时认识到古今的共同性，即认识上由异而同，由特殊而一般。孔子修《春秋》，意在以史为法，所以与前一阶段不同。孔子在修《春秋》前已经有了一个关于礼义的思想体系。他说："我欲载之空言，不如见之于行事之深切著明也。"④ 可见他修《春秋》就是要在叙述历史上具体行事的时候贯彻自己关于礼义的思想。因此，他的认识途径是以同概异，以一般绳特殊。

由于《春秋》既不细载历史事件的具体过程，又不另有论赞性的文辞表示褒贬，而往往用短短的一两句话记述一件史实同时在遣词造句上表示褒贬，所

---

① 见《孟子·离娄下》，《诸子集成》，第 1 册，338 页。

② 见《孟子·滕文公下》，《诸子集成》，第 1 册，266～267 页。

③ 刘知幾曾批评孔子这样书法不是"实录"（《史通·惑经》）。不过，这不是说《春秋》全非实录。

④ 《太史公自序》引孔子语，《史记》，第 10 册，3297 页。

以《左传》、《公羊传》、《穀梁传》在解《春秋》经①的时候，都很注意研究和概括它的体例。虽然从汉代直到清朝，学者们在研究《春秋》三传的体例和书法上众说纷纭，歧义很多，但是如果不遵从《春秋》中概括出一套十分精密的体例的幻想（董仲舒早已知道"春秋无达诂"，要求《春秋》书法体例天衣无缝是不切实际的，更不必说此书在传世中还有了许多变动），那么还是可以明显地看出它是有义例的。

唐儒赵匡说："故褒贬之指在乎例（诸凡例是），缀叙之意在乎体。所以体者，其大概有三，而区分有十。所谓三者，凡即位、崩薨、卒葬、朝聘、盟会，此常典，所当载也，故悉书之，随其邪正而加褒贬，此其一也。祭祀、婚姻、赋税、军旅、蒐狩、皆国之大事，亦所当载也。其合礼者，夫子修经之时悉皆不取，故公（羊）、穀（梁）云：常事不书，是也。其非者及合于变之正者，乃取书之，而增损其文，以寄褒贬之意，此其二也。庆瑞灾异，及君被杀被执，及奔放逃叛，归入纳立，如此并非常之事，亦史册所当载，夫子则因之而加褒贬焉，此其三也。此述作大凡也。"② 这里所说的"体"，就是孔子修《春秋》时用以选材和立意的一般标准。"例"则是指对各类问题分别使用不同的书法的具体标准。例如，一个大夫被杀，由于书法不同，表示的褒贬就不同。《春秋》隐公四年记："卫人杀州吁于濮。"《公羊传》解释说："其称人何？讨贼之辞也。"《穀梁传》解释说："称人以杀，杀有罪也。"《春秋》僖公七年记："郑杀其大夫申侯。"《公羊传》解释说："称国以杀者，君杀大夫之辞也。"《穀梁传》解释说："称国以杀大夫，杀无罪也。"称人称国只有一字之差，而含义却有有罪无罪之别。说卫国人杀州吁，意思是说卫国人都主张杀州吁，所以表示州吁有罪该杀。说郑国杀其大夫申侯，则只是说郑国国君个人杀了申侯，被杀者就不一定有罪或者至少是杀非其罪。至于国君被杀，称国称人都表示国君无道，只有指出某人"弑其君"的时候才表示杀君者有罪而君本身无罪。如《春秋》文公十八年记："莒弑其君庶其。"《公羊传》解释说："称国以弑君者，众弑君之辞。"《春秋》成公十八年记："晋弑其君州蒲。"《穀梁传》解释说："称国以

北京师范大学史学探索丛书

---

① 《左传》是否解经，在汉代即有肯定和否定二说，这里且不论及，这里只是说今本《左传》中已有解经的文字。

② 陆淳：《春秋啖赵集传纂例》卷一，"赵氏损益义"条。十区分从略。

弑其君，君恶甚矣。"《春秋》文公十六年记："宋人弑其君杵臼。"《左传》解释说："书曰宋人弑其君杵臼，君无道也。"这里"国"不再指国君，而与国人相当。国人都认为国君该杀，当然是君无道了。

由此可见，《春秋》的以史为法就是从一般原则去认识特殊的史实并按类别以统一的书法（遣词造句）去评述不同的具体事情。

第三，如果说前一时期的《尚书》在不少情况下还假借"天意"来说明历史因果，那么在《春秋》里几乎不能发现什么直接说到天意的地方。在《春秋》里记录了各种各样的自然的异象或灾害，而且尽可能记载具体发生的时间（年、时、月、日），其所记灾异有：日食、地震、震电、山崩、星异（如陨星、彗星之类）、火灾、大水、大雨雹、大雨雪、无冰、雨木冰（即雾凇）、不雨、大旱、螽（蝗虫）、螟（蛾幼虫，食苗心）、饥（饥荒）、多麋（麋毁农田作物）、蝝（一种蛀谷的害虫）、蜚（一种食稻害虫）、蜮（一种食苗叶的害虫）、陨石、霜、无麦（麦无收成），等等。《春秋》只如实记录发生了何种现象，却从来不说某个灾异是天对人的惩戒或天对某个事件的预示。《左传》、《公羊传》对一些灾异作了天意的解释，那与《春秋》本身无关。

《春秋》不强调天意，这与它自身的特点有关。《春秋》意在以史为法，其主题自然是辨人事之是非，明善恶之褒贬。把自然界的罕见现象或灾害说成天意，并把这些解释为天对人的奖惩，这最多只能起某种一般的劝善警恶的作用，而不能具体说明天对何种善恶予以何种奖惩。而且，孔子修《春秋》，本来就是要以经常存在的、有常的礼义为标准从事褒贬，而不是要依靠带偶然性的、无常的、自然的灾异来作警诫。因为如果要依靠自然的灾异来表示天意的褒贬或奖惩，那么必然会有大量的人事是找不到天意（即自然）的相当的反应的。这样做在客观上反而会起不利于以史为法的作用。

孔子修《春秋》时不讲天意，这并不足以说明他已经清醒到了完全不信天意或天命的程度。在《论语》里，我们可以看到他并非完全不信天命。不过，他不相信那些以"怪力乱神"之类的方式来表示的不可靠的天命，而是把天命纳入人事之中，把当时社会上的君臣、父子、夫妇长幼等一系列的礼义伦常当做天然之理或天命。与孔子同时而稍早的郑子产曾说："夫礼，天之经也，地之义也，民之行也"①。孔子与子产在对天命的认识上很相近，他自己也曾说："夫礼，先王以承天之道，以治人之情"②。这就是说，他认为，他修《春秋》所据的礼义本身就体现了天道，因此，他也不须另外再讲什么天命了。

《春秋》继承了《尚书·周书》把天命人事化的传统，它一方面把《尚书》中的外在于人的天命进一步作了排斥；另一方面又让体现礼义的天命更全面地深入它自身之中。

三

以史立言的阶段。这一阶段的代表性著作是司马迁的《史记》。

一般地说，每一部历史著作（即非资料汇编性的作品）都是其作者所立的言。《尚书·周书》就殷的盛衰作了评述，以供借鉴，这也就是立言。不过，《尚书》只是就引以为鉴的具体历史人物或事件进行评述，而没有对历史的发展提出一套系统的见解。《春秋》重在褒贬，更是孔子借史事以立言。不过，《春秋》对历史人物或事件所作的是批评而不是解释，它所表示的是对人事的善恶的见解而不是关于历史发展本身的见解。司马迁作《史记》的目的是"亦欲以究天人之际，通古今之变，成一家之言。"《史记》中有许多可以使后人从中吸取经验教训的历史事实，亦即有以史为鉴的内容；《史记》中也有对人事的褒贬，也可以说有以史为法的内容。不过，司马迁作《史记》的意思已不限于引用历史上的个别事件以为后来者鉴，也不限于通过对具体人物的褒贬而使读史者得到一个为人的准则，而是要就从黄帝开始到当时为止的历史提出一个系统的一家之言，以便读者从他的见解中得到启发和教益。

司马迁以史立言的史学比以前的史学又有了以下几方面的变化和发展。

一则，司马迁想以《史记》成一家之言，所以首重求真。班固尽管很不赞成司马迁的观点，但也说："自刘向、扬雄，博极群书，皆称迁有良史之材，服其善序事理，辨而不华，质而不俚，其文直，其事核，不虚美，不隐恶，故谓

---

① 《左传》昭公二十五年游吉引子产语，《十三经注疏》，2107 页。

② 《礼记·礼运第九》引孔子语，《十三经注疏》，1414 页。

之实录。"① 可是当司马迁竭力求真的时候，他发现，历史上的真不是凝固不变的。上古三代时曾经是真的事，到秦汉时已完全不真；上古三代时不可能为真的事，到秦汉时又已变成真实。历史的真，只有从变化中把握，所以他强调"通古今之变"。

凡是认真考察历史的人都会感到历史的变化，只是由于背景条件的不同，人们的感受深浅不同，对待变的态度也不一。殷周之际的历史有变化，可是从《尚书·周书》中能看出的只是殷周代兴的变化。春秋时期的历史又有变化，可是孔子修《春秋》的目的之一就是要对那些变化加以贬斥，因为他认为那些变化不合礼义。战国至秦汉时期历史有了更巨大的变化，司马迁意识到了，而且采取了肯定的态度。

司马迁把夏、商、周三代的诸侯与汉高帝功臣封侯者作了对比。他发现，三代诸侯不仅很多，而且其中许多延续了千年以上；汉初封的功臣侯到汉武帝太初年间，历时只有百年，可是尚存的只有五个，"余皆坐法陨命亡国，耗矣。"察其原因，一方面是汉代的侯国富庶，继封者变得骄奢淫逸；另一方面，汉天子的法网也比三代密得多了，对诸侯不能容忍。他说："居今之世，志古之道，所以自镜也，未必尽同。帝王者各殊礼而异务，要以成功为统纪，岂可绲乎？观所以得尊宠及所以废辱，亦当世得失之林也，何必旧闻？"② 治史是为了取得借鉴，历史条件变了，古代可以引以为鉴的事情到后来也可能变得毫无借鉴的价值。所以，以史为鉴也要有具体的历史条件的分析。

司马迁对从战国至秦统一时期的巨大历史变化基本上也持肯定的态度。他说："秦既得意，烧天下《诗》、《书》，诸侯史记尤甚，为其有所刺讥也。《诗》、《书》所以复见者，多藏人家，而史记独藏周室，以故灭。惜哉，惜哉！独有《秦记》，又不载日月，其文略不具。然战国之权变亦有可颇采者，何必上古。秦取天下多暴，然世异变，成功大。传曰'法后王'，何也？以其近己而俗变相类，议卑而易行也。学者牵于所闻，见秦在帝位日浅，不察其终始，因举而笑之，不敢道，此与以耳食无异。悲夫！"③ 秦烧《诗》、《书》、史籍，造成文献

① 见《司马迁传》，《汉书》，第 9 册，2738 页，北京，中华书局，1963。
② 见《高祖功臣侯者年表·序》，《史记》，第 3 册，878 页。
③ 见《六国年表·序》，《史记》，第 2 册，686 页。

上的无可挽回的损失，固然可惜，然司马迁认为《秦记》虽粗略也不无可取。他深知秦取天下靠暴力，但并不像其他学者那样对秦取讥笑和鄙视的态度，而是肯定秦能因世异而变法，所以"成功大"。"学者牵于所闻"，以原先的固定的礼义标准来衡量秦，当然会对秦持讥笑否定的态度。司马迁认为这些学者评论历史，犹如用耳朵吃食物一样，连一点味道都没有品尝出来，说的都是外行话。司马迁否认有一成不变的论史标准，而主张根据已经变化了的历史条件来评价具体历史时期的事件和人物。这是历史主义思想在古代史学中的闪耀。

　　总之，由于看到了变在历史进程中的重大意义，在司马迁看来，不论以史为法还是以史为鉴，都不能从某一种凝固的东西出发。那么，在古今之变中有没有相通的东西呢？司马迁对这一问题也力图找出答案。他说："夏之政忠。忠之敝，小人以野，故殷人承之以敬。敬之敝，小人以鬼，故周人承之以文。文之敝，小人以僿（徐广曰：一作薄），故救僿莫若以忠。三王之道若循环，终而复始。周秦之间，可谓文敝矣。秦政不改，反酷刑法，岂不缪乎？故汉兴，承敝易变，使人不倦，得天统矣。"[①] 这就是说，夏忠、殷敬、周文都曾是历史上的真，也都曾是善，但是，它们在历史上一一转化为敝，转化为其自身的消极面、为非善，从而为克服这种非善的新善所代替，于是从前的真不复为真。在司马迁看来，这种转化在古今之变中是相通的。他认为："三王之道若循环"，并非历史的循环论。他认为，汉承六国与秦之敝而易变，有夏政以忠的特点。但汉与三代（尤其与遥远的夏）的不同，司马迁是看得很清楚的。他没有说汉又回到了夏的历史阶段的意思。

　　二则，司马迁希望通过修史书而成一家之言，这个一家之言远远不是只凭以"太史公曰"的形式写些论赞就可以表达出来的。司马迁写人状事，往往如长幅画卷，气象万千，使人阅之如身临其境，而"太史公曰"不过是画卷上的简短题句，结合整个画卷，它有画龙点睛的作用；当然，离开整个龙体，这种点睛之笔再神奇也是徒劳的。

　　作为一个杰出的历史学家，司马迁的一家之言是在写史而不是在评史中陈述出来的。孔子修《春秋》，对历史上的人事进行褒贬，这也是一种立一家之言。不过，孔子的褒贬只是他自己的伦常思想或精神的表达或展现。他把历史

北京师范大学史学探索丛书

---

　　① 见《高祖本纪》，《史记》，第 2 册，394 页。

当作自己借题发挥的材料（皮锡瑞曾经明确地指出了这一点），而没有通过再现历史的精神来展现自己的精神。而通过再现历史的精神来展现自己的精神，这正是作为史学家的司马迁所刻意追求的目标。

哲学家往往以逻辑上的概念、判断和推理作为工具来论证自己所理解的历史精神，他们向人们展示的历史精神照例是抽象的。历史学家与此不同，他们要靠陈述最具体的历史事实来展示最生动的历史精神，靠陈述作为一个有机整体的各方面的历史事实来展示某一时代的一般历史精神。对于历史学家来说，如果不能从具体事实中把握生动的历史精神，那也就不能理解某一时代的一般历史精神；同样，如果不能对某一时代的一般历史精神有一个总的理解，那也不可能从具体历史事实中看出生动的历史精神来。所以，一个杰出的历史学家对于历史的认识照例总有一个从具体到抽象和从抽象到具体的过程（不论其本人是否自觉或其自觉的程度如何），而这个过程也正是形成一家之言的过程。

司马迁用以表述自己的一家之言的方法是，通过写具体的人和事以展现时代的一般精神。在《史记》中，战国以下的重要历史人物几乎都写得栩栩如生，每人都有其个性，其中一些人物的心理特征写得十分深入具体。即以汉高帝刘邦的部下而论，张良和陈平同为谋士而风格不同，樊哙、周勃、灌婴等同为战将而性情各异。不过，刘邦部下除张良以外都出身社会下层，他们所共有的平民习气在《史记》中表述得也很具体。这些布衣卿相连起码的礼节都不懂，上朝时"群臣饮酒争功，醉或妄呼，拔剑击柱"[1]。司马迁在《高祖本纪》中把刘邦这位布衣天子的为人和个性写得淋漓尽致，又把刘邦手下的布衣卿相的特点生动地描绘出来，这正说明了当时历史的一大特点，即平民的兴起和胜利。其实司马迁在写战国的历史时已经注意到写平民出身的人物了。"游说则范雎、蔡泽、苏秦、张仪等，徒步而为相；征战则孙膑、白起、乐毅、廉颇、王翦等，自身而为将。此已开后世布衣将相之例"[2]。司马迁也写战国时的贵族，如齐孟尝君、赵平原君、魏信陵君，他用最生动的事例告诉读者，这几位名公子的一个最大的共同特点是能从平民中起用杰出的人才。他描写这些公子能够放下贵

---

① 见《叔孙通列传》，《史记》，第 8 册，2722 页。

② 见赵翼《廿二史劄记》卷二，"汉初布衣将相之局"条，《四部备要》"史部"，第 51 册，北京，中华书局，1989。

族架子而礼贤下士；同时还说明，如果他们不能放下架子就不能得人。例如，"平原君（赵胜）家楼临民家。民家有躄者，槃散行汲。平原君美人居楼上，临见，大笑之。明日，躄者至平原君门，请曰：'臣闻君之喜士，士不远千里而至者，以君能贵士而贱妾也。臣不幸有罢癃之病，而君之后宫临而笑臣，臣愿得笑臣者头。'平原君笑应曰：'诺'。躄者去，平原君笑曰：'观此竖子，乃欲以一笑之故杀吾美人，不亦甚乎！'终不杀。居岁余，宾客门下舍人稍稍引去者过半。平原君怪之，曰：'胜所以待诸君者未尝敢失礼，而去者何多也？'门下一人前对曰：'以君之不杀笑躄者，以君为爱色而贱士，士即去耳。'于是平原君乃斩笑躄者美人头，自造门进躄者，因谢焉。其后门下乃复稍稍来。"① 一个最具体的小故事说明了当时历史上一个普遍性的大趋势：贵族势力已经"无可奈何花落去"，平民势力正在"一枝红杏出墙来"。以历史上的特殊展现历史上的一般，使一般即见于特殊之中，这正是司马迁成其史学家一家之言的杰出之处。

三则，司马迁在天人之际的问题上的认识比以前又有了巨大的进展，并且富有创造性地成了一家之言。

学者们常常列举司马迁不信天或天命的实例来证明他的"天人之际"思想与董仲舒的天人感应说的不同。这的确不无道理。董仲舒讲天人感应，认为天予善人以善报，予恶人以恶报，把天说成对人事信赏必罚的有意志的主宰。司马迁则不然，他写列传，首列伯夷、叔齐。并就伯夷、叔齐行善而饿死的事发表感慨说："或曰：'天道无亲，常与善人。'若伯夷、叔齐，可谓善人者非邪？积仁絜行如此而饿死。且七十子之徒，仲尼独荐颜渊为好学。然回也屡空，糟糠不厌，而卒蚤夭。天之报施善人，其何如哉？盗跖日杀不辜，肝人之肉，暴戾恣睢，聚党数千人横行天下，竟以寿终。是遵何德哉？此其尤大彰明较著者也。若至近世，操行不轨，专犯忌讳，而终身逸乐，富厚累世不绝。或择地而蹈之，时然后出言，行不由径，非公正不发愤，而遇灾祸者，不可胜数也。余甚惑焉，倘所谓天道，是邪？非邪？"② 这一段怀疑天道的话充满了他对自身经历的不平之气，无疑是出自内心的、真诚的。不过，他对占星术之类的东西有许多也是相信的，这类的例子在《史记·天官书》中并不算少。古人不能完全

① 见《平原君列传》，《史记》，第 7 册，2366 页。
② 见《伯夷列传》，《史记》，第 7 册，2124～2125 页。

摆脱迷信，这本不足为怪，我们也不应以此来责怪司马迁。他能对赏善罚恶的天道有所怀疑，这已经很出色了。

值得注意的是，司马迁在怀疑赏善罚恶的天的同时，又深信另一种天。

秦灭六国，统一海内，是大事，司马迁曾以天意解释之。他论述战国形势时说："及田常杀简公而相齐国，诸侯晏然弗讨，海内争于战功矣。三国终之卒分晋，田和亦灭齐而有之，六国之盛自此始。务在强兵并敌，谋诈用而从衡短长之说起。矫称蜂出，誓盟不信，虽置质剖符犹不能约束也。秦始小国僻远，诸夏宾之，比于戎翟，至献公之后常雄诸侯。论秦之德义不如鲁卫之暴戾者，量秦之兵不如三晋之强也，然卒并天下，非必险固便形势利也，盖若天所助焉"①。他还说："说者皆曰魏以不用信陵君故，国削弱至于亡。余以为不然。天方令秦平海内，其业未成，魏虽得阿衡之佐，曷益乎?"② 他觉得自己似乎无法解释秦为何能以一个偏远落后的小国终于统一海内，所以归之于天。但其实他已说明，六国之间"务在强兵并敌，谋诈用而从衡短长之说起。矫称蜂出，誓盟不信，虽置质剖符犹不能约束也。"正因为如此，信陵君虽曾存韩、救赵并一度率其他五国之兵打败秦军，但他根本无法消除六国的矛盾，也就无法挽回六国必亡的总趋势。

秦很快灭亡，汉代之而起，这又是大事。司马迁又以天解释之。他说："秦既称帝，患兵革不休，以有诸侯也，于是无尺土之封，堕坏名城，销锋镝，钮豪杰，维万世之安。然王迹之兴，起于闾巷，合从讨伐，轶于三代，乡秦之禁，适足以资贤者为驱除难耳。故愤发其所为天下雄，安在无土不王?此乃传之所谓大圣乎，岂非天哉，岂非天哉!非大圣孰能当此受命而帝者乎?"③ 这一段里有些不得不为汉高帝捧场的话，但也不全是捧场。汉高帝起于闾巷，没有任何凭借，本来是没有可能得天下的。可是秦为了巩固自己的统治，不封诸侯，堕坏名城，销毁兵器，打击豪强，而其结果却是在客观上为汉的兴起排除了阻碍，扫清了道路。汉的兴起，竟然靠了秦的帮助。这当然不是秦的目的，秦不过是起了一种不自觉的工具作用。秦不得不为汉扫清道路，这真是"岂非天

① 见《六国年表·序》，《史记》，第 2 册，685 页。
② 见《魏世家·赞》，《史记》，第 6 册，1864 页。
③ 见《秦楚之际月表·序》，《史记》，第 3 册，760 页。

哉?"所以，在司马迁看来，六国各自为自身的利益而互相矛盾和斗争，结果为秦的统一扫清了道路，这是天命；秦为自身的利益而消除地方割据势力，结果为汉的兴起扫清了道路，这又是天命。总之，那种不依人的主观意志为转移而必然出现的趋势就是天命。

不过，这种不依人的意志为转移的天与董仲舒的天不同。因为司马迁的天并不在人以外。为汉扫清道路的是秦为其自身利益而采取的行动，为秦统一扫清道路的是六国为其自身利益而采取的行动。尽管六国和秦都成了历史的不自觉的工具，但是他们的行动动机都是为自身谋利益的。不仅六国和秦如此，司马迁认为，整个人类社会的历史也如此。"太史公曰：夫神农以前，吾不知已。至若《诗》、《书》所述虞夏以来，耳目欲极声色之好，口欲穷刍豢之味，身安逸乐，而心夸矜势能之荣使。俗之渐民久矣，虽户说以眇论，终不能化。故善者因之，其次利道之，其次教诲之，其次整齐之，最下者与之争。夫山西饶材、竹、谷、纑、旄、玉石；山东多鱼、盐、漆、丝、声色；江南出楠、梓、姜、桂、金、锡、连、丹沙、犀、玳瑁、珠玑、齿革；龙门、碣石北多马、牛、羊、旃裘、筋角；铜、铁则千里往往山出棋置；此其大较也。皆中国人民所喜好，谣俗被服、饮食、奉生、送死之具也。故待农而食之，虞而出之，工而成之，商而通之。此宁有政教发征期会哉？人各任其能，竭其力，以得所欲。故物贱之征贵，贵之征贱，各劝其业，乐其事，若水之趋下，日夜无休时，不召而自来，不求而民出之。岂非道之所符，而自然之验邪?"[1] 他认为，人们都有自己的欲望，都为满足自己的欲望而任其能、竭其力，而其结果是社会经济的发展。他认为这是符合于道的，其自身即是自然的体现。而"道之所符"、"自然之验"也就是人们只能因之、利道之而不能与之争的天。

《尚书》认为，"皇天无亲，惟德是辅"。这是把天解释为善的保佑者或者人对善的企求在天上的投影。孔子把礼义当做"天经地义"，认为礼义即是天。司马迁继承了《尚书》和孔子的传统，即没有离开人来说天；同时他对前人的传统又有所否定，即认为人们谋求自身利益的欲望也就是天，天正是通过人们谋求自身利益的行为来显示其存在的。天并不赏善罚恶，而只是利用充满欲望并为此而行动的人作为自己的工具，来实现人本来不曾预期的目的。"天下熙

---

[1]　见《货殖列传》，《史记》，第 10 册，3254 页。

熙，皆为利来；天下攘攘，皆为利往。"①　人们主观上都在为自己的利益而奔忙，客观上却在为个人不曾意识到的一个总趋势而努力。因此，司马迁所理解的天具有矛盾的性质：一方面，它寓于人的欲望和行为之中；另一方面，它又不依人的意志为转移，高居于人的意识以上。司马迁在这里已经达到令人惊叹的认识深度。至于这种矛盾的性质，那是不能要求两千多年前的司马迁作出回答的。

以上就《尚书》、《春秋》、《史记》论述中国古典史学形成的三个阶段，没有涉及《左传》、《国语》、《战国策》等重要历史著作。这绝对不意味这些著作在中国古典史学形成过程中没有重要地位和作用。在这些历史著作中，有些内容上继《尚书》的遗绪，有些内容阐发《春秋》的精神，又有些内容下开《史记》的先河。它们的内容是丰富的，也是复杂的。因此，本文只取三部有代表性的历史著作来讨论。

从《尚书》到《史记》的发展，已经包孕了后世中国史学主要传统的各种萌芽。以史为鉴、以史为法、以史立言，总之，以史经世，成了中国后世史学中沿袭和发展的传统。史学中的善与真的关系问题，古今之变的问题，天人之际的问题，也都成为后世史学所重视和讨论的问题。中国史书编纂的体裁，到《史记》也有了一个基本的轮廓。《史记》的相当完备而周到的体裁，也可视为中国古典史学形成的一个标志。关于这一点，本文暂不作具体讨论。

中国古典史学的形成过程既然包孕了传统史学的多方面的萌芽，我们对于它的分析和思考自然是十分必要的。本文所提供的思考本身可能没有太多的意义，但愿它能引起更深刻的思考的发表。

①　见《史记·货殖列传》，第 10 册，3256 页。

楚邦的发生和发展

中国是世界文明古国之一。要全面深入地认识人类历史上国家产生、发展的规律和过程，研究中国上古时代的邦是十分必要的。研究中国上古时代的邦之所以重要，不仅因为其时代之早，而且也在于它具有丰富多样的类型。中国上古的邦，从纵的角度来说，有商与周的时代的不同，从横的角度来说，又有中原和南国之类的地域的差异。楚是在南方兴起的邦，对中国上古文明的发展，对中国逐渐统一的进程，都曾起过重大的作用。因此，研究楚邦的发生和发展，对于我们探讨中国以至世界上古国家产生、发展的历史，都具有十分重要的意义。

作为楚史研究对象的"楚"，正如学者们所已指出的①，实际有着以下四个既有联系又相区别的含义：（1）作为地域概念的楚；（2）作为国家概念的楚；（3）作为民族概念的楚；（4）作为文化概念的楚。现在我们探讨楚邦的发生、发展问题，主要涉及的自然是作为国家概念的楚。因为探讨只以楚邦的发生、发展为限，故所述自西周初楚建国始至春秋末叶止。

现分四个问题论述如下。

一、关于楚邦起源的问题

（一）楚邦建立的时间问题

楚邦出现于何时？在古代就存在不同的说法。

一种说法认为，在商代已有楚国。持这种说法最主要的文献根据是《诗·商颂·殷武》的下列诗句：

> 挞彼殷武，奋伐荆楚，罙入其阻，裒荆之旅，有截其所，汤孙

---

① 参阅夏鼐：《楚文化研究中的几个问题》；苏秉琦：《从楚文化探索中提出的问题》。二文均载《江汉考古》，1982（1）。

之绪。

　　维女荆楚，居国南乡。昔有成汤，自彼氐羌，莫敢不来享，莫敢
不来王，曰商是常。

　　毛传云："殷武，殷王武丁也。荆楚，荆州之楚国也。"郑玄笺云："殷道
衰而楚人叛，高宗挞然奋扬威武，出兵伐之。"按照毛传、郑笺的解释，殷王武
丁既是在讨伐楚的叛乱，那么楚国当然在此以前就已经存在了。这是汉代经古
文学家的看法。古文学家认为，微子封宋，商之礼乐即在宋，"自从政衰，散亡
商之礼乐，七世至戴公，时当宣王，大夫正考父者，校商之名颂十二篇于周太
师，以《那》为首，归以祀其先王。"① 所以《殷武》是商代之诗，所记也就是
当时人的实录。

　　《史记·宋世家》记太史公曰："襄公之时，修行仁义，欲为盟主。其大夫
正考父美之，故追道契、汤、高宗，殷所以兴，作《商颂》。"这是说《商颂》
本来为美宋襄公而作，所记殷先王事，不过追道前人传说而已。司马迁习鲁诗，
所取为今文学家之言。裴骃《集解》亦云："韩诗商颂章句亦美襄公。"可见今
文学家之说略同。司马迁作《史记》，称引《诗》、《书》以为典据之处甚多。但
《殷本纪》及《楚世家》中皆未征引《殷武》。看来他对殷征楚的传说是取缺疑
的态度的。

　　20世纪二、三十年代，疑古风起，《诗经》中的许多问题也被提了出来。
俞平伯先生在《论商颂的年代》一文中提到《殷武》前两章的问题②。他说：
"我们先论高宗伐楚，这件事是没有旁证的。在《周易》上有'高宗伐鬼方'；
但经考释，鬼方是在北方，与荆楚并非一家，所以不能取来作证。"③ 他还以
《史记·楚世家》为证，说明"商时未有荆楚之号"；又以《左传》中"若敖蚡
冒筚路蓝缕以启山林"的说法，说明不可能在他们之前数百年另有一强大之荆
楚，与商对抗。那么《殷武》前两章的话头是哪里来的呢？俞先生说："若把这

---

　　① 　郑玄：《商颂谱》。

　　② 　见《古史辨》，第3册，504～510页，上海，上海古籍出版社，1982。

　　③ 　《古史辨》，第3册，508页。按《今本竹书纪年》云："武丁三十二年，伐鬼方，次
于荆"。王国维《疏证》已指出，前句出自《易》下经，后句出自《诗·商颂》。唯鬼方在
北，荆在南，征鬼方而次于荆，无异南辕北辙。于此可见《今本竹书纪年》作伪者之讹谬。

事归在宋襄公身上，却是很像。宋襄公本是夸大狂，他想做盟主，想去伐楚国，都是事实，不容得怀疑。把这事来说《商颂》正相符合。"他认为，从《殷武》第二章正可以"使人想得出宋襄公的神气来。"这样，俞先生就把《殷武》所述的殷楚关系解释为宋襄公个人夸大狂的狂想，与历史事实没有关系。顾颉刚先生在俞先生文后加了按语，将《商颂》与《鲁颂》相比，认为"《鲁颂》曰'戎狄是膺，荆舒是惩，则莫我敢承'，《商颂》曰'挞彼殷武，奋伐荆楚，罙入其阻，裒荆之旅'，盖同记追随齐桓公伐楚事也。"这样，顾先生就肯定了《殷武》所云"奋伐荆楚"的历史内容。不过，那不是殷代的历史，而是春秋时代的历史。否认《殷武》反映殷代历史，在这一点上俞、顾二位先生又是一致的。

《商颂》不是成于殷代的诗，这一点大概无可怀疑。或如汉代古文学家所言，定于西周晚期的宋戴公时期；或如今文学家所言，作于春秋前期宋襄公时期。但有一点同样无可怀疑：《商颂》中保存了若干自殷代流传下来的历史传说。俞平伯先生说《殷武》两章反映了宋襄公的夸大狂想，可是其首章写"奋伐荆楚"，是在记事。顾颉刚先生以为所记是宋襄公追随齐桓公伐楚的事，但又与齐桓公伐楚情形不符。齐桓公率诸侯之师伐楚，次于陉，盟于召陵，没有打一仗，更没有逾方城、越汉水，怎能说是"罙入其阻，裒荆之旅，有截其所"呢？所以《殷武》的这些说法总是另有其传说的根据。其实，殷商和荆楚关系的传说在汉代作品《越绝书·吴内传》中仍有所反映："汤献牛荆之伯。（荆）之伯者，荆州之君也。汤行仁义，敬鬼神，天下皆一心归之。当是时，荆伯未从也。汤于是乃饰牺牛以事荆伯。（荆伯）乃愧然曰：失事圣人礼。乃委其诚心。此谓汤献牛荆之伯也。"[①] 梁玉绳《瞥记》云："《商颂》荆楚，不知何君。《越绝》有汤献牛于荆伯之事，则其来已久。盖属在蛮夷，世系莫考。"[②] 他把《殷武》和《越绝书》中的传说联系起来，推测商代与荆楚的关系由来已久。这是不无理由的。

商代与荆楚的关系，在从前只是难以确证的传说，现在却有了考古学成果

---

① 《四部备要》，第44册，《今本竹书纪年》："帝癸二十一年，商师师征有洛克之。遂征荆，荆降"。王国维以为出自《越绝书》。按《孟子·滕文公下》有"葛伯仇饷"故事。商汤对葛伯先礼后兵。伪《竹书》看来在《越绝书》故事基础上附加了类似于葛伯的被征服的结果。先秦也有另一传说"汤武不能禁令"，"楚越不受制。"（见《荀子·正论》）。

② 见《皇清经解》第1179卷。

放出的一束光芒。1974 年，在湖北黄陂濮口公社发现了一座商代城垣遗址——盘龙城。古城坐落在盘龙湖边一个半岛形的小山丘上，城垣南北长约 270 米，东西长约 260 米。平面接近方形。城外有壕沟，城内有宫殿基址。城墙夯法与郑州商城相近似，从夯土层中包含物和层位叠压关系看其年代约与郑州商代二里冈期相当。从城外墓葬中的遗物来看，其器物的花纹和形制也与中原同期器物大体相同。① 盘龙城可能是商代前期中原人来到这里建立的一个方国。也可能是商王朝在这里建立的一个军事据点。但是无可怀疑，商代前期中原势力已经逾过桐柏山和大别山一线深入到了大江之滨。这个盘龙城所在的荆楚地区，对于商人来说的确"居国南乡"；这个盘龙城的存在足证商人曾经"奋伐荆楚，罙入其阻，有截其所"（唯"哀荆之旅"一句无征）。《诗经·商颂》中保存的商楚关系的古老传说看来并非毫无根据的。

那么，《商颂·殷武》中所说的"荆楚"是否就是以后的楚国？看来现在只能作出否定性的回答。甲骨文中有"楚"字，但是"殷墟卜辞中的'楚'地与楚国无关，这是甲骨学者已经证明了的。"② 考古材料有盘龙城遗址，但它只能说明商代中原势力已到达了荆楚地区，并在这里建立了方国或军事据点，而不足以说明当时它就是楚。③ 因此，对于《诗·商颂·殷武》中的"荆楚"，我们只能把它作为一个地域概念或这一地域的诸部族的概念来把握。

据现有的资料来看，楚邦的发生不能早于西周初期。《史记·楚世家》云：

> 周文王之时，季连之苗裔曰鬻熊。鬻熊子事文王，蚤卒。其子曰熊丽。熊丽生熊狂，熊狂生熊绎。熊绎当周成王之时，举文武勤劳之后嗣，而封熊绎于楚蛮，封以子男之田，姓芈氏，居丹阳。楚子熊绎

① 参见北京大学历史系考古教研室商周组编《商周考古》，61~63 页。宋焕文：《从盘龙城考古发现试谈商楚关系》，载《江汉考古》，1983（2）。

② 见李学勤、王宇信：《周原卜辞选释》，《古文字研究》第 4 辑，254 页，北京，中华书局，1980。

③ 段渝《楚为殷代男服说》，认为，《殷武》中有"荆楚"不足以为殷代楚已立国之证，当时楚人诸部族尚处于氏族社会末世。梁玉绳《瞥记》认为，后来终于服属商汤的荆伯国家，"周初始灭，地入中国，熊绎其再封也。"关于"荆"国无实据，但他也不认为前"荆"即后"楚"。王光镐《商代无楚》认为商代所伐的是荆而不是楚。

与鲁公伯禽、卫康叔子牟、晋侯燮、齐太公子吕伋俱事成王。

　　这就是说，楚国是从熊绎受封于周成王开始出现的。①《史记》此说，可以得到先秦文献的印证。《左传》昭公十二年记楚灵王与右尹子革的一段对话。楚灵王说："昔我先王熊绎（杜注：'楚始封君'）与吕伋、王孙牟、燮父、禽父并事康王（杜注：'康王，成王子'），四国皆有分（服虔云：'有功德，受分器'），我独无有。今吾使人于周，求鼎以为分，王其与我乎?"对曰："与君王哉。昔我先王熊绎，辟在荆山，筚路蓝缕，以处草莽，跋涉山林，以事天子，惟是桃弧棘矢以共御王事。齐，王舅也（服虔云：'齐侯伋，成王之舅'）；晋及鲁、卫，王母弟也。楚是以无分，而彼皆有。"楚灵王所说"四国皆有分"的"分"，是指这些国家始受封时所受赐于周的备物、典策、官司、彝器等。《左传》定公四年云："昔武王克商，成王定之，选建明德，以蕃屏周"。以下就说到成王分封时给予鲁、卫、晋三国的土地、人民以及"分"。可见，楚灵王君臣心里都很明白：他们的始封先君是熊绎，并且是和齐、鲁、卫、晋同时受封的。同是文武勤劳之后嗣，又同时受封，而所受待遇竟然不同，因此耿耿于怀，屡世不忘。②

　　当然还有一个问题，即受封是否可以作为科学意义上的"国家"出现的标志？这在齐、鲁、卫、晋等国是不成为问题的，因为这些封国的全部人员、机构、制度都基本是从周王朝的系统中成套地搬过去的。楚国的情况的确有所不同。它不仅没有得到"分"，而且周王朝也未给它授土、授民。《左传》桓公二年《正义》引《世本》云："楚鬻熊居丹阳"。周成王封熊绎，仍旧"居丹阳"。很可能是就地给熊绎加了一个"楚子"的头衔，他便算是楚邦之君了。1979年在陕西岐山凤雏村发现的西周甲骨有一片（H_{11}：83）云："曰今秋楚子来告父

---

　　① 孙重恩《楚始受封者——鬻熊》认为熊绎不是始受封者。徐俊《"鬻熊始受周封"刍议——与孙重恩同志商榷》仍持熊绎受封说。以徐说为长。

　　② 楚武王熊通也曾有类似的不满，见《史记·楚世家》。

后哉".① 这说明作为邦国君主的楚子同周王朝之间确实存在着朝聘关系。虽然我们还不掌握熊绎受封后楚邦的社会结构和政治体制的具体材料,但不妨以熊绎受封作为楚邦开始发生的起点。因为从此楚便作为西周方国体系中的一个成员出现在历史上。周王朝认为:"巴、濮、楚、邓,吾南土也"②,并非指直辖的王畿,所指正是以周为宗主的方国体系。

(二) 关于楚邦族源问题

从 20 世纪 30 年代初以来,学者们对楚邦族源问题进行了广泛的探讨,提出了种种不同的见解,近年在这方面的讨论尤为热烈。舒之梅先生作《五十年来楚族源研究综述》,将各家说法大体归为四类:(1) 北来说,即传统的以为楚先民来自中原的说法及其发展;(2) 东来说,即郭沫若、胡厚宣等先生主张的楚先民为东来说(王玉哲先生同意此说,又谓他们先是从中原到东方的);(3) 西来说,包括姜亮夫先生的楚夏同源说,岑仲勉先生的来自伊朗、中亚说及一之的楚源于羌说;(4) 土著说,即林惠祥、范文澜等先生主张的楚属苗蛮说以及近年不少学者主张的苗楚同源说。③ 现在,这个问题仍在探讨之中。

这个问题之所以不易解决,看来与其本身的复杂性有关。且不说春秋战国时期楚是一个包含了许多部落或部族的大国,就是在它的国家发生之际,也未必只包含一个部落或部族(世界上有若干上古小邦在发生时就包含了不同的部落或部族)。即使我们把楚邦族源问题限制在楚王族的族源范围上,问题也未必简单多少。楚国王族世代都没有忘记自己的先世有中原的渊源,所以,"夔子不祀祝融与鬻熊,楚人让之"④,所以,屈原《离骚》的首句就是"帝高阳(颛

---

① 一释"父后哉"为"父侯哉(伤)",谓"全辞为楚子向周告丧之事"(陈全方:《陕西岐山凤雏村西周甲骨文概论》,《古文字研究论文集》,四川大学学报丛刊第 10 集)。一释"今秋楚子来,告又后口。"下半句存疑(李学勤、王宇信:《周原卜辞选释》,《古文字研究》第 4 辑)。一释"今秋楚子来,告(郜)父后(迟到)哉。"(徐锡台:《周原卜辞十篇选释及断代》,《古文字研究》第 6 辑)

② 见《左传·昭公九年》,《十三经注疏》,2056 页。

③ 见《江汉论坛》,1983 (3)。文章在介绍各家说法之后,又就族源问题的研讨方法和族源概念的外延问题谈了五点意见。

④ 见《左传·僖公二十六年》,《十三经注疏》,1821 页。

项）之苗裔兮"，而且以自豪的心情把这列为"内美"之首①。可是，楚王族也有着与此相反的心理，所以，熊渠和楚武王熊通都曾说过："我蛮夷也。"②由此可见，如果说楚王族源出华夏，那么，他们看来同隋皇朝的杨氏家族或唐皇朝的李氏家族一样，是经过了"蛮夷"化（包括文化上和血统上）的。这个"蛮夷"化的过程是在楚邦建立以后吗？不是，在穴熊以后，鬻熊从前。楚建国以后，尤其到春秋战国时期，它实际是带着更多的后进部落或部族逐渐从"野蛮"向"文明"过渡的。如果可以把后一过程叫作"华夏"化，那么这已经达到了否定之否定的阶段。楚在南方广大地区完成了这个"否定之否定"过程，在我国历史上作出了伟大的贡献。

我认为，探讨楚邦族源，固然要上溯直系渊源（其实这也是片面的父系的），但也必须注意上古部族关系背景以及本族内部支系关系。质言之，这也就是要从网状结构中来把握线。这样看一邦族源，可以比较如实、真切也比较能说明楚在中国民族发展史上的作用。

现在先说上古部落集团的分布及关系，这是总的背景。自从蒙文通先生提出江汉、河洛和海岱三"民族"之说③，徐旭生先生提出华夏、东夷和苗蛮三集团之说④以来，尽管还有若干具体问题（如某些部落属何集团、集团间的地域界限等问题）尚有分歧，但是大体这么三个集团，分布在西、东、南三个方向上，这看来是可信的。

在这个背景下，我们再来看三集团间的几次主要冲突以及楚人先祖在其中的关系。第一次是黄帝与蚩尤的冲突。《逸周书·尝麦解》："昔天之初，□作二后，乃设建典，命赤帝分正二卿，命蚩尤于宇少昊，以临四方，司□□上天末成之庆。蚩尤乃逐帝，争于涿鹿之河（阿），九隅无遗。赤帝大慑，乃

---

① 《离骚》云："帝高阳之苗裔兮，朕皇考曰伯庸……纷吾既有此内美兮，又重之以修能。"汪瑗说："内美是得之祖，父与天者，修能是勉之于己者。"游国恩先生以汪说为非，认为"内美自以德性言"，"修能自言其才"（《离骚纂义》，25页按语）。家和按，《韩非子·解老》云："德也者，人之所以建生也。"故古人有"同姓则同德"（《国语·晋语四》）之说。以姓（所生）为德，为内美，这是从远古氏族制度遗留下来的传说，屈原这样深知文化传统的人自然是不会忘记的。

② 见《楚世家》，《史记》，第5册，169页。

③ 见蒙文通：《古史甄微》，36～61页，上海，上海商务印书馆，1933。

④ 见《中国古史的传说时代》，37～127页，北京，科学出版社，1960。

说于黄帝，执蚩尤杀之于中冀。以甲兵释怒。用大正顺天思序，纪于大帝，用名之曰绝辔之野。乃命少昊清司马鸟师，以正五帝之官，故名曰质，天用大成，至于今不乱。"少昊于东，蚩尤于宇少昊亦在东。赤（炎）帝受蚩尤威慑，求救于黄帝。黄帝杀蚩尤，仍以少昊主东方。西方华夏集团黄炎胜利，胜蚩尤，但与少昊维持和好关系。所以"天用大成"，长久不乱。依《史记·楚世家》，黄帝为楚之远祖（如依《山海经·海内经》，炎帝是祝融始祖；楚以祝融为祖，炎帝当然也是远祖），在这次冲突中，楚先祖不在东夷集团。第二次是颛顼和九黎的冲突。《国语·楚语下》："及少皞之衰也，九黎①乱德，民神杂糅，不可方物……颛顼受之，乃命南正重司天以属神，命火正黎司地以属民，使复旧常，无相侵渎。是谓绝地天通。"这是黄帝之后（颛顼）与蚩尤之后（九黎）的冲突，华夏集团再胜利。参加这次冲突并加以解决的有楚人的先祖颛顼和重黎（即祝融）。值得注意的是，这次与黄帝杀蚩尤不同，重黎是用宗教的手段制服九黎的。这也许是楚人先祖作为他族宗教首领的初次尝试。第三次是尧与三苗的冲突。《楚语下》："其后三苗复九黎之德，尧复育重黎之后不忘旧者，使复典之。"《尚书·吕刑》："苗民弗用灵，制以刑，惟作五虐之刑曰法，杀戮无辜。……皇帝哀矜庶戮之不辜，报虐以威，遏绝苗民，无世在下。乃命重黎绝地天通，罔有降格。"②《吕刑》说苗民学坏的榜样是蚩尤，制服他们的是重黎而非重黎之后。这种传说差别不影响问题的本质。这一次是华夏集团和苗蛮集团的冲突，华夏集团胜利，楚人先祖在华夏集团。不过同第二次一样，楚人先祖（非直系，见下文）又是作为宗教领袖去和苗蛮集团打交道的。楚人先祖在历史上这种特点，也正是他们后来易于和其他集团的部族互相渗透、融合的契机所在。

现在再据《史记·楚世家》和《国语·郑语》所述，将楚先祖祝融的世系和支派对应列表于下：

---

① 《尚书·吕刑》伪孔传云："九黎之君号曰蚩尤"。孔颖达疏引韦昭云："九黎氏九人，蚩尤之徒也。"孔疏将九黎释为蚩尤遗类。

② 《十三经注疏》，247～248 页。

据《楚世家》	据《郑语》
黄帝——→昌意—┐ └→颛顼——→称—┐ └→卷章（老童）—┐ └→重黎（祝融） └→吴回（祝融）—┐ └→陆终（有子六人）—┐ └→（1）昆吾	
	祝融之后 凡八姓：
《集解》："虞翻曰：昆吾名樊。为己姓，封昆吾。《世本》曰：昆吾者，卫是也。" 《正义》："《括地志》云：濮阳县，古昆吾国也。"夏时曾为侯伯，桀时汤灭之。	（1）己姓：昆吾、苏、顾、温、董。 韦昭注："五国皆昆吾之后别封者。"昆吾曾为夏伯。
（2）参胡 《索隐》："《系（世）本》云：二曰惠连，是为参胡。参胡者，韩是。宋忠曰：参胡，国名，斟姓，无后。"	（2）董姓：鬷夷、豢龙，夏灭之。 韦注："董姓，己姓之别，受氏为国者也。" （7）斟姓：无后。 （7）为《郑语》中之次序，为与《楚世家》对应，移前。以下同此例。
（3）彭祖 《集解》："《世本》曰："彭祖者，彭城是也。"殷时曾为侯伯，殷末灭之。	（3）彭姓：彭祖、豕韦、诸稽。 韦注："彭祖，大彭。豕韦、诸稽，其别封也"。商时曾为侯伯，商灭之。
	（4）秃姓：舟人。 韦注："秃姓，彭祖之别。舟人，国名。"周灭之。
（4）会人 《索隐》："《系本》云：四曰求言，是为郐人。郐人者，郑是。宋忠曰：求言，名也。妘姓所出，郐、国也。"	（5）妘姓：邬、郐、路、偪阳。 韦注："陆终第四子曰求言，为妘姓。封于郐，今新郑也。邬、路、偪阳，其后别封也。"
（5）曹姓 《集解》："《世本》曰："曹姓者，邾是也。"《正义》："《括地志》云：邾国在黄州黄冈县东南百二十一里"。《索隐》："《系本》云：五曰安，是为曹姓。曹姓，邾是。"	（6）曹姓：邾、莒。 韦注："陆终第五子曰安，为曹姓，封于邾。"
（6）季连——→附沮—┐ └→穴熊。其后中微，或在中国，或在蛮夷，弗能纪其世。 周文王之时，季连之苗裔曰鬻熊。鬻熊——→熊丽—┐ └→熊狂——→熊绎（楚始封君）	（8）芈姓：下分三支： Ⅰ、夔越（韦注：在夔） Ⅱ、蛮芈（韦注：在濮） Ⅲ、荆（即楚） 按《郑语》所说芈姓三支，已是西周时的事，无关于楚邦族源问题。

结合上表所列资料，我们可以再作以下几点分析和说明：

第一，祝融不是个人私名，而是职司的名称，重黎和吴回兄弟可以相继为祝融，"重黎之后不忘旧者"还可以为祝融。这正如周之先祖可以"世后稷"[①]一样。郭沫若先生证明陆终即祝融[②]，正说明《楚世家》的陆终六子就是《郑语》的祝融八姓（其中二姓别出）。其实祝融也成了部落名，所以累世可用。不仅原部落可用，甚至后世的分支部落也可以用。如昆吾，宋忠云，国名，实亦部落名。《楚世家》明确地说"桀之时汤灭之。"《诗·商颂·长发》云；"韦（豕韦）顾（昆吾别支）既伐，昆吾夏桀。"（《十三经注疏》，627 页）更是明证。而《逸周书·大聚解》云："乃召昆吾，冶而铭之金版，藏府而朔之。（《四部备要》，史部，第 44 册）"可见直到西周初期，仍有昆吾余裔在使用昆吾的称号。楚先祖鬻熊以上，有一段世系不明。考鬻熊与祝融上古音近，（祝、鬻同在觉部，叠韵；祝，照母，鬻，喻母，旁纽。融、熊同属喻母，双声；融在东部，熊在蒸部，同类，可旁转）"鬻熊"很可能就是"祝融"的异文[③]。以名称上也可以窥见楚人为祝融部族的支裔的痕迹。

第二，祝融以后各支派在历史发展中颇不平衡，在夏代兴起的是已姓昆吾，到夏末已灭亡（其别支董姓亦已灭亡）；在商代兴起的是彭姓，到商末亦已灭亡。其余各支在夏、商两代无一占有重要地位。到西周时期，斟姓已经无后，秃姓舟人已为周灭。妘姓、曹姓亦均微不足道。楚在祝融八姓之中，夏、商两代时甚落后，到西周时期，其余各支或亡或绝或"莫之数也"，它却逐渐兴起。看来商周之际是楚的一个转捩时期，这也就是楚邦开始发展的时期。

第三，祝融以后各支派有不同的地理分布，与不同的部族发生了相互渗透和融合的过程。长支已姓昆吾长期留在中原。楚灵王曾说："昔我皇祖伯父昆吾，旧许[④]是宅"。[⑤] 而梓慎说："郑，祝融之虚也。"[⑥] 许、郑皆在中原，昆吾

---

① 见《国语·周语上》，《四部备要》，第 44 册。

② 见《金文丛考·金文所无考》，《郭沫若全集》，考古编，第 5 卷，111 页，北京，科学出版社，2002。

③ 吕思勉：《先秦史》（开明版，61 页）有"鬻熊盖乃祝融异文"之说。其他前辈学者亦颇有以为鬻熊即祝融者，见《古史辨》，第 7 册上编，308 页。

④ 在今河南许昌。

⑤ 见《左传·昭公十二年》，《十三经注疏》，2064 页。

⑥ 见《左传·昭公十七年》，同上书，2084 页。

古代中国与世界

207

楚邦的发生和发展

一支与夏关系一直密切，维持华夏传统，故夏末为在东方兴起的商所灭。斟姓参胡、妘姓邬人亦在中原，而前者无后，后者不足数。彭姓彭祖一支到了"海岱及淮惟徐州"的地区，亦即东夷地区，逐渐与当地部落互相交往融合，在商代当过东方的"侯伯"。"商纣为黎之蒐，东夷叛之"①，"纣克东夷，而陨其身"②。他们大概为纣所激而起反抗，而纣戡平他们之后不久自己也灭亡了。可是，殷亡后淮夷一直在东南方存在，并力图抗拒周、鲁的势力。郭沫若先生说："楚之先实居淮水下游"③，"淮夷即楚人，即蛮荆"④ 按淮夷直至春秋晚期仍独立于楚之外，与楚并列（如《春秋》昭公四年所记）。因此，如果说徐淮地区的熊盈族与荆楚有关系，那可能在于二者有同源于祝融之缘，也就是说居于淮河下游的是楚人的另一皇祖伯父彭祖。据《史记·楚世家》及三家注，陆终六子中唯一到达长江沿岸的是曹姓的邾。这是祝融后裔中早期深入南方苗蛮集团的一支。⑤《商颂·殷武》所说"挞彼殷武，奋伐荆楚"，其征伐对象应该是这一支。《楚世家》和三家注唯一未说明所在地望的是芈姓季连一支。不过《楚世家》也有交待："其后中微，或在中国，或在蛮夷，弗能纪其世。"其实也不仅弗能纪其世，而且弗能纪其地。所以，疑以传疑，也不失为史家一种忠实态度。我们从《楚世家》和《郑语》看，楚先祖在祝融诸支裔中既不全居于夏（如昆吾），也不全居于夷（如彭祖），而是或夷或夏，大体处于夷夏之交。所以，楚人虽源出祝融，但是属其中久与苗蛮往还并深受其影响的一支。这种情况与楚以后的发展关系甚大。至于楚先世所在地望，以下再来讨论。

（三）关于楚始封地望问题

《楚世家》云熊绎居丹阳，《世本》云鬻熊居丹阳。鬻熊以前，楚先祖世系及居地现皆不可考。丹阳是迄今所知的楚人最早居地，也是熊绎始受之地。可是丹阳究竟在什么地方？很久以来就有不同的说法。

---

① 见《左传·昭公四年》，《十三经注疏》，2035 页。

② 见《左传·昭公十一年》，《十三经注疏》，2060 页。

③ 见《金文丛考·金文所无考·七三皇五帝》，《郭沫若全集》，考古编，第 5 卷，113 页。

④ 见《矢令簋考释》，载郭沫若：《中国古代社会研究》，附录四，262 页，北京，人民出版社，1964。

⑤ 邾后来迁至今山东境内，比邻于鲁，大概总有与当地部族已融合的部分留在南方。

《汉书·地理志》丹扬郡、丹阳县条下，班固自注云："楚之先熊绎所封，十八世，文王徙郢。"按此丹阳在今安徽省当涂县东北。此说可称为当涂说。郦道元在《水经注·江水》中说，秭归"楚子熊绎始封丹阳之所都也。《地理志》以为吴之丹阳。论者云，寻吴楚悠隔，缅缕荆山，无容远在吴境，是为非也。"此说可称为秭归说。《史记·楚世家》、《集解》引徐广说，谓丹阳"在南郡枝江县"。《正义》引颖容《传例》云："楚居丹阳，今枝江县故城是也。"《左传》桓公二年《正义》引宋仲子（即宋忠，或作宋衷、宋均）云："丹阳在南郡枝江县。"此说可称为枝江说。以上三说起于汉晋南北朝时，除班固的当涂说外，其余二说地点均在今湖北境内大江之滨。清人宋翔凤作《楚鬻熊居丹阳武王徙郢考》[①] 力言鬻熊所居丹阳应为楚怀王"十七年春与秦战丹阳"[②] 之丹阳。按此地为丹淅二水会合之处，在今河南淅川。此说可称为丹淅（或丹淅之会）说。近代以前学者关于楚始受封地的说法，基本就是以上几种。当然也有其他说法。如清人连鹤寿云："熊丽封睢山。《墨子·非攻篇》云：'楚熊丽始封睢山之间'。熊丽者，鬻熊之子也。其受封当在武王时。睢山即沮山，在今襄阳府南漳县西南六十里。"[③] 按此山与荆山相近（在沮水两侧），所以也可称此说为荆山说。熊丽始封，不见其他典籍；《墨子》文中"始封"二字在许多版本中又作"始讨"（关于这一点下文再具体讨论）。也许由于这些缘故，此说未曾受到人们的重视。

随着考古事业的发展，近年关于楚都地望研究的文章不少，讨论也在向更深的层次进展。许多论文探讨了楚都历次迁徙的过程和地望。这里且不去说。即以丹阳地望而言，从结论看似乎了基本仍不出以前几说，但探讨确有新的进展。从各说发展情况来看，近年主张当涂说的学者少了[④]，秭归、枝江和丹淅三说

古代中国与世界

楚邦的发生和发展

---

① 见《过庭录》卷九。(清) 宋翔凤著：《过庭录》，梁运华点校，北京，中华书局，1986。

② 见《楚世家》，《史记》，第 5 册，1724 页。

③ 见王鸣盛：《蛾术编·说地九》"楚都有五，滕文公之楚过宋系顺道"条后连氏按语，全二册，下册，657～658 页。北京，商务印书馆，1958。

④ 如杨宽已由主张当涂说改为秭归说。见《西周时代的楚国》，载《江汉论坛》，1981（5）。

均有发展。秭归说和鲢鱼山的考古调查和试掘成果联系起来，① 枝江说和季家湖的考古发掘成果联系起来②，丹淅说和淅川下寺龙城的考古发掘成果联系起来③。考古成果越来越受到学者们的重视。当然，以上各说目前仍在争鸣之中，因为任何一说迄今都尚未有充分而确切的考古学上的根据。问题的解决尚有待于考古学和文献方面的研究的进一步深入开展。

在以上诸说中，我认为丹淅说的理由比较充分。下面再补充几点个人的分析。

第一，季连一支，自穴熊以后，或在中国，或在蛮夷，上文曾据此推论，楚人先祖所居或夷或夏，大体处于夷夏之交。丹淅地区是夷夏之交的一个重要地点。《吕氏春秋·恃君览·召类》云："尧战于丹水之浦，以服南蛮。舜却苗民，更易其俗。"可见当时这里是尧舜与苗蛮争衡的要害之区。《尚书·舜典》云："窜三苗于三危"（伪孔传云：三危，西裔。孙星衍云："三危在岷山之西南")④。又云："庶绩咸熙，分北三苗。"大抵经尧、舜、禹的打击以后，苗蛮一支向西，一支向南，而丹淅地区又处于这两支分界点上。作为与苗蛮有长期交往传统的祝融后裔，季连一支很可能长期在这一地区活动。

第二，《史记·楚世家》所说"陆终六子"和《国语·郑语》所说"祝融八姓"中虽未见有分布于今河南西部崤山、伏牛山以西的支裔，但事实上有在此以西的。《国语·楚语下》记观射父云："其后三苗复九黎之德，尧复育重黎之后不忘旧者。使复典之。以至于夏、商。故重黎世叙天地而别其分主者也。

① 文必贵：《秭归鲢鱼山与楚都丹阳》，《江汉论坛》，1982（3）；刘彬徽：《试论楚都丹阳和郢都的地望和年代》，《江汉考古》，1980（1），《再论楚都丹阳的地望》，载《楚史研究专辑》。

② 高应勤、程耀庭：《论丹阳》，《江汉考古》，1980（2）。黄盛璋、钮仲勋：《楚的起源和疆域发展》，《地理知识》1979（1）；俞伟超：《关于楚文化发展的新探索》，载《楚文化新探》；宗德生：《楚熊绎所居丹阳应在枝江说》，《江汉考古》，1980（2）；均主枝江说。高应勤，《再论丹阳》（载《楚史研究专辑》）认为丹阳可能与磨盘山遗址有关。

③ 裴明相：《楚都丹阳试探》，《文物》，1980（10）；《再论楚都丹阳》《楚史研究专辑》。近年主丹淅说者较多，如冯永轩：《说楚都》，《江汉考古》，1980（2）。顾铁符：《楚三邑考》，《楚史研究专辑》。张正明：《楚都辨》，《江汉论坛》，1982（4）。石泉、徐德宽《楚都丹阳地望新探》，见《江汉论坛》，1982（3）。在丹淅说基础上进一步推论丹阳应在陕西商县的丹江河谷，形成商县——淅川说。

④ 见《尚书今古文注疏》。

其在周，程伯休父其后也。当宣王时，失其官守而为司马氏。"① 程伯所居即在关中。《逸周书·大匡解（第十一）》云："维周王宅程三年，遭天之大荒"。孔晁注云："程，地名，在岐州左右，后以为国。初王季之子文王因焉，而遭饥馑，后乃徙丰焉。"程伯一支，与楚人同族源。他们居于华夏的西部，世系清楚，楚人对他们先世也比较了解。楚先世所居大概不会距离他们很远。丹淅地区正符合这样的条件。

第三，宋翔凤在否定当涂等说并提出丹淅说的时候，很重要的一条考虑就是"鬻熊为周师，以功德受封，当与周京稍近。"以后主丹淅说的学者往往也强调这一点。尤其令人注意的是，丹淅地区正处于周人与江汉地区往来的要道上。于是，有的学者认为，楚人居住在这样要道上，周人绝不会允许②；有些学者认为，当时楚人势力甚微，不会引起周人不安③。如果结合殷末的形势看，周文王虽然处心积虑与殷抗衡，但力量毕竟有限。他需要从南翼对殷形成战略包抄形势，但是不可能靠征服，而只能靠在东南方寻找盟友。所谓"文王之道被于南国，美化行乎江汉之域"④，就是这种和平地扩大影响的办法。这样，鬻熊居丹阳不仅不会对周人扩大影响有阻碍，而且由于他们长期处于夷夏之间，与双方都比较接近，正好在周人与江汉地区诸部族之间起一种中介作用。以后随周武王伐纣的庸、卢、彭、濮等，曾居于江汉之间。楚人可能在他们与周建立关系过程中起了积极作用。鬻熊事文王，"蚤卒"。与鬻熊一样投奔周文王的太颠、散宜生、闳夭都在灭殷战争中从武王出征，鬻熊无这种汗马功劳。他的子孙为什么能算是"文武勤劳之后嗣"？看来就是楚人在帮助周人联络苗蛮中建立了功勋。而楚人之所以能起这样的作用，与他们所居丹阳的要害位置以及他们自身的亦夏亦夷的特点是分不开的。

---

① 《诗·大雅·常武》云："王谓尹氏，命程伯休父：左右陈行，戒我师旅。率彼淮浦，省此徐土。"（《十三经注疏》，576 页）他不再从事祝融的宗教性职务，改司军事，不过做的还是对付蛮夷的工作。

② 杨宽：《西周时代的楚国》，载《江汉论坛》，1981（5）。

③ 石泉、徐德宽：《楚都丹阳地望新探》，载《江汉论坛》，1982（3）。

④ 见《诗·周南·汉广·序》，《十三经注疏》，281 页。

二、楚邦的兴起

（自熊绎至堵敖熊囏，约公元前 10 世纪至前 672 年）

楚自熊绎受封立国，经历了整个西周时代以至春秋初期，长期基本上都是一个小邦。孔子云："楚之祖封于周，号为子男，五十里。"① 当然这也不仅是楚一国独有的现象。司马迁说："齐、晋、秦、楚，其在成周微甚，封或百里。或五十里。"② 到春秋晚期，楚已经成为南方的泱泱大国的时候，楚国统治阶层还清楚地记得："若敖、蚡冒至于武、文，土不过同"③。按方百里为一同，这就是说，直到西周末春秋初，楚邦的面积尚未超过一万平方里。

这个时期，也是楚邦艰苦创业的时期。楚人曾经说："昔我先王熊绎，辟在荆山，筚路蓝缕，以处草莽，跋涉山川，以事天子。"④ 晋人（栾书）又曾说，楚对其国人"训之以若敖、蚡冒筚路蓝缕以启山林"⑤。这就是说，在整个西周时期，楚人都是在艰苦创业中度过的。西周末春秋初，楚邦逐渐强盛起来。以下对这一时期的楚邦历史分三个方面来论述。

（一）楚与周王朝的关系

楚立国受封于周，但如前所述，受封情况与齐、鲁、卫、晋不同。楚邦不是由周人移民建立的，而是由西周王朝对居于丹阳的楚人社会共同体给予一种政治上的确认，承认它为楚子的国家，即既认它为国家又认它为从属于自己的诸侯国家。这样，当楚邦开始出现的时候，它自然地具有以下特点：一是它比齐、鲁等邦原始；二是它比齐、鲁等邦对周具有更大的独立性。"昔成王盟诸侯于岐阳，楚为荆蛮，置茅蕝，设望表，与鲜卑守燎，故不与盟。"⑥ 周原甲骨（H_{11}：4）记："其微、楚□孚（厥）賣（即寮），师氏受寮。"⑦ 可见楚既在以

---

① 见《孔子世家》，《史记》，第 6 册，1932 页。

② 见《十二诸侯年表序》，《史记》，第 2 册，509 页。

③ 沈尹戌语，见《左传》昭公二十三年，《十三经注疏》，2103 页。

④ 见《左传》昭公十二年，《十三经注疏》，2064 页。

⑤ 见《左传》宣公十二年，《十三经注疏》，1880 页。

⑥ 见《国语·晋语八》，《四部备要》，第 44 册。

⑦ 陈全方：《陕西岐山凤雏村西周甲骨文概论》，《古文字研究论文集》，311、381 页。

周王为首的方国联盟之内，又是其中未与盟（古人特重盟誓，不论中外皆如此）的半野蛮的独立分子。

楚人在鬻熊时期和周的关系是友好的，在殷、周矛盾中站在周人一方。后经熊丽、熊狂以至于熊绎，未见史书说他们改变了对周的态度。而且如果他们改变了态度，转向周的敌人一方，周成王就不会把熊绎当做"文武勤劳之后嗣"来册封了。

《逸周书·作雒解》："武王克殷，乃立王子禄父，俾守商祀。建管叔于东，建蔡叔、霍叔于殷，俾监殷臣。武王既归，乃岁十二月，崩镐，肂于岐周。周公立，相天子。三叔及殷、东、徐、奄及熊盈以略。周公、召公内弭父兄，外抚诸侯。元年夏六月，葬武王于毕。二年，又作师旅，临卫，政殷，殷大震溃。降辟三叔。王子禄父北奔，管叔经而卒，乃囚蔡叔于郭凌。凡所征熊盈族十有七国，俘维九邑。俘殷献民，迁于九毕。"《史记》亦记，"管、蔡、武庚等果率淮夷而反，"① "周公奉成王命，伐诛武庚、管叔，放蔡叔；""召公为保，周公为师，东伐淮夷，残奄，迁其君薄姑"②。郭沫若先生把令毁铭文"唯王于伐楚伯，在炎"与以上文献联系起来，认为"淮夷即楚人，即蛮荆，徐戎即舒人，即郐方。淮徐荆舒每连言，必系同族，且为殷之同盟"，"'王伐楚伯在炎'当即成王'东伐淮夷残奄'之事"。③ 不过，郭氏的这一论断值得商榷。因为，第一，楚与淮夷始终是二而不是一。《史记·楚世家》云"楚子熊绎与鲁公伯禽、卫康叔子牟、晋侯燮、齐太公子吕伋俱事成王"。《左传》昭公十二年记载了楚灵王类似的话。这说明楚人在当时与周成王、鲁伯禽等是站在一边而非站在敌对方面的。《书·费誓》记伯禽之言曰："徂兹淮夷徐戎并兴。"鲁在东方，与淮夷徐戎长期有矛盾，但鲁、楚两方都从未认为这是两国间曾有的矛盾。上文曾引《春秋》说明，楚与淮夷直到春秋晚期仍是两个各自独立的国家。④ 第二，郭氏把"伐楚伯在炎"和"伐淮夷残奄"等同起来，那么楚就应当在奄或在奄

① 见《鲁周公世家》，《史记》，第5册，1518页。

② 见《周本纪》，《史记》，第1册，133页。

③ 见《中国古代社会研究》附录四《矢令簋考释》又《西周金文辞大系》图录，2页，考释3页。

④ 楚，芈姓；淮夷，嬴姓。本非一支。参阅杨宽：《西周时代的楚国》，载《江汉论坛》，1981（5）。

的附近。《史记·周本纪》中《正义》引《括地志》云："兖州曲阜县奄里，即奄国之地也。"《左传》昭公九年孔疏引服虔云："商奄，鲁也。"王玉哲先生认为，周初"周公奔楚"的事①与"周公东征"是一回事②。不过，《左传》昭公七年："（昭）公将往（楚），梦襄公祖。梓慎曰：君不果行。襄公之适楚也，梦周公祖而行。今襄公实祖，君其不行。子服惠伯曰：行，先君未尝适楚，故周公祖以道之；襄公适楚矣，而祖以道君。不行，何之？"这就是说，鲁襄公早先未到过楚国，所以行前要由到过楚国的周公托梦向导；襄公后来到过楚国，所以又有资格为昭公托梦向导。如果说周公所奔的楚是商奄，就在鲁国，那么周公本人也未到过江汉，他有什么资格为往江汉的楚去的襄公作向导？如果说周公到过在鲁的楚就可以为襄公作向导，那么襄公、昭公都生长在鲁国，都到过楚的故地，又何必要称先君托梦向导才能成行呢？可见，周公践奄是一回事，奔楚又是一回事，两个地方是不能重合到一起的。

从传统的文献看，周初有周公、成王伐淮夷的事，但与伐楚无关。关于令毁，作器的时代目前仍有不同说法。即使说"伐楚伯在炎"的王是成王，"楚伯"也就是楚国国君，那看来也是成王晚年的事。

大概在周镇压了武庚和淮夷等的叛乱以后，周、楚的关系开始了疏远化的过程。疏远的一个重要表现就是熊绎的"辟在荆山"。楚人原居丹淅地区，大概从熊绎祖父熊丽时就开始向睢山——荆山地区活动。《墨子·非攻下》云"楚熊丽始讨此睢山之间"便是证据。按《墨子》诸本皆作"讨此睢山之间"，唯日本宝历本"讨"字作"封"。毕沅校本从宝历本改，于是有连鹤寿熊丽始受封之说。其实此字仍应为"讨"。③ 这个"讨"不是"讨伐"，而如《说文》（三上）

---

① 见《鲁世家》，《史记》，第 5 册，1520 页；《蒙恬列传》，《史记》，第 8 册，2569 页。

② 王玉哲：《楚族故地及其迁移路线》，载《周叔弢先生六十生日纪念论文集》，所引见此书 43～44 页。

③ 如作"封"字，也不是受封的意思。《左传》昭公七年"吾先君文王，作仆区之法，曰：盗所隐器，与盗同罪。所以封汝也。"《十三经注疏》，2048 页。哀公十七年"彭仲爽，申俘也，文王以为令尹，实县申、息，朝陈、蔡，封畛于汝。"同上书，2179 页。"封"即"封畛"，封畛于汝即将版图扩展到汝水一带，而不是从谁那里受封了汝水一带土地。说熊丽时楚疆已到睢山，很有夸大；说他在这里经营（讨治）了一个点，却是可能的。故仍以作"讨"佳。孙诒让《墨子间诂》虽注毕说，但正文仍作"讨"字。

所说："讨，治也。"（《左传》宣公十二年："其君无日不讨〈杜注：治也〉国人而训之"，即其例）即熊丽开始在这一地区占了一块地盘。到熊绎后期，就放弃了丹淅地区的丹阳，完全迁到荆山地区。楚人此次迁移，是由于方国布局形势有了变化。从前楚人居丹阳，东北有伏牛山作屏蔽。可以减轻殷商的威胁，西北溯丹水而上可与他们的盟友周人取得联系，南向还可以联系诸苗蛮参加周人阵营。到镇压了武庚以后，周王朝在中原地位巩固，进行大规模的分封，也直接向江汉地区封土建国，形成"汉上诸姬"之邦。这样，楚人如果继续留在丹淅地区，就不仅不能起积极地联系苗蛮作用，而且要妨碍周王朝与汉上诸姬的联系了。因此，楚人不得不让开这条大道，南渡汉水，"辟在荆山"。（辟，避也。如《左传》宣公十二年"无辟敌"）

关于熊绎迁荆山的具体时间，史书没有记载。但定在周人在江汉分封邦国时期或以后，大抵不会有错误的。还可进一步推定，楚人南迁荆山在周公旦死后。《史记》中《鲁周公世家》、《蒙恬列传》都曾说到，由于周成王的误会。周公曾经"奔楚"。这说明，一方面楚与周公旦关系尚好（淮夷同周公则是仇敌）；另一方面楚人所居距周还不太远，周公奔楚和返周都比较方便。

楚人徙居荆山，对于周、楚关系发生了重大的影响。第一，过去楚人在丹阳，处于夷夏之交、半夷半夏状态，对周维持半从属半独立的关系。南徙荆山，深入苗蛮之中，楚人与苗蛮的融合加强，与周王朝的疏远加剧，最终能统率南方部族与中原诸夏抗衡。第二，楚人从丹阳到荆山，既给周人让开了通往江汉的大道，又深入到江汉平原的西部边缘。一旦条件成熟，楚人就可以以高屋建瓴之势占取汉水以西的肥沃平原，扫除"周之子孙在汉川者"①，以江汉为中心形成南方大国，北面与诸夏相争。

周楚关系从疏远转为对立，转捩点在周昭王时期。《古本竹书纪年》记："昭王十六年，伐楚荆，涉汉，遇大兕"②。"十九年，天大曀、雉兔皆震，丧六师于汉"。"昭王末年，夜清五色光贯紫微，其年王南巡不退"。③《史墙铭文》云："弘鲁邵（昭）王，广纰（批）楚荆。"现存昭王时彝器铭文亦有类似记载。

---

① 见《左传》定公四年，《十三经注疏》，2136 页。

② 见《初学记》卷七引。

③ 《太平御览》卷八七四引，《路史·发挥三》注引"清"作"有"。

如《过伯簋》云："过白（伯）从王伐反荆，孚金，用作宝尊彝。"《㢱驭簋》云："㢱驭从王南征伐楚荆，又（有）得，用作父戊宝尊彝。"《鼒簋》云："鼒从王伐荆，孚。用作镽簋"《史记·周本纪》云："昭王之时，王道微缺。昭王南巡狩不返，卒于江上。其卒不赴告，讳之也。"① 这些记载说明，周昭王先后两次渡过汉水征伐辟在荆山的楚。第一次渡汉水虽然遇到过困难，但还有所俘获。第二次回师渡汉水时大概遇到埋伏，结果全军覆没，昭王本人也溺死于汉水。后来楚人正式表示，昭王南征不复与他们无关。杜预说："昭王时汉非楚境，故不受罪。"② 的确，当时楚国国境还不能东达汉水，国力也未必能抵挡周王的"六师"。不过，楚在荆山汉水一带的苗蛮中已经扎下了根，周人两次涉汉遇到的险情大概是深悉汉水一带地理形势的当地居民制造出来的。

　　不论周人如何隐讳，也不论铭文如何刻着"弘鲁邵王，广纰楚荆"，昭王的失败标志着周人控制荆楚的企图的完全失败。以后周宣王企图重振周王朝的威势，曾经对西北的猃狁和东南的淮夷及徐进行了广泛的军事行动，《诗经》大、小雅中颇有些夸示战功的篇章。其中《小雅·采芑》也说到荆楚："蠢尔蛮荆，大邦为仇。方叔元老，克壮其犹。方叔率止，执讯获丑。……显允方叔，征伐猃狁，蛮荆来威。"③ 方叔征伐蛮荆的楚，也许一度有所斩获，使蛮荆有所畏惧。但是这样的诗句，即使夸大程度不高，也是不长的好景。宣王晚年，"战于千亩，王师败绩于姜氏之戎"，"丧南国之师"④。韦昭云："丧，亡也，败于姜戎氏时所亡也。南国，江汉之间也。"宣王以后十余年，西周灭亡。楚在南方迅速兴起。

（二）楚与周边方国、部落的关系

　　楚人辟在荆山，筚路蓝缕以启山林，是楚邦的艰苦创业时期，也是它的苗蛮化时期。经过四五代人的努力，楚邦开始出现新的气象。《史记·楚世家》载：

---

　　① 《吕氏春秋·季夏纪·音初》说昭王因"梁败"（浮桥坏了）而落入汉水，后为辛余靡救起。高诱于注中已据《左传》"昭王南征而不复"之说作了驳正。
　　② 见《左传》僖公四年注，《十三经注疏》，1793 页。
　　③ 《诗·小雅·采芑》，《十三经注疏》，426 页。
　　④ 见《国语·周语上》，《四部备要》，第 44 册。

熊绎生熊艾，熊艾生熊䵣，熊䵣生熊胜。熊胜以弟熊杨为后。熊
杨生熊渠。熊渠生子三人。当周夷王之时，王室微，诸侯或不朝，相
伐。熊渠甚得江汉间民和，乃兴兵伐庸、杨粤，至于鄂。熊渠曰：
"我蛮夷也，不与中国之号谥"。乃立其长子康为句亶王，中子红为鄂
王，少子执疵为越章王，皆在江上楚蛮之地。及周厉王之时，暴虐，
熊渠畏其伐楚，亦去其王。①

从这一段记载可以看出，第一，以荆山为基点的楚人已经和江汉地区的蛮
夷打成一片，所以熊渠能够"甚得江汉间民和"，并自称"我蛮夷也，不与中国
之号谥。"第二，楚邦国力有了一定的增长，开始向周边以至较远的方国或部落
用兵，干涉他人内部事务。第三，当时楚邦用兵还不是灭他人之国，兼吞他人
地盘。熊渠采取了派自己的三个儿子分别到三个方国去当"王"的办法。他们
都是王，和楚并无高下之别，而且实际上都是独立的。大体同时或稍后，楚君
子孙成了夔君，夔仍是独立的。《左传》僖公二十六年记："夔子不祀祝融与鬻
熊，楚人让之。对曰：我先王熊挚②有疾，鬼神弗赦而自窜于夔。吾是以失楚，
又何祀焉？'秋，楚成得臣、斗宜申帅师灭夔，以夔子归。"楚邦对其他方国采
取灭国并地的办法，还是本时期末才开始的。熊渠的办法与周之封楚和周之封
齐、鲁都不同，是一种"不与中国号谥"（一例称为王）的办法。第四，楚邦的
影响已经南展到长江一线，熊渠三子所居"皆在江上楚蛮之地"。这也正好是打
下了以后从荆山南迁的基础。

熊渠的时代约公元前 10 世纪末 9 世纪初。以后楚人在荆山地区继续艰苦奋
斗，又经过了约两个世纪，到楚武王（公元前 740—前 690 年）和楚文王（公
元前 689—前 679 年）时期，楚邦在不断的对外战争中显示出了它的力量，迈
出了从蕞尔小邦过渡到南方大国的第一步。

---

① 见《史记》，第 5 册，1692 页。《大戴礼记·帝系》谓熊渠长子名"无康"，即《楚
世家》下文所说的"毋康"；谓其少子名"疵"为"戚章王"，疑"疵"当为"执疵"之误，
"戚"亦即"戉"之讹。

② 同上书，1693 页。《楚世家》《正义》引宋均注《乐纬》云："熊渠嫡嗣曰熊挚，有
恶疾，不得为后，别居于夔，为楚附庸，后王命曰夔子也。"谓熊挚为熊渠之子。"为楚附
庸"是汉人说法，夔人自称"我先王"，与楚平起平坐，只是以楚人为君的独立方国。

楚武王熊通三十五年（公元前 706 年），"楚武王侵随（在今湖北随县），使选章求成焉，军于瑕以待之。随人使少师董成。"① 这是楚向汉东扩展势力的开始。这里可注意的是，楚侵随，不是为了灭随，而是要随和它结盟。后两年，"夏，楚子合诸侯于沈鹿。黄、随不会，使选章让黄，楚子伐随，军于汉淮之间。"随军打败，"秋，随及楚平"② 这次伐随仍是"盟而还"。《史记·楚世家》记这两次伐随的另外一些内容："三十五年，楚伐随。随曰：'我无罪'。楚曰：'我，蛮夷也。今诸侯皆为叛相侵，或相杀。我有敝甲，欲以观中国之政，请王室尊吾号'。随人为之周，请尊楚。王室不听，还报楚。三十七年，楚熊通怒曰：'我先鬻熊，文王之师也，蚤终。成王举我先公，乃以子男田令居楚，蛮夷皆率服，而王不加位，我自尊耳。'乃自立为武王，与随人盟而去。于是始开濮地而有之。"③ 这个记载清楚地表明，熊通已很有信心地宣布自己为蛮夷的领袖，感到自己应当像周王作为中原天下的领袖（王）那样成为南方蛮夷天下的领袖（王）。楚伐随，实际就是与中原争夺汉东的盟主地位。公元前 703 年，"巴子使韩服告于楚，请与邓（在今湖北襄樊市以北）为好。楚子使道朔将巴客以聘于邓。邓南鄙鄾人攻而夺之币，杀道朔及巴行人。"④ 结果楚、巴联军打败了邓人。公元前 701 年，"楚屈瑕将盟贰、轸，郧人军于蒲骚，将与随、绞、州、蓼伐楚师……败郧师于蒲骚，卒盟而还。"⑤ 郧（在今湖北安陆）人想打散楚在汉东所结的联盟，楚人打败郧，也只是保证了贰、轸与楚结盟。公元前700 年，"楚伐绞（在今湖北郧县）……大败之，为城下之盟而还。"⑥ 楚伐绞，是了报复，也只强使绞与楚结盟。次年，楚伐罗（在今湖北宜城，罗人曾想在楚伐绞中伐楚），战败。公元前 690 年，楚武王伐随，病死于军中，最后楚人还是和随人结盟而还⑦。对汉水以外的方国都采取结盟政策，对汉水以西方国有所不同。"初，楚武王克权，使斗缗尹之，以叛，围而杀之。迁权于那处，使阎

① 见《左传》桓公六年，《十三经注疏》，1749 页。
② 见《左传》桓公八年，《十三经注疏》，1754 页。
③ 《史记》，第 5 册，1695 页。
④ 见《左传》桓公九年，《十三经注疏》，1754 页。
⑤ 见《左传》桓公十一年，《十三经注疏》，1755 页。
⑥ 见《左传》桓公十二年，《十三经注疏》，1756 页。
⑦ 见《左传》庄公四年，《十三经注疏》，1764 页。

敖尹之。"① 这就是直接派官去统治被征服者了。

熊通之子熊赀继位，是为文王（公元前 689—前 676）。公元前 688 年，楚人伐申（今河南南阳）②。公元前 684 年，"秋九月，楚败蔡（蔡，在今河南上蔡）师于莘，以蔡侯献舞归。"③《楚世家》云："已而释之。楚强，陵江汉间小国，小国皆畏之"。公元前 680 年，楚灭息（在今河南息县）④。公元前 678 年，楚"伐邓，灭之"⑤。这样，楚就打下了襄樊——南阳这样重要的交通要道，占据淮水上游的息，以后申、息就成了楚人北伐中原的两个重要出发点。

在楚武王、文王时期，楚人又进行了一次迁徙。《左传》桓公二年《正义》引《世本》云："楚鬻熊居丹阳，武王徙郢。"《史记·楚世家》云：武王卒，"子文王熊赀立，始都郢。"《正义》引《括地志》云："纪南故城在荆州江陵县北五十里。杜预云国都于郢，今南郡江陵县北纪南城是也。"《世本》、《史记》都没有说楚自荆山迁郢。不过楚自熊绎即辟在荆山，史有明文：楚武王伐随要渡汉水，所居显然也在汉西的荆山，而不在汉东的丹淅（丹阳）。因此，这一次楚人是从荆山南迁于郢。政治、经济中心南移至肥沃的江汉平原中心地带，军事要塞则北推至申、息一带，这样楚人就既巩固了在南方的基地，又部署了争霸中原的形势。至于迁郢的主持人是武王还是文王，现在已难考定。楚武王在位长达 51 年，35 年后始见对外出兵；如他迁郢，大概也是到晚期了。

（三）楚国君主与贵族的关系

楚武王熊通中叶以前的历史，现在所知极少。关于自楚开国至文王熊赀这一段时期中楚君与贵族的关系，我们可以先从楚国君主称号然后再就武王、文王时的一些史实试作探索如下。

熊通称王以前，除熊渠一度立其三子为王以外，楚君不称王、不称公（楚子是中原对楚君的称呼，非楚人自称），亦无谥法，的确"不与中国之号谥"。那么，他们在国内的正式称号是什么？史书记载得清楚，就是在名字之上加一

① 见《左传》庄公十八年，《十三经注疏》，1773 页。
② 见《左传》庄公六年，《十三经注疏》，1764 页。
③ 见《左传》庄公十年，《十三经注疏》，1767 页。
④ 见《左传》庄公十四年，《十三经注疏》，1771 页。
⑤ 见《史记·楚世家》，第 5 册，1696 页；又《左传》庄公六年，《十三经注疏》，1764 页。

个"熊"（在彝铭中作"酓"）字。

楚君芈姓，无可怀疑。古人姓氏不同，因此学者多以熊为楚君之氏。或且以为楚君有二姓①。张正明等先生认为，"严格地说来，'熊'是楚君专用的氏。由此，连楚君的兄弟姊妹也都不以'熊'为氏。公子弃疾曾为楚的蔡公，名闻诸侯，但不著'熊'字。耐人寻味的是，弃疾即王位后，便改名'熊居'，事见《左传昭公十三年》。杨伯峻注曰：足见楚大子或公子为王后多改名而冠以'熊字'。所见甚是。"②此说确有见地。除上述公子弃疾改称熊居事例以外，请再看《史记·楚世家》。熊渠立三子为王时，长子康、中子红、少子执疵名上皆不冠'熊'字。"熊渠卒，子熊挚红立。"《索隐》、《正义》均以为挚红即熊渠中子红。又熊严"有子四人，长子伯霜，中子仲雪，次子叔堪，少子季徇。熊严卒，长子伯霜代立。是为熊霜。"熊霜卒，"三弟争立。仲雪死，叔堪亡，避难于濮；而少弟季徇立，是为熊徇。"这些都是国君之子成为国君才能称"熊"某的补充例证。不过，按古代通例，氏的称号是举族男性成员都可以使用的。楚国只有成为国君才能在名前冠以"熊"字，可见"熊"是先前楚国君主的传统称号。

"熊"或"酓"的称号，来源远在国家产生以前。自熊绎上推有熊狂、熊丽，有鬻熊。楚君名前冠"熊"，显然与鬻熊有关。而鬻熊又远绍穴熊。雷学淇云："考楚之先世，有三鬻熊。其一乃唐玄宗诏祀夏禹于安邑，以宗伯鬻熊、秩宗伯夷配祀者，此鬻熊在虞夏之际，即此穴熊也。其一即年九十而见文王、文王师事之者，是在商周之际。其一则（熊）渠之孙熊严，当汾王（即周厉王）之世，王符《潜夫论》亦谓之为鬻熊也。"雷氏以为穴熊与鬻熊音近，故易混同③。上文已经说到，鬻熊、陆终、祝融皆音近相通。所以，楚君称"熊"的最初来源是祝融。祝融是远古著名的宗教领袖，在历史上有很大的影响。他的后裔作为部落领袖时也往往袭用他的称号。当部落领袖转变为国君的时候，"熊"也就成了国君的称号。这种情形正如同古代希腊的"巴塞勒斯"（basileia）一词一样。最初本指部落的军事首长，后来也用以表示邦君。"熊"作为楚君的

北京师范大学史学探索丛书

---

① 李平心：《〈周易〉史事索隐》，载《历史研究》，1963（1）。龚维英：《楚的族姓有二说》，载《江汉论坛》，1983（1）。

② 见《江汉论坛》，1983（6）。

③ 《世本八种》（雷学淇校辑本），7页，上海，商务印书馆，1957。

称号，表明楚君作为邦国宗教首领的特色①，这也是他独具他人所不能有的崇高身份的一个重要原因②。

如果说楚君独有"熊"或"酓"这样带有宗教的神圣性的称号，那么他们也有一种称号是其他贵族也可用的，这就是"敖"。"敖"是什么意思？历来多有疑义。《左传》昭公十三年"实訾敖"，杜注云："不成君无号谥者，楚皆谓之敖。"孔颖达《正义》云：郏敖与此訾敖，皆不成君无号谥也。元年传云：葬王于郏，谓之郏敖；此云：葬子干于訾，实訾敖，并以地名冠敖，未知其故。又《世家》楚之先君有若敖、宵（即霄）敖，皆在位多年，亦称为敖。不知敖是何义。孔疏在这里怀疑杜注是有道理的。訾敖在位不及一年即自杀，可以说未成君，郏敖在位四年为灵王所杀，堵敖（即庄敖、杜敖）在位五年为成王所杀，都不能说未成君，至于若敖（在位二十七年）、霄敖（在位六年）都是父终子继，尤其若敖在楚国历史上还是一个重要的国君，当然更不能说他们未成君了。杜注也有其合理处，就是以上五个称"敖"的楚君都无谥号，若敖、霄敖时尚未称王，根本没有谥号；后面三个国君皆被篡夺，未得谥号。当然这也不能说明"敖"的意思。按"敖"古音为宵部疑纽，"豪"为宵部匣纽（叠韵旁纽），音近相通。《周书·旅獒·序》"西旅献獒"。马融云：獒作"豪，酋豪也"。郑玄云："獒读曰豪。西戎无君，名强大有政者为逎（酋）豪③。由此可知，楚君称敖亦取酋豪之意。这个称号大概是从部落的军事首领的名称沿袭而来的。楚国有一个重要的官职名为莫敖。莫敖最初的职司显然在军事方面④。莫敖是什么意思？《淮南子·修务》"莫嚣⑤大心抚其御之手"，高诱注云："莫，大也"。《小尔雅·广诂》亦云："莫，大也"。依此说，莫敖也就是大酋豪的意思。按"莫"、"幕"古相通。《汉书·李广传》"莫府省文书"。师古曰："莫府者以

---

① 张正明等先生认为，楚君称"酓"与其在宗教方面的职责有关，甚有新意。见前引文。
② 楚人有以"熊率"（如熊率且比）、"熊相"（如熊相宜僚，熊相谋）及"熊"（如熊负羁，熊宜僚）为氏者。熊率氏可能是蚡冒之后（《史记》谓蚡冒为熊眴，韦昭称之为熊率），熊相氏可能是熊霜之后，熊氏可能是某个楚君之后。这种情况和中原有以王子、王孙、公孙等为氏者一样，不足为奇。应该说明，正如以王子、王孙以至后世以王为氏者不是王一样，楚国以熊率、熊相及熊为氏者也不是楚国之君。
③ 见孔颖达疏，《十三经注疏》，194页。
④ 见《左传》桓公十一年，《十三经注疏》，1755页。
⑤ 即敖，《汉书·五行志上》亦作莫嚣，《汉书》，第5册。

军幕为义，古字通，单用耳。……又莫训大，于义乖矣。"师古说符合历史实际，《左传》庄公二十八年记："楚幕有乌"，可作师古之佐证。因此，莫敖的本义也就是职司军事的酋豪。由于与国君在负责军事方面有共同点，莫敖也就可以如国君一样具有"敖"的称呼。这种情形说明，楚国君主与其他执政贵族之间相去未远。

从楚君的"熊"（或"酓"）和"敖"的两种称号也可以看出，他们最初拥有的权力就是部落首领所有的宗教和军事两方面的权力。

现在，我们还可以从有关楚文王的两个故事了解一下当时国君同其他贵族的关系。

《吕氏春秋·贵直论·直谏》① 云："荆文王得茹（《正谏》作如）黄之狗，宛路（《正谏》作箘簬）之矰，以畋于云梦，三月不反。得丹（《正谏》作舟）之姬，淫期年不听朝。葆（《正谏》作保）申曰：'先王卜以臣为葆，吉。今王得茹黄之狗、宛路之矰，畋三月不反。得丹之姬，淫，期年不听朝。王之罪当笞。'王曰：'不谷免衣襁褓而齿于诸侯，愿请变更而无笞。'葆申曰：'臣承先王之令，不敢废也。王不受笞，是废先王之令也。臣宁抵罪于王，毋抵罪于先王。'王曰：'敬诺。'引席，王伏。葆申束细荆（《正谏》作箭）五十，跪而加之于背，如此者再，谓王'起矣'。王曰：'有笞之名一也，遂致之。'申曰：'臣闻君子耻之，小人痛之。耻之不变，痛之何益？'葆申趋出，自流于渊，请死罪。文王曰：'此不谷之过也。葆申何罪？'王乃变更，召葆申，杀茹黄之狗，析（《正谏》作折）宛路之矰，放丹之姬。后荆国兼国三十九（《正谏》作三十）。令荆国广大至于此者，葆申之力也，极言之功也。"

秦、汉时人把楚文王、葆申之间的关系理解为圣君贤臣间的极谏与纳言的典范，实际其中有更深刻的历史传统的作用在。楚文王游冶失职，葆申有权力亦有义务执先王之令，代表传统予以责罚。不然，就是失职有罪。又依传统，国君具有宗教上的神圣性，葆申致罪于文王时也是有罪的。葆申在这种两难的局面下，宁可自己违背传统受罪也不让社稷因文王违背传统而受损，这样就无愧地履行了作为葆的职责。楚文王承认了传统赋予保申的权力，也承认了传统赋予自己的义务，受责改过，这样就以邦君典范形象出现在历史上。如此而已，

---

① 《诸子集成》，第 6 册，又见《说范·正谏》，文字略有出入。

更多的解释都是秦汉以后人的一偏之见。

《左传》庄公十八、十九年记："及文王即位，与巴人伐申，而惊其师。巴人叛楚，而伐那处，取之，遂门于楚。阎敖（那处尹）游涌而逸，楚子杀之。其族为乱。冬，巴人因之以伐楚。十九年春，楚子御之，大败于津。还，鬻拳弗纳，遂伐黄，败黄师于踖陵。还，及湫有疾。夏六月庚申，卒。鬻拳葬诸夕室，亦自杀也，而葬于绖皇。初鬻拳强谏楚子，楚子弗从，临之以兵，惧而从之。鬻拳曰：'吾惧君以兵，罪莫大焉'。遂自刖也。楚人以为大阍，谓之大伯，使其后掌之。"

鬻拳两次冒犯国君，第一次以兵强谏，不知原因；第二次拒绝打了败仗退回的国君回国，因为国君在军事上失了职。鬻拳两次尽了责，第一次自刖，第二次自杀，都又抵了罪。其中原因和葆申责文王的事例一样。《左传》："君子曰：鬻拳可谓爱君（不说忠君，《左传》桓公六年：'所谓道，忠于民而信于神也。'）矣。谏以自纳于刑，刑犹不忘纳君于善。"这已是战国时人的认识，当时楚人却主要考虑的是鬻拳能依照传统，克尽厥职，所以"使其后掌之"。如果鬻拳这种行为放在秦汉时代又将如何？试以唐律、明律衡之，皆在十恶之列矣。

从以上论列的情况来看，当楚邦兴起的时期，国王在很大程度上仍处于先前部落传统的支配之下，在行动中往往不能不受其他贵族的监督和限制；他们在邦内已经是地位最高的权威，尤其在宗教和军事方面，不过他们并不能等同于（更不能高于）社稷（国家），而是对社稷要承担责任的。他们在不能为社稷尽己责时，尽管已经"免衣褅裸而齿于诸侯"，还是不能免于受责的。在楚文王这样颇有"蛮夷"气息的国君身上，显示出的不是后世儒生理想化出来的"圣君"气象，而是一种遵循传统的作风。

三、争霸中原时期（自成王至灵王，公元前 671—前 529 年）

（一）与中原争霸的成败得失

据《史记·楚世家》，文王晚年"楚强，陵江汉间小国。小国皆畏之。十一年，齐桓公始霸，楚亦始大。"齐、楚几乎是同时强盛起来的。楚文王"十三年卒，子熊囏立，是为庄敖。庄敖五年，欲杀其弟熊恽（泷川资言《考证》云：

'恽当作頵，熊字衍'）。恽奔随，与随袭弑庄敖，代立，是为成王（公元前671—前626年）"。

楚自熊绎辟在荆山，与中原暂断联系，走向蛮夷化。经过约三百年的艰苦创业，到成王时期，又开始以南方大国的资格与中原进行外交和军事上的角逐。《楚世家》云："成王恽元年，初即位，布德施惠，结旧好于诸侯，使人献天子。天子赐胙曰：'镇尔南方夷越之乱，无侵中国'。于是楚地千里。"从"土不过同"到"楚地千里"，这是一个大变化。周王室仍然用对待熊绎的态度对待熊恽（视之为蛮夷），但是如何对付楚的威胁，已经成为当时中原诸国的迫切问题。

成王在位前十五年中，楚人四次（公元前666年/鲁庄公二十八年，前659年/鲁僖公元年，前658年/鲁僖公二年，前657年/鲁僖公三年）伐郑。公元前656年/楚成王十六年，齐桓公伐楚。《春秋》："僖公"四年春，王正月，公会齐侯、宋公、陈侯、卫侯、郑伯、许男、曹伯，侵蔡。蔡溃。遂伐楚，次于陉……楚屈完来盟于师，盟于召陵。"① 齐桓公和管仲中原八国之师来到楚国边境，迫使楚承认有向周王室贡包茅（祭祀时束茅草灌酒以示敬神）的义务，便与楚结盟而去。召陵之盟，是齐桓公霸业中的一件大事，遏止了楚向中原的扩展，但是丝毫未能损伤楚的国力。

公元前655年，楚人灭弦（在今河南息县以南）。公元前654年，楚人围许。公元前649年，楚人伐黄（在今河南潢川）。公元前648年，灭黄。公元前645年，楚人伐徐，败徐于娄林（在今安徽泗县东北），兵锋竟深入至淮水中下游。公元前643年（楚成王二十九年，鲁僖公十七年）齐桓公卒，齐国诸公子争立、内乱。公元前642年，郑君开始朝楚。公元前640年，"随以汉东诸侯叛楚。冬，楚斗谷于菟帅师伐随，取成而还。"②

齐桓公死后，宋襄公很想继齐桓公为霸主。公元前639年秋，宋襄公召集楚、陈、蔡、郑、许、曹诸国君会于盂（宋境内，在今河南睢县）。楚人在会上捉住了宋襄公，然后攻打宋国。到十二月释放了他。公元前638年，郑文公朝楚，宋襄公伐郑，楚人伐宋以救郑。冬十一月，宋楚战于泓（宋境内水名），宋师大败，宋襄公负重伤，次年死去。宋襄公想与楚成王争霸的结果是身败名裂，

---

① 《十三经注疏》，1792页。
② 见《左传》僖公二十年，《十三经注疏》，1811页。

在历史上留下了千古笑柄。

公元前 637 年，楚伐陈，取陈二邑。前 636 年，宋楚媾和，宋成公如楚。晋文公重耳即位。① 公元前 634 年，楚人灭夔。宋叛楚亲晋，楚人伐宋，又伐齐。前 633 年冬，楚人会陈、蔡、郑、许之师围宋。宋遣使告急于晋。

公元前 632 年（晋文公五年，楚成王四十年），"夏四月己巳（二日），晋侯、齐师、宋师、秦师及楚人战于城濮（约在今河南范县西南）、楚师败绩。"② 五月，晋文公有践土之盟。楚国一时受挫，晋国成为中原霸主，并延续了很长时间。可以说，从这以后直到公元前 6 世纪中期（公元前 546 年/鲁襄公二十七年宋向戌弭兵）都是晋楚争霸时期。

公元前 628 年，"楚斗章请平于晋，晋阳处父报之。晋楚始通。""冬、晋文公卒"③。前 626 年，楚世子商臣杀其父成王，代立，是为穆王（公元前 625—前 614 年）。楚成王在位四十六年，楚国国势大振，只是因为先后遇到齐桓公和晋文公这两个对手，北向争霸中原受到了一定的抑制。楚穆王时期，楚人灭江（在今河南息县西，公元前 623 年），灭六（在今安徽六安东北，公元前 622 年），主要在江淮间扩展势力。

在争霸中原的事业中取得重大突破的是楚庄王（公元前 613—前 591 年）。公元前 611 年，他首先敉平了邻近的群蛮、百濮部落的叛离，灭了发动叛乱的庸国。④ 公元前 608 年，北侵陈、宋，并与驰援陈、宋的晋人开始有了接触⑤。公元前 606 年，伐陆浑之戎，至洛，观兵于周疆，问九鼎之轻重⑥，显示出欲执中原牛耳的雄心。前 601 年，灭舒蓼（在今安徽舒城以南）⑦。前 598 年，灭陈，又复立了陈。⑧ 由于郑处于晋、楚两大国之间，朝晋暮楚，楚庄王多次伐郑。公元前 597 年，楚围郑，郑屈服求和，晋出兵救郑，"夏六月乙卯，晋荀林

---

① 见《左传》僖公二十四年，《十三经注疏》，1816 页。
② 见《左传》僖公二十八年，《十三经注疏》，1823 页。
③ 见《左传》僖公三十二年，《十三经注疏》，1832 页。
④ 见《左传》文公十六年，《十三经注疏》，1859 页。
⑤ 见《左传》宣公元年，《十三经注疏》，1866 页。
⑥ 见《左传》宣公三年，《十三经注疏》，1868 页。
⑦ 见《左传》宣公八年，《十三经注疏》，1873 页。
⑧ 见《左传》宣公十一年，《十三经注疏》，1876 页。

父师师及楚子战于邲，晋师败绩。"① 公元前597年，楚围宋，宋告急于晋，晋以为鞭长莫及，未出援兵，宋被迫与楚结盟。一时晋丧失中原盟主地位。公元前591年，楚庄王卒。庄王时期是楚邦霸业全盛时期。不过，邲之战对晋也只是起了一时的抑制作用，晋楚争霸基本局面未改。

楚共王时期（公元前589—前560年），晋楚都反复多次对郑用兵，争取郑人站到自己一边。公元前580年，宋人周旋于晋楚之间。公元前579年，晋楚交聘。公元前575年，晋伐郑，楚救郑，"晋侯（厉公）及楚子、郑伯战于鄢陵，楚子、郑师败绩。"② 楚共王中箭一目。晋恢复了中原霸主地位，不过楚共王以后仍多次伐郑、伐宋，与晋争霸局面如旧。楚共王卒，长子招继位，是为康王（公元前559—前545年）。康王时期晋楚继续争夺于郑、宋一带，使这些国家的人民痛苦不堪。在宋大夫向戌的周旋下，公元前546年，晋楚两国的执政和蔡、卫、陈、郑、许、曹诸国代表会盟于宋。《春秋》襄公二十七年先书晋人，实际在会上先歃血的是楚人。这次会盟表示晋楚两国共同主盟，想以此消除对郑宋等国的争夺。康王之子郏敖在位期间（公元前544—前541年），基本维护弭兵局面。值得注意的是，从共王后期开始（公元前570年败于吴人），吴国越来越成为楚的威胁。

康王之弟公子围杀侄郏敖代立，是为楚灵王（公元前540—前529年）。楚灵王在国内外都有一番野心。他首先连年多次伐吴（公元前538、前537、前536年），结果互有胜负。公元前534年，楚灭陈（在今河南淮阳），公元前531年，楚灭蔡（在今河南上蔡）。又在东西两不羹（分别在今河南舞阳东北及河南襄城东南）设立军事据点。以陈、蔡、不羹为据点就近争夺中原。公元前530年，楚军围徐（在今江苏泗洪南），以威胁吴国，楚灵王驻于乾溪（在今安徽亳县东南）。公元前529年，楚灵王弟公子比、公子弃疾发动政变，入郢杀灵王太子，子比为王。在乾溪的楚人纷纷背离灵王归楚，军溃，灵王绝望自杀。他对内对外的野心都成了泡影。不久子比又在弃疾恐吓下自杀，弃疾即位，是为平王。

在这一时期，争霸中原最力的楚君有三人。楚成王拓地甚广，只是由于

---

① 见《左传》宣公十二年，《十三经注疏》，1878页。
② 见《左传》成公十六年，《十三经注疏》，1916页。

先后遇到齐桓公和晋文王的阻挡，北进受到了一定的抑制。楚庄王对国内外问题的处理都比较成功，霸业最盛，成为春秋五霸之一。楚灵王争霸之心最切，但对国内外问题的处理都失之于太过，结果众叛亲离，身死异地。争霸事业的成败，不仅在于对外军事上的胜负，而更重要的根据则在于国内社会矛盾的发展如何。

（二）社会结构问题

春秋以前的方国，通常都由两个部分构成。《周礼》诸篇《序官》之始都说"惟王建国，辨正方位，体国经野，设官分职，以为民极。"国和野构成各邦的两个组成部分。按《说文》（六下），"国，邦也"。"邦，国也。""邑，国也。"国、邦、邑，在广义上使用时可以相通，在狭义上使用时又有区别。段玉裁云："《周礼》注曰：'大曰邦，小曰国'。析言之也。许云：'邦，国也'。统言之也。《周礼》注又云：'邦之所居亦曰国'。此谓统言则封境之内曰国、曰邑，析言而国野对称，《周礼》'体国经野'是也。古者城郭所在曰国、曰邑，而不曰邦。邦之言封也。古邦、封通用。《书》序云：'邦康叔'，'邦诸侯'。《论语》云：'在邦域之中'。皆封字也。《周礼》故书：'乃分地邦而辨其守地'。邦谓土界。"这就是说，国从最小的范围说，可以指城郭（即后来所说的国都），而且这是国字古义。从最大范围说，国可以指封疆以内的一国的领土。处于这二者之间的是与野相对举的国。它包括国都及其郊区（郊区又分若干乡）。郊以外，封疆以内，为野，其中近于郊的地区为遂，边远地区则为都鄙。一邦之中，国在政治上是主体，是支配的部分；野是宾体，是被支配部分。居于国者为国君、贵族和国人，国人大都是与国君同族或有婚姻关系的人①，是有公民身份的人。居于野鄙的是野人，他们与国人没有血缘上的关系，是没有公民身份的人。国与野的区分，国人与野人的差异，不仅见于《周礼》，而且在《国语·齐语》中还有具体的例证。管仲为齐桓公制定的治邦方案是"参（三）其国而伍其鄙。""制国以为二十一乡，工商之乡六（韦注：工商各三也，二者不从戎役也），士乡十五。"（韦注：唐尚书云：士与农共十五乡。昭谓此士军士也。十五乡合三

---

① 周襄王以晋文公有勤王之劳，赐以阳樊等邑。阳樊不服，晋人围之。阳樊人抗议，并说："此谁非王之亲姻？"国人组成大体如此。见《左传》僖公二十五年，《十三经注疏》，1821 页。亦见《国语·周语中》。

万人，是为三军。农野处而不暱，不在都邑之数，则下云五鄙是也。家和按，唐说是“农野处而不暱，其秀民之能为士者，必足赖也”。原书明说士农间无不可逾越之界限。尤宜注意者，此处与国对举者为鄙而非野，所谓“野处”盖指居郊者。居郊业农之国人亦可为士。《管子·小匡》云：“商工之乡六，士农之乡十五”，可与唐说相印）公帅五乡焉，国子帅五乡焉，高子帅五乡焉。”具体办法是“作内政而寄军令”；“五家为轨，轨为之长；十轨为里，里有司；四里为连，连为之长；十连为乡，乡有良人焉。以为军令，五家为轨，故五人为伍，轨长帅之；十轨为里，故五十人为小戎。里有司帅之；四里为连，故二百人为卒，连长帅之；十连为乡，故二千人为旅，乡良人帅之；五乡一帅，故万人为一军，五乡之帅帅之。三军故有中军之鼓，有国子之鼓，有高子之鼓”。伍鄙的办法是：“相地而衰征，则民不移；政不旅旧，则民不偷；山泽各致其时，则民不苟；陵阜陆墐井畴均，则民不憾；无夺民时，则百姓富；牺牲不略，是牛羊遂”。“制鄙三十家为邑，邑有司；十邑为卒，卒有卒帅；十卒为乡，乡有乡帅；三乡为县，县有县帅；十县为属，属有大夫。五属立五大夫，使各治一属焉。”这样，国的行政组织和军事组织一致，国人为农为士（工商除外），都要服兵役；鄙的行政组织无关于军事组织，鄙野之人的任务就是从事生产劳动，提供剩余产品。

现在没有关于楚国国野制度的系统记载，但《国语·楚语上》记范无宇曰：“地有高下，天有晦明，民有君臣，国有都鄙，古之制也。”这里所说的都和鄙，就是国和野的代称。可见，国野制度在楚国也是早就存在的。不过，在楚国，国野的对立似乎不太严重，或者经过斗争后而有所缓和。在楚国，从军出征的不仅有国人，也有野人。公元前575年，晋楚将战于鄢陵，晋郤至指出楚军的弱点之一是：“蛮军而不陈”（杜注：“蛮夷从楚者不结陈”）①。此事说明，一方面楚邦的蛮夷是参加军队的；另一方面他们又不和楚邦国人军队编在一起，而且到战场上还松松散散的。楚人正是因为惯于利用野鄙以致被征服地区的人参加军队，所以他们的军队数量在春秋时期就常常多于其他大国。

① 见《左传》成公十六年，《十三经注疏》，1918页。又《晋语六》云：“南夷与楚来而不与陈。”

在了解国野区分的基础上，我们可以对楚邦的国人、贵族和国君的地位及其相互间的关系作一些分析。

国人有广狭二义。广义地说，凡国中之人（包括贵族、国君）皆在其内；狭义地说，则指国中一般公民①。作为一般公民的国人，在郊有自己的田地，有出赋从军的义务，是楚邦军队的基本力量。《左传》昭公十三年记，楚灵王在乾溪，公子比自立为王，公子弃疾袭取了郢都。弃疾"使观众从师于乾溪，而遂告之（杜注：从乾溪之师，告使灵叛王），且曰：'先归复所，后者劓'。师及訾梁（在今河南信阳）而溃"。由国人组成的楚军，被观从简单的两句话一鼓动就解体了。关键就在于"先归复所"，作为国人权利和地位的总体的"所"是在国中的②。"所"是什么？据《公羊传》云："比已立矣。后归者不得复其田里。"这样，"所"就是田里。据《史记·楚世家》云："国有王矣。先归复爵邑田室，后者迁之"。这样，"所"不仅包括田地财产，还包括政治地位。按《公羊传》的说法表明"所"的核心内容是土地财产，而《史记》则全面地包括了政治地位。国人的政治身份规定了他能在郊领有一份土地，"所"正是这种政治地位和经济权利的结合。至于国人中的贵族，则在经济上有田室（参见下文），政治上还有爵位以至有封邑，他们的"所"同样包括政治地位和经济权利两个方面。在当时，与政治身份无关的财产权是不存在的。

① 《春秋》称"人"常指国君。如庄公四年"公及齐人狩于禚"。齐人即齐侯襄公。僖公三十年"晋人秦人围郑"。实际是晋侯文公、秦伯穆公率师围郑。《春秋》称"人"指大夫者亦不乏例。这里的"人"即国人。《左传》文公十六年记："宋公子鲍礼于国人。宋饥，竭其粟而贷之，年自七十以上，无不馈诒也，时加羞珍异；无日不数于六卿之门；国之材人，无不事也；亲自桓以下，无不恤也。"孔颖达《正义》云："礼于国人，总言接待之也。竭其粟而贷，与国之饥民也。礼，与人物曰馈；诒，遗也；馈诒皆是与人物之名也。民年七十以上，无有不馈以饮食也。珍异谓非常美食。羞，进也。时加进珍异者，谓四时初出珍异之物也。无有一日不数于六卿之门，言请请不绝也。国人贤材之人无不事，公子皆事之也。其族亲自桓公以下子孙无不恤，公子皆赈恤之也。"公子鲍优礼的国人既包括饥年乏食的下层，一般的老人，又包括六卿、贤才和公室子孙。这里的国人是广义的。同年《左传》记宋昭公知有被杀危险而不肯外逃时的话说："不能其大夫至于君祖母以及国人，诸侯谁纳我？"在这里，君祖母（宋昭公的祖母，宋襄公的夫人）、大夫（贵族）和国人又分为三个层次，这样的国人就是狭义的一般公民了。

② 《周礼·地官·载师》："以宅田、士田、贾田任近郊之地。"《十三经注疏》，724页。士田是一般国人之田。

贵族世代享有特殊的政治地位。在楚国，贵族主要都是国君的同族。贵族拥有自己家族的财产，称为"室"。《国语·楚语上》："昔庄王方弱，申公子仪父为师，王子燮为傅，使师崇、子孔帅师以伐舒，燮及仪父施二师而分其室。"韦昭注曰："室，家资也。"《国语》、《左传》中多次说到一些贵族的室为国君或其他贵族所夺或所分的事例。这种室包括妻妾、奴隶以及田地财产，是表示一个家族的财产的总概念。这同古罗马的 Familia 颇有相似之处。恩格斯说："Familia（家庭）这个词，起初并不是表示现代庸人的那种脉脉温情同家庭龃龉相结合的理想；在罗马人那里，它起初甚至不是指夫妻及其子女，而是指奴隶。Famulus 的意思是一个家庭奴隶，而 Familia 则是指属于一个人的全体奴隶。"①古代中国的"室"和罗马的 Familia 未必完全相同，但总的说来都指一个父家长所有的一切。贵族除"室"以外，还可以因职务或功勋而获禄田或赏田。贵族也有出赋从军的义务。"有禄于国，有赋于军"②，这是当时各国的常例。《周礼·夏官·司勋》："掌赏地之政令。凡赏无常，轻重视功。凡颁赏地，参（三）之一食，（郑玄注：赏地之税，三分计税，王食其一也，二入于臣）唯加田无国正。（郑玄注：加田，既赏之，又加赐以田，所以厚恩也。郑司农云：正谓税也。禄田亦有给公家之赋贡）"贵族与一般国人不同之处在于他们不是个人随军出征，而是要带着自己的私卒一同出征。《左传》僖公二十八年记子玉部下"唯西广、东宫与若敖之六卒实从之"。杜预注，东宫者"太子有宫甲"；"若敖者，子玉之祖也；六卒，子玉宗人之兵六百人"。《左传》襄公二十五年记，舒鸠人叛楚，楚令尹子木及子强等五人率兵伐之。吴人救舒鸠，楚子木率领的右翼和子强等五人率领的左翼被隔断，形势危险。子强等五人要求以他们五人的私卒引诱对方。最后吴军中计大败。子强等五人的私卒在战争中起了重要作用。贵族的财产，属于室的一部分在城中或远郊，禄田在野鄙以至被征服地区。《周礼·地官·载师》："以官田、牛田、赏田、牧田任远郊之地，以公邑之田任甸地，以家邑之田任稍地，以小都之田任县地，以大都之田任疆地"。赏田未必在远郊（下文仍将说到）。郑玄注谓"公邑谓六遂余地，天子使大夫治之。"这也

---

① 《家庭、私有制和国家的起源》，见《马克思恩格斯选集》，第 4 卷，52～53 页。

② 《左传》昭公十六年记郑子产语，《十三经注疏》，2079 页。

就是由国君直接控制的田地。据郑玄注，家邑、小都、大都皆卿、大夫、王子弟所食邑，地在都鄙。《周礼》及郑注的这些说法基本是可信的。因为，古代赋税有别。"税以足食，赋以足兵"。野人的基本义务是纳税，而国人的基本义务是出赋。贵族禄田、赏田依靠食税，依靠剥削野人的劳动。郊区为国人土地所在，国人不纳税，贵族无权也不可能靠这种土地得到税收。至于包括在"室"中的田地，那很可能在远郊，因为这种地产和奴隶等劳动力是结合在一起的，所以也不需借助野人的劳动。

楚王是国家的最高首领。关于楚君的地位，人们往往爱以《左传》昭公七年的一段文字为根据来得出自己的结论。现在也抄在下面，然后再作分析。

"及（灵王）即位，为章华之宫，纳亡人以实之。无宇之阍入焉。无宇执之，有司弗与，曰：'执人于王宫，其罪大矣。'执而谒诸王。王将饮酒，无宇辞曰：'天子经略，诸侯正封，古之制也。封略之内，何非君土？食土之毛，谁非君臣？故《诗》曰：'普天之下，莫非王土；率土之滨，莫非王臣。'天有十日，人有十等。下所以事上，上所以共神也。故王臣公，公臣大夫，大夫臣士，士臣皂，皂臣舆，舆臣隶，隶臣僚，僚臣仆，仆臣台；马有圉，牛有牧，以待百事。今有司曰：'女胡执人于王宫？'将焉执之？周文王之法曰：'有亡，荒阅'，所以得天下也。吾先君文王，作《仆区》（服虔曰：仆，隐也；区，匿也。杜预曰：《仆区》，刑书名。）之法，曰：'盗所隐器，与盗同罪'，所以封汝也。若从有司，是无所执逃臣也。逃而舍之，是无陪台也。（洪亮吉诂云：'马融《论语注》，陪，重也；韦昭《国语注》，臣之臣为陪。'）王事无乃阙乎？昔武王数纣之罪以告诸侯曰：'纣为天下逋逃主，萃渊薮。'故夫致死焉。君王始求诸侯而则纣，无乃不可乎？若以二文之法取之，盗有所在矣（杜注：言王亦为盗）。'王曰：'取而臣以往。盗有宠（杜注：盗有宠，王自谓），未可得也。'遂赦之。"①

---

① 《十三经注疏》，2047～2048 页。

这一段记载的史料内容十分丰富，全面论述宜有专文。这里只结合上下文探讨对所引四句《诗》的理解问题。"普天之下，莫非王土"，通常被认为是说明土地国有或国王有最高土地所有权的典型证据。"率土之滨，莫非王臣"，或亦以为此乃专制王权或普遍奴隶制存在之实证。考之《小雅·北山》原诗此四句下尚有二句云："大夫不均，我从事独贤。"郑玄笺云："王不均大夫之使，而专以我有贤才之故，独使我从事于役。"朱熹云："言土之广，臣之众，而王不均平，使我从事独劳也。"亦认为"大夫行役而作此诗"①。从全诗六章看，这也是统治阶级内部一些人抱怨劳逸不均的诗。说"普天之下，莫非王土；率土之滨，莫非王臣"，不过是说大家都在同一国土居住，同是国王的臣下，并以此为据来抱怨劳逸不均是没有道理的。原诗全部核心思想不过如此，实在没有后人所引申出的那些内容。② 无宇说"封略之内，何非君土？食土之毛，谁非君臣？"然后又引此四句诗，是否要证明全部土地归楚王所有，大家都是王的奴隶呢？显然不是。如果是这样，那么无宇的守门奴隶（阍人）逃到楚灵王的章华宫里，只能是物归本主，得其所哉。无宇还要到王宫去捉逃亡奴隶，岂不真如有司所说"其罪大矣。"这样无宇就是引《诗》来坐实自己的罪名了。事情当然不是这样。无宇引《诗》以后，立即就说"天有十日，人有十等"一整套社会等级和秩序。议论这样展开有两重意思：一是要说国君的地位就建立在这一套等级和秩序上；二是要说国君作为一国之内的全体臣民的首领有权力也有义务维护这一套等级和秩序。然后又从正反两个方面举出历史例证：周文王因为制定了有奴隶逃亡就要大搜捕的法律而得了天下，楚文王因为制定了窝赃者与盗窃者同罪的法律而把国土扩展到汝水一带，这都是成功的范例；纣因为收留天下的逃亡奴隶，致使人人都想和他拼命，这是失败的典型。最后无宇指出，学纣是不行的，要依两位文王的办法，谁是"盗"就清楚了（暗指楚灵王）。楚灵

① 见朱熹：《诗经集传》。又高亨《诗经今注》亦谓"这首诗是统治阶级下层即士的作品"，"大夫不均，指掌权的大夫分派士阶层的工作往往劳逸不均"。

② 先秦人诵此诗时并不认为全部土地为王所有，大家都是王的奴隶。《韩非子·说林上》："温人之周，周不纳客，问之曰'客耶？'对曰：'主人。'问其巷而不知也，吏因囚之。君使人问之曰：'子非周人也，而自谓非客何也？'对曰：'臣少也诵诗曰：普天之下，莫非王土；率土之滨，莫非王臣。'今君，天子，则我天子之臣也，岂有为人之臣而又为之客哉？故曰主人也。'君使出之。"《诸子集成》，第5册，128页。在这个故事里，温人以此四句诗为据，证明自己在周也有"主人"身份。这可见古人认识之一斑。

王被无宇的议论所说服，让他带回逃亡奴隶，也没有否认自己有为盗之行，而只是含蓄地说这个盗不一般，你是捉不到的。所以，无宇引《诗》要论证的正是：奴隶制的私有制和有关的等级和秩序，是绝对不能侵犯的，即使国王侵犯了，也要算是"盗"，也会像纣那样被灭亡。无宇引《诗》的意思正好同现在某些学者所理解的相反。因此，我们不能从这一段文献得出楚邦土地国有或王有的结论，更不能说有什么普遍的奴隶了。

楚王掌握哪些土地呢？这需要具体分析。郊一般是国人和贵族的私家经济（室）占优势的地方，国王不可能在这里直接掌握多少土地。而且，根据以上无宇所称引的"二文之法"，国君无权剥夺国人和贵族的私有经济，否则也算是有"盗"的行为。至于在鄙野，情况就不同了。野鄙之地由野人耕种。他们不是邦的公民，不能成为权利的主体。他们耕种土地，国家向他们收税（"相地而衰征"）。国君作为国家首领掌握这部分土地，或者作为公邑，收入归国家，或者给予贵族、大夫作为禄田或采地，由他们食税。不过，楚国的禄田或采地不是永久性的。《韩非子·喻老》云："楚邦之法，禄臣再世而收地①。唯孙叔敖独在。此不以其邦为收者，瘠也，故九世而祀不绝。"《史记·滑稽列传》《正义》引《吕氏春秋》云："楚孙叔敖有功于国，疾将死，戒其子曰：'王数欲封我，我辞不受，我死，必封汝。汝无受利地。荆楚间有寝丘者，其为地不利，而前有妒谷，后有戾丘，其名恶，可长有也。'其子从之。楚功臣封二世而收，唯寝丘不夺也。"② 楚王对于功臣、贵族的禄田或采邑的收授和转移握有很大的权力。古代国家，土地通常分为两大部分：一部分是分与公民作为份地的；另一部分则是未分的。③ 后一部分由国家掌握，但在历史过程中逐渐为国王和贵族所占取。在楚国，这一部分土地主要掌握在国王手中。楚王掌握了大量的土

---

① 《诸子集成》，第5册，116页。《韩非子·和氏》云，吴起建议楚悼王"不如使封君之子孙三世而收爵禄。"《诸子集成》，第5册，67页。战国时情况大概略有不同于春秋时期。

② 《史记》，第10册，3202页。今本《吕氏春秋·孟冬纪·异宝》记有此事，而无"二世而收"之语。《诸子集成》，第6册，101页。《楚史梼杌·寝丘第二十七》云："楚国之俗，功臣二世而夺其爵，唯孙叔敖独存。"

③ 《礼记·祭法》："王为群姓立社曰大社，王自为立社曰王社。诸侯为百姓立社曰国社，诸侯自为立社曰侯社。大夫以下成群立社曰置社。"《十三经注疏》，1589页。社为土地之神，亦为土之象征。大社、国社与王社、侯社的二重区分，正是现实社会上的区分的宗教形式的反映。

地，也掌握了一支强大的直辖的军队。晋楚鄢陵之战中，"苗贲皇言于晋侯曰：'楚之良，在其中军王族而已。请分良以击其左右，而三军萃于王卒，必大败之'。"① 楚军精锐全在中军王卒，晋人从苗贲皇议，集中优势兵力攻楚中军，遂使共王中矢伤一目，楚军大败。楚国的王卒无疑是军队中的最强大精锐的部分。

（三）县制的出现和王权的扩展

楚从武王时起开始对外进行征伐。征伐的胜利可以有不同的结果。一种是战败者仍然保持独立，但被迫成为楚的盟邦，承认楚的霸主地位。这是古代邦际关系的一种通常的形式，楚在争霸中原的过程中对一些中等国家一般也是采用这种办法的。另一种是灭掉战败的国家，使它沦为楚国的县。"县"古通"悬"。《周礼·地官·县师》郑玄注云："名曰县师者，自六乡以至邦国，县居中焉。"这是说王朝六乡以外，王畿以内（畿外为诸侯邦国）的地区为县，因为它悬居于二者之间。这样解释的县相当于与国相对应的野或鄙。《国语·周语中》："国无寓寄，县无施舍"（讲陈国情况），"国有班事，县有序民"（讲周制）。这都是国县相当于国野（鄙）的实例。战胜者以所灭国为县，实际上也就是野鄙的延伸。郑玄以悬释县，并谓县悬于郊与封疆之间是有其道理的。不过县之为悬，看来还有另一层意思。《释名·释州国》："县，县也，县系于郡也。"刘熙从归属或隶属的角度来解释县之为县，也有道理。惟其"悬系于郡"之说显然是汉代县的情况，与先秦历史实际不符。所以应该改说为"县，悬也，悬系于国家（或国君）之手也。"早期的野鄙，是未分与国人之地，悬系于国君之手；后来灭国所得之地为县，也是悬系于国君之手。正如野鄙之地既可直隶于国家（或悬系于国君之手）又可以分与功臣、贵族为禄田、赏田一样，灭国所设之县，也是既可以直隶于国家（或悬系于国君之手）又可以分与功臣、贵族为禄田、赏田的。在楚国，县基本掌握在国君手中。

楚邦设县，始于何时？《左传》宣公十一年记楚庄王入陈，杀夏征舒，"因县陈"。这是文献正式记载设县之始。时为公元前598年，不过同年"乃复封陈"。但楚之有县，肯定早于此年。此年《左传》中就已说道"诸侯、县公皆庆

---

① 见《左传》成公十六年，《十三经注疏》，1918 页。襄公二十六年传又记此事，曰："吾乃四萃于其王族，必大败之"。《十三经注疏》，1992 页。按后说是。

寡人"。有县公，自然是有县了。洪亮吉作《春秋时以大邑为县始于楚论》，内云："考文王县申息在鲁庄公六年①。《史记·秦本纪》言武公'十年伐邽、冀戎，初县之。十一年初县杜、郑'。《晋语》公子夷吾对秦使公子絷曰：君实有郡县。皆当在楚文王县申之后。《广韵》又言：'楚庄王县陈，县所自起。'亦非。"② 顾颉刚先生以为楚之设县在文王以前，证据是"楚武王克权，使斗缗尹之，以叛，围而杀之。迁权于那处，使阎敖尹之。"（《左传》庄公十八年追述）③ 顾颉刚先生此说是有道理的，现已为学者所公认。

县制的出现，一方面是邦的扩展；另一方面又是邦自身的否定。春秋时期出现的县制，有晋、楚两种类型，二者的基本趋向都是如此。晋国的县有很多成了功臣、贵族的赏田或采邑。《左传》哀公二年记赵鞅誓师词云："克敌者，上大夫受县，下大夫受郡，士田十万，庶人工商遂，人臣隶圉免。"可见大夫立功受县、受郡在晋早成惯例。卿大夫受县多，逐渐势力强大，形成实际上的邦中之邦，最后三家分晋。楚的情况和晋不同，县基本上掌握（悬系）在楚王手中。楚邦没有分裂，但它也在逐渐丧失原有的邦的特点。

楚的县为什么没有变成功臣、贵族的赏地？这与楚争霸中原的需要有关。《左传》成公七年记："楚围宋之役（事见宣公十四、十五年传），师还，子重请取于申、吕（在今河南南阳之北、之西）以为赏田。王（庄王）许之。申公巫臣曰：'不可。此申、吕所以邑也，是以为赋。以御北方。若取之，是无申、吕也，晋、郑必至于汉。'王乃止。"这就是说，为了军事上的需要，楚不能把被征服的地区当帮食税的来源，而只能用为出赋从军的来源。楚人不止一次用申、息之师，甚至单独以申、息之师与晋周旋④。楚灵王灭陈、蔡，用为争霸中原的军事重镇。《左传》昭公十二年记："（灵）王曰：'昔诸侯远我而畏晋，今我大城陈、蔡、不羹，赋皆千乘，子与有劳焉，诸侯其畏我乎！'（子革）对曰：'畏君王哉。是四国者（杜注：四国，陈、蔡、二不羹）专足畏也。又加之以

---

① 按《左传》哀公十七年："彭仲爽，申俘也，文王以为令尹，实县申、息。"《十三经注疏》，2179 页。

② 洪亮吉：《更生斋集》，"文甲集"卷二，2 页。

③ 顾颉刚：《春秋时代的县》，载《禹贡》，第 7 卷，第 6、第 7 期合刊。

④ 见《左传》僖公二十五年，成公六年，《十三经注疏》，1820、1903 页。

楚，敢不畏君王哉！'"① 这样，被楚灭了的国家虽然变成了楚邦的县，原来的国君为楚王所任命的县尹所代替，不过原先的国人仍旧出赋从军，履行的是国人而不是野人的职责。原先的国人、贵族机体似乎也没有被打散，其贵族可能还多少受到一点尊重。晋楚城濮之战，子玉所帅楚军（其中包括申、息之师）败绩，损伤不小。"既败，（成）王使谓之曰：'大夫若入，其若申、息之老何？'"子玉自尽②。可见在楚国统治者的心目中，申、息之类的县的父老也还没有被当做亡国囚虏不屑一顾，相反，多少还是表示了一点尊重的。有些国家被楚征服而沦为县以后，又一度由楚使它们复了国，例如陈还不止一次。灭国而能恢复，可见原先灭亡时除国君被弃以外其他变化不大。这种在楚王任命的县尹主持下，原先国人仍基本保持其原有地位的县，实际是由楚王控制了其军事和外交权力的不成为邦的邦（以其内部结构来说未变），当然与秦汉以后的县有原则上的不同。

可是，这种依照邦的模式设置起来的县制③，毕竟对邦的体制起着否定的作用。这可以从两方面来分析：

第一，原先的邦，都有国、野的区分。国人是与邦君有着同族或婚姻的血缘关系的有限的封闭集团，他们是邦的基干军事力量，出赋从军，执干戈以卫社稷。野人与国人无血缘上的关系，在政治和军事生活中没有什么作用。可是，随着县制的发展，楚和诸县以至于国和野的区分都在不知不觉中逐渐消失。公元前548年（楚康王十二年），"楚蒍掩为司马。子木（令尹屈建）使庀赋，数甲兵。甲午，蒍掩书土田：度山林，鸠薮泽，辨京陵，表淳卤，数疆潦，规偃猪，町原防，牧湿皋，井衍沃；量入修赋，赋车籍马，赋车兵、徒卒、甲楯之数。既成，以授子木，礼也。"④ 蒍掩这次奉命治赋，调查登记了各类土地，根据土地收入定下人们出军赋的数字，是楚邦历史上的一件大事。可是，我们从蒍掩治赋的内容中完全看不到国和野的区别、楚和县的区别，只看到不同土地的自然特性的区别。这种区别的消失正说明邦的基础结构已在历史的流程中逐渐消融了。

---

① 《国语·楚语上》亦记有楚灵王类似的话，不过据说是问范无宇的。

② 见《左传》僖公二十八年，《十三经注疏》，1826 页。

③ 杨宽：《春秋时代楚国县制的性质问题》，已指出楚县保持国、野之制。载《中国史研究》，1981（4）。

④ 见《左传》襄公二十五年，《十三经注疏》，1985～1986 页。

第二，在原先的邦中，国君的权力和义务是由邦的传统规定的。国君可以征发国人出征，但是要尊重并保证国人之为国人的地位。楚庄王死后两年，楚人兴师伐卫，还想到庄王的嘱咐："无德以及远方，莫如惠恤其民而善用之。""乃大户（杜注："阅民户口"），已责（杜注："弃逋责"），逮鳏（杜注："施及老鳏"），救乏，赦罪，悉师，王卒尽行。"① 保证国人的地位，实际也就是保证一支以国人为中坚的公民兵，这是维持一个邦的存在所不可缺少的。国君在国家生活中确已掌握很大的权力，但是他的权力和地位还不是绝对的。国君要对社稷负责，丧师辱国是有罪的。楚共王并不算昏庸暴戾之君，只是由于有鄢陵之败，临终前都深感惶恐。"楚子（共王）疾，告大夫曰：'不谷不德，少主社稷。生十年而丧先君，未及习师保之教训而应受多福，是以不德，而亡师于鄢，以辱社稷，为大夫忧，其弘多矣。若以大夫之灵，获保首领以殁于地，唯是春秋窀穸之事所以从先君于祢庙者，请为'灵'若'厉'。大夫择焉。莫对。及五命，乃许。秋，楚共王卒。子囊谋谥。大夫曰：'君有命矣。'子囊曰：'君命以共，若之何毁之？赫赫楚国，而君临之，抚有蛮夷，奄征南海，以属诸夏，而知其过，可不谓共乎？请谥之共。'大夫从之。"② 共王虽有丧师辱国之过，但是未伤害贵族和国人，所以不能谥"灵"（乱而不损曰灵）、"厉"（杀戮无辜曰厉）。而且他自知有过，故谥曰恭（即共，既过能改曰恭）。可是，随着县制的发展，县的军队在楚军中越来越占重要地位，楚邦国人军的比重相应下降。于是王权逐渐强大起来。

楚灵王是一个在扩展王权的道路上走得比较远的楚君。他不把国人放在眼下，筑章华之台，滥用民力。《国语·楚语上》记伍举之言曰："今君为此台也，国民罢焉，财用尽焉，年谷败焉，百官烦焉。举国留之，数年乃成。"他不尊重奴隶主的所有权。《史记·楚世家》云："七年，就章华台，下令内亡人实之。"他也不把贵族放在眼下，未即位时就"杀大司马芳掩而取其室，及即位，夺选居田。""王夺斗韦龟中犫，又夺成然邑而使为郊尹"③他灭陈、蔡，置为县，并残暴地对待其统治者，"楚子灭蔡，用隐大子于冈山"④。竟然以人为牺牲祭

① 见《左传》成公二年，《十三经注疏》，1897 页。
② 见《左传》襄公十三年，《十三经注疏》，1954～1955 页。
③ 见《左传》昭公十三年，《十三经注疏》，2069 页。
④ 见《左传》昭公十一年，《十三经注疏》，2060 页。

山。他任意迁徙附属国，在他的命令下，"楚公子弃疾迁许于夷（许原在许昌附近，后迁叶，在今河南叶县南），实城父（在今安徽亳县东南）。取州来（在今安徽凤台）、淮北之田以益之，伍举授许男田。然丹迁城父人于陈，以夷濮西田益之（杜注：'以夷田在濮水西者与城父'）。迁方城外人于许。"① 许、城父等邦邑的人成了他棋盘上的棋子，他们的土地完全由楚王分割支配。以后，"灵王迁许（从城父）、胡（在今安徽阜阳）、沈（在今河南沈丘东南沈丘城或安徽临泉）、道（在今河南确山以南）、房（在今河南遂平）、申（在今河南南阳北）于荆焉。"② 杜预云："许、胡、沈，小国也。道、房、申皆故诸侯，楚灭以为邑。"其实许、胡、沈等所谓小国与道、房、申等邑已经没有多少本质区别了。楚灵王的种种行为，反映了楚邦王权的迅速发展。

　　由于邦的古老传统在当时的影响还很深，真正实现专制王权的条件尚未成熟，楚灵王的行为终于引起内外各种势力的联合反对。他的兄弟弃疾、子比等在陈、蔡人的支持下打回楚国，杀了灵王的儿子，又用"先归复所"的号召博得了灵王所率国人的支持，灵王军溃。楚灵王面临众叛亲离局面，悲观已极。"右尹子革曰：'请待于郊，以听国人。'王曰：'众怒不可犯也。'曰：'若入大都③而乞师于诸侯。'王曰：'皆叛矣。'曰：'若亡于诸侯，以听大国之图君也。'王曰：'大福不再，只取辱焉'。"④ 按右尹子革对灵王所作的三项建议说明了当时楚君王在危急时可能凭借的三种力量：第一，是国人。国人在郊以内，所以要"待于郊，以听国人。"何谓"听国人"？服虔曰："听国人欲为谁。"也就是说，投身国人之中，听国人选择，决定是要他还是要公子比。这对骄横跋扈的楚灵王来说似乎太难堪了，然而这正是他忘记了的古老传统。《周礼·秋官·小司寇》职："掌外朝之政，以致万民而询焉。一曰询国危，二曰询国迁，三曰询立君。"⑤ 遇到最重大的事件，国君询于国人的事例，在古史中殊不少见。其实楚灵王此时所感到的也不是难堪，而是为时已晚但终于认识到了的"众怒不可犯也"。他知道犯了众怒，触怒了国人，这条路没有希望了。第二，

① 见《左传》昭公九年，《十三经注疏》，2056 页。
② 见《左传》昭公十三年，《十三经注疏》，2073 页。
③ 《楚世家》作"大县"，《史记》，第 5 册，1707 页。
④ 见《左传》昭公十三年，《十三经注疏》，2069 页。
⑤ 《十三经注疏》，873 页。

是大都或大县。县由于悬系于国君之手，本是楚灵王肆其野心的资本。如果能以大县为依据，再争取一些其他国家的支持，以与国人决一雌雄，也不失为一种选择。可是，县也不能依靠了，"皆叛矣"。既不能听国人裁决，又不能得到县的支持，国内无可恃了，只能第三，就是靠外力。"亡于诸侯"，以听其他大国安排。楚灵王在争霸过程中同其他国家的关系也不好，当然也无法依靠。他已经找不到可靠的出路了。"于是（灵）王乘舟将入鄢。① 右尹（子革）度王不用其计，惧俱死，亦去王亡。灵王于是独彷徨山中，野人莫敢入王。王行遇其故铘人，谓曰：'为我求食，我已不食三日矣。'铘人曰：'新王下法，有敢饷王从王者，罪及三族，且又无所得食。'王因枕其股而卧。铘人又以土自代逃去。王觉而弗见，遂饥弗能起。芋尹申无宇（即范无宇）之子申亥曰：'吾父再犯王命，王弗诛，恩孰大焉。'乃求王，遇王饥于厘泽，奉之以归。夏五月癸丑，王死申亥家。"② 楚灵王在春秋时期楚君中是最猖狂放肆的，最后落到这样"孤家寡人"自杀身死的下场。"灵不顾于民，一国弃之如遗迹焉。"③ 死后还得了一个贬谥。楚国先后有三君可能被谥为"灵"。楚成王被儿子商臣（即穆王）逼得自缢。"谥之曰灵，不瞑；曰成，乃瞑。"④ "安民立政曰成。"这个谥号对楚成王来说，还是差不多的。第二个就是楚共王曾经自己要求谥为"灵"，后来大夫们议论的结果，还是谥为共王。最后只有他一人真的得了灵王的恶谥。尤其具有讽刺意味的是，最后收容这个暴君的是申无宇的儿子申亥。无宇两次冒犯灵王（一次是批评他在未为王时就用王的仪仗，一次是到王宫去捉逃亡奴隶，还说窝藏逃奴就算是盗，皆见《左传》昭公七年），灵王没有伤害他。无宇按邦的传统原则办事，灵王对无宇也能依照传统原则予以尊重。灵王仅仅在无宇的身上遵循了传统，也只有在他儿子的身上才得到了援助。这就足以说明，当时邦的传统在国人中还有深厚的根底，灵王操之太急、太过，失败就难以避免了。

---

① 《集解》：服虔曰："鄢，楚别都也。"杜预曰："襄阳宜城县。"《正义》曰："王自夏口从汉水入鄢也。"《史记》，第 5 册，1707~1708 页。

② 同上。

③ 《国语·楚语下》记斗且语，《四部备要》，第 44 册。

④ 见《左传》文公元年，《十三经注疏》，1837 页。

四、内外矛盾与危机的出现
（自平王至惠王，公元前 528—前 432 年）

（一）楚平王的两面政策及楚邦危机制的出现

楚平王（公元前 528—前 516 年）是楚国历史上很少有的一个具有两面特点的人物。如果直观地考察，他的这种特点是在他复杂的家庭内部矛盾中形成的。他是共王的幼子，知道他的哥哥灵王（公子围）怎样杀了他的侄子（长兄康王之子）郏敖而夺得王位，也见到另一个兄长公子比怎样被迫流亡晋国。这样的环境既可以诱发他的野心，又可以使他惯于伪装自己，伺时而动。如果作进一步的考察，我们还可以看出他的行为反映的时代特点。

在灵王统治时期，弃疾能够取得灵王信任，委以重任。公元前 534 年（灵王七年/鲁昭公八年），"使公子弃疾发兵伐陈，陈君留奔郑。九月，楚围陈。十一月灭陈。使弃疾为陈公。"① 次年"二月庚申，楚公子弃疾迁许于夷，实城父，取州来淮北之田以益之。伍举授许男田。然丹迁城父人于陈，以夷濮西田益之。迁方城外人于许。"② 公元前 531 年（灵王十年/鲁昭公十一年），"令公子弃疾围蔡。十一月，灭蔡，使弃疾为蔡公。"③ 申无宇曾经提醒灵王"弃疾在外"，"末大必折，尾大不掉，君所知也。"④ 灵王还是相信他。灵王让他灭国、迁国，他都照办，但是他自己在国外却表现出另一种作风。"楚公子弃疾如晋，报韩子（起）也。过郑，郑罕虎、公孙侨、游吉从郑伯以劳诸柤。辞不敢见。固请，见之。见如见王（杜注：'见郑伯如见楚王，言弃疾共而有礼'），以其乘马八匹私面。见子皮（即罕虎，郑上卿）如上卿，以马六匹；见子产（即公孙侨）以马四匹；见子大叔（即游吉）以马二匹。禁刍牧采樵，不入田，不樵树，不采蓻，不抽屋，不强匄（丐）。誓曰：'有犯命者，君子废，小人降。'舍不为暴，主不愿宾（杜注：愿，患也），往来如是。郑三卿皆知其将为王也。"⑤ 弃疾本是陈、蔡的征服者，就靠一套两面的做法，后来竟然能依靠陈、蔡人的力

---

① 见《陈杞世家》，《史记》，第 5 册，1581 页。
② 见《左传》昭公九年，《十三经注疏》，2056 页。
③ 见《管蔡世家》，《史记》，第 5 册，1567 页。
④ 见《左传》昭公十一年，《十三经注疏》，2061 页。
⑤ 见《左传》昭公六年，《十三经注疏》，2045 页。

量打回楚国，杀了灵王太子。公子比为王以后，弃疾一方面派人到乾溪对在灵王军中的国人威胁利诱（"先归者复所，后者劓"），瓦解了灵王的军队。然后，他又利用国人不知灵王已死的条件，派人造谣"王至矣"，弄得"国人大惊"。然后又派人恐吓新王子比，说国人已经杀了弃疾，"君若早自图也，可以无辱。众怒如水火焉，不可为谋"。[①] 结果子比自杀。于是，他自己登上了王位。以王恫吓国人，又以国人恫吓王，这是他夺得王位的重要手段之一。他这种两面三刀的手段为什么能够得逞呢？因为当时国人害怕国王，而国王对国人也不能无所畏惧，他自觉或不自觉地利用了这个具有时代特点的矛盾现象。

"弃疾即位，名曰熊居"[②]。《史记·楚世家》说他"改名熊居"。他为什么一上台就首先做这种正名的事呢？也许他意识到自己得位的手段不正，所以需要以正名的办法作一番粉饰。不过，这还需要作历史的考察。以上说过，楚之先世在未建国前就有穴熊、鬻熊、熊丽、熊狂；熊绎立国以后直至武王以前，历代国君都以"熊"为正式称号。武王称王，但并未取消熊通称号，看来熊通是生时称号，武王是死后谥号。当时楚君还把从部落首领开始的带有宗教性的"熊"（或"酓"）当作一称神圣的称号，从武王、文王（熊赀）、杜敖（熊囏）到成王（熊恽）都未曾放弃使用。可是我们一细看《史记》就会发现，自成王以下，穆王商臣、庄王侣，共王审、康王招、郏敖员、灵王围[③]名前皆不冠"熊"字。是否在楚国正式取消了国君的"熊"的称号，那倒未必。不过有一点可以肯定，楚自成王元年开始与鲁有外交往来[④]，此后《春秋》凡书楚子某卒时，名前皆不冠"熊"字。《春秋》这样写显然根据楚方的讣告，可见楚至少对外已不称其君为熊某了。这大概是因为受了诸夏的影响，楚君觉得熊某的称号已经不能充分显示自己的权威地位了。但是，君称熊某，是楚邦的古老传统，是楚君作为国人宗教首领的一种表示。从而对国人也有一定的号召和安抚的作用。弃疾一即位就首先郑重其事地改称熊居，显然是为了表示自己对楚邦古老传统的尊重，也是为了号召和安抚国人。《史记》自平王以后，又

① 见《左传》昭公十三年，《十三经注疏》，2070 页。

② 同上。

③ 《春秋》作虔。《楚语上》韦昭注云：灵王，熊虔也。按，《左传》、《国语》皆未称灵王为熊虔。

④ 见《春秋》庄公二十三年，"荆人来聘"，《十三经注疏》，1778 页。

记了一些楚君称熊某的实例。《史记》未称熊某者，如惠王章在其所做彝器铭文中也自称"楚王禽章"。可见自平王以后"熊"某的称号受到了更多的重视，在宗教典礼性的彝铭中更是冠冕堂皇了。其实恢复熊某的称号只是一种形式，一种手段，它既改变不了楚国王权逐渐扩大的历史事实，也不能真的恢复楚邦的古老传统。

《史记·楚世家》云："平王以诈弑两王而自立，恐国人及诸侯叛之。乃施惠百姓，复陈、蔡之地，而立其后如故，归郑之侵地。存恤国中，修政教。"这里论楚平王的动机是不错的，至于他的行为还需要具体分析。"吴灭州来（在今安徽凤台），令尹子期请伐吴。王弗许，曰：'吾未抚民人，未事鬼神，未修守备，未定国家，而可民力，败不可悔。州来在吴，犹在楚也。子姑待之'。"① 这是他安抚国人、慎用民力的一次具体表现。不过他不是不争州来，而是现在不能夺取者准备将来夺取之。平王元年，"夏，楚子使然丹简上国之兵于宗丘（在今湖北秭归），且抚其民。分贫，振穷；长孤幼，养老疾；收介特（杜注：'介特，单身民也，收聚不使流散'），救灾患；宥孤寡（杜注：'宽其赋税'），赦罪戾；诘奸慝，举淹滞（杜注：'淹滞，有才德而未叙者'）；礼新，叙旧；禄勋，合亲；任良，物官（贾逵云：'物官，量能授官也'）。使屈罢简东国之兵于召陵（在今河南郾城县东），亦如之。好于边疆，息民五年，而后用师，礼也。"② 这两次简兵，是按照古老的邦的传统进行的。国人有为邦国出赋从军的义务，简兵就是阅兵③，通过检阅，既可了解国人兵役义务的准备情况，又可以了解他们当中存在的困难和问题。国人生活在由同族或婚姻的关系联结起来的有机体里，遇有鳏寡孤独或贫病灾患的情况，有权获得必要帮助；国家也应该给以帮助，并且根据功勋、出身和才能授予一定官职。平王遣使在上述两地的简兵，表现出对邦的传统的尊重。值得注意的是，宗丘和召陵原来都是被征服的地区，那里的民原本不是楚邦的国人。他们既然像楚的国人一样承担出赋从军的义务，他们也就基本取得了与楚邦国人同样的地位。芳掩治赋时没有考虑楚与各县的区别，也是这种情况的反映。楚平王把对待国人的原则推及原非

---

① 见《左传》昭公十三年，《十三经注疏》，2073 页。
② 见《左传》昭公十四年，《十三经注疏》，2076 页。
③ 见《左传》桓公六年："大阅，简车马也。"同上书，1750 页。

国人的臣民，这种看来是把邦的范围加以扩大的行为，实际正是对于邦的国、野结构的否定。

对于一些被征服或被侵凌的国家，平王作了一定的让步。"楚之灭蔡也，灵王迁许、胡、沈、道、房、申于荆焉。平王即位，既封陈、蔡，而皆复之，礼也。隐大子（即被楚灵王杀以祭山的蔡太子友）之子庐归于蔡（是为蔡平侯），礼也。悼大子（陈太子偃师）之子吴归于陈（是为陈惠公），礼也。"① 平王从前领兵灭陈、蔡，迁许，大概看到了灵王操之过急的霸主行径引起的强烈反抗，同时为了改善一下各国对他的印象，他对支持过他夺得王位的陈、蔡人给予了复国的报答。当然楚平王并非不想占别国的土地。他"使枝如子躬聘于郑，且致犨、栎之田。事毕弗致。郑人请曰：'闻诸道路，将命寡君以犨、栎，敢请命。'对曰：'臣未闻命'。既复，王问犨、栎，降服而对（杜注：'降服，如今解冠也。谢违命'）。曰：'臣过失命，未之致也。'王执其手，曰：'子毋勤，姑归，不谷有事，其告子也'。"② 本来遣使任务之一，就是把从郑侵占来的犨、栎之田归还给郑，使者枝如子躬竟然违命不予归还。他回来谢违命之罪，平王倒安慰了他，实际是认为他未归还土地给郑的做法是可取的。《左传》写下平王握着枝如子躬手说的几句话，把这个楚君的伪善和矛盾的心理十分生动准确地揭示出来了。

楚平王"息民五年"以后，到第六年（公元前 523 年），"楚人城州来。沈尹戌曰：'楚人必败。昔吴灭州来，子旗请伐之。王曰：吾未抚吾民。今亦如之，而城州来以挑吴，能无败乎？'侍者曰：'王施舍不倦，息民五年，可谓抚之矣。'戌曰：'吾闻抚民者，节用于内，而树德于外，民乐其性，而无寇仇。今宫室无量，民人日骇，劳罢死转，忘寝与食，非抚之也'。"③ 从沈尹戌的这几句话不仅可以看出楚的息民已经终止，而且说明所谓五年息民也基本是有名无实。

平王还听信费无极的谗言，使太子建被迫逃亡，又杀太子建之师伍奢及其长子尚。伍奢次子员（即伍子胥）逃到吴国，埋下了以后吴伐楚入郢的火种。

①　见《左传》昭公十三年，《十三经注疏》，2073 页。

②　同上书，2070 页。

③　见《左传》昭公十九年，《十三经注疏》，2087 页。

上述沈尹戌的分析看来是符合实际的。平王十年（公元前519年），"吴人伐州来。楚迮越帅师及诸侯之师奔命救州来（杜注：'令尹以疾从戎，故选越摄其事'）。吴人御诸钟离（在今安徽凤阳以东）。子瑕卒，楚师熸（杜注：'子瑕即令尹，不起所疾也。吴、楚之间谓火灭为熸。军之重主丧亡，故其军人无复气势'）吴公子光曰：'诸侯从于楚者众，而皆小国也，畏楚而不获已，是以来，吾闻之曰：'作事威克其爱，虽小，必济'。胡、沈之君幼而狂，陈大夫齧壮而顽，顿与许、蔡疾楚政。楚令尹死，其师熸。帅贱，多宠，政令不一。七国同役而不同心，帅贱而不能整，无大威命，楚可败也。若分师先以犯胡、沈与陈，必先奔。三国败，诸侯之师乃摇心矣。诸侯乖乱，楚必大奔。请先者去备薄威，后者敦陈整旅。'吴子从之。戊辰晦，战于鸡父。吴子以罪人三千先犯胡、沈与陈，三国争之。吴为三军以系于后，中军从王，光帅右，掩余帅左。吴之罪人或奔或止，三国乱。吴师击之，三国败。获胡、沈之君及陈大夫。舍胡、沈之囚使奔许与蔡、顿，曰：'吾君死矣'。师噪而从之，三国奔，楚师大奔。"① 从吴公子光的分析和吴、楚实际战斗过程来看，楚方内部矛盾已经很深，不仅附从小国不能一心，楚之国人军队也萎靡不振。

楚邦的危机开始出现了。是年，"楚囊瓦为令尹，城郢（可能即今湖北江陵县城之纪南城）。沈尹戌曰：'子常（即囊瓦）必亡郢。苟不能卫，城无益也。古者天子守在四夷，天子卑，守在诸侯。诸侯守在四邻，诸侯卑，守在四竟。慎其四竟，结其四援，民狎其野，三务成功（杜注：'春、夏、秋三时之务'）。民无内忧，而又无外惧，国焉用城？今吴是惧，而城于郢，守已小矣。卑之不获，能无亡乎？昔梁伯沟其公宫而民溃，民弃其上，不亡何待？夫正其疆场，修其土田，险其走集（杜注：'走集，边竟之垒壁'），亲其民人，明其伍候，信其邻国，慎其官守，守其交礼，不僔不贪，不懦不耆（杜注：'耆，强也'），完其守备，以待不虞，又何畏矣？《诗》（《大雅·文王》）曰：'无念尔祖，聿修厥德。'无亦监乎若敖、蚡冒至于武文，土不过同（杜注：'方百里为一同，言未满一圻'），慎其四竟，犹不城郢。今土数圻（杜注：'方千里为圻'），而郢是城，不亦难乎？'"② 从沈尹戌的这一段议论中，我们可以看到楚邦发展过程中

---

① 见《左传》昭公二十三年，《十三经注疏》，2102页。

② 同上书，2102～2103页。

的客观的辩证法。土不过同时的楚邦，由于慎其四竟，结其四援（与邻邦友好相处），民狎其野、三务成功，民无内忧外患，国城是不须加固的。到了土已数圻的时候，由于内不能正其疆场，修其土田（国人不能享有其土田）、亲其民人，明其伍候（国人不能胜任从军卫邦之事），外不能信其邻国，慎其官守，守其交礼（不能以结盟方式对待邻国，而是吞并或欺凌邻国，争当霸主），反而要加固郢都的城防了。邦的传统至此已走到历史的尽头，楚邦危机已开始出现，的确城郢是无用的。

（二）吴师入郢和所谓"昭惠复兴"

平王卒，子珍即位，是为昭王（公元前515—前489年）。昭王年幼，令尹囊瓦（子常）昏庸而贪财。他听信费无极等人的谗言，逼死郤宛，灭郤氏之族。但是，"郤宛直而和，国人悦之。""楚郤宛之难，国言未已，进胙者莫不谤令尹"。杜预曰："进胙，国中祭祀也；谤，诅也。"这就是说，国人对令尹杀郤氏很不满，祭祀时都诅咒他。沈尹戌告诉子常国人的不满和他的危险处境，"子常杀费无极与鄢将师，尽灭其族，以说于国，谤言乃止。"[1] 不过，国人的不满有更深刻的原因。《国语·楚语下》载："斗且廷见令尹子常，子常与之语，问蓄货聚马。归以语其弟曰：'楚其亡乎。不然，令尹其不免乎。吾见令尹，令尹问蓄聚积实，如饿豺狼焉，殆必亡者也……今子常，先大夫之后也，而相楚君，无令名于四方。民之羸馁，日已甚矣。四境盈垒，道殣相望，盗贼司目，民无所放（韦注：'放，依也'）。是之不恤，而蓄聚不厌，其速怨于民多矣。积货滋多，积怨滋厚，不亡何待？夫民心之愠也，若防大川焉，溃而所犯必大矣。子常其能贤于成、灵乎？成不礼于穆，愿食熊蹯，不获而死；灵不顾于民，一国弃之如遗迹焉。子常为政，而无礼不顾甚于成灵，其独何力以待之'。期年乃有柏举之战。子常奔郑，昭王奔随。"并且这一段议论相当深刻而准确地揭示了楚邦的内部危机：广大国人已经陷于饥饿、死亡的境地，贵族却仍热衷于积聚财富。贫困与财富在国人和贵族两极的积累，必然造成"积货滋多，积怨滋厚"的结果。内部矛盾如此尖锐，吴人所以能长驱入郢的条件实际已经由楚人准备好了。

---

① 见《左传》昭公二十七年，《十三经注疏》，2117页。

昭王元年以后，"吴兵数侵楚"，"五年（公元前511年），吴伐取楚之六（在今安徽六安县北）、潜（在今安徽霍山县东北）。七年（依《左传》当为八年，即公元前508年），楚使子常伐吴，吴大败楚于豫章（今豫南、皖西江北淮南之地）。十年（公元前506年）冬，吴王阖闾、伍子胥、伯嚭、与唐、蔡俱伐楚。楚大败。吴师遂入郢，辱平王之墓，以伍子胥故也。吴兵之来，楚使子常以兵迎之，夹汉水阵。吴伐败子常，子常亡奔郑。楚兵走，吴乘胜逐之，五战及郢。己卯，昭王出奔。庚辰，吴人入郢。"① 昭王逃至云梦泽，几乎被当地人杀死；又逃至郧（在今湖北安陆），几乎被郧公斗辛之弟斗怀所杀；又避往随。"昭王之出郢也，使申包胥请救于秦，秦以兵车五百乘救楚，楚亦收余散兵，与秦击吴。十一年（公元前505年）六月，败吴于稷。会吴王弟夫概见吴王兵伤败，乃亡归，自立为王。阖闾闻之，引兵去楚，归击夫概。"② 由于秦的援救以及吴的内争，吴兵退去，楚才得以恢复。

昭王复国后及其子惠王（公元前488—前432年）在位时期，楚国国内形势相对稳定。公元前481年白公胜（平王太子建之子）之变，不久就被敉平。国外形势也比较有利。晋国世卿擅权，酝酿着分裂，无暇与楚争衡。吴兴起快，但很快就有越兴起于其后。公元前473年（楚惠王十六年）越灭吴，而越在勾践死后也很快就衰落了。所以吴、越都未再给楚造成严重威胁。昭王十一年（公元前505年）灭唐（在今湖北随县西北），二十年（公元前496年）灭顿（在今河南项城西），灭胡（依《左传》为定公十五年，即昭王二十一年，胡在今安徽阜阳）；惠王八年（公元前481年，依《左传》为鲁哀公十七年，即惠王十一年，公元前478年）灭陈（在今河南淮阳），四十二年（公元前47年）灭蔡（时在州来，今安徽凤台），四十四年（公元前445年）灭杞（在今山东安丘东北）。"是时越已灭吴而不能正江、淮北，楚东侵，广地至泗上。"③ 楚在昭王初期经吴的沉重打击几乎不国，在昭王中、后期及惠王时期竟能稳定下来，成为战国七雄之一，而且既没有像晋国那样一分为三，又没有像齐国那样发生公室更替，看起来颇有些复兴气象。高士奇编《左传纪事本末》，专门立了"昭惠

① 见《楚世家》，《史记》，第5册，1715页。
② 同上，1716页。
③ 同上，1719年。

复兴楚国"一题。这也并非完全向壁虚构。不过，如果分析一下楚国存在的种种矛盾，那么就可以看到，楚邦并没有真正克服它的危机。以下我们试作几点具体分析。

第一，楚在春秋晚期已是一个泱泱大风的国家，领土方数千里（"今土数圻"），与晋、齐、秦诸大国比较也是最大的。从领土面积来看，此时的楚与早期"土不过同"的楚邦自然是大不相同了。可是，在这方数千里的土地中，实际上存在着若干独立或半独立的小邦。例如，近在汉东的随国，自楚成王三十二年（鲁僖公二十年，公元前 640 年）"伐随取成而还"以后就不见于史传，到楚昭王十年（鲁定公四年，公元前 506 年）来此避吴师时仍然作为独立国家存在。《左传》定公四年记："斗辛与其弟巢以（昭）王奔随。吴人从之，谓随人曰：'周之子孙在汉川者，楚实尽之。天诱其衷，致罚于楚，而君又窜之，周室何罪？君若顾报周室（按随为姬姓国），施及寡人（按吴亦姬姓国），以奖天衷，君之惠也。汉阳之田，君实有之。'楚子在公宫之北，吴人在其南。子期似王，逃王，而己为王，曰：'以我与之，王必免。'随人卜与之，不吉，乃辞吴曰：'以随之辟小，而密迩于楚，楚实存之，世有盟誓，至于今未改。若难而弃之，何以事君？执事之患，不唯一人，若鸠楚境，敢不听命。'吴人乃退。"《史记·楚世家》云："随人卜予吴，不吉，乃谢吴王曰：'昭王亡，不在随。'吴请入自索之。随不听，吴亦罢去。"可见，随一直作为独立的邦（内部结构不变）存在，只是作为承认楚的霸权的盟邦而已。而且吴也是把随当作一个独立的邦来与之交涉并对之表示一定尊重。（在随附近还有一个唐，也是到昭王十一年才灭的）1978 年在随县擂鼓墩发掘出曾侯乙墓，其中有 铸铭文云："佳王五十又六祀，返自西阳，楚王酓章乍曾侯乙宗彝。奠之西阳，其永时用享。"北宋时在安陆发现二器有相同的铭文①。酓章即楚惠王熊章，无可疑。而曾却成了一个谜。学者们有不同解释（或谓曾即随，但解说原因又不一致；或谓曾不是随），这里恕不讨论。唯郭德维先生作《曾侯乙墓并非楚墓》一文②，以考古材料证明：（1）"曾侯乙墓不具备楚墓的一些基本特征"；（2）"曾侯乙远远超出楚国封君的地位"（尤其墓中竹简还提到一些人的官职，

---

① 见薛尚功：《历代钟鼎彝器款识法帖》卷六，北京，中华书局，1986。
② 载《江汉论坛》，1980（1）。

"如宫厩尹、宫厩敆（令）、新宫敆（令）、右命（令）等"）；（3）"从楚王的赠礼，说明曾侯乙是被楚承认的侯"（墓中使用"九鼎八毁"）。这也说明惠王时在随有一个独立的邦，它有自己的官制、礼仪。当然，它是一个受楚影响很深，在楚的霸权支配下的一个邦。楚有时还把从属于自己的小邦（如许等）迁入境内，以至来回迁徙。这样的小邦实际已没多少独立性了，但其内部国君、国人都依然如故。《春秋》也是把被楚迁来迁去的许当作独立的邦写的。

第二，楚在春秋时期灭国最多①，设县最早。县本来是为了军事目的而设于边境的，正如杨宽先生所指出的：武王灭权为县；文王北进，灭申、息为县；成王在方城以西设商县；穆王在息以东设期思县；庄王在商县北设析县，在方城东北设沈县②。这样就布置好了争霸中原的军事据点。所以，随着边界的外展，楚就不仅在边境而且在内地也有县了。县直属于楚王，县尹由王任免迁调。这样，楚的行政体制应该是比较坚固的。但是，当楚灭国为县时能触及被灭国内部结构的程度很浅（前文已略有提及），所谓灭国，往往只是去掉了原有的国君而已。《春秋》昭公二十三年记："吴败顿、胡、沈、蔡、陈、许之师于鸡父。胡子髡、沈子逞灭。"杜预注云："国虽存，君死曰灭。"这也或多或少反映了古人关于灭国的概念。被灭国不仅下层国人变化甚少，就是贵族也往往继续存在甚至起不小作用。如楚灵王令公子弃疾（即后来的平王）围陈时，还利用了陈悼太子偃师的儿子吴③。楚灭蔡以后，蔡大夫声子的儿子朝吴仍然在起作用④。这样灭国变为县容易，再恢复为国也不难。陈、蔡等国的设县与复国固然是明显的实例，史书没有记载或语焉不详的此类事例（尤其对小邦）可能更多。例如，公元前 548 年，"舒鸠人卒叛"，"楚灭舒鸠"⑤。舒鸠由一个从属于楚的邦被灭，是否设县，史无记载。到公元前 508 年，《左传》（定公二年）又记："桐（在今安徽桐城）叛楚。吴子使舒鸠氏诱楚人（杜注：'舒鸠，楚属国'），曰：'以师临我（杜注：'教舒鸠诱

---

① 春秋时期楚灭国确数难知，因有些不见于文献。何浩《春秋时楚灭国新探》在前人研究基础上重加厘核，认为春秋楚灭国凡五十一。见《江汉论坛》，1982（4）。

② 《春秋时代楚县制的性质问题》，载《中国史研究》，1981（4）。

③ 见《左传》昭公八年，《十三经注疏》，2052 页。

④ 见《左传》昭公十三年，《十三经注疏》，2069 页。

⑤ 见《左传》襄公二十五年，《十三经注疏》，1985 页。

楚，使以师临吴'），我伐桐，为我使之无忌。'（杜注：'吴伐桐也，伪若畏楚师之临，而为伐其叛国以取媚者也'）"舒鸠被灭后40年又出现，杜注以为是楚属国，有一定道理。因为它有自己的军队，可以用来假装威胁吴，这说明它已复了国；吴又可以假装把舒鸠军当作楚军来畏惧，可见它又是楚霸权下的一个属国。像这样反复于邦、县之间又依违于楚、吴（或他国）之际地方可能不少。所以，楚并未能随着领土的扩大而迅速发展成一个有机程度更高的王国，而是在春秋后期表现出一种比较原始的疏散状态。

第三，楚有世代相传的贵族，但是这些世居要职的贵族并没有世袭的封地（"禄臣再世而收地"），上文已经说到。楚之所以没有晋之六卿、鲁之三桓那样的分裂局面，就与这种情况有关。但是，既有地位世袭的贵族，又有内部结构比较稳定的县，如果楚的贵族与所在县的贵族结合起来，便有可能形成与国王相对抗的力量。公子弃疾在做蔡公的时候与蔡贵族朝吴等勾结起来，打回郢都，夺得政权，就是实例。又如，《国语·楚语下》云："惠王以梁与鲁阳文子。（韦昭注：'梁，楚北境也。文子，平王之孙司马子期子鲁阳公也'）文子辞，曰：'梁险而在境，惧子孙之有贰者也。夫事君无憾，憾则惧偪，偪则惧贰。夫盈而不偪，憾而不贰者，臣能自寿（韦注：'寿，保也'），不知其他。纵臣而得以其首领以没，惧子孙之以梁之险乏臣之祀也。'王曰：'子之仁人不忘子孙，施及楚国，敢不从子。'与之鲁阳。"鲁阳文子的忧虑和惠王的省悟都不是偶然的。范无宇在灵王大城陈、蔡、不羹时就忧虑地说："夫边境者，国之尾也。譬之如牛马，处暑之既至，虻蝱之既多，而不能掉其尾。臣亦惧之。"[1] 县本来是设以扩大边境和巩固王权的，可是在春秋后期同样具有相反作用的可能。

第四，楚自春秋以后，王权比较强大。顾栋高云："楚以蛮夷之国，而自春秋迄战国，四五百年，其势常强于诸侯，卒无上陵下替之渐者，其得立国之制最善者乎。楚以令尹当国执政。而自子文以后，若斗氏、成氏、䖍氏、远氏、阳氏，皆公族子孙，世相授受，绝不闻以异姓为之。可以矫齐、晋之弊。然一有罪戾，随即诛死。子玉、子反以丧师诛，子上以避敌诛，子辛以贪欲诛，子南以多宠人诛，绝不宽宥。可以矫鲁、卫、宋之弊。以肺腑而膺国重寄，则根

----

① 见《国语·楚语上》，《四部备要》，第44册。

本强盛：以重臣而骤行显戮，则百僚俱震。且政权划一，则无牵制争竞之病；责任重大，则无诱罪偷安之咎。楚之国法行而纲纪立于是乎。"① 政权集中，王权强大，顾氏所述楚国这一特点的确是存在的。不过，直到春秋晚期，楚王的权威实际都在受到传统的限制。《国语·楚语下》记："吴人入楚，昭王出奔，济于成臼，见蓝尹亹载其孥。王曰：'载予。'对曰：'自先王莫坠其国，当君而亡之，君之过也'。遂去王。王归，又求见。王欲执之。子西曰：'请听其辞，夫其有故。'王使谓之曰：'成臼之役，而弃不谷，今而敢来，何也？'曰：'昔（襄）瓦唯长旧怨以败于柏举，故君及此。今又效之，无乃不可乎？臣避于成臼，以儆君也。庶悛而更乎？今之敢见，观君之德也。曰：庶忆惧而鉴前恶乎？君若不鉴而长之，君实有国而不爱。臣何有于死？死在司败矣（韦注：'楚谓司寇为司败'），惟君图之'。子西曰：'使复在其位②，以无忘前败'。王乃见之。"蓝尹亹在大难中只渡私人家室，而不渡昭王，为什么无罪呢？社稷为重，君为轻故也。《史记·楚世家》记昭王临终前一定要把王位让给兄弟而不传子，在病榻上对诸公子大夫曰："孤不佞，再辱楚国之师，今乃得以天寿终，孤之幸也。"他自己也对败于吴人辱及国家深感惶恐。《国语·楚语下》又记："吴人入楚，昭王奔郧。郧公（斗辛）之弟怀将弑王，郧公辛止之。怀曰：'平王杀吾父，在国则君，在外则仇也；见仇弗杀，非人也'。郧公曰：'夫事君者，不为外内行，不为丰约举，苟君之卑尊一也。且夫自敌以下则有仇，非是不仇。下虐上为弑，上虐下为讨，而况君乎？君而讨臣，何仇之为？若皆仇君，则何上下之有乎？……'怀弗听，曰：'吾思父，不能顾矣'。郧公以王奔随。王归，而赏及郧怀。子西谏曰：'君有二臣，或可赏也，或可戮也，君王均之，群臣惧矣'。王曰：'夫子期之二子耶？吾知之矣。或礼于君，或礼于父，均之，不亦可乎？'"这一段文章通常都被解释成：斗辛、斗怀兄弟二人，一个要杀昭王为父报仇、尽孝；一个要保护昭王，尽忠。昭王不计个人恩怨，忠孝两赏之。其实斗氏兄弟二人坚持的是两种思想：斗辛认为，君就是君，绝对的君，君虐杀臣，也不存在报仇问题，因为不是敌体；斗怀认为，君只有在一定条件下，如在国（在朝廷）才是君，不在一定条件下大家都一样，完全可以报仇。斗辛的主张已

250

---

① 见《春秋大事表·春秋楚令尹论》。
② 《左传》定公五年云："王曰：善使复其所"，《十三经注疏》，2140 页。

接近于后世的专制主义思想，斗怀的主张则是古老的传统。昭王同时赏兄弟二人，主观上可能为了消怨安人、巩固统治，而在客观上则是对古老的传统也不能完全不承认之。因为，如果王权到了在客观上是无条件的时候，斗怀的"在国则君"的说法本身就都是违法的了。

以上探讨了楚邦的发生和发展问题，也写了作者个人对许多问题的粗浅认识。当然，其中许多有关问题在这里没有也不可能展开论述。现在简单地概括上述三个时期楚邦的发展特点，那就是：在西周和春秋中期，楚邦从远远落后于中原诸国的情况下，经过艰苦创业，终于突破邦的格局走到了当时各国的前列；在春秋中期，楚邦在争霸过程中迅速发展，县制兴起，开始由一个邦向有机程度更高的王国过渡；在春秋晚期，楚在向后者过渡中进展不快，于是一方面显示出邦的危机，另一方面又显示出邦的传统的顽固性。楚由于突破邦的旧格局而在春秋时期成为大国，当作为一个大国进入战国时代，又由于旧格局破除不足而长期不振。楚最后亡于秦，与这一点是有关系的。

三朝制新探

有一种见解认为，在古代西方，政治体制是多种多样的，其中唯独没有专制君主制；而在古代东方，政治体制则只有一种，即专制君主制。最先明确提出此说的人，看来是亚里士多德。

亚里士多德认为古希腊城邦的君主不拥有专制的王权，这一点完全是无可非议的。因为古希腊城邦中的王权总是在不同程度上受到其他权力制约的，具体地说，那就是在国王以外通常还存在一个贵族或长老的议事会和一个公民大会。国王与两个会议并存，这在历史上本来是一种很自然的正常现象——它无非就是前一历史时期（即军事民主制时期）的军事首领和两个会议并存现象的延续和发展。

中国上古时期是否也有国王和两个会议并存的现象呢？在文献里似乎不易发现像希腊以至罗马典籍所记那样的比较明确的说明。不过，能够证明上述现象曾经存在的证据还是有的，在我看来，三朝制度就很可以说明一些问题。

在说明三朝以前，首先应该讨论一下"朝"。什么是"朝"？"旦见君谓之朝"①。这是一个很简明、也符合实际的回答。由于见君通常都在旦②，人们逐渐又把"朝"用作晋见国君的专门术语。不过，如果作进一步的探索，我们就会发现，在古代，"朝"并不仅限于指在下位者谒见在上位者，而是具有更广泛的含义。试以《春秋》三传为例，我们可以看到"朝"实际表示以下三种不同情况。

一则，诸侯见王、大夫见国君曰朝。西周时诸侯有朝周王的制度，"诸侯时朝乎天子，天子之郊诸侯皆有朝宿之邑焉"③。当时，诸侯"一不朝贬其爵，再不朝则削其地，三不朝则六师移之"④。春秋初期（周桓）"王夺郑伯（庄公

----

① 《左传》成公十二年。"百官承事，朝而不夕"。孔颖达疏。
② 《说文》："朝，旦也"。
③ 见《公羊传》桓公元年。
④ 见《孟子·告子下》。

北京师范大学史学探索丛书

政，郑伯不朝。秋，王以诸侯伐郑，郑伯御之"①。周讨郑失败，诸侯朝王的制度不行。不过，在春秋时期，齐桓、晋文之流的霸主还把朝王当作号召诸侯的一种手段。所以，诸侯朝王仍不时有之。至于大夫朝见国君，则是常事，毋庸赘言。

二则，"诸侯相见曰朝"②。而且，据说"诸侯五年再相朝，以修王命，古之制也"③。《春秋》和《左传》中对于鲁君朝其他诸侯和其他诸侯朝鲁的事大概每一次都作了记载，对于其他诸侯之间的互相朝见，尤其是对于诸侯朝见齐、晋、楚等霸主，也有很多记载。诸侯互朝，自然以小国朝大国为多，但是大国朝小国的情况也是有的。例如，"齐侯、郑伯朝于纪，欲以袭之。纪人知之"④。当时，齐是大国，郑是强国，纪是一个弱小国家。齐君朝纪怀着灭纪的阴谋，纪国也清楚地知道。尽管如此，齐君以大国诸侯朝小国之纪君并非违反礼制之举。又如，有一次，滕侯和薛侯同时朝鲁，互争优先地位。薛侯的理由是，薛国受封在先。滕侯的理由是，薛侯和周天子不同姓，而滕和鲁都是周王的同姓（姬），所以不能在薛之后。鲁隐公派人去说服薛侯，主要论点是"周之宗盟，异姓为后。寡人若朝于薛，不敢与诸任（薛侯的同姓）齿"。结果，"薛侯许之，乃长滕侯"⑤。滕、薛都是小国，在朝鲁时的地位由是否与鲁侯同姓而定；鲁是大国，如果朝薛，在原则上也不能与薛的同姓国争先。这就说明，诸侯不分大小，互相朝见的原则是平等的。

三则，居上位者召集居下位者议事亦曰朝。《春秋》三传中屡次说到国君"朝诸大夫"⑥、"朝国人"、"朝众"⑦。这些朝，严格说来都是召集会议。董仲舒说："朝者，召而问之也"⑧。这是有道理的。

① 见《左传》桓公五年。
② 见《穀梁传》桓公九年，僖公五年。
③ 见《左传》文公十五年。
④ 见《左传》桓公五年。
⑤ 见《左传》隐公十一年。
⑥ 见《公羊传》僖公二年，《穀梁传》宣公二年，《左传》昭公五年。
⑦ 见《左传》僖公十五年，昭公十四年，定公八年，哀公元年。
⑧ 见《春秋繁露·诸侯》。

从以上三种情况来看，朝实际就是不同种类的集会①。即是集会，就要有会场。于是这类的会场也称为朝。《礼记·曲礼下》："君命大夫与士肄，在官言官，在府言府，在库言库，在朝言朝"。郑玄注云："官谓板图文书之处也，府谓宝藏货贿之处也，库谓车马兵甲之处也，朝谓君臣谋政事之处也。"官是文献档案库，府是财货库，库是武器库，君臣在这些地方只讨论有关具体问题。唯独朝是君臣讨论政事的地方。

中国最古的君臣、君民集会之朝，大概是明堂。关于明堂的具体制度，前人有种种不同说法，看来最后只能靠考古发掘的材料来定论。不过，明堂是一处多用的集会场所，对于这一点从汉代的贾逵、服虔、卢植、蔡邕到清代的惠栋、阮元大体都是没有分歧的。《天亡毁铭文》"王凡（汎）三方"，《静毁铭文》"射于大池"，大概都是在明堂举行的。明堂作为上古遗迹，到战国时期还存在。齐宣王曾问孟子："人皆谓我毁明堂，毁诸？已乎？"② 可见当时它已是没有实际用途的摆设了。随着国家机构的逐渐复杂化和不同阶级或阶层的权力地位的变化，君臣、君民议事之处在周代分为三朝。

三朝的所在地都在天子或诸侯之宫的前部。《周礼·考工记·匠人》记载匠人营建王宫的蓝图是："左祖右社，面朝后市"。现在我们在北京所见的明清故宫基本上仍然是按照这个蓝图设计的。故宫前部为朝（内城正阳门内无市），后面神武门外至鼓楼有市，左面是太庙（今劳动人民文化宫），右面是社稷坛（今中山公园）。不过，明清故宫以太和、中和、保和三大殿为朝，都在午门以内，这却与古代颇不相同。

在周代，以国君所居之处为起点，三朝由内而外分布如下：

1. 内朝，又称燕朝。《周礼·夏官·太仆职》云："王视燕朝，则正位，掌摈相"。郑玄注云："燕朝，朝于路寝之庭。王图宗人之嘉事则燕朝"。《礼记·文王世子》云："庶子之正于公族者，教之以孝弟、睦友、子爱，明父子之义、长幼之序。其朝于公内朝，则东面北上。臣有贵者以齿"。③ 郑玄注云："内朝、

---

① 甚至国君不一定参加的集会，也可以称为"朝"。如《礼记·王制》："司徒修六礼以节民性……命乡简不帅教者以告。着老皆朝于库。"郑玄注云："着老，致仕及乡中老贤者。朝犹会也。"

② 见《孟子·梁惠王下》。

③ 《礼记正义》，《十三经注疏》，1407 页。

路寝庭"。①"寝，寝也，所寝息也"②。而"路寝者，生人所居"③。所以，路寝也就是国君的正式居室，内朝就在居室前面的庭院中进行。内朝的内容原本不是政治性的，而是礼仪性的。内朝为国君图宗人嘉事之所。嘉礼内容有以下六种：（1）"以饮食之礼亲宗族兄弟"；（2）"以婚冠之礼亲成男女"；（3）"以宾射之礼亲故旧朋友"；（4）"以飨燕之礼亲四方之宾客"；（5）"以脤膰之礼亲兄弟之国"（郑玄注云："脤膰，社稷宗庙之肉，以赐同姓之国，同福禄也"）；（6）"以贺庆之礼亲异姓之国"。郑玄注云："异姓，王婚姻甥舅"④。从嘉礼的六方面内容看，内朝不仅是礼仪性的处所，而且带有浓厚的血缘关系的特色。因为参加者基本都是国君同姓的宗人和异姓的婚姻甥舅，而且入朝时所立的位置也不是根据政治地位的高下（以爵），而是根据年龄的长幼（以齿）。孟子说："朝廷莫如爵，乡党莫如齿"⑤。如果以孟子所说的原则来衡量，内朝原本没有多少政治意义上的朝廷的气味。内朝的这种特点并不是偶然的，从原始社会晚期的部落首领变成的早期国家的君主，总是要在一定程度上保存原始的、以血缘关系为基准的礼仪的。

2. 治朝，又往往有外朝、内朝之称，很容易引起混乱。任启运说："对燕朝而言，则治朝在外。对外朝而言，则治朝在内。合三朝而言，则治朝在中。故治朝或谓之内，或谓之中，或谓之外也"⑥，解释最为简明⑦。治朝的具体地点，在路门（路寝庭即内朝之门名路门，亦称毕门，约相当于明清故宫之午门）之外，中门（周天子之中门称应门，诸侯之中门称雉门，说见《礼记·明堂位》，约相当于故宫之端门）之内，东为太庙，西为社稷。

治朝为周代天子和诸侯每日上朝和公卿大夫办事的地方。《周礼·天官·大宰职》："（大宰）王视治朝，则赞听治。"郑玄注云："治朝在路门外，群臣治事之朝。王视之，则助王平断"。《周礼·天官》："宰夫之职，掌治朝之法，以

---

① 郑玄根据什么说内朝或燕朝在路寝庭呢？孔颖达疏云："知路寝庭者，以下出其在外朝司士为之。按《周礼》司士掌管路寝门外之朝，则知此内朝是路寝庭朝也"。

② 见《释名·释宫室》。

③ 见《礼记·杂记下》"路寝庭"郑玄注。

④ 见《周礼·春官·大宗伯职》。

⑤ 见《孟子·公孙丑下》。

⑥ 《朝庙宫室考》，见《皇清经解续编》卷一三六。

⑦ 按《礼记·文王世子》孔颖达疏中已有类似说明。

正王及三公、六卿、大夫、群吏之位，掌其禁令（郑玄注云：'治朝在路门之外，其位司士掌焉，宰夫察其不如仪'），叙群吏之治，以待宾客之令，诸臣之复，万民之逆（郑玄注云：'玄谓复之言报也，反也。反报于王，谓于朝庭奏事。自下而上曰逆，逆谓上书'）"。《周礼·夏官·司士职》云："正朝仪之位，辨其贵贱之等。王南乡，三公北面东上，孤东面北上，卿大夫西面北上，王族故士、虎士在路门之右，南面东上，大仆、大右、大仆从者在路门之左，南面西上（郑玄注云：'此王日视朝事于路门外之位'）。司士摈（郑玄注云：诏王出揖公卿大夫以下朝者）、孤卿特揖，大夫以其等旅揖，士旁三揖。王还，揖门左，揖门右。大仆前（郑玄注云：'前正王视朝之位'）。王入，内朝皆退"（郑玄注云："王入，入路门也。王入路门，内朝朝者皆退，反其官府治处也。王之外朝，则朝士掌焉。"按这里相对于外朝，而称治朝为内朝）。《周礼·夏官·大仆职》云："大仆掌王之服位，出入王之大命（郑玄注云：'服，王举动所当衣也。位，立处也。出大命，王之教也。入大命，群臣所奏行'），掌诸侯之复逆。王视朝，则前正位而退；入，亦如之。（郑玄注云：'前正位而退，道王，王既立，退居路门左，待朝毕'）从《周礼》以上记载看，治朝是君臣每日见面的地方，他们在这里举行仪式，也相互交流情况和意见（当然在君臣间的讨论有着不平等的特点）。国君在大宰协助下在这里裁断事情，群臣也在这里办理公事。《左传》闵公二年追记季孙氏之祖季友得名的由来说："成季之将生也，桓公使卜楚丘之父卜之。曰：'男也，其名曰友，在公之右；间于两社，为公室辅……'"两社指周社（鲁之社稷）与亳社（在鲁太庙之前），作为公室辅佐者经常在两社之间为国家治事。两社之间就是治朝之所在。治朝在周代为国家政治统治的中心，这应该是没有问题的。

但是，《礼记·玉藻》说，诸侯"朝服以日视朝于内朝（郑玄注云：'此内朝，路寝门外之正朝也。天子诸侯皆三朝'）。朝辨色始入（郑玄注云：'群臣也。入，入应门也'），君日出而视之，退适路寝听政，使人视大夫，大夫退，然后适小寝释服"。这就是说，每天黎明时大夫们从应门进入治朝，日出时国君从路门出到治朝，于此君臣相见。不过，国君出来只是"视之"，随即退回路寝听政。等大夫们都退了，无人再到路寝向国君奏事，国君就再退到小寝，脱去朝服，换上便服。这个说法与以上所说有几点不同之处：第一，治朝之朝只是每天例行的仪式，而没有实际的政治内容；第二，君臣议事不在路门之外的治朝，而在路门之内，内朝反而成为有重要政治意义的地方；第三，君臣议事之处也并非在举行内朝的路寝之庭，而是在路寝之内。由此看来，《玉藻》的说法和上引《周礼》的说法不可能同时都符合实际。在我看来，两种说法大概反映的是不同历史时期的情况。那么，哪种说法符合周代较早时期的情况呢？这就要结合具体的历史文献来考察。

在现存古代文献中，记述宫廷朝会情形最详细者当首推《尚书·顾命》。周成王病笃，召见太保奭（即召公）等，嘱咐他们册立并辅佐元子钊。成王死后，元子钊受册命于太庙①。册命仪式结束后，"诸侯出庙门俟，王出在应门之内。大保率西方诸侯入应门左，毕公率东方诸侯入应门右，皆布乘黄朱。宾称奉圭兼币曰：'一二臣卫，敢执壤奠。'皆再拜稽首。王义嗣德答拜。大保暨芮伯咸进，相揖，皆再拜稽首曰：'敢敬告天子，皇天改大邦殷之命，唯周文武诞受羑若，克恤西土。唯新陟王毕协赏罚，戡定厥功，用敷遗后人休。今王敬之哉。张皇六师，无坏我高祖寡命。'王若曰：'庶邦侯、甸、男、卫，唯予一人钊报告，昔君文武丕平富，不务咎，底至齐，信用昭明于天下，则亦有熊罴之士，不二心之臣，保乂王家，用端命于上帝。皇天用训厥道，付畀四方，乃命建侯树屏，在我后之人。今予一二伯父，尚胥暨顾，绥尔先公之臣服于先王。虽尔身在外，乃心罔不在王室。用奉恤厥若，无遗鞠子羞'，群公既皆听命，相揖，趋出。王释冕，反丧服"。这就是周康王即位后在治朝和诸侯及大臣相见的全部仪式和内容。在这里，新王和诸侯相互重新确认君臣关系，相互勉励对方恪尽其职。论内容，这种朝会是政治性的；论仪式，它还保留有一定的平等的性质，如君臣互相施礼等。

治朝与内朝不同，为议政之所，这种规矩直到春秋晚期在人们观念中还是很清楚的。《国语·鲁语下》记："公父文伯之母如季氏，康子在其朝，与之言，弗应。从之及寝门，弗应而入。康子辞于朝而入见，（韦昭注云：'辞其家臣入见敬姜也'）曰'肥也不得闻命，无乃罪乎？'曰：'子弗闻乎？天子及诸侯合民事于外朝，（韦昭注云：'言与百官考合民事于外朝也'）合神事于内朝，（韦昭

----

① 此次册命典礼的地点是路寝还是太庙，历来学者见解不同。王国维认为地点在庙，合于古礼，亦合于金文中所云锡命在太庙、太室或某宫的事实。见王国维：《观堂集林》，50、58 页。

注云：'神事，祭祀也，内朝在路门内也'）自卿以下，合官职于外朝，（韦昭注云：'外朝，君之公朝也'）合家事于内朝。（韦昭注云：'家，大夫，内朝，家朝也'）寝门之内，妇人治其业焉。上下同之。夫外朝，子将业君之官职焉；内朝，子将庀季氏之政焉。皆非吾所敢言也'。"这里所说的外朝，是相对于路门以内的内朝而言的，所以实际就是治朝。从来的传统都是，天子、诸侯的治朝是讨论民事、公事的地方，卿大夫的外朝也是办公事的地方，只有内朝才是讨论祭祀和本宗族事务的地方。而妇女只能管内朝之后寝门以内的事情。内外有别，自天子至卿大夫，上下同之。所以，《礼记·玉藻》所说的内朝听政，绝不是周初以来的传统制度，而是后来发展中的变态。

3. 外朝。《周礼·秋官·小司寇》："小司寇之职，掌外朝之政，以致万民而询焉。一曰询国危，二曰询国迁，三曰询立君。（郑玄注云：'外朝，朝在雉门之外者也。国危，谓有兵寇之难。国迁，谓徙都改邑也。立君，谓无冢适选于庶也'）其位，王南乡，三公及州长、百姓北面，群臣西面，群吏东面。小司寇摈以叙进而问焉，以众辅志而弊谋。（郑玄注云：'摈，谓揖之使前也。叙，更也。辅志者，尊王贤明也'。孙诒让《周礼正义》：'《说文·餐部》云：叙，次第也。《广雅·释诂》云：更，递也。谓自三公以下，各以爵秩尊卑次第更递进而问之。云辅志者尊王贤明也者……谓以众论辅助王之志虑，赞其决断，即使众尊王贤明，示不专己也'）"又《周礼·秋官·朝士职》："朝士掌建邦外朝之法，左九棘，孤卿大夫位焉，群士在其后；右九棘，公侯伯子男位焉，群吏在其后；面三槐，三公位焉，州长众庶在其后。左嘉石，平罢民焉，右肺石，达穷民焉。帅其属而以鞭呼趋且辟，禁慢朝、错立、族谈者"。

据上引《周礼》及郑注，知外朝在雉门之外，不过，东汉经学家有天子五门、诸侯三门之说。诸侯三门者，外库门，中雉门，内路门。天子五门者，郑众云："外曰皋门，二曰雉门，三曰库门，四曰应门，五曰路门"；而郑玄"谓雉门三门也"，① 则库门应为二门。郑玄关于外朝所在地的说法有自相矛盾之处。孙诒让指出，此处"注云外朝，朝在雉门之外者也'者，依后郑五门三朝之说，三询之外朝当在库门之外，此云在雉门外，与阍人、朝士注不合，疑误沿先郑五门雉门在库门外之说偶失刊易也"（孙诒让《周礼正义》，742页）。不

---

① 见《周礼·天官·阍人职》郑玄注。

过，郑玄的这一对于他自己来说是偶然失误的说法，客观上倒是正确的。看来天子五门说是错误的。戴震说："礼说曰：天子五门：皋、库、雉、应、路，诸侯三门：皋、应、路。失其传也。天子之宫，有皋门，有应门，有路门。路门一曰虎门，一曰毕门，不闻天子库门、雉门也。诸侯之宫，有库门，有雉门，有路门，不闻诸侯皋门、应门也。皋门，天子之外门，库门，诸侯之外门；应门，天子之中门，雉门，诸侯之中门。异其名，殊其制，辨等威也。天子三朝，诸侯三朝；天子三门，诸侯三门。其数同，君国之事，侔体合也。朝与门无虚设也"。① 按戴氏的说法，外朝在中门（天子应门、诸侯雉门）之外，外门（天子皋门，诸侯库门相当于北京故宫之天安门）之内。这个说法是有道理的。因为，如按郑玄说，诸侯外朝当在库门之外，而这是很难解释得通的。金鹗说："外朝之门谓之皋门，皋与郊声相近，宫之有皋门犹国之有郊门，可见其与外朝相应矣。且皋之为言，告也。外朝询万民，所以告之。故外朝门谓之皋门。……外朝门谓之库门，库藏兵革以备非常，外朝询国危、国迁，亦为非常之事。其义正相应矣。夫然，外朝在库门内，断断然矣。"②

皋门（库门）以内应门（雉门）以外的外朝，在平时是国人可以随便出入的地方。《周礼·秋官·大司寇职》："以嘉石平罢民，（郑玄注云：'嘉石，文石也。树之外朝门左。平，成也。成之使善'）凡万民之有罪过而未立于法，而害于州里者，桎梏而坐诸嘉石，役诸司空。重罪旬有三日坐，期役；其次九日坐，九月役；其次七日坐，七月役；其次五日坐，五月役；其下罪三日坐，三月役。使州里任之，则宥而舍之。以肺石达穷民，（郑玄注云：'肺石，赤石也。穷民，天民之穷而无告者'）凡远近惸独老幼之欲有复于上而其长弗达者，立于肺石，三日，士听其辞，以告于上，而罪其长。正月之吉，始和布刑于邦国都鄙，乃悬刑象之法于象魏，使万民观刑象，挟日而敛之"。国人有罪过者，在这里受到惩教；国人之孤苦无告而有言不得申者，在这里可以上达自己的苦情；这里（象魏在应门或雉门两侧）也是向国人公布国家刑法的地方。《周礼·秋官·朝士职》："凡得获货贿、人民、六畜者，委于朝，告于士，旬而举之，大者公之，小者庶民私之"。（郑玄注云：'俘而取之曰获。委于朝十日，待来识者。人民，

① 见《戴东原集·三门三朝考》。
② 《求古录礼说》"诸侯外朝在库门之外辨"条，见《皇清经解续编》卷六六七。

谓刑人、奴隶逃亡者') 这里也是招领失物或逃奴的地方。从以上这些情况来看，外朝这个地方本身就具有浓厚的民间气息。

在非常时期，国君在外朝召集国人，征询意见，决定国家大计。这在历史上是有实例的。

首先，关于询国危。《左传》僖公十八年（公元前 642 年）记："冬，邢人、狄人伐卫，围菟圃。卫侯以国让父兄子弟及朝众，曰：'苟能治之，燬请从焉'。众不可，而后师于訾娄。狄师还"。在邢人、狄人严重威胁下，卫君（文公燬）朝国人，准备让贤。国人不同意，决定出兵迎战，结果狄人退兵。又《左传》定公八年（公元前 502 年）记，卫灵公与晋国为盟，受了晋国大夫的凌辱。"卫侯欲叛晋，而患诸大夫。王孙贾使次于郊。大夫问故，公以晋诟语之，且曰：'寡人辱社稷，其改卜嗣，寡人从焉。'（杜预注云：'便改卜他公子以嗣先君，我从大夫所立'）大夫曰：'是卫之祸，岂君之过也？'公曰：'又有患焉，谓寡人'必以而子与大夫之子为质'。大夫曰：'苟有益也，公子则往，群臣之子敢不皆负羁绁以从？'将行，王孙贾曰：'苟卫国有难，工商未尝不为患，使皆行而后可。'公以告大夫，乃皆将行之。行有曰，公朝国人，使贾问焉，曰'若卫叛晋，晋五伐我，病何如矣？'皆曰：'五伐我，犹可以能战。'贾曰：'然则如叛之，病而后质焉，何迟之有？'乃叛晋。晋人请改盟，弗许"①。卫灵公想叛晋，可是得不到大夫们的支持，最后朝国人，问能否坚决抗晋。国人态度坚决，卫就决定叛晋。在这次危机中，卫国国人的意见比大夫们的意见起了更大的作用。又《左传》哀公元年（公元前 494 年）记："吴之入楚也（在定公四年，公元前 506 年），使召陈怀公。怀公朝国人而问焉，曰：'欲与楚者右，欲与吴者左。'陈人从田，无田从党。（杜预注云：'都邑之人，无田者随党而立。不知所与，故直从所居，田在西者居右，田在东者居左'）逢滑当公而进，（杜预注云：'当公，不左不右'）曰：臣闻国之兴也以福，其亡也以祸。今吴未有福，楚未有祸；楚未可弃，吴未可从。而晋，盟主也。若以晋辞吴，若何？公曰：国胜君亡，非祸而何？'对曰：'国之有是多矣，何必不复？小国犹寡，况大国乎？臣闻，国之兴也，视民如伤，是其福也；其亡也，以民为土芥，是其祸也。楚虽无德，亦不艾杀其民。吴日蔽于兵，暴骨如莽，而未见德焉。天其或者正训楚也，祸之适吴，其何

---

① 《十三经注疏》，2142 页

日之有?'陈侯从之。"① 陈国长期受强邻楚国的威胁,这时又受新强邻吴国的压力,何去何从,涉及陈国安危。陈怀公朝国人,希望国人用站队的方式表决。由于缺乏思想准备,国人不知怎样做好,站队结果不能说明民意。最后通过逢滑和国君的讨论,陈国决定不站在吴国一边。逢滑的身份在《左传》中没有说明。《史记·陈杞世家》说,劝陈怀公不应吴召的是大夫,但所陈述的理由与《左传》所记逢滑的话不同(梁玉绳《史记志疑》已经指出)。即使逢滑是大夫,那么这一次有关陈国安危的大计是在朝国人的场合中决定的。

其次,关于询国迁。《尚书·盘庚中》:"盘庚作,惟涉河以民迁,乃话民之弗率,诞告用亶其有众,咸造勿亵在王庭②。盘庚乃登进厥民③"。然后他讲了一篇话,对人们晓以利害。《盘庚中》所记为盘庚迁殷以前的动员性的讲话,从讲话的内容和口气看,它的听众都是没有贵族身份的普通国人。"古我先后,既劳乃祖乃父,汝共作我畜民"。所以这些人的祖先从来也都是处于这种地位的。不少学者把"畜"解释为牲畜,因而"畜民"就是奴隶。不过,如果真是奴隶,盘庚还有什么必要把他们召集到王庭来谈迁国的事呢?孙星衍说:"畜音近好,《祭统》云:'顺于礼,不逆于伦,是之谓畜。'注云:'畜谓顺于道教'。"④ 这就把"畜民"解为"好民"或"顺民"。这样解释看来比较符合通篇文义。《盘庚上》则是盘庚在已经迁到殷以后的一篇讲话。当时众民不习惯新居地,出现不满情绪,其中也有殷王的"众戚"表示不满。于是"王命众,悉至于廷"。然后作了一篇讲话。从讲话的内容和口气看,它的主要对象是其祖先就和先王共过事的贵族或"众戚"。这两次召集众民到王廷,虽然集会的地点是否是在外朝之地(或者商代是否有了三朝在地点上的区分)现在仍不清楚,但从集会的性质看,那是和周代的外朝相当的。

最后,关于询立君。《左传》僖公十五年(公元前645年)记,秦晋之间发生战争,晋君惠公被俘。不过秦国准备与晋媾和,释放晋君。"晋侯使郤乞告瑕吕饴甥,且召之。子金(瑕吕饴甥之字)教之(指郤乞)言曰:'朝国人而以君命赏。且告之曰:孤虽归,辱社稷矣,其卜贰圉(晋惠公之子)也。'众皆哭。

① 《十三经注疏》,2155 页

② 伪《孔传》:造,至也,众皆至王庭无亵慢。

③ 伪《孔传》:升进,命使前。

④ 见《尚书今古文注疏·盘庚》疏。

晋于是乎作爰田。吕甥曰：'君亡之不恤，而群臣是忧。惠之至也，将若君何？'众曰：'何为而可？'对曰：'征缮以辅孺子。诸侯闻之，丧君有君，君臣辑睦，甲兵益多。好我者劝，恶我者惧，庶有益乎'。众悦，晋于是乎作州兵"。郤乞依照吕甥的办法，召集国人传达晋惠公的意思，一则赏赐国人，再则就立其子为君的问题征求国人的意见。这是特殊情况下询立君的一个实例，也是询国危并讨论对策的一次外朝。又如，公元前520年，周景王死，其庶子王子朝争立，反对继位的悼王（在位不及半年而死）与敬王。周王曾要求晋国出兵援助，次年春形势稍好，就让晋军撤回。可是随后王子朝势力越来越大，并派使者去争取晋国。《左传》昭公二十四年（公元前518年）记："三月庚戌，晋侯使士景伯莅问周故。士伯立于乾祭，而问于介众。（杜预注云：'乾祭，王城北门，介，大也'）晋人乃辞王子朝，不纳其使。（杜预注云：'众言子朝曲故'）"两年以后，晋国出兵驱逐了王子朝，保证了周敬王的王位。这是一次特殊形式的询立君。王子朝和刚继位的周敬王争位，应该支持谁呢？晋人还是依照古代的传统，派大夫到周去朝大众于乾祭（如在北门之外，与正规外朝的地点有些不合，不过性质是真正的外朝），听了大众的意见，再决定支持谁。这不能不说是对周的民意的某种程度上的尊重。

根据上述三朝的情况，我们可以看出，当时国君的权力不是绝对的，而是相对的和受到一定制约的。内朝是国君的宗教性的和礼仪性的活动场所，在这里，他没有受到什么限制，不过也决定不了军国大事。治朝是国君和贵族、大臣议政的场所，在这里，国君裁决政事，不过事先要经过讨论，所以其权力不能不受到一定的限制。治朝，在某种程度上与希腊或罗马的长老会议、贵族会议或元老院有相似之处。外朝是国君在最紧急的关头朝国人的场所，在这里，平时没有集会，国君的权力也不会受到任何限制；不过，在紧急关头必须举行外朝，因而国君的权力在这种紧急的关键时刻还是受到了一定的限制。外朝，在某种程度上与希腊或罗马的公民大会有相似之处。

中国上古政制与西方有相似之处，这是因为：一方面，不论在中国或西方，最初的文明均由野蛮而来，原始社会晚期广泛流行的军事民主制的权力结构都会对早期国家的政制发生重大影响，君主不可能不在相当长的时期里受到贵族或长老会议及公民大会的制约；另一方面，不论在中国或西方，早期的国家都具有小国寡民的特点，在这样的国家里，公民或国人是构成国家武装力量的基本成分，当然也就保持了自己的权利和地位，在紧要关头成为征询意见的对象。

值得注意的是，在历史发展的过程中，中国的情况和古代希腊、罗马有明显的不同。在古代希腊，最初各邦都曾有过君主制。后来，一些邦的君主被取消了，一些邦的君主的形式仍然存在。前者例如雅典，公元前 7 世纪初期，世袭的君主就已经被选举产生的执政官所代替，执政官中有一位保有君或王的称号（Archon basileus），实际只掌管宗教和氏族方面的事务，真正的权力由贵族会议（Areopagus）所掌握；公元前 6 世纪以后，国家大权又逐渐由贵族会议转入公民大会手中。雅典政制发展的趋向是：由君主制而贵族制，由贵族制（中经僭主制）而民主制。后者例如斯巴达，那里有两位王，早在公元前 8 世纪初，君权就已受到长老会议（Gerusia）的约束，到公元前 5 世纪，五监察官（Ephors）实际已经成为国家大权的掌握者，王只有领兵出境作战才有指挥权。在亚里士多德看来，斯巴达的长老会议具有寡头制的特征，监察官（每年一选）则具有民主制的因素。所以，斯巴达政制发展的趋向虽与雅典不同，却也有相似之处。在古代罗马，最初也有过君主（Rex），公元前 6 世纪末，共和国建立，君主被废，元老院（Senate）掌握国家大权。罗马共和国基本上是贵族政制，不过经过平民贵族斗争，到公元前 3 世纪初期，平民参加的公民大会（comitia populi tributa）也掌握了一定的权力。所以，罗马政制发展的趋向也是：由君主制到贵族制，然后在贵族制中又掺入了一定的民主制的因素。至于罗马帝国时期，君主制的再现和向专制君主制的发展，那是古代社会晚期的事，这里姑不具论。

在古代中国，不曾有过君主制被废除的阶段。在春秋时期，曾有君权削弱和政权逐渐落入大夫、陪臣之手的现象。孔子说："天下有道，则礼乐征伐自天子出；天下无道，则礼乐征伐自诸侯出。自诸侯出，盖十世希不失矣；自大夫出，五世希不失矣；陪臣执国命，三世希不失矣。天下有道，则庶人不议。"又说："禄之去公室五世矣，政逮于大夫四世矣，故夫三桓之子孙微矣"[①]。所指即是政权下移现象。不过，孔子所说主要是鲁国的情况，齐、晋也有类似的情况。在其他国家，这种情况则不明显。值得注意的是，这种在春秋末期看来已成趋势的现象，到战国以后忽然反转过来了。

从战国时期起，政权逐渐向君主手中集中，这是由于多种历史条件而形成的一种趋势。这种趋势在朝会制度上的反映是：三朝制度消失，国家大计决定

---

① 见《论语·季氏》。

于君主所居的内朝之路寝。

以上曾经指出，《礼记·玉藻》所持君臣议政于路寝的说法只能反映较晚时期的情况，这是以历史事实为根据的。

在春秋时期，内朝还不是君臣议政定谋之正式场所，不过，在内朝议政以至定谋的个别事实已经开始出现。《公羊传》宣公六年记：晋"灵公为无道，使诸大夫皆内朝，然后处乎台上，引弹而弹之已。趋而避丸，是乐而已矣。赵盾已朝而出，与诸大夫立于朝"（按此朝当然是治朝）。大夫朝君的正式场所应是治朝，晋灵公无道，才使大夫内朝。赵盾已朝而出，与诸大夫立于治朝，因为这是当时正规的朝会所在，也是大夫治事之所在。《左传》成公六年记："晋人谋去故绛，诸大夫皆曰：'必居郇瑕氏之地，沃饶而近盐，国利君乐，不可失也'。韩献子将新中军，且为仆大夫。公揖而入，献子从。公立于寝庭，谓献子曰：'何如？'对曰：'不可。郇瑕氏土薄水浅，其恶易觏。易觏则民愁，民愁则垫隘，于是有沈溺重腿之疾。不如新田，土厚水深，居之不疾，有汾、浍以流其恶，且民从教，十世之利也。夫山、泽、林、盐，国之宝也。国饶则民骄佚，近宝公室乃贫。不可谓乐'。公说，从之。夏四月丁丑，晋迁于新田"。这是一次关于迁都的大事，按常规应在外朝讨论并征询国人意见。诸大夫的意见是迁往郇瑕氏之地，治朝就结束了，晋君（景公）退进内朝，韩厥（献子）作为仆大夫（即《周礼》中掌管宫廷事务的大仆）跟了进去。晋景公在寝庭即内朝之处和韩厥商量，竟然决定改迁新田。这不能不说是议政定谋从外朝、治朝转向内朝的一个明显征兆。不过，这还不是如《玉藻》所说的在路寝听政。《左传》昭公二十六年记："齐侯（按指景公）与晏子坐于路寝。公叹曰：'美哉室，其谁有此乎？'晏子曰：'敢问何谓也？'公曰：'吾以为在德'。对曰：'如君之言，其陈氏乎。陈氏虽无大德，而有施于民。豆、区、釜、钟之数，其取之公日薄，其施之民也厚。公厚敛焉，陈氏厚施焉，民归之焉……'"① 君臣坐于路寝谈话，《左传》所记，仅此一次。而这一次对话的地点又很可疑。《韩非子·外储说右上》说："景公与晏子游于少海，登柏寝之台而还望其国，曰：'美哉，泱泱乎，堂堂乎，后世敦将有此？'"由此开始对话。《晏子春秋·内篇谏下》说："景公与晏子登路寝之台而望国，公愀然而叹"。《史记·齐太公世家》说："景

---

① 见《论语·季氏》。

公坐柏寝叹曰：'堂堂，谁有此乎?'"可见《左传》所说的路寝不是国中（都城内）内朝之路寝，而是城外离宫中的柏寝。所以，在春秋时期，是否真有内朝路寝听政的事，现在仍无确实证据。

战国以下，国君朝国人的外朝不再见于史乘，路门之外君臣每日相见的治朝也绝迹了。从前外朝、治朝和内朝都是在露天的庭中举行，朝会时不论君臣、君民都是站着，所谓的位（立）都是立位而不是座位。这种情况到战国以下也变化了。变化的过程，现在已不清楚。不过，我们从史籍中可以看到变化的确发生了。

《史记·平原君列传》记平原君赵胜和毛遂等到楚国与楚王谈判合纵的事。平原君与楚王从早晨谈到中午，不见分晓。"毛遂按剑历阶而上"，一方面对楚王施以威胁；另一方面，也说以合纵对楚之利。楚王乃决定与赵结盟合纵，"毛遂奉铜盘而跪进之楚王曰：'王当歃血而定从，次者吾君（指平原君）、次者遂。'遂定从于殿上。"①

又《史记·刺客列传》记，荆轲奉燕太子丹之使，带着樊于期之头及燕督亢之地图来到秦国，伪装献地归附。"秦王闻之，大喜，乃朝服设九宾，见燕使者咸阳宫。荆轲奉樊于期头函，而秦舞阳奉地图匣，以次进至陛。……秦王谓轲曰：'取舞阳所持地图。'轲既取图奏之，秦王发图，图穷而匕首见。因左手把秦王之袖，而右手持匕首揕之。未至身，秦王惊，自引而起，袖绝。……荆轲逐秦王，秦王环柱而走。群臣皆愕，卒起不意，尽失其度。而秦法，群臣侍殿上者不得持尺寸之兵，诸郎中执兵，皆陈殿下，非有诏召不得上。方急时，不及召下兵，以故荆轲乃逐秦王。"② 可见朝会时，秦王坐在咸阳宫的殿上（遇险才惊起），群臣侍立殿上者不得佩带兵器，手执武器者侍立殿下。这种情况和以前三朝中的任何一个朝都有很大的差别。

平原君和楚王约合纵以及荆轲谋刺秦王（政）的时代距离汉代已经不远，司马迁记载楚秦的朝会情况应该比较可靠。汉初，叔孙通起朝仪，使得汉高帝尝到了当皇帝的尊贵滋味，那显然不是春秋以上的三朝制的朝仪，而是以战国以下的秦楚等国的朝仪为蓝图重新设计出来的。所以，三朝制的终结恰好反映了中国古代专制君主制的发生。

① 《平原君虞卿列传》，《史记》，第 7 册，卷七十六，2368 页。
② 《刺客列传》，《史记》，第 8 册，卷八十六，2534～2535 页。

先秦儒家仁礼学说新探

关于先秦儒家的仁和礼的学说，近数十年学术界的论著不少。由于不同见解的争鸣，讨论已经达到相当的深度。不过分歧尚未消除，进一步的研讨仍有必要。

一

讨论先秦儒家仁、礼学说，自然要从孔子开始。那么，孔子以前是否已经有了仁和礼的概念？这实际就是孔子的仁和礼的学说渊源问题，我们先作一个简要的考察。

首先说礼。《说文》："豐，行礼之器也，从豆，象形。"王国维认为，殷虚卜辞中的㗊、㗊亦可作㗊，即豐之省文。"此诸字皆象二玉在器之形。古者行礼以玉，故《说文》曰：豐，行礼之器，其说古矣"①。这一解释正符合"器以藏礼"② 之说。看来当时作为抽象概念的礼尚未从器中分离出来。礼字也很少见于金文中。在战国以前的彝器铭文中，迄今唯见于何尊一次，也很难说就是抽象的礼的概念。在《尚书》中，除成篇较晚的《舜典》、《皋陶谟》里的礼字不计，见于《金滕》（按此篇问题亦较多）者一次，指的是礼仪；值得分析的是见于《洛诰》和《君奭》的礼字。《洛诰》："王肇称殷礼，祀于新邑，咸秩无文。"此节自郑玄以下，历来解说纷纭，但大体皆认为周初祭祀曾用殷礼（蔡沈以盛释殷，不可取），而"咸秩无文"当以王引之以"紊"释"文"为最切。意即祭祀时，"各有等差，皆次序之，无有紊乱也"③。可见周初礼仍寓于祭祀之中，但"等差"、"次序"以至制度的含义亦渐显露。《君奭》："故殷礼陟配天，多历年所。"④ 殷礼配天，礼仍未离祭祀而言之；不过这里的"殷礼配天"也已经是

---

① 见《观堂集林》卷六，《释礼》，291 页，北京，中华书局，1959。

② 《春秋左传正义》，1894 页。

③ 见《经义述闻》卷四，98 页，南京，江苏古籍出版社，2000。

④ 《尚书正义》，224 页。

殷的体制或王权的一种代用语了。礼字见于《诗经》者，在《小雅》之《楚茨》、《宾之初筵》，在《周颂》之《丰年》、《载芟》中，皆指礼仪，"以洽百礼"，即是以合各种礼仪。而据《小雅·十月之交》所记，周（幽）王卿士皇父在毁了此诗作者的房屋、荒芜了他的田地以后还说这并不是伤害他，因为礼则然矣。做了害人的事，还说没有害人，礼当如此。这个"礼"，当然具有制度的含义了。不过据现有文献来看，西周时人对礼的概念认识仍不太明确。到春秋时，情况发生了变化。春秋初期，晋大夫师服说："礼以体政，政以正民"①。他已认识到礼是政治体制的核心。《礼记·礼器》："礼也者，犹体也。"②《释名》之《释语言》、《释典艺》均有"礼，体也"。以体训礼，由此而出。春秋中期，鲁曹刿曰："夫礼，所以整民也。故会以训上下之则，制财用之节；朝以正班爵之义，帅长幼之序"③。这又说明，礼是一种使人民有区分和等差的秩序。到春秋晚期，被孔子称为"古之遗直"的晋大夫叔向曾说："礼，王之大经也"④，虽然这句话是他在谈丧礼时说的。被孔子称为"古之遗爱"的郑大夫子产曾说："夫礼，天之经也，地之义也，民之行也"⑤。这两位与孔子同时而年长的人已把礼看做天经地义的、人的行为准则。《荀子·大略》："礼者，人之所履也。"《说文》："礼，履也"。以履训礼，由此而出。从西周到春秋，礼的概念的内涵逐渐明晰，而其价值（也许由于礼崩乐坏的反面刺激）也更受到一些人的重视。孔子的礼的学说以此为渊源，当然他又有自己的发展，下文再说。

再来说仁。仁字不见于甲骨文。除战国时期中山王𢧐鼎外，亦不见于金文。在《尚书》（伪古文书不计）中，仁字仅于《金縢》一见。周武王病，周公祭祷先王，愿代武王死，去侍奉祖先。他说："予仁若考，能多材多艺，能事鬼神"。"予仁若考"（或句作"予仁若考能"）一句，解说亦多分歧。《史记·鲁周公世家》引此，但作"旦巧"二字。王念孙、王引之父子据此，以为"考巧古字通，若而语之转。予仁若考者，予仁而巧也"⑥，不把"若"释为实词"顺"或

① 见《左传》桓公二年。
② 《礼记正义》，1435 页。
③ 见《左传》庄公二十三年。
④ 见《左传》昭公十五年。
⑤ 见《左传》昭公二十五年郑大夫游吉引子产语。
⑥ 见《经义述闻》卷三，88 页。

"如"，而释为"而"，正是王氏父子解经高明之处。于省吾先生鉴于"巧"不见于金文，故以孝释考，云："予仁若考者，予仁而孝也"①。于先生说自有新意，不过，"仁"字也极少见于金文。所以，司马迁以"巧"作"考"的训释似不可废。阮元说："予仁若考者，言予旦之巧若文王也。巧义即佞也。佞从仁得声而义随之，故仁可为佞借也。古者事鬼神当用佞，《金縢》之以佞为美、借仁代佞者，因事鬼神也。故论语孔子谓祝鮀之佞治宗庙，即《金縢》仁巧多材多艺能事鬼神之义也"②。阮氏发现佞字古多褒义，《左传》等书中多有例证，实属不刊之论；认为此处"仁"字本为"佞"字，亦极具卓识。惜乎对"若考"二字又无所安顿，《鲁周公世家》中引书根本没有"若文王"的说法。我以为，综合王、阮二家之说，可以得到更合理的解释。"予仁若考"之"仁"确为"佞"字之代，但这里"佞"字应释为"才"。《左传》成公十三年"寡人不佞"，服虔注："佞，才也。"又成公十六年"诸臣不佞"，杜预注："佞，才也。"《国语·鲁语上》"寡君不佞"，韦昭注："佞，才也。"都可为证。而"考"确如王氏所云，为"巧"之代。须知"仁"（即"佞"）与"考"（即"巧"）是同"多材多艺"相契合的。"多材"即是"才"，即是"佞"；"多艺"呢？《论语·子罕》，"吾不试，故艺。"郑玄注："故多技艺。"艺即技艺。而《说文》："巧，技也"；又："技，巧也。"巧技互训。所以，"多艺"即是"巧"。唯"仁"（佞、才）而"考"（巧、艺），所以才"能多材多艺，能事鬼神"。这样，我们就可以说《尚书》未见真正的仁字。在《诗经》中，《郑风·叔于田》形容在狩猎的太叔段"洵美且仁"；《齐风·卢令》又形容一个猎人"其人美且仁"。于省吾先生指出，这两个人都谈不上有任何的仁可言，因"仁与尸古同字"，而"尸，古夷字"，据《尔雅·释言》，"夷，悦也"。故于先生认为，"美且仁"实是"美且夷"③。这样，我们也就可以说《诗经》中未见真正的仁字。在《左传》中，仁字出现四十余次，其中在孔子以前谈仁者，亦有多次，不过就其含义来看，可以和孔子所说的仁相契合者实在很少。

从以上分析来看，在孔子以前，"礼"的概念已经有了一定的发展，为孔

北京师范大学史学探索丛书

---

① 见《双剑誃尚书新证》卷二，79 页，上海，上海书店，1999。

② 见《释佞》，载《揅经室续集》卷一。

③ 见《泽螺居诗经新证》卷中，75～76 页，北京，中华书局，2003。

子礼的学说的建立准备了相当多的思想资料；而仁的概念，如果不说是尚未出现，那也是处于相当混沌的阶段。那么孔子在建立自己的仁的学说的时候就没有任何前人遗留的思想资料吗？这也不是。赵光贤先生在《论孔子学说中"仁"与"礼"的关系》一文中指出，"孔子的德治思想来源于周公。周公在《康诰》里教导康叔治理殷民的原则就是'明德慎罚'四个大字"。又说："德治的实质就是仁治"。① 此说确有启发。按德字见于两周铜器铭文者很多，与礼、仁二字之罕见成鲜明对比。《说文》："悳，外得于人，内得于己也。从直心"。段玉裁注云："内得于己，谓身心所自得也；外得于人，谓惠泽使人得之也，俗字段德为之"。德，就是人的内在美德及其在行为中的外现。《管子·正》："爱之，生之，养之，成之，利民不德，天下亲之，曰德"。又说："爱民无私曰德"。这都是德的外现或德政，与行仁政确乎是很近似的。"德"与"仁"有联系，当然也有区别。这一点，早在孔子以前，晋大夫韩无忌已有所认识。他说："恤民为德，正直为正，正曲为直，参和为仁"②。"恤，忧也"③。忧民与前述爱民、利民一样，算是德。但仍不足，还要直道而行（正）并反对斜曲（直），三者合起来，才能算仁。韩无忌所说的仁，仍然没有达到孔子所说的仁的高度，不过总又靠近了一步。因为他认识到，虽然德和仁都有爱民的含义，但是仁比德还有更为丰富的内容。他所说的"正直为正，正曲为直"与孔子的"道之以德，齐之以礼"④ 也相当近似，可是他未认识到区别德政与仁政的关键：德政是把民当作臣民来爱，仁政则把民当作人来爱。

二

现在谈孔子的仁、礼学说。

孔子言礼，多就具体问题而发，因此所涉及的礼的层次亦各不同。小之属于个别事件之礼仪，例如，"子贡欲去告朔之饩羊。子曰：赐也，尔爱其羊，我

---

① 见《北京师范大学学报》，1985（1）。

② 见《左传》襄公七年。

③ 见《尔雅·释诂》及《说文》。

④ 见《论语·为政》，刘宝楠：《论语正义》，《诸子集成》，第1册，22页，北京，中华书局，1954。以下凡引《论语》只注篇名。

爱其礼"①。大之则总指一代典章制度，例如，"子张问：十世可知也？子曰：
殷因于夏礼，所损益可知也；周因于殷礼，所损益可知也。其或继周者，虽百
世可知也"②。《太平御览》五二二引郑注云："世谓易姓之世也。问其制度变易
如何"。③ 郑玄把这里的礼理解为三代制度，无疑是正确的。所以，孔子所说的
礼，还有高于一代典章制度以上的、所谓"百世可知"的伦常。"（鲁）定公问：
君使臣、臣事君，如之何？孔子对曰：君使臣以礼，臣事君以忠"④。"齐景公
问政于孔子。孔子对曰：君君，臣臣，父父，子子。公曰：善哉。信如君不君，
臣不臣，父不父，子不子，虽有粟，吾得而食诸？"⑤ 孔子不知有民主制的共和
国，所以把君臣一伦与父子一伦同样看作是天伦了。《礼记·哀公问》⑥ 记曰：
"哀公问于孔子曰：大礼何如？君子之言礼，何其尊也？"孔子说："丘闻之，民
之所由生，礼为大。非礼，无以节事天地之神（大戴记作"神明"）也；非礼，
无以辨君臣、上下、长幼之位也；非礼，无以别男女、父子、兄弟之亲、昏姻
疏数之交也。君子以此之为尊敬然。"接着他又说："古之为政，爱人为大；所
以治爱人，礼为大；所以治礼，敬为大……爱与敬，其政之本与？"又说："为
政先礼，礼其政之本与？"大、小戴礼记所记孔子言论未必皆可信，但是上引一
段内容与《论语》相合；所以即使非孔子原文，也是后学陈述了他的思想。

　　从以上引文可以看出，孔子的礼学说的核心理论内容就在于在差别中求和
谐，在和谐中存差别。孔子的后期高足，曾被子夏、子张、子游认为"似圣人"
的有若⑦说："礼之用，和为贵。先王之道斯为美。小大由之，有所不行。知和
而和，不以礼节之，亦不可行也"⑧。马融解释说："人知礼贵和，而每事从和，
不以礼为节，亦不可行。"后来学者对此章解释颇多分歧，但马融所释大意是对
的。用今天的话说就是，礼的功能的最宝贵之处在于可以达到和谐，但是如果
一切都是为和而和，忘了礼的节制或差别的一面，那么和谐也就无法实行。有

　　① 见《八佾》，《论语正义》，59 页。
　　② 见《为政》，《论语正义》，39 页。
　　③ 转引自刘宝楠：《论语正义》，39 页。
　　④ 见《八佾》，《论语正义》，62 页。
　　⑤ 见《颜渊》，《论语正义》，271 页。
　　⑥ 《大戴礼记·哀公问于孔子》同。
　　⑦ 见《孟子·滕文公上》，焦循：《孟子正义》，《诸子集成》，第 1 册，231 页。
　　⑧ 见《学而》，《论语正义》，16 页。

若在这里实际是发挥了孔子的和而不同的思想。"子曰：君子和而不同，小人同而不和"①。和与同的区分，据《国语·郑语》所记，西周末年的史伯已开始注意到了；不过《郑语》这一段有可疑处，现在姑且不论。可以肯定的是，与孔子同时而被孔子称为"善与人交、久而敬之"② 的齐大夫晏婴对和与同的差别已有明确的解释。其原文见于《左传》昭公二十年，其大意是，不同味道的材料可以烹成美味的食品，不同声音可以合成美好的乐章，不同意见的商讨可以得出完美的结论。"若以水济水，谁能食之？若琴瑟之专一，谁能听之？"所以，同是无差别的、单调的统一，是不可取的；而和则是有差别的、多样性的统一，是最好的。

有若道出了孔子礼学说的精髓就在"和"上，这就指出了孔子的礼在肯定各种差别的同时不能不有其间的和谐。由此可见，孔子的礼学说，就其自身的逻辑而言，必须有其仁学说才能成立。"子曰：人而不仁，如礼何？人而不仁，如乐何？"③ 这正道出了孔子之礼，不可以无仁。

孔子论仁，也因人因事而有不同方面和不同层次的解说。樊迟看来是孔门不太得意的弟子，《论语》记他三次问仁。一次回答是："仁者，先难而后获，可谓仁矣"④。大概樊迟爱走捷径，孔子怕他因此不能懂得仁的道理，所以对症下药。又一次回答是："爱人"⑤。这一回答含义较广、层次较高，可惜"樊迟未达"。又一次回答是："居处恭，执事敬，与人忠。虽之夷狄，不可弃也"⑥。显然又是针对樊迟特点而发，"爱人"，的确是孔子仁学说的核心内容。但仅此二字，规定性尚嫌不明。所以，"子曰：唯仁者能好人，能恶人"。又说："好仁者，无以尚之；恶不仁者，其为仁矣"⑦。这就从正反两面阐明仁的性质，排除了折中的可能性。孔子在与其高足弟子对话中还说明了仁的实现途径，更为其仁学说的精义所在。"仲弓（冉雍）问仁。子曰：出门如见大宾，使民如承大

---

① 见《子路》，《论语正义》，296 页。

② 见《公冶长》，《论语正义》，101 页。

③ 见《八佾》，《论语正义》，44 页。

④ 见《雍也》，《论语正义》，126 页。

⑤ 见《颜渊》，《论语正义》，278 页。

⑥ 见《子路》，《论语正义》，292 页。

⑦ 见《里仁》，《论语正义》，75 页。

祭。己所不欲，勿施于人"①。对子贡则说："夫仁者，己欲立而立人，己欲达而达人。能近取譬，可谓仁之方也已"②。所以，仁的途径是从己出发，推己及人。己立立人，己达达人，这是从正面把自己所好推及于人。可是这还不够，因为尚未排除以己所欲强加于人的可能。所以他又从反面规定，"己所不欲，勿施于人"。这就要求有对人的充分尊重。"出门如见大宾，使民如承大祭"，这本出自古语③。孔子引来表示一种对人充分尊重的心理状态。而"己所不欲，勿施于人"被法国1793年宪法中的"人权宣言"引为他们的道德准则，也正因为它确实体现了一种尊重人的精神。

"颜渊问仁。子曰：克己复礼，为仁。一日克己复礼，天下归仁焉。为仁由己，而由乎人哉？颜渊曰：请问其目。子曰：非礼勿视，非礼勿听，非礼勿言，非礼勿动"④。据《左传》昭公十二年引孔子语："古也有志：克己复礼，仁也。"孔子引用古语在这里向他最得意的弟子说明仁和礼的关系：仁非礼不立。饶有趣味的是，在《礼记·中庸》里还引有孔子这样一段话："仁者人也，亲亲为大；义者宜也，尊贤为大；亲亲之杀，尊贤之等，礼所生也"。这又从另一个方面说明仁和礼的关系：礼由仁而立。当然《中庸》所引是否孔子原话，可以存疑；不过内容是符合孔子思想的。有若说："其为人也孝弟，而好犯上者，鲜矣；不好犯上，而好作乱者，未之有也。君子务本，本立而道生。孝弟也者，其为仁之本与"⑤。仁者从自己出发，最近的是父母兄弟，能做到孝弟，就可以进一步推到君臣上下之间，就不会犯上作乱。由己而人，由近而远，由孝而忠，由父父子子而君君臣臣，这无疑是孔子的思想。对于这个思想，如果从仁的角度来看，它是推己及人的逐步外推的阶梯；如果从礼的角度来看，它又是人己之间的层层区别和界限。孔子的仁是有等差的博爱，而不同于墨子的无差别的兼爱；这样就不能没有礼的层次来作为阶梯。孔子的礼义是以和为贵的（即因差别而和谐的）秩序，与先前"礼不下庶人"⑥的原则不同，不能把

① 见《颜渊》，《论语正义》，263 页。
② 见《雍也》，《论语正义》，134 页。
③ 见《左传》僖公三十三年，《春秋左传正义》，1833 页。
④ 见《颜渊》，《论语正义》，262 页。
⑤ 见《学而》，《论语正义》，3～4 页。
⑥ 见《礼记·曲礼上》，《礼记正义》，1249 页。

礼当作横亘于人与人之间的鸿沟；这样，礼的不同层次间的界限，同时又必须是桥梁，而这种桥梁恰恰就是仁。

孔子的仁和礼，作为一对概念，其外延的广袤是相当的。仁是己立立人，己达达人，由己外推并无边界。"子贡曰：如有博施于民而能济众，何如？可谓仁乎？子曰：何事于仁，必也圣乎。尧舜其犹病诸"①。仁能推而施于所有的人，就成了圣，就是孔子的仁的最高境界。如果说，孔子的仁只能施于某部分人，而不能施于另一部分人，恐怕在文献中找不到切实证据。礼原不下于庶人，是有边界的；而一旦与仁相结合，这个边界就消失了。孔子不仅主张"事君尽礼"，"君使臣以礼"，② 还主张"使民如承大祭"③；我们不曾见他说有任何人天然即在礼的范围以外。当然，礼的显示区分和界限的基本特性并未改变，只不过是作为仁的范围以内的层次或阶梯了。西汉早期还流传有这样的古语："爱由情出谓之仁，节爱理宜谓之义，致爱恭谨谓之礼"④。何谓致爱恭谨？不单纯是外表仪态问题，首先必须其节得理之宜。所以仁为爱之外推，礼（包含义）为谨遵理宜之节。这正是所谓"礼以行义"⑤。所以我们甚至可以说，孔子的仁和礼的概念的内涵，就其质而言，是相当的：均为爱；就其量而言，也是相当的：均为层次不等的爱。不过，如果进一步把这种量作为向量（Vector quantity）来考察，那么仁为爱的外伸，礼为爱的节制，二者就适成相反了。

以上是对于孔子的仁和礼的概念以及二者之间关系的一般分析，没有涉及孔子以仁、礼为标准论人论事的内容。在实践中，孔子不轻易以仁许人，他说"我未见好仁者"⑥。因为现实生活中的确很难找到他理想中的纯粹的仁者。同样，他也不轻易以知礼许人，在《论语》中只记他说了一次鲁昭公知礼⑦，可是听到别人批评以后，自己还认了错。这也因为现实生活中很难找到他理想中的纯粹的知礼者。不过，孔子也并非绝对地不许人以仁。对于学生，他说："回

---

① 见《雍也》，《论语正义》，133 页。

② 见《八佾》，《论语正义》，62 页。

③ 见《颜渊》，《论语正义》，263 页。

④ 见《韩诗外传》卷四，第二十四章引"传曰"。

⑤ 见《左传》僖公二十八年，《春秋左传正义》，1827 页。

⑥ 见《里仁》，《论语正义》，77 页。

⑦ 见《述而》，《论语正义》，150 页。

（颜渊）也，其心三月不违仁。其余则日月至焉而已矣"①。又如管仲生活奢侈逾礼，孔子批评他不知礼②；可是他辅助齐桓公完成尊王攘夷的霸业，又维护了诸夏的礼，孔子就称赞他"如其仁，如其仁"③。所以，孔子对于仁和礼的概念，作为理想中的目标，是不允许含糊的。而在实践中，孔子总肯定人们在这个方向上的或大或小的努力和成就，鼓励人们尽力坚持做下去。曾参在孔门中天资不能算高，有时体会孔子思想却很深刻。他说："士不可以不弘毅，任重而道远，仁以为己任，不亦重乎？死而后已，不亦远乎？"④ 可见孔子的仁、礼学说，运用到实践上就是终身的功夫了。

三

先秦儒家仁、礼学说，由孔子首创，经孟子、荀子的发展而达到一个更高的阶段，体系大备。这里就讨论孟、荀二子是怎样继承孔子而又有所发展的。

事情还须从颜渊问仁这关键性的一章谈起。孔子说："克己复礼为仁。一日克己复礼，天下归仁焉。为仁由己，而由乎人哉？"颜渊问细节，他又说非礼勿视、勿听、勿言、勿动。学者对于这一段话的解释，历来都有分歧。朱熹《集注》说："仁者，本心之全德。克，胜也。己，谓身之私欲也。复，反也。礼者，天理之节文也。为仁者，所以全其心之德也。盖心之全德，莫非天理，而亦不能不坏于人欲。故为仁者必有以胜私欲而复于礼，则事皆天理，而本心之德复全于我矣。"又引"程子曰：非礼处便是私意。既是私意，如何得仁？须是克尽己私，皆归于礼，方始是仁。"⑤ 这一解释在以后相当长的时间里曾占据主导地位。可是在清朝，却有许多学者对此持有异议。

首先，毛奇龄在《四书改错》中指出："马融以约身为克己，从来说如此。惟刘炫曰：'克者，胜也。'此本扬子云'胜己之私之谓克'语。然己不是私，必从己字下添之私二字，原是不安。至程氏直以己为私，称曰'己私'。致朱注

① 见《雍也》，《论语正义》，118 页。
② 见《八佾》，《论语正义》，69 页。
③ 见《宪问》，《论语正义》，311 页。
④ 见《泰伯》，《论语正义》，159～160 页。
⑤ 朱熹：《四书章句集注》，131～132 页，北京，中华书局，1983。

谓‘身之私欲’，别以己上添身字，而专以己字属私欲。于是宋后字书，皆注己作私，引《论语》‘克己复礼’为证，则诬甚矣。毋论字义无此，即以本文言，现有‘为仁由己’己字在下，而一作身解、一作私解，其可通乎?"① 他认为，把"克己"的己字说成私，再说成私欲，是曲解原文；"克己"不过是约己、抑己，"约己自尅，不必战胜，况可诂私字也"②。毛氏的批评切中程、朱错误，故为以后许多清儒所赞成。他认为，把"克己"的己字说成私或私欲，与《论语》此章下文"为仁由己"的己字无法统一，因而自相矛盾。这一点也极有启发，故为后来许多学者所称许。

其次，惠士奇在《礼说》中又对"克己"进一步作了他独到的解释。他说："孔子曰‘克己’，曾子曰‘己任’，一也。《说文》：克之象，肩也；其义，任也。《诗》云‘佛时仔肩’，毛传曰克，郑笺曰任，《释诂》曰胜，盖能胜其任谓之克。然则苟非己，焉能克?……若无己，则敬失其基，礼失其干，慎失其籍；堕枝体，黜聪明，离形去智，变为槁木死灰，亦终入于昏昏默默而已矣"③。惠氏从训诂角度指出，"克"字有胜任之义；从逻辑角度指出，无己，则仁便失去主体。这种见解的确精辟，所以它被以后许多学者所称引。

我说惠氏见解精辟，并不等于说他的见解就是完满周到的，对任何学者的精辟见解也不能如此求全责备。惠氏看到并道出前人所未见、未发的方面，却不能排除前人马融释"克己"为"约己"的故训。从训诂的角度说，"克己"的克字确有胜任与克胜正反两义。克字常见于经典，古人训释很多。《说文》："克，肩也。"《尔雅·释诂》："尅、肩，胜也；胜、肩，克也。"《尔雅·释言》："克，能也。"可以概括克字正反两方面含义。由于克字在甲骨文、尤其是金文中多次出现，近世学者对克字原始字形作了许多讨论，虽尚无统一结论，但《说文》所作字形的错误已无可疑；不过，古文字学家对于"克"字字义的见解大体仍未出前人已指出的正反二义。一个词中包含正反二义，这表现出汉语自古即具有辩证的特点。当然，我们也完全不必为克字有正反二义而苦恼。从逻辑的角度说，克字正反二义的确定，也有助于克服"克己复礼"一语释义中的

---

① 《西河合集》，《四书改错》，清嘉庆十六年金孝柏学圃刻本，卷十八，《小诂大诂错》上"克己"条。

② 同上。

③ 《礼说》，15～16 页，文渊阁四库全书本，卷四，"克为敏德"条。

两难状态。如仅依程、朱的解释，"克己"既是克尽己私，那么恰如惠士奇所指出的，行仁的主体都消失了，仁将从何谈起？如仅依惠氏的解释，"克己"既是"任己"，那么，行仁的主体或出发点是找到了，可是任己又将伊于胡底？任意地任己，仁还能存在吗？《论语·子罕》明言："子绝四：毋意，毋必，毋固，毋我"。任意扩张自我，仁的目标必将消失，这就是两难。其实阮元早已有见于此，他说："颜子克己，己字即自己之己，与下'为仁由己'相同。言能克己复礼，即可并人为仁。一日克己复礼，而天下归仁，此即己欲立而立人，己欲达而达人之道。仁虽由人而成，其实当自己始。若但知有己不知有人，即不仁矣"①。我认为，阮元对孔子克己复礼的思想作了明确的解释，也许还可以说是作了一定程度的阐发。《论语·卫灵公》："子曰：君子求诸己，小人求诸人"，"求诸己"，就是要把己建立为行仁的出发点：第一步，有了这个对己的肯定，才有可能推己及人实行恕道。第二步，由对己的肯定推至对人的肯定，这时不约己是不行的，《论语》同篇："子曰：志士仁人，无求生以害仁，有杀身以成仁"。这就是要求有对己的否定，甚至不惜牺牲一己之生命。经过对己的否定，第三步，又达到对己的肯定，即"成仁"。不过，这一次已经不是单纯地对一己的肯定，而是把己肯定在与人和谐的仁礼统一的关系之中。借用阮元的话来说，"即可并人为仁"矣。我作这样解释，绝对无意去说明孔子或阮元已经有了否定之否定的理论框架。而只是觉得，当我们用否定之否定的思路去看前人学说的时候，往往可以看得更为清楚一些。

以上费了不少笔墨讨论孔子"克己复礼"，尤其是其中的"克己"思想，目的是要为孟子和荀子的思想探明渊源。我认为，孟子的仁、礼学说溯源于以"克己"为"任己"的一路，而荀子的仁、礼学说则溯源于以"克己"为"约己"的一路。要细论孟、荀两家仁、礼学说，那须各写专文。在这篇文章里，只能勾画一个最简单的轮廓。

孟子和荀子，作为战国时期儒家的先后两大巨子，都继承了孔子的仁礼学说。孟子说："君子以仁存心，以礼存心"②。荀子说："人主，仁心设焉，知其

---

① 见《论语论仁论》，载《揅经室一集》卷八。
② 见《离娄下》，焦循：《孟子正义》，350 页。

役也，礼其尽也。故王者先仁而后礼，天施然也"①。可见他们都很重视仁和礼，奉行的都是孔子所开创的仁礼结合的学术传统。当然，孟子和荀子在仁礼学说上又各有其特点。

孟子对孔子仁礼学说的发展，着重在仁上。《礼记·中庸》引孔子语："仁者，人也，亲亲为大。"孟子说："仁也者，人也；合而言之，道也"②。这对《中庸》释仁有明显的继承，也有其发展。郑玄在为《中庸》"仁者人也"作的注中说："人也，读如相人偶之人，以人意相存问之言。"郑氏曾多次以"人偶"注经，例如，在《诗·桧风·匪风》"谁能亨鱼"一句下，郑笺云："谁能者，言人偶能割亨者"。"人偶"又是什么意思？孔颖达疏云："人偶者，谓以人思（阮元校勘记：思当作意）尊偶之也。《论语》注：人偶，同位人偶（按后一'人偶'疑为衍文）之辞。《礼》注云：人偶相与为礼，仪皆同也。"孔疏严格按照以郑释郑的方法，证明"人偶"就是同位之人，他们在行礼的时候用同等的礼节，相互间以人意相存问或尊偶，即相互以待人之道相对待或相尊重。阮元在《孟子论仁论》中说："孟子曰：仁也者，人也。此孟子学于子思，得《中庸》之传也。《中庸》曰：仁者，人也。郑康成氏以相人偶注之。《孟子》此章'人也'人字，亦当读如相人偶之人。'合而言之'，谓合人与仁言之，即圣人之大道也"③。阮氏的说法是对的。不过，我认为，郑玄以"相人偶"之"人"解释"仁者人也"之"人"，不仅可以用于解释《中庸》此章，而且用来解释孟子的话更为适合。因为，在《中庸》里接着"仁者人也"的是"亲亲为大"，亲亲只是"相人偶"的很重要但也很具体的一端，而非"相人偶"的一般原则。而《孟子》里接着"仁也者人也"的是"合而言之，道也"；人而行仁或者仁体现在人身上（即"合而言之"），那恰好是一般的"相人偶"之道，所以说是"道也"。孟子把孔子、子思对仁的解释发展到了一个新的高度。

孟子在仁学方面对孔子的发展，与其人性善的主张有关。《孟子·告子上》："仁，人心也。"什么是"人心"呢？孟子说："人皆有不忍人之心。……所以谓人皆有不忍人之心者，今人乍见孺子将入于井，皆有怵惕恻隐之心。非

---

① 见《大略》，王先谦：《荀子集解》，《诸子集成》，第2册，第322页。

② 见《尽心下》，《孟子正义》，575页。

③ 见《揅经室一集》卷九。

所以内交于孺子之父母也，非所以要誉于乡党朋友也，非恶其声而然也。由是观之，无恻隐之心非人也，无羞恶之心非人也，无辞让之心非人也，无是非之心非人也。恻隐之心，仁之端也；羞恶之心，义之端也；辞让之心，礼之端也；是非之心，智之端也"①。又《告子上》中有类似的话，小异处是"恭敬之心，礼也"；此章又断言，"仁义礼智非由外铄我也，我固有之也。"在孟子看来，仁出自人的本性或内心，而义、礼、智也莫不如此。在这里，孟子不过是把礼当作仁的一种表现为辞让或恭敬的外现，对其意义或价值并无更多的阐发。可以说，孟子是把礼看成了仁的一个不可缺少的附件。

孟子的以性善说为背景、以仁为主体的仁礼学说，其运行方向基本上就是由内向外的。孟子引孔子语："道二，仁与不仁而已矣"②。怎样区分仁与不仁呢？孟子说："仁者以其所爱及其所不爱，不仁者以其所不爱及其所爱"③。前者的运行方向是推己及人，由内而外；后者则恰好相反。孟子主张："君子之于物也，爱之而弗仁；于民也，仁之而弗亲。亲亲而仁民，仁民而爱物"④。这就是以其所爱及其所不爱的由内外推。其中的爱的等差与层次也就是礼，而在孟子的仁礼学说中，这种礼只能是为仁外推提供的阶梯。应当指出，孟子并未忽视礼，他很重视人伦实践中的"父子有亲，君臣有义，夫妇有别，长幼有叙，朋友有信"⑤。他认为杨朱、墨翟不遵守这种秩序，就痛斥说："杨氏为我，是无君也；墨氏兼爱，是无父也。无父无君，是禽兽也"⑥。本来，杨墨主张相反，各为一极，可是用孟子的逻辑来分析杨墨，他们的问题就似异而实同。杨氏除了自己谁也不爱；这就是爱不外推，也就是把本来应当亲爱的人也当成陌生的路人了。墨子看起来与杨朱相反，他主张无差别地兼爱一切人，一般应当说是主张爱的外推的。可是依孟子的逻辑，既然爱无等差，那也就分不出对路人的爱与对亲人的爱，结果仍然是用对路人的态度来对待亲人了。因此，杨墨形式虽然不同，但实质都是以其所不爱及其所爱，因而都是不仁；不仁就是非

---

① 见《公孙丑上》，《孟子正义》，138～139 页。

② 见《离娄上》，《孟子正义》，289 页。

③ 见《尽心下》，《孟子正义》，561 页。

④ 见《尽心上》，《孟子正义》，559 页。

⑤ 见《滕文公上》，《孟子正义》，226 页。

⑥ 同上书，269 页。

人，因而都只能算是"禽兽"了。孟子仁礼学说大致特点如此。

荀子对孔子的仁礼学说也有发展，但着重点在礼上。如果说孟子在"仁"和"人"之间建立了一种内在的联系，荀子则强调了"礼"和"人"的不可分离的关系。《荀子·非相》："然则人之所以为人者，非特以二足而无毛也，以其有辨也。夫禽兽有父子而无父子之亲，有牝牡而无男女之别。故人道莫不有辨，辨莫大于分，分莫大于礼"。孟子认为人与人之间的基本关系是仁，是"相人偶"，注意的是人与人之间的同位和相通。荀子则认为人与人之间的基本关系是礼，注意的是人们之间的等差和分别。值得指出的是，看起来性质是消极的等差和分别，在荀子看来却正是使人能群的积极因素。他说，人"力不若牛，走不若马，而牛马为用，何也？曰：人能群，彼不能群也。人何以能群？曰：分。分何以能行？曰：义。故义以分则和，和则一，一则多力，多力则强，强则胜物；故宫室可得而居也，故序四时，裁万物，兼利天下，无它故焉，得之分义也"[①]。人之所以能超越其他动物，从自然界脱颖而出，就靠能群，能群就靠有分，有分就靠礼义。有礼义之分就成为和，因和而有群。应该说，这是孔子的和而不同的思想在人类生成说上的运用和发展。

荀子在礼学说方面对孔子的发展，与其人性恶的主张有关。《荀子·礼论》："礼起于何也？曰：人生而有欲，欲而不得，则不能无求，求而无度量分界，则不能不争。争则乱，乱则穷。先王恶其乱也，故制礼义以分之，以养人之欲，给人之求。使欲必不穷乎物，物必不屈于欲，两者相持而长，是礼之所起也。故礼者养也。……君子既得其养，又好其别。曷谓别？曰：贵贱有等，长幼有差，贫富轻重皆有称者也。"在荀子看来，礼义所规定的度量分界，是以节人之欲为手段来达到养人之欲的目的；由于人性恶，人的欲望只有经过节制或否定以后才能得到满足或肯定。相对来说，我们没有见到荀子对孔子的仁学说有多大的发展。

荀子的以性恶说为背景、以礼为主体的仁礼学说，遵循的是一条约己为仁的途径，与孟子的任己为仁的纯粹的由内外推不同。荀子并非不重视仁，也并非不要仁的外推。以上曾引他这样一段话："人主，仁心设焉，知其役也，礼其尽也。故王者先仁而后礼，天施然也。"这可作为证据，关键在于，荀子的仁与

---

① 见《王制》，《荀子集解》，104～105页。

孟子所说不同，不是人自然而有的本性。他说："今人之性，饥而欲饱，寒而欲暖，劳而欲休，此人之性情也。今人饥，见长者而不敢先食者，将有所让也；劳而不敢求息者，将有所代也。夫子之让乎父，弟之让乎兄，子之代乎父，弟之代乎兄，此二行皆反于性而悖于情也。然而孝子之道，礼义之文理也"①。"仁者爱人"，首先是"亲亲"②，可是在荀子看来，这也是人的本性被约束或否定的结果；或者说，没有对人性的否定便没有仁（这里所说否定，即扬弃，而非简单的消除）。没有仁，也就没有仁的外推。在"仁心设焉"的条件下，的确就是"先仁后礼"。荀子说："故君子之度己则以绳，接人则用抴。（杨倞注：'抴，牵引也。……或曰：抴当为枻，枻，楫也'）度己以绳，故足以为天下法则矣；接人用抴，故能宽容因求，（杨注：'成事在众'。王念孙《读书杂志》荀子第二《因求》条谓求为众字之误）以成天下之大事矣"③。这就是说，人必须首先以礼义（绳）律己，于是自己设立了仁心，足以作为榜样；在与人交往中推引（抴）或引渡（枻，即舟楫）出去，就能以宽容的态度依大众而成事。所以，必先克己、约己，然后才可以为仁。那么荀子是否认为一旦仁心设立便可以一直外推下去呢？也不是。他说："亲亲、故故、庸庸、劳劳，仁之杀也；贵贵、尊尊、贤贤、老老、长长，义之伦也；行之得其节，礼之序也。仁，爱也，故亲；义，理也，故行；礼，节也，故成"④。不论仁之杀（等差）还是义之伦，其中皆有节，而这正是礼之序。仁义无节不成，所以仁之每一步外推，同时也就是礼的一次节制；而礼的每一次节制，同时也就是仁的一步推行。"古者先王分割而等异之也，故使或美或恶，或厚或薄、或佚或乐、或劬或劳，非特以为淫泰夸丽之声，将以明仁之文，通仁之顺也"⑤。王先谦《集解》："此言先王将欲施仁于天下，必先有分割等异，乃可以明其文而通其顺；若无分割等异，则无文不顺，即仁无所施矣。"因此，在荀子的仁礼学说里，我们可以看出，他的仁和礼总是在对立的统一中前进着。

上文分析孔子"克己复礼"的逻辑时曾指出它有三个阶段：第一步是己作

① 见《性恶》，《荀子集解》，291 页。

② 见《议兵》、《大略》等篇，《荀子集解》。

③ 见《非相》，《荀子集解》，54 页。

④ 见《大略》，《荀子集解》，324 页。

⑤ 见《富国》，《荀子集解》，116 页。

为人的肯定；经过"由己"而及人，而及人必然克己或约己，即对己的否定，是为第二步；由克己而成仁，即达到己在与人和谐中的再肯定，是为第三步。当然这一逻辑只是以尚未展开的形式统摄在《论语》的简单语录里，孔子作为这一学说的开创者的伟大之处正在于其思想的浑然中包孕了发展的可能性。历史地看，孟子对于孔子仁礼学说的发展在于上述逻辑的第一阶段到第二阶段，而荀子的发展则在其第二阶段到第三阶段。当然这也不是孟子或荀子自己能意识到的；荀子只知道自己与孟子的对立，而不知其间的历史发展。因此，上述的阶段只不过是客观的历史逻辑的反映。我以为，先秦儒家仁礼学说的发展，大致如此。

关于陆贾《新语》的几个问题

据《史记·陆贾列传》记，汉高帝得了天下以后，陆贾不时在他面前称引《诗》、《书》。汉高帝自以为得天下于马上，所以斥骂陆贾，说《诗》、《书》无用。陆贾说了马上得天下而不能马上治之的道理，帝"乃谓陆生曰：'试为我著秦所以失天下、吾所以得之者何，及古成败之国。'陆生乃粗述存亡之征，凡著十二篇。每奏一篇，高帝未尝不称善，左右呼万岁。号其书曰《新语》"。所以，此书既是秦亡汉兴之际的总结历史经验之作，又是上继先秦的汉代第一部子书。它对于我们研究历史，尤其思想史，显然具有重要意义。不过，今本《新语》是真本还是赝品？它属于什么学术流派？前人已有许多讨论，读《四库提要》中"新语提要"与余嘉锡先生的"辨证"、《古史辨》第 4 册与第 6 册中关于《新语》的文章，以及王利器《新语校注》中的"前言"与"附录三·书录"，可见梗概。以下札记，为个人愚者之得。凡赞同并称引前贤之说者，依例标明出处；凡与前说有所商榷处，则重在说明鄙意，恕不一一引用原文。

一

关于《新语》篇数，《史记》云十二篇，今本亦十二篇，两相符合。但《汉书·艺文志·诸子略》"儒家者流"云："《陆贾》二十三篇"。篇数与《史记》所言不合。过去有人认为，《汉书·艺文志》所说二十三篇数目不错，只不过是包括了《新语》十二篇以外的陆贾其他著作。他们从王充《论衡》的《本性》篇、《书虚》篇中发现了两条称为"陆贾曰"而非"《新语》曰"的引文，而且这两条文字又都不见于今本《新语》中，所以得出结论说，既然《论衡》引的是"陆贾"而非《新语》，自然就是《新语》以外的陆贾作品。对此，我不敢苟同，理由是：第一，上述《论衡》中的两条引文虽非今本《新语》中的文字，但其思想则不相违异，可能仍是《新语》中的佚文。第二，《汉书·艺文志·诸子略》称《陆贾》而不称《新语》，并非意味《陆贾》即包括陆贾的全部著作，因为在该志《六艺略》的"春秋家"中尚有"《楚汉春秋》九篇"，班固自注云"陆贾所记"。又《诗赋略》中还有"陆贾赋三篇"。班固此志以刘向、歆父子《别录》、《七略》为依据,所著录之书均按其性质而非按作者分类。第三,《汉书·艺文志·诸子略》中的《陆贾》即指作为子书的《新语》。其所以不称《新语》而称《陆贾》,看来是由于类例决定的。试按《汉书·艺文志》,《六艺略》中经书例称书名,传则或称姓氏;《楚汉春秋》在此略中,循例亦称书名。而《诸子略》中著录之书,除综录一家诸人之言或作者姓氏不详者外,例皆称某子或某某姓名;《新语》既在《诸子略》中,自然称《陆贾》,以从子书以作者名篇之例。第四,如果说"《陆贾》二十三篇"包括《新书》十二篇以外陆贾作品十一篇,那么这也不符《诸子略》的通例。例如,此略记有"《贾谊》五十八篇",按此《贾谊》即是《新书》;今本《新书》有五十六篇,其中一篇有目无文,大体仍合此略所记之数。又此略记有"刘向所序六十七篇",自注云:"《新序》、《说苑》、《世说》、《列女传颂图》也。"又"扬雄所序三十八篇,自注云《太玄》十九、《法言》十三、《乐》四、《箴》二。"由此可见,班固对于一家所著多种书,在正文中综合列举篇数,而自注中则分别标出书名。班固明知《新语》为十二篇,如有额外之十一篇,照例应当标出。可是,实际上班固并未说明《新语》(及《楚汉春秋》与陆贾赋三篇)外陆贾另有著作,其他文献对此所谓十一篇也略无消息。因此,这十一篇实际是没有根据的。何况十一篇几乎与《新语》十二篇相等,并非一个很小的数目。而迄今被认为是《新语》以外的陆贾佚文,连同出自甚为可疑的《西京杂记》者,也不过寥寥数条,远不足以证实十一篇之存在。根据上述四条理由,我认为,《诸子略》所说"《陆贾》二十三篇"有记数上的错误。至于为什么十二篇会误记为二十三篇,现在文献不足征,妄为解说不如付诸阙疑。

二

　　《新语》在流传过程中是否有过佚而复出或缺而窜补的情况?前人已有不少考证,但仍有待补充说明者。

　　《史记》、《汉书》之《陆贾传》中皆记《新语》为十二篇。唐人张守节

《史记正义》："《七录》云：'《新语》二卷，陆贾撰'也"①。由此可知，南朝梁代阮孝绪作《七录》时所见《新语》又已分为上下两卷。以后《隋书·经籍志》、《旧唐书·经籍志》、《新唐书·艺文志》皆记《新语》为两卷。唐人颜师古于《汉书·陆贾传》"称其书曰《新语》"句下注云："其书今见存。"可见此书直到唐代未有缺佚。对于这一点，应该没有疑问。可是《四库全书总目提要·新语提要》仍然怀疑"其伪犹在唐前"②。《提要》怀疑的主要理由是说陆贾在汉初不可能引用汉武帝时才有的《穀梁传》，因为涉及学术流派问题，且待下文讨论。现在可以断言的是，直到唐代，我们从文献中找不出《新语》曾经散佚或伪作的任何根据以至线索。

宋以后的情况就不同了。严可均《铁桥漫稿》卷五《新语叙》云："（此书）《崇文总目》、《郡斋读书志》、《直斋书录解题》皆不著录。王伯厚《汉艺文志考证》云'今存《道基》、《杂事》、《辅政》、《无为》、《资质》、《至德》、《怀虑》七篇。盖宋时此书佚而复出，出亦不全。至明宏治间，莆阳李廷梧字仲阳得十二篇足本，刻版于桐乡县治"③。谓此后乃有全本。余嘉锡先生于《四库提要辨证·新语提要辨证》中引宋黄震《黄氏日抄》（卷五十六）对于《新语》十二篇逐篇所作的要略，并指出："黄氏与王伯厚皆生于宋末，正是同时之人；然而当时自有两本，一只七篇，一则十二篇，王氏偶见不全之本耳。乃《提要》遽谓宋本只七篇，余出后人补缀，严氏亦谓宋时佚而复出，出亦不全，皆不考之过也"④。余先生所说极是，然亦有可补充者。

严可均谓《崇文总目》于《新语》未著录，首先不合事实。因为在《崇文总目》卷五杂家类之中分明记有"《新语》二卷"。严氏为何视而不见呢？大概因为此书从未入儒家类，严氏一看儒家类中无此书，便以为未著录，没有想到竟放在杂家类中。《崇文总目》修成于北宋仁宗时期（庆历元年，1041 年），因此不能说《新语》在北宋时已佚。南宋晁公武《郡斋读书志》、陈振孙《书录解题》对《新语》的确未曾著录。但是与晁公武同时代的另一位大文献学家郑樵在其《通志·艺文略》"诸子类第六·儒术"类中，又记有"《新语》二卷，陆

① 《史记》，第 8 册，2699 页，北京，中华书局，1959。
② 《四库全书总目》，771 页，北京，中华书局，1965。
③ 《铁桥漫稿》，《丛书集成续篇》，第 158 册，157 页，台北，新文丰出版公司，1989。
④ 余嘉锡：《四库提要辨证》，452 页，昆明，云南人民出版社，2004。

贾撰。"严氏在其《新语叙》中不提《通志》，也并非全无理由。因为郑樵为了说明历代学术发展大势，连已佚之书也著录于其《艺文略》中，这样一般就不能引为一书存佚之证。但是，对于《新语》一书的著录，不能认为郑樵也只是照抄前录。因为，从前目录虽然都把《新语》收在儒家类中，《崇文总目》却把它收在杂家类中。《崇文总目》是由王尧臣、欧阳修等名人主持编修的官修书目，郑樵作为博览群书的目录学家，岂能不知此书？又岂能取视而不见的态度，轻率地把《新语》重新归入儒家？据郑樵本人的学术经历和主张来看，他一定是看了《新语》，考虑到了此书的性质，然后才把它从杂家类中转归儒家类的。这也就是说，在经过大乱的南宋初期，晁公武虽未见过《新语》，而其同时代人郑樵却见过。所以也不能说《新语》在南宋初已佚。此外，《宋史·艺文志·子类·杂家类》中亦记："陆贾《新语》二卷"①。此书虽成于元代脱脱等人之手，但是依据了宋旧史中太祖、太宗、真宗《三朝国史艺文志》，仁、英《两朝国史艺文志》，神、哲、徽、钦《四朝国史艺文志》及南宋高、孝、光、宁《四朝国史艺文志》。所以，《宋史·艺文志》有《新语》两卷，亦可说明在已佚的四部宋旧史艺文志中，《新语》一直是存在于"杂家类"中的。由《崇文总目》、《通志·艺文略》、《黄氏日抄》、《宋史·艺文志》的记载来看，说《新语》在宋时曾佚而复出，这是不能成立的。何况，到宋代印刷术已经兴起，国家馆阁图书即使散佚，民间藏书仍然很多。郑樵就曾在民间看到过许多官府未藏之书。据《宋史·艺文志》记，《崇文总目》收入书凡 30 699 卷。北宋末皇室所藏书达73 877卷。靖康之难以后，"馆阁所储，荡然靡遗。"可是南宋高宗时就又从民间搜集到书 44 486 卷，不长时间中所得就比《崇文总目》所收书还多，至宁宗时又得书14 943卷，连前共 59 429 卷，几乎是《崇文总目》所收书的两倍。《新语》已收在《崇文总目》中，在国家的藏书之列。靖康之难中国家藏书散失殆尽，那么随后迅速从民间搜集起来的比《崇文总目》所收还多的书中，怎么会单单就少了《新语》两卷呢？所以，在宋代不存在《新语》真正的佚而复出的问题。

---

① 《宋史》，第 15 册，卷二〇五，5207 页，北京，中华书局，1977。

三

关于《新语》所属学术流派，前人曾有许多争论，但亦有相当好的研究成果。以下分作几个问题来说。

第一，关于陆贾为儒生或为辩士的问题。《史记·陆贾列传》太史公曰："余读陆生《新语》十二篇，固当世之辩士"①。《史记》本传中还记载了陆贾使南越、说尉他的事迹以及他为陈平出谋结交绛侯以制诸吕的事迹。因此后世颇有学者以陆贾为豪杰口辩之士，并觉《新语》文辞烦细，不似陆贾原作。余嘉锡先生在《新语提要辨证》中指出，《新语》是当时重要的儒家著作，不是飞箝捭阖之书；司马迁以为《新语》只不过"粗述存亡之征"，对《新语》的认识与估价是不够的。余先生说确有道理。我想补充说明以下几点：一则，儒生与辩士从来并非矛盾。《史记·仲尼弟子列传》云："子贡利口巧辞，孔子常黜其辩"②。这好像是说孔子不赞成口辩。可是《论语·先进》记，"言语，宰我、子贡"③。认为子贡有口辩之长。司马迁在《仲尼弟子列传》又把《论语》中这段话当做孔子所说，而且是以赞赏的口气（"皆异能之士"）说的。所以，司马迁本人在这个问题上就有矛盾。其实，孟子大儒，而好辩、善辩（余先生已指出）；荀子亦大儒，又何尝不善辩？先秦诸子，其谁不辩？陆贾以儒生而善辩，原不足为奇。二则，后世学者以为，儒生即是文人，而陆贾有豪杰气，便与儒生不类。其实，先秦儒家，自孔子起，何尝只是文人？秦末陈涉起义，"缙绅先生负礼器往委质为臣"④，孔子后裔孔鲋，"为陈王涉博士，死于陈下"⑤。陆贾与孔鲋生于同一时期，有一些豪杰之气，又何妨为儒者？三则，口辩之才与豪杰之气，都是外在的东西，关键在于思想内容。《史记》本传引陆贾对汉高帝所说的话："汤武逆取而以顺守之，文武并用，长久之术也。"今本《新语》的内容，仍以儒家所主张的文治为主，但同样也说到文武并用之不可废。《慎微》说

① 《史记》，第 8 册，2705 页
② 《史记》，第 7 册，2195 页。
③ 刘宝楠：《论语正义》，《诸子集成》，第 1 册，238 页，北京，中华书局，1954。
④ 《汉书》，第 11 册，3592 页，北京，中华书局，1964。
⑤ 《史记》，第 6 册，1947 页。

到汤武革命，《辩惑》说到孔子在夹谷之会上的文武并施，都是实例。用司马迁所引陆贾的话来对照《新语》，可见二者思想内容一致。司马迁读《新语》后，觉得陆贾是当世辩士，那不过说明陆贾善于文辞而已。

第二，关于《新语》属于儒家或杂家的问题。自汉志、隋志、新旧唐志、《通志·艺文略》、《四库全书总目》以至张之洞《书目答问》，皆以《新语》为儒家书，唯有《崇文总目》与据宋旧国史编修的《宋史·艺文志》把它列在杂家类中。《崇文总目》与宋志为什么这样做？现在虽然没有他们自己提供的答案，但可推断，那是因为考虑到了《新语》中还有《无为》这样的篇章。近代学者中曾有人因为《新语》中有《无为》章，而认其书为伪作。此外又有人认为，陆贾兼儒、道二家，而为汉代学术思想导夫先路。我认为，对这一问题还可以作更深一层的思考。先秦诸子在争鸣中互相辩难，同时也互相取长补短。因此，他们各有自己的思想体系，相互对立，同时又有彼此相通的因素。即以"无为"而论，倡导者无疑是道家，但法家亦重"无为"，而且儒家也谈"无为"。既然同是"无为"，自必有其相通或相似之处。但是，更重要的是要分辨不同家的"无为"的不同特点。当然这是一个大题目，此处不能展开，只说个人思考的要点。先秦道家的"无为"，要在任自然而不争。任自然固必废礼义，使民归真返璞，由此达到"夫唯不争，故天下莫能与之争"[1] 与"无为而无不为"[2] 的目的。先秦法家的"无为"，要在人君任法而不事事，实际是南面君人之术。先秦儒家的"无为"，要在人君恭己正南面。"子曰：无为而治者，其舜也与。夫何为哉？恭己正南面而已"[3]。魏何晏等《集解》云："言任官得其人，故无为而治"。这是受了道家思想影响很深的人对儒家"无为"的解释，不见真义。刘宝楠《论语正义》曰："恭己者，修己以敬也"。"正南面者，正君位也。"这是正解，也就是说，人君首先要严肃地自我修养，以求在履行人君职务时能做得正。孔子说："其身正，不令而行；其身不正，虽令不从。"又说："上好礼，则民莫敢不敬；上好义，则民莫敢不服；上好信，则民莫敢不用情"[4]。所以，儒家的"无为"不是不要礼义，而是要人君躬行礼义，以自身的榜样教化

---

① 《老子》第二十二章。

② 《老子》第四十八章。

③ 《论语·卫灵公》。

④ 《论语·子路》。

人民，做到不令而行，也就是"无为"了。按《新语·无为》的第一段文字就举了两个例子。一个是孔子说过的舜，另一个是周公。他说，周公制礼作乐，于是四方自然归顺，"故无为者乃有为也"。陆贾主张"制礼作乐"的"无为"，当然是儒家的"无为"。因此，可以说《新语》中有道家的影响，也可以说此书与汉初黄老之治不无关系，但不能说《新语》属杂家。我认为，过去目录中以《新语》入儒家的传统分类是无可疑义的。

第三，关于《新语》在儒家中属于何派的问题。《新语》中有明言引《穀梁传》处，《四库提要》以其不见于今本《穀梁传》，便以此书为伪。道光间戴彦升作《陆子新语序》，指出《新语》中虽未明言而实际引用穀梁义者数处，又推定《穀梁传》大师瑕丘江公以上之师承系统为申公→浮丘伯（即《新语》所称颂的鲍丘子）→荀子，而陆贾盛称浮丘伯，可能曾从之受穀梁学。戴氏还指出，今本《穀梁传》成于穀梁学后师之手，而陆贾所受则为穀梁学先师之学，故不全与今本同。戴氏说确有卓见，宋翔凤于其校刊本《新语》题记中亦盛称之。其后余嘉锡《四库提要辨证·新语提要辨证》、王利器《新语校注·前言》对戴说又皆有所补充和发挥。现在看来，陆贾《新语》在儒家中属荀子学派，在《春秋》三传中属穀梁学派，这一点基本可以肯定。不过，在这里我想指出《新语》中的一种矛盾现象并对此略作解释。

《新语·怀虑》："大世人不学《诗》、《书》，存仁义，尊圣人之道，极经艺之深，乃论不验之语，学不然之事，图天地之形，说灾变之异，乖先王之法，异圣人之意，惑学者之心，移众人之志，指天画地，是非世事，动人以邪变，惊人以奇怪，听之者若神，视之者如异：然犹不可以济于厄而度其身，或触罪□□法，不免于辜戮。"① 又《新语·明诚》："君明于德，可以及于远；臣笃于义，可以至于大。何以言之？昔汤以七十里之封，升帝王之位；周公自立三公之官，比德于五帝三王；斯乃口出善言，身行善道之所致也。故安危之要，吉凶之符，一出于身；存亡之道，成败之事，一存于善行。尧、舜不易日月而兴，桀、纣不易星辰而亡，天道不改而人道易也。"② 如此见解，与《荀子·天论》若合符节，学者一望便知，此处不烦细论。可注意者，《新语》此等见解亦与穀

---

① 《新语校注》，137 页，北京，中华书局，1986。
② 同上书，152 页。

北京师范大学史学探索丛书

梁学精神相合。《春秋》三传之中，《左传》、《公羊传》皆好言灾异，言占验，而《穀梁传》则异于此。汉代人就有以穀梁学为鲁学、公羊学为齐学的说法，[①]齐学是大讲灾异、占验的，鲁学则不然。所以，《穀梁传》在这一点上又确有与荀子思想相一致的地方。

但是，《新语》中还有讲"天人合策"的一面，如说天对人能"改之以灾变，告之以祯祥"[②]；又人对天则"恶政生恶气，恶气生灾异。螟虫之类，随气而生；虹蜺之属，因政而见。治道失于下，则天文变于上；恶政流于民，则螟虫生于野"。[③] 这些说法，又正好与荀子之学相反，亦不同于穀梁学。既然如此，为什么还说《新语》基本上属于荀子学派和穀梁学派呢？因为，战国晚期阴阳五行说已大有进展，《管子》中《四时》、《五行》等篇可见当时齐学之一斑；至《吕氏春秋》成书，阴阳五行说可谓大备。可是，《新语》中虽然也有"阴阳"、"五行"之类的术语，却都没有把齐学的阴阳五行说理论系统接受过来。所以，我们只能说《新语》受了齐学的某些影响。

陆贾既然以服膺荀学为主，那么为什么又会受到齐学的影响呢？我以为，原因有以下两点：一则，陆贾是儒生，能时时称说《诗》、《书》，一定也熟知《诗》、《书》。在《诗》、《书》里就有某些天人相应的内容。例如，《诗·小雅·十月之交》云："十月之交，朔日辛卯。日有食之，亦孔之丑。……日月告凶，不用其行。四国无政，不用其良。……烨烨震电，不宁不令。百川沸腾，山冢崒崩。高岸为谷，深谷为陵。哀今之人，胡憯莫惩。"[④] 这是西周末年日食、地震与国家危机交织在一起的时候诗人写的诗，其中充满天人相应的意识。又如《书·酒诰》云："（殷纣）惟荒腆于酒，不惟自息乃逸，厥心疾很，不克畏死。辜在商邑，越殷国灭，无罹。弗惟德馨香，祀登闻于天。诞惟民怨，庶群自酒，腥闻在上。故天降丧于殷，罔爱于殷，惟逸。天非虐，惟民自速辜"。[⑤] 这就是说，殷之灭亡，也是天人相应的结果。《易传》里还有"天垂象，见吉凶"之类的话，古代相当流行，《新语》中也引用了。正是因为陆贾看熟了这些经传，所

---

① 见《汉书·儒林传》。

② 《道基》，《新语校注》，2 页。

③ 《明诚》，《新语校注》，155 页。

④ 《毛诗正义》，《十三经注疏》，445～446 页。

⑤ 《尚书正义》，《十三经注疏》，207 页。

以他就不难受到齐学的影响。二则，在汉朝初年，不论公羊学还是穀梁学，都还没有成熟，因而陆贾也不会有什么必须严守家法的观念。前世经师对于三传出现的早晚，争论很多，这里不能也不必详论。唐人啖助说："古之解说，悉是口传。自汉以来，乃为章句。如《本草》皆后汉时郡国，而题以神农；《山海经》广说殷时，而云夏禹所记。自余书籍，比比甚多。是知三传之义，本皆口传；后之学者，乃著竹帛，而以祖师之目题之。"又说："公羊、穀梁，初亦口授；后人据其大义，散配经文"。这个意见十分中肯。因此，在陆贾的时代，三传都尚未有写定之本，《新语》中有不见于今本《穀梁传》的文字，完全不足为奇；《新语》的说法与今本《穀梁传》说有不同处，也完全是自然的。

最后，再说一点关于《新语》文体的问题。前人对此也多有分歧。信此书为真者以为其文辞"雄伟粗壮，汉中叶以①来所不及，其为真本无疑。"② 疑此书为伪者则谓"其文烦细，不类陆贾豪杰士所言"（黄震语，前已引）。我以为这些说法都有不同作者的浓厚主观色彩。其实，如说《新语》的文辞特色，大体不外句有对偶、文常用韵两点。这两点出现在汉初文字中并不足为奇。试读早于《新语》的《老子》与《荀子》中的某些篇章，再看晚于《新语》的贾谊之作，韵文偶句，随处可见。所以，论一人之作，不仅要考虑到其时代的文章风格，还要考虑到他本人的特点；不仅要考虑一个人的特点，还要考虑到同一人不同性质作品的不同特点。荀子不同文章的文体不同，是由其具体文章性质决定的。陆贾说南越王尉他的文辞，可与战国游说之士比美，那是有豪杰之气的。而他作《新语》，则是在向自己的君主说他的儒家本业，从对象和内容两方面来看，他都不能用说尉他的那一套方法和语气，而只能用我们见到的《新语》文体。所以，从《新语》文体看，也可见陆贾善于知人论事，并非乡曲陋儒。而说《新语》"文辞烦细"的黄东发（震）倒不免有些书生之见了。

---

① 陆淳：《春秋啖赵集传纂例·三传得失议第二》，《丛书集成初编》，北京，中华书局，1985。

② 见李廷梧本中钱福序。

《春秋》三传的灾异观

《左传》、《公羊传》、《穀梁传》，常被并称为《春秋》三传。本文标题也采用了这个约定俗成的说法。不过，应该说明，《左传》原非解《春秋》之书，前贤已多有论证，我也同意这种说法。所以，本文标题并不表明我是认为《左传》原为解经之书的。

一

皮锡瑞在其《经学通论·春秋》的"论《春秋》书灾异，不书祥瑞，左氏、公羊好言占验，皆非大义所关"条中，举了《左传》中一些记占验的例证，并说："公羊家与左氏异趣，而亦好言祥异占验。汉儒言占验者，齐学为盛。伏传五行，齐诗五际，皆齐学。公羊氏亦齐学，故董子书多说阴阳五行，何氏解诂说占验亦详。要皆《春秋》之别传，与大义无关。"① 皮氏为清末经今文学殿军之一，主公羊学，亦竟说公羊好言占验，非大义所关。值得注意的是，他独不言穀梁好说占验。

其实，在比皮氏早一个世纪的时候，王引之也说过："至于穀梁，明言灾异者尤鲜。"王氏于《经义述闻》（卷二十四），春秋《公羊传》的"公羊灾异"条中指出："公羊春秋记灾异者数矣。自董仲舒推言灾异之应（见《汉书·五行志》），何休又引而申之，其说郅详且备。然寻检传文，惟宣十五年'冬蝝生'，有'变古易常，应是而有天灾'之语；其余则皆不言致此之由，亦不以为祸乱之兆"。② 他列举实例，说明何休注的确是大谈灾异感应的，"然传但云记灾，未尝言某事之所致也。其他记灾异者不可枚举，而皆无一语及于感应。乃知公羊之学，唯据人事以明法戒，不侈天道以涉诪张。盖天人之际，荒忽无常，君

---

① 皮锡瑞：《经学通论》，29～30 页，北京，中华书局，1954。
② 王引之：《经义述闻》，《皇清经解诸经总义类汇编》，第 1 册，台北，艺文印书馆，1089 页。

子于其所不知，盖阙如也。"① 王氏见解与皮氏相同之处是，《穀梁传》很少谈灾异；不同之处是，王氏指出，《公羊传》本身说灾异感应的内容也不多。

我以为，王引之氏的卓见是，把《公羊传》与董仲舒、何休等的解说区分开来，把《穀梁传》与刘向、范宁等的解说区分开来。不过，自王氏这一见解的提出（《经义述闻》王氏自序作于嘉庆二年，即1797年），至今已近两百年，似乎还没有多少学者予以应有的重视。

二

王引之以为《公羊传》真正以天人感应说来解释灾异的只有宣公十五年《春秋》所载"冬，蝝生"下的一段。通观《公羊传》全书，不难发现王氏的说法未免过于绝对化了。不过，这一条的确重要。还是值得我们来作一些具体的分析的。

此年《春秋》记："秋蝝……初税亩，冬蝝生。饥。"三传对于"初税亩"的说法分别是：《左传》说："初税亩，非礼也。"②《公羊传》说："初税亩何以书？讥"。③《穀梁传》说："初税亩，非正也。"④ 相互文字不同，而基本态度一致，都是不赞成的。

对于"冬蝝生，饥"，三传的说法分别是：

《左传》说："冬，蝝生，饥。幸之也。"杜预注云："蝝未为灾，而书之者，幸其冬生，不为物害"。⑤ 意思是说，庆幸蝝虫尚未造成灾害，因为冬天庄稼已收成了。《左传》及杜注都有问题。赵匡说："按此类生讫便为灾。如蚕而食叶也。但为秋中之蝝未息，冬又生子，重重为灾，故书。"⑥ 秋天出现蝝，冬天又出现蝝，当然虫已成灾。《春秋》又明言"饥"，所以说幸庆未成灾是不对的。不过，《左传》在这一条中并没有什么天人感应之说。

---

① 王引之：《经义述闻》，1090页。
② 《春秋左传正义》，《十三经注疏》，1888页。
③ 《春秋公羊传注疏》，《十三经注疏》，2286页。
④ 《春秋穀梁传注疏》，2415页。
⑤ 《春秋左传正义》，《十三经注疏》，1888页。
⑥ 陆淳《春秋集纂辨疑》卷八，90页，《丛书集成初编》，北京，中华书局，1985。

《公羊传》说："上变古易常，应是而有天灾。"① 上指鲁宣公，变古易常指。"初税亩"，改变旧制。《公羊传》在这里把此年虫灾归因于初税亩，当然是一种天人感应之说，无可怀疑。

《穀梁传》说："蝝，非灾也。其曰蝝，非税亩之灾也"②。怎样理解《穀梁传》的这一段话呢？学者却有了不同的解释。

东晋范宁《穀梁传集解》解释说："凡《春秋》记灾，未有言生者。蝝之言缘也，缘公税亩，故生此灾，以责之。非，责也"。③ 这就把虫灾的原因归于税亩，"非税亩之灾"就是责备税亩引起虫灾。如照范宁的解释，《穀梁传》和《公羊传》在这里没有分别，都相信天人感应之说。清儒钟文烝《穀梁补注》基本也取这种说法。他认为，"蝝非灾也"中的"非"是"不是"的意思，"其曰蝝非税亩之灾也"中的"非"字是"非难"、"责备"的意思。所以意思与《公羊传》更为接近。

与钟氏同时而年长的陈澧在《东塾读书记十·春秋三传》中论《公羊传》、《穀梁传》成书先后时说："宣公十五年，初税亩，冬蝝生。《穀梁》云：蝝非灾也，其曰蝝非税亩之灾也。此《穀梁》驳《公羊》之说也。《公羊》以为宣公税亩应是而有天灾。《穀梁》以为不然，故曰非灾也，驳其以为天灾也。又云，其曰蝝非税亩之灾也，驳其以为应税亩而有此灾也。其在《公羊》之后更无疑矣。"陈氏把这段传文中的前后两个"非"字都解为"不是"的意思，于是《穀梁传》在这里就完全与《公羊传》相反。如果陈氏说成立，那么可以说《穀梁传》中连一条以天人感应说来解释灾异的文字都没有了。

到底是范宁、钟文烝说的对，还是陈澧说的对呢？如果仅从文字和句式来看，两者都可以说得通。陈澧把"非"当作"不是"解，当然不成问题。钟文烝把前后两个"非"字作两种解释，他还引了《穀梁传》襄公六年"莒人灭鄫"的传文为证（按这条传文是有问题的。见陆淳《春秋集传辨疑》卷九"襄六年秋莒人灭鄫"条），其实同年《穀梁传》解初税亩云："初税亩，非正也。"这个"非"字当然是"不是"的意思。下面又说："古者三百步为里，名曰井田。井

---

① 《春秋公羊传注疏》，《十三经注疏》，287 页。

② 《春秋穀梁传注疏》，同上书，2415 页。

③ 同上。

田者九百亩，公田居一。私田稼不善，则非吏；公田稼不善，则非民。初税亩者，非公之去公田而履亩十取一也。"① 这一段传文中的三个"非"字，都只能作"非难"、"责备"解。这就说明，钟文烝说在把握文字和句式上是可通的，甚至可以说是更为顺畅的。

所以，宣公十五年《公羊传》说"冬蝝生"的文字肯定是有天人感应思想的，而《榖梁传》的此条则不能单凭文字得结论。为了更全面地了解《榖梁传》对灾异的态度，以下可以通过比较来作些说明。

三

现在，我们列举《春秋》中记灾异的一些事例，同时列出三传解说的要点，再作比较的分析如下：

1. 庄公二十五年《春秋》："六月辛未，朔，日有食之；鼓，用牲于社。"

《左传》："非常也……于是乎用币于社，伐鼓于朝"。②《左传》此条只是客观地叙述了一下情况。

《公羊传》："日食则曷为鼓，用牲于社？求乎阴之道也。以朱丝营社，或曰胁之，或曰为闇，恐人犯之，故营之。"③《公羊传》此条对日食时用牲于社作了说明：原来古人视日食为阴气胜过阳气的表现，而社为土、为地，属阴，用牲祭社就是求于阴而救阳。还用红色丝索营（萦）社，一说是对社施以威胁以救阳，或说为了挡住人，不使触犯社。所以，从这一条看，《公羊传》不仅有阴阳相胜的思想，而且对阴阳有些神秘的概念。

《榖梁传》："……鼓，礼也。用牲，非礼也。天子救日，置五麾，陈五兵、五鼓；诸侯置三麾，陈三鼓、三兵；大夫击门，士击柝。言充其阳也。"④《榖梁传》此条认为击鼓救日是合乎礼的，因为击鼓、陈兵之类行动可以壮大阳气；但是反对用牲于社，缺乏《公羊传》那种求阴以救阳的概念。古人见到日食这种自然的变化，会由于阴暗的笼罩而感到恐慌，在这种情况下击鼓陈兵本是一

---

① 《春秋榖梁传注疏》，《十三经注疏》，2415 页。
② 《春秋左传正义》，《十三经注疏》，1780 页。
③ 《春秋公羊传注疏》，《十三经注疏》，2238 页。
④ 《春秋榖梁传注疏》，《十三经注疏》，2387 页。

种自卫和壮胆的自发行为，虽说也和"充其阳"联系起来了，但是与《公羊传》相比，还较简单淳朴而缺乏神秘的特色。

2. 同年《春秋》："秋，大水。鼓，用牲于社、于门。"

《左传》："亦非常也，凡天灾，有币无牲。非日月之眚。不鼓"。① 仍是对事情的叙述。

《公羊传》："其言于社、于门何？于社，礼也。于门，非礼也。"② 《公羊传》此条也是认为大水由于阴盛，和日食一样，所以应鼓用牲于社。董仲舒在《春秋繁露·精华》中对此作了更为神秘化的解释，但并非与《公羊传》本意完全无关，而是在传文基础上又作了发挥。

《穀梁传》："高下有水灾曰大水。既戒鼓而骇众，用牲可以已矣。救日以鼓兵，救水以鼓众"。③ 《穀梁传》此条不再有任何阴阳怪气的内容，发生大水，击鼓警告大众，让大家同戒水患，同救水灾，所以连用牲献祭都不必要。

3. 僖公三年《春秋》："春王正月，不雨，夏四月，不雨。"

《左传》无文。

《公羊传》："何以书？记异也。"

《穀梁传》："不雨者，勤雨也。一时言不雨者，闵雨也。闵雨者，有志乎民者也。"《穀梁传》此条认为，《春秋》记不雨之灾，并无任何神秘因素，而只说明国君对不雨的忧虑（勤、闵都是忧的意思）以及对于人民的关切。

4. 僖公十四年《春秋》："秋，八月，辛卯，沙鹿崩。"

《左传》："秋八月辛卯，沙鹿崩。晋卜偃曰：期年将有大咎，几亡国。"④ 《左传》此条，一面记了山崩的事实；一面又记了卜偃的预言。看来《左传》作者是相信这一预言的传说的，因为第二年晋惠公就在韩原之役中被秦军所俘。

《公羊传》："沙鹿者何？河上之邑也。此邑也，其何言崩？袭邑也。沙鹿崩何以书？记异也。"⑤ 《公羊传》此条认为沙鹿不是山，而是河边之邑，此邑因河水淘空地基而崩塌；《春秋》记录此事，只是记异。《公羊传》此条也并无

① 《春秋左传正义》，《十三经注疏》，1780 页。
② 《春秋公羊传注疏》，《十三经注疏》，2238 页。
③ 《春秋穀梁传注疏》，《十三经注疏》，2387 页。
④ 《春秋左传正义》，《十三经注疏》，1803 页。
⑤ 《春秋公羊传注疏》，《十三经注疏》，2254 页。

神秘色彩。

《穀梁传》："林属于山为鹿。沙，山名。无崩道而崩，故志之也。"①《穀梁传》此条也是说《春秋》书此，不过记异而已。

5. 僖公十五年《春秋》："（九月）己卯晦，震夷伯之庙。"

《左传》："震夷伯之庙，罪之也。于是展氏有隐慝焉。"②《左传》此条认为，雷电击了展氏祖先夷伯的庙，是因展氏有隐慝不为人知的罪过，而受了天的惩罚。这是古代人的一种比较普遍的迷信观念。《左传》作者也有之。

《公羊传》："……震之者何？雷电击夷伯之庙者也。夷伯者曷为者也？季氏之孚也（按何休释孚为信。谓孚为季氏所信之臣。俞樾《群经平议·公羊传》谓此孚当为保，季氏之孚即季氏之家的师保）。季氏之孚则微者，其称夷伯何？大之也。曷为大之？天戒之，故大之。何以书？记异也。"《公羊传》此条以为夷伯本季氏家臣，地位低下，《春秋》称他夷伯（称其字而非名），是重视他。为什么重视他？是因为天通过雷击其庙而示惩戒，为了重视天而重视他。且不论《公羊传》此条的迂曲难通，然其相信雷击为天戒则是明显的。

《穀梁传》："……夷伯，鲁大夫也。因此以见天子至于士皆有庙，天子七庙，诸侯五、大夫三，士二……"③《穀梁传》此条完全没有涉及雷击与天有何关系，而只作了庙制的考证。这一点是很值得注意的。

6. 僖公十六年《春秋》："春王正月戊申，朔，陨石于宋五；是月，六鹢退飞过宋都。"

《左传》："十六年春，陨石于宋五，陨星也。六鹢退飞过宋都，风也。周内史叔兴聘于宋，宋襄公问焉，曰：'是何祥也？吉凶焉在？'对曰：'今兹鲁多大丧，明年齐有乱，君将得诸侯而不终。'退而告人曰：'是阴阳之事，非吉凶所生也。吉凶由人，吾不敢逆君故也。'"④《左传》此条很值得分析。作者本人对于"陨石于宋"的解释是陨星，是自然现象；对于"六鹢退飞"的解释是因为风大，而有鸟退飞的现象，也还是以自然作为解释。可是他作为史书作者又记了周内史对宋襄公的"预言"，而且这些所谓的"预言"以后都是应验了的。可

---

① 《春秋穀梁传注疏》，《十三经注疏》，2397 页。
② 《春秋左传正义》，《十三经注疏》，1808 页。
③ 《春秋穀梁传注疏》，《十三经注疏》，2397 页。
④ 《春秋左传正义》，《十三经注疏》，1808～1809 页。

见他对这一类由传说而保留下来的"预言"故事是相信的。但是《左传》作者本人觉得不应该过多强调这一类灾祥的故事，所以他又引述了叔兴的话"是阴阳之事，非吉凶所生也，吉凶由人"，以此强调人的重要性。

《公羊传》、《穀梁传》对此都没有以灾异来解释，不赘。

7. 昭公七年《春秋》："夏四月甲辰，朔，日有食之。"

《左传》："夏四月甲辰，朔，日有食之。晋侯问于士文伯曰：'谁将当日食？'对曰：'鲁卫恶之，卫大鲁小'。公曰：'何故？'对曰：'去卫地如鲁地，于是有灾，鲁实受之。其大咎其卫君乎，鲁将上卿。'公曰：'《诗》所谓彼日而食，于何不臧者。何也？'对曰：'不善政之谓也。国无政，不用善，则自取谪于日月之灾，故政不可不慎也。务三而已：一曰择人，二曰因民，三曰从时'。"①《左传》此段记载了晋君和士文伯关于日食的对话。晋君问日食的灾将会应在谁的身上，士文伯答将应在鲁与卫国，灾先临卫国再临鲁国；卫受灾大，将死国君，鲁受余灾，也要死一个大臣。晋君又问《诗经》中关于日食的两句诗所指的是什么意思。士文伯说，国家不用善人行善政，就会自取日月之灾。要慎于政就要能选用贤人，重视利民并不违天时。这一段话里包括了两部分内容。一是记录了关于日食之灾的预言的传说（这些"预言"在当年《左传》中就见到应验，所以《左传》作者对此情况也是相信的）；二是借士文伯对于《诗经》两句的解释说明，政之善与不善是首要的，为政不善才会自取日月之灾。所以，《左传》作者在这里既有对灾异的迷信，又有对人事的重视。

《公羊传》、《穀梁传》对于此次日食无传文。

8. 昭公十七年《春秋》："冬，有星孛于大辰。"十八年《春秋》："夏五月壬午，宋、卫、陈、郑灾。"

十七年《左传》记载了三个人对这次彗星出现于大辰（即心宿2，亦名大火）将有何灾所作的"预言"。鲁人申须认为，彗星出现于大火的方位，表示一些国家将有火灾。鲁人梓慎认为，到下一年夏历三月亦即周历五月的时候，大火星将再在黄昏时出现于天空，那时候火灾就要发生，而且预言火灾将发生在宋、卫、陈、郑四国。又记，郑人裨灶对执政子产说，宋、卫、陈、郑四国将同日发生火灾，如用一种宝物祭神，郑国可以免灾。可是子产不给

---

① 《春秋左传正义》，《十三经注疏》，2048～2049 页。

他这种宝物。《左传》此段记了三个人的"预言"，也记了子产不信灾祥的态度。①

此年《公羊传》、《穀梁传》对这次彗星出现，没有作灾祥来解释，而只是对《春秋》的文字作了些解释。

十八年《左传》："夏五月，火始昏见。丙子，风。梓慎曰：'是谓融风，火之始也；七日，其火作乎。'戊寅，风甚。壬午，大甚。宋、卫、陈、郑皆火。"这样就写了彗星之灾的"应验"。不过，《左传》此段还记述了与此相反的内容。这次火灾以后，预言过火灾的裨灶又说，如不听他的话用宝物祭神，郑国还将再次发生火灾。可是子产坚持不同意，而且"子产曰：'天道远，人道迩，非所及也，何以知之？灶焉能知天道？是亦多言矣，岂不或信（那次不是偶然说中了吗）？'遂不与，亦不复火。"②这就不仅记下了子产的"天道远，人道迩"的名言，而且也说明对灾祥的预言未必可信。随后传文又记载了前次火灾发生时，子产布置救灾的井井有条的措施。这也在一定程度上暗示出：裨灶第二次火灾的预言为什么没有实现？因为子产指挥有方，使灾不可能发生。这样，重点就又落到人事上来了。

此年《公羊传》："何以书？记异也。何异尔？异其同日俱焚也……"③所以说明《春秋》记这次火灾，只是为了记异；四国同日发生火灾是一件异事。

此年《穀梁传》："其志，以同日也；其曰，亦以同日也。或曰：人有谓子产曰：'某日有灾'。子产曰：'天者神，子恶知之？是人也。'"④《穀梁传》此段，先说明《春秋》记这件事并说明日子，只是因为四国同日受灾；接着引用了子产的天道难知的话。值得注意的是，《穀梁传》引子产语时比《左传》还多了一句"是人也"。这更进一步说明这次火灾是人事不善引起的。多这一句话，正显出了《穀梁传》的特色。

9. 定公元年《春秋》："九月，大雩。"

《左传》、《公羊传》均无文。

《穀梁传》："雩月雩之，正也。秋大雩，非正也。冬大雩。非正也。秋大

---

① 《春秋左传正义》，《十三经注疏》，2084 页。

② 同上，2085 页。

③ 《春秋公羊传注疏》，《十三经注疏》，2324 页。

④ 《春秋穀梁传注疏》，《十三经注疏》，2438 页。

北京师范大学史学探索丛书

雩，雩之为非正，何也？毛泽未尽，人力未竭。未可以雩也。雩月雩之，正也。月之为雩之正，何也？其时穷人力尽。然后雩，雩之正也。何谓其时穷人力尽？是月无雨，则无及矣。是年不艾，则无食矣。是谓其时穷人力尽也。雩之必待其时穷人力尽，何也？雩者，为旱求者也。求者，请也。古之人重请。何重乎请？人之所以为人者，让也。请道去让也，则是舍其所以为人也。是以重之。"①按雩即为天旱而求雨的祭祷仪式。《穀梁传》此段认为，九月求雨是正当的。可是如在秋天（指七月）或冬天求雨就是不正当的。秋天，庄稼还在田地里未干，人力还未用尽，不应求雨；（冬天则因庄稼已收成，也不应求雨）。到了九月，人力尽到了，时候也到了，此月再无雨就来不及了，这一年就要无粮食吃了。这时就可以求雨了。为什么一定要等人力用尽呢？因为求雨是一种乞求。古人把乞求看得很重。因为人之所以为人就在于能辞让（不乞求），乞求与辞让相反，就是放弃了人之所以为人的原则，所以必须看得很重。这一段话，相当清楚地道出了《穀梁传》作者关于人对天应保持其自尊心和独立性的觉醒意识。当然他也承认人力有不及的时候，到那时再求天，那就是碰运气或诉诸偶然了。

以上选列了九项比较重要的例证，由之可以看出：《左传》作者本着信以传信、疑以传疑的写史态度，记灾祥应验之说，亦记反对灾祥之说；他对所谓已有应验的灾祥预言取相信的态度，但始终不失重人事的特点。宣公十五年《左传》记晋大夫伯宗的话说："天反时为灾，地反物为妖，民反德为乱。乱则妖灾生。"② 这可以作为《左传》灾异观的说明：一方面认为天灾与人乱有关联，另一方面则认为人事是关键因素。《公羊传》对于《春秋》记灾的解释一般都说为"记异"，谈灾祥应验的地方并不多；但也不像王引之所说那样只有宣公十五年"冬蝝生"那一条。以上所引庄公二十五年日食、大水两条，与董仲舒的《春秋繁露》就很接近。唯有《穀梁传》不言灾异，保持了一贯重人事的态度。前人说《穀梁传》罕言灾异，这种估计是切实的。前引宣公十五年《穀梁传》"非灾"与"非税亩之灾"中的两个"非"字，当然都以解作"不是"为宜。这样就合于《穀梁传》的一贯特点了。

---

① 《春秋穀梁传注疏》，《十三经注疏》，2443 页。
② 《春秋左传正义》，《十三经注疏》，1888 页。

四

现在再就三传对于灾异的不同态度的历史渊源作一些探讨。

首先,《左传》与《公羊传》、《穀梁传》属于两类典籍,各有不同渊源,宜分两类处理。当然这就涉及《左传》是否解经的老问题。今本《左传》中确有解经的文字,但其主体内容不在解经,而在记史。这一点是无可怀疑的。唐儒赵匡说:"公、穀守经,左氏通史"①。宋儒朱熹说:"左氏是史学,公、谷是经学。史学者记的事却详,于道理上便差;经学者于义理上有功,然记事多误"②。历来还有许多学者表示了类似的见解。这些都是合乎事实的。因此,我认为,《左传》对于灾异的态度的渊源应从史学传统中去考察,而《公羊传》、《穀梁传》的渊源则应从经学传统中去分析。

世界上许多民族最初的历史作品,往往都是从人神不分的"史诗"中分化发展出来的。史学的发生不能没有一个与神话相剥离的过程。在古代中国(也不仅中国)还有一种值得注意的情况:历史记录是由史官来作的,而史官的职责在相当长的时期里是要兼记天人两方面的事。司马迁曾引其父司马谈的话说:"余先世,周室之太史也。自上世常显功名于虞夏,典天官事,后世中衰"③。这段话里略有炫耀先世的神气。司马迁《报任安书》中又说:"仆之先人,非有剖符丹书之功。文史星历,近乎卜祝之间,固主上所戏弄,倡优畜之,流俗之所轻也"④。这段话里则有对自身经历的悲怨的发泄。不过,这两段话都说明了一个事实:文史星历原是不分家的。《续汉书·百官志二》(晋司马彪撰、梁刘昭补注,附今《后汉书》后):"太史令一人,六百石。本注曰:掌天时星历。凡岁将终,奏新年历。凡国祭祀丧娶之事,掌奏良日及时节禁忌。凡国有瑞应灾异,掌记之。"⑤ 所记与太史公司马谈、司马迁父子所言相同。到汉朝的时

① 陆淳:《〈春秋〉啖赵集传纂例》卷一,8页,《丛书集成初编》,北京,中华书局,1985。

② 《朱子语类》卷八十三。

③ 《史记》,第10册,卷一三○,3295页。

④ 《汉书》,第9册,2732页。

⑤ 《后汉书》,第12册,3572页,北京,中华书局,1965。

候，太史的职责尚且如此；对于成书早于汉代的《左传》，我们有什么理由能要求它只记历史过程而不记灾祥"应验"呢？早期的史书作者兼有记事求真与相信灾祥两个相互矛盾的方面，几乎是一种难以避免的职业病。不过，值得注意的是，古代的史学正是在这样矛盾的两极的张力中逐渐形成的。《左传》本身在这方面也是一个很好的实例。《左传》作者没有也不能完全不信灾祥，但是他能够而且已经表示只相信所谓得到"应验"的灾祥，而不盲目相信一切灾祥（见上引昭公十七、十八年传）。正是这种无征不信的史学理性，使得《左传》在扬弃迷信与重视人事方面取得了很可贵的成绩，使此书成为中国的一部古典史学名著。

《公羊传》和《穀梁传》的情况与《左传》不同，它们对于灾异的态度渊源于经学发生的过程中。当然，它们二者之间又有不同之处，其渊源则在于经学发生过程中的流派的差异。

前人谈经学，颇有上溯至子夏者。即以《公羊》、《穀梁》二传而言，也是如此。唐代徐彦《公羊传疏》引汉儒戴宏所作《序》云："子夏传与公羊高，高传与其子平，平传与其子地，地传与其子敢，敢传与其子寿。至汉景帝时，寿乃共弟子齐人胡毋子都著于竹帛"。[①] 今文经学家（如皮锡瑞）很相信这个传授世系。其实不可信的成分很多。即以年代一条来说，子夏小孔子四十四岁（据《史记·仲尼弟子列传》），即生于公元前507年。即使子夏六十岁时（公元前447年）才传《春秋》给公羊高，而且即使公羊寿在汉景帝前元年（公元前156年）就将书著于竹帛，其间也经过了291年。公羊高、平、地、敢、寿五代人竟占了约三百年时间，每代相隔六十年，这怎么可能是事实！《穀梁传》早期传授系统，有不同说法。唐代杨士勋《穀梁传疏》云："穀梁子名俶，字元始，鲁人，一名赤，受经于子夏，为经作传，故曰穀梁。传孙卿，孙卿传鲁人申公"。[②] 子夏与荀子（孙卿）之间相隔一百多年，如真有穀梁俶受于子夏，他就不能授予荀子（皮锡瑞已指出此点）。所以前辈学者不相信公、谷二传的早期传授系统，那是有道理的。

据《史记·儒林列传》所记，子夏确曾在魏西河之地传授生徒，不过战国

---

① 《春秋公羊传注疏》，《十三经注疏》，2189页。

② 《春秋穀梁传注疏》，《十三经注疏》，2357页。

争雄时期儒术受到冷落，"然齐、鲁之间，学者独不废也。于宣、威之际，孟子、荀卿之列，咸遵夫子之业而润色之，以学显于当世。"① 司马迁的这段话给了我们三点提示：一是对战国儒术或发生中的经学，当求之于齐、鲁之间；二是当时这方面的两大人物，为孟子和荀子；三是孔子的学术（夫子之业），在两位大师手中都经过润色而有所变化和发展。而这三点对于我们理解《公羊传》和《穀梁传》的渊源来说都是很重要的。

《公羊传》和《穀梁传》都是解释《春秋》的书，两书的传授者都说自己的学术源头是孔子所传的《春秋》义。孟子说孔子因鲁史而作春秋（《孟子·滕文公下》）。庄子后学也说："孔子谓老聃曰：丘治《诗》、《书》、《礼》、《乐》、《易》、《春秋》"②。孔子研究、传授以至修订过《春秋》，我以为是没有多大问题的。子夏就曾传授《春秋》，韩非还见过子夏讲授《春秋》的记录（见《韩非子·外储说右上》中之"经一"和"说一"）。子夏所传的《春秋》说，当然就是他从孔子那里学来的。孔子怎样具体给学生讲《春秋》的，现在已经很难知道。但大体可以知道，他没有讲什么灾祥应验之类。这样说有三点根据：一是孔子为人治学有一个总的态度，即"不语怪、力、乱、神"③。二是从《春秋》本身来看，它也不讲灾祥应验；这是符合孔子治学的总态度的。三是《春秋》本身的学术功能也不在于讲灾异。《庄子·天下》云："《诗》以道志，《书》以道事，《礼》以道行，《乐》以道和，《易》以道阴阳，《春秋》以道名分"。凭借《天下》篇这面镜子，我们可以看出，战国时期的《春秋》学已是并仍是讲的名分之学。以上说到，《公羊传》本身说灾祥应验的地方很少，而《穀梁传》本身更几乎可以说是没有灾祥应验的内容。两书还有一个共同的特点，即都讲名分。这些都符合孔子所传《春秋》学的特点。

汉代学者对于《公羊传》和《穀梁传》的早期传授系统虽不清楚，其具体说法多不可信，但是他们对于二传在本朝的传授系统基本是清楚的，并且明确知道：《公羊传》是齐学，《穀梁传》是鲁学。《汉书·儒林传》记："瑕丘江公受《穀梁春秋》及《诗》于鲁申公，传子至孙为博士。武帝时，江公与董仲舒

---

① 《儒林列传》，《史记》，第 10 册，卷一二一，3116 页。

② 《庄子·天运》。

③ 《论语·述而》。

并。仲舒通五经，能持论，善属文。江公呐于口，上使与仲舒议，不如仲舒。而丞相公孙弘本为公羊学，比辑其议，卒用董生。于是上因尊公羊家，诏太子受《公羊春秋》。由是公羊大兴。太子既通，复私问穀梁而善之。其后浸微，唯鲁荣广王孙、皓星公二人受焉。广尽能传其《诗》、《春秋》，高材捷敏，与公羊大师眭孟等论，数困之。故好学者颇复受《穀梁》。沛蔡千秋少君，梁周庆幼君，丁姓子孙，皆从广受。千秋又事皓星公，为学最笃。宣帝即位，闻卫太子好《穀梁春秋》，以问丞相韦贤，长信少府夏侯胜及侍中乐陵侯史高，皆鲁人也。言穀梁子本鲁学，公羊氏乃齐学也。宜兴《穀梁》。时千秋为郎。召见与公羊家并说。上善《穀梁》说。"又云："胡毋生字子都，齐人也，治《公羊春秋》，为景帝博士，与董仲舒同业。仲舒著书称其德。年老归教于齐。齐之言春秋者宗事之。公孙弘亦颇受焉。"① 从表面上看，韦贤等人所说齐学、鲁学之分好像只是传授偶为齐人或鲁人的问题，其实，更重要的是齐鲁二地原本就有不同的学术作风的传统。

齐国在威王、宣王时期，广延学者，学术大有发展。当时稷下曾有各派学者在研究与讨论，其中与《公羊传》，尤其汉代公羊学有关的是孟子和邹衍。

孟子，邹人，曾到齐讲学。孟子是中国学术史上大肆弘扬《春秋》的第一人。他说："世衰道微，邪说暴行有作，臣弑其君者有之，子弑其父者有之。孔子惧，作《春秋》。《春秋》，天子之事也。是故孔子曰：'知我者其惟《春秋》乎，罪我者其惟《春秋》乎'。"② 又说："王者之迹熄而《诗》亡，《诗》亡然后《春秋》作。晋之《乘》、楚之《梼杌》、鲁之《春秋》，一也。其事则齐桓、晋文，其文则史。孔子曰：'其义则丘窃取之矣'。"③ 把孔子明确说为《春秋》的作者，并说作《春秋》是王者之事，是上继王者之迹，孟子是第一人。汉代公羊学家说孔子为"素王"，说孔子作《春秋》是为汉朝立法，其思想渊源即出于孟子。关于这一点，前代学者早已意识到了（见皮锡瑞：《经学通论·春秋》"论《春秋》大义在诛讨乱贼，微言在改立法制，孟子之言与公羊合，朱子之注深得孟子之旨"条），不须多赘。

---

① 《儒林传》，《汉书》，第 11 册，卷八十八，3615 页。
② 《孟子注疏》，《十三经注疏》，2714 页。
③ 同上书，2727～2728 页。

邹衍也是齐稷下学者，后于孟子。司马迁说他"深观阴阳消息而作怪迁之变，《终始》、《大圣》之篇，十余万言"，还说他"载其机祥度制"、"称引天地剖判以来五德转移"①。《汉书·艺文志·诸子略·阴阳家》记："《邹子》四十九篇（自注云：名衍，齐人，为燕昭王师，居稷下，号谈天衍）。"又记："《邹子终始》五十六篇。"② 邹衍书早已失传，但他为阴阳五行学的大师，侈言灾祥应验，这一点是可以肯定的。汉代公羊学家如董仲舒所论述的，完全就是邹衍所传的那一套说法。所以说汉代公羊学的齐学渊源，从内容上说，可以上推至孟子、邹衍而无疑义。

鲁在战国时期为弱小之国，战国晚期又亡于楚，鲁学自然不能像齐学那样煊赫。但是鲁国儒学一直未绝，而且相当顽强。司马迁说："陈涉之王也，而鲁诸儒持孔氏之礼器往归陈王。于是孔甲（孔子八世孙）为陈涉博士，卒与涉俱死。陈涉起匹夫，驱瓦合适戍，旬月以王楚，不满半岁竟灭亡，其事至微浅。然而缙绅先生之徒，负孔子礼器往委质为臣者，何也？以秦焚其业，积怨而发愤于陈王也。及高皇帝诛项籍，举兵围鲁。鲁中诸儒，尚讲诵习礼乐，弦歌之音不绝。岂非圣人之遗化，好礼乐之国哉？"③ 司马迁本人到鲁时，还亲眼见到孔子的车服礼器，以及诸生以时习礼于其家的情况④。从司马迁的这些话里，我们不仅可以看出鲁地儒学的顽强，而且可以看出其重礼乐的传统不衰。重礼乐实际就是儒家重人事的传统，这与齐学渐合阴阳五行之说的情况是很不相同的。

汉代的榖梁学与鲁学则有明显的渊源关系。以上曾说，汉武帝时与董仲舒辩论《春秋》学的瑕丘江公是榖梁学大师，江公受《榖梁传》于鲁申公。"高祖过鲁，申公以弟子从师，入见高祖于鲁南宫。吕太后时，申公游学长安，与刘郢同师"⑤。《汉书·楚元王传》则说："高后时，浮丘伯在长安，（楚）元王（交）遣子郢客与申公俱卒业。"⑥ 浮丘伯这时当已年老，因为《汉书》同传又

① 《孟子荀卿列传》，《史记》，第7册，卷七十四，2344页。
② 《汉书·艺文志》，第6册，卷三十，1733页。
③ 《儒林列传》，《史记》，卷一二一，第10册，3116～3117页。
④ 《孔子世家》，《史记》，卷四十七，1947页。
⑤ 《儒林列传》，《史记》，卷一二一，3120页。
⑥ 《楚元王传》，《史记》，卷三十六，1922页。

说楚元王交"少时尝与鲁穆生、白生、申公俱受《诗》于浮丘伯。伯者，孙卿门人也。"① 这就是说刘交、郢（客）父子两代都曾与申公同学于浮丘伯门下。从《史记》、《汉书》所记来看，穀梁学大师瑕丘江公学自鲁人申公。申公自幼受学于鲁，汉高帝过鲁时，他曾从鲁地之师晋见高帝。所以，鲁学肯定为汉代穀梁学的一个重要来源，不过申公以上师承名字不可考。申公以鲁学的基础，又受学于浮丘伯，而浮丘伯又受学于荀子（孙卿）。这样就又可以看出，汉代穀梁学还有另一源流，即同时也源出荀子。

那么，申公所受的鲁学基础与后受的荀子、浮丘伯之学能够融为一体吗？这一点看来是不成为问题的。因为，鲁学遵循的是重礼乐的即重人事而不重天命的传统，荀子之学所遵循的也是重礼乐而不重天命的传统，并且有了他自己的发展。荀子也到过齐国的稷下，但是他终于与齐学格格不入。"荀卿嫉浊世之政，亡国乱君相属，不遂大道，而营于巫祝，信机祥"②。如果一读他的名篇《天论》，那么荀子之学与那种以灾祥应验说《春秋》的见解对立，便一览无遗。

荀子重礼，但也不是忽视《春秋》。他说："《礼》之敬文也，《乐》之中和也，《诗》、《书》之博也，《春秋》之微也，在天地之间者毕矣"③。又说："《诗》言是其（指儒者）志也，《书》言是其事也，《礼》言是其行也，乐言是其和也，《春秋》言是其微也。"④ 从他的话里，我们可以看出两个要点：一则，他不许《易》与《诗》、《书》、《礼》、《乐》、《春秋》诸经并列，《荀子》书中很少两三处引《易》，那也是关于人事的，而从不以《易》言阴阳；二则，他也认为《春秋》在孔门经典中是不可缺少的 部分，但他并没有像孟子那样把孔子作《春秋》说成是"天子之事"。荀子认为，《春秋》的根本特点在"微"，（唐）杨倞注云："微谓儒之微旨，一字为褒贬，微其文、隐其义之类是也。"⑤ 这也就是说，荀子认为，《春秋》的根本特点就是在很简短的文字中寓有褒贬人事是非的深文大义。不讲灾异应验，而讲褒贬的深文大义，这是荀子《春秋》学的

---

① 《楚元王传》，《汉书》，卷三十六，1921页。

② 《孟子荀卿列传》，《史记》，第7册，卷七十四，第七册，2348页。

③ 王先谦：《荀子集解》，《诸子集成》，第1册，6页。

④ 同上书，84～85页。

⑤ 同上书，85页。

特点，也是《穀梁传》的特点。汉代穀梁学与荀学、鲁学的渊源关系，由此也就可以明白了。

概括地说，《公羊传》、《穀梁传》最初都源于儒家对《春秋》的解说，所以即使《公羊传》中说灾异者也不多。在战国中后期，《穀梁传》与鲁学、荀学关系密切，所以仍然保持原来的传统；而《公羊传》则开始受孟子、邹衍齐学的影响，虽然《传》本身变动还不多，但是对《传》的解说可能已经有了不少的变化。到汉武帝时期，对《公羊传》解说的变化已演变到了董仲舒《春秋繁露》所展示的程度，而传《穀梁传》的瑕丘江公拙口笨笔，赶不上当时的变化。于是穀梁家败下阵来，公羊家大兴，严格地说，董仲舒所说已经是不守原始的《公羊传》的公羊说，而瑕丘江公的穀梁说大体仍是据《传》而说。

最后，应该说明，以上所说基本是讲的汉武帝以上的情况。至于宣帝以后，情况就逐渐起了变化。《汉书·五行志第七上》："汉兴，承秦灭学之后，景武之世，董仲舒治《公羊春秋》，始推阴阳，为儒者宗。宣、元之后，刘向治《穀梁春秋》，数其祸福，传以《洪范》，与董仲舒错。至向子歆治《左氏传》，其《春秋》意亦已乖矣；言《五行传》，又颇不同"。[①] 这就是说，到宣帝以后，三传文字虽大体仍保持原先情况，而公羊、穀梁、左氏三个学派对待灾异问题的态度已渐归一致，三家都说阴阳五行，都在历史上寻找灾祥应验。《汉书·五行志》中的内容基本上都是董仲舒和刘向、刘歆父子编出来的。他们已经不是以是否强调灾异来反映自己家法的特点，而只是以对于同一灾异编出不同的解说来各显其能罢了。

---

① 《五行志上》，《汉书》，第5册，卷二十七上，1317页。

《史记》与汉代经学

司马迁的《史记》作于汉武帝时代，正值经学在中国历史上开始崛起的时期。作为一部既能在相当程度上反映时代学术水平又能从一定角度上反映时代精神面貌的杰作，《史记》自然会与当时的经学有着颇为密切的关系。至于这种关系的性质以及具体情况如何，则自班彪、班固父子以下，学者的见解实多分歧。如果想详细、逐点地讨论前人争论过的具体问题，那在一篇文章中是做不到的。因此，以下可就几个主要问题来作一些讨论。

一、关于司马迁对于经学的基本态度问题

《史记》对于经学所持的态度，是贬抑？还是重视？这是涉及二者之间关系的性质的问题。

东汉初期，班氏父子在论述司马迁时，是把他视为离经叛道者的。班固说他，"又其是非颇缪于圣人。论大道，则先黄老而后六经；序游侠，则退处士而进奸雄；述货殖，则崇势利而羞贱贫。此其所蔽也。"① 班固的说法源出于其父，不过班彪的话说得更重，竟说司马迁"此其大敝伤道，所以遇极刑之咎也。"② 当然，有类似看法的也不只班氏父子。班彪同时代人博士范升曾向光武帝"谨奏左氏之失凡十四事。时难者以太史公多引左氏，升又上太史公违戾五经、谬孔子言及《左氏春秋》不可录二十一事。③ 范升所说具体内容已不可知，而其对手陈元上书光武帝说："臣元窃见博士范升等所议奏《左氏春秋》不可立及太史公违戾，凡四十五事。按升等所言前后相违，皆断截小文，媟黩微辞。以年数小差，掇为巨谬，遗脱纤微，指为大尤。抉瑕摘衅，掩其弘美。所谓小辩破言，小言破道者也。"④ 不论范陈二人争论的是非如何，有一点可以肯定：

---

① 《汉书》，第 9 册，2737～2738 页，北京，中华书局，1964。
② 《后汉书》，第 5 册，1325 页，北京，中华书局，1965。
③ 同上书，1229 页。
④ 《后汉书·郑范陈贾张列传》。

在东汉初年，司马迁的《史记》是否离经叛道，这已是学者争论的问题了。

对于班氏父子的说法，宋代的沈括、晁公武皆有辩难，而清人梁玉绳的辩驳尤为针锋相对。梁氏说："夫史公考信必于六艺，造次必衷仲尼，是以孔子侪之《世家》，老子置之《列传》。尊孔子曰至圣，评老子曰隐君子，六家指要之论归重黄老，乃司马谈所作，非子长之言，不然，胡以次李耳在管晏下，而穷其樊于申韩乎？固非先黄老而后六经矣。《游侠列传》首云'以武犯禁'，又云'行不轨于正义'，而称季次、原宪为独行君子。盖见汉初公卿以武力致贵，儒术未重，举世任侠干禁，叹时政之缺失，使若辈无所取材也。岂退处士而进奸雄者哉？《货殖列传》与《平准书》相表里，叙海内土俗物产，孟坚《地理志》所本。且掘冢、博戏、卖浆、胃脯，并列其中，鄙薄之甚。三代贫富不甚相远，自井田废而稼穑轻，贫富悬绝，汉不能挽移，故以讽焉。其感慨处乃有激言之，识者读其书因悲其遇，安得斥为崇势利而羞贫贱耶？况孟坚于史公旧文未尝有所增易，不退处士。不羞贱贫，何以不立逸民传？又何以仍传《游侠》、《货殖》？"① 梁氏词锋之利，可以使班氏语塞。不过，梁氏所说三条本身仍有待于分析。

第一，"考信必于六艺"②，"造次必衷于仲尼"③，这都是司马迁自己的话。司马迁作《史记》，基本上也实践了自己的话。考信于六艺，这是他在选择与解释历史材料时的一个标准；折于仲尼，这是他在说明历史进程时的一个标准。当然，他在考信于六艺时，对六艺本身即有自己的理解；他在折于仲尼时，对孔子本人也是有他自己的理解的。关于这一层意思，以下将有两节作专门的讨论。这里只想说明，班氏简单地说司马迁不推崇孔子、不重视经学，是不对的；同样，梁氏简单地驳斥班氏，也难以使认识深入一步。因此有进一步具体分析的必要。

第二，司马迁作《游侠列传》，对于能救人之急而不自矜的游侠与设财役贫、侵凌孤弱的豪强作了区别，对游侠颇为称赞与同情。④ 在他的眼中，游侠比"以术取宰相卿大夫"的儒生还要高尚一些。司马迁反对公孙弘之类的儒生，

---

① 梁玉绳：《史记志疑》，卷三十六，1487～1488 页，北京，中华书局，1981。

② 见《史记》，第 7 册，2121 页，"犹考信于六艺"。

③ 见《史记》，第 6 册，1947 页，"言六艺者折中于夫子"。

④ 司马迁《自序》说，游侠，"仁者有乎"，"义者有取焉"。

这是毫无疑问的。但这也并不证明他就完全反对儒学本身。

第三，司马迁在《货殖列传》中对"贤人所以富者"是取肯定态度的，而且说过"富者，人之情性，所不学而俱欲者也"这样的话。梁氏为他的辩护是无力的。不过，班氏父子把这也说成司马迁是非谬于圣人的罪行之一，那也是不对的。孔子本人曾说："富而可求也，虽执鞭之士，吾亦为之，如不可求，从吾所好。"① 又"子适卫，冉有仆。子曰：庶矣哉。冉有曰：既庶矣，又何加焉？曰：富之。曰：既富矣，又何加焉？曰：教之。"② 可见，儒者对自己的标准是：可以发财、求富，但不能取不义之财；对于一般人民的标准是：先富之，再教之，富先于教。孟子见梁惠王，听到的第一句问话就是："亦将有以利吾国乎？"于是他对梁惠王说："王亦曰仁义而已矣，何必曰利？"理由是，恐怕王带头言利，弄得"上下交征利，而国危矣。"③ 可是也正是孟子，他多次谈到"制民之产"的问题，认为只有使人民富足起来，然后才可能兴礼乐教化。他遵循的仍是孔子的思想。司马迁的《货殖列传》表彰了编户之民经营农牧工商而致富者，赞成"仓廪实而知礼节，衣食足而知荣辱"④ 的说法，这是他的主张的一面；还有另一面见于《平准书》中，在那里他表彰慷慨输财的卜式而贬斥专门与民争利的桑弘羊之流，此篇之末说到元封元年天旱，武帝下令官兵求雨，"卜式言曰：县官当食租衣税而已，今弘羊令吏坐市列肆，贩物求利。亨弘羊，天乃雨。"⑤ 所以司马迁主张的也是：在上者不应与民争利以至损民以自利，而人民则必富而后始可言礼义。这基本上与孔孟的主张是一致的，说不上是离经叛道。

从以上三点分析来看，司马迁与其父谈在学术见解上的确有所变异，即从尊黄老之说转而尊儒。现在再就太史公父子见解转变的背景与条件作一个简要的说明如下。

汉高帝居马上得天下，一向轻儒。不过他很想从秦之速亡吸取经验教训，所以陆贾向他陈述儒家仁义之理的重要性以后，他对孔子和儒生表示了一定的

---

① 《论语正义》，140 页。

② 同上书，287 页。

③ 《孟子正义》，21～26 页。

④ 《史记》，第 10 册，3255 页。

⑤ 《史记》，第 4 册，1442 页。

尊重。① 但是要汉高帝真懂得什么是儒学那是很困难的，他看了叔孙通为了尊显皇帝威严而创立的朝仪，心里很舒服地说："吾能为此"②。这也就是他据自己的文化水平所能体会到的儒者的用处。当然还有一个原因，即汉初经大乱之后，经济凋敝，百废待兴，统治者一时也无暇顾及儒家的六艺之学。

汉高帝以后直到文景时期，汉统治者采用了黄老之道。黄老之道主清静无为，这既适应于当时经济状况和与民休息的需要，又简易而便于为统治者（如惠帝、吕后、文帝、周勃、灌婴、窦太后、景帝、周亚夫等）所奉行。

到汉武帝时，情况发生了很大变化。从经济情况来看，汉初"自天子不能具钧驷，而将相或乘牛车，齐民无盖藏"③，"至今上（武帝）即位数岁，汉兴七十余年之间，国家无事，非遇水旱之灾，民则人给家足；都鄙廪庾皆满，而府库余货财。京师之钱累巨万，贯朽而不可校；太仓之粟，陈陈相因，充溢露积于外，至腐败不可食。"④ 清静无为的黄老之道使汉初社会与国家由贫而富，但同时有另一方面的后果，即"当此之时，网疏而民富，役财骄溢，或至兼并；豪党之徒，以武断于乡曲。宗室有土公卿大夫以下，争于奢侈，室庐舆服，僭于上，无限度。"⑤ 于是在黄老之道的推行过程中就准备了否定它自身的条件。

其实，在黄老与法术之间，本来就有着某种内在联系。司马迁在《老子韩非列传》中以老、庄、申、韩并列，最后又指出："申子卑卑，施之于名实，韩子引绳墨，切事情，明是非。其极惨礉少恩，皆原于道德之意。"⑥ 这正道出了二者之间的思想上的联系。试看《韩非子·主道》篇，不难发现，人君的"虚静"、"无事"完全是一种"执其契"、"操其符"的南面君人之术；人君的无为原来就是建立在臣下有为的基础之上。因此，毫不足奇的是，汉景帝在奉行黄老之道的同时，不仅曾经重用"学申、商刑名"、"为人陗直刻深"的晁错⑦，而且也用郅都这样的酷吏来对付豪强、贵族。《史记·酷吏列传》就是从晁错、

---

① 《史记》，第 8 册，2699 页。
② 同上书，2723 页。
③ 《史记》，第 4 册，1417 页。
④ 同上书，1420 页。
⑤ 同上。
⑥ 《史记》，第 7 册，2156 页。
⑦ 《史记》，第 8 册，2745 页。

郅都开始写起的。到汉武帝时期，酷吏就更多了。司马迁对于酷吏中具体的人的邪正污廉，给予了不同的具体评价；但是他更担心的是酷吏将带来吏治的败坏以至造成政治危机。他说："法令者，治之具，而非制治清浊之源也。昔天下之网尝密矣，然奸伪萌起，其极也，上下相遁，至于不振"①。这讲的是秦代的历史教训，贾谊早已作过透彻的分析了。司马迁对贾谊的《过秦论》是铭记在心的，他自己又亲眼看到："自温舒等以恶为治，而郡守、都尉、诸侯二千石欲为治者，其治大抵尽放温舒，而吏民益轻犯法，盗贼滋起。……于是作'沈命法'，曰：'群盗起，不发觉，发觉而捕弗满品者，二千石以下至小吏，主者皆死。'其后小吏畏诛，虽有盗不敢发，恐不能得，坐课累府。府亦使其不言。故盗贼寖多，上下相为匿，以文辞避法焉。"② 这当然是一种使他忧虑的危险征兆。

司马谈主要生活于文景时期，所见的主要也是黄老之道的积极的一方面，因而推崇黄老，这是很自然的。司马迁则生活于武帝时期，看到了黄老之道所生的反面效果，因而改变了父亲的主张，这也是很自然的。

司马迁转而崇儒，也与思想受了董仲舒的影响有关。至于他与董仲舒这样的经师的不同，以下将有所论述。

二、《史记》引经主要为今文或古文问题

司马迁是一位伟大的史学家，他的崇儒首先表现在他的史学实践上。这就是上文所说的"考信于六艺"与"折中于仲尼"。因为汉代经学有今古文学之分，司马迁的考信与折中所依据的是今文说或古文说，就成为学者们长期讨论的一个问题。这一节先讨论司马迁在考信于六艺方面的经学倾向问题。

这一问题的提出，始于汉代的班固，而争论最盛则在经学甚盛的有清一代。这里先简略地介绍一下前人的争论，然后再谈个人的见解。

《尚书》是司马迁编撰《史记》时所依据的最重要材料之一，而他所用的《尚书》是今文还是古文的问题，学者争论也最多。班固说："孔氏有古文《尚

---

① 《史记》，第 10 册，3131 页。

② 同上书，3151 页。

书》，孔安国以今文读之，因以起其家。……而司马迁亦从孔安国问故。迁书载《尧典》、《禹贡》、《洪范》、《微子》、《金縢》诸篇，多古文说。"①

对于班固的说法，清代学者的见解不一。臧琳认为："《史记》载《尚书》今文为多，间存古文义。其诂训多用《尔雅》，马融注及伪孔传往往本之。"他以《尧典》为例，一条条地证明《史记》所引《尚书》的文字为今文而非古文。② 段玉裁进一步对《尚书》（不包括伪古文）通篇地作了今古文字的辨析。他也认为："马班之书皆用欧阳、夏侯字句，马氏偶有古文说而已。"并称"玉裁此书，详于字而略于说。"③ 班氏以为《史记》引《尚书》"多古文说"，而臧、段二氏只认为"间存"或"偶有"古文说，所以见解显然不同。孙星衍作《尚书今古文注疏》，不满于段氏"仅分别今古文字"（按段氏实际不仅分别今古文字，也有辨今古文说处，不过详字略说而已），而着意分别《尚书》今古文说。他以为："司马氏迁从孔氏安国问故，是古文说。"④ 陈寿祺、乔枞父子致力于经今古文说之辨，于今文经说用功尤勤。陈寿祺一方面很赞赏段玉裁的《史记》引《尚书》文字依今文之说；另一方面又指出，《史记》引《尚书》"实有兼用古文者"。不仅于此，他还指出，"今文《尚书》中有古文"。为什么会这样呢？他解释说："司马子长时，《书》唯有欧阳，大小夏侯未立学官。然则《史记》所据《尚书》，乃欧阳本也。"至于今文《尚书》中有古文，他以为伏生所传今文书中宜即兼有古义文字。⑤ 其子乔枞以为："按迁尝从孔安国问《尚书》。孔氏家世传业，安国、延年皆以治《尚书》为武帝博士。安国得壁中书后，始治古文，先实通今文《尚书》。则迁之兼习古今文，从可知矣。"⑥ 总之，臧琳、段玉裁以为《史记》用今文而间存古文说，陈寿祺、乔枞父子基本同意此说，又指出《史记》亦间有引古文文字处。他们立论皆有证据，是可信的。唯孙星衍据司马迁问故于孔安国而断言《史记》为古文说，失之武断，不能成立。

---

① 《汉书》，第 11 册，3607 页，北京，中华书局，1964。

② 《经义杂记·五帝本纪书说》条，《皇清经解》，第 1 册，836 页。

③ 《古文尚书撰异》，引文见此书序，《皇清经解》，第 4 册，1 页。

④ 引文见《尚书今古文注疏》序及凡例，《皇清经解》，第 5 册，1 页。

⑤ 《左海经辨》中《今文尚书中有古文》、《史记用今文尚书》、《史记采尚书兼古文文》等条，《皇清经解》，第 7 册，199～200 页。

⑥ 《今文尚书经说考·今文尚书叙录》，《皇清经解续编》，第 4 册，911 页。

《诗经》是《史记》的另一重要文献依据。那么，《史记》所引《诗经》是今文还是古文呢？陈寿祺说："两汉毛诗未列于学。凡马、班、范三史所载，及汉百家著述所引，皆鲁、齐、韩诗。"① 这就是说，司马迁所引为今文《诗》。陈乔枞继承父业，完成《三家诗遗说考》。他认为，"孔安国从申公受《诗》为博士，至临淮太守。见《史记·儒林传》。太史公尝从孔安国问业，所习当为鲁诗"。② 这就又把《史记》所引定为今文家之鲁诗。皮锡瑞说："今文三家《诗》、《公羊春秋》，圣人皆无父感天而生，为一义。古文毛诗中间大段遗漏所谓传记。即《五帝德》、《帝系姓》之类，太史公据之作《三代世表》，自云'不离古文者近是'。是以稷、契有父，父皆黄帝子，乃古文说。故与毛诗、左氏合，与三家《诗》、《公羊春秋》不合。太史公作殷、周《本纪》，用三家今文说，以为简狄吞玄鸟卵，姜嫄践巨人迹；而兼用古文说云：殷契母曰简狄，有娀氏之女，为帝喾次妃；后稷母有邰氏女，曰姜嫄，为帝喾元妃。是亦合今古文义而两言之。"③ 这就又是说《史记》杂采古今了。

至于《春秋》以及与之有关的三传，自然也是《史记》所引据的重要文献。不过，司马迁所引是今文或古文的问题，前人未作具体讨论。如有讨论，那么肯定也会有分歧意见，而且也会有认为他杂采今古的说法的。

现在开始谈谈个人的看法。我认为，《史记》引用经书的文字和所取的解说为今文或古文的问题，其本身是很复杂的。为了解决这种复杂的问题，前人设立了一些划分今古文的标准。这些标准是有价值的，但是又不能被绝对化。例如前人根据司马迁曾从孔安国问故这一事实，便设立了《史记》引《书》为古文说（如班固、孙星衍）或兼今古文说（如陈乔枞）的标准，设立了引《诗》为今文鲁诗的标准（如陈乔枞）。这种标准的价值在于，它提出了一种可能的条件。可是，只有这一条件显然是不够的。实际上当前人在应用这一标准时，还有一个在他们看来是不言而喻的条件，即汉儒守师说、重家法。而这一点也恰恰需要具体分析。汉初伏生传《尚书》，有弟子欧阳生、张生，张生又传夏侯

---

① 陈寿祺：《三家诗遗说考自序》，《皇清经解续编》，第 4 册，1178 页。

② 陈乔枞：《三家诗遗说考·鲁诗遗说考自序》，《皇清经解续编》，第 4 册，1178 页。

③ 《经学通论·诗经·论诗齐、鲁、韩说，圣人皆无父，感天而生；太史公、褚先生、郑君以为有父，又感天，乃调停之说》条。皮锡瑞：《经学通论·诗经》，40 页，北京，中华书局，1954。

氏。武帝时，欧阳尚书立博士。至宣帝时，大夏侯（胜）、小夏侯（建）尚书又立博士。夏侯胜受业于族父夏侯始昌，又问于欧阳氏；夏侯建受业于族父夏侯胜，又从师于欧阳氏。结果大小夏侯又分为两家。① 如果汉儒真的严守师说，怎么会有许多分分合合？学术流派的分合，本是学术发展过程中的正常现象。试看《汉书·儒林传》，因"改师法"而未能补博士缺的，亦仅孟喜一人而已。可是孟喜的弟子以后还当上了博士。可见孟喜未被重用实际与其个人人品不佳有关。那么汉儒为什么高谈师法呢？看来不过是为了标榜自己是"真正老王麻子"，以便猎取官禄罢了。司马迁时代的经师都没有真正严守师法（如他们自我标榜的那样），司马迁并非经师，也无意补博士缺，当然更无严守一家师法之必要。所以，他从师问学，自然会受到影响，我们所能确定的仅仅是这种可能性，而得不出他严守师法的结论。又例如，从司马迁时《书》唯有欧阳立于学官这一事实出发，陈寿祺便得出他引《尚书》为欧阳本的标准。但是这个标准也不能绝对化。司马迁时，诸经立于学官者皆为今文。因此，他考信于六艺时候，自然有采用今文的较大的可能性。不过，也不能说，除今文经与经说以外，当时就没有先秦古文典籍与传说的存在。所以，连陈寿祺本人也认为《史记》采《尚书》兼今古文。他说："迁非经生，而好钓奇，故杂胪古今，不肯专守一家。《鲁周公世家》载《金縢》，其前周公奔楚事乃古文家说，其后成王改葬周公事乃今文说，此其明证矣。"②

其实，只要对《史记》的引经略作具体分析，我们就不难发现，司马迁既未墨守于当时已立于学官的经和经说，又未严守任何师法。例略如下：

（1）《五帝本纪》引《尚书·尧典》，基本为今文经。但是司马迁既不满于"《尚书》独载尧以来"，又不满于"百家言黄帝，其言不雅驯"；于是他引用了"儒者或不传"的"孔子所传宰予问《五帝德》及《帝系姓》"，并说"总之不离古文者近是"。③ 如果株守今文尚书，那就不可能写《五帝本纪》。《五帝德》、《帝系姓》（此二篇先秦古文资料在司马迁死后又被收入《大戴礼记》中）保存了黄帝以下的世系传说。此篇还引了《左传》，亦属于古义。

---

① 见《汉书·儒林传》，又见《汉书·眭两夏侯京翼李传》。
② 《左海经辨·史记采尚书兼古文文》，《皇清经解》，第 7 册，200 页。
③ 《史记》，第 1 册，46 页。

北京师范大学史学探索丛书

（2）《夏本纪》引《尚书》之《禹贡》、《皋陶谟》、《甘誓》，基本皆为今文经。但是也引用了《帝系姓》、《五帝德》的文字。

（3）《殷本纪》引《尚书》之《汤誓》、《高宗肜日》、《西伯戡黎》，基本皆为今文经并用《尚书大传》说，但又引《逸周书·克殷解》；引《诗·商颂·玄鸟》，承认"天命玄鸟"之说，但又取契有父（帝喾）说。

（4）《周本纪》引《尚书》之《牧誓》、《吕刑》、《泰誓》，皆为今文经并取《尚书大传》说，但是又博采《逸周书》之《克殷解》、《度邑解》以及《国语》、《左传》；引《诗·大雅·生民》，承认弃母履大人迹说，又言弃有父。

（5）《三代世表》主要据《五帝德》、《帝系姓》，兼取《尚书》。在当时流传的一部分古文资料中，"黄帝以来皆有年数，稽其历谱谍终始五德之传，古文咸不同，乖异。"① 他对不可信的古文并不迷信。

（6）《十二诸侯年表》主要据《春秋历谱谍》和《左氏春秋》、《国语》。他在此篇序中首次承认《左传》为解《春秋》之书。

（7）《鲁周公世家》引《尚书》之《金縢》，兼取今古文说，引《费誓》基本为今文，但又大量引据《左传》、《国语》。

（8）《宋微子世家》引《尚书》之《微子》、《洪范》，基本皆为今文经，以为正考父作《商颂》以美宋襄公亦为今文韩诗说；但此篇亦大量引据《左传》。他说，"襄公既败于泓，而君子或以为多，伤中国阙礼义，褒之也。宋襄之有礼让也。"② 所用既是今文韩诗说，又是今文《公羊传》说。可是他记宋襄公泓之战的历史，完全依据《左传》，笔下至少毫无褒意。

通过上述例证，我们还可以看出，司马迁兼采今古文并非出于简单的猎奇的爱好。因为，一则，司马迁引经并非从主观上愿意或不愿意引某书出发，而是首先要看能说明某一时代历史的究竟是些什么文献。黄帝以下至尧以前，他不得不用古文的《五帝德》、《帝系姓》；春秋时期，他又不得不主要据《左传》、《国语》。这就是说，他引书有无法选择的一面。二则，当今古文资料并存时，他又非从猎奇或师法出发。他对于"近是"的古文，取之，甚至作《仲尼弟子列传》时也采用了孔氏古文的弟子籍；而对于"乖异"的古文，则不取之。他

① 《史记》，第 2 册，488 页。
② 《史记》，第 5 册，1633 页。

的确重视今文《尚书》，但是《殷本纪》中竟然未引《盘庚》，《周本纪》中竟然未引周初诸诰。他为什么不引用这些极为宝贵而重要的材料？看来因为这些篇目太难懂，当时今文经师未能解释通，甚至解释有"乖异"（段玉裁即曾指出汉代《尚书》今文说有"乖异"处，见《古文尚书撰异》）处。总之，在有选择余地时，不论古文或今文，凡其说乖异者，他皆不选。三则，他既兼引今古文，在一定条件下，也就不得不兼容并包，信以传信，疑以传疑。例如，他既从今文韩诗说，以为契、稷皆感天而生，又从古文《帝系姓》说，以为此二人皆有父。这看来是留下了矛盾，实际是并存了古代的两种传说。古代有生于图腾说或感天神而生说，同时古人又有重血缘而明谱系的传统。尽管两种说法都很不可靠，但两种说法反映的古代传统本身则是真实的。试看《新约圣经》第一章《马太福音》一开头就开列着耶稣的家谱，从亚伯拉罕直到耶稣母亲的丈夫约瑟，共四十二代；同时又说明耶稣之母马利亚是童贞女，从上帝圣灵而孕育了耶稣。兼存古代传说，并非《史记》或其他中国古史所特有。

如果用司马迁自己的话来概括他引书兼容并包的方法，那就是："厥协六经异传，整齐百家杂语"①。这是否说明司马迁引书是杂家式的？不是。他引六经时协其异传，整齐百家杂语时"考信于六艺"。这就说明也是"折中于仲尼"的。但是他又有自己的特色：一则，与当时株守一经及一家之说而拒斥他说的陋儒不同，司马迁对儒家诸经之间的态度是开放的；二则，与董仲舒的罢黜百家、独尊儒术的态度不同，司马迁主张兼容百家，只不过以儒家的六经为最高标准来整齐百家，所以对百家的态度也是开放的。

三、司马迁与董仲舒今文经学在思想上的异同

以上谈了《史记》在引据和解释典籍的层次上与当时经学的关系。现在再就学术观点的层次谈谈《史记》与当时经学的关系。那么，当时经学主要研讨的是什么问题呢？汉武帝在策问董仲舒时说："盖闻善言天者，必有征于人；善言古者，必有验于今。故朕垂问乎天人之应，上嘉唐虞，下悼桀纣，寖微、寖

316

北京师范大学史学探索丛书

灭、寖明、寖昌之道。"① 汉武帝提出的问题，出于汉统治者从理论上总结历史经验以巩固其统治的需要；而他所提出的，也正是当时在理论上尚未解决的问题，即天人之际与古今之变两个问题。现在分别讨论如下。

第一，关于古今之变的问题，也就是人类历史如何演变的问题。

在汉代经学兴起以前，这个问题就已经提出好久了。孔子说："殷因于夏礼，所损益可知也；周因于殷礼，所损益可知也。其或继周者，虽百世可知也。"② 这就是说，当前一朝的治变为乱的时候，下一朝就要加以损益或变革以求治；当下一朝的治再转为乱的时候，更下一朝又要加以损益以求治。如此在因循与损益过程中一治一乱地走下去，这大概就是孔子自以为百世可知的历史演变方式了。孟子说："天下之生久矣，一治一乱。"③ 看来这是他对孔子说法的概括，也是他自己对历史演变方式的看法。不过，孟子又加了一条："五百年必有王者兴。"④ 这样就多了一个五百年一回转的具有神秘色彩的圈子。孟子以后，邹（驺）衍"称引天地剖判以来，五德转移，治各有宜，而符应若兹。"⑤ 邹衍书已不传，其说略见于《吕氏春秋·有始览·应同》。这就是，"黄帝之时，天先见大螾大蝼。黄帝曰：土气胜。土气胜，故其色尚黄，其事则土。及禹之时，天先见草木秋冬不杀。禹曰：木气胜。木气胜，故其色尚青，其事则木。及汤之时，天先见金刃生于水。汤曰：金气胜。金色胜，故其色尚白，其事则金。及文王之时，天先见火，赤鸟衔丹书集于周社。文王曰：火气胜。火气胜，故其色尚赤，其事则火。代火者必将水，天且先见水气胜。故其色尚黑，其事则水。水气至而不知，数备将徙于土。"⑥ 这种说法比孟子的"一治一乱"和"五百年必有王者兴"更系统化、更神秘化了。邹衍五德终始说中有着一种战国时期的以力取胜与除旧布新的精神，所以采用了以木克土、金克木、火克金、水克火、土克水的相代嬗的演变方式，但总的体系仍是一种圈子。五行相胜说在秦汉时期曾经盛行。秦始皇正式宣布秦为水德以代周。汉文帝时即有人提议，

① 《汉书》，第8册，2513页。

② 《论语正义》，39页。

③ 《孟子正义》，263页。

④ 《孟子·公孙丑下》，焦循：《孟子正义》，《诸子集成》，第1册，183页。

⑤ 《孟子荀卿列传》，《史记》，第7册，2344页。

⑥ 《吕氏春秋》，《诸子集成》，第6册，126～127页。

至武帝时（太初元年）正式宣布汉为土德以代秦。

以董仲舒为代表的今文经学家对于历史演变的解释，虽然受到五行相胜说的某种影响，但实际上是与之不同的。董氏在回答汉武帝册问道是否有变化时说："道者，万世亡弊。弊者，道之失也。先王之道必有偏而不起之处，故政有眊而不行。举其偏者以补其弊而已矣。三王之道所祖不同，非其相反，将以救溢扶衰，所遭之变然也。故孔子曰：'亡为而治者其舜乎。'改正朔，易服色，以顺天命而已，其余尽循尧道，何更为哉？故王者有改制之名，亡变道之实。然夏上忠、殷上敬、周上文者，所继之救当用此也。孔子曰：'殷因于夏礼，所损益可知也；周因于殷礼，所损益可知也。其或继周者，虽百世可知也。'此言百王之用，以此三者矣。夏因于虞，而独不言所损益者，其道如一，而所上同也。道之大原出于天，天不变，道亦不变。是以禹继舜，舜继尧，三圣相受，而守一道，亡救弊之政也。故不言所损益也。由是观之，继治世者其道同，继乱世者其道变。今汉继大乱之后，若宜少损周之文致，用夏之忠者"。[①] 这一段话有三层意思：一则，天不变，道不变，故历史实无变；所谓变，只是举偏补弊，把偏离于道之弊纠正并返回于道上来。二则，即是救弊，便没有五行相胜说的前后相反。三则，把孔子三代因循损益之说神化为教条，认为一切历史的变都不会超出三代的圈了；于是五行的圈子为三代的圈子所代替。

为了神化其事，董仲舒又把他的三代圈子展开为三统说或三正说。他说："三正以黑统初，正日月朔于营室，斗建寅。天统气始通化物，物见萌达，其色黑。"[②] "正白统者。历正日月朔于虚，斗建丑。天统气始蜕化物，物始芽，其色白。"[③] "正赤统者，历正日月朔于牵牛，斗建子。天统气始施化物，物始动，其色赤。"[④] 他认为，夏为黑统，以正月（建寅）为岁首；殷为白统，以十二月（建丑）为岁首；周为赤统，以十一月（建子）为岁首。十一月（冬至所在月），阳气在地下开始萌动，植物的根株是红色的；十二月，植物在地下萌芽，其色白；正月，植物芽始出地面，其色黑。这样他就给夏殷周三代的三正、三统、

---

① 《董仲舒传》，《汉书》，3518～3519 页。

② 苏舆：《春秋繁露义证》，191 页，北京，中华书局，1992。

③ 同上书，193 页。

④ 同上书，194 页。

三色找出了似为科学而实为神学的理论根据。① 他还构造出一个大的推衍体系。例如，周以本代及前二代夏、殷为三代，以三代前自黄帝至舜的五朝为五帝，以黄帝以前的神农氏为九皇。那么，代周者，将以自身及前二代殷、周为三代。黜夏为五帝之一，再上黜黄帝为九皇。如此等等。② 由此又可看出，董氏三统说与邹氏五行说还有两个重要差别：第一，董氏三统、三正之变，只是同一个道在不同阶段的展现形式之不同（具体化为同一植物根芽在不同阶段的颜色不同），不是一物为另一物所代替。第二，董氏三统说中，没有以十月（建亥）为岁首的一统；这样他就把以十月为岁首的秦代排除在正统之外。以后刘歆作《世经》，就正式把秦当作闰统。儒家经学的正统说容纳不了反儒的秦王朝，这与五行说承认秦占一德，汉继秦为土德不同。以后到刘歆《世经》中又以周为木德，木能生火，汉继周为火德。③ 这就是继承了董仲舒不予秦为正统的方法。

司马迁在解释历史演变时，既没有引用五行相胜说，又没有引用三统、三正说；大概因为它们都神秘化而远于人事。但是也引用了董仲舒的说法。例如，"太史公曰：夏之政忠，忠之敝，小人以野。故殷人承之以敬，敬之敝，小人以鬼。故周人承之以文，文之敝，小人以僿。故救僿莫若以忠。三王之道若循环，终而复始。周秦之间，可谓文敝矣。秦政不改，反酷刑法，岂不缪乎？故汉兴，承敝易变，使人不倦，得天统矣。"④ 这里既承认夏、殷、周三代忠、敬、文三种政教的承敝易变的关系，又把秦置于三王之道以外加以批评，显然受了董仲舒经学的影响。但是，司马迁说："秦取天下多暴，然世异变，成功大。传曰：法后王。何也？以其近己，而俗变相类，议卑而易行也。学者牵于所闻，见秦在帝位日浅，不察其终始，因举而笑之，不敢道。此与以耳食无异，悲夫。"⑤ 秦取天下多暴，是事实；其成功大，也是事实。汉基本上继承了秦制，这就是法后王。这仍然是事实。怎能抛开这些事实对秦采取"举而笑之不敢道"的态

---

① 夏、殷、周岁首推移的次序与三代相传次序相反，《白虎通·三正》解释说："天道左旋，改正者右行，何也？改正者，非改天道也，但改日月耳。日月右行，故改正亦右行也。"陈立：《白虎通疏证》，364 页，北京，中华书局，1994。

② 见《春秋繁露·三代改制质文》。

③ 《律历志下》，《汉书》，第 4 册，1023 页。

④ 《史记》，第 2 册，393～394 页。

⑤ 《六国年表序》，《史记》，686 页。

度呢？司马迁把这种对秦的态度嘲笑为"与耳食无异"，应该说这就是对于不予秦为正统的学者（当然首先是董仲舒）的不指名的批评。这是司马迁不同于董仲舒者之一。又如，司马迁在比较三代诸侯与高祖功臣侯者异同时指出，同是诸侯，三代诸侯那么多，历时又那么长久，而汉初受封的功臣侯者百余人，仅经百年，至武帝太初时仅剩下五个，"余皆坐法陨命亡国，耗矣"。于是他深有感慨地说："居今之世，志古之道，所以自镜也，未必尽同。帝王者各殊礼而异务，要以成功为统纪，岂可绲乎？"① 这就是说，由于时移世异，古今情况已有很大不同；所以用古作为镜子照照还是有益的，要求今就像古一样那就是不可能的。因此，司马迁说汉代用夏之忠，那只是说以之为借鉴，而决非汉代又回到了夏的情况。在这里，司马迁是司马迁、董仲舒是董仲舒，"岂可绲乎？"这是司马迁不同于董仲舒者之二。总之，司马迁看历史的演变，从事实而不是从经学或五行说公式出发，同意历史的演变有某种循环的特征，而并不认为客观的历史真的就是在封闭的圆圈中循环的。

第二，关于天人之际的问题。在古代，不少思想家都用天人关系来解释人世间的盛衰与祸福，有时候还用这种关系来解释历史演变的原因。

在儒家典籍中，是有以天人关系解释历史演变的传统的。在《尚书》中，王朝的更替往往被说成"皇天上帝，改厥元子"②。天为什么会改换"元子"（即天子）呢？这是为了把这个天子的地位从无德者的手中夺回来，转为给有德者的手中。夏代先王曾经有德，所以得了天命即王位；夏代末王失去了德，天就命令有德者商汤革了夏代的命。商汤以有德得天命，至其末王又失去了德，于是天又命令周文王、武王革了商代的命。《尚书·周书》中有许多篇都反复讲这个道理。周统治者意识到天命是会转移的，因而也是不易把握的。怎样才能知道天命的动向呢？"天棐忱辞，其考我民。"③ 看看民心就知道天命的动向了。《孟子·万章上》引真古文《尚书·泰誓》说："天视自我民视，天听自我民听。"④ 说的也就是这个意思。所以，在《尚书·周书》中，把天看作能赏善罚恶的主宰者或上帝，这个认识的水平并不算太高，可是，把天命看作民心的反

---

① 《高祖功臣侯者年表序》，《史记》，878 页。

② 《尚书正义》，212 页。

③ 同上书，199 页。

④ 《孟子正义》，380 页。

映，这种认识中就已经具有水平甚高的理性因素了。

孟子对《尚书》中的上述思想作了进一步的发挥。万章问孟子说，尧把天下传给了舜，有此事吗？孟子回答说，天子不能拿天下给别人，舜得天下是天给的。怎见得是天给的呢？尧在位时用舜做副手，这就是荐舜于天。舜祭祀，神接受，舜办事，"百姓安之"。这就是"天与之，人与之"。尧死以后，人民拥护舜而不拥护尧的儿子。这样就是天把天下给予舜了。万章又问，有人说，禹的德行就不行了，天下不传贤而传子，对吗？孟子回答说，不对。"天与贤则予贤，天与子则与子。"因为禹也曾荐益于天，可是禹死后，人民不拥护益，而拥护禹的儿子启，所以启得天下也是天给予的。益为什么不能得到人民拥护呢？孟子说，舜做过尧的副手 28 年，禹做过舜的副手 17 年，"施泽于民久"，而尧、舜的儿子又都不肖，所以舜、禹能得人民拥护；而益只做过禹的副手 7 年，"施泽于民未久"，禹的儿子启又贤能，所以益得不到人民的拥护。先前的国君的儿子贤或不肖，被荐者做副手的时间长短，这都不是人力所能决定的。"莫之为而为者，天也；莫之致而至者，命也。"所以传贤或传子都决定于天、于命。① 这样，孟子就又给天加上了一种偶然性的解释。不过，就连这些偶然性，最终也要由人民的拥护这一决定因素来实现。所以，在孟子看来，天命和民心是一致的；他以天命解释历史的演变，实际即是以人心向背来解释历史的演变。

邹衍的阴阳五行说，讲的也是天人关系问题。他的五行相胜说，是以木克土、金克木、火克金、水克火、土克水的形式表示一种不依人的意志为转移而人只能适应它的天命。他的五行相生说，是讲"机祥度制"② 因而"大祥而众忌讳，使人拘而多所畏"③ 的，其说大体可见于《吕氏春秋·十二纪》或《礼记·月令》中。这种思想产生的背景大概是，战国社会剧变而争战酷烈，旧体制的破坏势成命定，不以人的意志为转移了。秦始皇正式宣布秦得水德，"刚毅戾深，事皆决于法，刻削毋仁恩和义，然后合五德之数"。④ 看来他是在自觉地适应以水克火的天命，而不再顾忌人心了。实际上他也是认为人心不足畏的。

汉代秦以后，儒家讲天人关系，大体分为两支：今文《尚书》家讲《洪

---

① 《孟子正义》，379～382 页。

② 《史记·孟子荀卿列传》。

③ 《史记·太史公自序》。

④ 《史记·秦始皇本纪》。

范》主要以五行说灾祥；而陆贾、贾谊等则又注意以人心解释天命，因为他们在总结秦亡的经验时重新认识到了人心的重要性。到了董仲舒的手里，二者又合而为一。他的春秋公羊说，既以人心解释天命，又以五行相生、相胜说来讲灾祥。他对汉武帝说："臣谨案《春秋》之中，视前世已行之事，以观天人相与之际，甚可畏也。国家将有失道之败，而天乃先出灾害以谴告之。不知自省，又出怪异以警惧之。尚不知变，而伤败乃至。以此见天心之仁爱人君。而欲止其乱也。自非大无道之世者，天尽欲扶持而全安之，事在强勉而已矣。""故治乱废兴在于己，非天降命不可得反，其所操持悖谬，失其统也。臣闻天之所大奉使之王者，必有非人力所能致而自至者，此受命之符也。天下之人同心归之，若归父母，故天瑞应诚而至。""诗云：'宜民宜人，受禄于天'。为政而宜于民者，固当受禄于天。"① 董仲舒把天说成人格化的上帝，上帝是爱护人君的，会对人君给以警告以至奖惩，而最后奖惩的标准还在于人君是否能得民心。这实际是把孟子的说法作了宗教神学化的加工，本质上还是儒家以人心解释天命的思想。董氏以天人感应之说讲灾祥，备见《春秋繁露》书中，成为以后史书中《五行志》的滥觞，这里不多说了。

司马迁对于天人之际的解释，与董仲舒有同也有异。一方面，司马迁相信灾祥，与董仲舒有相似处。《史记·天官书》前面的绝大部分都是古代天官理论或占星学理论，大概是司马谈从唐都那里学来又传给司马迁的。"太史公曰：自初生民以来，世主曷尝不历日月星辰，及至五家三代，绍而明之。内冠带，外夷狄，分中国为十有二州。仰则观象于天，俯则法类于地。天则有日月，地则有阴阳；天有五星，地有五行；天则有列宿，地则有州域。三光者，阴阳之精。气本在地，而圣人统理之。"② 这是司马迁对上文所引天官理论的总结和提要，说明天官理论的核心在于天地亦即天上人间的对应与相通。司马迁承认天地或天人之际的对应与相通，就与董仲舒有了一个基本的共同点。但是，司马迁不赞成以天官理论胡乱解释历史。他在《自序》中说："星气之书，多杂机祥，不经。推其文，考其应，不殊，比集论其行事，验于轨度以次，作天官书。"③

---

① 《汉书·董仲舒传》。
② 《史记》，第 4 册，1342 页。
③ 《史记》，第 10 册，3306 页。

所以，《天官书》中，自从"太史公曰"以下，都是他以史书记载与天官理论相核验的推文考应之作。他对春秋时期，只举了很少的例证，而对于秦灭六国、项羽破秦、汉之兴、平城之围、诸吕作乱，吴楚之乱等，都列举了星象的先兆，并说"此其荦荦大者，若至委曲小变，不可胜道。由是观之，未有不先形见而应随之者也"。为什么要有这种天人之际的理论呢？司马迁说："日变修德，月变省刑，星变结和。凡天变过度，乃占。国君强大，有德者昌，弱小饰诈者亡。太上修德，其次修政，其次修救，其次修禳，正下无之。"所以，这种理论旨在利用天变警戒人君，使之改过、修德。其目的与董仲舒也是一致的。不过，尽管如此，司马迁与董仲舒仍然有很大的不同。司马迁的态度是：对于天官灾祥理论，必须以历史事实去检验之，能核实者（尽管这也是偶合）才承认之。他的方法是归纳的、实证的。董仲舒则是尽力作天人之际的比附①，其方法是演绎的、玄想的。所以，如果说董仲舒为汉代今文经学的神学化奠了基石，那么司马迁则在一定程度上做了以后兴起的古文经学的先导。尽管司马迁在相信灾祥说的内容上颇有与今文经学一致的地方。

另一方面，司马迁讲天人之际，还有与董仲舒颇为异趣的地方。董仲舒对于皇天上帝的赏善罚恶的性质是充分肯定的，而司马迁对此却将信将疑，甚至疑多于信。他说："或曰：'天道无亲，常与善人'。若伯夷、叔夷，可谓善人者非耶？积仁洁行如此而饿死。且七十子之徒，仲尼独荐颜渊为好学，然回也屡空。糟糠不厌，而卒蚤夭。天之报施善人，其何如哉？盗跖日杀不辜，肝人之肉，暴戾恣睢，聚党数千人，横行天下，竟以寿终。是遵何德哉？此其尤大彰明较著者也。若至近世，操行不轨，专犯忌讳，而终身逸乐富厚，累世不绝。或择地而蹈之，时然后出言，行不由径，非公正不发愤，而遇祸灾者，不可胜数也。余甚惑焉。傥所谓天道是耶？非耶？"②由于对赏善罚恶的天人之际的怀疑，司马迁对天及天人之际提出了一种新的理解。

司马迁在论秦的兴起时说："秦始小国，僻远。诸夏宾之，比于戎翟。至献公之后，常雄诸侯。论秦之德义不如鲁卫之暴戾者；量秦之兵，不如三晋之

---

① 事见《春秋繁露》书中，恕不举例。
② 《史记》，第 7 册，2124～2125 页。

强也。然卒并天下，非必险固便、形势利也。盖若天所助焉。"① 又说："说者皆曰：'魏以不用信陵君故，国削弱，至于亡'。余以为不然。天方令秦平海内，其业未成，魏虽得阿衡之佐，曷益乎？"② 秦暴戾而终于因天助而得胜，就像《伯夷列传》中所说坏人得好报一样，那么，这个天又是什么样的天呢？其实，司马迁对助秦的"天"已经作了分析和回答。他说，"是（春秋中期）后，陪臣执政，大夫世禄，六卿擅晋权，征伐会盟，威重于诸侯。及田常杀简公而相齐国，诸侯晏然弗讨。海内争于战功矣。三国终之卒分晋，田和亦灭齐而有之。六国之盛自此始。务在强兵并敌，谋诈用而从衡短长之说起，矫称蜂出，誓盟不信，虽置质剖符，犹不能约束也。"③ 山东各国内部及各国之间的争权夺利，本来都为了营其私利，而结果在斗争中削弱了自己的力量并破坏了彼此间的团结，终于为秦的征服与兼并扫清了道路。为秦兼并扫清道路的本是山东六国的人的行为，怎能说是天呢？因为他们的本来目的不是为秦扫清道路，扫清道路是莫之为而为、莫之致而至的违反他们本来目的的客观后果，所以这就是天是命了。司马迁在分析秦楚之际形势变化之快并比较先秦统一之难与汉高帝统一之易的时候说："秦既称帝，患兵革不休，以有诸侯也。于是无尺土之封，堕坏名城，销锋镝，锄豪杰，维万世之安。然王迹之兴，起于闾巷，合从讨伐，轶于三代。乡秦之禁，适足以资贤者为驱除难耳。故愤发其所为天下雄，安在无土不王。此乃传之所谓大圣乎。岂非天哉，岂非天哉！"④ 秦本为维护自己的统治而不立诸侯，结果却为汉高帝的统一扫清了道路。这也是莫之为而为、莫之致而至的事，所以岂非天哉？司马迁所说的这种天，如果换用黑格尔的话来说，就叫做"理性"或"普遍的东西"。黑格尔说："热情的特殊利益，和一个普通原则的活泼发展，所以是不可分离的：因为'普遍的东西'是从那特殊的、决定的东西和它的否定所生的结果。特殊的东西同特殊的东西相互斗争，终于大家都有些损失。那个普遍的观念并不卷入对峙和斗争当中……它驱使热情去为它自己工作，热情从这种推动里发展了它的存在，因而热情受了损失，遭了祸

北京师范大学史学探索丛书

① 《史记》，第 2 册，685 页。
② 《史记》，第 6 册，1864 页。
③ 《史记》，第 2 册，685 页。
④ 《史记》，第 3 册，760 页。

殃——这可以叫做'理性的狡计'（the cunning of reason）。"① 每一个个体或特殊者都在为自己的利益而热情地斗争着，而站在背后的普遍者、理性或天却假手于个体间的热情的斗争去实现天自己的计划，个体的自觉的努力却使其自身转变为天的不自觉的工具。司马迁在两千余年以前对天人之际的认识，就已经接近于黑格尔的理解，实在是难能可贵的。用这样的天人之际来解释历史的发展，其深度远远超出汉代经学水平之上了。

不过，司马迁的这种天人之际的思想却有其经学的来源。在《尚书》里，天假手于商汤以伐桀、假手于周武王以伐纣，是假手善人以伐恶；人是天的自觉工具，有天人之间的同一而无对立。在《左传》中，又有了这样的记载：蔡侯般是一个弑父而篡位的人（襄公三十年）②，12 年后，楚灵王把他召到申，杀了他又派兵围蔡。晋国的韩宣子问叔向楚是否能胜利，叔向说楚能胜利，因为"蔡侯获罪于其君，而不能其民，天将假手于楚以毙之"。而楚灵王也不是好人，所以叔向又说："天之假助不善，非祚之也，厚其凶恶，而降之罚也。"③楚灵王灭蔡，只是为了自己兼并的目的，天却假手于他，一则惩罚蔡侯般，二则为他自己的灭亡准备条件。楚灵王做了天要他做的事，在这一点上天人一致；可是他个人的目的与天的目的又是不同的，这一点上天人又相对立。但是，最终天还是利用楚灵王而实现了天的目的，楚灵王只不过是天的一个热情的而又不自觉的工具。以上曾经说到司马迁多引《左传》，现在又可以看出，他的这一杰出的天人之际的见解，显然也是受了古文经的影响的。当然，司马迁的见解比《左传》又进了一步。《左传》只说到天假手罪人以罚恶人，而《史记》则已经看到天假手怀有自私目的的人去推动历史的发展了。

---

① 黑格尔：《历史哲学》，72 页，北京，三联书店，1956。

② 《春秋左传正义》，2011 页。

③ 同上书，2060 页。

论中国古代轴心时期的文明
与原始传统的关系

在春秋战国时期，中国文化经历了一次空前的繁荣和突破。用雅斯贝斯（K. Jaspers）的话来说，这就是中国的"轴心期"文明的出现。中国轴心期文明是怎样在批判地继承先前的原始传统中发展的呢？在进入轴心期文明以后，原始传统的因素是否仍然存在？它又是怎样在轴心期文明中存在的？在这篇文章里，我想以儒家的仁学说和礼学说的关系为实例，对以上问题作一些探讨。

一

孔子提出的"仁"学说，是中国轴心期文明正式开始的一个重要标志。

轴心期文明的一个重要特点，就是人类精神的觉醒；而孔子所提出的"仁"，正是人类精神觉醒的具体的反映。从字源学角度来看，"仁"字由"人"和"二"组成，直接地表示人和人的相亲相爱。[①] 不过孔子和孟子对"仁"字作了更深一层的解释。孔子说："仁者，人也。"[②] 孟子也说"仁也者，人也。"[③] 他们的意思是，"仁"就是要把人当作人。不过他们的话太简短，不易使人理解。汉朝末年的大学者郑玄对孔子所说的"仁者，人也"作了进一步的说明。他说，孔子这里所说的"人"，就是"相人偶"的意思。"人偶"指"同属于人类的伙伴"。所以，孔子和孟子给"仁"所下的定义是"仁就是人们互相把别人当作和自己同类的伙伴"，简单地说，就是要"互相把别人当作人来对待"。

怎样才算是"把人当作人"的仁者呢？孔子曾经结合种种具体情况作不同的具体说明。最一般地说，"仁"就是要"爱人"。[④] 具体地说，"仁"还包含正

---

① 许慎撰，段玉裁注：《说文解字》，第八篇上，人部："仁，亲也。从人二。"上海，上海古籍出版社，1981。

② 《中庸》引孔子语，载《十三经注疏》，1629 页，北京，中华书局，1980。

③ 《孟子·尽心下》，同上书，2774 页。

④ 《论语·颜渊》，同上书，2504 页。

反两方面的内容。孔子说："唯仁者，能好人，能恶人"，"好仁者，无以尚之，恶不仁者，其为仁矣，不使不仁者加乎其身"。① 仁者只能爱把人当作人的仁者，而不能爱不把人当人的不仁者。这符合于逻辑中的矛盾律。孔子还反对人做不分是非的老好人。他说："乡原，德之贼也。"② 这又符合逻辑的排中律。爱人，必须有一个主体，这就是自己；爱人，又必须有对象，那就是他人。孔子的"仁"或"爱人"的途径是：推己及人。这又分为正反两个方面。正面地说，孔子主张："夫仁者，己欲立而立人，己欲达而达人。能近取譬，可谓仁之方也已。"③ 反面地说，孔子主张："己所不欲，勿施于人。"④ 这样就可以做到，既能以己之所欲推及于人，又不至于以己所不欲强加于人。如果真能做到这样，那么就确实把人当作人了。

孔子提出的"仁"，不仅有把人当作人的意思，而且还有不把非人当作人的意思。有一次，"樊迟（孔子弟子）问仁。子曰：'爱人。'问知。子曰：'知人。'"⑤ 可见孔子的"仁"和"智"的对象都是人。又一次，"樊迟问知。子曰：'务民之义，敬鬼神而远之，可谓知矣。'问仁。曰：'仁者先难而后获，可谓仁矣。'"⑥ 这就更加清楚地表明，孔子所说的智的根本内容在于：分清人与非人（如鬼神），并把精力集中在人事上。祭祀鬼神以求福，这并不难；而要把人事真正做好，那的确是很难的。孔子说"仁者先难而后获"，就是以能够区别人与非人的智慧为前提的。⑦

孔子提出的"仁"，只把人当作人，而不把非人当作人。这正是人类精神觉醒的一个明显的标志，也就是中国古代轴心期文明正式开始的一个重要标志。

当然，还有一个必须澄清的问题，即在孔子以前是否已经有人提出了"仁"的问题。迄今为止，在殷代的甲骨文中尚未发现有"仁"字，周代的甲骨文和金文中也尚未见有"仁"字。只是在孔子以后的战国时期，少数青铜器铭

---

① 《论语·里仁》，《十三经注疏》，2471 页。
② 《论语·阳货》，《十三经注疏》，2525 页。
③ 《论语·雍也》，《十三经注疏》，下册，2479 页。
④ 《论语·颜渊》，《十三经注疏》，2502 页。
⑤ 《论语·颜渊》，《十三经注疏》，2504 页。
⑥ 《论语·雍也》，《十三经注疏》，2479 页。
⑦ 《论语·公冶长》记，孔子对楚令尹子文，齐大夫陈文子的评语都是："未知，焉得仁。"王充、郑玄皆释"知"为"智"，是正确的。同上书，2474 页。

文中才有了"仁"字。在孔子以前的文献中,《尚书》(除伪古文部分不计)里只见"仁"字一次①,《诗经》里只见"仁"字两次②。但是,这些"仁"字都不表示孔子所说的"仁"的意思。《尚书》中的那个"仁"字实际是"佞"字的代用字,意思是"有才";《诗经》中的那两个"仁"字实际是"夷"字的代用字,意思是"愉快"。③ 因此,我们不能说孔子以前已经有了真正的"仁"的观念。

二

孔子是凭空发现了"仁"? 还是在继承前人精神遗产的基础上才发现了"仁"? 如果继承了前人遗产,这遗产又是什么?

孔子不可能凭空地发现"仁",这正如黑格尔所说逻辑必须从"有"(Sein)开始一样,因为无中不可能生有。至于具体的有(Dasein),那当然是会不断从一种形式变为另一种形式的;也只是在这一个层次上,才会有"有无相生"。孔子的"仁"是一种具体的有,是从原始传统中的另一种具体的有变化而来的。这种变化的过程,就是批判地继承或扬弃(Sublation Aufhebung)的过程。

那么,孔子的"仁"是从扬弃什么原始传统中提出的呢? 在我看来,那是礼。或者说,那是原(proto)礼,因为它与那种经过孔子改造而和仁结合的礼是有区别的。

原礼也有一个发展过程。在史前时代,它直接表现为部落的宗教仪式。在早期国家中,它表现为不成文的习惯法,并且仍然与宗教有密切的关系。

中国原始传统中的礼,有一个根本的特点,即特别强调区分。中国人长期既崇拜神又崇拜祖先。在部落时期,部落以内的人与部落以外的人是有严格区分的,因为他们有不同的祖先和不同的神。在早期国家中,国人(公民)与野人(非公民)也是有严格的区分的,区分的标准仍然是宗教和血缘。所以说,

---

① 见于《金縢》篇,此篇是《尚书》中问题较多的一篇,《十三经注疏》,196页。

② 见《郑风·叔于田》,《十三经注疏》,337页;《齐风·卢令》,《十三经注疏》,353页。

③ 参见拙作《先秦儒家仁礼学说新探》。

"夫礼者，所以定亲疏，决嫌疑，别同异，明是非也"。①

　　按照礼的原则，不同部分的人所得待遇是不同的。"德以柔中国，刑以威四夷"② 这说明德只施用于与周王有亲戚关系各邦的国人，而刑（暴力）则用于对待其他部落。在每一个诸侯国（或小邦）内，国人（公民）都是与统治者有远近不同的亲属关系的人，而野人（非公民）则往往来自被征服的土著部落。因此"礼不下庶人（即野人），刑不上大夫。"③ 非公民仍然是施加暴力的对象。古人为什么这样做呢？因为他们认为："异姓（有不同的部落起源的人）则异德，异德则异类。""同姓（有相同或相近的部落起源的人）则同德，同德则同心，同心则同志。"④ 根据古人的逻辑，不同姓的人既然有不同的德，那么也就不属于同一类（他们还没有觉醒而认识到，人类本是同类）；对于不同德的不同类者，当然不能施之以德；既然不能施之以德，那自然只有用暴力对待了。同姓的人，既然同德、同心、同志，那当然就可以也应该以德相待了。

　　从甲骨文的资料来看，殷代统治者对于远近不同的祖先举行了很多祭祀，这当然是同姓用德的表现；同时考古发掘材料证明，殷统治者为了厚葬自己的亲属，竟不惜杀人（看来来自俘虏）殉葬。这就是原始传统的礼，它包含了用德与用刑的两个方面的鲜明对比。

　　周朝的统治者在战胜并取代了殷朝以后，开始总结前朝失败及自己胜利的经验。他们发现，殷代以及从前的夏代所以失败，关键在于失去了民心的支持，而殷、夏的失去民心，关键又在于他们自己的失德。周统治者认为："我不可不监于有夏，亦不可不监于有殷。我不敢知曰：有夏服天命，惟有历年。我不敢知曰：不其延。惟不敬厥德，乃早坠厥命。我不敢知曰：有殷受天命，惟有历年。我不敢知曰：不其延。惟不敬厥德，乃早坠厥命。"⑤ 周统治者并非不要刑罚，但是主张"明德慎罚"。⑥ 周统治者对被征服的殷人的态度是：只要服从周朝，就不歧视他们；如果还想作乱，"乃有不用我降尔命，我乃其大罚殛之，非

---

①　《礼记·曲礼上》，《十三经注疏》，1231 页。

②　《左传》僖公二十五年，《十三经注疏》，1821 页。

③　《礼记·曲礼上》，《十三经注疏》，1249 页。

④　《国语·晋语四》，上海，上海古籍出版社，1998。

⑤　《尚书·召诰》，《十三经注疏》，213 页。

⑥　《尚书·康诰》，《十三经注疏》，203 页。

我有周秉德不康宁，乃惟尔自速辜。"① 周统治者已经有条件地把"德"推广施用于被征服的人民，使原始的礼中的"德"的部分的重要性超出了"刑"的部分。这是一次重要的变革，是对原始传统的一次重要调整。当时周统治者中最出色的人是周公，他在中国历史上开创了一个善于调整传统的传统。

周统治者在原始传统的礼中突出强调了其积极的部分——"德"，这无疑是一大进步。孔子批判地继承了周公的精神遗产，又把周公强调的"德"改造并发展为"仁"。周公主张的德政，只是把人当作臣民（subject）来爱护，而孔子主张的仁政，则是要把人当作人（human being）来爱了。孔子发扬了周公开创的调整传统的传统，同时又达到精神上的一次突破。他主张的"仁"反映了人类精神的觉醒。也标志了中国轴心期文明的开端。孔子特别崇敬周公，正因为他从周公那得启发和教益，从原始传统的礼中开发了它的积极的精神资源，才对原始传统有所突破。

三

孔子不仅把原始传统的礼中的"德"发展为"仁"，而且还改造了原始传统的礼自身，使它成为实行"仁"的必不可少的条件。

孔子"仁"的中心内容是爱人，但不是无区分与无差别地爱人。孔子教人行仁，首先要从自己做起，要从自己的道德人格建立做起。"己欲立，而立人"。自己不能立，怎能立人？自我道德人格的建立，就是自爱：自己爱自己，自己尊重自己，自己把自己当作人。儒家所强调的"修身为本"②，就是这个意思。有了自我道德人格的建立这一立足点，人就应当把这种对人之爱逐步地向外推。先爱自己的父母、兄弟等，然后再推到他人的父母、兄弟。"其为人也孝弟，而好犯上者，鲜矣；不好犯上，而好作乱者，未之有也。君子务本，本立而道生。孝弟也者，其为仁之本欤？"③ 由自己的父母、兄弟，推到他人的父母、兄弟，再推到君臣上下之间。于是"仁"有区别、有层次地遍及人类社会，成为维持

---

① 《尚书·多方》，《十三经注疏》，229 页。
② 《礼记·大学》，《十三经注疏》，1673 页。
③ 《论语·学而》记孔子弟子有若语，《十三经注疏》，2457 页。

社会的良好秩序。有人以为孔子的"仁"只爱一部分人或只爱社会集团的人，看来这是一种误解。孟子说："君子之于物也，爱之而弗仁；于民也，仁之而弗亲。亲亲而仁民，仁民而爱物。"① 所以"仁"以人类为界限；在人类内部，"仁"不再有界限，而只有层次的区分。

那么，在人类内部，"仁"的层次又根据什么标准来确定呢？孔子说："仁者人也，亲亲为大；义者宜也，尊贤为大。亲亲之杀，尊贤之等，礼所生也。"② 所以，孔子的"仁"的内部层次原来是以礼的等级为标准的。当然，经过孔子改造以后的礼，与原始传统的礼相比，已经有了很大的不同。这主要表现为以下两点。

第一，原始传统的礼特别强调区别，是设立在人与人之间的层层关卡或壁障。不仅在部落内外的人之间和公民与非公民之间，界限绝对分明，而且在部落成员内部或公民内部，也由于血缘关系的远近不同而在礼上有程度不同的待遇。礼的界限是不能逾越的。孔子从来不曾提出要废除由礼而生的层层区别，而只是把它们从一道道的关卡或壁障变成一道道的关口、一层层的梯楷、一座座的桥梁、一个个的连接点。区分仍然存在着，但是道路开通了。礼不是以它的区分来扼制"仁"的外推，相反，却变成了"仁"借之以外推的连接点。这是孔子的"礼"与原始传统的"礼"的不同之一。

第二，原始传统中的"礼"，主要以血缘关系的有无和远近来作为区分人的标准，而"贤"（原来表示人的才能，在《论语》中则表示人的品德和才能）并未受到充分的重视，或者说只处于从属的地位。在孔子以前的文献中，《尚书》里只见"贤"字一次（伪古文部分除外），而且出现于人名中；在《诗经》里只见两次：一次不是指才能的意思，另一次是说兄弟们在一起举行宴会和比赛射箭的时候，"序宾以贤"。③ 既然兄弟们在一起比赛射箭，当然要排列一下射箭技术的高低。所以这也不说明"贤"有多大的重要性。可是，在孔子的"礼"中，除了血缘关系的"亲亲之杀"以外，又加上了一个与之并列的"尊贤之等"。他同时用这两者来作为衡量人的标准。在古代雅典，最初也只是按一个

① 《孟子·尽心上》，《十三经注疏》，2771 页。

② 《礼记·中庸》，《十三经注疏》，1629 页。

③ 《大雅·行苇》，《十三经注疏》，534 页。

人的出身来定他的等级地位；梭伦（Solon）改革以后，又加上了一条财产的标准。孔子与梭伦在这一点上颇有一些相似之处。所以孔子的礼已经不是原始传统的礼的简单重现，而是其中已经加上了新的因素了。

但是，我们又不能不看到，在孔子改造过的礼里，原始传统的礼的因素仍然存留着。孔子的礼仍然以区分为特色，而且以血缘关系为标准的区分也依旧起作用。所以，孔子的仁的确开创了中国古代轴心期的文明，可是也在这个文明中保留了原始的传统。

因此，在孔子的"仁"和"礼"之间，既有相辅相成与不可分割的一面，又有不能完全协调与相互矛盾的一面。杜维明教授认为孔子的仁与礼之间有一种"创造性张力"（creative tension）①，我也倾向于这种见解。

四

孔子在批判地继承原始传统的礼中提出了仁，这在古代中国向轴心期文明过渡中是一种最佳的选择，具有重要的历史意义。

为了说明孔子作了最佳的选择，这里有必要作一个最简明的比较。在孔子以后不久，曾经有两个以彻底反传统的姿态出现的学派，即杨朱学派和墨子学派。杨朱主张为我，除自己以外，谁也不爱，墨子恰好相反，主张"兼爱"即无区别地爱一切人。这两派各走一极端，但是也有共同之处，即皆置原始传统的礼于不顾。这两派曾经风行一时，但是都没有能成为中国文化的主流，并且在不久以后就先后衰败了。杨朱的著作早已失传，我们不必去说。这里只以墨子的主张来和孔子作一个简明的比较。②

孔子与墨子有一个一般的共同点，即都认为人是相同的一类。认识到人是同类，这是轴心期文明的一个共识。在这一共识之下，孔子与墨子又有以下两点不同，也就在这些不同上，显示出了孔子与墨子的优劣。

第一，孔子认为，人是同类，是"一"；但是这个同类中包含着多方面、

① Tu Wei-ming, *Humanity and Self—Cultivation: essays in Confucian thought*（人性与修身），Berkeley，Asian Humanities Press 1979，c1978. pp. 5 – 14.

② 本文不以墨子为主要研究对象，恕不引用《墨子》原文。

多层次的不同的成分，也就是说，这个"一"中包含着"多"。既然是"一"，就不能没有"仁"；既然又是"多"，就不能没有"礼"。孔子的一位得意门生有子说："礼之用，和为贵；先王之道，斯为美。小大由之（此"之"指礼），有所不行；知和而和，不以礼节之（此"之"指和），亦不可行也。"① 这一段话实际是反对两种极端思想：一个极端是，到处都用礼来区分大小、高低、贵贱（小大由之），用礼把人分割开来；另一个极端是，一味强调所谓的"和"而忘了"和"中还有区分，完全失去了人与人之间的秩序。孔子说："君子和而不同，小人同而不和。"② "和"是和谐，是多样不同因素的统一；同则是内部无差别的同一。《左传》里也有区别"和"与"同"的很好的说明。③ 总之，孔子的目的是用仁和礼为工具来建造人类社会的多样性的和谐的统一。墨子的逻辑正好相反。他认为，人类既是同类，就不再有差别；既无差别，就要无差别的"兼爱"。正因为如此，他把"礼"当作一种不必要的奢侈品来加以反对。墨子把人类（Human being）看成了抽象的有（Being），这一点看起来是比孔子彻底多了。不过，也正因为如此，墨子的这种有也就近似于黑格尔的逻辑的起点的有（Sein），就其内涵而言，已经成了无（Non-being）了。我认为，这是墨子"兼爱"说在哲学上的一个悲剧，也正在这种悲剧的基础上，他的学说的历史悲剧不可避免地发生了。

第二，人为什么能把别人也看作人，从而认识到人原来是同类呢？孔子的回答很清楚。孔子说："为仁由己，而由人乎哉？"④ 要实行仁必须从自己开始，难道能从别人开始吗？这和孔子的另一段话"君子求诸己，小人求诸人"⑤ 是同样的意思。孔子的"仁"要从个人自身的道德人格建立做起，自己觉悟到自己是"人"（这一点并不容易），然后才可能把别人也当作"人"。因此，在孔子的仁学说里，首先承认个人人格的重要性，承认个人具有一种内在的或潜在的理性，这理性正是人类理性的来源。可是墨子就不同了。他一方面爱人爱到舍己为人的"兼爱"的程度；另一方面却又把人（在无政府状态下）看成鸟兽一

---

① 《论语·学而》，《十三经注疏》，2458 页。

② 《论语·子路》，《十三经注疏》，2508 页。

③ 《左传》昭公二十年，《十三经注疏》，2093 页。

④ 《论语·颜渊》，《十三经注疏》，2502 页。

⑤ 《论语·卫灵公》，《十三经注疏》，2518 页。

样互相伤害的动物。史华兹（B. I. Schwartz）教授在指出墨子与霍布士（Hobbes）有相似之处时说："Here one might say that two preoccupations of Motzu are in sharp tension with each other. On the one hand he wishes to stress the central importance of the active will of and intelligence of Heaven, spirits, and men. At the same time he is anxious to deny any notion of an immanent good in individuals or any latent good order of society."① 他的眼光是很锐利的。那么，原来像野兽一样的只知为私的人又怎样可能变成毫无利己之心（连个人的出发点都取消了）的兼爱主义者呢？在人类内部是找不到这种理性了，于是墨子庄严地宣布："兼爱"出于"天志"。墨子的"天志"本是一种人类理性的异化（alienation），可是一旦这种异化出现以后，个人就必须拜倒在它的脚下而否认自身的价值了。于是刚刚觉醒了的人类精神，在墨子学说中又可悲地、不自觉地陷入梦境。我认为，这是墨子"兼爱"说在哲学上的又一悲剧，它同样是墨子学说的历史悲剧的基础。

我作以上比较无意说明，墨子一切都错或孔子一切都对；而只想说明，在中国从原始传统向轴心期文明过渡中，孔子对传统的扬弃（Aufhebung）是优于墨子对传统的抛弃的。既然如此，孔子学说作为中国的一大重要文化资源，我们是应该扬弃还是抛弃它呢？答案似乎也不难求得了。

---

① *The World of Thought in Ancient China*, The Belknap Press of Harvard University Press Cambridge, Massachusetts, and London, England. 1985, pp. 142 – 143.

关于中国古代文明特点的分析

一、中国古代文明在时间中发展的特点：
论中国古代文明的连续性

约从公元前 3500 年至公元 500 年间，人类历史上先后出现了许多灿烂的古老文明。从它们发展的情况来看，这些文明的连续性颇有不同，中国古代文明在这方面有着自己明显的特色。

关于中国古代文明的连续性，我们可以从政治史和文化史两个方面与其他古代文明作一些比较的探索。

首先，从政治史来看。

在历史上，文明大体是和国家同时发生的。世界上最古老的文明发生于公元前四千年代后期和前三千年代。其中以尼罗河流域的埃及与幼发拉底和底格里斯两河流域南部的苏美尔地区文明发生最早，约始于公元前四千年代后期。印度河流域文明发生于公元前三千年代中期。两河流域北部和腓尼基地区的文明、黄河流域的夏文明和克里特岛上的爱琴文明，发生于公元前三千年代晚期。

公元前两千年代，在小亚细亚产生了赫梯文明，在希腊半岛上产生了迈锡尼文明。公元前两千年代是青铜器时代的盛世，也是埃及和两河流域古文明的繁荣时期。但是就在这一时期里，印度河流域文明灭亡了（约公元前 1750 年），克里特文明（约于公元前 15 世纪）、迈锡尼文明（公元前 12 世纪）也先后灭亡了。

公元前一千年代，铁器逐渐在广大的地区里代替了青铜器，文明也在更广阔的范围里展开了。公元前一千年代前半期，在印度河流域和恒河流域出现了雅利安人的国家，在伊朗高原出现了波斯国家，在爱琴地区出现了希腊诸邦，在意大利出现了罗马国家。在古代世界起过重要作用的国家，这时都出现了。也就在这个时期里，最古老的埃及文明和两河流域文明开始失去政治上的独立，从属于波斯帝国的统治之下。在埃及文明和两河流域文明影响下发生的腓尼基文明、赫梯文明、巴勒斯坦文明，也经历了同样的命运。世界历史表明，在青铜时代产生的古老文明，除中国以外，到了铁器时代的早期就都已经失去了政治史上的连续性。

在公元前一千年代产生的古文明，大多数也没有能保持政治史上的连续性。波斯征服了整个西亚、北非的最古老文明地区，甚至达到印度河流域，以拜火教为其特征的古波斯文明成了更古老的文明的继承者和代替者。但是公元前4世纪后期，波斯为马其顿的亚历山大所征服。在广阔的波斯帝国的旧墟上，后来建立起许多"希腊化"（Hellenistic）国家。公元前3世纪中叶至公元3世纪初期，安息（Parthia）统治了伊朗以及两河流域。公元3世纪中叶至7世纪中叶，萨珊王朝的波斯一度复兴。但是它在7世纪中叶为阿拉伯人所征服。从此，伊朗和西亚、北非其他古老文明地区一样，成了伊斯兰文明的地区。公元前8至前6世纪间，在希腊地区重新形成了很多城邦，到公元前4世纪后期它们落入马其顿势力支配之下。到公元前2世纪，马其顿和希腊又先后落入罗马人统治之下。罗马于公元前1世纪后期扩展成为一个庞大的帝国，包括了埃及、叙利亚、巴勒斯坦、小亚细亚、希腊等更古老的文明地区。但是，到公元3世纪，罗马帝国发生危机。4世纪后期，日耳曼人大举入侵，帝国分裂。5世纪西罗马帝国灭亡。罗马文明，作为古代地中海地区产生最晚、影响最大的文明，也中断了政治上的连续性。

上述古代文明在政治史上的断裂，各有其不同的具体原因。但是从大体说来，上述文明是在三种情况下被打断的。第一种是在青铜器时代的小邦林立的情况下，例如印度河流域文明，克里特文明、迈锡尼文明，当时文明本身的力量还比较薄弱，可以由于内在或外在的原因（印度河流域文明、克里特文明的文字尚未解读成功，其具体灭亡原因难以确定，尽管学者们有不同的推测；迈锡尼文明的灭亡则与多利安人入侵有关）而中断，甚至暂时退回野蛮状态。第二种是在从青铜器时代过渡到铁器时代的情况下，当时青铜时代的古文明已经衰老，而原先落后的地区则由于铁器的出现而迅速进入文明时期，于是后起的文明征服古老的文明。波斯征服西亚、北非广大古老文明地区，就是在这样的条件下进行的。第三种是铁器时代的帝国在自身衰朽的情况下被外力所征服。例如，波斯帝国亡于马其顿、希腊人，罗马帝国亡于日耳曼人。

当我们转而考察中国古代政治史的时候，我们同样发现，中国在类似的时期也有过类似的危机。夏、商、周三代，从实质上说也是青铜时代的小邦林立时期。三代的王不过是不同规模的邦的联盟的首领。当商征服夏、周征服商的时候，并未发生政治史的断裂现象。以周征服商为例，商本来是先进的"大邦殷"①、"天邑商"②，由于"沈酗于酒"，"败乱厥德"，以致"小民方兴，相为敌仇"③，原来落后的"小邦周"④乘机征服了商。不过，周在征服商以后，不仅没有打断商的政治传统，而且在很大程度上是在继承它。《尚书》的《召诰》、《多士》、《多方》、《立政》等篇里都有明显的夏、商、周三代相承的观念。据《尚书·无逸》记载："周公曰：呜呼，自殷王中宗，及高宗，及祖甲，及我周文王，兹四人迪哲。厥或告之曰：小人怨汝詈汝，则皇自敬德。厥愆，曰：朕之愆。允若时，不啻不敢含怒。"这更说明周的统治者有意识地继承商代好的政治传统，明确地表示自己是商代杰出的王的继承者。

西周晚期的统治者逐渐腐朽，结果犬戎入侵，周幽王被杀。周自镐京（在今陕西西安附近）东迁至洛邑（在今河南洛阳附近），开始了东周。西周灭亡前后的内外危机，在《诗经·小雅》的《节南山》、《正月》、《十月之交》、《雨无正》等篇和《诗经·大雅》的《民劳》、《板》、《抑》、《桑柔》、《瞻卬》、《召旻》等篇里都有反映。但是东周王朝靠诸侯（尤其是晋国和郑国）的力量终于推持住了。公元前8世纪后期至前7世纪，北方的戎狄和南方的蛮夷（楚）逐渐强盛起来，威胁诸夏的生存。《公羊传》（僖公四年）云："南夷与北狄交，中国不绝若线。"这是对当时形势的相当切实的说明。齐桓公、晋文公先后起来。提出"尊王攘夷"的口号，联合诸侯，北击戎狄，南抑强楚，扭转了危急的形势。公元前6世纪以后，楚发展成南方大国，但是不再以蛮夷自居，而是以南方盟主的面目与中原盟主晋国争霸了。孟子曾经说："五霸者，三王之罪人也。"⑤这句话是不大公正的。他又曾说："仲尼之徒无道桓、文之事者。"⑥这句话也不大符合事实。孔子在评价齐桓公和管仲的时候曾说："桓公合诸侯，不以兵车，

---

① 《尚书·召诰》，《十三经注疏》，212页。
② 《尚书·多士》，《十三经注疏》，220页。
③ 《尚书·微子》，《十三经注疏》，177页。
④ 《尚书·大诰》，《十三经注疏》，199页。
⑤ 《孟子·告子下》，《十三经注疏》，2759页。
⑥ 《孟子·梁惠王上》，《十三经注疏》，2670页。

管仲之力也。如其仁，如其仁。"又说："管仲相桓公。霸诸侯，一匡天下，民到于今受其赐。微管仲，吾其被发左衽矣。"①《公羊传》（僖公四年）说："桓公救中国，而攘夷狄，卒怗（何休注："怗，服也"）荆，以此为王者之事也。"孔子认为齐桓公、管仲的贡献在于维护了中原文明的连续性，《公羊传》认为齐桓公是王者（夏禹、商汤、周文王、武王等）事业的继承者。这些话都是有道理的。西周末叶至春秋中期（约公元前 8 至前 6 世纪），是中国历史上由青铜器时代向铁器时代过渡的时期。当时黄河流域的中原文明曾受到落后的部落（如戎、狄）和后起的文明（主要是南方江汉地区的楚）的威胁。不过，这一次危机也没有导致中国古代文明的中断。

东汉以后，中原的帝国腐朽，于是有三国（220—280 年）的纷争。西晋（265—317 年）短期统一以后，中国分为南北两个部分，南方是东晋（317—420 年）和随后的"南朝"（420—589 年），北方经十六国之乱以后形成"北朝"（386—581 年）。589 年，隋灭陈，再度统一中国。十六国时期是中国北方的一个混乱时期，各小国的政权几乎都不稳定。少数民族在北方占了优势，十六国中大多数国家的君主都是少数民族。他们屠杀汉人的事的确很多，但是他们无法打断汉魏以来的政治传统，也不能不吸收汉族豪门参加他们的统治集团。后赵的君主石虎是一个十分残暴荒淫的人，但是他在 336 年（东晋成帝咸康二年）下令说："三载考绩，黜陟幽明，斯则先王之令典，政道之通塞。魏始建九品之制，三年一清定之，虽未尽弘美，亦缙绅之清律，人伦之明镜。从尔以来，遵用无改。先帝创临天下，黄纸再定（石勒曾两次按九品评定人物）。至于选举，铨为首格。自不清定，三载于兹。主者其更铨论，务扬清激浊，使九流咸允也。吏部选举，可依晋氏九班选制，永为揆法。"②"三载考绩"，"黜陟幽明"，是传说中的舜制定的制度③。像石虎这样的人也说要遵从尧舜以来的先王之道，继续实行魏晋以下所行的九品选官的制度，这当然不能说明石虎个人的明智和伟大，而是说明，中国已经有了这样坚固的政治传统，就连石虎这样的人，也不能承认它。自十六国至北朝，北方的政权仍是少数民族统治阶层和汉族统治

① 《论语·宪问》，《十三经注疏》，2511 页。
② 《晋书·载记·石季龙上》，《晋书》，2764 页，北京，中华书局，1974。
③ 《尚书·舜典》，《十三经注疏》，132 页。

阶层的联合政权，而且遵循的仍是以前的政治传统，所不同的只是最高统治者的民族身份不同而已。因此，我们在西晋灭亡后的北方看到了西罗马灭亡后的欧洲所不能看到的现象：中国的政治史上的连续性甚至在北朝时期也没有中断。这一点对中国古代文明的连续生存是至关重要的。

其次，从文化史来看。

中国古代文明在文化史上的发展连续性，在整个世界史上尤其显得突出。这里附带说明，文化史上发展的连续性与文化遗产的继承是既有联系又有区别的两回事。在文化连续发展的文明中，前代文化自然地作为遗产被后代所继承，有文化史发展的连续就有文化遗产的继承；但是，有文化遗产的继承却未必有文化史发展的连续。例如，现在世界流行的阳历，可以溯源于古代埃及的历法。七天为一星期，圆周分为360°，可以溯源于巴比伦。类似的例子还有许多。这些都可以说明，现在很多国家都继承了古代埃及和两河流域的某些文化遗产。但是接受古代埃及和两河流域文化遗产的许多国家都是各自国家先前的作为系统的文化的继承者，因此各有自己的文化史上的连续性。它们虽然继承了古代埃及、两河流域的文化遗产（只作为因素，而非作为系统），但是和后者并无文化史上的直接的连续性。

一个文明在文化史上的连续性，总而言之，应该包括两个方面：一是语言文字发展的连续性，即文化赖以流传的工具或其重要表现形式的连续性；二是学术本身（其中尤其重要的是哲学和史学）发展的连续性，即文化的精神内容的连续性。如果从这两个方面来衡量古代的各个文明，那么看来只有中国在文化史上的连续性最具有完整的意义。

世界最古老的埃及文明和两河流域文明都有自己独特的文字系统，也有相当丰富的历史文献。可是当它们失去独立以后，文字使用的范围逐渐限于神庙祭司之间，终于被人遗忘。它们的历史被湮没了。在以后很长的时期里，人们只能从希腊历史家的著作里得知它们的一些残缺不全的消息。印度河流域文明、赫梯文明、克里特—迈锡尼文明等都发生了文字被遗忘的现象。现在我们对于这些文明的了解，要归功于近代考古学家的发现和研究，也要归功于古文字学家对于那些已死的文字的解读（decipher）成果。可是至今印度河流域文明的文字和克里特文明的线形文字 A 尚未解读成功，因而这两个文明的许多问题也无从最后确定。在铁器时代产生的古文明中，波斯的楔形文字也曾被遗忘，波斯的很多重要历史资料只是在近代学者解读其文字以后才为人所知。古希腊文、拉丁文没有被人遗忘，但是最后仍坚持用希腊语的只是为数不多的希腊人，而拉丁文到中世纪的西欧已经不是人们口头的活生生的语言文字，仅在宗教和学术领域里保存着。

诚然，我们也看到国外一些学者谈到其他古国的文化连续性。例如，印度历史学家高善必（D. D. Kosambi）认为，印度文化有三千多年的连续性，非埃及文化可比[①]。他说印度文化有三千多年的连续性，实际也就表明，更古老的印度河流域文明与以后的印度文化之间是不相连接的。的确，吠陀时代（The Vedic Age）以后的印度文化具有明显的连续性，婆罗门教的典籍不仅在思想内容上有着前后相连的发展轨迹，而且在后代对前代典籍的注释中也反映了文化相沿不断的关系。例如，著名的《摩奴法典》（*Manu Smriti*）在公元 9 世纪、11 世纪、13 世纪、15 世纪几乎每两百年就有一次注释。印度古代文化史上的一个不足之处，是缺乏赖以反映历史过程的精神的史学的连续性。又如，英国学者汤姆生（G. Thomson）说："如果我们以希腊史与中国史比较，就会看到某些明显的相似之处。这两种语言的书面文献都始于公元前两千年代（引者按：中国古代未曾发生像克里特—迈锡尼文明的文字被遗忘那样的现象）。这两种语言都存留至今，变化较小。近代希腊语不同于古典希腊语，但是希腊人仍然认为柏拉图的语言是自己的语言。近代汉语不同于古典汉语，但是中国人也仍然认为孔子的语言是自己的语言。因此，希腊语可说是欧洲最古老的语言，汉语是亚洲最古老的语言。这种语言上的连续性反映了两国文化的连续性。自古迄今，希腊的历史是单一民族的历史（引者按：中国的情况不同），这个民族从未失去过它自身的同一性或者对于自己往事的回忆；对于中国人来说，情况同样如此。"汤姆生也注意到了中国与希腊的不同。他指出：第一，当前（指此书初版的 1955 年）说汉语的人口约有六亿，而说希腊语者仅八百万人。第二，希腊文化的许多内容是从更古

---

① 高善必：《印度古代文化与文明史纲》（Kosambi. D. D. *The Culture and Civilization of Ancient India in Historical Outline*，London，Routledge and Kegan Paul，1965），9 页。

的近东文明借来的，并非自己所独创；而中国文化则是自己独创的。① 汤姆生的话是有道理的。不过，如果从学术传统来看，古代希腊的哲学和史学的传统最多也只残存到罗马统治时期，并未能延至中古的欧洲。在这一点上，古典希腊文化和古代中国文化是有明显的不同的。

中国古代文明在文化史上的连续性，既表现在语言文字方面，也表现在学术传统方面。

中国古代的语言文字在发展过程中从未发生断裂的现象。现代汉字与甲骨文、金文的差别的确很大。要求只认识简体汉字的人去认甲骨文或金文，那当然是很困难的。不过，从甲骨文到现代简化汉字间的巨大差别是逐渐形成的。从甲骨文到金文，从金文到篆书，从篆书到隶书，从隶书到楷书，从繁体楷书到简体楷书，全部发展过程基本上是清楚的、完整的。如果知道了这样连续发展过程及其规律，那也就掌握了认识金文、甲骨文的钥匙。而且，从甲骨文到现代汉字，不管字形发生了多大的变化，字的构造和字的应用中的变化总是以象形、指事、会意、形声、转注、假借（所谓"六书"）为共同原则的；这些原则好像一座联系古今汉字的桥，今人通过它可以辨认古代文字。诚然，甲骨文和金文中还有很多字是现在还未被认识的，古文字学家们正不断地做考释（interpretation）工作。这种考释与死文字的解读（decipher）是有原则的不同的。因为这种考释是在已经认识了很多其他字的情况下进行的，而古文字学家们在开始解读古代埃及象形文字和西亚的楔形文字的时候，他们几乎处于任何已知条件都没有的状态中。至于语言，古今区别的确不小。因此，现代人，甚至现代的专家，对于甲骨上的卜辞、青铜器上的铭文，以致《诗经》、《尚书》之类的古书，都有许多难以理解的地方。但是，古今语言的差异主要表现在语音、词汇和专门术语上，语法结构并没有发生根本的变化，而且语言的种种变化都是在长期的历史过程中逐渐发生的。因此学者们还是能够从古今变化中寻找到梯道的。

中国古代学术传统的连续发展，是从三代开始的。孔子曾说，"殷因于夏礼"，"周因于殷礼"（《论语·为政》）。他的话不是没有根据的。《诗经》中说

---

①　汤姆生：《第一批哲学家》（Thomson George, *The First Philosophers*：*Studies in ancient Greek society*, London, Lawrence & Wishart, 1961), 61 页。

到，臣服于周的殷人还穿着自己的礼服为周人助祭（《诗经·大雅·文王》："殷士肤敏，裸将于京。厥作裸将，常服黼冔"）。近年我们又见到在陕西岐山县周原发现的甲骨文，它们显然与殷人的甲骨文是一脉相承的。周代沿袭了夏、商两代的文化，又进一步加以发展。因此，孔子作为商人的后裔，对周人文化表示高度的赞美。他说："周监于二代，郁郁乎文哉，吾从周。"① 孔子整理了周代的典籍，修订了鲁史《春秋》，创立了儒家学说。不过，孔子并没有另编一套儒家的经典，他所编订的周代典籍就是儒家的经典。他说自己"述而不作，信而好古"。② 这反映了由他开创的儒家学派对传统文化的高度重视。

孔子是哲学家，又是史学家，严格地说，是一位哲学和史学在他那里尚未分离的思想家。以后，哲学和史学逐渐分离。到汉代，以经学形式出现的哲学和史学正式分开了。董仲舒继承《春秋》，研究的是经学③；司马迁继承《春秋》，研究的却是史学。从此，经学和史学作为中国古代传统学术的主要支柱，一直没有中断。

西晋以后，4 世纪至 6 世纪间，中国南北分裂，但是学术传统并未中断。在分裂时期，经学曾经分为南北两支。引人注目的是，北方以少数民族为主要统治者的地区，经学仍然遵循汉儒传统（《易》、《书》、《礼》皆用郑玄注，《诗》用毛诗，《左传》用服虔注），而南方经学却受了魏晋玄学的影响而有所不同（《易》用王弼注，《书》用伪孔安国注，《左传》用杜预注，《诗》用毛传，《礼》用郑玄注）。相形之下，北方经学也比南方经学兴盛（《宋书》、《南齐书》甚至无儒林传，而《魏书》的儒林传是很充实的）。同样引人注目的是，南北朝时期也是中国古代史学的一个繁荣时期。就以北方最混乱的十六国时期来说，史学不仅未断，而且还是相当繁盛的。据《隋书·经籍志·霸史》、《史通·古今正史·十六国史》等记载，十六国的史书就有 26 种、271 卷（其中三种不知卷数，未计）。这种情况不仅非 4 至 6 世纪的西欧可比，而且在世界古代史上也是很少见的（在那样混乱情况下史学还那样不断传承）。

---

① 见《论语·八佾》，《十三经注疏》，2467 页。

② 见《论语·述而》，《十三经注疏》，2481 页。

③ 经学，顾名思义，是解释和研究儒家经典的学问。它又分为两大支：一支着重于语言文字的解释；一支着重于理论本身的解释和发展。前者的成果为我们留下了一条古今语言文字间的通道，后者则表现了中国古代哲学的形式独特的连续性。

以上分别论述了中国古代文明在政治史和文化史上的连续性。现在让我们来考察一下二者之间的关系。

一般说来，政治史上的连续性往往可以成为文化史上连续性的保证。中国古代文化史上的连续性与政治史上的连续性是密切相关的。当然，并非在一个文明失去政治独立以后立即就会发生文化史上的断裂。古代埃及文明和古代两河流域文明在波斯统治时期，以至希腊化时期，其文化史的连续性尚未完全中断，贝希斯顿铭文（Behistun Inscriptions）和罗塞它石刻（Rosetta Stone）都是具体的例证。不过，这种现象不能永久地保持下去。即使像希腊人那样没有忘记本民族的语言文字，但是他们在长期失去政治独立以后文化史也发生了断裂性的变化。在罗马统治时期，希腊史家波里比阿（Polybius），斯特累波（Strabo）、狄奥多拉（Diodorus Siculus）、普卢塔克（Plutarch）等，基本上还能维持希腊古典时期的史学传统。但是，在这些史家的笔下，希腊的历史已经成为一种追忆，不再像希罗多德（Herodotus）和修昔底德（Thucydides）的著作那样充满了活生生的希腊人的精神。我们不能责怪这些后期的希腊史家，我们不能要求他们把已经失去生命力的文明写成活生生的。到罗马帝国晚期，希腊文明的文化传统逐渐中断了。奥林匹克运动会（Olympic Games）的废止（公元393年或公元426年），也许可以算是一个标志。

另外，强有力的文化传统在一定程度上又是保证一个文明的政治史的连续性的重要条件。有些学者认为，中国古代文明的连续性要归功于东晋在公元383年淝水之战中的胜利。我毋宁不作如此想。如果前秦的苻坚在淝水之战中取胜，中国古代文明看来也不会中断。苻坚十分重视儒学，他曾说："朕·月三临太学，黜陟幽明，躬亲奖励。罔敢倦违，庶几周孔微言不由朕而坠，汉之二武（孝武、光武）其可追乎。"① 尽管出身氐族，苻坚的理想仍然是发扬儒家经学以上继汉代的传统。其实早在苻坚以前，远比苻坚残暴的石勒就知道必须重视古代学术传统，"勒亲临大小学，考诸生经义，尤高者赏帛有差。勒雅好文学，虽在军旅，常令儒生读史书而听之，每以其意论古帝王善恶，朝贤儒士听者莫不归美焉"②。中国古代文明的学术传统有力地影响和陶冶了少数民族出身

_____

① 《晋书·载记·苻坚上》。

② 《晋书·载记·石勒下》。

的统治者，使他们在政治上也成为古代文明的继承者。北魏的君主，特别是孝文帝元宏，大力奖励儒学，对中国古文代文明的发展作出了重要的贡献。王夫之认为，南北朝时，"北方之儒较醇正焉。流风所被，施于上下，拓跋氏乃革面而袭先王之文物；宇文氏承之，而隋以一天下"①。他在这里充分估计到了学术史对于政治史的重要作用。

黑格尔（G. W. F. Hegel）在其《历史哲学》（*The Philosophy of History*）一书中注意到了中国是世界唯一持久的国家，但是他否认中国文明有在时间中的变化和发展。他的这一见解，既不符合中国的历史，也未必符合他自己的辩证法。

文明，从其本质来说，是一种否定野蛮的过程。它像其他有生命的东西一样，自身总要有不断地新陈代谢。如果不能否定自身中的消极成分，不能维持新陈代谢，那么一个文明就将衰亡。中国古代文明能够长期连续存在，就是因为它在沿袭中保持了变革，在变革中保持了沿袭。孔子说："殷因于夏礼，所损益，可知也；周因于殷礼，所损益，可知也；其或继周者，虽百世可知也。"②"百世可知"，这是说得过分了。不过，孔子已经注意到了历史就是在沿袭（因）和变革（损益）中前进的。

二、中国古代文明在空间中展延的特点：
论中国古代文明的统一性

文明在时间中的纵向发展，在很大程度上与它在空间中展延的情况有关。就单个的文明来说，一个文明的发生和发展，常常伴随有自身在空间中的一定的展延；反之，如果一个文明由于某些原因而在空间中逐渐缩小以致消失，那么它也就要失去自己在时间中的连续性。再就文明之间的关系来看，不同的文明由于在空间中的展延而有接触，可能在交流中互相起了促进发展连续的作用，也可能一个文明在空间中的展延造成了其他文明在时间中发展的中断。所以，在考察了中国古代文明在时间中发展的特点以后，我们有必要来考察它在空间

① 《读通鉴论》卷八，《宋文帝》。
② 《论语·为政》，《十三经注疏》，2463 页。

中展延的特点。

从世界历史的一般情况来看，文明的发生和发展都是和不同程度的统一相关联的，文明在最初发生的时候都有一个由部落共同体联合为国家的过程。在古代希腊，人们把这种"统一"叫作"塞诺西辛"（Synokismos）。经过这样统一过程形成的还只是一种以某一城为中心的、小国寡民的邦。随着文明的发展和地区性的经济联系的出现，小邦又往往合并成一些地区性的王国。随着各地区文明之间联系的出现，在古代中期（约公元前 15 世纪）以后，历史上曾先后出现过许多跨地区的帝国。从城市国家性的邦到地区性的王国，从地区性的王国到跨地区性的帝国，这是在古代世界史上可以见到的文明在空间中展延的三个层次，或者说，文明统一的三个层次。但是，从具体的古代国家来说，其中有些只经历了第一个层次，有些经历了两个层次，有些经历了三个层次，情况有很大的不同。

古代埃及和两河流域是世界史上两个最古老的文明，它们都经历过小邦分立的时期。埃及统一较早，公元前三千年代前期已开始形成地区性的王国；两河流域统一稍晚，公元前三千年代后半期也开始形成统一的地区性的王国。这两个最古老的文明也有过自己的帝国时期。埃及的帝国出现于公元前两千年代后半期，两河流域真正的帝国则出现于公元前一千年代前半期。这两个文明在经历了帝国时期以后都转向衰落，结果被波斯所征服。印度河流域文明大概处于小邦分立阶段，还未统一就灭亡了。以后在南亚次大陆出现的文明，经过小邦分立时期，然后形成地区性的王国。孔雀帝国（Maurya Empire）是古代南亚最大的帝国，不过存在的时间很短。古代叙利亚地区长期处于小邦分立状态，未及统一就成了邻近大国反复争夺的对象。古代伊朗地区，早期有过一些小邦；公元前一千年代中期，先出现了米底王国（Media），然后又出现了版图包括广大西亚、北非古老文明地区的波斯帝国。波斯帝国的出现曾经使许多古老的文明中断，而它自身在被灭亡后也经历过文明中断。后来以伊朗地区为中心又先后出现过安息帝国（Parthian Empire）和萨珊帝国（Sassanian Empire）。克里特—迈锡尼文明的诸小邦未及统一就灭亡了，以后出现的希腊诸城邦（Polis）也没有统一就陷入马其顿、罗马统治之下。马其顿在公元前 4 世纪后期，迅速地由一个小邦变为一个地区性的王国，经过亚历山大的征服，又迅速地扩展成为一个庞大的帝国。不过，这个帝国又迅速地分裂了。罗马最初只是一个小邦，后来发展成地区性的共和国，然后又扩展成一个庞大的帝国。罗马帝国历时较长，但是在它灭亡后出现的仍是分裂局面。

总之，大多数古代文明在空间中的展延没有超过地区性王国的范围，一些形成帝国的古代文明又没有在历史上巩固它们的统一。严格地说，许多古代帝国只是一个强国征服了其他国家的结果，而不是真正的有其民族和经济的必然条件的统一。

中国古代文明在空间中展延的情况，有与外国相似之处，也有自己的明显特点。中国古代文明在政治方面、民族方面都具有稳定的统一趋势。

从政治方面来看，中国古代文明经历了持久的统一过程。正如其他国家一样，中国最初也是有许许多多的部落，然后由部落联合为许多小邦。根据古代传说，"当禹之时天下万国，至于汤而三千余国"。[1] 到周武王准备伐纣的时候，诸侯到盟津（即孟津，在今河南省）赴会的就有八百之多[2]。周灭商以后，分封诸侯，"凡一千八百国，布列于五千里内。""春秋之初，尚有千二百国……而见于《春秋》经传者百有七十国焉。"[3] 我们知道，春秋以前的传说数字未必可靠，但是，三代时期曾有很多小邦，这是无可置疑的。而且，当时的小邦在政治上实际都是独立的。周武王伐纣，在牧野誓师，称同盟各邦首领为"友邦冢君"[4]；周公东征武庚，仍然称诸侯为"友邦君"[5]；在《尚书·周书》里，周王朝还称诸侯国为"庶邦"，并且把"庶邦"是当作"兄弟"看待的[6]。不过，就是在这样小邦林立的情况下，实际上也有一个各邦共同承认的中心。夏、商、周三个王朝是依次出现的三个中心。如果把夏、商、周三代等同于秦、汉以后的王朝，那当然不符合实际情况。但是夏、商、周三个王朝对于其他小邦显然在名义上居于支配地位。商汤在代夏桀的时候曾说："非台小子敢行称乱，有夏多罪，天命殛之。"[7] 汤想灭夏，又怕人说他叛乱，所以自称是受了天命。从他

---

① 见《吕氏春秋·离俗览·用民》，《诸子集成》，《吕氏春秋》，244 页。
② 《史记·周本纪》。
③ 《晋书·地理志上》。
④ 《尚书·牧誓》，《十三经注疏》，183 页。
⑤ 《尚书·大诰》，《十三经注疏》，198 页。
⑥ 《尚书·梓材》，《十三经注疏》，208 页。
⑦ 《尚书·汤誓》，《十三经注疏》，160 页。

的话可以看出，商对夏原来是有一定的从属关系的。在《尚书·周书》里，我们可以清楚地看到，周人的确有商代替夏、周代替商的三代相承的观念。周人承认，商曾经是"大国殷"、"天邑商"、"大商"①。在歧山发现的周人的甲骨中也有"晋周方伯"（H_{11}，82；H_{11}，84）的记载，这更可以证明，传统文献说周文王是从属于商的西伯，这是有根据的。《诗经·商颂·玄鸟》说，商"邦畿千里，维民所止。肇域被四海"。这就是说，商作为一个大邦，它的人民所居住的地区只有千里，但是作为各邦共同拥戴的王朝，它又领有四海。《诗经·大雅·文王》说："周虽旧邦，其命维新。"这就是说，周作为一个小邦是很古老的，但是作为一个王朝却是新的。所以，夏、商、周三代既有小邦林立的一个方面，又有以王朝为标志的统一的一个方面。当然，在古代苏美尔诸邦中也是有"王权"（Kingship）的，而且这个王权也是在一些邦之间转移的。这一点和古代中国的情况很是相似。不过，二者之间仍然有很大的差异。第一，中国的周王朝曾经分封诸侯。虽然对于许多小邦来说，周王的分封只不过是给原有的君主加了一个头衔，例如楚国的君主从周王朝得到的就是一个头衔，但是，周王朝确实也派人外出新建了很多邦，例如后来在历史上起过重要作用的齐、晋、鲁等国家都是这样建立起来的。第二，除了分封诸侯以外，周王朝还建立了一套宗法制度，用同宗的关系加强周王和同姓诸侯的联系，同时又用婚姻的关系加固周王和异姓诸侯的联系。因此，周王虽然还不是高居于诸侯之上的专制君主（absolute monarch），但是也不是纯粹名义上的首脑。在周王身上已经存在了一定程度的统一性，这一点在古代各文明中看来是很突出的。

　　到春秋和战国时期，周王朝由削弱而最终消亡。这时诸侯的力量强大起来，他们不断发动战争，互相吞并，周王朝对他们越来越无力干预。看起来这似乎是一种分裂的趋势，实际上也有人持这种见解。但是我们不能不注意到，正是在春秋和战国时期，中国政治史上出现了两件大事：一是小邦逐渐合并成地区性的王国；一是封建制（分封诸侯和附庸的制度）逐渐改变为郡县制（由国家任命的官吏代替受封的诸侯或附庸）。前者表明，国家的领土范围在扩展；后者表明，国家的政权在集中。这两者显然不是分裂的趋势，而是统一的趋势。

　　正是在春秋和战国时期打下的基础上，连续四百余年统一的秦、汉帝国出

---

① 《诗经·大雅·大明》，《十三经注疏》，508页。

现了。两汉（西汉和东汉）帝国为中国以后进一步的统一奠定了稳固的基础。汉帝国和罗马帝国在领土面积和经济、文化的发展程度上大体相当，同时各有自己的地方行政系统。但是，在罗马帝国的行省里长期保存着城市自治制度，这也许可以说是先前城邦制度的残余；汉帝国的早期也曾在郡县以外封了一些王国和侯国，这也可以说是先前分封制度的残余。不过汉帝国内的封国不久就名存实亡，最后不再存在。郡县制度的确立为中国的持久统一准备了条件，这是学者们基本一致的认识。

东汉以后，出现了约 60 年的三国鼎立局面。西晋以后，出现了两百多年的南北分裂时期。不过，魏、蜀、吴三国都是在克服军阀割据的局面中建立起来的，它们也都在为统一全国作准备。就是在西晋灭亡以后的一个较长的分裂时期中，也一直存在一种统一的趋势。前秦苻坚（357—385 年）曾经一度统一北方。他在统一北方以后，对部下说："四方略定，唯东南一隅未宾王化。吾每思天下不一，未尝不临食辍哺，今欲起天下兵以讨之。"① 苻坚和东晋是对立的，但是双方又有一致性，就是都谋求统一全国。在淝水之战（383 年）中苻坚失败了，北方重新陷于分裂。但是在 439 年北魏又完成了北方的统一。

589 年，隋重新统一中国。经过南北朝分裂以后出现的隋、唐统一帝国，是中国统一的进一步发展。罗马灭亡以后根本没有这种现象。

从民族方面来看，中国古代文明具有一种不断的融合和联合的趋势。古代各个文明都有民族的区别和矛盾的问题。古代希腊人把非希腊人称为"蛮族"（Barbaroi）；古代印度的雅利安人（Aryans）把非雅利安人称为"蔑戾车"（Mlecchas）；中国先秦时代的华夏族称非华夏族为夷狄。这些称呼里都含有重己轻人的意思。不过，在对待不同民族的态度上，中国与其他古国有所不同。古代希腊人认为，蛮族是天生的奴隶②；古代印度雅利安人也认为，"蔑戾车"的子女被卖为奴隶是合法的。③ 他们对于民族差异看得比较绝对，态度也很严厉。中国先秦时期也讲夷夏之防，不过其界限主要不在自然的血统上，因而也不很绝对化。"舜生于诸冯，迁于负夏，卒于鸣条，东夷之人也。文王生于岐

① 见《晋书·载记·苻坚下》。
② Aristotle, The *Politics*, Penguin Books 1981, 1255ᵃ 28.
③ Kautilya, *Arthasustra*, Ⅲ, 13, 1.

周，卒于毕郢，西夷之人也。"① 诸冯、负夏、鸣条大体在今山东省（具体地点难以确定），岐周、毕郢在今陕西省，早先就算是东夷、西夷的地区了。可是舜和周文王无疑又是华夏族的著名的"先王"，在历史上备受尊重。晋文公重耳的母亲是戎族（大戎狐姬），可是他是和齐桓公齐名的霸主，被认为是华夏诸邦的盟主。春秋时的杞国（在今山东省）本是夏朝的后裔，如依血统考虑，无疑属于华夏，而且是正统的华夏。可是《左传》（僖公二十三年）说："杞，夷也。"为什么呢？《左传》（襄公二十九年）说："杞，夏余也，而即东夷。"杜预的注解说，杞"行夷礼"。于是，夷夏的区别主要建立在礼的不同上，血统的区分被文化的区分所代替。唐代的韩愈曾经说："孔子之作春秋也，诸侯用夷礼，则夷之；进于中国，则中国之。"② 他的话是对的。这正是中国古代用以区分夷夏的基本标准。在古代中国出现这种情况不是偶然的。在文明出现以前，黄河中下游是一个多族共处的地区。有些前辈学者认为他们分为三大集团：西方有华夏族，东方有东夷族，南方有苗蛮族。这种说法大体是可靠的。他们之间有冲突，也有联合。据《史记·五帝本纪》所记古代传说，黄帝曾经战胜蚩尤、炎帝，其结果大概是合并了，他又曾"北逐荤粥"（司马贞说是"匈奴别名"），其结果则是两族的分离。尧又曾"流共工于幽陵（《尚书·尧典》、《大戴礼记·五帝德》作'幽州'），以变北狄；放驩兜于崇山，以变南蛮；迁（《尚书》作'窜'，《大戴礼》作'杀'）三苗于三危，以变西戎；殛鲧于羽山，以变东夷"。关于"变"，司马贞说是变的同化于夷狄，张守节说是使夷狄变的同化于华夏。在中原的斗争中失败以后，一些族被排斥到边远地区，实际上以上两方面的作用都起到了。到西周、春秋时期，所谓华夏族已经是多族融合的结果，而所谓蛮、夷、戎、狄也并非与华夏族没有关系。吴君是泰伯的后裔，在血统上和周王是同族，因到南方后随从当地风俗文身断发，被华夏诸邦视为蛮夷。楚君是祝融的后裔，本来也属于华夏族，因为长期和南方的苗蛮联合，又自称为蛮夷。齐、晋、秦诸大邦也都有与夷狄杂处和融合的现象。所以，到了春秋晚期，人们实际已经不可能以血统作为区分夷、夏的标准，余下的唯一可能就在于文化上的区别了。到战国晚期，黄河和长江中下游广大农业地区各国都成了华夏，夷狄

---

① 见《孟子·离娄下》，《十三经注疏》，2725 页。

② 见韩愈：《原道》，《韩昌黎文集校注》，17 页，上海，上海古籍出版社，1986。

主要指北方从事游牧的匈奴了。

中原融合成一个华夏族，这是战国能够走向统一的基础。梁襄王问孟子："天下恶乎定？"孟子说："定于一。"① 可见统一在当时已是大势所趋。秦并吞六国，遇到过抵抗，统一后不久，陈涉首先起义，六国贵族也随之而起。可是，秦遇到的不是民族性质的抵抗，陈涉起义的口号也只是"伐无道，诛暴秦"。②秦亡于阶级斗争，而不是亡于民族斗争。因此，当汉帝国出现在世界历史上的时候，它具有其他任何古代帝国所不具有的统一的民族基础。历时四百年的两汉帝国，不仅巩固了已经形成的华夏族，而且加强了中原汉人（即汉代的人，现代汉民族是汉代人和许多兄弟民族的共同后裔）和边远地区民族的接触和联合。诚然，在汉朝和匈奴之间曾经有过多次的战争，不过，汉代人并没有把匈奴当作外人。司马迁说："匈奴，其先祖夏后氏之苗裔也。"③ 近代学者对匈奴的民族性质有不同的见解，可以继续研究。不过，可以肯定的是：（1）匈奴的祖先（荤粥、猃狁等，他们至少是匈奴族的源流之一）与华夏族有长期密切的往来；（2）匈奴族中已经吸收了华夏族的成分（正如华夏族也吸收了其他民族成分一样）；（3）汉代人认为匈奴在血统上与自己本是亲族，而差别只在于历史中形成的礼俗不同。因此，汉与匈奴"和亲"，"汉与匈奴约为兄弟"④，这当然也就是一种很正常的事了。

西晋王朝灭亡以后，北方一度出现了许多少数民族统治的政权。这种分裂局面，与西罗马帝国废墟上出现的日耳曼诸王国很有几分相似。但是，中国的情况与西方又有着重大的不同。当时在中国北方起重要作用的少数民族有五个：匈奴（被认为是夏王朝的后裔）、鲜卑（被认为是黄帝的后裔）、羯（被认为是匈奴的一支）、氐（被认为是曾经和夏禹的儿子启争夺过王位的有扈氏的后裔）、羌（被认为是舜的后裔。以上除匈奴外，都根据《晋书·载记》）。他们和汉人都有很深的历史关系。他们中的一些领袖实际是汉化程度很深的人物，有些精通汉人的传统文化，即使与汉族统治者中的杰出人物相比也毫不逊色。造成以后十六国局面的第一人刘渊就是这样的人物。刘渊是匈奴人，不过他的部族已

---

① 见《孟子·梁惠王上》，《十三经注疏》，2670 页。

② 见《史记》，第 6 册，1952 页。

③ 见《史记》，第 9 册，2879 页。

④ 同上书，2897 页。

经不再以夏朝的后裔为满足，而改姓"刘"了。姓刘的理由是：他们是汉朝公主的后代。从前的史学家有偏见，说他们是"冒姓刘"。其实他们从母系血统上说完全有理由姓刘，可以说是汉朝皇帝的真正后裔。公元304年（晋惠帝永兴元年），刘渊建立政权，称汉王，并且发表了一篇文告。他在文告中称西汉高帝刘邦、东汉光武帝刘秀、蜀汉昭烈帝刘备为"三祖"，说曹氏的魏、司马氏的晋都是汉朝的篡夺者，他自己的任务就是要恢复汉朝的政权。结果与刘渊的愿望相反，汉朝没有复兴，北方却分裂了。北方少数民族政权中的杰出人物在谋求统一的过程中促进了民族间的联合和融合。苻坚和王猛大力提倡儒学，鼓励各族接受汉人文化，一度统一了北方；大约与西罗马帝国灭亡同时，已经统一北方的北魏的孝文帝元宏又实行改革，推行汉化政策。所以，当西方在日耳曼化中分裂的时候，中国却在魏孝文帝等人推动的汉化中为以后的进一步统一打下了坚固的基础。中国在先秦时期就有华夷之间互相转化和同化的现象，在南北朝时期又有胡汉互相转化和同化的现象。陈寅恪教授说："汉人和胡人之分别，在北朝时代文化较血统尤为重要。凡汉化之人即目为汉人，胡化之人即目为胡人，其血统如何，在所不论。"① 这种现象正是继承了先秦时期就有的以文化区分民族的优良传统。在这样的标准下，所谓汉化就是指少数民族接受了汉人的先进文化。同时，确实也有汉人胡化的另一个方面，而这个方面在历史上也是非常重要的。先秦时期的华夏族由于一定程度的夷狄化（包括血统中加入夷狄成分和文化上接受夷狄的成分）而发展成汉代的汉民族，而汉代的汉民族也由于一定程度的胡化才发展为隋唐时期的汉民族。南北朝时期的"汉化"，实际上包括了汉化和胡化两个方面，而以汉化为主。没有这个过程，就没有隋唐时期虎虎有生气的大统一的局面。

中国古代文明在政治上的统一趋势以及在民族上的融合和联合的趋势，是有其客观条件的。从世界范围来看，中国处于欧亚大陆的东端，西面又有喜马拉雅山和帕米尔高原的屏蔽，不像某些古代文明那样处在民族迁移的交通要道上，因而有一个民族关系相对稳定的环境。从中国内部来看，各地区之间有地理上的间隔和区别，但是这些并不能阻断相互间的交通，而且就总体来说有从北、西、南三个方面向中原辐辏的形势。在历史上，中原（黄河中下游地区）

---

① 陈寅恪：《唐代政治史述论稿》，200页，北京，三联书店，2001。

是最先繁荣起来的农业区，在这个区域里最早形成了华夏族。春秋战国时代，中原农业区和南方农业区关系日益密切，到汉代形成了统一的汉族农业区。汉族农业区的北部（中原）以生产黍、稷、小麦、大麦为主，南方农业区以生产稻为主，南北各地还有其他物产的不同。从《史记·货殖列传》和《汉书·地理志》中，我们可以看到汉族农业区各地物产的差别，也可以看到各地区间商业的发展。大体从春秋时期开始，在农业地区先后开凿了许多运河，它们通常具有灌溉和交通的两重作用。其中最值得注意的，如春秋时开凿的鸿沟（连接淮河和黄河）、邗沟（连接淮河和长江），秦统一后开凿的灵渠（连接湘江和珠江，而湘江是长江重要支流之一）。这样，黄河、淮河、长江、珠江几个水系就沟通了。在汉族农业区以北，是少数民族的以畜牧业为主的地区。在这两个地区之间也存在贸易的关系，汉族农业区向北方提供金属和丝织品等，少数民族畜牧区向南方提供驴马、裘皮等。汉朝和匈奴之间就经常保持这种互通关市的关系。在多方面的长期相互交往中，不少汉人进入了北方的畜牧业区，同时也有更多的少数民族进入了中原农业区。在西晋王朝统治者内部发生混乱以后，早已住在中原农业地区并且已经汉化了的少数民族联合北方畜牧区的少数民族统治了中原农业区。汉族政权则保留在南方农业区。在这样南北相持的局面中，中原在政治上和北方畜牧业区形成一体，不过在经济上却和南方的农业区是一致的。结果不是汉族北方农业区（中原）被畜牧业化，相反，是入居中原农业区的少数民族农业化和汉化了。在先秦时期，中原曾经是一个烘炉，许多部落和民族在其中熔冶成一个华夏族；在西晋以后的两个多世纪里，中原再次作为一个烘炉，许多民族在其中熔冶成一个比先前汉人的成分更为广泛的汉族。所以，中国古代文明也有民族移动的问题，不过这种移动大体是以中原为中心的对流，而另一些古代文明的民族移动则往往是平流。不同形式的民族流动产生了不同的历史后果。

黑格尔认为，中国的统一不同于波斯帝国的统一：波斯帝国是包容多样性的统一，而中国则是抽象的统一。高善必也说，印度的文化有多样性，而中国则只有汉族的统一文化，缺乏多样性。在我看来，这些见解都缺乏对于中国历史的了解，因而也是不足以说服人的。

我们不否认古代波斯帝国内部的多样性，也不否认印度文化的多样性。但是，我认为，首先，古代波斯帝国的统一并不是严格意义上的统一。波斯帝国承认或者容忍了帝国各部分的多样性，可是没有把多样的各部分构成一个有机的整体。波斯帝国有一个以波斯人为核心的统治中心，可是波斯既不能成为帝国的经济中心，也不能成为帝国的文化中心。集合在一个最高统治者之下的诸部分，既未形成一个真实的中心，又未形成一个稳定的结构，这就很难说它是一个真正的统一体。再则，中国古代文明形成一个日益加强的整体，这不意味着多样性的必然消失。中国古代文明的多样性表现在两个层次上：第一层是汉族内部存在的多样性，这既包括不同地区经济生活和风俗习惯的多样性，也包括汉族人民由于汲取各民族的文化成果而形成的多样性。从先秦到南北朝时期，汉族由多民族融合而成，自然也就在衣、食、住、行等多方面继承了多民族的文化成果。例如，变古代华夏的车兵为胡服骑射，在食物中出现胡饼，变席地而坐为采用桌椅等。第二层是在汉族和周边少数民族之间，不同的少数民族之间，也都存在着文化上的多样性。高善必承认中国的云南省有文化的多样性，其实中国作为一个整体也很像是一个大的云南，云南也很像是一个小的中国，因为中国作为一国，云南作为一省，都有汉族文化和少数民族文化的共存。所以，中国古代文明的特点，不在于没有多样，而在于能将多样性容纳在统一之中。

总之，中国古代文明的统一性特点的形成，并非依靠它能排斥或者消除异己的因素，恰恰相反，完全依靠它能兼容并蓄，然后经过熔冶将不同的因素化为一个不断发展的新整体。

三、中国古代文明的主要精神特点：
论四海一家、天人相应思想

以上讲了中国古代文明的连续性和统一性的特点，这里再探讨一下中国古代文明的主要精神特点。如果具体分析中国古代的思想史和文化史，那么中国确有许多特点可以研究。不过，我认为，如果作为中国古代文明主要的或基本的精神特点，那么举出四海一家、天人相应的思想，看来是适当的。以下分别加以具体论述。

第一，关于四海一家思想。按照这个思想，国和家在原则上是一致的，或者说，二者具有同一性。

我们不妨从汉语的"国家"一词谈起。在现代汉语里,"国"表示一个具有自己的领土和主权的政治共同体,即英语中的 state,"家"表示一个血缘的共同体,即英语中的 family。可是,当"国"和"家"合成"国家"一词时,它表示的仍然是"国"的意思。这种在语言上"国"和"家"既有区分又有联系的现象,可以追溯到很古的时代。在先秦的文献中,"家"和"国"在很多情况下是分别使用的。例如,孔子说:"丘也闻有国有家者,不患寡而患不均,不患贫而患不安。"① 这里的有国者指诸侯,他是国的统治者;有家者指大夫,他是家(古代的"家"还包括依附于它的人,与古代罗马的 famulus 很相像)的统治者。类似的例子很多。不过,把"国"和"家"合组为"国家"一词也是常见的。在《尚书》里,《金縢》记周成王亲自迎接周公时说:"我国家礼亦宜之。"② 《立政》记周公说:"其惟吉士,用劢相我国家。"③ 《文侯之命》记周平王说:"侵戎我国家纯。"④ 在《诗经》里,"国家"一词以稍有改变的形式出现,写作"邦家"或"家邦"。邦就是国,国就是邦,因此"邦家"就是"国家","家邦"就是"家国"。将"邦家"倒转为"家邦",看来那是为了押韵的缘故。《小雅·南山有台》:"乐只君子,邦家之基""乐只君子,邦家之光。"⑤ 《周颂·载芟》:"有飶其香,邦家之光。"⑥ 《小雅·瞻彼洛矣》:"君子万年,保其家邦。"⑦ 《大雅·思齐》:"刑于寡妻,至于兄弟,以御于家邦。"⑧

古代中国以"邑"、"邦"、"国"等字表示国的概念,这和古代希腊以 Polis 表示国的概念很相像。因为最初的国总是和城有一定关系的。看起来使人感到奇怪的是,国的概念竟然也可以由"国"和"家"组合而成的"国家"来表示。为什么会这样呢?答案只能从历史中去寻找。

最初的邦一般都是由氏族、部落合成的,因此,家一开始就作为国的基层而存在,孟子说:"人有恒言,皆曰'天下国家'。天下之本在国,国之本在家,

① 见《论语·季氏》,《十三经注疏》,2520 页。
② 《十三经注疏》,197 页。
③ 同上书,232 页。
④ 同上书,254 页。
⑤ 同上书,419 页。
⑥ 同上书,602 页。
⑦ 同上书,479 页。
⑧ 同上书,516 页。

家之本在身。"① 亚里士多德也认为，家是社会基本的单位，由家而组成村（最初的村自然地是由同族人组成的），由村而组成国。最初的王（Basileus）是从家长和村长发展而来的。② 在这种情况下，"家"和"国"的关系自然是很密切的。

值得注意的是，中国古代形成了一套完整的宗法制度。商代是否有宗法制度？学者有不同的见解，需要继续研究。到周代，一套很完整的宗法制度已经建成了。

中国古代典籍说到宗法制度的地方不少，在《礼记》的《丧服小记》、《大传》两篇中有比较系统的叙述。根据这些文献，我们知道，宗法制度很像一棵大树：树的主干就是大宗，世世代代由嫡长子继承；树的分枝就是小宗。不过，分枝又是有系统的：大枝对于从它分出的小枝来说，又可以算是大宗，小枝对于大枝来说自然是小宗，不过小枝还有由它分出的更小的枝。这样可以依次分为五个层次。自从汉代以来，学者对周代宗法有两种理解：一种意见认为，周王是天下的大宗，诸侯对天子是小宗；但诸侯在自己的国内是大宗，大夫对诸侯是小宗；大夫在自己的领地里是大宗，大夫的庶子又是小宗，等等。另一种意见认为，天子（周王）和诸侯不在宗法系统以内，宗法系统是从大夫开始再向下展延的。我赞成第一种意见。因为在《诗经》里，在许多青铜器铭文里，周王和诸侯都是当作大宗的。《诗经·大雅·公刘》说到周邦的人以公刘作为自己的国君和大宗（"君之宗之"③），是最明显的实例。《何尊铭文》："王诰宗小子于京室。"《驹形盉尊铭文》："王弗忘厥旧宗小子。"这说明周王和臣下保持着宗法的关系。《驹形盉尊铭文》："王佣下不其则万年保我万宗"。《敚尊铭文》："天子不段不其保我万邦"。在这两个同属一个主人的器物铭文中，前者的"王"就是后者的"天子"，前者的"万宗"就是后者的"万邦"。这就是说，周王朝作为大邦要保护各个小邦（诸侯国家），周王作为各国的大宗要保护各个小宗（仍是诸侯国家）。所以，这里"邦"（国）和"家"被认为是同一的。在西周，分封诸侯的制度和宗法制度是相辅相成的。

---

① 见《孟子·离娄上》，《十三经注疏》，2718 页。

② Aristotle, *The Politics of Aristotle*, translated with an introduction, notes and appendixes by Ernest Barker. Beijing, China Social Science Publishing House, 1999, 1252^b.

③ 《十三经注疏》，542 页。

大约在春秋战国时期，情况逐渐发生变化。一方面，各国内部的原有的血缘系统逐渐松弛甚至解体。很多小国（它们原来有自己的血缘系统）并入大国，各国内部国人（有严密的血缘系统的具有公民权的自由民）和野人（无严密的或合法的血缘系统也无公民权的自由人）的区分逐渐消失，人口在各国间的流动等，都对瓦解原来的血缘系统起了促进作用。另一方面，各国的血缘系统逐渐和政治系统发生分离。郡县制逐渐代替分封制，使原有的宗法制度发生了很大的变化。秦兼并六国以后，废除分封制，实行郡县制，在行政系统中完全排除了血缘系统。秦代虽然还有"宗正"（掌管皇帝亲属事务的官员），但是皇帝的亲属已经不能靠血缘关系分享政权。"君统"（皇帝的政权系统）和"宗统"（宗法系统）完全分开了。汉代基本上继承秦代的传统，实行郡县制度，不过又认为秦代过于轻视血缘系统的作用，没有分封亲属，因而孤立、早亡。《汉书·诸侯王表·序》说："秦据势胜之地。骋狙诈之兵，蚕食山东，一切取胜。因矜其所习，自任私知，姗笑三代，荡灭古法，窃自号为皇帝，而子弟为匹夫，内亡骨肉本根之辅，外亡尺土藩翼之卫。陈、吴奋其白梃，刘、项随而毙之。故曰，周过其历，秦不及期，国势然也。汉兴之初，海内新定，同姓寡少，惩戒亡秦孤立之败，于是剖裂疆土，立二等之爵。"[①] 汉朝历代皇帝的儿子，除作为太子继承帝位的以外，其余一般都封王，王的儿子除世袭王爵的以外，封侯。这看起来似乎恢复了周代的分封制度，但汉代的王、侯后来并没有统治权，实际上成了一种荣誉爵位。宗法制在汉代又得到了重视（《白虎通义·封公侯》中有所反映），但它已经不是真实地、直接地同政权系统合为一体，而是在伦理上间接地作为政权系统的支柱。国与家在政治上实际分开了，但是在伦理上又联结着。所以，虽然经过战国、秦、汉的变化，"国"和"家"结合的"国家"概念仍然长期保存下来。

与"国"和"家"的一致相应，中国古代还有礼和法的一致、忠和孝的一致。

在中国古代文明的早期阶段，不存在纯粹的法，而只有礼。礼的内容很广泛，包括宗教仪式、风俗习惯、传统制度等。礼或多或少与古代印度的 Dharma，古代以色列的 Torah，古代希腊的 Nomos，古代罗马的 Ritus 有些相似。

---

① 《汉书》，第 1 册，393 页。

如果扼要地说，那么，礼的核心内容就是"亲亲尊尊"。亲者，有关系远近的不同；尊者，有等级高低的区别。礼规定这些区别，并且规定处于不同地位的人的行为准则。在西周时期，每一个邦都分为两个部分。一部分是"国"，就是都城及其郊区；另一部分是"野"，就是郊区以外边境以内的地区。居住在"国"的是"国人"，他们和国君有一定的血缘关系，或者是同族的关系，或者是通婚的关系。礼在国人之间通行，每一个国人都在宗法系统中处于一定的地位，而且在当时的宗法制度下，亲亲和尊尊是一致的。例如，国君作为君主是尊者，作为大宗又是亲者，国人对国君的关系既是亲亲，又是尊尊。居住在"野"的是"野人"，他们和"国人"原来没有血缘关系，没有公民权利，也不分享"国人"的礼。"礼不下庶人"①，就是这个意思。因此，我们也可以说，礼是一种特殊的法，它还没有摆脱了血缘系统的作用。

春秋战国时期，随着国野区分的逐渐消失和宗法制度的逐渐衰落，礼也被破坏了。于是各国或早或迟在不同程度上进行了改革，其实质就是用法来代替礼。当时的学者有各种不同的主张，但是似乎还没有一个学派认为先前的礼可以原封不动的保留下去。孔子可能是最温和、最保守的，但是他所主张的"礼"已经和"仁"互为补充。他的"仁"，作为一种爱，对不同的人是有程度差别的，但是，我们不知道，孔子曾经把什么人（例如野人）排斥在"仁"的对象之外。因此，孔子实际上也是改革家，不过是比较温和的。最激烈的当然是法家学派。在《商君书·靳令》中，礼和孝、悌、仁、义等并列，成为所谓"六虱"之一②。他们把礼当作一种和法相对立的政治害虫，认为必须彻底予以消除。秦国用商鞅的主张，实行严刑峻法，最后以武力兼并了其他国家。但是秦的灭亡也很快。汉代总结秦的经验，认为那是秦废礼而用法的结果。贾谊说："汤武置天下于仁义礼乐，而德泽洽，禽兽草木广裕，德被蛮貊四夷，累子孙数十世，此天下所共闻也。秦王置天下于法令刑罚，德泽无一有，而怨毒盈于世，下憎恶之如仇雠，祸几及身，子孙诛绝，此天下之所共见也……今或言礼谊之不如法令，教化之不如刑罚，人主胡不引殷、周、秦事以观之也？"③ 于是，汉

---

① 见《礼记·曲礼上》，《十三经注疏》，1249 页。

② 《商君书》，《诸子集成》，第 5 册，23 页。

③ 见《贾谊传》，《汉书》，第 8 册，2253 页。

代在继承秦代法律的时候，一方面予以简化，另一方面予以放宽。完全放弃秦代的法而行周代的礼，也是行不通的，因为存在于周代的国野区分、宗法制度到汉代或者已不存在，或者已经有了很大的改变。不过，汉代的皇帝在立法中更多地注意到传统的宗法关系或礼的因素。例如，汉宣帝地节四年（公元前66年）发布诏书说："父子之亲。夫妇之道，天性也。虽有患祸，犹蒙死而存之，诚爱结于心，仁厚之至也，岂能违之哉！自今子首匿父母，妻匿夫，孙匿大父母，皆勿坐；其父母匿子，夫匿妻，大父母匿孙，罪殊死。"① 身份高的亲属犯了罪，身份低的隐匿罪人，自己不算犯罪；反之，身份高的人如果隐匿了身份低的犯罪亲属，那就要判处死刑。东汉章帝的时候。一个人因为父亲受到另一人的侮辱，就把那个侮辱他父亲的人杀了，章帝免了杀人者的死刑②。这种在法中渗入礼的情况逐渐成为传统，在以后的法律（例如《唐律疏议》）中都有所反映。

在中国古代文明的早期并没有后来那种以君主为对象的"忠"，而"孝"却出现很早，并且包括了对政治上的尊长和血缘上的尊长两方面的崇敬。因为在周代宗法制的条件下，尊尊和亲亲是同一件事。青铜器铭文中时常有"享孝于大宗"的词句，这种"孝"就包括在政治上和血缘上两重的、但又是同一的崇敬。"忠"的本义，如《说文解字》所说，"敬也，尽心曰忠。"③ 对任何人尽心都是"忠"。孔子弟子曾子说："为人谋而不忠乎?"④ 他说的忠对任何人都适用。春秋时期还有人认为国君应当"忠于民"，"上思利民，忠也。"⑤

到战国时期，随着宗法制度的变化（"君统"政治系统和"宗统"血缘系统分开），"孝"已变成血缘系统或家族系统中的道德规范，和对君主的忠已经不能经常一致，有时甚至还会发生尖锐的矛盾。韩非说："楚之有直躬，其父窃羊而谒之吏，令尹曰：'杀之'，以为直于君而曲于父，报而罪之。以是观之，夫君之直臣，父之暴子也。鲁人从君战，三战三北，仲尼问其故，对曰：'吾有老父，身死莫之养也。'仲尼以为孝，举而上之。以是观之，夫父之孝子，君之

① 《宣帝本纪》，《汉书》，第1册，251页。
② 《张敏传》，《后汉书》，第6册，1502页，北京，中华书局，1965。
③ 许慎撰、段玉裁注：《说文解字注》，502页。
④ 《论语·学而》，《十三经注疏》，下册，2457页。
⑤ 《左传》，桓公六年记随国大臣季梁语，《十三经注疏》，下册，1749页。

背臣也。"① 面对这种情况，不同的学派有不同的主张。

孔子学派认为，孝和忠在伦理原则上是一致的。孔子弟子有若说："其为人也孝悌，而好犯上者。鲜矣。"② 在遇到实际矛盾的时候，他们主张按中庸之道办事。《孟子·尽心上》有这样一个故事："桃应问曰：'舜为天子，皋陶为士，瞽瞍杀人，则如之何？'孟子曰：'执之而已矣。''然则舜不禁与？'曰：'夫舜恶得而禁之？夫有所受之也。''然则舜如之何？'曰：'舜视弃天下犹弃敝屣也。窃负而逃，遵海滨而处，终身诉然，乐而忘天下。'"③

法家学派则认为，忠、孝不能两全。所以商鞅把孝当作一种"虱"。韩非更进一步说父母和子女的关系也是以利益为基础的。"且父母之于子也，产男则相贺，产女则杀之。此俱出父母之怀衽，然男子之受贺，女之杀之者，虑其后便，计之长利也。"④ 既然亲子关系都不是真诚的，当然"孝"的理论根据就不存在了。

秦国基本上实行了法家学派的主张，鼓励对国君的忠，而抑制对父母的孝。当然这也并非总是如此。在孝和忠不发生矛盾的时候，孝也还是被承认的。《睡虎地秦墓竹简》的《法律答问》、《为史之道》中对"孝"还是承认的。贾谊说秦国这样做的结果是破坏了好的风俗。"商君遗礼义，弃仁恩，并心于进取，行之二岁，秦俗日败。故秦人家富子壮则出分，家贫子壮则出赘。借父耰鉏，虑有德色；母取箕帚，立而谇语。抱哺其子。与公并居；妇姑不相悦，则反唇而相稽。其慈子耆利，不同禽兽者亡几耳。"⑤

秦朝早亡，汉代从中汲取教训，于是再次重视孝悌。汉文帝说："孝悌，天下之大顺也。"⑥ 秦的统治者重视"耕、战"，也就是鼓励"杀敌、力田"，汉代的统治者则鼓励"孝悌力田"。汉代统治者采用了儒家的主张，把忠和孝在伦理上结合起来（不同于周代的在政治上和伦理上都结为一体）。这对以后的各个王朝的统治者也起了很大的影响。

① 见《韩非子·五蠹》，《诸子集成》，第 5 册，《韩非子集解》，344 页。
② 见《论语·学而》，《十三经注疏》，2457 页。
③ 《十三经注疏》，2769 页。
④ 见《韩非子·六反》，《诸子集成》，第 5 册，《韩非子集解》，319 页。
⑤ 见《贾谊传》，《汉书》，第 8 册，2244 页。
⑥ 见《文帝纪》，《汉书》，第 1 册，124 页。

由于存在家和国一致的思想以及随之而来的礼和法一致、忠和孝一致的思想，统治者和臣民之间的关系被认为是某种亲子关系。例如《诗经·小雅·南山有台》说："乐只君子，民之父母。"① 《诗经·大雅·泂酌》说："岂弟君子，民之父母。"② 这两段诗都是一个意思：作为臣民的父母，统治者是愉快的。《白虎通义·爵》引《尚书》说："天子作民父母"③（伪古文《泰誓》写作"元后作民父母"④）。这些思想对于中国古代文明的巩固，对于它的连续性和统一性都是有作用的。

当然，这种思想有其有利于巩固统治者的地位的一个方面。但是这也并非总是如此。统治者作为"父母"有权利，人民作为"子民"（subjects）有义务，这是事情的一个方面。事情还有另一个方面。孟子对梁惠王说："庖有肥肉，厩有肥马，民有饥色，野有饿莩，此率兽而食人也。兽相食，且人恶之。为民父母，行政不免于率兽而食人。恶在其为民父母也。"⑤ 这就是说，统治者如果没有尽到作为"父母"的义务，就不成其为父母，就应失去做国君、做"父母"的权利。"齐宣王问曰：'汤放桀，武王伐纣，有诸？'孟子对曰：'于传有之。'曰：'臣弑其君可乎？'曰：'贼仁者谓之贼，贼义者谓之残，残贼之人谓之一夫。闻诛一夫纣矣，未闻弑君也。'"⑥ 这就是说，统治者没能尽到做"父母"的义务，人民就有推翻他们的权利。这样，君主和臣民之间的"父母"与"子女"的关系并不是一种自然的、绝对的关系，而在某种程度上近似于契约的关系。因此，它是可以调整的。这在实际上也增强了中国古代文明克服种种困难的能力。

第二，关于天人相应的思想。按照这个思想，天和人在原则上是一致的，或者说，二者具有同一性。

许多国家都有这样一种古老的传说，据说早先的人和神的关系是很接近的。中国古代也有类似传说，据说有一个时期天和地是相通的，只是后来这种

---

① 《十三经注疏》，419 页。

② 《十三经注疏》，544 页。

③ 陈立：《白虎通疏证》，4 页，北京，中华书局，1994。

④ 《十三经注疏》，180 页。

⑤ 见《孟子·梁惠王上》，《十三经注疏》，2667 页。

⑥ 见《孟子·梁惠王下》，《十三经注疏》，2680 页。

交通才被打断①。为什么会有这样的传说呢？因为，人本来就是从自然界分离出来的，最早的人自然地会感到自己和自然界有着密切的关系；可是当时的人并不能如实地认识自然界，而认为自然界是神或天。这样，他们也就认为自己和神或者天有密切的关系，而巫术就是他们和天或神打交道的手段。春秋时的楚昭王问大臣观射父说，《尚书》里所说的断绝天地交通是怎么一回事？是否在此以前人能上天？观射父回答说，所谓天地相通就是"民神杂糅，不可方物，夫人作享，家为巫史"，以后颛顼命令一个官员专门负责祭神，和天打交道，又命令一个官员专门负责地上的事，和人打交道。"是谓绝地天通。"② 观射父在古代就能作出这样的解释，实在是很杰出的。不是一切人都可以用巫术和神打交道了，这种权利为某些人所攫取，这样就算是地和天、人和神的交通断了。当然，这不能是完全的断绝，因为还有人负责人和神的交往。

文明一般就是在这种情况下诞生的。统治者一方面代表人和神打交道，另一方面又作为神的代表来统治人民。中国古代的君主以及许多其他古国的君主都说自己得到"天命"或者"神的命令"，这不是偶然现象，是具有一般性的。

以下讲中国古代的人和神的关系的一些特点。这些特点也就是天人相应思想的一些具体表现。

第一，天虽然高高在上，但是和人的关系又不遥远。

在上古小邦林立的时期，通常每个邦都崇拜若干个神，其中有一个主要的神，他是本邦的保护者。在中国古代，每一个邦都崇拜自己的祖先，而祖先则来自于神，就是"帝"。周的祖先是后稷，而后稷的母亲姜嫄是在踏了"帝"的足迹以后才怀孕和生育了后稷的③。"王者禘其祖之所自出，以其祖配之"④。"禘"就是祭祖先由之而生的"帝"，祭的时候以祖先作陪。不过，在各邦君主之中出现了一个最高领袖——王的时候，祭"帝"或"上帝"并以自己祖先作陪的权利就专门属于王了。西周统治者说："殷之未丧师，克配上帝。"⑤ 这就是说，周人承认殷王曾经是各邦的最高领袖。

---

① 见《尚书·吕刑》，《十三经注疏》，248 页。

② 见《楚语下》，《国语》，562 页，上海，上海古籍出版社，1998。

③ 见《诗经·大雅·生民》，《十三经注疏》，528 页。

④ 见《礼记》、《大传》，《十三经注疏》，1506 页。

⑤ 见《诗经·大雅·文王》，《十三经注疏》，505 页。

关于"帝",学者有不同的解释,分歧不小。一些学者(如吴大澂、王国维等)释为"蒂"。因为朵字上面的"▽"像花蒂的形状。我认为,此说有道理,但仍待改进。就字形来说,"朵"更像根。同时"帝"(即"蒂")和"柢"(即"氏")古相通,《老子》五十九章"深根固柢"①,《经典释文》"柢亦作蒂"。《韩非子·解老》:"树木有曼根,有直根。(直)根者,书之所谓柢也。"②直根为柢,曼根为根。帝(朵)的形状像直根,古人认为神是人的根源,所以又把神称为帝。

在殷代,"上帝"和"天"的概念是否已经等同,学者还有不同的意见。从甲骨文的资料来看,现在还没有"上帝"等同于"天"的证据,但是,如果从《尚书》、《诗经》的资料来看,似乎殷代已经把天和上帝等同起来。这个问题还可以继续研究。在西周时期,上帝和天等同起来,这是从青铜器铭文和传统文献都能得到证实的。

周代人对天和人的关系的认识有一个重大的变化,就是把天和人的关系理解为某种意义上的血缘关系。周代替殷成为各邦的最高领袖——王,周人把这件事解释为"皇天上帝,改厥元子"③。各邦君主都是皇天上帝的儿子,但是周王作为各邦的最高领袖和大宗,所以算是天的"元子",也就是"宗子"(嫡长子),所以也可以称为"天子"。本来周王作为各邦的大宗,在理论上是有缺点的。因为,按照宗法制度,大宗的地位是血缘性质的,所以,周王只能作为各同姓诸侯的大宗,而不能成为异姓诸侯国的大宗。有些学者反对周王是各诸侯的共同的大宗说,就把这当作一条理由。可是,周人统治者把人间的宗法系统和皇天上帝联系起来,这样,凡是在天下面生活的人,不分同姓异姓,都得承认周王是"天下"的大宗。因此,周王朝也就被各诸侯国承认"宗周"(作为大宗的周)。

周王把自己说成皇天上帝的"元子",把宗法系统和天联系起来,这在中国历史上发生了重要的影响。一方面,古代的最高统治者以"天子"的身份作威作福;另一方面,中国人形成了一种广泛的"兄弟"概念。正如孔子的弟子

北京师范大学史学探索丛书

---

① 《诸子集成》,第 3 册,《老子道德经》,36 页。

② 《诸子集成》,第 5 册,《韩非子集解》,103 页。

③ 见《尚书·召诰》,《十三经注疏》,212 页。

子夏所说：“四海之内，皆兄弟也。”① 不仅同姓的人是兄弟，异姓的人也是兄弟；不仅华夏族的人是兄弟，不同民族的人也可以是兄弟。中国古代以文化而不以血统来区别华夏族和夷狄，和这种广泛的兄弟观念也有关系。以后的匈奴等少数民族都能找出和汉族的共同祖先，也和这种广泛的兄弟观念有关系。总之，这种广泛的兄弟观念对中国古代文明的统一是有重要意义的。

中国古代的天既高高在上又与人不远的观念，也表现在汉字“天”字上。“天”在甲骨文和金文里写作 **夭**、**六**、**呆** 等，这些字都是在人的形象上有一个显著的头。《说文解字》说：“天，颠也。”② 这看起来是用声音相近的词来解释天。可是对比一下字的形状，我们就可以知道，“天”的形象就是人的头，而“颠”也正是人的头顶。所以，天就是颠。天在人的头上，可以说是很远，以致高不可攀；也可以说是很近，就在人的头上，甚至就是人的头顶。

第二，天意虽然被认为是至高无上的，但是又往往脱离不了人心。

从《尚书》来看，天命的观念，上帝惩罚有罪的观念，在中国出现得很早。《夏书·甘誓》、《商书》中的《汤誓》、《盘庚》、《高宗肜日》、《西伯戡黎》、《微子》等篇都有这种观念。《甘誓》是否能代表夏代人的观念，这还有待研究。从商代甲骨文的资料来看，当时的统治者的确是敬畏上帝，相信上帝能够赐福或降祸的。不过商代统治者又有两类人：一类人开始注意到上天降福降祸的关键在于人的行为。例如，祖巳对高宗（武丁）说：“惟天监下民，典厥义，降年有永有不永。非天夭民。民中绝命。”③ 又如，祖伊对纣说：“非先王不相我后人，惟王淫戏用自绝，故天弃我……”④ 另一类人则认为，自己已有天命，别人对他就无能为力，他自己的统治地位就没有问题。例如，当祖伊提醒纣，周已经成为对殷的威胁的时候，纣还说：“我生不有命在天。”⑤ 结果使纣失去了人心，被周所征服。

周代统治者从殷纣的失败中汲取了教训，开始对天命有了比较清醒的认

① 见《论语·颜渊》，《十三经注疏》，2503 页。

② 《说文解字》，1 页。

③ 见《尚书·高宗肜日》，《十三经注疏》，176 页。

④ 见《尚书·西伯戡黎》，《十三经注疏》，177 页。

⑤ 同上。

识。他们的一个基本认识是："天命靡常"①、"越天棐忱"②、"惟命不于常"③、"天命不易，天难谌。"④ 他们说，天命不是一成不变的，这有两种意义。一方面，周王代替商王的"天子"地位，这可以从天命的变化得到解释；另一方面，周代的统治者又用"天命无常"来警戒自己，以免由于自己的不慎而失去"天命"，失去"天子"的地位。周初的统治者，如周武王、周公都尽力寻求天命变化和人心变化的关系，并认为天命和人心是一致的。例如，"民之所欲，天必从之"⑤；"天视自我民视，天听自我民听"⑥；"天棐忱辞⑦（和《诗经·大雅·大明》"天难忱斯"⑧ 的意思相同），其考我民"⑨；"天畏棐忱，民情大可见"⑩。这就是说，天命是不可靠的，天意是难知的，而了解天意的途径就是了解民心。这样，周初统治者虽然总是对天命表示十分敬重的态度，但是注意的重心已经转移到人心方面。具体地说，他们的努力又分为两个方面：一方面，"古人有言曰：'人无于水监，当于民监。'今惟殷坠厥命，我其可不大监抚于时。"⑪ 另一方面，"皇天无亲，惟德是辅。"⑫ "天不可信，我道惟宁（文）王德延。"⑬ 这就是说，他们认为，如要保住天命或王位，必须得到民心，而要得到民心，就必须慎修己德。天命和民心一致，重人心就是敬天命，这就是周代留下的思想传统。

我们知道，天命或神的意志，从来都是人的意志在天上的反映。西周时期

---

① 《诗经·大雅·文王》，《十三经注疏》，505 页。

② 《尚书·大诰》，《十三经注疏》，200 页。

③ 《尚书·康诰》，《十三经注疏》，205 页。

④ 《尚书·君奭》，《十三经注疏》，223 页。

⑤ 《左传》襄公三十一年、昭公元年，《十三经注疏》，2020 页。《国语·郑语》等引《尚书·泰誓》，见《国语》，515 页，上海，上海古籍出版社。

⑥ 《孟子·万章上》引《泰誓》，《十三经注疏》，2737 页。

⑦ 《十三经注疏》，199 页。

⑧ 同上书，506 页。

⑨ 《尚书·大诰》，《十三经注疏》，199 页。

⑩ 《尚书·康诰》，《十三经注疏》，203 页。

⑪ 《尚书·酒诰》，《十三经注疏》，207 页。

⑫ 《左传》僖公五年引《尚书》，见《十三经注疏》，1795 页。伪古文《尚书》系在《蔡仲之命》。见《十三经注疏》，227 页。

⑬ 《尚书·君奭》，《十三经注疏》，222 页。

开始产生的天命和民心一致的思想的可贵之处在于，首先，当时的思想家已经在一定程度上自觉地意识到这种反映；其次，当时的思想家已经在一定程度上意识到，统治者尽管可以自称受了天命，而真正的、最后要起作用的还是被称为天命的民心。这种思想可说是中国古代"民本思想"的先驱。孟子说："民为贵，社稷次之，君为轻。是故得乎丘民而为天子。"① 又说："桀纣之失天下也，失其民也；失其民者，失其心也。得天下有道：得其民，斯得天下矣；得民有道：得其心，斯得民矣；得其心有道：所欲与之聚之，所恶勿施尔也。"② 荀子说："天之生民，非为君也；天之立君，以为民也。"③ 这些见解都是西周的思想传统的继续和发展。当然，这也是中国古代政治思想史上的精华。

第三，古代的学者对天道的认识虽然有分歧，但是逐渐形成了天道和人事一致的思想传统。

孔子继承西周传统，一方面，承认作为神的天，例如，他曾发誓说："予所否者，天厌之，天厌之。"④ 另一方面，他对作为神的天又抱一种冷静的存疑的态度。"樊迟问知，子曰：'务民之义，敬鬼神而远之，可谓知矣。'"⑤ "季路问事鬼神。子曰：'未能事人，焉能事鬼?''敢问死'。曰：'未知生，焉知死。'"⑥ 所以他的弟子子贡说："夫子之文章，可得而闻也；夫子之言性与天道，不可得而闻也。"⑦ 他的原则是不离开人事而单独地谈天道。

墨子明确地说，天是有意志的，神鬼是存在的，而且笃信"天志"是至高无上的。什么是他所理解的"天志"呢？"顺天意者，兼相爱，交相利，必得赏。反天意者，别相恶，交相贼，必得罚。"（《墨子·天志上》⑧，另外，《天志中》、《天志下》里也有类似的说法）墨子和孔子不同，他对"天志"没有取将信将疑的态度。他又和孔子一样，没有离开人来单独地谈天，他的"天志"的内容本身就是关于人事的。而且，墨子并没有因为坚信天志而放松自己对于人

---

① 《孟子·尽心下》，《十三经注疏》，2774 页。

② 《孟子·离娄上》，《十三经注疏》，2721 页。

③ 《荀子·大略》，《诸子集成》，《荀子集解》，332 页。

④ 《论语·雍也》，《十三经注疏》，2479 页。

⑤ 同上。

⑥ 《论语·先进》，《十三经注疏》，2499 页。

⑦ 《论语·公冶长》，《十三经注疏》，2474 页。

⑧ 《诸子集成》，第 4 册，《墨子间诂》，120 页。

事的努力。如果说，孔子在遇到人力不能解决的问题的时候还会承认"命"，例如，孔子弟子伯牛得了不治之症，他去探望并叹息说："命矣夫！"① 那么，墨子又不承认"命"。例如，墨子说："昔上世之穷民，贪于饮食，惰于从事，是以衣食之财不足，而饥寒冻馁之忧至，不知曰'我罢不肖，从事不疾'，必曰'我命固且贫'。昔上世暴王，不忍其耳目之淫，心涂之辟，不顺其亲戚，遂以亡失国家，倾复社稷，不知曰'我罢不肖，为政不善'，必曰'吾命固失之'。"② 墨子认为，命是懒惰者自我辩护的借口，必须予以批驳。所以，墨子虽然比孔子更相信天，但是他也比孔子更相信人的力量。墨子学派的人很能吃苦耐劳，"虽枯槁不舍"③，就是他们重人事的精神的外在表现。

　　道家倾向于把天道认为是自然的，这和墨子恰好相反。《老子》说："人法地，地法天，天法道，道法自然。"④（第二十五章）《庄子》说："无为为之之谓天。"⑤（《天地》）所以，有的人生来只有一条腿，这是"天"；牛的骨骼排列是有规律的，这是"天理"⑥（《养生主》）。老子和庄子都主张，人不要违背而要依从天道或自然。他们都认为，人的努力不仅是徒劳，而且是有害的。这也和墨家以至儒家相反。但是，道家在谈天道或自然的时候也没有不谈人事。在这一点上，老子和庄子的见解又有不同之处。《老子》认为，"反者道之动，弱者道之用"⑦（第四十章）。他认为，按照天道或自然的规律，一切事物都要转向反面，强者必变弱，弱者必变强，所以他主张经常处于弱的一面，以求立于不败之地。所以，《老子》认为，"天之道，其犹张弓欤？高者抑之，下者举之；有余者损之，不足者补之。天之道，损有余而补不足，人之道则不然，损不足以奉有余。孰能以有余奉天下？唯有道者。"⑧（第七十七章）在老子的消极思想中潜在着积极的方面，他还认为"天道无亲，常与善人"⑨（《老子》第七十

---

① 见《论语·雍也》，《墨子间诂》，2478 页。

② 见《墨子·非命上》，《诸子集成》，第 4 册，《墨子间诂》，167 页。

③ 见《庄子·天下》，《诸子集成》，第 3 册，《庄子集释》，468 页。

④ 《诸子集成》，第 3 册，《老子道德经》，14 页。

⑤ 《诸子集成》，第 3 册，《庄子集释》，183 页。

⑥ 《诸子集成》，第 3 册，《庄子集解》，19 页。

⑦ 《诸子集成》，第 3 册，《老子道德经》，25 页。

⑧ 同上书，45 页。

⑨ 同上书，46 页。

九章）。庄子则比老子更消极。他认为，"庸讵知吾所谓天之非人乎？所谓人之非天乎？"① 又说："忘己之人，是之谓入于天。"② 他甚至不想区分天（自然）和人、是和非。能尽其天年，他就很满足了③。道家思想（尤其是庄子思想）没有也不可能成为中国古代学术的主导思想。不过，道家也有和其他学派相同的一点，就是他们也重视天和人的关系，也主张天人一致。当然他们和其他学派有巨大的分歧。

孟子认为天意就是民心，又说："莫之为而为者，天也；莫之致而至者，命也。"④ 这大体还是传统的说法。但是，孟子比孔子更进一步，他明确地把天道（或天理）和人性结合起来。他说："恻隐之心，人皆有之；羞恶之心，人皆有之；恭敬之心，人皆有之；是非之心，人皆有之。"这些人心所同有的就是"理"⑤。他认为人"性善"⑥，人人都能成为圣人，只要努力发挥自己的天性。他重视人的作用，甚至认为，人只要认识自己的本性，就能知道天理。他说："尽其心者，知其性也，知其性，则知天矣。"孟子思想可以鼓励人，使人在天、命运面前有自尊心和自信心，这是古代思想中的精华。但是，他认为"万物皆备于我矣。反身而诚，乐莫大焉"⑦；认为"学问之道无他，求其放心而已矣"⑧。这就把对天道或天理的研究限制在纯粹的人事和人性范围里，结果不利于自然科学的发展。这一点也是不可忽视的。

荀子在《天论》中表述了中国古代学者在天人关系方面的最杰出的见解。他认为，天就是自然界，它不会由于人的意志而改变其规律。"天行有常，不为尧存，不为桀亡。"⑨ "故君子敬其在己者，而不慕其在天者"⑩。"大天而思之，

---

① 《庄子·大宗师》，《诸子集成》，第 3 册，《庄子集解》，37 页。
② 《庄子·天地》，《诸子集成》，第 3 册，《庄子集解》，74 页。
③ 《庄子·养生主》，《诸子集成》，第 3 册，《庄子集解》，18 页。
④ 《孟子·万章上》，《十三经注疏》，2738 页。
⑤ 《孟子·告子上》，《十三经注疏》，2749 页。
⑥ 《孟子·滕文公上》，《十三经注疏》，2701 页。
⑦ 《孟子·尽心上》，《十三经注疏》，2764 页。
⑧ 《孟子·告子上》，《十三经注疏》，2752 页。
⑨ 《诸子集成》，第 2 册，《荀子集解》，205 页。
⑩ 同上书，209 页。

孰与物畜而制之。从天而颂之，孰与制天命而用之。"① 人不应对天抱有幻想，而应了解天的规律，用它来为人类造福。荀子和孟子一样，他也把天道和人性联系起来。但是，荀子的观点恰好与孟子相反。荀子认为人性恶。"今人之性，生而有好利焉，顺是，故争夺生而辞让亡焉；生而有疾恶焉，顺是，故残贼生而忠信亡焉；生而有耳目之欲，有好声色焉，顺是，故淫乱生而礼义文理亡焉。"② "凡性者，天之就也。"③ "问者曰：'人之性恶，则礼义恶生？'应之曰：'凡礼义者，定生于圣人之伪（伪：人为），非故生于人之性也。'"④ 在荀子看来，人类要进步，必须战胜外在的自然（天）和内在的自然（性）。这实在是一种十分卓越的思想，可惜以后没有得到充分发扬。

法家不承认有作为神的天，也否认当时的各种占卜⑤。甚至作为自然的天，他们或者不谈（如《商君书》），或者很少谈（如《韩非子》）。《韩非子·解老》说到作为自然的天，着重强调"随于万物之理"⑥。法家最致力于人事，或者说力求战胜他人。他们重视农业，也是为了保证战争胜利。对于农业以外的"技艺"，他们甚至认为是有害的。如《商君书·农战》说："农战之民百人，而有技艺者一人焉，百人者，皆怠于农战矣。"⑦ 因此，法家虽然重人事，但是并不重视战胜自然。在古代各学派中，法家是最不重视天人关系的。秦始皇兼并六国以后，巡视各地，刻石记功。在那些铭文里，写的全是秦始皇一个人的成就，没有一句提到天或天命⑧。这的确和中国以前传统很不相同。

在中国先秦时期，还逐渐形成了一个对宇宙讨论较多的学派，即阴阳五行学派。看来这一学说最初来自"阴阳"和"五行"两种观念。

阴和阳最初是观察地形中得出的观念。《说文解字》："阴，暗也。水之南、山之北也。"⑨ 阳和阴相反，当然是山之南。所以，阳就是向阳的一面，阴就是

---

① 《诸子集成》，第 2 册，《荀子集解》，211 页。
② 同上书，289 页。
③ 同上书，290 页。
④ 同上书，291 页。
⑤ 见《韩非子·饰邪》，《诸子集成》，第 5 册，《韩非子集解》，88 页。
⑥ 《诸子集成》，第 5 册，《韩非子集解》，112 页。
⑦ 《诸子集成》，第 5 册，《商君书》，6 页。
⑧ 见《秦始皇本纪》，《史记》，第 1 册，223 页。
⑨ 许慎撰、段玉裁注：《说文解字注》，731 页。

背阴的一面。《诗·大雅·公刘》"相其阴阳"①，指的就是这个意思。《易·中孚》"鸣鹤在阴"②（九二，爻辞），《易·坤卦》"阴始凝（古与"冰"通）也"③（初六，象辞），"阴"都指背阴的地方。《老子》"万物负阴而抱阳，冲气以为和"④（四十二章）。也就是说，万物的背面是背阴的，正面是向阳的，而气调节于二者之间。在《易·系辞》里，人们才把天和地、男和女、刚和柔、奇数和偶数同阳和阴联系起来。于是阴阳成了抽象的负（negative）和正（positive）的概念。"一阴一阳之谓道。""阴阳不测之谓神。"⑤ 这是从功能的角度看宇宙，看出一切事物中都有相反相成的两个方面，从这两方面的结合和变化中产生万物。在古代希腊，赫立克利特（Heraclitus）也有类似的见解。

"五行"（Five Elements）最早见于《尚书》。如《甘誓》"有扈氏威侮五行"⑥。《洪范》"五行，一曰水，二曰火，三曰木，四曰金，五曰土"⑦。这是从实体的角度看宇宙，认为世界就是由这五种物质构成的。在古代印度、希腊，一些学者也有类似的见解。关于五行之间的关系，墨子曾说："五行无常胜"⑧。他的意思是说，要看条件。例如，火可以熔化金属，如果火大；金属也可以压灭炭火，如果金属多。⑨

　　阴阳说和五行说原来都是古人试图解释世界的理论，最初两说也是分立的。例如，《尚书·洪范》讲五行不讲阴阳，《易传》讲阴阳又不讲五行。把阴阳和五行结合起来，并且用来解释人事，其创始者大概是战国时代齐国的邹衍。⑩ 不过，邹衍也遵循了中国古代不离开人事谈天的传统。《洪范》讲五行时已经开始和人的"貌、言、视、听、思"联系起来。在《左传》里，也有一些用阴阳或五行解释人事的事例（如僖公十六年，襄公九年、二十八年、三十年，

---

① 《十三经注疏》，543 页。
② 同上书，71 页。
③ 《十三经注疏》，18 页。
④ 《诸子集成》，第 3 册，《老子道德经》，26 页。
⑤ 见《系辞上》，《十三经注疏》，78 页。
⑥ 《十三经注疏》，155 页。
⑦ 同上书，188 页。
⑧ 《墨子·经下》，《诸子集成》，第 4 册，《墨子间诂》，195 页。
⑨ 《经说下》，同上书，226 页。
⑩ 见《孟子荀卿列传》，《史记》，第 7 册，2344 页。

昭公八年、九年、十六年、十七年、十八年、二十五年、二十七年、三十二年，哀公九年等）。邹衍的著作没有传下来。在《吕氏春秋·有始览·应同》中，系统地讲了五行相胜（木胜土，土胜水，水胜火，火胜金，金胜木）的思想，并且说每一王朝都具有五行中的一种品德。例如，当时人认为，周朝得火德，秦朝代替周朝，就是有水德，等等。秦始皇不相信天命，却相信五行说。①

到汉代，董仲舒把儒家思想和阴阳五行思想结合起来，构成一整套天人相应的学说（内容详见《汉书·董仲舒传》所记"天人三策"及《春秋繁露》一书）。董仲舒的思想是折衷主义的（eclectic），其中有许多怪诞的、迷信的成分。但是，他的思想里也包括先秦学者关于天人关系的思想传统。在他看来，天是有感情、有意志并且能够对人施行奖惩的主宰②，又是有一定运行规律的自然③。天是至高无上的，但又是人和万物的本原。"父者，子之天也；天者，父之天也。无天而生，未之有也。天者，万物之祖。万物非天不生。"④ 他又说："天地人，万物之本也。天生之，地养之，人成之。"⑤ 所以，从来源上说人与天不能分开，从人能"参天地"的角度来说，天又与人不能分开。董仲舒认为天有意志，但天意因人的行为而变化。君主所以能得天命，是因为"天下之人同心归之，若归父母，故天瑞应诚而至。"⑥ 董仲舒还把人类的社会秩序看作是和天道一致。"君臣、父子、夫妇之义，皆取诸阴阳之道。"⑦ "王道之三纲，可求于天。"⑧ 董仲舒继承和发挥先秦学者的天人相应的思想传统，不是偶然的。汉武帝在册问董仲舒时就引用过当时的成语说"善言天者必有征于人，善言古者必有验于今。"⑨ 从汉以后，论天必以人事为证，这更成为一种长期的传统。

如何认识中国古代天人相应思想的历史价值，这是一个复杂问题。我想，至少可以从以下两点来看：

---

① 见《秦始皇本纪》，《史记》，第 1 册，223 页。

② 见《董仲舒传》，《汉书》，第 8 册，2495 页。

③ 见《春秋繁露》，论阴阳及五行诸篇。

④ 见《春秋繁露·顺命》，苏舆：《春秋繁露义证》，410 页，北京，中华书局，1992。

⑤ 见《春秋繁露·立元神》，《春秋繁露义证》，168 页。

⑥ 见《董仲舒传》，《汉书》，第 8 册，2500 页。

⑦ 《春秋繁露义证》，350 页。

⑧ 见《春秋繁露·基义》，《春秋繁露义证》，351 页。

⑨ 《董仲舒传》，《汉书》，第 8 册，2513 页。

其一，中国古代的四海一家的思想加上天人相应的思想，就可以发展为"民胞物与"的思想。张载在《西铭》中说："乾称父，坤称母，予兹藐焉，乃混然中处。故天地之塞，吾其体；天地之帅，吾其性，民吾同胞，物吾与也。"① 在近代以前，这种思想不失为人类思想的精华。但是《西铭》同样把君主制论证为当然的。"大君者，吾父母宗子；其大臣，宗子之家相也。"这在后来自然要成为妨碍中国文明发展的因素。

其二，中国古代的天人相应思想充分意识到人在天人关系中的作用，《礼记·中庸》说："唯天下之至诚，为能尽其性；能尽其性，则能尽人之性，能尽人之性，则能尽物之性；能尽物之性，则可以赞天地之化育；可以赞天地之化育。则可以与天地参矣。"② 人经过自己的最大努力，就可以充分发挥天地的作用，与天地处于并列地位。这在近代以前也不失为人类思想的精华。的确，如果不能尽人之性，那么肯定不能尽物之性。欧洲"文艺复兴"（Renaissance）以后，人文主义兴起。由尽人之性而尽物之性，自然科学兴起。不过，尽人之性只是为尽物之性提供了一种可能。没有对尽物之性本身给以必要的重视，看来这是中国古代文明的一个弱点。我们只有克服弱点才能更好地发挥传统中的优点。

---

① 张载撰，朱熹注：《张子全书》，卷一，1页，北京，商务印书馆，民国二十四年。
② 《十三经注疏》，1632页。

论中国古代王权发展中的神化问题

在古代世界史上，神化王权是一种常见的现象。古代埃及、两河流域、印度、波斯等国的君主、马其顿的亚历山大及其后继者希腊化诸国的君主、罗马帝国的皇帝，都有过神化王权的思想和表现。这种情况在古代中国自然也不会例外。不过，古代各国神化王权的具体思想和表现并非雷同，同一国家或地区在古代不同的时期也还有其不同的特点。这是很值得进行具体的研究和分析的。中国古代王权发展中的神化过程，有比较丰富的资料，并有其可注意的特点。对中国古代王权发展中的神化问题作一些具体论述，也许可以有助于我们对于世界古代史上的王权神化问题作进一步深入的理解。

本文所讨论的时期，自商周起至秦汉帝国止。因为在这一段时间里，中国古代的王权由初生而渐成熟，王权神化的思想也由低级的发展成为高级的。这一时期大体可以分为三个阶段：第一，商和西周时期，王权表现为诸侯或各小邦的共主；王权神化的思想在此阶段经历了一次很重要的进展。第二，春秋战国时期，为共主性王权衰落与专制王权萌生的过渡阶段；王权神化问题在此阶段成为百家争鸣热点之一。第三，秦汉帝国，为专制王权确立时期；在此阶段王权神化思想又经一次发展而臻于成熟。到了汉代，王权神化思想已经作为一种独特的政治理论出现于世界史上。

现在即按上述三阶段论列管见于下。

一

首先讨论殷商和西周时期。

殷商王朝的历史，不仅一向有文献记载，而且现在已经得到考古学上的有力证明。殷墟甲骨卜辞的出土与随后多次的考古发现，已经为盘庚、尤其武丁以后的历史提供了大量的文字与实物的材料。郑州商城与二里冈文化的发现，证实商在公元前 17 世纪时（即商代初期）已经是一个大邦；而远在湖北黄陂的盘龙城遗址的发现以及一些其他地区商文化遗址的发现，又证明商代在初期就已经是一个势力范围相当广阔的王国。不过，考古学的材料对于说明商王权的发展与神化过程来说，还有其一定的限度。因此，文献资料仍然是我们的研究的重要依据，当然我们在使用传统文献时要尽可能地谨慎并注意到与考古学资料的结合。

商原来是一个小邦，对夏可能处于从属的地位。汤成为邦君以后，商的国力逐渐强盛起来。汤开始征服邻近的小邦葛①，然后征服韦、顾诸邦，又征服大邦昆吾，最后征伐夏王桀②。在征伐夏桀以前，汤召集众人作了一次训话。其基本内容记载在《书·汤誓》中。③ 此篇文字不多，今引证并分析如下：

> 《汤誓》："王曰：格尔众庶，悉听朕言。非台小子敢行称乱，有
> 夏多罪，天命殛之。今尔有众，汝曰：'我后不恤我众，舍我穑事而
> 割正夏。'予惟闻汝众言，夏氏有罪。予畏上帝，不敢不正。今汝其
> 曰：'夏罪，其如台？'夏王率遏众力，率割夏邑。有众率怠弗协，
> 曰：'时日曷丧？予及汝皆亡。'夏德若兹，今朕必往。尔尚辅予一
> 人，致天之罚。予其大赉汝。尔无不信，朕不食言。尔不从誓言，予
> 则孥戮汝，罔有攸赦。"④

从《汤誓》的内容可以知道：一则，商汤要伐夏桀，人民原本是有意见的。因为他们认为自己的邦君不体恤人民，让人民丢下农事去征伐夏。⑤ 汤作了这样的解释：上帝命令我讨伐罪人，而你们大家说夏氏有罪，所以我不敢违背上帝的命令，不征伐夏。其逻辑是，上帝给了大前提：伐有罪；大众给了小前提：夏氏有罪；汤得出结论：应当伐夏。二则，汤要伐夏，人民又曾有顾虑，

---

① 见《孟子·滕文公下》，《十三经注疏》，2712 页。

② 见《诗·商颂·长发》，《十三经注疏》，625 页。

③ 从今本《汤誓》的文体和一些用语来看，它肯定不是汤的讲话的当时实录。前人对此已早有论定。它是周人据商代文献加工而成的。《书·多士》说"惟殷先人有册有典，殷革夏命"。《十三经注疏》，220 页。《汤誓》底本当属于殷人世传的册典。

④ 《十三经注疏》，160 页。

⑤ "我后不恤我众"，过去很多注疏家都以为"我后"指夏桀。他们以为汤既是圣王，就不会作不恤民的事。但文义不可通。宋蔡沈《书经集传》、清俞樾《群经平议·尚书二》认为"我后"指汤，是正确的。

因为夏毕竟是大国。所以他们说："夏有罪，又可奈何（其如台）？"汤又作了解释：夏王桀已经使夏邦和人民受到很大损害，人民已经与他离心离德，甚至不惜与他同归于尽；因此，夏又一定可伐。商汤作了解释以后，就以邦君和军事统帅的身份自称"予一人"，向大众宣布信赏必罚的军令。在这次训话或誓师中，汤一方面对人民的意见耐心地作解释，并且表示在断定夏氏有罪这一关键问题上也是尊重了人民的意见的，因为他所面对的实际都是与他有不同程度的血缘关系的人。① 另外，汤又是决策者，是掌握着军法大权的统帅。这两方面的结合，正反映了早期君权的一般特征。

值得注意的是，在《汤誓》中，汤是以上帝命令（迄今尚未见甲骨文中有"天命"一词，篇中"天命"可能是周人按自己的习惯对"帝令"加以改写而成的）的执行者自居的。他既然自认为是受了上帝的命令去征伐夏桀的，那么，他在战胜以后当然也就是奉上帝之命代夏桀而为王了。在这样早的阶段，汤就为自己的王权加上了神化的色彩。但是，王权的神化并不等于绝对化。重要的是要对具体的王权神化作具体的分析。早在先秦时期，就流传有汤祈雨的故事。"昔者汤克夏而正天下，天大旱，五年不收。汤乃以身祷于桑林，曰：'余一人有罪，无及万夫；万夫有罪，在余一人。无以一人之不敏，使上帝鬼神伤民之命。'于是剪其发，郦其手，以身为牺牲，用祈福于上帝。民乃甚悦，雨乃大至。"② 前人用这个故事说明汤是圣王，有舍己为民之德。不过更好的办法是用古代的民俗来解释。公元前 639 年夏，鲁国大旱，鲁僖公还曾企图焚巫以求雨，不过后来被劝阻了。③ 为什么要焚烧或曝晒巫呢？因为巫是沟通神人关系的人，

---

① 《汤誓》中还记汤自称"予（台）小子"。参见《十三经注疏》，160 页。在《尚书·周书》中，常见王自称"予小子"、"予冲人"；在周代彝器铭文中，亦有邦君自称"予小子"者。这是君王对有不同程度血缘关系的人说话时的自称。《汤誓》中的"予小子"也许是周人改写进去的。不过，汤与其部下同属一个部落，因而有不同程度的血缘关系，这大概是不会有问题的。

② 见《吕氏春秋·季秋纪·顺民》。《诸子集成》，第 6 册，《吕氏春秋》，86 页。"郦其手"之"郦"疑为"历"之误。《庄子·天地》云"罪人交臂历指。"交臂指反缚，历指是说用木作器具把手指夹起来。《说文》："枥，枥撕，椥指也。"所以，"郦其手"就是在汤的手上加了器具。

③ 见《左传》僖公二十一年。《十三经注疏》，1811 页。《礼记·檀弓下》也有关于不雨曝巫的说法。

她或他既可代表神向人宣示神意，又要代表人向神提出要求。天不雨，神发怒，自然要惩罚巫的失职。邦君或王是沟通神人关系的头号人物，也可以说是最大的巫觋。最初他们既由神化而有权，那也就得为此而承担责任与义务。汤举行了一场以自己为牺牲的仪式，在当时原是不得已而塞责的一种办法。尽管如此，这仍说明汤还不能自以为其王权的神化是无条件的、绝对的。随着王权的发展，后来殷王们求雨的时候，就不再像汤那样举行以自己为牺牲的仪式，却真地焚烧巫以作为替罪羊了。①

关于盘庚迁殷以后的殷商王权情况，现有资料稍多。我们可以就殷王在本邦或王畿作为邦君和在诸侯间作为共主这两方面的情况作一些探讨。

殷王在王畿内，一方面是握有大权的一邦之君；另一方面又不得不受到作为军事民主制残余的种种传统因素的约束。试以《书·盘庚》② 为例，进行一些分析。

《盘庚中》所记是盘庚在迁殷以前的一次讲话。篇中一再说"予将试以汝迁"，可见是在迁殷之前的动员。这次讲话的对象是"万民"或"畜民"。"万民"或"畜民"自然不是贵族，从盘庚对他们说话的口气看，也没有一点客气的意思。不过，他们也不会是奴隶。奴隶怎么会被召集到"王廷"来商讨迁都（古称迁国）的大事呢？至于"畜民"之"畜"，似乎也不宜解释为兽或牲畜。因为"兽民"这种说法实在是很少见的。清儒孙星衍对此"畜"字作了解释说："畜音近好。《祭统》云：'顺于礼，不逆于伦，是之谓畜。'注：'畜谓顺于道教'。"③ 所以，"畜民"就是"好民"（良民）或"顺民"。盘庚说："古我先后。既劳乃祖乃父，汝共作我畜民"。意思是，我们的先王已经慰勉了你们祖先的劳绩。你们都是我的好民或顺民。这也就是说，从传统来看，殷商的国君对于"畜民"也还是承认其一定的地位和作用的。

---

① 参阅裘锡圭：《说卜辞的焚巫尪与作土龙》，载胡厚宣主编：《甲骨文与殷商史》，上海，上海古籍出版社，1983。

② 《盘庚》三篇，《史记·殷本纪》说作于盘庚之弟小辛继位时期。后来经文大约在周初经过一些改动，如天的概念的出现等；不过《盘庚》文辞既有相当浓厚的神鬼观念又有相当鄙野的色彩，这些都说明它应当是比较切近原文的。

③ 见《尚书今古文注疏》卷六，《盘庚》疏。孙星衍：《尚书今古文注疏》，236页，北京，中华书局，1986。而孙氏又汲取了江声的说法，见《尚书集注音疏》盘庚中第五十二。

盘庚为了说服万民或畜民迁殷，采用了两种手段：一是晓以利害，恩威并施。他说迁殷是"承汝俾汝，惟喜康共，非汝有咎，比于罚。予若吁怀兹新邑，亦惟汝故，以丕从厥志。"意思是，迁殷是为了使你们生活安定，并非你们有错误而惩罚你们。我呼吁你们到新都去，是为了你们，是合于你们的愿望的。①同时又说："乃有不吉不迪，颠越不恭，暂遇奸宄，我乃劓殄灭之，无遗育，无俾易种于兹新邑。"意思是：如果你们行为不善不轨，猖狂不恭，狡诈奸邪，那就要严刑诛灭，不使你们的劣种传到新都。这样盘庚也就显出了国君的凶暴与威风。而盘庚所用的第二种手段则是借助鬼神来做自己的后盾的。盘庚说："予念我先神后之劳尔行，予丕克羞尔，用怀尔然。失于政、陈于兹，高后丕乃崇降罪疾，曰：'曷虐朕民？'汝万民乃不生生，暨予一人猷同心，先后丕降与汝罪疾，曰：'曷不暨朕幼孙有比？'故有爽德，自上其罚汝，汝罔能迪。"意思是：我想到先王还慰勉你们的祖先，所以也怀念你们，要能使你们生活得好一些。如果施政不当，还滞留在这个老地方，那么先王就要大降罪疾，责备我说：'你为什么虐待我们的人民？'如果你们万民不好好地谋生，不和我同心，那么先王也就要降给你们以罪疾，责备你们说：'你们为什么不听从我的小孙子（指盘庚自己）？'所以只要你们失德，上面就会降下惩罚，你们是逃不脱的。这里值得注意的是：盘庚一方面借鬼神的权威来恫吓人民，使自己的君权神化；另一方面他又不得不说，如果他自己失于政，那他也会受到鬼神的惩罚。因此，鬼神这一杠杆，还没有成为只能由国君来挥舞的大棒，而是在一定程度上还是保持君民间的某种平衡的杠杆，尽管在这个杠杆上从国君这个力点到支点的长度要比从万民这个力点到支点的长度长得多。

《盘庚下》是"盘庚既迁"之后的讲话，对象是"邦伯、师长、百执事之人"。基本没有疑问。《盘庚上》旧说以为是盘庚迁殷前的讲话，俞樾以为是迁殷后的讲话。俞说理由比较充分。②《盘庚上》的对象是"在位"者，与《盘庚下》的对象同属贵族之列。这两篇的要旨都是劝贵族们不要助长以致煽动众民对于迁殷的不满情绪。看来贵族们曾经以民意的代表自居，认为自己

---

① 参阅杨家骆编，（清）俞樾撰：《读书札记期刊》，第二集，第34册，世界书局，民国七十三年（1984），《群经平议三十五卷序目一卷》，经四，1页，四，"尚书二"。
② 见《群经平议》四，"尚书二"、"盘庚迁于殷、民不适有居"条。

反对迁殷是为了众民的利益。盘庚说，他迁殷，"若网在纲，有条而不紊；若农服田力穑，乃亦有秋。"虽然辛苦一时，将来会有收获。他说贵族们，如"惰农自安，不昏（勉也）作劳，不服田亩，越其罔有黍稷"。① 害怕辛苦，将来也就无收获。在批驳了贵族们的苟安思想以后，盘庚又警告贵族们要对自己的言行负责。"汝不和吉言于百姓，惟汝自生毒，乃败祸奸宄，以自灾于厥身。乃既先恶于民，乃奉其恫，汝悔身何及。相时憸民，犹胥顾于箴言，其发有逸口。矧予制乃短长之命"。② 意思是，你们在人民中不说好话，做好事，那就要自取灾祸。你们导民为恶，就要受其害，将来后悔无及。看那些小民还顾虑到国君所说的箴言，生怕自己说话不当。何况我还能决断你们的命运。最后又说："各长于厥居，勉出乃力，听予一人之作猷。无有远迩，用罪伐厥死，用德彰厥善。邦之臧，惟汝众；邦之不臧，惟予一人有佚罚。凡尔众，其惟致告：自今至于后日，各恭尔事，齐乃位，度乃口；罚及尔身，弗可悔。"③ 盘庚要求贵族们做好各自的一方之长，努力工作，听他一人的命令。他重申赏善罚恶，并以此为己任。要求贵族们认真办事，恪守职责，说话适当；否则就要受罚，后悔无及。从这些话中，我们可以看出君权对贵族势力占了上风。不过，盘庚也一再说："古我先王，亦惟图任旧人共政。""迟任有言曰：'人惟求旧，器非求旧，惟新。'古我先王暨乃祖乃父，胥及逸勤，予敢动用非罚。世选尔劳，予不掩尔善。兹予大享于先王，尔祖其从与享之。作福作灾，予亦不敢动用非德。"④ 这就是说，殷商之王一向有与"旧人"共政的传统，过去的先王既与"旧人"同甘共苦，现在的王对"旧人"的劳绩也充分肯定；国王对于先王的旧臣还要让他们配享于先王，当然对当前的"旧人"（先王旧臣的后裔）也就不敢动辄施加非德。现在甲骨文的材料也证实，殷王不仅在祭祀中以旧臣配享先王，而且有时还致祭旧臣。从卜辞中可以看出，能够作祟为灾于王的不仅有殷商先公、先王，还有先公、先王的旧

---

① 见《盘庚上》，《尚书今古文注疏》，227 页。

② 同上。末句有不同解释。一般都认为意指盘庚操着生杀大权。孙星衍则认为指盘庚控制着贵族发命令的短长之权，他们不能随便说话。

③ 同上书，231 页。

④ 同上书，229 页。

臣。① 先王旧臣既然还能作福或作祸于王。当然就不能不祭他们或以他们配享先王，当然也就不能对于他们的后裔动辄施行非德。由此，我们不妨作进一步的思考：如果殷商的君权一向就是绝对的，只有国君可以任意作威作福，与国君共政的贵族"旧人"只不过是君主手下的奴才或工具，那么反映在宗教上，就应该只有先公、先王可以为福或为祸于后王，先王的旧臣作为奴才或工具根本不具有作祸福于后王的权力和资格。然而事实恰恰相反。在宗教上，尽管先公、先王远比旧臣们的地位重要得多，但是贵族旧臣也是不可少的因素。可见，君权与贵族力量仍保持着一种不平等的联盟关系，在神权上也许贵族有所分享。

当然，这是问题的一个方面。我们还必须看到问题的另一方面，即自武丁以后，殷商王权在趋向专制化的过程中又逐渐采用了新的神化形式。

殷人所崇拜的最高神是"帝"或"上帝"。他既被认为是决定人间一切祸福的最高主宰，又被认为是殷商王朝的政治权力的来源。《诗·商颂·玄鸟》："古帝命武汤，正域彼四方。"就是说，商朝的建立者汤是奉帝命而抚有天下四方的。因此，尽管先王也能对在世的王降福或作祟，但是先王原来并不是帝。先王只是在帝左右，在祭祀中先王可以宾于帝，即配享上帝。殷王如有祈雨、祈年等事，也是通过祭先王而转求于上帝。可是，从武丁以后，殷王又开始称先王为帝。如武丁时的卜辞称其父小乙为父乙帝。祖庚、祖甲时的卜辞称其父武丁为帝丁，廪丁、康丁时的卜辞称其父祖甲为帝甲，武乙时的卜辞称其父康丁为帝丁，等等。② 看来殷王已经不再以作为上帝保佑下的人世的王为满足。而是希望对王权作进一步的神化，因而使先王也列入帝的行列。据《史记·殷本纪》记："帝武乙无道，为偶人，谓之天神，与之博，令人为行。天神不胜，乃僇辱之。为革囊盛血，卬而射之。命曰射天。武乙猎于河、渭之间，暴雷，武乙震死。"③ 这个故事反映出殷商后期的王的一种心理状态：他已经不能容忍任何人居于自己之上，甚至那是神或天也不行。武乙与神博及射天，并非一种无所为的疯狂状态，而是一种想获得至高无上的神权地位的具体表现。到殷代末王纣的时期，西方的周逐渐兴起。周文王出

① 参见陈梦家：《殷墟卜辞综述》，361～366、345～348页，北京，中华书局，1988。
② 参见胡厚宣：《殷卜辞中的上帝和王帝》（下），载《历史研究》，1959（10）。
③ 《史记》，104页。

兵打败殷的与国黎，纣的大臣祖伊感到惊恐，奔告于王，希望他能提高警惕。可是纣的回答是："我生不有命在天？"① 纣以为自己有命在天，即自恃王权的基础在天上而不在人间，因而认为别人对他无可奈何。从大量的卜辞材料来看，殷王历来对帝或上帝都是战战兢兢的，几乎遇事都要占卜一下上帝将要降福还是降祸。那么，为什么纣就不会想到上帝会降祸呢？何况祖伊已经明确地把周文王伐黎当作上帝降祸的朕兆向他提出来了。看来纣的迷信并非出于一时的糊涂。这显然与殷代后期诸王的以王等同于帝或者以王胜于天神（如武乙）的传统倾向有关。既然先王已经也成为帝，纣就不难以神自命了。纣使殷代王权的神化提高到了极点，也就使殷代王权走到了尽头。

周武王继承父亲文王的遗志，在牧野一举击败殷纣，取代了殷王作为天子的地位。周对殷的胜利，是中国历史上的一次意义深远的大胜利。可是，面对这场胜利，周统治者自身竟然也深为震惊。殷商原来是那么一个强大的国家，周则本是一个小国。周人胜利以后的文书中提到历史的时候，还称殷为"大邦殷"②、"天邑商"③，而自称为"我小国"④、"我小邦周"⑤。周对商确实还有过受封为侯的关系。周人胜利以后，占有殷人原有的地位，就想到殷商那么强大还被推翻了，现在轮到自己了，自己的地位又是否可靠的问题。据《史记·周本纪》记，周武王灭纣凯旋以后，夜晚连觉都不能睡。周公旦去看他，问他为什么不能入睡。武王说，殷的统治出了问题，天不再保佑殷，才有了我们的胜利。而现在"我未定天保，何暇寐？"⑥《史记·周本纪》又记："武王已克殷，后二年，问箕子殷所以亡。"⑦ 可见，周统治者是多么想从殷所以亡中汲取经验教训，从而巩固自己新取得的统治地位。

其实殷纣失败的主要原因，周统治者心里本来就是清楚的。周武王伐纣

① 《书·西伯戡黎》。《十三经注疏》，177 页。又《墨子·天志中》引《泰誓》云："纣越厥夷居，不肯事上帝，弃厥先神祇不祀，乃曰吾有命。"见《诸子集成》，第 4 册，《墨子间诂》，128 页。

② 《书·召诰》、《书·康王之诰》，《十三经注疏》，212、244 页。

③ 《书·多士》，《十三经注疏》，220 页。

④ 《书·多士》，《十三经注疏》，219 页。

⑤ 《书·大诰》，《十三经注疏》，199 页。

⑥ 《逸周书·度邑解》有类似内容，当为《史记》所据。《史记》，129 页。

⑦ 《史记》，131 页。

时，指明纣的罪状是："今商王受（受即纣）惟妇言是用，昏弃厥肆祀，弗答，昏弃厥遗王父母弟，不迪，乃惟四方之多罪逋逃，是崇是长，是信是使，是以为大夫卿士，俾暴虐于百姓，以奸宄于商邑。今予发惟恭行天之罚。"① 这一段话虽然很简短，而所包含的内容却很具体而清晰。周武王之所以能在本邦战士和盟邦战士面前说明自己是奉了天命来伐纣的，那是因为纣有罪，得罪了上天。具体地说，纣的罪是：（1）宠爱妲己，听信她的话；（2）放弃或荒废了对祖先的祭祀；（3）遗弃了父系和母系的亲属，不加信任；（4）专门收罗从各处来的亡命之徒，重用他们，让他们当大官；（5）结果是对人民很残暴，他们自己任意为非作歹。

如果把纣的这些罪状放在当时的历史条件下来看，那么其实质就会显得较为清楚。当时从氏族部落社会遗留下的传统还很坚固、有力。殷人重视对上帝和祖先的祭祀，就是对这个传统的尊重的一般的表现。在这种传统之下，殷王不能任意使用自己亲信的人，而必须尊重与"旧人共政"的传统，这些"旧人"都属于在血缘上有关系的集团，如果不是与殷王同姓的宗族，那就是与殷王室有婚姻关系的异姓贵族（在《书·盘庚》中称作"婚友"）。即使是对非贵族的平民（《书·盘庚》中的"畜民"），殷王也不能不适当地照顾到他们的意见和利益。盘庚迁殷时的讲话（《书·盘庚》的内容）就反映了这种情况。而纣竟然不尊重上帝和祖先，不听信和重用旧人，不考虑平民的利益，反而听女人的话，重用在血统上并无关系的外来的亡命之徒。纣显然是要摆脱上帝、祖先、旧人的限制，亦即摆脱传统的束缚，从而加强自己的王权。纣既然力图摆脱一切传统的束缚，也就放松了作为国君对自身应有的约束，于是酗酒、荒淫、暴虐等问题同时发生。正是在这种情况下，纣终于失去了人心，最后殷商王朝为周所取代。

周统治者从殷纣的失败汲取了一条重要的教训，即既不能把王自身抬到帝的地位而不敬天，又不能迷信天命或迷信王权本身的神化。周统治者需要神化

北京师范大学史学探索丛书

---

① 《书·牧誓》，《十三经注疏》，183 页。又《诗·大雅·荡》更明确地说："匪上帝不时，殷不用旧；虽无老成人，尚有典刑；曾是莫听，大命以倾。"《十三经注疏》，554 页。把殷亡的原因归结于殷王不用旧人，不听他们的意见而独断专行上。

自己的王权，只要说到周王权的建立，几乎都要说那是受天命①。但是，周统治者（以周公为主要代表）对王权的神化提出了新的思考，并且在政治上加以实现。这主要表现在以下两个方面：

第一，周统治者对于天和人的关系的认识有了一个重要的变化，就是把这种关系既理解授命者与受命者的关系，又理解为血缘性的关系。《书·召诰》把周之代殷说成"皇天上帝，改厥元子"。元子就是首子或长子，郑玄解释说："言首子者，凡人皆云天之子，天子为之首耳"。② 这就是说，各邦君主甚至一切人都是天的儿子，皇天上帝原来授命于殷，使殷君受命而为天之元子，现在又改授命于周，使周君受命而为天子。周王受命为天子又有两重意义：一则，周王受命于天，其余诸侯就要受命于周王，各诸侯国内的卿大夫又要受命于本邦君主；这样一层一层地受命，也就是逐级的分封制。二则，周王既是皇天上帝的元子，当然也就是天下的大宗；同姓诸侯相对于周王来说为小宗，而在其本国又为大宗；各国的卿大夫相对于本邦君主来说为小宗，而在家族中又为大宗；这样一层一层的大小宗关系，也就是逐级的宗法制。《左传》（桓公二年）记："故天子建国（杜预注：立诸侯也），诸侯立家（杜注云：卿大夫），卿置侧室（杜注云：侧室，众子也），大夫有贰宗（杜注云：嫡子为小宗，次子为贰宗，以相辅贰），士有隶子弟，庶人工商各有分亲，皆有等衰"。③ 从天子至卿大夫，依次的分封与宗法的关系是统一的。士不从卿大夫受取封地，亦不能分封隶子弟；但是大夫、士、隶子弟之间仍有宗法关系。分封制和宗法制度的紧密结合，形成了一种政治和血缘关系相契为一的等级制度，而周天子就高居于

---

① 《书·牧誓》云："今予发（武王）惟恭行天之罚"（受天命伐纣）。《十三经注疏》，183 页。《书·大诰》云："予（周公）惟小子，不敢替上帝命。天休于宁（文）王，兴我小邦周。"同上书，199 页。《书·康诰》云："天乃大命文王，殪戎殷，诞受厥命"。《书·召诰》云："皇天上帝，改厥元子兹大国殷命，惟王受命。"同上书，212 页。《书·多士》云："非予罪（周公对殷遗民说周伐殷事），时惟天命。"同上书，220 页。《书·君奭》云："殷既坠厥命，我有周既受。"同上书，223 页。《书·多方》云："天惟式教我用休，简畀殷命，尹尔多方。"同上书，229 页。《书·立政》云："帝钦罚之（指纣），乃伻我有夏（指周），式受商命，奄甸万姓。"同上书，231 页。《书·康王之诰》云："皇天改大邦殷之命，惟周文、武诞受羑若，克恤西土。"同上书，244 页。《书·文侯之命》云："惟时上帝，集厥命于文王。"同上书，253 页。另外，在《诗经》中还有许多篇说到周受天命，代殷为王的事，不胜枚举。

② 据孔颖达《尚书正义》所引，《十三经注疏》，212 页。

③ 《十三经注疏》，1744 页。

这种等级系的顶端。周武王和周公曾先后进行了分封。按荀子说，周公"兼制天下，立七十一国，姬姓独居五十三人焉。周之子孙，苟不狂惑者，莫不为天下显诸侯"。① 除同姓诸侯以外，还有异姓诸侯，其中有新受封的周王朝的功臣（如太公封于齐等），也有前代王者之后（如封夏之后于杞，商之后于宋等）和原来即存在各地的方国君长（如楚等）。当然，异姓诸侯不能直接包括在以周天子为首的宗法系统之内。不过，由于当时同姓不婚的礼制，异姓之间经常存在着通婚的关系。例如，姬姓的周王室与姜姓就有婚姻关系，姬（以周武王、周公为代表）姜（以太公为代表）的联盟成为战胜殷纣的核心力量。周胜利后，太公封于齐，周公之子伯禽封于鲁，齐鲁成为巩固周王朝统治的东方重镇，而齐、鲁之间又互通婚姻。甚至周王朝与作为殷商后裔的宋国君主也有婚姻关系。因此，周天子称同姓诸侯为伯父或叔父，称异姓诸侯为伯舅或叔舅。② 如果说宗法关系在周代血缘关系的网络中是经，那么婚姻关系则是这种网络的纬。从因分封而建立起来的政治关系来说，各层受封者必须服从其授封者，最高直至周天子；从因宗法与婚姻而建立起来的血缘关系来说，各层小宗必须敬重其大宗，最高也直至周天子。前者叫作"尊尊"，后者叫作"亲亲"。尊尊亲亲是周礼的一项根本原则。在当时血缘关系仍然广泛存在并十分坚固的历史条件下，尊尊亲亲也是一种最有效的巩固与加强王权的原则。从这个意义上来说，周代的王权比殷代实际是更有发展与加强。③ 但是，另一个方面来说，周统治者又避免了殷代晚期诸王（尤其纣）的过失。他们承认其他邦君或诸侯也是天之子，而自己不过是天之元子或嫡长子。因此，周王在授权或用人时不是任意重用新来的亲信，而是任用有传统的血缘和政治关系的旧人。周统治者从殷人失败中悟出了一条道理，即在当时还不可能抛弃旧人贵族而只可能依靠他们来巩固和加强王权。

第二，周统治者对于天和人的关系的认识还有了另一个重要的变化，那就是不再把天命看作永恒不变的，而是看作会因条件变化而变化的，并且那条件

① 见《荀子》之《儒效》和《君道》。《诸子集成》，第 2 册，《荀子集解》，73、161 页。参见《左传》僖公二十四年记富辰所说周公封同姓国的情况。

② 据《礼记·曲礼下》。又《左传》中也有实例。《十三经注疏》，1264 页。

③ 王国维《殷周制度论》，《观堂集林》卷十，北京，中华书局，1959。对这一点已有很好的说明。

不在天上而在人间。周统治者从曾经十分强大的殷王朝的失败中感到了天命的无常。"天命靡常"①、"惟命不于常"②、"越天棐忱"③、"天难忱斯"④、"天命不易，天难谌"，"天不可信"⑤、"天生蒸民，其命匪谌"⑥，等等，都反映了周人以为天命变化无常、没有准信的看法。周统治者的这种看法不仅来自周之代商，而且追溯到了以前的商之代夏。既然天命对夏、商两代都不是永恒的，那么它对周当然也不可能是永恒。面对这种变化无常的天命，周统治者极力从中寻求出不变的或可信的因素。《书·多士》记载周公对殷遗民的一次讲话，说："尔殷遗多士，弗吊昊天，大降丧于殷，我有周佑命，将天明威，致王罚，敕殷命终于帝"⑦。他告诉殷遗民，是天降丧乱于殷，周不过是奉天命伐殷，完成了天交给的使命。他还引证历史以说明天降丧乱的原因。"夏弗克庸帝，大淫泆，有辞。惟时天罔念闻，厥惟废元命，降致罚，乃命尔先祖成汤革夏，俊民甸四方。自成汤至于帝乙，罔不明德恤祀。亦惟天丕建，保乂有殷。殷王亦罔敢失帝，罔不配天其泽。在今后嗣王，诞罔显于天，矧曰其有听念于先王勤家？诞淫厥泆，罔顾于天显民祇。惟时上帝不保，降若兹大丧"⑧。这就是说，当夏王不能奉行天命而淫失的时候，天就废了授予夏的命，而命令商人的先祖汤革夏的命，平定四方。从汤直到帝乙，都能不失德，所以天也保佑殷。可是到了纣的时候，失德放荡，上不敬天，下不顺民；这样上帝就不保佑他，给殷降下灾祸。从周公的话可以看出，周统治者已开始意识到所谓"天命"（实即王权）的得失，关键就在于统治者本身的明德或失德。周人把这概括为八个字。即"皇天无亲，惟德是辅"。⑨ 不把成败得失的终极原因归之于天，而是归之于自身的有德与否，周统治者的这种天命王权观中已经显示出了某些人定论的觉醒意识。怎样才能知道自己是否有德并从而把握那难以捉摸的天命呢？周武王在

383

论中国古代王权发展中的神化问题

---

① 《诗·大雅·文王》，《十三经注疏》，505 页。

② 《书·康诰》，《十三经注疏》，205 页。

③ 《书·大诰》，《十三经注疏》，200 页。

④ 《诗·大雅·大明》，《十三经注疏》，506 页。

⑤ 《书·君奭》，《十三经注疏》，223 页。

⑥ 《诗·大雅·荡》，《十三经注疏》，552 页。

⑦ 《十三经注疏》，219 页。

⑧ 同上。

⑨ 《左传》僖公五年引《尚书》，《十三经注疏》，1795 页。

伐纣时曾说："天视自我民视，天听自我民听"。① 又说："民之所欲，天必从之。"② 大概周武王深感人心在自己一边，因而自信必能得到天佑而战胜纣，所以在誓师中说了这样的话，以鼓励自己的部下。在周得胜并代殷以后，周公又一再重复了类似的说法。"天棐忱辞，其考我民"。③ "天畏棐忱，民情大可见"。④ "古人有言曰：'人无于水监，当于民监'。今惟殷坠厥命，我其可不大监抚于时"。⑤ 周统治者意识到要以民情人心作镜子（鉴、监）来照自己，要从民情人心中去把握那变幻莫测的天命。这样，他们就在客观上给自己的天命王权说加进了某种理性的因素，即自觉或不自觉地把天上的、虚幻的天命还原为人世的、现实的人心。原来神圣的、受命于天的王权仍少不了尘世间的人心这一基石。于是周统治者很注意把对天的关系与对民的关系这两者结合起来。《书·无逸》说周文王非常勤劳恭谨，"怀保小民，惠鲜鳏寡"，因而得到了上天的保佑；《书·立政》又说文王和武王能够选拔有德之人，"以敬事上帝，立民长伯"。在周统治者看来，"怀保小民"即所以"敬事上帝"，而"敬事上帝"就是要"怀保小民"；敬天与保民是一而二、二而一的事情。

　　周初的统治者一方面重用贵族旧人，通过分封使他们成为不同层次的统治者，另一方面对平民也尽可能使其安居乐业，甚至对殷遗民也都是很宽容的。⑥他们用这种办法克服了困难，巩固并发展王权。周王朝作为各小邦或诸侯的共主，不论在政权组织上还是在政治思想上都比其先驱者夏、商两代成熟得多了。周统治者仍然神化其王权，却又在神化中注入了某种理性的因素。他们的这种思想对于以后的中国政治史和政治思想史都有很深远的影响。

---

① 《孟子·万章上》引《泰誓》，《十三经注疏》，2737、2020 页。

② 《左传》襄公三十一年、昭公元年，《十三经注疏》，2014 页。《国语·郑语》，《国语》，上海，上海古籍出版社，515 页等引《泰誓》。

③ 《书·大诰》，《十三经注疏》，199 页。

④ 《书·康诰》，《十三经注疏》，203 页。

⑤ 《书·酒诰》，《十三经注疏》，207 页。

⑥ 通过《书·康诰》，《十三经注疏》，202 页，我们可以看到周统治者对于留居故地的殷遗民相当宽容；通过《书·多士》，《十三经注疏》，219 页，则可看到周统治者对于迁往洛邑的殷遗民也是相当宽容的。

北京师范大学史学探索丛书

二

其次讨论春秋战国时期。①

春秋战国是夏商周三代共主性的王权走向衰落与专制王权逐渐发生的时期。不过，关于周代王权衰落的开端，那还必须从西周晚期说起。

周代王权的明显变化发生于厉王以下。因此，前人有"厉始革典"之说。②厉王的"革典"表现在经济和政治两个方面：在经济上，厉王实行"专利"。"厉王说（悦）荣夷公。芮良夫曰：'王室其将卑乎。夫荣夷公好专利，而不知大难。夫利，百物之所生也，天地之所载也。而或专之，其害多矣。天地百物，皆将取焉，胡可专也？所怒甚多，而不备大难，以是教王，王能久乎？夫王人者，将导利而布之上下者也。使神人百物无得其极，犹日怵惕，惧怨之来也。……今王学专利，其可乎？匹夫专利，犹谓之盗；王而行之，其归鲜矣。荣公若用，周必败'。既，荣公为卿，诸侯不享，王流于彘"。③ 现在我们不知厉王专利的具体内容，但从芮良夫的话可知，这种专利肯定侵犯或夺取了其他人按传统享有的利益。因为按照传统，天地百物所生之利是应该普遍由人们享有的，而王的作用就是因势利导地把利公布给不同的人，使各得其所。就是这样，还担心分布不当，引起民怨。厉王破坏这种传统，当然要引起怨怒。在政治上，厉王实行"监谤"。"厉王虐，国人谤王。邵公告曰：'民不堪命矣'。王怒，得卫巫，使监谤者。以告，则杀之。国人莫敢言，道路以目。王喜，告邵公曰：'吾能弭谤矣，乃不敢言。'邵公曰：'是障之也。防民之口，甚于防川。川壅而溃，伤人必多。民亦如之。是故为川者，决之使导；为民者，宣之使言。故天子听政，使公卿至于列士献诗，瞽献曲，史献书，师箴，瞍赋，矇诵，百

---

① 《春秋》所记自鲁隐公元年至哀公十四年（公元前722—前481年），传统即以此为春秋时期。战国始年，旧有不同说法；《史记·六国年表》自周元王元年（公元前475年）起，可从。考虑到春秋时期的王权衰落现象实际自周平王元年（公元前770年）东迁即已开始，这里大体以公元前770—前476年为春秋时期，以公元前475—前221年（秦王政二十五年，统一六国）为战国时期。

② 《国语·周语下》所记周灵王太子晋语，《国语》，110页。

③ 见《国语·周语上》，《国语》，12页。

工谏，庶人传语，瞽史教诲，耆艾修之。而后王斟酌焉，是以事行而不悖。……夫民虑之于心，而宣之于口，成而行之，胡可壅也。若壅其口，其与能几何'。王不听，于是国莫敢出言，三年，乃流王于彘"。① 厉王以为止谤即已达到目的，可是邵公（即召公虎）认为，这是违背了周朝重视舆情民心的传统，是非常危险的。因此，周厉王的"革典"就是经济上的专利和政治上的专权，一言以蔽之，也就是他在谋取专制的王权。由于做得过分，他终于被国人所放逐。连以后周王室的贵族都说，"王心戾虐，万民弗忍，居王于彘"。② 把厉王的放逐归因于他本人的戾虐（因而使"万民"不堪忍受），而没有指责为国人的叛逆。

厉王在彘期间，朝政由大臣管理，史称"共和"行政（关于"共和"的两种说法，此处姑不讨论）。厉王死后，其子即位，是为宣王。《史记·周本纪》说宣王"法文、武、成、康之遗风，诸侯复宗周"③。《诗经》中也有一些篇章是歌颂宣王征伐猃狁、荆楚、淮夷、徐方的武功的。④ 不过，宣王企图以炫耀武功来巩固王权的目的实际没有达到。据《国语·周语上》所记，鲁武公曾经带长幼子去朝宣王；宣王立其幼子为继位人。鲁武公死，其幼子即位，是为懿公。鲁人不服，杀懿公，而立伯御为君。周宣王伐鲁，杀伯御，而立懿公弟称，是为孝公，"诸侯从是而不睦"。⑤ 所以，周宣王原以为用武力加强对诸侯的控制便可加强王权，而其结果适得其反，诸侯更加离心离德了。宣王对戎狄征伐也只是在初期取得一些胜利，到他在位的第三十九年，"战于千亩，王师败绩于姜氏之戎"。⑥ 宣王在位四十六年，为巩固与加强王权做了很大的努力，而结果并不理想。东周时期灵王的太子晋曾把宣王与厉王、幽王并列为"贪天祸"的

---

① 见《国语·周语上》，9 页。

② 《左传》昭公二十六年所记王子朝语，《十三经注疏》，2114 页。

③ 《史记》，144 页。

④ 见《小雅》的《采薇》、《出车》、《六月》、《采芑》和《大雅》的《崧高》、《烝民》、《江汉》、《常武》等篇。

⑤ 《史记·鲁周公世家》也引用了这一段记载，最后说"自是后，诸侯多畔王命"。《史记》，1528 页。

⑥ 《国语·周语上》，22 页。学者对千亩所在地有不同说法，看来以为离周都不远的说法较为可取。

北京师范大学史学探索丛书

昏君，① 这也并非毫无根据的。

到宣王之子幽王的时期，周王朝的危机日益深重。地震、山崩、河水断流，天灾频起，而幽王又重用了几个上媚于君、下虐于民的大臣，还宠爱其妾褒姒。② 这些人对下横暴，"人有土田，女反有之。人有民人，女复夺之。此宜无罪，女反收之。彼宜有罪，女复说（悦）之"。③ 他们对幽王则投其所好，从不表示不同的意见。史载幽王之叔郑桓公曾问史伯，周的形势是否不好。史伯回答说："殆于必弊者也。《泰誓》曰：'民之所欲，天必从之'。今王弃高明昭显，而好谗慝暗昧，恶角犀丰盈，而近顽童穷固，去和而取同。夫和实生物，同则不继。以他平他谓之和，故能丰长而物归。若以同裨同，尽乃弃矣。……于是乎先王聘后于异姓，求财于有方，择臣取谏工而讲以多物，务和同也。声一无听，物一无文，味一无果，物一不讲，王将弃是类也，而与剸（同专）同。天夺之明，欲无弊得乎？夫虢石父，谗谄巧从之人也，而立以为卿士，与剸同也；弃聘后而立内妾，好穷固也。"④ 史伯把周王朝的危机提高到哲学的高度加以分析。他认为，周初的兴盛是由于采取了和或和同的政策，即承认不同利益或意见的存在而求其相互和谐；而幽王不要这种有差异的诸因素的和谐，只要单调的、无差别的同一，即同或专同，所以周难免于失败。由于天灾人祸，周王朝"民卒流亡"，"日蹙国百里"。⑤ 最后，犬戎攻周，杀幽王于骊山之下。西周亡。幽王子平王东迁洛邑，史称东周。

周室东迁，标志了一个新的政治时代的开始。以前周王不仅在名分上是诸侯的共主，而且在实际控制的疆域范围和实力上也比诸侯处于优越得多的地位，因而诸侯往往要借助于周王的权威并依靠其保护和支持。东迁开始把这种情况颠倒过来了。周平王东迁，首先就是依靠晋、郑等诸侯的力量。⑥ 郑武公、庄公父子为平王卿士，实际把握了王朝大政。一旦周王不专一信赖郑庄公，他就与周交恶。周桓王讨伐他，他就打败王军，射中王肩。周王的威信在这一败（鲁桓

---

① 见《国语·周语下》，110 页。

② 见《诗·小雅·十月》，《国语·周语上》，26 页。《国语·晋语一》，255 页。

③ 《诗·大雅·瞻卬》，《十三经注疏》，577 页。

④ 《国语·郑语》，515 页。

⑤ 见《诗·大雅·召旻》，《十三经注疏》，579～580 页。

⑥ 《左传》隐公六年记周桓公之言曰："我周之东迁，晋、郑焉依"。所言属实。

公五年，公元前 707 年）以后更是一蹶不振。以后，齐桓公、晋文公、楚庄王、吴王夫差、越王勾践五霸实际左右了春秋时期的大局，而晋楚两国的长期争霸尤其具有突出的地位。周王在齐桓、晋文的眼里还是可以挟之以令诸侯的一张有分量的王牌，而在其他霸主的眼里似乎连作为这样一张牌的分量也不大了。在春秋时期，周王已经不是诸侯发生矛盾时的仲裁人，相反，周王朝内部发生的种种矛盾却要请强有力的诸侯（通常是作为霸主的晋国）来做仲裁者了。①

在春秋时期，不但周天子的王权日益衰落，而且在一些诸侯国中也有君权衰落的趋势。孔子说："天下有道，则礼乐征伐自天子出。天下无道，则礼乐征伐自诸侯出。自诸侯出，盖十世希不失矣。自大夫出，五世希不失矣。陪臣执国命，三世希不失矣"。又说："禄之去公室，五世矣；政逮于大夫，四世矣；故夫三桓之子孙微矣"。② 周天子王权衰微，政逮于诸侯；鲁国君权衰微，政下逮于大夫（孟孙、叔孙、季孙三家）；到孔子时，鲁三家大夫（三桓）又渐衰微，政有下逮于阳虎之流的家臣之手的趋向。孔子的哀叹主要针对鲁国的情况而发。其实，晋国先由六卿掌权，后为韩、赵、魏三家所分；齐国政归田氏并终为田氏所代；又如，卫国之政一度下逮于孙、宁二家，宋国之政一度下逮于华、向二家后又落入戴氏之手；这些都是诸侯国中君权衰落、卿大夫势力兴起之确证。鲁国的陪臣执国命的现象，虽未普遍出现于他国，但是陪臣（即卿大夫之家臣）通常出身于士，而士阶层的兴起则是春秋时期的一个相当普遍的现象。士在春秋时期是"国人"中的主力，而国人在当时政治斗争中起了很重要的作用。③

自西周晚期至春秋时期，王权处于动摇与衰落的趋势中。于是王权神化的

---

① 事见《左传》，恕不备载。顾栋高：《春秋大事表二十·王迹拾遗》略具梗概。《十三经注疏》，1731 页。

② 见《论语·季氏》，《十三经注疏》，2521 页。

③ 《左传》中说到国人作用之处甚多。不过《左传》说国人有广狭二义：广义的国人包括卿大夫、士和居于"国"中的比较贫贱的人，最后这一种人可能来源于士的隶子弟、庶人的上层或二者兼有；狭义的国人则不包括卿大夫在内。《左传》文公十六年说宋公鲍"礼于国人"（《十三经注疏》，1859 页）的"国人"，包括六卿等当政的大贵族在内，为广义的国人；同年所记宋昭公说自己"不能其大夫至于君祖母以及国人"（同上书，1859 页）这"国人"便不包括大夫，为狭义的国人。在《左传》中，狭义的国人大体与民的概念相当。士在广义的国人中，在量上是主力；在狭义的国人中，至少在质上是主力。

思想相应的也有所变化和发展。

周王室在风雨飘摇之中，一方面抱怨上天不保佑其王权；另一方面又说天命仍然在他们一边而没有发生变化。《诗·大雅·云汉》是周宣王时的诗，当时曾经发生严重的旱灾，其严重程度在诗中被夸张成"周余黎民，靡有孑遗。"诗中充满了周宣王的忧伤衰怨情绪。"王曰於乎，何辜今之人。天降丧乱，饥馑荐臻。靡神不举，靡爱斯牲。圭璧既卒，宁莫我听。……不殄禋祀，自郊徂宫，上下奠瘗，靡神不宗。后稷不克，上帝不临。……胡宁瘨我以旱，憯不知其故。祈年孔夙，方社不莫，昊天上帝，则不我虞。敬恭明神，宜无悔怒。"周初的统治者每逢天灾人祸，首先反省自己有无过失。周宣王则以为对天神祖先都祭祀无缺，自己没有任何错误，一味怨天尤祖。这是周统治者对天人之际看法的一种转变。到春秋中期，周王权已经相当微弱，公元前 606 年，"楚子（庄王）伐陆浑之戎，遂至于洛，观兵于周疆。定王使王孙满劳楚子。楚子问鼎之大小、轻重焉。对曰：'在德不在鼎。昔夏之方有德也，远方图物，贡金九牧，铸鼎象物……桀有昏德，鼎迁于商，载祀六百。商纣暴虐，鼎迁于周。德之休明，虽小重也；其奸回昏乱，虽大轻也。天祚明德，有所厎止。成王定鼎于郏鄏，卜世三十，卜年七百，天所命也。周德虽衰，天命未改，鼎之轻重，未可问也'"。① "王孙满对楚子"，是一篇脍炙人口的古代外交辞令，但是其中有一种思想或逻辑上的矛盾。"在德不在鼎"，这是周初统治者所确立的传统见解；王孙满在说明周人得鼎、得天命或王权时，坚持了这一传统的见解。可是，如按这一见解来推求，那么，既然周德已衰，天命自然要改，鼎作为王权的象征自然也要转移，如同夏商两代的结局一样。王孙满却又以成王定鼎"卜世三十，卜年七百，天所命也"来做理由，说明由于年限未到，因而天命未改。王孙满的后一种说法，显然违背周初的以德为受天命的依据的传统，在逻辑上也与"在德不在鼎"之说自相矛盾（因为天命已经在卜不在德了）。东周的统治者已经无德可称，但仍想用天命来神化其王权，这样就把西周初期的王权神化中的理性因素（天命的依据在德与人心）抛弃了。

与东周统治者的情况相反，春秋时期的一些大夫、士却进一步体会到，王权或君权所依赖的神或天命，究其实仍是民心的反映。公元前 706 年，楚军侵

---

① 《左传》宣公三年，《十三经注疏》，1868 页。

随，在随国使者来谈和时又故意示弱以诱随人。随国使者返回后请追楚师，随君同意。这时大夫季梁劝阻说，楚国是在引诱随国。随以小国而要能抵御楚这个大国，必须"小道大淫。所谓道，忠于民而信于神也。上思利民，忠也；祝史正辞，信也。今民馁而君逞欲，祝史矫举以祭，臣不知其可也"。随君说自己祭神的祭品很丰厚，对神不为不信。季梁回答说："夫民，神之主也。是以圣王先成民而后致力于神。故奉牲以告曰'博硕肥腯'，谓民力之普存也，谓其畜之硕大蕃滋也，谓其不疾瘯蠡也，谓其备腯咸有也；奉盛以告曰'絜粢丰盛'，谓其三时不害而民和年丰也；奉酒醴以告曰'嘉栗旨酒'，谓其上下皆有嘉德而无违心也。所谓馨香，无谗慝也。……今民各有心，而鬼神乏主，其何福之有？"① 季梁说民为"神之主"，杜预注云："言鬼神之情，依民而行"。杜注的意思是对的，但不完备。民为"神之主"就是民为神之供奉者的意思，神既靠民供奉，当然要依民而行。所以国君首先必须尽心力于民事（忠于民），使民富裕和睦；然后再以丰盛的祭品供神，使祭品的丰盛程度能反映民的生活水平，这就是"信于神"（没有对神说假话）。季梁的思想是，国运君权固然有赖于神，而神又有赖于民。这是对周初的天命即在人心的思想的继承和发展。又如，公元前661年，据说有"神"降于虢国，虢君使人祭神，并求神赐田。虢大夫史嚚说："虢其亡乎。吾闻之，国将兴，听于民；将亡，听于神。神，聪明正直而一者也，依人而行。虢多凉德，其何土之能得？"周大夫内史过为周惠王解释这种现象说："国之将兴，明神降之，监其德也；将亡，神又降之，观其恶也。故有得神以兴，亦有以亡"。又说："虢必亡矣，虐而听于神"。② 史嚚与内史过认为，国运与君权的兴亡，关键不在于神而在于民，甚至以不听于民而听于神为亡国之征。这也是对周初不迷信神或天命的思想的继续和发展。又如，公元前655年，晋国要借道于虞国去攻虢国，虞大夫宫之奇劝虞君不借道给晋，因为虢亡虞也就危险了。虞君说自己敬神的祭品很丰美，所以"神必据我"。宫之奇说："臣闻之，鬼神非人实亲，惟德是依。故《周书》曰：'皇天无亲，惟德是辅。'又曰：'黍稷非馨，明德惟馨。'又曰：'民不易物，惟德繄物'。如是，则

---

① 《左传》桓公六年，《十三经注疏》，1749 页。

② 《左传》庄公三十二年，《十三经注疏》，1783 页。《国语·周语上》亦有类似记载。

非德民不和、神不享矣。神所冯依，将在德矣。"① 宫之奇认为，神鬼皇天对人的态度不在于其所奉祭之物，而要看他是否有德；德是民和与神享的前提。这当然也是周初思想传统的继续。又如，公元前559年，卫献公被逐出国，晋悼公对师旷说，卫人放逐国君，不是太过了吗？师旷说："或者其君实甚。良君将赏善而刑淫，养民如子，盖出如天，容之如地；民奉其君，爱之如父母，仰之如日月，敬之如神明，畏出如雷霆，其可出乎？夫君神之主而民之望也。若困民之主（杨伯峻以为"主"乃"生"字之误，可从），匮神乏祀，百姓绝望，社稷无主，将安用之？弗去何为？天生民而之君，使司牧之，勿使失性……天之爱民甚矣，岂其使一人肆于民上，以从其淫，而弃天地之性？必不然矣。"② 师旷认为，良君爱民，民亦敬爱其君，就不会有放逐国君的事；如果国君困扰民生，使民绝望，从而使神明也得不到祭祀，那么国君就失去其存在的理由，被放逐也是应该的。天立君的目的本在爱民，不爱民之君也就失去了天给他的使命。君权是天授的，但以爱民为其前提。这种见解当然是对于周初的王权神化中的理性因素的进一步发展。师旷的这种见解的产生，与春秋时期的以士为主力的国人力量兴起有密切的关系。如果说西周初期的天命为人心之反映的见解已含有民本思想的因素，那么，在师旷的思想中原本为神化王权的天命已经明显地更为倾向民本主义了。

到战国时期，周王的地位更加微不足道了。在战国早期，东周国君按照传统还算是王、是天子，其他国君（除楚在春秋时已称王外）还算是诸侯，偶尔也还有朝周王之举。可是，各国君主先后相继称王。到公元前323年（周显王四十六年）左右，各国君主都已称王。公元前256年，秦火周。曾经长期作为王权象征的周，至此彻底灭亡。不过，旧的共主性的王权消失并不等于王权本身的消失，相反，新的专制性的王权正在战国七雄中逐渐产生。

春秋时期曾经出现的政权逐级下降的趋势，到战国时期已经停止下来，而且出现了逆转的趋向。为什么会发生这样的变化呢？这可以从以下两方面来考察。第一，在春秋时期，诸侯势力的兴起导致了王权的衰落，卿大夫等贵族势力的兴起又导致了诸侯国中君权的衰落。所以，贵族曾经是限制和削弱王权和

---

① 《左传》僖公五年，《十三经注疏》，1795页。

② 《左传》襄公十四年，《十三经注疏》，1958页。

君权的一个重要力量。但是，在春秋晚期至战国时期，贵族的情况发生了变化，在长期称霸中原的晋国，原有多家卿大夫，经过国君与贵族以及贵族之间的斗争，先减少成八家，再减少至六家，再减少至四家，最后减少成三家，由三家分晋。韩、赵、魏三家代晋，固然是卿大夫或贵族的胜利，但他们所牺牲的不仅是晋君，而且还有许多其他贵族。在齐国，田氏也是在排除了许多其他贵族以后才夺得政权的。韩、赵、魏和田齐的统治者出身于领有封邑的贵族并以卿大夫职位为起点最后取代了自己的国君，但是他们赖以取得成功的力量不是其他贵族而是以士为主力的国人（狭义的国人）。他们夺取政权以后，也没有再实行分封制，例如，魏文侯时，"魏成子以食禄千钟，什九在外，什一在内，是以东得卜子夏、田子方、段干木，此三人者，君皆师之"。① 魏成子因能为国君举贤，后被任命为相。魏文侯没有给其弟魏成子分封土地，而只给以"食禄千钟"。又如，"威王召即墨大夫而语之曰：'自子之居即墨也，毁言日至。然吾使人视即墨，田野辟，民人给，官无留事，东方以宁，是子不事吾左右以求誉也'。封之万家"。② 即墨大夫不讨好于齐王的左右而治理好地方，有功，可是受奖的不是得到即墨作为世袭的封地，而只得到"万家"之封。所谓"万家之封"，就是使受封者得以一万家所交的租税作为俸禄，以所交的租税作为俸禄，实际也是一种俸禄制。分封制被俸禄制代替了，只不过代替了一半，而另一半则被郡县制所代替。国君既然不把土地分封给下属，就必须设立郡县，派官治理。魏文侯以西门豹治邺，齐威王以即墨大夫治即墨等，即是其例。楚、秦等国虽然没有像晋、齐那样出现大夫取代国君的事，但是这些国家的君主也通过不同的改革来打击和限制其占有世袭封地的大夫或贵族。如吴起相楚悼王，建议"使封君之子孙三世而收爵禄"。③ 于是楚国的封君实际上也成了禄臣。又如，商鞅相秦孝公变法，规定"有军功者，各以率受上爵"。"宗室非有军功，论不得为属籍"。④ 有军功者奖以田宅爵禄，无军功者即使是国君的宗室也不能

---

① 《魏世家》，《史记》，1840 页。据《吕氏春秋·离俗览·举难》，魏成子乃魏文侯之弟。

② 《田敬仲完世家》，《史记》，1888 页。

③ 《诸子集成》，第 5 册，《韩非子集解》，67 页。《韩非子·和氏》。又《韩非子·喻老》云："楚邦之法，禄臣再世而收地。"

④ 《商君列传》，《史记》，2230 页。

得到爵禄，同样也是以爵禄制代替分封制。楚秦也都推行了郡县制（春秋时楚、晋皆已有县，但晋常以县作封邑给予大夫，楚则以县为边境军事重镇，所以与战国时普遍以县为地方行政区域的情况仍有不同）。新的官僚或贵族不再是直接控制土地和人民的封君，自然也就不再能够成为限制以至顶替君权的力量。第二，在春秋时期，以士为主力的国人是另一支对君权有限制作用的力量。可是到战国时期，原先的国野区分消失，国人与野人的区分也已消失，作为与野人相对峙的国人也已消失，而且士的情况也发生了变化。春秋时的士虽不像大夫那样有封邑，但是从国家得到份地，所以《国语·晋语四》说"士食田"。而士所以能占有土地，是因为他们是大夫的小宗，与国君也有同姓或姻亲的血缘关系。士还是军队的主力。因此士在春秋时期占有相当重要的政治地位，与无权的野人截然不同。公元前543年，郑国大夫之间发生内斗，"郑伯及其大夫盟于大宫，盟国人于师之梁之外。"① 随后也就靠国人帮助平定了内乱。这里的国人显然指不包括大夫在内的狭义的国人，即士及一些上层庶人。但是有时大夫和士等一同为盟。如公元前548年，齐大夫崔杼杀了齐君庄公以后，立了新君景公，"盟国人于大宫"。这一次盟国人也有晏婴这样的大夫参加，② 所以盟是广义的国人。士与大夫都可以作为国人在一起为盟，正说明士与大夫同属于一个大的集团，这个集团是有政治地位的。到战国时期，由于长期兼并战争的结果，七雄等都已变成地广人众的大国，远非先前的以一个城邑（国）为中心而占有周边一片土地（野）的小邦可比。七国统治者不可能把自己赖以起家的某一城邑的人作为国人而把其他广大地区的人当作野人，而且随着社会经济的发展和人口的流动，他们赖以发祥的城邑的居民也不再和他们有宗法上的关系了。七国的君主既不限于从他们发祥的城邑的旧人中任命大夫，也不能只依靠那个城邑的士来作为其军队的主力了。为了富国强兵、制敌取胜，七国的君主们招贤纳士，不仅不问原先的国人与野人之别，而且连邦界、国籍也不再考虑了。春秋时期已有用别国来的流亡贵族做大夫的事例，但是一般还难以取代本国的世代享有封邑的卿大夫。到战国时期，各国都在任用客卿，蔚为风气；秦国甚至

---

① 《左传》襄公三十年，《十三经注疏》，2013页。郑君分别与大夫及国人为盟，是为了对付虽逃亡在外但仍威胁国家的大夫伯有。

② 《左传》襄公二十五年，《十三经注疏》，1983页。

因先后以商鞅、张仪、范雎、李斯等客卿为相而战胜群雄，一统天下。从前大夫有封邑而士有田，战国时的士已不再必须是那种在本邦占有田地，享有一定政治权利并从而对故国有其深情和责任感的国人；不论有田无田，不论原籍何国，只要有某种才能，从其他职业脱离出来，专以干禄为事，就成为士。士如一旦游说成功，便可成为大夫以至一国之相；或者，士亦可以由积累劳绩而逐渐升为将相。春秋时士与大夫并列而为国人，到战国时士已与庶人相提并论。①战国时期的士只是从庶人中游离出来的专门以才智或能力谋生的人。他们已不再像从前的士那样有本邦的与本阶层的特性，而只是依赖其所投靠者来谋取个人的前途。"士为知己者用"，已经成为战国以下的士的一个特点。这样的士当然一般地说是不会成为限制王权的力量的。至于战国时期的庶人，虽已不像从前那样处于比国人低一等的地位，但是也不再有从前国人所拥有的地位。② 战国时期的庶人只不过是国君征兵和征税的对象，不再能像春秋时期的国人那样起限制君权的作用了。

战国七雄的君主们逐渐取得了专制性的君权，并且都力图在不断的兼并战争中战胜他国，从而为自己争得统一国家的王权。他们都需要一种理论，借此来获取统一的王权并使这种王权神化。于是不同的王权学说应运而生。

怎样才能合乎天命并从而获得统一的王权？战国学者对于这个问题的回答大体可以分为两类：一类学者以为天命与人心有内在关系；而另一类学者则以天命只体现于古今时运之变上，与人心并无关系。现在分别论列于下：

在第一类学者中，又有以墨子为代表和以孟子为代表的不同学派。在墨子看来，国家及其君主都是天建立的，而天的目的却在于利民。"……古者上帝鬼神之建设国都、立正长也，非高其爵、厚其禄、富贵佚而错之也，将以为万民兴利除害，富贵贫寡、安危治乱也"。③ 建国立君的目的既然不是为君而是为

北京师范大学史学探索丛书

394

---

① 例如《孟子·梁惠王上》："士庶人曰何以利吾身？"《十三经注疏》，2665 页。

② 庶人在西周时期约与野人相当，成王、康王时期的大盂鼎铭所说"易女邦司四白、人鬲自驭至于庶人六百又五十又九夫"，可以为证。庶人在春秋时期已有改变其原来不可能仕进的地位者，《左传》哀公二年记晋赵鞅之言，谓有战功者"庶人工商遂"，可见庶人有功即可入仕。在战国时期，则庶人皆可以由为士而入仕途，但是这只能是其中的极少数。

③ 《墨子·尚同中》，"佚"字之前应有一"游"字，《诸子集成》，第 4 册，《墨子间诂》，52 页。

民，所以天授予某人以王权或剥夺某人之王权实际是根据他们对于人民的不同态度而给以的赏或罚。"顺天意者，兼相爱，交相利，必得赏；反天意者，别相恶，交相贼，必得罚。'然则是谁顺天意而得赏者？谁反天意而得罚者'？子墨子言曰：'昔三代圣王，禹汤文武，此顺天意而得赏也；昔三代之暴王，桀纣幽厉，此反天意而得罚者也'。'然则禹汤文武，其得赏何以也？'子墨子言曰：'其事上尊天，中事鬼神，下爱人，故天意曰：此之我所兼爱而爱之，我所兼利而利之，爱人者此为博焉，利人者此为厚焉，故使贵为天子，富有天下，业万世子孙，传称其善，方施天下，至今称之，谓之圣王。'然则桀纣幽厉，得其罚何以也？'子墨子言曰：'其事上诟天，中诟鬼，下贼人，故天意曰：此之我所爱别而恶之，我所利交而贼之，恶人者此为之博也，贱人者此为之厚也，故使不得终其寿，不殁其世，至今毁之，谓之暴王。'"① 墨子还对天的赏罚的具体表现有所论述。舜以其贤，"尧得之服泽之阳，举以为天子。"② 由禅让而得天之赏是一种形式。商汤诛夏桀、周武王诛商纣（墨子非攻，但他认为汤武是诛有罪，不是非正义的"攻"），既得到所谓的天助（迷信或神话性的），又为天下人所"宾服"。③ 由征诛而得天之赏是又一种形式。两种形式的得天之赏都含有重要的人心所向的因素在内。墨子把自己的兼爱思想说成是天志或天意，并把这种思想对象化并人格化为作为主宰者或上帝的天；这样的天理所当然地要根据一个人是否能得人心来授予或剥夺其王权，以作为上天之赏罚。在墨子的天命王权说中，天命实际也是人心的反映。这一点与儒家颇相近似。所不同者，墨子以无差别的兼爱为天志而儒家则强调爱有差等的仁，墨子的天是明确的有意志的上帝而儒家的天则没有那样浓厚的宗教迷信色彩，如此而已。孟子的天命王权说集中地记载于《孟子·万章上》中。"万章曰：'尧以天下与舜，有诸？'孟子曰：'否，天子不能以天下与人。'"然则舜有天下也，孰与之？'曰：'天与之。'"天与之者，谆谆然命之乎？'曰：'否，天不言，以行与事示之而已矣。'曰：'以行与事示之者如之何？'曰：'天子能荐人于天，不能使天与之天下。诸侯能荐人于天子，不能使天子与之诸侯。大夫能荐人于诸侯，不能使诸

---

① 《墨子·天志上》，《诸子集成》，第4册，《墨子间诂》，120页。又参见《天志中》、《天志下》、《尚贤中》等篇。

② 《墨子·尚贤中》，《诸子集成》，第4册，《墨子间诂》，34页。

③ 见《墨子·非攻下》，《诸子集成》，第4册，《墨子间诂》，95页。

侯与之大夫。昔者尧荐舜于天而天受之，暴之于民而民受之。故曰，天不言，以行与事示之而已矣。'曰：'敢问荐之于天而天受之，暴之于民而民受之，如何?'曰：'使之主祭而百神享之，是天受之；使之主事而事治，百姓安之，是民受之也。天与之，民与之，故曰天子不能以天下与人。舜相尧二十有八载，非人之所能为也，天也。尧崩，三年之丧毕，舜避尧之子于南河之南。天下诸侯朝觐者，不之尧之子而之舜；讼狱者，不之尧之子而之舜；讴歌者，不讴歌尧之子而讴歌舜。故曰，天也，夫然后之中国，践天子位焉。而居尧之宫，逼尧之子，是篡也，非天与也。《泰誓》曰：天视自我民视，天听自我民听。此之谓也'。万章问曰：'人有言，至禹而德衰，不传于贤而传于子，有诸?'孟子曰：'否，不然也。天与贤则与贤，天与子则与子。昔者舜荐禹于天，十有七年。舜崩，三年之丧毕，禹避舜之子于阳城。天下之民从之，若尧崩之后不从尧之子而从舜也。禹荐益于天，七年。禹崩，三年之丧毕，益避禹之子于箕山之阴。朝觐讼狱者，不之益而之启，曰，吾君之子也。讴歌者，不讴歌益而讴歌启，曰，吾君之子也。丹朱之不肖，舜之子亦不肖。舜之相尧、禹之相舜也历年多，施泽于民久。启贤，能敬承继禹之道；益之相禹也历年少，施泽于民未久。舜禹益相去久远，其子之贤不肖，皆天也，非人之所能为也。莫之为而为者，天也；莫之致而至者，命也。匹夫而有天下者，德必若舜禹，而又有天子荐之者；故仲尼不有天下。继世而有天下，天之所废，必若桀纣者也'。"在孟子看来，王权的得失主要取决于天是否能接受某一个人，而天是否能接受又取决于人是否能接受他。孟子以人心来解释天命，这是对周初的天命人心说的继承。不过孟子也开始意识到，仅仅这样解释天命还不够，于是承认有偶然的因素，如在禅让过程中，旧君之子是贤还是不肖，旧君所荐之人施泽于民的时间是长还是短等。他把这些不依人的意志为转移的因素的出现解释为天命。但是，这些不依人的意志为转移的偶然因素本身仍然不是直接的决定因素，而只不过为人们的选择（人受之）提供了参考的条件，直接的决定因素仍然是人心是否接受他。于是人心又终于成为透过偶然性因素而对王权起决定作用的必然因素。这样，孟子就对周初的天命人心说作出了进一步深入的发展。

在第二类学者（即以为天命只体现于古今时运之变上的学者）中，又有以邹衍为代表和以韩非为代表的不同学派。《史记》云邹衍"深观阴阳消息，而作怪迂之变，《终始》，《大圣》之篇，十余万言。……称引天地剖判以来，五德转移，治各有宜，而符应若兹。"① 又云"论著终始五德之运。"② 邹衍书今已不存，据刘宋裴骃所作《史记集解》（注以上所引《封禅书》之文）引如淳曰："今其书有《五德终始》，五德各以所胜为行，秦谓周为火德，灭火者水，故自谓水德。"《吕氏春秋·有始览·应同》记："凡帝王者之将兴也，天必先见祥乎下民。黄帝之时，天先见大螾大蝼。黄帝曰，土气胜。土气胜，故其色尚黄，其事则土。及禹之时，天先见草木秋冬不杀。禹曰，木气胜。木气胜，故其色尚青，其事则木。及汤之时，天先见金刃生于水。汤曰，金气胜。金气胜，故其色尚白，其事则金。及文王之时，天先见火，赤乌衔丹书集于周社。文王曰，火气胜。火气胜，故其色尚赤，其事则火。代火者必将水。天且见水气胜。水气胜，故其色尚黑，其事则水。"看来这就是邹衍的学说。这种学说产生于战国中后期，绝非偶然。因为当时以周为代表或象征的旧秩序已经"无可奈何花落去，"各国的君主们都在努力使自己成为代替这种旧秩序而建立新秩序的代表。邹衍让天命以五德相胜（一个制胜并取代一个）的形式表现出来，可以说是那个时代的一种精神反映。韩非与邹衍相似之处在于，他也重视古今时运之变化。他曾分析比较古今"王天下"的条件和方法的不同，并得出结论说："世异则事异"。"事异则备变。上古竞于道德，中世逐于智谋，当今争于气力。"③ 在韩非看来，先前的以人心解释天命的说法过时了，因为它缺乏历史的特性。他批评说："今学者皆道书箧之颂语，不察当世之实事，曰：'上不爱民，赋敛常重，则用不足而下恐上，故天下大乱'。此以为足其财用以加爱焉，虽轻刑罚可以治也。此言不然矣。"他的理由是人民一富足就会变得懒惰，而且永远也不会知足，所以只要轻刑罚，他们就会为非作乱。④ 他义分析说："凡人难变古者，惮易民之安也。夫不变古者，袭乱之迹；适民心者，恣奸之行也。民愚而不知乱，上懦而不能更，是治之失也。人主者，明能知治，严必行之，故虽拂于民心立其治。"⑤ 韩非认为，在他那个时代，民心既愚且恶；所以，要取得并巩固王

---

① 见《孟子荀卿列传》，《史记》，2344 页。

② 见《封禅书》，《史记》，1368 页。按《史记》所记邹衍生活时代颇有自相矛盾之处。前人已有考证，于此不赘。

③ 《韩非子·五蠹》，《诸子集成》，第 5 册，《韩非子集解》，341 页。

④ 《韩非子·六反》，《诸子集成》，322 页。

⑤ 《韩非子·南面》，87 页。

权，那就必须拂逆民心，而不能高谈爱民。这样，韩非的主张就正好走到了西周初年所提出的重人心的思想的反面。① 韩非不相信有作为主宰者或上帝之天，但又说"天有大命"，并主张"谨修所事，待命于天"。② 他所说的天命，实际是指自然之理。③ 自然之理也可以说为自然之数，理和数都是 reason 的意思，也可以说为理性。韩非认为民心是无理性的，理性只存在于客观的历史变化之中；他所说的"上古"、"中古"和"当今"的"世异则事异"，就是自然之理或天命的具体体现。韩非把王权的得失与是否能遵循这种天命或自然之理联系起来，他的天命王权说中当然包括了一种相当深刻的理性因素。

以上两类学者的天命王权说在战国时期的命运是很不同的。墨子和孟子的学说不能引起七雄君主们的兴趣，只能碰壁，而邹衍和韩非的学说则比较符合当时统治者们的口味，颇受欢迎。最后，秦以武力统一六国，这在一定的意义上可以说是韩非等法家思想的胜利。

三

最后讨论秦汉时期。

秦始皇灭六国以后，将春秋战国以来逐渐产生的郡县制推行于全国，不再分封子弟，而"分天下以为三十六郡，郡置守、尉、监"。④ 他以郡县制为基础建立了统一的专制王权。汉代在这方面基本上继承秦制，由此便开始了专制王权在中国的长期统治，直至辛亥革命的胜利。现在来说明一下秦汉两代在神化王权方面的思想的异同。

秦始皇凭借武力灭六国，建立起统一的专制王权，因此并不相信他的王权

---

① 应该说明，在韩非的理论中，"民心"和"人情"是两个不同的概念。《因情》云："凡治天下，必因人情。"《用人》云："循天顺人而明赏罚。"所谓"因人情"或"顺人"是指，利用人的趋利避害的本能，通过赏罚来控制人，如同人利用牲畜的本能通过赏罚来控制它们一样。至于民心，则是人民的理性的表现，这是韩非所不能接受的。

② 《韩非子·扬权》，《诸子集成》，第 5 册，《韩非子集解》，31 页。

③ 陈奇猷把韩非所说的天命解释为自然之理，此说可取。见《韩非子集释》，131～132 页，注 32、注 36，上海，上海人民出版社，1974。

④ 《秦始皇本纪》，二十六年，《史记》，239 页。以下关于秦始皇的引文，凡不注出处者，皆见此《本纪》。

是受天之命。① 试看《史记·秦始皇本纪》所记泰山、琅邪、之罘、碣石、会稽诸刻石之文，其中只有皇帝的功德，而无上帝的天命。秦始皇曾说："寡人以眇眇之身，兴兵诛暴乱，赖宗庙之灵，六王咸服其辜，天下大定"。他把统一大业首先归功于自己兴兵诛暴，其次归功于宗庙之灵；归功祖先，有自谦的成分，也有事实的根据，因为他还是凭借了前人打下的基础。至于他的臣下，那就只说"今海内赖陛下神灵，一统，皆为郡县"了。秦始皇对天或上帝没有表示多少敬意，不等于不想神化他的王权。"始皇推终始五德之传，以为周得火德；秦代周德，从所不胜。方今水德之始，改年始，朝贺皆自十月朔。衣服旄旌旗皆上黑。数以六为纪，符、法冠皆六寸，而舆六尺，六尺为步，乘六马。更名河曰德水，以为水德之始。刚毅戾深，事皆决于法，刻削毋仁恩和义，然后合五德之数。于是急法，久者不赦。"秦始皇不敬上帝，为什么又会相信五德终始之说呢？因为按五德终始之说，帝凡有五，依次轮值。水德代替火德，就是黑帝取代赤帝。秦始皇不喜欢一个在他之上的上帝，却有兴趣于以水德的化身自居，以当值的黑帝自处。依阴阳五行说，水为阴，阴主刑杀。秦始皇很乐于合水德之数，"刚毅戾深，事皆决于法，刻削毋仁恩和义"。秦始皇不满足于借上帝来神化自己的王权，而是要由神化他自身来神化其王权。秦始皇对神也没有多少敬意。他"浮江，至湘山祠，逢大风，几不得渡。……于是始皇大怒，使刑徒三千人皆伐湘山树，赭其山。"梦与海神战，就以大鱼为水神化身，派人到海中去射大鱼。同样，这也不说明秦始皇不信神。他很迷信神仙，遣方士求不死之药。他不敬重其他神，而是要把自己变成不死之神。秦始皇在更高的程度上再现了殷商晚期的武乙、纣等的不敬神而神化自身的特点。秦始皇自觉地要以水德取代周的火德，当然也就藐视并抛弃周代的以人心为天命的实质内容的思想。他自认为得了方兴的水德，体现了时代的精神和历史的必然性，于是穷奢极侈，不把民心当作一回事。秦始皇及其子二世的作为，终于引发了以陈胜、吴广为首倡的大起义，并导致了秦王权自身的灭亡。

秦亡以后，刘邦又经过对项羽的 5 年战争，终于建立起统一的汉帝国。从前，周初的统治者们眼见强大的殷商王朝的灭亡，曾经深感震惊，并经过反省

---

① 《三国志·吴书·孙破虏讨逆传》裴松之注引《吴书》云，汉传国玺文有"受命于天"字样。但汉玺是否即是秦玺，难以确定，《三国志》，1097 页，北京，中华书局，1982。

而汲取了必要的教训。汉初的几代君主们鉴于强大的秦王朝的速亡，也有了与周初统治者们相似的思想认识过程。如果以秦始皇与汉高帝的统一事业相比，秦始皇凭借了祖先们给他留下的一个在七国中占有显然优势的强大的秦国，而汉高帝则一无凭借，完全是白手起家。可是秦始皇把一切统一之功皆归于己，一心神化自己，而汉高帝就很不相同。汉高帝在求贤诏中说："今吾以天之灵，贤士大夫定有天下，以为一家，欲其长久世世奉宗庙亡绝也。贤人已与我共平之矣，而不与吾共安利之，可乎？贤士大夫有肯从我游者，吾能尊显之。"① 他既承认受了上天之赐，② 又承认得到了贤士大夫之助。究其实，当然只有贤士大夫之助，不过在汉高帝看来，能得贤士大夫之助，其中也就有天助了。他实际是把得天命与得人和或民心视为一体的。不过，在汉初诸帝中，最明白只有赢得民心才能确保天命这个道理者，是汉文帝。他作为帝王，不像秦始皇那样作威作福。在他的诏书里，颇有一种战战兢兢的谦虚谨慎的精神。例如，一次日食以后，他下诏说："朕闻之，天生蒸民，为之置君，以养治之。人主不德，布政不均，则天示之以菑，以诫不治。乃十一月晦日，日有食之，适见于天。菑孰大焉。朕获保宗庙，以微眇之身托于兆民君王之上，天下治乱，在朕一人。唯二三执政，犹吾股肱也。朕下不能理育群生，上以累三光之明，其不德大矣。令至，其悉思朕之过失，及知见思之所不及，匄以告朕。及举贤良方正，能直言极谏者，以匡朕之不逮。因各饬其任职，务省繇费，以便民。……"③ 他把日食看作上天示警，这固然是古人难免的迷信。但是，他愿意听取批评，改正过失，以争民心，以保天命，其中也有难能可贵的方面。又如，他曾下令说："盖闻天道祸自怨起，而福由德兴。百官之非，宜由朕躬。今秘祝之官，移过天下，以彰吾之不德，朕甚不取。其除之。"④ 他知道祸由怨起，把过失下推给百官，并不能解决问题，而且还能增加民怨。所以很不赞成这样做。汉文帝的诏书中常常出现类似的文字，这说明他是在以秦始皇为鉴以后而得到的觉醒。

北京师范大学史学探索丛书

---

① 《高帝纪下》，十一年，《汉书》，71 页。又十二年布告天诏中，也有"与天下豪士贤大大夫共定天下"之语。

② 高帝临终前曾说："吾以布衣提三尺剑，取天下，此非天命乎？命乃在天。"见《高祖本纪》，十二年，《史记》，391 页。

③ 《孝文本纪》，二年，《史记》，422 页。

④ 见《孝文本纪》，十三年，《史记》，427 页。又见《封禅书》。

西汉的一些重要的思想家也在以民心解释天命方面作出了进一步的论述。与文帝同时的贾谊，不仅写过总结秦亡的教训的《过秦论》，上过议论时政的《治安策》，而且深切地分析过国家的存亡、政权的得失与民心的关系。他认为，对于国家和君主来说，"民无不为本也"①，"民无不为命也"②，"民无不为功也"③，"民无不为力也"。"故夫战之胜也，民欲胜也；攻之得也，民欲得也；守之存也，民欲存也。故率民而守，而民不欲存，则莫能以存矣；故率民而攻，民不欲得，则莫能以得矣；故率民而战，民不欲胜，则莫能以胜矣。故其民之为其上也，接敌而喜，进而不能止，敌人必骇，战由此胜也；夫民之于其上也，接而惧，必走去，战由此败也。故夫菑与福也，非粹在天也，必在士民也。……行之善也，粹以为福已矣；行之恶也，粹以为菑已矣。故受天之福者，天不功焉；被天之菑，则亦无怨天矣，行自为取之也。知善而弗行，谓之不明；知恶而弗改，必受天殃。天有常福，必与有德；天有常菑，必与夺民时。故夫民者，至贱而不可简也，至愚而不可欺也。故自古至于今，与民为仇者，有迟有速，而民必胜之。知善而弗行谓之狂，知恶而弗改谓之惑。故夫狂与惑者，圣王之戒也，而君子之愧也。"④ 在贾谊看来，受天之福或受天之灾在于君主是否有德，而君主是否有德则具体表现在如何对待人民上；所以，要保有王权就必须以民为本。贾谊也在说天和王权的关系，不过他所说的天已没有多少神秘的色彩。这是他与汉文帝有所不同的地方。与汉武帝同时的董仲舒，对天命与王权关系问题曾作了系统的论述。汉武帝就天人之际等问题策问了他三次，他在对策中既以天命神化王权，又以人心解释天命，建立起一套把天人感应的迷信成分与以人心说天命的理性成分结合在一起的复杂的理论系统。他说："臣谨按《春秋》之中，视前世已行之事，以观天人相与之际，甚可畏也。国家将有失道之败，而天乃先出灾害以谴告之。不知自省，又出怪异以警惧之。尚不知变，而伤乃至。以此见天心之仁爱人君，而欲止其乱也。自非大亡道之世者，天尽欲扶持而全安之。事在强勉而已矣。""故治乱废兴在于已，非天降命不可得反，其所操持悖谬，失其统也。臣闻天之所大奉使之王者，必有非人力所能

---

① 贾谊：《新书·大政上》，89页，北京，中华书局，1985。
② 同上。
③ 同上。
④ 同上。

致而自始者，此受命之符也。天下之人同心归之，若归父母，故天瑞应诚而至。《书》曰：'白鱼入于王舟，有火复于王屋，流为乌'。此盖受命之符也"①。"《诗》云：'宜民宜人，受禄于天'。为政而宜于民者，固当受禄于天。夫仁谊礼知信，五常之道，王者所当修饬也。五者修饬，故受天之佑，而享鬼神之灵，德施于方外，延及群生也"②。在董仲舒看来，天是全知全能的上帝，他对地上君王十分慈爱。人君能使人民归心，上帝就赐以受命之符；人君有错误，上帝还尽量警告他，非大无道者也不撤换他。不过，董仲舒的这一位对人君仁至义尽的上帝，最终还是看人心的向背来决定一个王权的兴废的。在《春秋繁露·尧舜不擅移汤武不专杀》中，董仲舒对天、对王权的予夺还有更为清楚的论述。他说："且天之生民，非为王也；而天立王，以为民也。故其德足以安乐民者，天予之；其恶足以贼害民者，天夺之。""王者，天之所予也；其所伐者，皆天之所夺也。""故夏无道而殷伐之，殷无道而周伐之，周无道而秦伐之，秦无道而汉伐之。有道伐无道，此天理也，所从来久矣。"这就是说，天尽管对人君是很仁爱的，但其立君的宗旨仍在民；故王权之予夺，必由人心向背为依据。贾谊、董仲舒有鉴于秦之速亡，发扬以人心解释天命的传统，其目的在于使汉统治者清醒，以保有其王权，所以目的主要为君而非为民。不过当他们用以人心为内容的天命来神化王权的时候，其中的理性因素的存在也是不可否认的。

汲取秦统治者不以民心为意的教训，重新以人心解释天命，这是汉统治者在神化自己的王权时首先要做的一件事。在这一点上，汉不是继承而是否定了秦。不过，秦统治者以五德终始说神化其王权的方法，汉统治者对之也不乏兴趣。只是刘邦起初时，戎马倥偬，未能深思及此，而且看来他也不大懂五德终始那一套神秘的说法，所以在他的时候没有什么头绪。他开始起事并被立为沛公时，"祠黄帝，祭蚩尤于沛庭，而衅鼓，旗帜皆赤"。③ 刘邦在成为汉王之次年，"东击项籍而还入关，问：'故秦时上帝祠何帝也？'对曰：'四帝，有白青

---

① 《汉书》，2500 页。

② 均见《汉书·董仲舒传》所引"对策"一，2505 页。

③ 《高祖本纪》，《史记》，350 页。又见《封禅书》，《史记》，1386 页。太史公说这是因为高祖杀白蛇，为赤帝子杀白帝子，"故上赤"。看来这是依据了后来附会出的神话，未足信。

北京师范大学史学探索丛书

黄赤帝之祠'。高祖曰："吾知之矣，乃待我而具五也'。乃立黑帝祠，命曰北畤，有司进祠，上不亲往。"① 可见刘邦对于以火德而尚赤或以水德而尚黑的问题并无主见，但是他把自己认同于当运之帝的愿望显然是很强烈的。后来，"贾生（谊）以为汉兴至于孝文二十余年，天下和洽，而固当改正朔，易服色，法制度，定官名，兴礼乐。乃悉草具其事仪法，色尚黄，数用五，为官名，悉更秦之法。孝文帝初即位，谦让未遑也。"② 贾谊一面指出，汉代不能蹈秦覆辙，讲天命时不能不讲人心；一面又袭用秦代的故技，以五行相胜的模式来神化汉代王权。不过，应当指出，贾谊的以汉之土德代秦之水德是以"悉更秦之法"为内容的；所以他的五行相胜说中也继承了秦人五行相胜说中潜在的变革意识。所以，在贾谊神化王权的思想中，以人心解释天命和以变革解释五德终始这两种合乎理性的因素是结合在一起的。在贾谊以后，鲁人公孙臣又上书文帝，建议以土德代秦之水德，说将有黄龙应土德之兴而见，可是当时丞相张苍是律历家，认为汉以水德，黄河决口就是符应，秦历也不能改。后来据说真有黄龙出现，文帝一度想改正朔服色，但又因有方士发生问题而未实行。③ 公孙臣的说法是纯迷信的，张苍的说法则是主张律历与迷信的结合。汉武帝是一位好大喜功的君主，对于改正朔、易服色等神化王权的办法有浓厚的兴趣，恰好张苍主张沿用的秦代使用的正朔和颛顼历的问题暴露的日益明显，"而朔晦月见，弦望满亏，多非是"。④ 公元前 104 年，即武帝元封七年，大中大夫公孙卿、壶遂、太史令司马迁等上书建议改正朔历法，"夏，汉改历，以正月为岁首，而色上黄。官名更印章以五字，为太初元年"。⑤ 这样，汉统治者终于宣布以土德代替秦之水德，用五德终始说给自己的王权加上了一个神圣的光环。

不过，汉武帝的改正朔、易服色并没有使汉代的王权就固定在所谓的以土德王上。当汉武帝策问董仲舒关于"关人之征，古今之道"的时候，董回答说："道者万世亡弊，弊者道之失也。先王之道，必有偏而不起之处，故政有眊而不

① 《封禅书》，《史记》，1378 页。

② 《屈原贾生列传》，《史记》，2492 页。

③ 见《史记·孝文本纪》，《封禅书》、《张丞相列传》。

④ 《律历志上》，《汉书》，974 页。

⑤ 《封禅书》，《史记》，1402 页。又汉武帝改正朔诏见《历书》，《史记》，1260 页。

行。举其偏者以补其弊而已矣。三王之道所祖不同，非其相反，将以救溢扶衰，所遭之变然也。故孔子曰：'亡为而治者其舜乎'。改正朔，易服色，以顺天命而已，其余尽循尧道，何更为哉？故王者有改制之名，亡变道之实，然夏上忠，殷上敬，周上文者，所继之救当用此也。孔子曰：'殷因于夏礼，所损益可知也；周因于殷礼，所损益可知也；其或继周者，虽百世可知也。'此言百王之用，以此三者矣。夏因于虞，而独不言损益者，其道如一，而所上同也。道之大原出于天，天不变，道亦不变。是以禹继舜，舜继尧，三圣相受，而守一道，亡救弊之政也，故不言其所损益也。由是观之，继治世者其道同，继乱世者其道变。今汉继大乱之后，若宜少损周之文致，用夏之忠者"。① 董氏认为，道本身不变，所以继治世不须有任何改变，改正朔、易服色只是一个形式；继乱世也只是补偏救弊，而不是以一种新德代替旧者。这种思想与五德相胜说已有不同。董氏在其《春秋繁露》一书中虽然也说五行相胜和五行相生，但只用以解说灾异等而不用以说明王朝之代替；他以为王朝的更迭只有夏商周三代的三统的循环。② 董氏之说并未被汉武帝完全采用，汉武帝仍以为汉为土德代替秦之水德，但董氏说后来影响很大。到西汉后期，刘歆作三统历，以五德相生的次序重新排列了历史上各个朝代的五德属性。他认为：太昊"为百王先，首德始于木"，炎帝"以火承木，故为火德"，黄帝因"火生土，故为土德"，少昊因"土生金，故为金德"，颛顼因"金生水，故为水德"，以下继续循环，帝喾为木德，唐尧为火德，虞舜为土德，夏为金德，商为水德，周为木德，汉"伐秦继周，木生火，故为火德"。③ 至此，五德终始说已由相胜变为相生，已由革命变为正统继承的模式了。刘歆重新解释五德终始本是为王莽篡汉服务的。汉既是火德，王莽就自称其新王权为土德。刘秀重建汉朝（东汉），又宣布汉为火德。以下曹魏篡汉为土德，司马氏晋篡魏为金德，南朝刘宋篡晋为水德，萧齐篡宋为木德，萧梁篡齐为火德，陈篡梁又为土德，如此等等。

在中国古代王权发展的过程中，天命一直是神化王权的重要手段。以人心解释天命和以五德代谢解释天命曾经体现为神化王权的思想中的两种合于理性

---

① 《董仲舒传》，《汉书》，2518 页。

② 见《春秋繁露·三代改制质文》，《春秋繁露义证》，183 页。

③ 见《汉书·律历志下》引刘歆《世经》，1023 页。按三统历只承认夏商周三正，而不承认以十月为岁首之秦为正统，故汉上继周为正统。

的因素。在古代世界其他各国史中，我们很容易发现王权神化的现象，但很不容易发现如此精致地含有理性成分的神化王权思想。当然，西汉后期以下，五德终始说已变成一种篡夺者宣布其王权得自天命之正统的工具，最后成为陈词滥调，因而在唐以后就从历史上消失了。而以人心解释天命的传统则断断续续地在一些王朝统治者的思想中起了一些积极的作用。

论古代的人类精神觉醒

在我国历史上，春秋战国时代（公元前 8 至前 3 世纪）是一个学术思想十分活跃、文化成就焕发异彩的时期。大体同时，在印度，在希腊，也曾有过一个类似的文化空前繁荣的时代。怎样认识这样一次异地同时发生的文化飞跃或突破现象呢？德国哲学家雅斯贝斯认为，这时在中国、印度、希腊等地首次出现了许多哲学家，人类开始了对自身的反省，其精神的潜力遂得以充分展开，因而人类的历史带来了一次突破性进展。由于这一时期在人类历史上的关键性的转捩作用，他称之为"轴心时代"[1]。

雅斯贝斯的见解引起了学者们的思考和讨论[2]，人们对于他的见解当然还可以有自己的分析和评价，不过大概不能否认他所提出的问题的启发作用。他把当时的人类精神觉醒说成人类历史上前无古人、后尚未见来者的大转变，我们对此也尽可有自己的不同见解，不过，我们不能不看到，人类精神的觉醒确为当时历史的一项十分重要的内容，而且对于以后的中国历史和世界历史无疑都具有深远的影响。

在这篇文章里，所要讨论的有以下几方面的内容：首先说明个人对于古代的人类精神觉醒的内涵的理解，其次则综合地考察那次人类精神觉醒的历史条件，然后再比较着重地对古代印度、希腊和中国的人类精神觉醒的特点作一些分析。

北京师范大学史学探索丛书

---

[1] 雅斯贝斯（Karl Jaspers，1883—1963）：《历史的起源和目标》（*Vom Ursprung und Ziel der Geschichte*，1949，英译 '*The Origin and Goal of History*'，1953，初版。本文引据 1976 年重印本，1～4 页。《史学理论》1988 年第一期有俞新天、魏楚雄《关于雅斯贝斯的"轴心期"理论》一文和此书第一章的译文。

[2] 参阅许倬云：《论雅斯培（Jaspers）枢轴时代（Axial Age）的背景》，载《东西文化研究》，1987 年第 2 辑。

首先说明一下我对古代人类精神觉醒的内容的解释。所谓人类精神的觉醒，乃指人类经过对自身存在的反省而达到的一种精神上的自觉。那么，人类必须经过哪些方面的反省才能达到这种自觉呢？我认为，这应该包括以下三个方面：（1）人类经过对人与自然或天的关系的反省，达到关于自身对外界限（界限是区别之点，也是联系之点）的自觉；（2）人类经过对人与人之间的关系的反省，达到关于自身内部结构的自觉；（3）人类经过对以上两方面反省的概括，进而有对人的本质或人性的反省，达到关于自身的精神的自觉。以上所述的三个方面也可以说是三个层次。因为，当人类还不能把自身从自然界中辨认出来的时候，当然不可能有对自身内部结构的认识；而当人类还不能认识自身的对外界限和内部结构的时候，当然也不可能有对自身的本质或人性的反省。所以，我们所说的古代的人类精神觉醒，就是指人类经过三个方面的反省所达到的三个层次的自觉。

雅斯贝斯认为，不仅原始时代的人没有能达到精神的觉醒，而且"轴心时代"以前的古代文明的人也未能达到这一点①。如果从以上所说的人类精神觉醒的三个方面或层次来看，我们可以更清楚地说明他的见解是正确的。

人类是在学会制造工具的过程中从自然界分离出来的。因为，制造工具的开始意味着改造自然的开始，而改造自然则必有一个与自然相分离以至相对立的具有自己的精神的主体，这就是最初的原始人。不过，这一事实的存在与原始人对于这一事实的认识是两回事。原始人在实际上是远远未能认识到这一点的。原因何在呢？我们知道，在原始人的实际生活中，制造工具有改造自然的方面，更大量存在适应自然、依赖自然、畏惧自然的方面。就其量而言，后者远远大于前者。我们怎么可能要求那些在生活中大量地依赖自然的原始人去认识到自己是自然的改造者呢？不能忘记，我们说制造工具的原始人已是自然的改造者，这是就其质而明辨人与其他动物的分野的，因而是一种透过现象而触及本质的说法。我们又怎么可能要求刚刚告别其他动物界不久的原始人有这样

---

① 参阅《历史的起源和目标》，24～217页。

高度的抽象思维能力呢？人类学家们在许多原始部落中都发现了图腾制度（Totemism），那里的人们把某种与自己关系密切的动物以至植物视为自己的亲属，并形成各自的一套相应的仪轨。这正是证明原始人在思想上未能辨明自身和自然的区分的一个典型实例。

原始人既然尚未能辨明人类的外部界限，那也就更难以认清人类本身的内部结构。诚然人不是单个地而是成群地从猿转变为人的，人一开始便是社会动物，人类之有语言也正是其社会特性的需要和产物，原始人对其血缘群体内部的亲属结构的清晰了解，甚至是未经训练的现代人也自叹不如的。不过，原始人不能认识人类的内部结构，其原因也很明显。人并非作为一个人类整体从自然界分离出来的。人既然成群地从猿转变为人，那么群对人的认识就必然有双重的作用：它既正面地是原始人认识社会的依据，又反面地是他们认识社会的界限。恩格斯在论述易洛魁人的氏族时曾指出："凡是部落以外的，便是不受法律保护的。在没有明确的和平条约的地方，部落与部落之间便存在着战争，而且这种战争进行得很残酷，使别的动物无法和人类相比。"① 原始人可以按图腾制度把本非人类的异物视为自己的同类，又可以按部落的界限把本为同类的其他人视为异物。在这种情况下，当然谈不到他们有什么人类的精神觉醒了。

文明的发生，无疑是人类历史上划时代的一件大事。生产的发展，城市的兴起，文字的出现，国家的产生，凡此等等，均足以使人产生人为万物之灵的自豪感。这些条件，对于人类精神觉醒来说，是必要的，但还不是充分的。

踏进文明门槛的人，由于生产的发展和对抗自然的能力的加强，当然不会再甘心与其他动物为伍了。但是，由于当时人在自然面前仍然能力薄弱，不可避免地要把自然界的现象或力量当作神或天来崇拜。这样，在人的精神中，转化为神或天的自然是同人类疏离了，不过这种疏离有其方位上的特点：并非人类平等地离开自然，而是自然作为天或神高高地升到人类以上。因此，这时的人类精神，一方面发生了与自然的疏离，比原始人前进了一步；另一方面则仍处于作为天的自然的笼罩之下，这又和原始人距离不远。古代埃及的金字塔、神庙，两河流域的塔庙等宏伟建筑，从今人眼光看来，它们不啻是人类精神在

北京师范大学史学探索丛书

---

① 《马克思恩格斯选集》，第 4 卷，94 页。又亚里士多德《政治学》（Aristotle, *The Politics*，H. Rackham 英译，Loeb 本，参阅吴寿彭中译本），1253a5。

自然面前的最早的示威，然而在当时人们的精神中，它们所显示的却是人的渺小和神或天的伟大。在那些欲与苍穹比高的建筑物里，凸现出了一种相对于自然的人类精神，同时也反映了当时人类精神的一种不自觉的状态。

随着国家的出现，原先的人的部落界限被打破了，社会内部的阶级和阶层的结构也复杂起来。这就使人类有可能在更广阔和复杂的场面中来认识自己的内部结构。试看古巴比伦的《汉穆拉比法典》，我们不难发现，当时立法者对于人的社会关系的认识已经达到了相当高的水平。这一点确实是原始人无法与之比拟的。可是就在这个《法典》的第七条中明文规定："自由民从自由之子或自由民之奴隶买得或为之保管银或金，或奴隶，或女奴，或牛，或羊，或驴，或不论何物，而无证人及契约者，是为窃贼，应处死。"[1] 这样，本是人类的奴隶又与牛羊同列，而不被认为具有人格的人。这又和原始人把本血缘群体以外的人不视为人的现象发生了雷同之处。当然也有差别，那就是区分人与非人待遇的界限和原则有了变化。以前区分的界限在部落，这时区分的界限在本邦[2]；以前区分的原则是血缘的，这时区分的原则是阶级的。据文献记载及考古发现可知，在文明时代之初期，杀俘、人祭等不把人当作人的事例难以胜数。如果说，以后的历史上也有的类似的甚至更残酷的人不把人看作人的现象，是一种有意残杀同类的明知故犯的罪行，那么，在文明的早期，这类现象则仍然反映了在人与人的关系中的人类精神尚未觉醒的状态。不能忘记，古人是常把屠杀异邦且是同类的人当作庄严神圣的宗教典礼来进行的。

人类进入文明时代，一般就有了文字，历史的记录也随之而生，因而不同于此前的"史前"时代。这样，我们就可能依据历史记录来考察当时的人类精神觉醒问题。现在已有较充分的历史记录可供考察的是埃及和两河流域[3]。可是在古代埃及和两河流域的国王们的年代记里，我们实际可以大量读到的主要是两件大事：一是建筑神庙、向神奉献之类；二是出兵征伐、杀敌擒俘之类。前一类的记录在庄严肃穆的气氛中显出人对神的崇拜与依赖，后一类的记录则

---

① 见日知选译《古代埃及与古代两河流域》，96 页，北京，三联书店，1957。

② 参阅《汉穆拉比法典》，第 280～281 条。

③ 古埃及与两河流域编年史见于《埃及古代文献》（J. H. Breasted, *Ancient Records of Egypt*）,《古代亚述和巴比伦的文献》（D. D. Luckenbill, *Ancient Records of Assyria and Babylonia*）,《迦勒底诸王年代记》（D. J. Wiseman, *Chronicles of Chaldaen kings*）等书。

在刀光火影里显出人怎样把自己同类的对手不当作人。两个方面都说明人类精神的觉醒在当时尚未出现。在古代埃及和两河流域的历史记录中还缺乏人对自身的精神的反省。①

那么人类的这种反省开始于何时呢？

公元前 6 世纪希腊的泰利士（鼎盛年约在公元前 585 年）、印度的释迦牟尼（约公元前 566—前 496 年）和中国的孔子（公元前 551—前 479 年）的出现，可说是人类系统的哲学思考的开端，也是人类精神觉醒的明显标志。雅斯贝斯由这三位哲人再上推两个世纪，以公元前 8 世纪作为其"轴心时代"的起点，是因为考虑到希腊的《荷马史诗》和印度的《奥义书》。中国的西周东周之交也在这个世纪，《诗经》中有许多篇（如"变雅"诸篇）都表现出当时人的深思和反省。所以，我们也不妨把三位哲人以前的两个世纪作为人类精神觉醒的准备阶段。

二

在古代印度、希腊和中国大体同时出现了人类历史上如此重大的变化，这难道是偶然的吗？雅斯贝斯认为，这是一个值得深思的问题，前人的解答不是所答非所问就是过于简单化了，他自己则取宁可多思考问题而不急于给答案的态度。因此，在他以后，学者们对这一问题又继续进行了许多研究和讨论。②在这篇文章里，我不准备也不可能对古代印度、希腊和中国当时各自的历史条件作分别的详论，而是综合地考察一下三个古文明当时共同具有的一些基本条件，并试图分析一下这些背景和人类精神觉醒的关系。

第一，铁器的使用引起了社会经济的新发展。铁器时代的开始在不同地区早晚不同。在东地中海地区开始于公元前 12 世纪。希腊的"黑暗时代"（约公

---

① 参阅《古代近东的历史观念》（*The Idea of History in the Ancient Near East*，ed. by R. C. Dentan，Yale Unirers. fy Press，1955），21、32、55～57 等页。

② 见《历史的起源和目标》，13～18 页。又参阅许倬云：《论雅斯培枢轴时代的背景》，中央研究院历史语言研究所集刊，1984（3），33～50 页。学者们的讨论文章收在《轴心时代文化，其起源及多样性》（Kulturen der Achsenzeit，*Ihre Ursprünge und ihreVielfalt*，S. N. Eisenstandt 编，1987）中。

北京师范大学史学探索丛书

元前 1100—前 800 年）已是早期铁器时代，而铁器的大规模使用则在公元前 800 年以后①。印度铁器时代约始于公元前 1000 年，但铁器的广泛使用则自公元前一千年代中叶开始②。中国迄今经考古发现的最早铁器属于公元前 6 世纪，但铸铁与锻铁基本同时出现③。

与铁器的使用相应的是经济的迅速发展。在印度，铁器的使用加速了恒河流域的伐林和垦地，铁铧犁又有利于耕泥泞的水稻田，于是农业发展，人口增多，手工业和商业相应地发展起来，城市再次（印度河流域文明的城市早已消失）兴起④。在《佛本生经》里，有许多关于手工业者、往来于各地之间的商队和城市的记载，姑不具述。在希腊，手工业和商业发展起来，装着油、酒、香料、药膏的精美陶器以及盔甲刀剑等被运销到东至黑海沿岸西至地中海西部许多地区，希腊经过"黑暗时代"以后，至此又兴起了很多城邦⑤。在中国，春秋战国时期的经济发展也是空前的。铁器、牛耕和水利灌溉带来农业的发展，手工业和商业的发展、商人阶级的兴起和工商业兴盛的大城市的出现，改变了社会经济的面貌⑥。

铁器的使用和经济的发展，扩大了人类对自然的开发深度和广度，也扩大了人们在地区内和地区间的往来，从而使人有可能由原先的狭小的活动范围和狭窄的眼界中解脱出来。

第二，早期的国家通常都由部落联合而成，因而在相当长的时期里都有着不同程度的血缘关系的残余。在古代印度，国家本从部落发展而来的。古印度国家有王国和共和国两种形式。王国称为 Janapada，Jana 是部落的一种说法，

古代中国与世界

411

论古代的人类精神觉醒

---

① 参阅《剑桥考古百科全书》（*The Cambridge Encyclopedia of Archaeology*，Cambridge Univ. Pr.，1980）143、196、200 页。

② 参阅《剑桥考古百科全书》，167 页。塔帕（Romila Thapar），《从族系到国家》（*From Lineage to State*，Social Formations in the Mid-First Millennium B. C. in the Gange Valley，1984），68 页。

③ 中国社会科学院考古研究所编：《新中国的考古发现和研究》，332～334 页，北京，文物出版社，1984。又《剑桥考古百科全书》，170 页。

④ 参阅《从族系到国家》，72～75、90～102 页。

⑤ 参阅哈蒙德：《希腊史》（N. G. L. Hammond，*A History of Greece to 322B. C.* Oxford [Oxfordshire]：Clarendon Press；New York：Oxford University Press，1986（1959），125～131 页。

⑥ 参阅《货殖列传》，《史记》，3253 页。

而 pada 是"脚"的意思，所以二字合成的原义是"部落立足之地"①。共和国称为 Gana 或 Samgha，Gana 是部落的又一种说法②，而 Samgha 意为共同体。从这两种国家的名称可以看到它们还有浓厚的部落共同体的痕迹，实际上血缘关系在印度早期国家中也占有重要地位③。在古代希腊，国家也由部落发展而来。如雅典国家有 4 个部落，12 个胞族，360 个氏族④；而多利亚人国家则多由 3 个部落组成。直到公元前 5 世纪以前，血缘关系在希腊各邦中仍占有相当重要的地位⑤。在古代中国，从各级统治者到士庶人之中，都有着血缘关系的纽带存在。"故天子建国，诸侯立家，卿置侧室，大夫有贰宗，士有隶子弟，庶人工商各有分亲，皆有等衰"⑥。从殷代直到春秋时期，宗族在政治、军事、经济等方面的重要性，在甲骨文、金文及传统文献中都有资料可以为证⑦。从理论上说，国家异于氏族部落的特征之一即为地域组织之取代血缘组织，这并不错。但在实际历史过程中，早期国家中常常都是血缘与地域组织并存，处于一种由前者向后者的过渡状态，这也是很自然的⑧。

约公元前 800 年代以后的世纪中，血缘关系在印度、希腊和中国都经历了一个削弱或解体的过程。在印度，由出身决定人的社会地位的情况开始发生动摇⑨；在希腊，人的地位从起初的单由出身来定，发展到由出身加财富来定，

①　参阅《从族系到国家》，34 页。

②　关于 Jana 和 Gana 作为部落的名称见《古代印度政治观念和制度述论》（R. S. Sharma, *Aspectes of Political Ideas and Institutions in Ancient India c.* 1500—500 *B. C.*，1968），81～93 页。

③　塔帕在《从族系到国家》一书中对血缘关系在早期国家中的作用有详细论述。

④　亚里士多德：《雅典政制》，日知、力野译，北京，商务印书馆，1959，片断 5。

⑤　古朗士（Fustel de Coulanges）《古代城邦》（W. Small 英译本 *Ancient City*，李玄伯中译本《希腊罗马古代社会研究》，北京，商务印书馆，1938）一书详述了血缘关系在早期城邦中的作用。斯塔尔在《个人与共同体》（C. G. Starr, *Individual and Community*，The Rise of the Polis 800—500 B. C. New York：Oxford University Press，1986）中则认为多数学者把希腊史上血缘关系的作用夸大了（见 29～30 页）。不过他也认为荷马时代是部落和首长的时代，史诗中的希腊战士都是按部落和胞族组织起来的。（见 16～18、23 页）其实，血缘组织在古希腊早期是存在的，不过不是想象中的那样纯粹而已。

⑥　《左传》桓公二年，《十三经注疏》，1744 页。

⑦　参阅陈梦家：《殷墟卜辞综述》，496～501 页，北京，中华书局，1988。童书业：《春秋左传研究》，119～125 页，上海，上海人民出版社，1980。

⑧　何兹全：《关于古代史的几个理论问题》第一部分，载《历史研究》，1984（1）。

⑨　参阅拙作《印度早期佛教的种姓制度观》第二部分。载本书中。

以至在某些城邦里出身和财富都不再特别强调①；在中国，由出身决定贵贱的情况也有了变化②。

血缘组织及其作用，曾经给人以一定的保护或依靠之资，同时又是对人的一种束缚。随着血缘关系的削弱和解体，人们一方面惊讶地发现自己正在失去过去曾有的天然依托，一方面又欣喜地发现自己开始得到过去难以得到的自由。于是，一个人的存在的价值，开始可以也必须由自己来决定。这对于人类的精神的觉醒来说，无疑是鞭策，也是鼓励。

第三，公元前 8 世纪以后的几个世纪中，在印度、希腊和中国都曾有小邦林立的状态，存在着种种尖锐复杂的矛盾和斗争。在印度，摩揭陀、憍萨罗等邦曾长期进行争夺霸权的斗争，各邦内部情况现虽所知甚少，但从佛经故事中也可以略知社会中矛盾和斗争的存在③。在希腊，斯巴达、雅典等邦之间的争霸斗争十分激烈，各邦内不同社会集团之间的斗争亦很尖锐，如果说修昔底德《伯罗奔尼撒战争史》的主要内容就是这两种矛盾斗争的交织，那是不会错的。在中国，春秋时期曾有五霸④的争雄，战国时期则有七雄的兼并，在各邦内部，国君与卿大夫之间，卿大夫不同集团之间，庶民与贵族之间，也存在着尖锐复杂的矛盾和斗争，《左传》、《国语》、《战国策》等书中有大量这方面的内容。

在这样的尖锐复杂的矛盾和斗争的背景里，我们不难发现以下两个方面的事实。一则，斗争正在进行之中，鹿死谁手尚未最后定局，不存在一个已经定于一尊的力量去控制和统治人们的思想，相反，各国的统治者和各种社会力量集团都企图充分发挥自己的潜力并借助一切可为己用的因素去谋求胜利。于是我们从佛经中可以看到，佛陀率其弟子游行传道于各邦之间（其实不仅佛教一派如此），甚至受到摩揭陀、憍萨罗等邦的多少已有暴君气息的国王的礼敬。在希腊，学者们也没有受到什么邦界的限制，而且在本邦一般都有讲学的自由。

---

① 例如雅典。参阅亚里士多德《雅典政制》Ⅶ，ⅪⅦ。

② 见《左传》昭公三年所记叔向语，《十三经注疏》，2031 页。三十二年所记史墨语，《十三经注疏》，2128 页。其中反映春秋时期的重大变化。

③ 参阅《佛本生经》（Jataka，E. B. Cowell 等英译本），No. 30，No. 432，No. 542 等。

④ 五霸，古有异说，见《白虎通义》卷一，《号》篇。《白虎通疏证》，60 页，北京，中华书局，1994。然以《荀子·王霸》、《诸子集成》，第 2 册，《荀子集解》，133 页。所论为近似。

一些在本邦实行独裁的"僭主",尽管对本邦公民缺乏敬意,但对外邦客人却乐于优待①。中国春秋时期士阶层已经兴起,孔子曾周游列国,孟子则"后车数十乘,从者数百人,以传食于诸侯"②。战国各国君主一般都不拒绝纵横之士的游说,并且贵胄达官养士成风③。这些都是可以引发人的潜力的外在环境。再则,尖锐复杂的斗争引起社会的激烈震荡,曾经为人们所信守的、似乎十分淳朴可爱的传统的东西,越来越变得荒谬和腐朽,从传统中破土而出的新事物又往往显得贪婪、卑鄙而无情。铁器时代的印度当然比早期吠陀时代进步了,可是早期吠陀的乐观精神却为后起的悲观气息所代替④。铁器时代的希腊诗人希西阿德(Hesiod)在其《神谱》诗中也把历史看成每况愈下,最初是黄金种族的时代,第二是白银种族的时代,第三是黄铜种族的时代,第四是英雄种族的时代,最后就是诗人生活的黑铁种族的时代⑤。在中国的《老子》、《庄子》,也有类似思想,无须详述。从一个角度看,历史是在前进;从另一个角度看,历史又似乎倒退了。社会变动中的巨大而深刻的矛盾渗入人的心中,打破了先前的精神的稳定平衡状态,变成了人不得不加以思考的内容。这又可以说是能够引发人的潜力的内在条件。

以上三点,在我看来,就是古代印度、希腊和中国人类精神觉醒的历史条件。当然,还有这样一个问题:古代两河流域和埃及在进入铁器时代以后为什么没有发生类似突破?这里不能从它们的具体历史来进行分析和索解,而只从比较中试图提出一个初步的意见。

到铁器时代开始的时候,埃及和两河流域已经有了 2000 年的文明史,那里已在长期中形成了各自的深深引以自豪的和根深蒂固的传统。要突破那种传统的难度,无疑是很大的;何况它们在未能突破之前即已失去政治上的独立。铁器时代印度的文明与早先的印度河文明之间,横着一个野蛮的早期吠

① 参阅亚里士多德:《政治学》,1314a1-15。

② 见《孟子·滕文公下》,《十三经注疏》,2711 页。

③ 见《史记》孟尝君、平原君、魏公子、春申君等列传。

④ 参阅巴哈杜尔(K. P. Bahadur):《印度文化史》卷一(*A History of Indian Civilisation*, S. K. Sethi for Ess Ess Publications, Vol. 1. Ancient India, 1979),23～24 页。

⑤ 参阅格罗特:《希腊史》(G. Grote, *A History of Greece*, Everymans Library 本),第1 册,58～59 页。

陀时代；铁器时代希腊的初期即是一个野蛮的"黑暗时代"，与先前的爱琴文明间隔开来。因此，传统的束缚对于它们要比对于埃及和两河流域小得多了。中国古代文明没有像印度、希腊那样地中断。但是，一则，中国铁器时代以前的文明史比埃及和两河流域短 1000 余年，相对来说传统影响不深；二则，中国商周之际曾发生了一次对传统的变革①，在中国历史上留下了一个调整传统的传统。因此，中国在春秋战国时期能够产生一次文化上的飞跃或突破。

三

关于古代印度、希腊和中国的人类精神觉醒的特点，以下分三个方面来讨论。

首先，在人与天（神）或自然的关系的问题上，人类精神的觉醒在三国都有表现，而又有其各自的特点。

在印度的早期吠陀时代（约公元前 1500—前 900 年），人们崇拜的神主要是种种自然现象或自然力的化身，而祭神的目的则是为了博得神的欢心，从而得到神的降福。到后期吠陀时代（约公元前 900—前 600 年），情况逐渐发生变化。在《梵书》文献中，我们可以看到向神献祭的规模的巨大与礼仪的繁复以及一个专门的祭司阶层——婆罗门的形成。如《百道梵书》中说："神有两种：一为天神，一为人中之神，即精通圣学的婆罗门。人中之神（为人们）向天神献祭，也就（从人们）获得祭礼的费用"②。婆罗门既成为人神交通的桥梁，也成为人神直接交通的障碍。同时也可以看到作为最大的神或造物主的"梵"的出现，如《百道梵书》云："天地赖梵以立"③。在晚于《梵书》的《奥义书》文献中，又出现了"梵我一致"的说法。因为宇宙间一切皆生于梵，个人灵魂亦来自梵。由于贪欲，人的灵魂备受轮回转世之苦，唯有苦行、节欲才能使灵魂复归于梵，达到解脱④。《奥义书》强调了人的自觉在人神关系中的重要性，这反映出人类精神觉醒的萌芽或开端。

---

① 参阅王国维：《殷周制度论》，《观堂集林》卷十。
② Shatapatha Brahmana, 4, 3, 4, 4, 转引自巴哈杜尔：《印度文化史》卷一，84 页。
③ Shatapatha Brahaman, 8, 4, 1, 3, 同上书，108 页。
④ 同上书，111～116 页。

公元前 6 世纪，在印度异说繁兴。反对婆罗门教的教派纷起，其中影响最大的是佛教。佛陀认为，人生一切皆苦，而苦因在于"欲爱"①；宇宙间一切均属无常，也不存在一个自我，可是人们却求长生，求一切，这就不能无苦。佛陀教人消灭痛苦，而前提就是消灭"欲爱"。怎样才能消灭"欲爱"？那就是按照佛陀的教义来修道。这就是所谓"四谛"的主要内容②。早期佛教并不信神。在佛经中的确提到不少神（Deva，从前多译为"天"），他们住在不同层次的天界，有人所不具有的神通；可是他们亦在"众生"（Sattva，或译"有情"，包括"天"或神、人、畜生、饿鬼等）之列，尚在生死轮回之中（因为所作的"业"不同，来世或为神、或为人，或为畜生、饿鬼等）。在佛经中，"天"或神和人一样，同是佛陀传道的对象，只有由佛陀教导而自己觉悟，才能脱离生死轮回的苦海。佛陀自己从未自称为神或神的使者，早期佛教徒也没有把佛陀当作神。"佛陀"这个称呼本身的意思就是"觉者"。佛陀认为，不能靠神、靠祭祀来求解脱，人只有靠自己的觉醒来救自己。这从形式上来说当然是人类精神觉醒的一种彻底的表现。不过，从内容上看，佛陀觉醒的最大特点是把一切（包括自我）都看透了，看成虚幻，看成空。所以，这不是肯定现实世界的觉醒，而是否定现实世界的觉醒；它不能促进人类的现实生活，而只能引导人们走向对人生的否定。佛教在形式上是很彻底的人类精神觉醒，在内容上却是走向了其反面。于是，"天"或神虽然被佛陀贬成为"众生"之一，而佛陀本身在后来却变成了佛教最大的神，原来曾经反映过人类精神觉醒的佛教，最终仍引导人们进了入宗教的迷信。

在古代希腊，人们崇敬神，原来也是为了取悦于神以求得到福佑。相传亚伽门农正准备率领希腊舰队远征特洛伊的时候遇到了狂暴的逆风，最后他不得不以自己的女儿为牺牲去祭神③。在荷马史诗中，神一方面有人所不具备的法力神通、长生不老、相貌非凡等特点，另一方面又有着和人一样的性格。他们并不一定福善祸淫，而是看人们对他们的态度，对于冒犯了神的人必给以报复，

① 《中阿含经》卷二。

② 参阅（东晋）僧伽提婆译：《中阿含经》卷七，《增一阿含经》卷十七，又见（后汉）安世高译：《佛说四谛经》等。

③ 见 Aeschylus, *Agamemnon*（H. W. Smyth，英译，Loeb 本）184 行以下。

甚至奸淫、偷盗，互相欺诈，他们都干得出来①。所以，当时对神的态度是不敢不信，也不敢全信，这就已经包含了某种怀疑的萌芽。

从公元前 6 世纪初开始，希腊不断出现了许多哲学家。他们面临的问题是：传统神话中的精神既然不能体现任何永恒的原则或根据，自然也就不能使人在理性的追求中感到满足。那么，在这一切都在变化运动的世界上，什么才是永恒的呢？所以，希腊的哲学家们从一开始就很注意对始基（arche，是一个多义词，有开端、基础、起源、终极、界限、原则等含义）的探索。亚里士多德说："在那些最初从事哲学思考的人中间，多数人都是只把物质性的始基当作万物的始基（αρχη）。因为，一个东西，如果一切存在物都由它构成，最初都从其中产生，最后又都复归为它（实体常住不变而只变换它的形状），在他们看来，那就是存在物的原素和始基。因此，他们便认为没有什么东西产生和消失，因为这种本体是常住不变的。"② 人不再甘心作为从属于自然或神化的自然的驯服物，而开始把自然作为外在的对象加以研究。这无疑是人类精神觉醒的明显表现。当然，古希腊的许多主要具有唯物主义见解的哲学家并未能完全摆脱了宗教和神的观念，甚至著名的赫拉克利特也还承认神的存在，只不过是把他所说的"逻各斯"（Logos，亦多义词，大体可以理解为"道"或世界及其存在的规律）理解为神而已③。希腊人以宇宙论或自然哲学开辟了哲学史上的首篇④，也就形成了这样一个传统：承认神可以与研究自然并行而不悖，在某种意义上甚至还可以说，研究自然也是为了更好地理解神。

在古代中国，文明的初期曾有一个人类拜倒在神的权威之前的时期。"殷人尊神，率民以事神，先鬼而后礼"⑤；这个说法从现已发现的大量甲骨卜辞得到证实。周武王伐纣代商以后，周人一方面对天仍然采取敬畏的态度，另一方

---

① 参阅包拉：《希腊的经验》（C. M. Bowra, *The Greek Experience*, 1957），56～63 页，又北京大学哲学系外国哲学史教研室编：《古代希腊罗马哲学》，46 页。

② 亚里士多德：《形而上学》，983b。这里译文据《古代希腊罗马哲学》，4 页。

③ 参阅杨适：《哲学的童年》，201～210 页，北京，中国社会科学出版社，1987。

④ 文德尔班认为希腊哲学的开端就是宇宙论时期，见其《哲学史教程》上卷，罗达仁中文译本，北京，商务印书馆，1987。

⑤ 《礼记·表记》引孔子语，《十三经注疏》，1642 页。

面对天也开始有所怀疑。《尚书》里有"天棐忱辞"、"迪知上帝命越天棐忱"；"天畏棐忱"；"若天棐忱"，"天命不易，天难谌"，"天不可信"等文句；《诗经》里有"天难忱斯"、"天生蒸民，其民匪谌"等文句①，都反映出怀疑的思想。值得注意的是，周人在开始疑天的时候，并非像希腊人那样走上研究宇宙论或自然哲学的道路，而是走上了以人心察天意的道路。《大诰》说："天棐忱辞，其考我民。"《康诰》说："天畏棐忱，民情大可见。"这里显示出了在人与天或自然的关系问题上的人类精神觉醒。至于周人的思想之所以走上这样一条道路，看来与周以小邦而竟取代"天邑商"这一点有关。与其说周是靠天命而胜，不如说是靠殷商失去了民心而他们自己得了民心。这样，他们就自发地把民心看成了天命的依据，看成了比天命更可靠的东西。

从西周开始的这个传统，到春秋战国时期又有了进一步的发展，以孔子为创始人的儒家几乎不离开人事而言天。"樊迟问知，子曰：'务民之义，敬鬼神而远之，可谓知矣'。"②又"子路问事鬼神。子曰：'未能事人，焉能事鬼？''敢问死'。曰：'未知生，焉知死？'"③孔子重人轻天的思想，后来在孟子和荀子的学说中又有了发展。孟子进一步把天意和民心结合起来，他引《尚书·泰誓》的话说："天视自我民视，天听自我民听"④，这是说天意中见民心；又说："尽其心者，知其性也；知其性，则知天矣"⑤，这又是说人心中有天理。上述希腊学者开辟的是由研究自然而知天的道路，而孟子走的则是由研究人心而知天的道路。荀子把天彻底视为自然。他说："大天而思之，孰与物畜而制之？以天而颂之，孰与制天命而用之？"⑥"君子敬其在己者，而不慕其在天者"。⑦"传曰：万物之怪书不说。无用之辨，不急之务，弃而不治。若夫君臣之义，父子之亲，夫妇之别，而日切磋而不舍也，"⑧"唯圣

北京师范大学史学探索丛书

---

① 所引《尚书》分别见《大诰》、《康诰》、《君奭》；《诗经》分别见《大雅·大明》、《大雅·荡》等篇。见本书 382 页脚注。

② 《论语·雍也》，《十三经注疏》，2479 页。

③ 《论语·先进》，《十三经注疏》，2499 页。

④ 《孟子·万章上》，《十三经注疏》，2737 页。

⑤ 《孟子·尽心上》，《十三经注疏》，2764 页。

⑥ 《诸子集成》，《荀子集解》，211 页。

⑦ 同上书，208 页。

⑧ 同上书，211 页。

人为不求知天"①②。荀子在天人关系问题上不愧为中国古代思想家中的佼佼者，他的反对迷信与人定胜天思想，充分表现出了一种人类精神觉醒。可惜他也未能脱出儒家专注人事的传统，把对天的研究和思考当作"无用之辨，不急之务"，因而也没有走上由研究自然而知天的道路。此外墨子，讲天志，实际是把自己的在人事问题上的兼爱思想戴上了"天志"的帽子③。法家则只讲人间利害，而几乎不说天或自然。先秦诸子中说天或自然最多者为道家，荀子曾批评"庄子蔽于天而不知人"④，可是从《老子》、《庄子》（尤其《老子》）中也不难看出，他们所理解的天道大多仍然是从人事中悟出来的，而不完全是宇宙论或自然哲学。

总之，古代印度、希腊和中国在天人关系问题上形成了不同的研究传统：印度形成了宗教研究的传统，希腊形成了科学研究的传统，中国形成了人文研究的传统。

其次，再讨论古代印度、希腊、中国在人与人的关系问题上的人类精神觉醒。

在古代印度，自早期吠陀时代之末，即逐渐产生种姓制度。人被分为"再生族"与"一生族"两大类，再生族中又分为婆罗门、刹帝利、吠舍三等级，一生族即首陀罗等级，共两大类、四等级。婆罗门教文献对人的这种区分给予了神话的也是神圣的论证，说四等级是分别由"原人"（Purusha）或梵天的口、臂、腿和足产生的⑤。这一类的文献强调的是人的差别与隔离，如果说不同等级之间仍有相通之点，那是在于来世（人可以凭今生行为的善恶在来生托生不同的等级）⑥。在现实生活中，种姓制度很难使人形成人是同类的概念。

公元前 6 世纪，佛教起而反对婆罗门教，其中很重要的一条就是反对种姓制度。婆罗门教认为，婆罗门生于梵天之口，故地位高，其他种姓出生部位低，

---

① 《荀子集解》，《诸子集成》，206 页。

② 此处所引，均见《荀子·天论》。

③ 《墨子·天志上》等篇，《诸子集成》，《墨子间诂》，118 页。

④ 《荀子·解蔽》，《诸子集成》，《荀子集解》，262 页。

⑤ 此说始见于 Rigveda，x，90（参阅 *The History and Culture of Indian People*，Vol. 1. The Vedic Age, P. 385），又《摩奴法论》（Manu-Smriti）Ⅰ，31. 中译见蒋忠新据原文译本，又参见马香雪据法译之转译本。

⑥ 见《摩奴法论》，Ⅻ，41～51。

故地位也低。佛教认为，人都经过母亲十月怀胎而生，根本没有差别。婆罗门教认为，婆罗门是洁净的，其他种姓是不洁净的。佛教认为，人人都有洁净和不洁净的时候，不洁的人洗一个澡，就都可以洁净。婆罗门教认为，婆罗门最得天神眷顾，死后可以升天，而其他等级无此优越条件。佛教认为，不同种姓的人，可以同乘一只渡船，可以一同得渡，等等①。佛教用种种经验事实证明人和人在自然属性上是无差别的或平等的，这无疑是在人与人的关系方面的人类精神觉醒的明显表现。不过，佛教认为，不仅人类平等，而且"众生"皆平等。怎样才能说明"众生"平等或无差别呢？这有双重意思：一方面，"众生"都有意识、有情感，有生死轮回，所以有在苦海中无差别地受苦的平等；另一方面，"众生"都能因佛陀的教化而觉悟，都能超出生死轮回而达到寂灭或"涅槃"的最高境界，即有得到所谓解脱的平等。由此可见，佛教的平等从"众生"作为生或存在讲起，最后要由"众生"转变为灭或不存在来实现。从本质上说，这不是生的平等，而是灭的平等。而灭的平等实际也就是无的平等或无平等。因此，佛教虽然对种姓制度有相当严厉的批判，而实际上并未影响到以后印度种姓制度的存在。

在古代希腊，原来自由人之间也有贵族、平民之分。贵族称为 Eugeneia（由 eu，"好"和 geneia，"生"合成，意思是好出身或优良血统），他们凭出身在政治上占有特权②。相传雅典的提修斯改革，曾把人民分为贵族、农民和手工业者。贵族称为 Eupatridae（由 eu，"好"和 patridae "父系"合成，意思也是好出身或优良家世），有权"掌管宗教仪式，充任官职，讲授法律，解释天意"，而农民和手工业者则无任何特权③。公元前 7 至前 6 世纪以后，斯巴达、雅典等城邦公民内部的矛盾基本解决，但是人们仍然分为不同的等级：如斯巴达有斯巴达人（公民）、边民（perioikoi）、黑劳士（Helot），雅典有雅典公民、外邦人（metic）、奴隶等。在公民内部，平等成了一条原则；在公民以外，还有无公民权的自由人（如边民、外邦人）、奴隶，又有着不平等。在这样复杂的情况下，希腊人在人与人的关系方面的人类精神觉醒出现了。

---

① 类似说法多次见于《中阿含经》。又参见（东晋）昙无兰译：《梵志颇波罗延问种尊经》。

② 见亚里士多德：《政治学》，1283b15-19 等。

③ 见普鲁塔克：《希腊罗马名人传》（*Plutarch's Lives*，Perrin 英译，Loeb 本），《提修斯传》，ⅩⅩⅤ。

在柏拉图和亚里士多德的著作里，这方面的觉醒有了比较成熟的表现。他们不像佛陀那样讲无差别的平等，而是对平等进行具体的分析。柏拉图首先提出："平等有两种，虽名称相同；自实际结果言，二者则几乎常相反。"①。他所说的两种平等，一指数量上的，指性质上的。多数人贡献较小，而少数人贡献较多，按贡献给少数人较多而给多数人较少，这就是"政治上的正义或公平"。他认为，两种平等皆需要，主要是性质上的平等。亚里士多德继续发展了这个说法。他认为，寡头派因其在质上占有优势而要求一切方面都占优势，平民派则因大家同为自由人而要求一切方面平等，二者认识皆限于一偏。他主张质和量之间应当加以平衡。不过他与柏拉图不同，比较倾向平民政体②。亚里士多德还指出："友谊中之平等似与公平中之平等不同。在公平范围内，平等主要指按比例得酬报，而量之平等次之；在友谊范围内，量的平等占首位，而按比例得酬报次之。"③ 他认为："主人与奴隶之间略无友谊可言，奴隶乃有生命之工具，一如工具之为无生命之奴隶。因此，奴隶作为奴隶，与主人无友谊可言，虽则奴隶亦可视之为人。人与其他任一能共享法律及契约之人之间，始可以有公平之余地，故人与人之间亦可有友谊。"④ 在自由人之间有两种性质相反的平等，这是古希腊社会中的第一种现实矛盾。在主人与奴隶之间没有任何平等（友谊或公平），但又无法完全否认奴隶是人，这是古希腊社会中的又一种矛盾。亚里士多德从理论高度揭示出平等中的矛盾，是当时人类精神觉醒所可能达到的限度。我们不能更多苛责于古人。

在古代中国，春秋以前各邦都有国野两部分，居于国者为国人，居于野者为野人⑤。国人内部又有贵族与一般公民之分⑥。野人在邦礼范围之外，国人在邦礼范围之内。国人的等级区分即以礼为准则。

---

① 柏拉图：《法律篇》（Plato，*Laws*，R. G. Bury 英译，Loeb 本），757B。

② 见《政治学》，1280^{a}1—25 1296^{b}15—23；1301^{b}31—1302^{a}15。

③ 亚里士多德：《尼各马可伦理学》（Aristotle，*Nicomachean Ethics*，H. Rackham 英译，Loeb 本），VIII，vii，3。

④ 同上书，VIII，xi，6～7。

⑤ 关于国野差别，战国时的孟子仍保有印象，见《孟子·滕文公上》，《十三经注疏》，2702 页。

⑥ 国人内部不同层次，参见《左传》文公十六年"宋公鲍礼于国人"一节及孔颖达正义，《十三经注疏》，1859 页。

到春秋战国时期，国人和野人的差别逐渐消失，原先国人内部的等级关系也有很大变化。孔子所说的"礼坏乐崩"，指的就是这种局面。在这种情况下，出现了在人与人的关系方面的人类精神觉醒。这种觉醒首先反映在孔子的仁与墨子的兼爱的主张上。墨子主张的兼爱①，为无差别的人类之爱，后来实际未能广泛实行。孔子所开创的儒家学说，以仁与礼相结合，在中国文化史上起了深刻的影响。仁的概念首先是孔子提出来的。《尚书》、《诗经》里虽有少数"仁"字，但都不具有以后孔子所赋予它的含义。孔子对"仁"的最一般的解释是"爱人"②。如果从正反两方面说，那就是"唯仁者，能好人，能恶人"，"好仁者，无以尚之；恶不仁者，其为仁矣"③。只有厌恶不仁，这种仁才具有排中的性质。孔子仁的实践原则是：推己及人，由近而远。他说："夫仁者，己欲立而立人，己欲达而达人。能近取譬，可谓仁之方也已"④。以己所欲，推及于人，这固然是仁的一个方面。但尚未排除以己所欲强加于人的可能。所以孔子在仲弓问仁时又说："己所不欲，勿施于人"⑤。自己不愿他人意志强加于己，也就不能强加于人。由己及人，看来似乎低于佛教的无差别的平等和墨子的无差别的兼爱，其实内容比后两者更加丰富。因为，在承认人我的区别或对立的同时，又看到了二者之间的可以或必须相通，这正是发现了人我之间的关系即为人与人的关系，这也正是一种领悟了对立统一内容的人类精神觉醒。孟子说："仁也者，人也"⑥，又说："仁，人心也"⑦。仁，就是把人当作人来看，把人当作人来爱。这里面有人类精神的真觉醒，非佛教无差别的众生平等所可比拟。当然，儒家的仁和礼又是分不开的。"颜渊问仁。子曰：克己复礼为仁。"⑧ 关于仁礼关系，历来异说纷纭，至今仍在讨论，这里只表示我的一个见解：不能同意那种认为礼把仁限制在一定范围之内的说法，因为没有见到儒家曾划定行

① 见《墨子·兼爱》上、中、下。《诸子集成》，《墨子间诂》，81、82、88 页。

② 见《论语·颜渊》，《十三经注疏》，2504 页。

③ 见《论语·里仁》，《十三经注疏》，2471 页。

④ 见《论语·雍也》，《十三经注疏》，2479 页。

⑤ 见《论语·颜渊》，《十三经注疏》，2502 页。这一条很重要，法国 1793 年宪法中的"人权宣言"第六条也引为道德准则。

⑥ 见《孟子·尽心下》，《十三经注疏》，2774 页。

⑦ 见《孟子·告子上》，《十三经注疏》，2752 页。

⑧ 见《论语·颜渊》，《十三经注疏》，2502 页。

仁政的范围。"孟子曰：君子之于物也，爱之而弗仁；于民也，仁之而弗亲。亲亲而仁民，仁民而爱物。"① 仁的对象范围是人，不及于物，与佛家众生平等说不同，但在人的范围内并无限制。礼是讲区别、讲层次的。这种区别与层次既未形成对仁的封闭，反而恰好转化成为仁所历之而出的阶梯。本质上本无差别的仁，由礼的有等差的形式表现出来，这正是中国古代人类精神觉醒的一个特点。

印度佛教主张无差别的平等，古希腊学者揭示人类平等中的内在矛盾，而中国儒家则以具有礼的形式的仁使现实的有差别的人同一起来。

第三，简单地探讨一下古代印度、希腊和中国在人性问题讨论中表现出的特点。

在古代印度，人性主要不是作为实证的（positive）范畴来探讨的。在《奥义书》中，现实的人只不过被认为是无常的幻象，而人的灵魂或"神我"又与梵一致，不具人性而有梵性。佛教主张众生平等，人作为众生之一种与众生同有"有情"的特性，人性转而湮没于众生性之中；当佛教宣扬人皆可以得佛之度而超出生死轮回的时候，人性又直接认同于佛性。以后大乘佛教曾就是否一切人皆有佛性进行了讨论②。虽然当时中国佛教徒曾认真地把它当作人性问题来讨论，其实印度佛教原典讨论的仍不是众生性以外的独立的人性问题。

在古代希腊，哲学界关于人的讨论晚于自然哲学，而且在一定程度上颇受自然哲学的影响。例如，阿那克萨哥拉、恩培多克勒、德谟克里特等都强调人的身心的物质构成，而倾向于以自然来解释人性。在希腊文中，physis（相当于英文的 nature）一词，先前自然哲学家们用以表示"自然"，自公元前 5 世纪以后，又被用来表示人的"本性"③。由此可见在希腊人思想中人性与自然关系之深。亚里士多德则认为，人性中有对立的两部分。他曾这样分析苦与乐：没

---

① 见《孟子·尽心上》，《十三经注疏》，2771 页。

② （东晋）法显译《大般泥洹经》卷六云："此摩诃衍般泥洹经，一切诸晋无不治故。唯除一阐提，所以者何？无菩提因故。"而北凉昙无忏译《大般涅经》卷五则认为"一阐提"也可成佛。此两部分经大概成书先后不同。

③ 古思理：《希腊哲学史》，第 2 卷（W. K. C. Guthrie, *A History of Greek Philosophy, II, The Presocratic Tradition from Parmenides to Democritus*），Cambridge University Press, 1978，351 页。

有一件事可以永远使人快乐，因为人的本性有两部分：一部分以为乐者；另一部分即以为苦，当两部分平衡时，则无所谓苦乐①。人性的两部分又与灵魂的两部分有关。他认为，灵魂既包括无理性的部分（如生殖、欲望），又包括理性的部分②。在人类本性的两部分中，有理智的部分处于支配的和高级的地位，所以可以把这一部分认为人之"真我"③。人因本性中有理智的一面，所以能组成以公平为原则的城邦；又因本性中有另一面，如无法律和公平原则，人也可能变成最凶残的野兽，所以城邦又是必要的。因此，他认为："人在本性上是一种城邦的动物"（politcal being，或译"政治动物""社会动物"）④。

在古代中国，视人为人的仁是孔子首倡的。他也注意到了人的"性相近也，习相远也"⑤。人有大体相同的本性，而人的差别是因不同的习染而形成的。不过，孔子不愿空论人性，所以子贡说："夫子之言性与天道，不可得而闻也。"⑥ 到战国时代，儒家对人性有了认真的讨论。首先，"孟子道性善"。⑦ 他说："天下之言性也，则故而已矣，故者以利为本。"⑧ "故"通"固"，即固有属性；利，便也，自然的趋向。人性就是人所固有的自然的趋向。他说："人性之善也，犹水之就下也。"所指就是自然趋向，这也就是孟子为性所下的定义。进而他又论证性是分类的。告子说："生也谓性"，这是利用"生"和"性"是同义词的关系来解释人性，孟子就反驳说："然则犬之性犹牛之性，牛之性犹人之性与？"犬、牛、人同有生，但不能同性。"故凡同类者，举相似也，何独至于人而疑之？圣人与我同类者。"圣人善，人皆与圣人同类，故皆性善。这里显示出了孟子在人为同类的类本性问题上的精神觉醒。他的性善说的具体内容是："恻隐之心，人皆有之；羞恶之心，人皆有之；恭敬之心，人皆有之；是非之心，人皆有知。恻隐之心，仁也；羞恶之心，义也；恭敬之心，礼也；是非之

---

① 见亚里士多德：《尼各马可伦理学》，Ⅶ，Ⅹⅳ，p. 8。
② 同上书，Ⅰ，Ⅹⅲ。
③ 同上书，Ⅹ，Ⅶ，8～9。
④ 见亚里士多德：《政治学》，1253a，又《尼各马可伦理学》，l，Ⅶ，6。
⑤ 见《论语·阳货》，《十三经注疏》，2524 页。
⑥ 见《论语·公冶长》，《十三经注疏》，2474 页。
⑦ 见《孟子·滕文公上》，《十三经注疏》，2701 页。
⑧ 见《孟子·离娄下》，《十三经注疏》，2730 页。此段文字之传统解释不甚贴切。

心，智也。仁义礼智非由外铄我也，我固有之也。"① 因此，"人皆可以为尧舜"②。孟子认为，人类按其本性是伟大的。人有不善，是由于外在环境影响了人性的发挥。他曾指出，造箭的人唯恐不能杀伤人，造盾的人唯恐不能保全人，这就是职业对人的影响，所以"术不可不慎也"③。荀子的见解与孟子正相反。他认为："今人之性，生而有好利焉，顺是，故争夺生而辞让亡焉；生而有疾恶焉，顺是，故残贼生而忠信亡焉；生而有耳目之欲、有好声色焉，顺是，故淫乱生而礼义文理亡焉。然则从人之性，顺人之情，必出于争夺，合于犯分乱理而归于暴。故必将有师法之化，礼义之道，然后出于辞让，合于文理，而归于治。用此观之，然则人之性恶明矣，其善者伪也。"④ 关于"伪"，荀子说："不事而自然谓之性。性之好、恶、喜、怒、哀、乐谓之情。情然而心为之择谓之虑。心虑而能为之动谓之伪。虑积焉，能习焉，而后成谓之伪。"⑤ 这就是说，经过心虑或理性的思考和选择，克胜性情的不善，并在行动中养成习惯，叫作伪。所以，伪就是对于性的否定，是人对内在于自身的自然的克服。因为人都有可能改恶从善，所以"涂之人可以为禹"。荀子认为，人就其能克服自己的本性这一点来说是伟大的。"今使涂之人伏术为学，专心一志，思索孰察，加日县久，积善而不息，则通于神明，参于天地矣。"⑥ 参于天地，就是人与天地并立为三。荀子多次说人可以参天地，是人类精神觉醒的明显表现。这里只是说明孟子、荀子在人性研究中反映出的人类精神觉醒的不同途径，而不可能对于他们二人的人性说作进一步的深入的剖析和评价。值得指出的是：孟子主张充分发挥人的仁义礼智之心，荀子主张隆礼节欲⑦，所强调的都是伦理的重要性。如果说亚里士多德认为"人是城邦的动物"，那么中国儒家就认为人是伦理的动物了。

　　总之，分别把人理解为宗教的动物、政治的（城邦的）动物或伦理的动

① 以上几段引文皆见《孟子·告子上》，《十三经注疏》，2748～2749 页。

② 同上书，2755 页。

③ 见《孟子·公孙丑上》，《十三经注疏》，2691 页。

④ 见《荀子·性恶》，《诸子集成》，第 2 册，289 页。

⑤ 见《荀子·正名》，同上书，274 页。

⑥ 见《荀子·性恶》，同上书，296 页。

⑦ 见《荀子·礼论》，《诸子集成》。

物，这正是古代印度、希腊与中国在人的本质上达到的各具特点的结论。

以上讨论了公元前 8 至前 3 世纪的印度、希腊和中国的人类精神觉醒的问题。这个问题无疑是人类文化史上第一次高潮中所涉及的问题之一。换一个角度看，我们也可以说，正是由于那一次的人类精神觉醒，才可能产生那一次的文化发展高潮。在那一次文化发展高潮中，形成了印度、西方和中国三个各有特点的文化传统。它们对直到今天的世界文化都起着巨大的作用。因此，我们可以说，进一步研究公元前 8 至前 3 世纪的那一次人类精神的觉醒，对于了解世界和中国的历史，对于了解当前的世界文化，都是有意义的。

北京师范大学史学探索丛书

附录：谈学术工作的基础

在学生时期，我曾有志于治中国古史，并为此作了一点准备。20 世纪 50 年代初大学毕业后，因工作需要，从事外国古代史的教学与研究多年。70 年代后期，又因工作需要，重新投身于中国古史的研究与教学，同时又走上了中外古史比较研究的道路。由于专业领域的变动与扩展，长期来曾遇到许多矛盾或难题，而其中经常出现的就是基础与研究之间的矛盾。我的实际经历是，只有不断克服基础方面的缺陷，才能稍稍缓解自己的学术困境，并有所前进。

一

首先谈谈个人对于学术工作的基础的层次问题的体会。

开始参加外国古代史教学辅导工作的时候，因为原先没有准备，而教学进度又限定了各部分的准备时间，所以只能以几本苏联的和西方的古代史教科书为基本参考材料，少数有疑难的地方才查阅了一些古代的国别史。由此开始对世界古代史有了一个总体轮廓的了解。有了这个初步基础，又参加编写讲义，分工写希腊史章节的初稿。一着手于这个工作，就又感到刚打的那点基础很不够用。于是，原来只是偶尔才看一下的两本希腊史变成了基本参考书，有疑难的时候还要去查阅有关专著并核对某些史料来源。这样，在希腊史方面的基础就稍稍有所加深。随后，正好又有两年的进修机会，使我有可能把外国古代史的一般基础打得更牢一些，同时也把原已酝酿近一年的一个研究题目（论黑劳士制度）在时间、精力较集中的条件下写成一篇约八万字的论文。从前写希腊史讲义时所打的那点基础，对于写论文是有益的，但又是很不够的。我不得不以格罗特《希腊史》中的斯巴达史部分和当时出版不久（1952 年版）的两本斯巴达史作为基础性的参考书（因为它们不仅比较详细地提供了历史背景，而且对于史料和有关的史学研究成果也有所评价），同时从古典作家的著作里把有关史料尽可能完备地搜集起来。

从开始参加工作到写出上述论文，五年之间三次遇到基础不够的问题，而且每一次都是在从基础上作了一番努力之后才取得了一些进步。这种情况使我对于学术工作的基础问题产生了许多思考。先前我曾认为，只要年轻时打好基础，以后就是做研究了，不再存在打基础的问题。这时开始觉得原来的想法太简单了。诚然，年轻时可以打下一些知识基础（如语文工具等），以后永远有用，但决非永远够用。基础是相对于学术工作而言的。随着工作或研究层次的提高，势必要有相应的基础的加深。基础同样是有层次的，它的层次常因学术研究层次的变化而变化；反之也可以说，基础层次的变化为研究工作层次的变化提供了可能。所以，在一个人的学术老化阶段到来之前，总是会不断加深其基础的。

二

其次谈谈个人对于学术工作的基础的结构问题的体会。

在进修期间，我不仅意识到基础是有层次的，而且开始思考基础的结构问题。因为我逐渐发现，要进一步提高自己的水平，还存在基础的结构方面的障碍。

就毕业论文的写作来说，如果要求学术水平有较大的提高，那在基础上至少还要有两个方面的拓展。一是语文工具方面，如果希望对史料本身具有考证的能力，那必须通晓古希腊文和拉丁文；如果希望能直接阅读近代西方学者的研究成果，那就要掌握三四种现代西方主要文字。当时自己虽然非常迫切地想在语言文字上有更多的进展，可是实际使用的基本仍只是英、俄两种现代文字。差距是很明显的，而且这个差距非短期所可弥补也是很明显的。另一方面，当时我写那个题目，十分需要与古代印度和中国的历史进行比较研究。黑劳士与印度的首陀罗的异同何在？这在国外学者中已有不少讨论。黑劳士问题同中国古史分期问题讨论中的纠葛，这更是国内史学界所共知的。要想真正弄清黑劳士问题，没有深入的比较研究肯定是不行的。当时我也尝试着做了一些比较的探索，可是在做的过程中，不仅痛感自己印度史方面基础的薄弱，而且还发现自己在中国古史方面的基础也并非深厚。原来自以为对中国古史有基础，实际上那只是有一些最基本的准备；要形成一个真正扎实的学术基础，还需要有一个充实和调整的过程。所以，从宏观的角度看，差距也是明显的，而且这个差距非短期所可弥补。此前几年的经验告诉我，逐步缩小范围，逐渐提高研究层次，是可以取得较快进展的；不过，经验同样也告诉我，这样的层次提高是有一定限度的；没有对基础的拓宽及其结构的调整，就不可能有更多的研究层次的进展。

另外，就我的教学工作领域（世界古代史）来说，如果想要有总体上的水平提高，那么基础的结构也必须有所调整。在某个点上有一定程度的深入，在全课领域中有一个一般的基础，这的确是很有必要的，因为这样开始出现了点与面的关系。点上水平的提高，有可能带动面上的发展；而面上的发展，也可以促进点上的提高。这种情况是一种不平衡的状态，但的确明显地优于无重点的平推。因为基础的完全平衡状态，实际上是一种不利于学业发展的局面。不过，我也意识到，相对于世界古代史这样一个宽阔而复杂的学术领域，仅仅毕业论文所在的点（希腊）还难以实现带动全面的作用。需要两三个文化类型不同的点，通过对它们的较深入的研究和对它们的比较，以提高自己对世界古代史总体把握的水平。

怎样选择这两三个点呢？中国是世界文明古国之一，可是在外国人写的世界古代史里没有得到应有的地位。要改变祖国历史在世界史上的不合理地位，不能依赖别人，只有靠我们自己把中国史放进世界史中去研究。因此，在我从事世界古代史教学和研究的过程中，从来没有间断过对中国古史的业余进修。中国古史实际上早已成为我的选点之一。另一个点，经过再三思考，选定为印度史。因为，印度也是文明古国之一，其文化自有特色，足资与中国及西方历史进行比较研究，而且是我们的邻国，很有研究的必要；同时，中国历史上有研究印度的传统，积有大量的汉文的关于印度的文献，如能恰当而充分地运用这一条件，我们的研究也很有做出自己的特色的可能。

选定印度史作为一个点以后，当然又要做打基础的工作。从总体来说，我必须在关于古代印度史的文献上下工夫。这种文献分为三大部分：一为古代西方人的撰述，二为古代印度人的典籍，三为古代中国人的撰述和大量汉译佛教经典。第一类文献，数量有限，近代西方学者已经做了不少工作，并有现代西文译本。在不具备对版本和文献本身作考据的条件和能力的情况下，可以借用近代西方人的成果。我决定这样做，所以难度不大。第二类文献，数量大，充满教派的分歧，成书年代漫长而不易确定，文字又很艰深复杂，可说是难度极大。不过上一世纪和本世纪的一些西方学者和印度学者已经做了很多很有效的工作，不少重要文献已有现代西文译本（甚至不止一种译本），有些还有相当详细的学术性注释，而且还出现了一些在细考文献的基础上写成的学术著作。所以，实际的情况是，入门不难，掌握到一定程度（比较充分地运用人家的已有成果）也并非很难，而升堂入室（具有对文献本身的考证能力）则极难。当时我觉得自己可以做到第二个层次，待条件可能时再向第三层次试探前进。第三类文献是汉文《大藏经》，卷帙浩繁，内容复杂。如果只准备从某几种经里抄摘一些有用的史料，那还不算太难。可是，如果想使这类文献得到合理而充分的应用并用出一定的水平来，那就非常不易。我按照自己治中国古代文献的经验，在掌握了印度佛教和中国佛教发展的基本轮廓以后，就直接从目录学入手。《大藏经》的确像千门万户的迷宫，不过，古代高僧们已在分别二乘诸部、辨明歧出别本、考镜异译源流等方面做了很多工作，给了我们不少方便。经过对大藏目录做了一番大体上的了解以后，我又根据自己研究的需要把它们分为三个部分，用不同方法对待。对大乘部分只求了解源流和分部的大体情况，基本上不深入经文；对目录和史传部分则选择其中重要者置于身边，作为不时反复翻检、查核之工具；对小乘，尤其其中经、律，则深入原文，注意比较别本、异译，必要处还与南传经英译本有关部分对读。经过约 4 年时间（其中重点攻目录的时间约两年半），打下了一个初步的也是有益的基础。在这个时期中，我已经比较明确地意识到基础的结构的重要性，注意使整体中的各个部分分别进展到不同的层次，并使它们能够相互呼应，相互配合。这种结构适应于当时我的研究需要，同时也不妨碍在研究主题变化时有对结构本身作调整的可能。合理的基础结构，应该既符合当时研究的需要，也具备为适应将来需要而调整的可能。

总之，基础的结构因研究目标而变，研究目标越明确、越自觉，基础的结构安排也会越合理。

三

最后，谈谈学术工作的基础中博和精的关系问题，这是与基础的层次、结构密切相关的一个问题。在一般情况下，基础层次的较低部分相对于较高部分来说是博，较高部分相对于较低部分来说是精；基础结构的一般部分相对于核心部分来说是博，核心部分相对于一般部分来说是精。博与精是相对的，也是相辅相成的。对于这一点，我在攻大藏目录时已有所认识，而对于博与精的相互转化关系的认识，则是在一个更长的时期中逐渐达到的。

在我以世界古代史为主要工作对象的二十多年里，中国史只能是当作业余爱好来抓。当时我住在离西单商场不远的一条小胡同里，每天工作到黄昏时总不免有些疲乏，如无特殊事情，就到商场去逛旧书店约一小时，作为休息。一般总先看看外文书店，然后大部分时间在中文书店里。进书店先是广泛地看看，边看边考验自己的目录知识，作为娱乐。对于眼生的书，每次挑一种，翻开看看序言、体例等项，回家后再查阅目录书，以作印证。如此日积月累，不了解的书逐渐减少，书目眼界日益展开。泛览之外，每次都要找自己关心的一两种先秦（有时也包括两汉）的书看看，凡有不同注疏者，都力求了解其各自的特点。这样做了几年以后，兴趣又逐渐集中到清代汉学家的著作上。每次到旧书店，总要了解一些他们的著作，只要见到他们的年谱之类，一般都要略看一遍，对其中一些有机会还会再仔细地看看。逛旧书店原是休息性的泛览，不过我还是把这大体分为求博和求精的两个部分。从 20 世纪 50 年代初到 60 年代中，十几年中不停地逛旧书店，本来并未认真当一回事，可是竟然为我以后研究中国古史提供了一个有用的目录学知识基础，使我的研究有可能进入较深的层次。

也正是在阅读清代汉学家和晚近一些史学大师的著作的过程中，我逐渐明白了精与博相互转化的内在关系。通常我们都把博看成精的外部条件，这固然不错。可是实际上，只有当各种有关的外部条件都被集中运用解决一定问题的时候，精才有可能成为现实。清儒自顾炎武以下，考据日精；也从他起，走的都是一条赖博以成精的道路。顾氏《日知录》内的文章，一般都不长，可是没有一条不是在博览前人著作以后才笔削而成的。清代许多学者都兼通多种学问，用以研治经史。清代汉学殿军孙诒让撰《周礼正义》，为学术界公认的注释精品，而其所以精，则在于书中各方面的问题都得到相当充分的解析。他为什么能做到这一点呢？因为他博通多方面的学问并用以解决一部书中各种有关的问题。他的精就是他的博在这部书中的充分展开。看来是作为精的外部条件的博，恰恰转化成为其所以成为精的内在的有效因素。已故当代著名史学家陈垣先生考据之精，也是人所公认的。他每研究一个问题，总要首先从史料中做到"竭泽而渔",然后又用其在校勘、年代、史讳等方面的学问去辨析史料的真伪,所以他的精也是将博集中用于一点的结果。诸如此类的实例,不胜枚举。我于前辈大师,未敢望其项背,不过觉得,只要认真体会并学习他们在处理博精关系上的学术路数,总是能不断有所前进的。多年以来,我读先秦两汉典籍,在紧要处或有疑难处,从不敢以得一家之解为满足,虽不能"竭泽而渔",至少对主要的各家说法都要作认真地比较和思考,然后择善而从。平时这样逐渐地积累,到写文章时,虽未能言精,却可避免不少过于肤浅与无根的失误。

对于研治史学的人来说,非博难以成精。反之,非精亦难以成博。两千多年以前的庄子已经说过:"吾生也有涯,而知也无涯。以有涯随无涯,殆已。"①到了文化更加发达的后世,个人更难掌握人类已有的一切知识。所以不论是多伟大的学者,他的博都必然是有各种各样的限度的。一个人到底怎样确定自己博览的范围和要求,这在某种程度上对其学术发展是至关重要的。没有范围的博览,根本不可能实现;范围过大,与自己的时间、精力等条件不相应,结果往往是宽而浅,自然没有成为基础的价值;甚至范围虽然大致适当,而对范围内的各部分不分轻重缓急而平均用力,结果则往往是多而杂,不能形成一个结构合理的博的基础。以上的情况,严格说来都不能算是博。当然这就涉及"博"字含义问题。有人见到古来有"多闻曰博"的说法,便认为学者可以有一种广博而不精通的类型,即所谓"博而不精"。其实荀子说"多闻曰博",还说"多而乱曰秏"②。《说文》:"博,大、通也。"《玉篇》:"博,广也、通也。"不少人只注意到"多闻曰博",而忽视了"多而乱曰秏"(按秏的意思也是乱,特指多而乱);只注意到博有大和广的意思,而忽略了它还有通的意思(王筠《说文句读》特别指出博有广、通二义)。所以真正的博应该是知识广而通。《论语·卫灵公》记孔子与子贡的一段对话:"子曰:赐也,汝以予为多学而识者与? 对曰:然,非与? 曰:非也,予一以贯之。"③ 贯就是通,知识多而贯通,正是孔子的博。这样才是真正的博。而要能有真正的博,则非有明确的研究目的或求

---

① 见《庄子·养生主》,《诸子集成》,第 3 册,18 页。
② 见《荀子·修身》,《诸子集成》,第 2 册,14 页。
③ 《十三经注疏》,2516 页。

精方向不可。所以说，非精也难以成博。

　　总之，我认为，不把基础看成笼统的、凝固的东西，而注意其层次、结构的变化与博、精之间的相反相成的关系，这会有利于基础质量的改善，从而也会有利于学术工作水平的提高。而学术水平的提高与学术能力的加强，又会使我们有可能更自觉、更有效地把以前积累的知识和经验熔铸成新水平上的基础。前行阶段的学术成果和学术经验不断转化为下一阶段的基础，这也就是学术工作水平不断提高的过程。

新 版 后 记

　　这本书在 1995 年由武汉出版社首次出版。第一次印刷中排版错字甚多，在第二次印刷中作了一些校正。两次出版印行约 5000 册，可是市面上早已很难见到此书。根据北京师范大学出版社建议，此书改由他们重新出版。在准备过程中，责任编辑李雪洁女士做了大量工作。蒋重跃教授带领李渊、梁瑞强、汪凯、唐明亮、骆扬、刘亮、刘瑞龙等同学分工合作对逐篇文章作了仔细的校勘工作（以上同学按照校勘文章顺序先后排列）。应该说，以前排印中的错误大体已经得到改正。其中有些引用的书现在已经无法从图书馆找到，所以可能仍然存在一些未能核正之处。在此期间，骆扬同学协助我在多次统稿校对中帮了很多忙。现在我写字手抖，字迹不清，如果没有他的帮助，可能在校对中增添新的问题。对以上诸位，我要致以衷心的感谢。当然，对于前一次在武汉出版时给予我帮助的编辑和朋友，仍铭记在心。这本书所记录的是我 1994 年以前所作研究的成果，其中不足之处反映了我那个时期的学术足迹所至，缺点和不当之处，仍请诸位读者不吝批评指正。

刘家和
2010 年 3 月 22 日敬识

北京师范大学史学探索丛书